LIVRE DE RAISON

DE LA

FAMILLE DE FONTAINEMARIE

1640-1774

PUBLIÉ PAR

PHILIPPE TAMIZEY DE LARROQUE

CORRESPONDANT DE L'INSTITUT

Ouvrage honoré de la Souscription du Conseil général de Lot-et-Garonne.

AGEN
IMPRIMERIE VEUVE LAMY
—
1889

LIVRE DE RAISON

DE LA

FAMILLE DE FONTAINEMARIE

1640-1774

PUBLIÉ PAR

PHILIPPE TAMIZEY DE LARROQUE

CORRESPONDANT DE L'INSTITUT

Ouvrage honoré de la Souscription du Conseil général de Lot-et-Garonne.

AGEN
IMPRIMERIE VEUVE LAMY

1889

LIVRE DE RAISON

DE LA

FAMILLE DE FONTAINEMARIE

LIVRE DE RAISON

DE LA

FAMILLE DE FONTAINEMARIE

1640-1774

PUBLIÉ PAR

PHILIPPE TAMIZEY DE LARROQUE

AVERTISSEMENT

M. Charles de Ribbe a tout dit sur les livres de raison en général, et M. Georges Tholin a tout dit sur les livres de raison de l'Agenais en particulier. Ne voulant pas revenir sur un sujet épuisé par les deux savants écrivains, je renverrai mes lecteurs aux nombreux ouvrages de l'un [1], au petit volume de l'autre [2], et je me contenterai de présenter en quelques mots aux amis des intimes récits du bon vieux temps, les rédacteurs successifs du journal que je viens mettre en lumière.

---

[1] On trouvera la liste complète de ces ouvrages dans l'essai de bibliographie des livres de raison qui figure à la suite des récits de la famille de Fontainemarie, essai que l'obligeante amitié de M. de Ribbe m'a tant aidé à étoffer.

[2] *Le Livre de Raison des Daurde d'Agen* (1491-1671). Texte précédé d'une étude sur quelques livres de raison des anciennes familles de l'Agenais (Agen, imprimerie Vᵉ Lamy, 1880) Madame la comtesse Marie de Raymond avait demandé à M. Tholin cette publication, dont elle paya les frais avec son habituelle générosité. C'est là un des meilleurs titres de notre amie si regrettée à la reconnaissance de ceux qui ont le culte des vieux souvenirs.

1. Le premier de ces rédacteurs est Jacques de Fontainemarie, natif de la ville de Marmande, qui devint en 1660 conseiller à la Cour des aides et finances de Guyenne, et qui mourut doyen de cette compagnie, le 18 septembre 1708. Ce magistrat fut le grand homme de la famille. Son récit embrasse la période comprise entre les années 1640 et 1708.

2. Le second rédacteur est le fils aîné de Jacques de Fontainemarie; il portait le prénom de François. Né à Bordeaux en 1663, il mourut à Marmande en 1741, après avoir, comme son père, longtemps siégé à la Cour des aides de Guyenne. Son journal s'étend de l'année 1663 à l'année 1730.

3. Ce journal fut continué, de 1741 à 1750, par la veuve de François de Fontainemarie, Marie-Marguerite Boutin.

4. Le quatrième et dernier rédacteur est Jean Baptiste de Fontainemarie, fils de François, né à Marmande en 1723, mort dans cette ville en 1780. Comme son père, comme son grand-père, il appartint en qualité de conseiller, à la Cour des aides de Guyenne. Son journal remonte jusqu'en 1720 et descend jusqu'en 1774.

Ces récits qui, dans leur ensemble, forment l'histoire d'une famille pendant plus de cent trente ans, présentent diverses sortes d'intérêt. Fidèle miroir des mœurs du passé, le livre de raison des Fontainemarie nous révèle, ou du moins nous rappelle, des côtés bien curieux de la vie de nos pères. La sincérité des chroniqueurs, qui semblent se transmettre de main en main la même simple et naïve plume, nous permet de lire jusqu'au fond de leurs âmes, et ceux qui sont jaloux d'interroger le *document humain*, trouveront dans les mémoires de cette série d'honnêtes gens un attachant sujet d'étude.

Considéré au point de vue de l'histoire régionale, le recueil fournit divers renseignements qui ne sont pas à dédaigner, soit en ce qui regarde cette Cour des aides de Guyenne où, pendant plus d'un siècle, la famille de Fontainemarie fut si brillamment représentée, soit en ce qui regarde un assez grand nombre de villes de l'Agenais et du Bordelais, notamment Agen, Blanquefort, Cocumont, Fauillet, Gontaud, Izon, La Réole, Libourne, Marmande[1], Tonneins, Tournon,

---

[1] Les récits de MM. de Fontainemarie complètent en une foule de petits points la monographie publiée en 1872, sous les auspices du Conseil général de Lot-et-Garonne, par celui qui écrit ces lignes.

Vayres, Villeneuve-sur-Lot. Mais c'est l'histoire de Bordeaux qui tient le plus de place dans notre livre de raison, lequel pourrait passer pour un supplément à la *Chronique Bourdeloise*. Je citerai particulièrement les détails relatifs à l'entrée du maréchal d'Albret dans la capitale de la Guyenne (31 mai 1671), à l'émeute qui ensanglanta les rues de cette ville (27 mars 1675), etc.

J'aime à l'espérer, le journal des Fontainemarie sera plus qu'une lecture intéressante: il sera une lecture salutaire. En un temps où trop de publications égarent les esprits et les cœurs, puisse ce modeste recueil, où resplendissent les beaux sentiments et les nobles exemples, être fortifiant, bienfaisant pour tous ceux qui daigneront le parcourir ! Un proverbe indien glorifie l'homme qui a fait pousser un seul brin d'herbe. N'est-ce pas encourageant pour celui qui, s'occupant d'une culture mille fois plus précieuse, aurait fait éclore une seule vertu [1] ?

PH. TAMIZEY DE LARROQUE.

---

[1] Le livre de raison et divers autres documents utilisés dans les notes, m'ont été gracieusement communiqués par M. Maurice Boisvert, maire de Beaupuy, membre du Conseil général de Lot-et-Garonne, et descendant des Fontainemarie par sa grand'mère. En exprimant ici ma plus vive reconnaissance au fils d'un homme qui fut pour moi un ami dévoué, il m'est doux de constater que, dans la famille Boisvert, la bonté parfaite est une qualité héréditaire. Je dois aussi diverses excellentes indications à M. le docteur d'Antin, à M. Gustave de Colombet, qui l'un et l'autre se rattachent par d'étroits liens de parenté à la famille de Fontainemarie, à M. l'abbé Alis, curé de Xaintrailles, à M. A. Communay, ancien président de la Société des Archives historiques du département de la Gironde, à M. le comte Albert d'Auber de Peyrelongue, et je prie ces obligeants et aimables auxiliaires d'agréer mes plus chaleureux remercîments.

I.

JOURNAL DE JACQUES DE FONTAINEMARIE

(1640-1708)

Je suis nay (*sic*) à Marmande le 28 janvier 1640[1] et baptisé le

---

[1] J'ai sous les yeux le contrat de mariage du père et de la mère du narrateur (Archives de M. Maurice Boisvert). Ce document porte la date du 23 septembre 1638. J'en extrais ce qui suit : « Dans la ville de Marmande en Agenois, aujourd'huy, 23 du mois de septembre 1638, maison du feu sieur Jean Dumourand, au quartier de Labat, pardevant moy notaire royal de ladicte ville soubsigné, ont esté constitués en leurs personnes, maistre Jean Fontainemarie, advocat en la Cour de Parlement de Bordeaux, et damoiselle Jacquette de Villepreux, habitans dudict Marmande. Ledict sieur procède de l'advis et consentement du sieur Jean Fontainemarie, son père, de Françoise de Treilhes, damoiselle veuve de feu sieur Jean Verguin, son ayeule maternelle, messire Pierre Daspe, archiprestre et recteur de la présante ville, son couzin, damoizelle Martha de Pigousset, femme de noble Jean de Lagoutte de Lapujade, escuier, sieur du Bascon, sa couzine, Pierre Jean Sacriste, son oncle, Jeanne de Verguin, damoizelle, femme dudict sieur Sacriste, etc, et ladicte damoizelle de Villepreux, de l'advis et consentement de damoiselle Hélène de Lavergne, veuve dudict feu sieur Dumourand, sa tante... » Jacquette de Villepreux était fille de « feu maistre Guillaume de Villepreux, advocat en la Cour de Parlement de Bordeaux et de damoiselle Olive de Lavergne. » L'époux reçoit douze mille livres et l'épouse six mille. Les archives de M. Boisvert possèdent aussi le contrat de mariage du grand-père et de la grand'mère du narrateur. On lit dans cette pièce que, le 4 mai 1600, « ont esté personelement establis Me Jehan Fontainemarie, advocat en la Cour ordinaire dudit Marmande, et honneste filhe Françoise Verguin. » Cette Françoise était fille de feu Jehan Verguin, bourgeois, et de Françoise Treilles ; elle est assistée de « Jehan Morisseau, bourgeois dudit Marmande, son oncle, de sieur Guillame Pigousset, son cousin germain, de M. Alexandre Daubert, escuier, aussi son cousin, tous habitans dudit Marmande ». L'acte est passé « en la maison des trois Verguin en présence de Me Nicolas Deymier, advocat en la Cour ordinaire de Sainte-Bazeille, et de Me Amanieu Boisvert, advocat en la Cour ordinaire de Marmande ».

Le grand-père du narrateur, Jean, bourgeois de Marmande, testa en

5 février suivant dans l'église paroissialle de ladite ville, et confirmé dans celle de Tivras [1].

J'eus une sy grande maladie le mois d'aoust 1652 qu'on me croioit mort. Les novices des Carmes de Bordeaux communièrent à mon intention avec leur père (Melaine de St-Jean-Baptiste) qui l'escrivit le 19 septembre de ladite année au père prieur des Carmes de Marmande. Enfin Dieu me donna la santé. Mon père et ma mère furent alors à l'extrémité de vie.

Quelque temps après, à cause de la peste et de la guerre [2], nous fûmes à Beaupui chez le sieur Sacriste [3] avec les sieurs Villepreux [4] et Groullie en famille. Les ennemis firent un parti composé de treize

---

cette ville, le 9 décembre 1643, en faveur de son fils Jean, avocat. L'ouverture du testament fut faite le 18 juillet 1654, devant Jean de Bastard, avocat en la Cour, juge lieutenant principal (Archives de M. Maurice Boisvert).

Rapprochons de ces actes un testament de Françoise de Treilhes, en date du 21 avril 1643, conservé aux Archives départementales de Lot-et-Garonne (Registre des insinuations de 1643-44, f° 163). Par ce testament, la veuve de Jean Verguin « donne et lègue à Jean Fontainemarie, le jeune, fils de M° Jean Fontainemarie et de feue Françoise Verguin, la somme de 1500 livres ».

[1] Ancienne paroisse située dans la commune de Marmande, à 2 kilomètres à l'ouest de cette ville.

[2] Il s'agit là de la Guerre de la Fronde. M. Georges Tholin prépare un recueil de documents inédits relatifs à l'histoire de la Fronde en Agenais, recueil qui promet d'être bien curieux.

[3] Nous venons de trouver le nom de ce Sacriste dans le contrat de mariage du 23 septembre 1638 (note 1). Voir sur la famille Sacriste, qui a une petite généalogie dans l'*Armorial général de la France*, de Louis-Pierre d'Hozier (t. I. p. 181), une note de la monographie déjà citée de la ville de Marmande (p. 118).

[4] Les Fontainemarie ont eu plusieurs alliances avec les Villepreux, comme on le verra dans divers passages du livre de Raison. Mentionnons les renseignements donnés sur la famille de Villepreux par le d'Hozier de notre région, M. le docteur Jules de Bourrousse de Laffore, dans son étude (en cours de publication) sur l'*Etat de la Noblesse et des vivant noblement de la Sénéchaussée d'Agenais en 1717*.

personnes pour y prendre des prisonniers. Les uns furent à Castecu [1] où estoit ma mère avec ledit sieur Villepreux, son frère ; ils firent colation chez ledit sieur Sacriste qu'ils prirent prisonnier et en eurent 2,000 livres de rançon, du sieur Groullie 240 livres et du sieur Plombart 100 livres qu'ils prirent aussy prisonniers. Ils ne dirent rien à mon père attendeu qu'ils creurent qu'il estoit le curé de la paroisse, comme ils ont dit depuis. Cette aventure arriva le 5 juillet 1653 auquel jour en action de graces, il est bon de faire dire une messe comme mon père. A cella près nous feumes à Foncaude, proche La Réolle [2], où nous demurasmes sept mois chez le sieur Laborie, beau-frère de mon père.

Le 22 décembre 1657, j'ay souteneu des thèses de mois en philosophie soubs M. Pierre, principal dudict collège (de Guyenne) [3]. Le xi may 1658 j'en ay souteneu dediée à la Vierge, *ex logica, ex phisico auditu, et ex libris de Cœlo et mundo* [4].

Le 25 aoust 1658 j'ay souteneu un acte particulier en philosophie

---

[1] Le domaine de Castecu, situé dans la commune de Beaupuy (canton de Marmande), appartient aujourd'hui à Madame Bastrate, née Bonnard et parente des Fontainemarie. Voir à l'*Appendice*, sous le n° 1, un *Mémoire concernant la maison noble de Castecu, ses appartenances et dépendances*, rédigé dans la seconde moitié du XVIIe siècle par Jacques de Fontainemarie et tiré des Archives de M. Boisvert.

[2] Foncaude formait autrefois une juridiction de la sénéchaussée de Bazas. Voir *Archives historiques du département de la Gironde* (tome XIII, p. 560, document de 1698). Ce n'est même plus aujourd'hui un simple chef-lieu de commune.

[3] Ce principal est nommé Jacques Piers dans le chapitre XXV de l'*Histoire du collège de Guyenne*, par M. Ernest Gaullieur (Paris 1874, p. 425-431). C'était un Irlandais qui d'abord professeur au collège de Guyenne, en devint directeur par intérim en 1629, directeur titulaire en 1646 et qui mourut en avril 1667.

[4] Traités d'Aristote ou du moins attribués à ce savant et qui font partie des *Météorologiques*.

au collège des Loys dédié à M. le président Latresne [1] à cause de l'incendie arrivée [2] au collège de Guyenne [3].

Le XIII mars 1659 j'eus de lettres de mestre ez arts.

Je feus receu advocat le 15 décembre 1659 ayant commancé d'estudier en droit à l'ouverture du collège.

Le 15 may 1660, les articles de mariage d'entre demoiselle Jeanne de St-Angel [4] et moy furent signés à Bordeaux. Mon père et ma mère n'ayant que moy me constituent 50,000 livres; M. et Mlle de St-Angel 20,000 livres à leur fille aînée [5].

Le 5 octobre 1660 mon père m'achepta un office de conseiller en la cour des aydes et finances de Guyenne pour 28,000 livres [6].

Le 21 février 1661, jour de lundi à 4 heures du matin, nous avons épousé dans l'église paroissiale de St-Cristoly de Bordeaux. J'ay

---

[1] François Artus le Comte, conseiller au Parlement de Bordeaux en 1629, était devenu président à mortier en 1637 et fut célèbre pendant la Fronde sous le titre de président de la Tresne. Ce fut le père du premier président Jean-Baptiste Le Comte, Captal de La Tresne. Voir *Le Parlement de Bordeaux. Notes biographiques sur ses principaux officiers* par A. Communay, (Bordeaux, 1886, p. 117).

[2] On a souvent fait le mot incendie du féminin en dépit de l'étymologie (*incendium*) et à cause de la désinence. Tout le monde connaît le joli mot de Sophie Arnould à ce sujet.

[3] Je ne vois pas la moindre trace de cet incendie dans l'ouvrage de M. Gaullieur. En revanche, la *Chronique Bourdeloise* nous apprend (p. 84) qu'à la suite de l'embrasement de l'Hôtel-de-Ville (13 décembre 1657), « l'église St-Eloy, le collège de Guyenne, et plusieurs autres bastiments non soulement circonvoisins, mais encore bien éloignés, furent beaucoup endommagés ».

[4] Voir sur la famille de Saint Angel, dans le tome XIII des *Archives historiques du département de la Gironde* (p. 199-200), un document du 17 octobre 1599.

[5] J'ai vu les *Articles de mariage entre M. Jacques de Fontainemarie, advocat en la Cour de Parlement de Bourdeaux, fils naturel et légitime de M. Jean de Fontainemarie, aussy advocat en ladite cour de Parlement, seigneur de la maison noble de Castecu, et de damoizelle Jacquette de Villepreux, ses père et mère; et damoizelle Jeanne de Saint-Angel, fille légitime de noble Françoise de Saint-Angel, escuyer, seigneur de la Brède, et de demoizelle Jeanne de Mallet, ses père et mère, habitans de Bourdeaux, etc. La future épouse est assistée de son oncle, « noble Estienne de Mallet, escuyer, gouverneur des villes et chateaux de Cadillac et Rions sur Garonne. »*

[6] C'était l'office laissé vacant par le décès de Louis de Chezelles.

donné à ma femme treize louis d'or [1] pour erres [2] et quelques petites nippes avec un Rond d'Or, luy ayant reconneu 2,000 livres pour des bagues et joiaux par nostre contrat de mariage du 8 février 1661 receu par Rougier, notaire royal dudit Bordeaux. Sortant de l'église nous sommes allés chez ledit sieur de St-Angel où nous avons demuré huit jours. De là nous sommes allés dans un appartement d'une maison de la dame Dunoier que j'avois loué pour trois ans le 6 janvier 1661 à raison de 400 livres par an et 30 livres par dessus.

Le 13 mars 1661 mon père a acquité une lettre de change de 500 livres et de ses deniers pour ma dispanse d'aage ; il a donné 100 livres à celuy qui en poursuivit l'obtention.

Le 21 mars 1661 les semestres assemblés pour me donner loy M. le président Maniban [3] a prié la Cour de luy accorder un delai pour rapporter les provisions qu'il poursuivoit pour son fils auprès de Sa Majesté d'un office de conseiller en la Cour dont il disoit avoir

---

[1] Voir dans l' *Intermédiaire des chercheurs et curieux*, du 25 juillet 1887, une note sur *l'usage du treizain dans le sud-ouest de la France* (p. 418).

[2] *Errhes* pour *Arrhes*. Littré, sous le mot arrhes du *Dictionnaire de la langue française*, a constaté que la forme *errhes* a duré jusque dans le XVIIe siècle. Ce n'est pas assez dire et, en province, on retrouve cette forme encore employée au siècle suivant.

[3] Gui de Maniban, fils de Jean de Maniban, seigneur de Lusson et de Larroque, successivement conseiller au grand Conseil, maître des requêtes et lieutenant général en la sénéchaussée de Bordeaux, et de Jeanne de Ram, fut d'abord conseiller-commissaire aux requêtes du Palais de Bordeaux ; il acquit, en 1633, une charge de président en la Cour des Aides. L'année suivante, il épousa Marie de Lavie, fille de Marc Antoine de Lavie, conseiller au parlement. Il mourut en 1689. Son frère cadet, Thomas de Maniban, habita Toulouse, où il devint avocat général, puis président à mortier au parlement de cette ville. Il fut l'auteur d'une branche qui s'éteignit par une fille, dans la maison du marquis de Bourbon-Malauze et à laquelle appartient François-Honoré de Maniban de Cazaubon, évêque de Mirepoix en 1721 et archevêque de Bordeaux en 1729. Nous retrouverons plus loin le fils de Guy de Maniban, nommé Alphonse, qui succéda à son père dans la charge de président. Sur le père et le fils on consultera avec le plus grand fruit un ouvrage que prépare M. A. Communay, sur les officiers de la Cour des Aides de Guyenne, et qui sera le digne pendant de son recueil relatif aux officiers du Parlement de Bordeaux.

traité il y a eu trois mois et cependant [il a été sursis] à ma réception ; il feut receu le premier aoust 1661 et moy le 5.

Le 15 février 1662, mon père a donné quittance receue par ledit Rougier audit sieur et demoiselle de St-Angel de 2,000 livres qui a esté employée au paiement de partie de nostre ameublement, le surplus de icelluy ayant esté payé de l'argent de mon père, qui m'avoit envoyé par Jean Chalard, munier (sic) de Castecu, cinquante pistoles pour me mettre en estat d'epouser ; il m'a achepté une robe de palais de drap d'Hollande, une sotane et manteau long de moire.

Mon père est mort à Marmande le 20 janvier 1663 à 7 heures d'un samedi matin, jour de saint Fabien et saint Sebastien. Le lendemain, son corps a esté porté aux Carmes où ma mère a fait dire tous les jours une messe expresse pour raison de quoi elle leur a donné 100 livres. L'invantaire de ses meubles a esté fait le 4 février 1663 par Boutet dit Boutilhon, notaire de Viraseil [1].

Sur nos enfants :

Le 15 novembre 1661, à deux heures après minuit, ma femme a accouché d'un garson qui a esté donné à Baptesme à mon père et à Mlle de Saint-Angel ; il est mort le 2 de novembre et a esté enseveli à St-Projet à Bordeaux.

Le 9 octobre 1662, à une heure après minuit, ma femme a accouché d'une fille baptisée à St-André, à Bordeaux le 9 novembre suivant, mon père parrain, Mlle St-Angel, marraine ; son nom est Jeanne.

Le 4 décembre 1663, à 4 heures après minuit, ma femme a accouché d'un garson baptisé le xi juillet 1667, ayant eu l'eau auparavant, ledit sieur de St-Angel parrain, et ma nièce, marraine ; il s'appelle François.

Le 25 juillet 1664, ma femme estant grosse de deux mois, s'est blessée.

Le 28 may 1665, ma femme a accouché d'un garson baptisé [2] par M. Mallet et Mlle St-Angel, sa tante, le 4 juin de ladite année ; son nom est Estienne.

---

[1] Virazeil, commune du canton de Marmande, à 5 kilomètres de cette ville.
[2] C'est-à-dire tenu sur les fons baptismaux par...

(En regard de cet article on trouve à la marge la note que voici ajoutée près d'un demi-siècle plus tard : « il est mort cappitaine d'infanterie dans le régiment de Foix du côté de Strasbourg en septembre 1702.) »

Le 4 septembre 1666, ma femme a accouché d'un garson à une heure après minuit; il a esté baptisé le xi juillet 1667, par le sieur St-Angel l'aîné et la demoiselle de Faure à la place de la demoiselle de Villepreux, ma tante; son nom est Jean.

Le 10 aoust 1667, ma femme a accouché d'un garson baptisé par deux pobres[1]. Son nom est Jacques; il est mort à Marmande le 28 septembre 1671. Il a esté enterré dans la sépulture de mon père aux Carmes.

Le 6 août 1669, jour de mardi, ma femme s'est blessée estant grosse de cinq semaines.

Le 12 juin 1670, ma femme a accouché d'un garson baptisé par François Fontainemarie, son frère, et Mlle St-Angel la jeune, sa tante; il est mort le 31 juillet suivant et enterré à St-Seurin, faubourg de Bordeaux, où il estoit en nourrice. Son nom estoit Joseph.

Le 3 juillet 1671, ma femme a accouché d'un garson baptisé le lendemain par nostre dit fils François et ladite demoiselle de St-Angel. Son nom estoit aussi Joseph; il est mort le 14 février 1695; il a esté enterré le lendemain à Bordeaux, dans la deuxiesme chapelle de de l'aisle gauche en entrant à St-André.

Le 1er février 1673, ma femme a accouché, à Bordeaux, comme les autres fois et blessée de mesme d'une seconde fille, baptisée le 3 dudit mois, ledit sieur Villepreux, parrain et dame Marguerite de Larrocque, marraine, femme dudit sieur Mallet; son nom est Marguerite. Elle est décédée le 13 mars 1674, et enterrée à Fargues[2].

---

[1] Il arrivait souvent que l'on prenait pour parrain un pauvre que le hasard amenait vers la maison du nouveau-né. Le grand Montesquieu fut ainsi le filleul d'un mendiant qui s'appelait Charles-Louis. Voir plusieurs exemples de pareils baptêmes dans une note de mon compte-rendu de l'*Histoire de Montesquieu* par Louis Vian (*Revue critique* du 27 avril 1878, p. 276).

[2] Commune du département de la Gironde, canton de Créon, à 11 kilomètres de Bordeaux.

Le 7 avril 1674, ma femme a accouché d'une fille baptisée le lendemain par Estienne Fontainemarie et Catherine Roustaut, demoiselle. Son nom est Catherine.

Le 16 mars 1676, ma femme a accouché à Marmande, d'un garson baptisé le lendemain, dans l'église paroissialle de ladite ville; mon oncle Fontainemarie a esté son parrain et Jeanne Fontainemarie sa sœur, sa marraine, il s'appelle Jean.

Le 15 avril 1677, ma femme s'est blessée à Marmande, estant enceinte de six semaines.

Le premier jour de mars 1678, ma femme s'est blessée, croit-on, de deux enfants, grosse de sept semaines y en ayant cinq qu'elle estoit malade d'une fièvre continue avec des redoublemans des douleurs par tout le corps avec un mal de teste et de gosier effroiable. Je la trouvé dans cet estat à Marmande, venant de Bordeaux. J'ay fait prier Dieu pour elle à Nostre-Dame de Verdelais [1] où j'ay envoyé le sieur Plombart [2] et à Marmande, n'ayant rien espargné pour cella. J'ay eu plusieurs médecins, dont l'un nommé Proust, très habille, estoit à la suite de la chambre de l'Edit où il avoit un procès important, ladite chambre estant alors à Marmande de mesme que le Parlement [3]. Dieu luy a donné la santé.

Le 22 octobre 1678, estant à la Duronne [4], ma femme s'est blessée

---

[1] Dans la commune d'Aubiac, canton de St-Macaire, arrondissement de La Réole, à 18 kilomètres de cette ville, et à 38 kilomètres de Bordeaux.

[2] Quand j'ai eu le plaisir d'examiner, en compagnie de M. Maurice Boisvert, les vieux papiers de ses archives, nous avons trouvé, parmi ces papiers, deux très anciennes et très naïves gravures qui représentaient la statue de N-D de Verdelais et qui appartenaient peut-être à l'époque où nous place le passage que l'on vient de lire.

[3] Le parlement de Bordeaux avait été transféré à Condom, en novembre 1675 et de Condom à Marmande en janvier 1676. Les deux compagnies siégèrent dans cette dernière ville jusqu'en mai 1678. Voir *Notice sur la ville de Marmande*, p. 110.

[4] Le domaine de la Duronne est situé dans la commune de Birac, canton de Marmande, à onze kilomètres de cette ville. Après avoir longtemps appartenu à la famille Fontainemarie, ce domaine passa à la famille Bouic, qui l'a vendu depuis une vingtaine d'années. Nous trouverons plus loin des détails sur l'achat de la Duronne par Jacques de Fontainemarie en 1670.

estant grosse de six semaines. Ma femme n'a plus porté d'enfants depuis ce terme.

Le premier avril 1664 j'ay loué au sieur Saint Martin, chanoine, une partie de sa maison presbiteralle située à la place Saint-André à Bordeaux pour 350 livres par an, et le 19 décembre 1667 je lui ay loué toute l'autre maison à 550 livres par an, d'où j'en ay souloué une partie pour 150 livres par an au sieur Polland, secrétaire du roy en la chancellerie près la Cour des Aydes, les contrats ayant esté receus par ledit Rougier.

Quelques particuliers de Marmande ne pouvant dissimuler la peine qu'ils ont de me voir conseiller en cour souveraine ont obligé les sieurs Roquette et Silvine, premier et second consul [1], de me fascher dans une procession, prétextant qu'un laqué (sic) parisien que j'avois vouloit marcher devant eux tenant un baton haut la main, la conduite desquels Rocquette et Silvine a esté désapprouvée par les sieurs Mimaut et Bourgoignon, 3e et 4e consuls, et comme lesdits Rocquette et Silvine ont mandié un acte de jurade, les principaux taillables ont nommé scindic le sieur Groullie pour s'y opposer, dont ayant fait un procès verbal il a esté decretté d'adjournement personnel par le lieutenant criminel de Libourne devant lequel ils ont randeu leur audition, et comme il m'a esté permis d'informer du contenu en mon procès verbal l'information a esté faitte. Cependant l'instance ayant esté portée au grand conseil, Monsieur le Marquis de Saint-Luc, chevalier des ordres du roi et lieutenant général pour sa Majesté en Guyenne, m'ayant fait demander ma parolle par M. de Mallet à la prière desdits Rocquette et Silvine, je la luy ay donnée par l'advis de Messieurs de nostre compagnie.

S'ensuit l'acommodement de M. le lieutenant du Roy.

A Bordeaux le 9 d'avril 1664, Mrs les conseuls, ayant examiné les différans survenus entre M. Fontainemarie, conseiller à la Cour des Aydes et les sieurs Rocquette et Silvine, pour lors conseuls de vostre ville, sur ce qui se passa à la procession de la pentecoste, dont il y a eu instance au grand Conseil, j'ay trouvé à propos de finir cet affaire pour empescher les suites de vos divisions et établir le repos

---

[1] Les noms de ces deux consuls, comme les noms de deux autres consuls de la même année mentionnés un peu plus bas, manquent à la notice sur la ville de Marmande. Le livre de raison nous fournira bien d'autres renseignements additionnels.

de vostre communauté. Pour cet effet, la présente receue, un de vous sera député pour aller avec lesdits sieurs Rocquette et Silvine dans la maison dudit sieur Fontainemarie l'assurer que la communauté ny les particuliers n'ont eu aucun dessain de luy contester aucun rang, qu'ils luy rendront ce qui est deub à un conseiller à la Cour des Aydes, qu'ils honorent et respectent sa personne et son caractère, qu'ils le supplient très humblement d'oublier tout le ressentiment qu'il pourroit avoir eu contre lesdits sieurs Rocquette et Silvine, qu'ils n'ont jamais eu pensée de luy déplaire, et que s'il a creu en avoir eu occasion, ils luy en demandent excuse, comme aussy ladite communauté et lesdits Rocquette et Silvine le remercieront très humblement de ce qu'il luy a pleu quitter à ma considération les dépens qu'il prétandoit de ladite instance. Et affin que les choses se fassent de part et d'autre sans y rien oublier, et que ledit sieur Fontainemarie en ayt une entière connoissance, vous fairés enregistrer la presante et luy en fairés donner une copie expediee par nostre greffier, moienant quoy toutes choses demeureront assoupies de part et d'autre, à quoy m'assurant que chaquun se conformera, je demeureray, M^{rs} les conseuls, vostre plus affectionné à vous servir.   SAINT-LUC.

A *Mess. Mess. les Conseuls de Marmande.*

Cette copie a esté extraite sur le livre de jurade de la ville de Marmande par sieur Jean Despeironne, consul à Marmande [1], le 15 d'avril 1564. J'ay ladite copie avec mes provisions.

Cet accommodement a esté executé. Ledit sieur Despeironne, consul, ayant esté député, il me mena chez moy dans ma maison à Marmande, accompaigné de Lambert, greffier de la communauté, desdits sieurs Rocquette et Silvine, qui me firent la satisfaction portée par ladite lettre de Monsieur le marquis de Saint-Luc, qui fut leue deux fois par ledit sieur Despeironne, député, en présence de plusieurs de mes amis, particulièrement des dits sieurs Mimaut et Bourguignon, alors consuls et collègues desdits sieurs Rocquette et Silvine que j'avois prié de se trouver chez moy, d'où sortant les dits sieurs Despeyrone, député, Lambert, greffier, avec les dits sieurs Rocquette et Silvine, je ne les accompaigné que jusqu'à la porte du salon.

---

[1] Encore un personnage consulaire dont le nom n'a pas été inscrit dans la *notice sur la ville de Marmande.*

Les conseuls de Marmande ont esté condamnés en 300 livres à la requeste de M. le Procureur général par arrest de la Cour des Aydes pour une levée de dix sols sur chaque pièce d'eau-de-vie qui entroit dans ladite ville ou qui se portoit sur le port d'icelle. Il faut voir mon livre de collections d'arrests.

Le 12 juin 1668 la Cour, moy y estant, en presance dudit sieur marquis de St-Luc et du sieur Pellot, intendant [1], a enregistré l'Edit portant suppression de la crue et du semestre créés par autre Edit du mois de juillet 1659. Il en a couté 30.000 livres à M. Suduiraut, premier président [2], 8.000 livres à chaquun des autres présidents, et 9.000 livres à chaquun des conseillers. J'ay payé cette somme. Toutes ces pièces sont ensemble avec mes provisions.

Le 28 juillet 1669 nostre compaignie a assisté aux Jésuites à Bordeaux à un acte particulier de philosophie qui luy a esté dédié par sieur Pierre de la Ville, fils du feu sieur la Ville, secrétaire du Roy en la chancellerie près la Cour des Aydes.

Le 2 aoust 1669 M. de St-Angel, père de ma femme, est mort ; il a esté le lendemain ensevely à St-Cristoli. Il a fait son testament le 3 novembre 1668 receu par ledit Rougier. Sa femme a la jouissance; son aîné est héritier ; il y a substitution jusqu'aux filles.

Par transaction du 3 octobre 1669 receue par d'Artigolle, notaire de Marmande, le sieur Brezetz, cappitaine [3], dont mon père avoit esté curateur, et moy demurons reespectivement quittes pour raison de cette curatelle circonstances et dépandances.

Le 19 novembre 1669 le sieur Roux ayant dedié un acte particulier de mathematique audit sieur Suduiraut, premier présidant, nous y avons assisté aux Jésuites.

---

[1] Claude Pellot, seigneur de Port-David et Sandars, était intendant de Guyenne depuis l'année 1664 ; il mourut premier président du parlement de Rouen, le 13 août 1683.

[2] Comme je l'ai fait pour le président de Maniban, je renverrai, pour le premier président de Suduiraut, au travail que M. Communay prépare sur les officiers de la cour des aides de Guyenne.

[3] La famille de Brezets est une des vieilles familles de Marmande. J'ai rappelé (notice sur cette ville, p. 90) qu'à la fin du XVIe siècle, Isaac de Brezetz, reçut de la reine Marguerite de Valois, dame apanagiste du comté d'Agenais, les provisions de Juge royal à Marmande.

Le 30 novembre 1669 le Roy a interdit Mrs d'Hostein et Métivier, présidans, et Lamezan, conseiller, et a exilé ledit sieur d'Hostein à Auxerre, ledit sieur Métivier à Alanson, et ledit sieur Lamezan à Saint-Malo. Ledit sieur Métivier a esté rappellé 6 sepmaines après, et lesdits sieurs d'Hostein et Lamezan le XX décembre 1670 [1].

La communauté de Marmande ayant un procès à la Cour des Aydes au rapport de M. Lavigerie, doyen, les sieurs Coudroy, bourgeois [2], et Fizelier [3], scindic, députés de la communauté, me sont veneus saluer de sa part, et le 30 mars les sieurs d'Auber [4], Labarchede, Laperrière et Faget, conseuls de 1670 [5], m'ont envoié une lettre signée de tous eux à la réserve dudit sieur Laperrière pour ne scavoir escrire; cette lettre m'a esté randue par ledit sieur Fizelier, scindic, par laquelle ils me prient respectueusement de randre justice à leur communauté.

Le 25 may 1670, moy estant à Marmande, lesdits sieurs Labarchède et Faget, conseuls, me sont veneus saluer dans ma maison de la part de leur communauté, et me remercier de la disposition que j'avois à leur randre justice dans le susdit procès.

---

[1] On ne trouve mention ni de l'exil, ni du rappel de ces magistrats dans la *Chronique Bourdeloise*. Le président d'Hostein est-il le même que celui qui était déjà si mal noté, en 1644, dans une lettre du président de Lauson au chancelier Séguier (*Archives historiques du département de la Gironde*, tome XIX, p. 127), et qui, en 1653, est désigné par le duc de Vendôme et le duc de Candalle comme devant être exclu de la cour des Aides (Ibid. t. XV, p. 451) ?

[2] Probablement un des aïeux de M. Coudroy de L'Isle, ancien lieutenant d'infanterie au régiment d'Orléans et consul de Marmande en 1752, mentionné dans la notice de 1872, p. 114.

[3] On retrouve deux fois ce nom dans la même notice : en 1750, il s'agit (p. 113) d'un consul et, en 1764 (p. 116) d'un procureur syndic de la ville.

[4] C'était François d'Auber, écuyer, seigneur de Peyrelongue ; il était fils de Guillaume d'Auber de Peyrelongue, écuyer, mentionné dans un document du 20 décembre 1624 que j'ai reproduit dans la *notice sur la Ville de Marmande* (p. 103). Voir sur la famille d'Auber de Peyrelongue une intéressante note dans la *notice sur le château, les anciens seigneurs et la paroisse de Mauvezin* par M. l'Abbé Alis (p. 556-557).

[5] Si le nom de *Labarchede* est absent de la *notice sur la ville de Marmande*, en revanche on y trouve plusieurs fois mention des noms *Laperrière* et *Faget*. Voir pages 110, 119.

Le dernier jour du mois de may 1671 M. le Mareschal d'Albret, chevalier des ordres du Roy, gouverneur et lieutenant général pour sa Majesté en Guyenne, a fait son entrée à Bordeaux par la porte du Caillau ¹. Le jour precedant il s'en alla incognito chez le sieur Lombard aux Chartrons d'où on l'alla chercher dans un bateau ou maison navalle, ayant esté receu au bruit du canon de la ville, du Chasteau Trompette et des vaisseaux qui estoient au port, et de descharges de trente-six compagnies de la bourgeoisie que le sieur Villepreux, major de Bordeaux ², avoit mis sous les armes. M. le gouverneur ayant abordé à une tribune aux harangues, les maire et jurats furent les premiers qui l'aranguèrent (sic), luy ayant présenté dans un bassin d'argent une clef de la ville et les leur rendit après les avoir prinses ; à suite ayant monté au haut de ladite tribune il s'assit dans un fauteuil ayant soubs ses pieds un carreau de velours. Dans cet estat les juges et consculs de la Bourse luy ont fait leur compliment ; après eux, les officiers de l'eslection, à suite l'université, après le sénéchal, le présidial, après les présidans et thrésoriers de France. Ces harangues finies, les députés de la Cour des Aydes ayant pareu, duquel nombre j'estois, M. le Mareschal desandits (sic) de la dite tribune et fit la moitié du chemin et nous l'autre moitié, suivant les ordres du roi couchés sur nostre registre, et dans cet endroit, c'est-à-dire au milieu du chemin, à prandre depuis la tribune aux harangues jusqu'à la porte du Caillau, M. le président Metivier portant la parolle se distingua à son ordinaire et luy fit sa harangue [ici cinq lignes raturées avec tant de soin, qu'il est impossible

---

¹ Conférez la continuation de la *Chronique Bourdeloise* p. 102 et 107. Les deux narrateurs sont d'accord sur les points principaux, mais chacun d'eux donne quelques détails différents et les deux récits se complètent l'un par l'autre.

² On lit dans la *Chronique Bourdeloise* (continuation de 1671 à 1700, p. 112) : « du 4 décembre (1686), le Roy ayant pourvu le sieur de Villepreux fils, l'un de ses mousquetaires, de la charge de Sergent-Major de la Ville sur la démission volontaire que le sieur de Villepreux, son père, en avoit fait, les Lettres de provision de Sa Majesté furent enregistrées dans les registres de l'Hôtel-de-Ville. » C'était le 27 août 1653 (*Chronique Bourdeloise*. Continuation de 1620 à 1672, p. 67) que le sieur de Villepreux le père, « escuyer » avait été « receu en la charge de Major de la Ville, par la recommandation de son Altesse de Vendosme, aux gages de six cens livres annuellement en temps de paix, et de douze cens livres en temps de guerre. »

d'en déchiffrer un seul mot] Nous nous sommes randeus au palais tenant les deux costés de la rue du chay de farines dont nous estions les maistres n'y ayant ni cavalerie ny infanterie mesme les deux rues qui y aboutissent venant de celle des Argentiers, lesquelles deux petites rues estoient fermées d'une barrière chaqune.

Le premier du mois de may de ladite année, moy estant à Marmande, les sieurs Brezetz, cappitaine, Campaignol, le sieur Fizelier, et autre Fizelier, greffier, le sieur Perret, procureur du roy [1], portant la parole, estant accompaignés de maistre Jean Sacriste, scindic de la Communauté, des sieurs Villepreux, Basin, prestre, Marucheau puisné, Roquette, deux Fagets, frères, Despeirone, Mimaut La Sansonnette, Fauché, d'Artigolle, et Coudroy, secrétaire de la ville, m'ont porté un may à son nom ; je l'ay agréablement receu, tout s'est bien passé de part et d'autre et rien n'a esté oblié (*sic*).

Le 9 avril 1670, jour de mercredy de Pasques, sieur François de St-Angel feut, le soir, assassiné dans la rue St-Pol, et mourut à 7 heures du soir. Le nommé Laborie qui le tua a esté condamné par défaut à estre pandeu par le lieutenant criminel de Libourne. Cette mort a acquis à ma femme une portion de légitime sur laquelle Mlle de St-Angel, sa mère, m'a donné 451 livres.

Le 24 décembre 1670, demoiselle Hélaine de Lavergne est décédée à Marmande ; elle a esté enterrée aux Cordeliers dans la sépulture de feu sieur Dumoran, son mari [2].

J'ay achepté le domaine de la Duronne uniquemant pour contanter ma mère scitué dans la paroisse de Birac, élection d'Agen, proche Marmande, pour dix mille livres des sieurs Lavergne et Villepreux, héritiers de ladite demoiselle de Lavergne, par contrat du 21 juillet

---

[1] Les Perret occupèrent souvent la charge de procureur du roi à Marmande, depuis la fin du XVIe siècle jusqu'à la fin du XVIIIe (*Notice sur la ville de Marmande*, pp. 91, 110, 118).

[2] Hélène de Lavergne et son mari Jean Demourand ont été déjà mentionnés dans la première note de la première page, note contenant des extraits du contrat de mariage de Jean de Fontainemarie et de Jacquette de Villepreux.

el 30 septembre 1670, reteneu par Deymier, notaire royal de Mauvesin [1], demeurant à Castelnau sur Gupie [2].

Mgr l'Evêque d'Agen estant à Paris [3], ses vicaires généraux me donnèrent un titre de plassemant de banc dans l'église paroissialle de Marmande le dernier décembre 1675 en verteu duquel titre ledit banc a esté plassé le 28 janvier 1676, moy y estant en presance de M. Lagauzeire, curé, par le nommé Raboi, maistre menuisier, auquel pour sa façon ma mère a donné 30 livres, luy ayant couté 60 livres des deniers de sa mère, outre les 30 livres, suivant ce que ledit sieur curé m'avoit dit, dont ledit Raboi m'a donné quittance le 23 décembre 1675, attendeu que lorsqu'on veut plasser un banc dans une église on luy doibt faire un honneste presant : lors duquel plassemant de banc le sieur Perret ayant seu qu'un masson coupoit la crête du pilier contre lequel mon banc est appuyé, suivant l'avis de maistre Lesperance, fort habile architecte qui a accommodé ladite église [4], et du consantement dudit sieur curé qui m'avoit fait connoistre qu'il seroit bon de faire le banc de la manière qu'il est, entra seul dans ladite église et demanda audit masson par quel ordre il travailloit, et luy ayant répondeu que c'estoit moy qui l'avoit employé, il repondit que l'église en seroit incommodée et que du moins il en falloit parler aux conseuls. A cella près, il se retira. Comme je sortois de la sacristie avec le sieur Levisson, vicaire, le masson nous dit la chose,

---

[1] « Me Deymier, notaire royal de Castelnau-sur-Gupie » figure plusieurs fois dans la monographie déjà citée de Mauvezin, notamment p. 376.

[2] La commune de Castelnau-sur-Gupie, comme celle de Mauvezin, sa voisine, appartient au canton de Seyches ; elle est à 9 kilomètres de Marmande.

[3] Cet évêque était le célèbre Claude Joly, qui siégea de 1665 à 1678.

[4] De même que le livre de raison vient de nous révéler le nom d'un des curés de la ville de Marmande, nom que je retrouve, accompagné du prénom Guillaume, dans un acte notarié du 23 avril 1689, au sujet des dîmes de Granon, de Bouillatz, etc, il nous révèle ici le nom de l'architecte qui au XVIIe siècle, *accommoda* — l'expression fera trembler les archéologues ! — la belle église de Notre-Dame. Puisque nous en sommes aux choses d'architecture, notons que le narrateur mentionne un peu plus loin, au sujet des réparations et additions à sa maison, Thomas Benquet, maître architecte de Bazas, et le frère Hippolyte « fameux architecte capucin. » Thomas Benquet fut aussi chargé de la construction de la chapelle que le narrateur fonda dans l'église de Beaupuy.

ce qui m'obligea d'en donner connoissance audit sieur curé qui escrivoit dans une chapelle, qui n'approuva pas la conduite dudit sieur Perret, non plus que maistre Lesperance et ledit Raboi. Les conseuls trouvèrent qu'il avoit tort, aussi bien que les sieurs Daligues, Villepreux, Groulie père et fils, Despeirone, premier marguillier, qui se vindrent tous offrir à moy, si bien que nous ne sortimes pas de l'église que tout ne feut fait de la belle manière.

J'ay achepté la maison que j'ay fait bastir joignant celle que mon père et ma mère m'ont laissé [1] pour 1,150 livres à cause de la translation du parlemant à Marmande, et que la Cour des Aydes estant à Libourne, ma femme et moy demeurasmes d'accord, à l'imitation de plusieurs autres, que la famille resteroit à Marmande, ne pouvant nous passer de bastir, nostre famille estant nombreuse et coustant beaucoup moins à Marmande qu'à Bordeaux et à Libourne où j'iray servir Dieu aydant menant avec moy un laqué seulement. Cette maison qui est en franc aleu [2] a esté achetée par deux contrats : le premier, du 29 janvier 1676, (au sieur Lamouroux), le second, du 30 dudit mois (à Anne Coudroy).

Le XIII juillet 1671, dans une assemblée de cent et trante qui se fit à Bordeaux dans l'hostel de ville pour raison du franc aleu [3], M. d'Essenault et moy y avons assisté en qualité de députés de nostre Compaignie, où estant arrivé quelque contestation à nostre éguard, M. de Mallet, jurat [4], la fit cesser à ma considération, et nous estant

---

[1] Cette maison est celle qu'occupe aujourd'hui dans la grande rue nationale M. Jarleton, gendre de feu M. Charles Boisvert. C'était la maison de la branche aînée des Fontainemarie. La branche cadette possédait la maison de la rue Puy-Guiraud qu'habite actuellement M. Farbos.

[2] Voir dans *Ville libre et barons*, par M. G. Tholin (Agen, 1886, p. 219 225) une substantielle *note* ou pour mieux dire, notice sur *Le franc alleu en Agenais*. Conférez le récent travail de M. Pierre Lanéry d'Arc, docteur en droit, avocat à la Cour d'Appel d'Aix : *du franc alleu* (Paris, 1888, p. 367-384. *Guienne et Agenais*).

[3] Cette assemblée est mentionnée dans la *Chronique Bourdeloise* (p. 104). Voir encore *Continuation de la chronique Bourdeloise* (p. 1 et 2).

[4] M. de Mallet « escuyer et premier Jurat » est souvent nommé dans la *Chronique Bourdeloise* ; il figure notamment dans la *Continuation* de cette *Chronique* p. 3. avril 1670).

le lendemain rencontrés, nous proposasmes de nous mesme un accommodement entre nostre Compaignie et les maire et jurats, ce qui a sy bien reussi que par deliberation de l'hostel de ville du x février 1672, remise au greffe de la Cour des Aydes le 14 mars suivant, homologuée au conseil le douziesme juillet 1672 par les soins de M. Minvielle qui se trouva alors à Paris, il a esté resoleu que lesdits maire et jurats randront à nostre Compaignie les honneurs et les devoirs qui luy sont deubs. Il est constant que ledit sieur de Mallet a bien vouleu obliger à ma considération nostre Compaignie, estant oncle de ma famme, car jamais lesdits maire et jurats n'avoient vouleu faire les démarches que la Cour avoit prétandeu avec justice, de manière que nous en avons l'obligation entière audit sieur de Mallet entre plusieurs autres, comme de ce qui se passa de favorable et d'advantageux pour nostre Compaignie lorsque M. le Mareschal d'Albret fit son entrée de Gouverneur de Guyenne dans la ville de Bordeaux. En exécution duquel règlement dans une autre assemblée des cent et trante ledit sieur de Minvielle et moy ayant esté députez, il n'y eut rien d'obmis à nostre éguard. J'eus l'honneur de porter la parolle, d'ouvrir les advis. Les commissaires du Parlement n'opinent pas dans ces occasions ; ils écoutent seulement, et c'est le premier honneur. Par cette raison, les commissaires du parlemant qui sont prins ordinairemant de la grande chambre sont nommés *commissaires*, et les députés de la Cour des Aydes *députés*, pour marquer la differance des uns aux autres. Ayant le landemain randeu compte à la Cour de nostre députation, ma relation a esté couchée sur le Registre.

Le 27 mars 1675, à trois heures après midi, il y eut une sedition à Bordeaux, reitérée le jour de St-Roc suivant, où je me suis trouvé[1]. Quelques gens du cartier de St-Michel se souleverent, y sonnèrent le baffroi, tuèrent un nommé Rouleau, marchant, passèrent avec un

---

[1] Voir *Continuation de la Chronique Bourdeloise*, p. 26-30. Du reste les récits des journées des 27, 28 et 29 mars abondent et on en trouve un peu partout, même jusque dans la *Revue des deux Mondes* (livraison du 15 avril 1865, p. 1006-1008, article de feu Pierre Clément (de l'Institut), intitulé : *Les émeutes sous Louis XIV*). Il me semble que le récit de Jacques de Fontainemarie contient quelques particularités qui manquent dans la *Continuation de la Chronique Bourdeloise* et aussi dans l'*Histoire de la Ville de Bordeaux* par Dom Devienne (p. 482-490).

tambour sur le fossé de l'hostel de ville, au Marché, à St-Projet, se rendirent dans la maison du sieur Vivey, thrésorier de France, où ils mirent le feu. M. le compte (*sic*) de Montegut, lieutenant du Roy en Guyenne et gouverneur du chasteau Trompette où ledit sieur Vivey s'estoit sauvé, en sortit avec quelques compaignies, print des prisonniers et mit en fuite le reste de ces mutins. Le landemain le mal fut plus grand ; tout le quartier de St-Michel se mit soubs les armes ; un nommé Jambe de bois à la teste ; à Ste-Eulalie on fit de mesme, laissant entrer les paisans dans la ville, le baffroy sonnant à St-Michel et à Ste-Eulalie ; le parlemant, les chambres assemblées, envoia des commissaires par les rues et à l'hostel de ville pour calmer cet orage ; M. le mareschal d'Albret, gouverneur de la province, agit de son costé. Les commissaires du parlement furent fort maltraités surtout M. d'Andraut, conseiller en la grand'chambre [1], et M. Dalon, advocat général [2]. M. Tarneau, conseiller aux Enquestes [3], feut tué devant sa maison qui est sur le fossé de l'hostel de ville pour n'avoir voulou crier vive le Roy sans gabelle. Sa Majesté a conservé son office à sa famille qui estoit vacante aux parties casuelles et a donné 3,000 livres de pension annuelle à la dame sa femme qui ayant coureu pour sauver son mary receut des coups de ces séditieux [4] qui demandèrent au parlement un arrest par force et violance, à quoy j'estime que ne s'applique pas mal le passage de Valère Maxime : *non patrem conscriptorum volontate, sed teterrima necessitate truculenta manu illi senatusconsulto stilum suum impressit* [5]. Sa Majesté envoia

---

[1] Sur le conseiller Andraut, voir l'*Histoire du Parlement de Bordeaux* par Boscheron des Portes) tome II, p. 201).

[2] Sur l'avocat-général Dalon, voir le *Parlement de Bordeaux*, par M. Communay (p. 124 et suiv.)

[3] Sur le conseiller Tarneau, voir l'ouvrage de Boscheron des Portes (tome II, p. 201).

[4] J'ai publié, dans le tomé XVIII des *Archives historiques du département de la Gironde* (1878, p. 406), une lettre écrite le 2 janvier 1620 à Louis XIII par Madame de Tarneau, probablement la mère de la victime du 27 mars. Cette lettre d'une veuve désolée montre qu'une sorte de fatalité poursuivait sous Louis XIII comme sous Louis XIV, la famille de Tarneau.

[5] Si Jacques de Fontainemarie crut devoir citer Valère Maxime, le continuateur de la *Chronique Bourdeloise* cite, de son côté (p. 29) un vers de celui qu'il appelle « le prince des poëtes ».

huit jours après des lettres d'amnistie par l'entremise de M. le Mareschal d'Albret. Nous avions alors assemblée au palais d'où la Cour euvoia M. le procureur général d'Arche vers M. le Mareschal d'Albret l'assurer, que nostre compaignie estoit preste à faire tout ce qui dépandroit d'elle pour le service du Roy, de quoy il feut très satisfait et approuva fort nostre conduite.

La seconde sédition arriva à trois heures du soir. Le prétexte fut le papier timbré, et la marque de l'étain fut le prétexte de la première. Le désordre fut très grand; les gens de St-Michel et de Ste-Eulalie reprirent les armes, les baffrois sonnans. M. le Mareschal d'Albret se rendit sur le fossé de l'hostel de ville avec la compaignie des gardes; M. l'archevesque de Bordeaux s'y trouva [1], le sieur Villepreux, major de la ville, s'y rencontra; les jurats, le sieur Dejeban, procureur syndic, et autres feurent assiegez dans l'hostel de ville par ces mutins. M. le comte de Montegut fit sortir quatre compaignies d'infanterie du régimant de Navaille tambour battant qu'avec une décharge qu'ils firent sur ledit fossé s'en rendirent maistres, et mirent en fuite cette populace qui se barricada dans la rue des Faures. Ceux qui voulurent alors sortir dudit hostel de ville le firent facilemant. Il y eut la nuit des corps de garde en plusieurs endroits surtout à l'hostel de ville, au marché, au Chapeau rouge, et ailheurs. Ces séditieux allèrent la nuit chez des particuliers pour les obliger à donner de l'argent ou à marcher avec eux. Le Parlemant fit pandre deux de ces misérables, l'un à la plasse St-Michel, l'autre sur le fossé de l'hostel de ville.

Le Roy voulant chastier la ville de Bordeaux y fit entrer le 19 novembre 1675 les troupes qui estoient en Roussillon, ce qu'elles firent tambour battant, mèche allumée, les timbales et les fifres sonnant, le sabre à la main.

Les officiers du Parlement, de la Chambre de l'Edit, de la Cour des Aydes, les thrésoriers de France, secrétaires du Roy, gentilshommes, jurats, procureur scindic et tuteur de la ville ont esté exempts

---

[1] Toutes les relations signalent la présence du généreux Henri de Béthune au milieu des révoltés qu'il chercha vainement à faire rentrer dans leur devoir. On attend avec impatience le beau livre que M. l'abbé Louis Bertrand va consacrer à un des plus saints et des plus illustres de tous les archevêques de Bordeaux.

du logement effectif. Les bourgeois et habitans ont esté désarmés et leurs armes portées au chasteau Trompette. les privilèges ostés, les gens de guerre se sont saisis de toutes les portes y faisant garde; la cavalerie devant l'hostel de ville et la maison de M. le président Pichon [1] sur le fossé du Chapeau rouge, se relevant le sabre à la main, comme dans une ville prinse d'assaut, les cloches de Saint-Michel et de Sainte-Eulalie et les canons qui estoient dans l'hostel de ville ont esté portés dans le chasteau Trompette.

Le Parlement et la Chambre de l'Edit ont esté transférés à Condom et la Cour des Aydes à Libourne par les déclarations de Sa Majesté, du 26 dudit mois de novembre.

La Cour des Aydes a fait son ouverture à Libourne le 28 novembre 1675, dans la maison de ville où le Présidial tenoit sa séance, avec cette circonstance que par délibération de la Cour nous demurames d'accord que tous les officiers porteroient robes et chaperons rouges fourrés d'hermine.

Auparavant m'en aller à Libourne je fis sortir de Bordeaux sur un passeport de M. le Mareschal d'Albret tous les meubles que j'y avois et les fis porter à Marmande, où estoit ma famme et ma famille. Après avoir demeuré à Libourne jusqu'à Noël, je m'en retourné à Marmande, où le Roy a transféré le Parlement et la Chambre de l'Edit par autre déclaration, du 13 janvier 1676 [2]. Le Parlement a fait

---

[1] Sur le président Bernard de Pichon, seigneur de Longueville — il avait épousé en secondes noces Anne d'Affis, baronne de Longueville, fille du président Jean d'Affis et d'Anne de Massiot — voir une excellente notice de M. Jules Delpit, dans le tome IV des *Archives historiques du département de la Gironde* (p. 551-566). Cette notice est accompagnée d'un beau portrait de ce grand magistrat » dont on trouvera dans le même recueil, de nombreuses et intéressantes lettres.

[2] Boscheron des Portes dit (t. II, p. 209) que, « le Parlement envoy d'abord à Condom ne put y rester à cause de l'incommodité extrême d'un pareil séjour. ». Le séjour de Marmande ne parut guères plus commode aux exilés, comme on peut le voir (même volume, p. 215), où leur mécontentement est ainsi dépeint, d'après les registres secrets : « Il leur avait été matériellement impossible de rester à Condom, première résidence assignée. Ils faisaient donc la rentrée de 1676 à Marmande, où il manquait plus de la moitié de la Compagnie, et le parquet tout entier. Dès ce jour là c'étaient des plaintes unanimes sur l'excessive cherté des vivres et des logements dans une petite ville dont les habitants spéculèrent sur ces objets de première nécessité. »

son ouverture aux Cordeliers, le 6 février 1676[1] où je me trouvai en habit court ; ils estoient unze juges tant de la Grand'Chambre que des Enquestes y compris M. Daulède, premier président[2]. L'advocat Gautier, natif de Marmande, fit la fonction de substitut de Messieurs les gens du Roy en leur absence à l'exclusion du sieur Perret, procureur du Roy. Ledit sieur Gautier requit l'enregistrement de ladite déclaration du Roy, ce que la Cour ordonna. La Chambre de l'Edit fit le meme jour, qui estoit un judy, son ouverture aux Carmes, M. le Président Duburg[3] estant à la teste.

Il s'y passa une chose remarquable à l'ouverture du Parlement, scavoir que Messieurs du Parlement n'estant que unze en nombre ne voulurent jamais que M. de Loupes, conseiller aux requestes dudit Parlemant, feut parmi eux ny dans la chambre, ni à l'audiance, tout son empressemant ayant esté inutile. Ledit sieur de Loupes estoit seul de la chambre des Requestes. La communauté de Marmande logea M. le premier président à ses dépans chez le sieur capitaine Brezetz ayant fait accommoder sa maison à ses dépans.

Le sieur Bley, second conseul[4], alla à Touars[5] au devant de M. le premier président, bien accompaigné avec des bateaux pour le prandre et à Messieurs du Parlemant qui s'y trouvèrent. Les conseuls les receurent avec leurs robes et chaperons de livrée au dela la jurisdiction de Marmande ; ils firent la mesme chose au bord de l'eau, à la porte de La Ma[6], et ils allèrent de la mesme manière à celle de M. le premier président. Ils rendirent aussi leurs devoirs à Messieurs les présidans, conseillers et gens du Roy.

J'ay offert à M. le Président Duburg estant à la teste de la Chambre de l'Edit mon banc qui est aux Carmes, dont il m'a remercié, Messieurs de la Chambre s'en estant servi de mon consantement.

---

[1] Cette date manque dans la *Notice sur la ville de Marmande* (p. 110).

[2] Sur Jean-Denis d'Aulède de Lestonnac, voir le *Parlement de Bordeaux*, par M. A. Communay (p. 106-114).

[3] Gérard Du Burg, d'abord conseiller au Grand Conseil, puis (mars 1660) président à mortier.

[4] Divers personnages de ce nom figurent dans la *Notice sur la ville de Marmande* (pp. 91, 116, 117).

[5] Port sur la Garonne, près de l'embouchure de la Baïse, dans l'arrondissement de Nérac et le canton de Lavardac.

[6] Voir sur la porte de La Ma, *Notice sur Marmande*, pp. 60, 113.

Messieurs du Parlement n'ont point fait à Marmande de procession le jour de saint Joseph de la présente année, 1676, comme ils avoient accoutumé de faire à Bordeaux, où il n'y en a pas eu ledit jour.

Le 25 mars 1676, il y a eu procession à Marmande à cause de l'Annonciation de Nostre-Dame faiste par les conseuls. M. le président Duburg y assista en robe à leur teste, et il m'a esté assuré qu'il disoit au premier conseul et au second de se mettre à son costé, le juge ny le procureur du Roy n'y ayant point paren.

Il y a eu aussi sédition à la Réolle et à Bergerac qui a esté bientost calmée par les soins de M le mareschal d'Albret et de M. de Sève, intendant [1], qui en a condamné quelqu'un à estre pandeu avec le Présidial pour la seconde sédition de Bordeaux, Sa Majesté n'ayant point révoqué son amnistie.

La sédition arrivée dans ce terme en Bretaigne est cause que Sa Majesté a transféré son Parlement de Rennes à Vannes. Dans l'intervalle de la première et seconde sédition de Bordeaux le régiment de Lachau de cavalerie et celluy de Cossé de dragons jaunes ont resté dans la province de Guyenne.

Nostre réception à Libourne a esté telle. Après que deux jurats eurent fait à Bordeaux leurs complimans à M. le premier Présidant et à M. le Procureur Général, de mesme que le sieur Cazes, procureur du Roy au présidial dudit Libourne [2], nous trouvasmes au port de Cavernes [3] des bateaux à nous envoyés de la part de la commu-

---

[1] Guillaume de Sève, seigneur de Châtillon, Le Roy, Izy et Grigneville, qui avait succédé à d'Aguesseau (mars 1673), devait rester en Guyenne jusqu'en décembre 1678. Voir sur son départ de Bordeaux et sur ses visites d'adieu la *Continuation de la Chronique Bourdeloise* (p. 58, à la date du 20 décembre).

[2] Ce magistrat était le grand-père du célèbre duc Elie Decazes. Je me souviens d'avoir trouvé, dans l'*Histoire ecclesiastique des églises réformées au royaume de France* par Théodore de Bèze, que je n'ai pas en ce moment sous la main, la mention d'un *Cazes* à Libourne, qu'il faut sans doute rattacher à la famille de l'homme d'Etat Girondin.

[3] Mon savant maître et ami, M. Jules Delpit, qui est voisin de Cavernes, m'apprend que « c'est une localité de la commune de Saint-Loubès, où jusqu'au commencement de ce siècle les voyageurs de Libourne se faisaient apporter par un service régulier de gabares qui leur permettaient de couper par terre l'isthme ou pointe du Bec d'Ambès, et d'arriver promptement à Lormont où de nouveaux bateaux les transportaient à Bordeaux. » Voir la *Monographie de Saint-Loubès*, par M. de Comet, 1869. in-8°, p. 30).

nauté, tant pour nous que pour nos gens. Ce port est à quatre lieues de Libourne. Dans un de ces bateaux estoient M. et Mme la première présidente, M. le président Maniban et deux jurats, députés du corps de ville ; dans un autre estoient M. et Mme la présidente Métivier, MM. Lacrompe, Minvielle, Rolland, d'Arche, procureur général, et moy ; les autres Messieurs se mirent dans d'autres bateaux et nos gens en eurent aussy ; estant arrivés à une lieue de Libourne nous feumes salués de six coups de canon par une fregate angloise, et abordant à Libourne nous feumes receus au bruit du canon de tous les navires, barques et pataches du bureau, leurs estandars desployés, les fanfares de trompettes ne manquant pas. Estant sortis des bateaux les maires et jurats, procureur, scindic et secrétaire de la communauté avec leurs robes et chaperons de livrée, accompagnés d'un très grand nombre de gens, nous firent leurs complimans en la personne dudit sieur premier Président qu'ils accompaignèrent dans l'hostel à lui préparé et payé aux dépans de la ville. Le landemain, les jurats avec le procureur scindic et le secrétaire saluèrent tous les présidans, le doyen et le procureur général avec leurs chaperons de livrée. Les advocats en firent de mesme en robe et bonnet. Les officiers du Sénéchal et Présidial, le curé et les religieux nous virent en leur particulier.

Les troupes qui sont entrées à Bordeaux après la première sédition en sont sorties le 30 et 31 mars 1676.

Le 16 novembre 1679, demoiselle Jeanne de Saint-Angel, ma belle-mère, est morte à Bordeaux, en 9 jours, d'un choléra morbus.

Demoiselle Catherine Villepreux, veuve en premières nopses du sieur Moreau, sieur de Beaufossé, et en secondes du sieur Maruc, est décédée à Beaufossé [1], le 30 octobre 1663 (*sic*).

---

[1] Domaine situé dans la commune de Toulenne, arrondissement de Bazas, canton de Langon, à 40 kilomètres de Bordeaux. La contenance de ce domaine à la fin du XVIIe siècle, d'après un contrat « receu par de Saige, notaire de Bazas », était de « 35 journaux 10 lattes 6 escats, mesure de Langon, à 20 lattes le journal, à 20 escats la latte de 12 pieds. » Le narrateur nous apparaît comme propriétaire de Beaufossé dans cette note que je trouve en dehors du Livre de Raison : « Le 7 janvier 1697 j'ay rendu hommage à Bordeaux dans le château de Puypaulin de la maison de Beaufossé et d'un journal de terre au seigneur Henri-François de Foix de Candalle, duc et pair de France, chevalier des ordres du roi, baron de Langon, Castelnau, Boisebelle, seigneur de Puypaulin et autres places, au devoir de vingt sols

Le 2 avril 1676, jour du judy saint, à mon retour de Libourne, estant allé à la paroisse[1], j'y ay entendu la messe estant dans mon banc, d'où j'aurois veu M. Geneste, doyen du Parlemant, MM. Duval, Mirat, Desnanotre, conseillers, M. Dalon, advocat général, assistant en robe dans le banc des conseuls, qui s'estoient plassés sur un banc portatif du costé droit entrant dans le cœur avec leurs robes et chaperons consulaires joignant le balustre, le sieur Lalyman estant en robe devant eux, le sieur Labat, secrétaire du Roy [2], estant à leur teste en habit et manteau noir. La messe finie, le Saint-Sacrement ayant esté porté en procession à la chapelle de la Charité, ces Messieurs du Parlement ont suivy, ledit sieur Labat après, et les juge et conseuls à la suite, le sieur Perret ayant resté en habit court dans la chapelle de Saint-Roc

---

tournois d'exporle et d'un fer de pique à muance de seigneur et vassal.. » Rapprochons de cette note un acte ainsi cotté : *hommage rendu par M. de Fontainemarie à M. le duc de Foix d'une maison sise dans la juridiction de Langon,* acte dont voici quelques extraits : « Sachent tous qu'aujourd'huy septiesme du mois de janvier 1697 après midy par devant moy notaire royal à Bordeaux et en Guyenne soussigné presuns les tesmoins bas nommés a esté present M. Me Jacques Fontainemarie, seigneur de Castecu, sousdoyen de la Cour des Aides de Guyenne seant à Bordeaux y demeurant rue du Chay des Farines, paroisse St Pierre, lequel a reconnu et confessé estre homme vassal et tenir à foy et hommage-lige de très haut et puissant seigneur Mgr Henri-François de Foix de Candalle... absent (remplacé par Estienne Journiac, avocat au Parlement de Bordeaux)... une maison anciennement appelée de Pardiac et à present de Beaufossé, paroisse de St-Saturnin de Thoulene.. » On rappelle dans l'acte que, par contrat du 27 août 1617, hommage de cette maison avait été rendu à « deffunt haut et puissant seigneur Mgr le duc d'Epernon comme baron de Langon... »

[1] C'est-à-dire à l'église paroissiale de Marmande.
[2] Divers membres des familles Laliman et Labat sont mentionnés dans la *Notice sur la ville de Marmande* (pp. 95, 97, 105, 113, etc). Les deux personnages nommés par le narrateur figurent dans un arrêt du Grand Conseil du 27 mars 1651, par lequel il est ordonné que François de Labat, secrétaire du Roy, précèdera Maître David Lalyman, juge royal de Marmande, en toutes assemblées publiques et particulières. La famille Labat était ancienne à Marmande et c'est elle sans doute qui a donné son nom à la rue et au chemin de ronde de Labat (plan de la Ville de Marmande, 1863, annexé au tome IV des *archives historiques du département de la Gironde*, (p. 244).

Je trouve mention d'un *Jehan de Labat, prestre,* ainsi que d'un *Jehan de*

M. l'Evesque de Bazas[1] me chargeant par le titre de ma chapelle de Castecu d'employer mes soins, crédit et authorité pour faire refondre la cloche de l'église de Saint-Vincent de Beaupuy, rompue depuis près de vingt ans, moienant quoi principalement il me déclara bienfaiteur insigne de ladite église, j'ay donné toute mon application à faire réussir la chose, qui est venue au point que je desirois ayant pour cet effet donné demy pistole, de manière que la cloche a esté refondue à Beaupuy, le 16 fevrier 1676, à deux heures après midy, par le sieur Faure, maistre fondeur de Bordeaux à moy envoié par le sieur Seguin, thrésorier de La Réolle. Ladite cloche a esté bénite le 29 dudit mois et an par le sieur Castaing, curé de Lagupie, commissaire député par M. l'Evesque. C'estoit un dimanche, environ trois heures après midy, où j'assistay avec les sieurs Sacriste, Berry et autres et le sieur Sigaray, curé de Castelnau sur Gupie. Je pourveus aux choses nécessaires pour le disner. Voicy l'inscription que j'ay fait mettre sur la cloche où mon nom a esté mis *nemine contradicente: Ab omni malo defende nos, domine* (Il y a la mesme chose sur une des cloches de Marmande). *J'ay esté faite pour l'église Saint-Vincent de Beaupuy, maistre Jean Brettes, curé, par les soins de M. Fontainemarie, sieur de Castecu, conseiller en la Cour des*

Brezets et de feu messire Guillem Pigosset, dans un acte du 1er mai 1548 relatif aux fiefs de Valaduc et Villepreux dans Marmande : *contrat de vente de certaine rente* y énoncée consentie par *Marguerite Dubouch, femme de noble Jacques Valladuc, en faveur de sieur Peyroton Maignan, bourgeois de Marmande*, contrat dressé par *Jehan Espar, notaire royal habitant dudit Marmande* et expédié par Tauziette, autre notaire.

[1] L'Evêque de Bazas était alors Guillaume de Boissonade (1668-1682). Voici une note du narrateur qui complète ce passage :

Ordonnance dudit seigneur évesque de Bazas, du 24 mars 1679, donnée dans le cours de sa visite au consentement du sieur Fizelier, curé de l'église de St-Vincent de Beaupuy et du sieur promoteur du diocèze, portant entre autres choses que mon banc sera placé ainsy qu'il a esté convenu entre ledit sieur curé et moy, et que la qualité de bienfaiteur insigne de ladite église me sera acquise et passera à mes héritiers et successeurs seigneurs dudit Castecu.

Autre ordonnance dudit seigneur evesque donnée à la Réolle le III aoust 1679 signée Guilhaume E. de Bazas avec le sceau et armes dudit seigneur et plus bas du mandement de Monseigneur : Seguin, dont la teneur s'en suit :

Veu la presente requête et consentement dudit sieur curé avons main-

Aydes de Guyenne, et plus bas, *Faure fecit* avec une croix, pour la refonte de laquelle cloche j'ay passé un contrat avec ledit Faure, en 1676, retenu par Bernus.

Mon fils Jacques a esté ensevely dans l'église des Carmes à Marmande, le 29 septembre 1671.

La confirmation du banc [1] qui est dans ladite église m'a esté accordée par le Père Maure, provincial, la communauté assamblée dans les formes ordinaires le 18 mars 1676.

Le 15 may 1676, le Parlement a assisté en corps et en robes rouges au *Te Deum* dans l'église parroissialle, de la prinse de Condé [2]. *Idem* 13 jours après pour la prinse de Bouchain [3].

M. Merargue, conseiller au Parlement de Provence [4], m'a dit qu'il y avoit deux procureurs généraux, dont un servoit une année au civil, l'autre au criminel.

Le 22 mars 1677, à l'audience de la Grand'Chambre du Parlement, séant à Marmande, les lettres de gouverneur de Guyenne, accordées

---

tenu et maintenons le sieur suppliant en la qualité de bienfaiteur insigne de ladite Eglise, approuvant l'emplacement desdits autel, balustre, banc et chaire, deffendant d'appuyer sur ledit balustre aucun banc ny autre chose, lequel ne pourra servir qu'à ceux qui s'approcheront de la sainte Communion.

      Donné à La Réole, le 30 aoust 1679.

[1] C'est-à-dire du droit de banc.

[2] La reddition de la ville de Condé est du 26 avril.

[3] Monsieur, frère du Roi, s'empara de Bouchain le 11 mai. On lit dans la *Continuation de la chronique Bourdeloise*, (p. 38) : « Du 28 (juin) la ville de Bouchain ayant été prise et réduite à l'obéissance du Roy, on chanta le *Te Deum* à St-André en actions de grâces, et l'on fit le feu de joye avec les cérémonies acccoutumées ».

[4] Je dois à M. le Marquis de Boisgelin, pour lequel l'histoire de la noblesse de Provence n'a pas de secrets et qui communique si obligeamment ses trésors aux chercheurs embarrassés, les indications suivantes :

François-Paul de Valbelle, seigneur de Meyrargues, fut reçu conseiller au parlement de Provence le 28 juin 1659, en survivance de son père, Léon de Valbelle, aussi seigneur de Meyrargues, qui avait été reçu conseiller en 1626 et qui était mort le 15 novembre 1673. François-Paul mourut le 27 mars 1685 et fut, comme son père, enseveli à Meyrargues (commune de l'arrondissement d'Aix, à 26 kil. de cette ville). Il avait épousé, le 26 septembre 1665, Suzanne Fabri, fille de Claude, marquis de Rians, seigneur de Peiresc, Valavès, et neveu de l'illustre érudit.

par Sa Majesté à M. le duc de Roquelaure [1] ont esté enregistrées, le sieur Poitevin, advocat dudit sieur de Roquelaure, ayant plaidé, et M. l'advocat général Dalon en ayant requis l'enregistrement.

Le 31 mars 1677 la ville de Valantiennes ayant esté prinse par Sa Majesté en personne [2], le *Te Deum* en a esté chanté. Le Parlement s'y est trouvé en corps et en robes rouges.

Le 30 avril suivant le *Te Deum* a esté chanté pour la défaite du Prince d'Orange, faite par M. le duc d'Orléans [3], qui vouleut secourir Saint-Omer, assiégé par Son Altesse Royale, n'y ayant que six officiers du Parlemant.

Le 4 may 1677 le *Te Deum* a esté chanté à Marmande, où le Parlement a assisté pour la réduction de la ville et citadelle de Cambrai, faite par Sa Majesté en personne [4], et pour la prinse de la ville de Saint-Omer, faite par Son Altesse Royalle [5].

Le 15 may 1678, *Te Deum* a esté chanté à Marmande où le Parlemant a assisté pour la prinse d'Ypres [6], la mesme chose ayant esté faite quelque jour auparavant pour celle de Gand [7].

Le 20 mars 1678, le Parlement a enregistré à Marmande la commission du Roy du 15 avril précédant, portant sa translation à la Réolle, qui ne pouvant alors contenir la Chambre de l'Edit, elle a esté transférée à Saint-Macaire [8], et par déclaration du mois de

---

[1] Ce fut le 23 octobre que Gaston de Roquelaure, duc et pair de France, fut pourvu du gouvernement de la Guyenne.

[2] La ville de Valenciennes fut emportée d'assaut le 17 mars, selon l'*Art de vérifier les dates*, le 10 mars selon le *Dictionnaire historique de la France*. La bonne date est la première, car elle est donnée par un très exact spécialiste, le marquis de Quincy (*Histoire militaire de Louis le Grand*, t. 1. in-quarto, 1726, p. 530).

[3] La victoire du duc d'Orléans sur le prince d'Orange à Cassel, est du 11 avril, jour du dimanche des Rameaux.

[4] Prise de Cambrai, le 5 avril, selon l'*Art de vérifier les dates* et le *Dictionnaire* de M. Ludovic Lalanne, le 6 avril, selon l'*Histoire militaire* (p. 532).

[5] Prise de St-Omer, le 20 avril, selon les Bénédictins, M. Lud. Lalanne, etc ; le 22, selon le marquis de Quincy (p. 538).

[6] La ville d'Ypres capitula le 25 mars.

[7] La ville de Gand se rendit à Louis XIV le 9 mars, et la citadelle, le 12 du même mois.

[8] Chef-lieu de canton de l'arrondissement de La Réole, à 16 kilomètres de cette ville.

juillet 1679, enregistrée au Parlemant le premier aoust de ladite année, ladite Chambre a esté supprimée et les officiers de ladite Chambre incorporés audit Parlemant.

Une chute d'une partie de l'église des Cordeliers où estoit le Palais du Parlement estant arrivée le 14 mars 1678, servit de motif à la translation dudit Parlemant et de la Chambre de l'Edit, pour ne dire pas de prétexte [1].

Commission dans un navire. — Le XXI décembre 1672 j'ay receu de Pollard une pistolle d'Espaigne, un demy louis d'or, et trois escus blancs pour mes droits particuliers d'une commission par moy faite dans un navire devant les Chartrons par des marchands de Bordeaux.

Articles de mariage rédigés par moy le XI mars 1674 entre noble Anthoine Augustin de Poyferré, escuyer, seigneur de Varene, Baron d'Arricau [2], et d[lle] Susane de Saint-Angel, ma belle-sœur, qui s'est constitué en dot tous ses droits revenant à 20,000 livres. Le sieur de Saint Angel s'est depuis marié avec la cadette du sieur Nanor, juge de l'Admirauté de Guyenne qui luy a porté une semblable somme de 20.000 livres.

Trois commissions à Bordeaux. — Environ ce tems que je fis cette commission dans ce navire, j'en fis trois dans la ville de Bordeaux à la requeste des fermiers généraux du convoy et comptablie, la première pour de l'huile de baleine qu'on disoit estre cachée en fraude des droits du Roy. Je feus pour cet effet dans la maison du sieur Caupos visiter et autres ; la seconde chès le sieur Dauzac, marchand teinturier, demeurant au Peugue proche des Minimes où l'on avoit mis par entrepot des marchandises étrangères de saisie qui feurent trouvées ; le sieur Brussy, directeur du bureau de Bordeaux, beau-père de M. Laserre, conseiller en la Cour des Aydes, estoit avec moy : la troisiesme feut chès un hoste à Bordeaux pour des marchandises tenues en entrepot cachées en fraude des droits de Sa Majesté dans une petite rue proche du palais du Parlement d'où l'on

---

[1] Boscheron des Portes a donc été mal informé quand il a dit (t. II p. 209) qu' « une épidémie força » le Parlement de quitter Marmande.

[2] Voir *Armorial des Landes*, par le baron de Cauna (tome III, 1869, p. 15, et aussi p. 110). En cette dernière page est rappelé le mariage du 11 mars 1674. En cette même page on apprend que la fille née de ce mariage, Catherine de Poyferré, épousa Christophe de Cabannes, seigneur baron de Cauna.

va de la rue des Argentiers qui conduit dans la maison du sieur Masson qui aboutit à la rue des Baütiers, de toutes lesquelles commissions les pièces sont remises au greffe et de celles que je pourray faire à l'advenir il en sera uzé de mesme, car c'est l'ordre.

Commission importante faite à Bordeaux. — Le sieur Ranci, receveur du convoy de Bordeaux, m'estant venou prier de me transporter dans la maison de Boisses, dans la rue de Laroselle, qui avoit fait banqueroute estant son débiteur de 22,500 livres, je me rendis sur le lieu avec ma commission qu'il me porta de M. Sudnirant, premier président. J'y trouvé le sieur Malescot, lieutenant général, qui ne respondant pas à mon honnesteté, nous eusmes bruit ; il travailla d'un costé et moy de l'autre ; nous mimes tout sous le scellé le 28 juillet 1672 et nous fimes chaquun un inventaire. Les soldats de la patache que j'envoié chercher gardèrent les mubles. A cella près nous nous retirames. Le lendemain, la Cour des Aydes me nomma commissaire pour la levée des scellés avec ordre aux jurats de tenir la main à l'exécution de l'arrest. Le sieur Mallet me donna un billet par lequel il ordonnoit au cappitaine du guet de me prester main-forte, estant ledit sieur de Mallet premier jurat. Je me rendis dans la maison dudit Boysses avec ledit sieur Ranci, le sieur Cardon, Descurain procureur du Bureau et autres. Le lieutenant général y vint avec de gens atroupés ; il me vint joindre dans une chambre où j'estois, me soutenant que ça n'estoit pas de nostre jurisdiction, et moy le contraire, à cause qu'il estoit deub au Roy. Sur ce discours il fit effort de me faire sortir de la chambre. Je le prins au corps et je le mis dehors. Un de ceux qu'il avoit mené avec luy saisit ledit sieur Cardon par la cravate ; il se deffandit bien, les uns estant contre les autres, j'empeschè que les soldats de la patache ne tirassent. Le sieur Cal, cappitaine du guet, que j'avois envoié chercher, sur le billet dudit sieur Mallet, me vint trouver avec le guet et m'offrit les forces de la ville dont je le remercié. Le lieutenant général s'estant retiré avec son monde s'en alla porter plainte contre moy au Parlement. Mrs de la Tournelle tenoient l'audiance où assistoit M. Dalo, advocat général ; ils en sortirent et délibérèrent dans la chambre ce qu'il y avoit à faire ; ils résolurent d'envoier comme ils firent deux commissaires à M. le Mareschal d'Albret, gouverneur de la province, estant alors dans son hostel à Bordeaux pour luy parler de ces affairse et se plaindre à luy de l'entreprinse de jurisdiction de la Cour des Aydes dont ils escrivent en Cour et y envoient un procés-verbal dudit sieur lieutenant général, après le départ duquel de la maison dudit Boisses, je mis sy bien ordre à tout, que je me captivé facilemant la bienvieillance de ceux qui estoient là, surtout des parans de Boisses qui m'ayant préparé une collation, je les en remercié. A cella près je me retiray dans mon logis suivy dudit sieur Cal et du guet, du sieur Ranci et des autres. Je demurois alors à la place de Saint-André. Ayant quitté la robe, je feus chès ledit sieur Suduiraut luy dire ce qui s'estoit passé ; il feut fort contant de ma conduite, et la Cour aussy. Le sieur Layac, directeur du Bureau, escrivit aux intéressés ; mon procès-verbal fut envoié, et ledit sieur premier président escrivit aussy. Il me dit que M le Mareschal d'Albret avoit envoié le sieur Combabesoule, son secrétaire, savoir s'il y estoit ; il se randit dans son hostel, M. le Mareschal qui avoit envoié deux de ses gardes dans la maison dudit Boisses et fait retirer les soldats de la patache dit audit sieur de Suduiraut de luy proposer un expédiant pour terminer ce différant, ce qui feut fait par le moien du paiement fait audit sieur Ranci de ce qui luy estoit deub. Cependant M. Albert, controlleur général des finances à qui toutes les pièces avoient esté envoiées, nous mit hors de cour et de procès, de quy je feus contant.

Le 6 may 1681 j'ay fait une déclaration devant Bernus, notaire royal de Marmande, du bien que j'ay en franc aleu dans la juridiction de ladite ville suivant l'intention de Sa Majesté à laquelle on s'est agréablement conformé.

Y ayant un affaire entre le sieur Despeirones, premier consul de Marmande, et le sieur Laperrière, M. le duc de Roquelaure, gouverneur de la province, a trouvé à propos qu'il se terminât par ma médiation et pour cet effet estant à Agen il m'a fait l'honneur de m'escrire le premier janvier 1681, n'envoiant pour cet effet une ordonnance en verteu de laquelle ayant fait venir chès moy les parties, ledit sieur Despeirone m'a donné sa parolle par escrit, et comme ledit sieur Laperrière se plaignoit d'avoir receu des coups de cane du sieur Despeirone, qu'il en faisoit actuellement informer, il donna sa parolle par escrit d'en passer par mon advis après qu'il auroit achevé son information. ce que je fis d'abord sçavoir à Thoulouze audit seigneur de Roquelaure suivant qu'il me prioit par sa lettre en propres termes, qui n'aiant pas trouvé de son goût la conduite dudit sieur de Laperrière, donna une ordonnance portant qu'il se randroit auprès de sa personne à Thoulouze où ledit seigneur Despeirones se trouva. L'accommodement feut fait à l'advantage dudit sieur Despeirone qui disoit que ledit sieur Laperrière s'estant le soir trouvé dans une meslée parmy de gens qui avoit bruit, il se servit de sa cane pour le faire cesser et luy ayant dit qu'il avoit touché ledit sieur Laperrière par mégarde et sans le connoitre, il s'en seroit allé droit à luy, se seroit mis à genoux et luy auroit demandé pardon. Après la mort de M. le duc de Roquelaure, ledit sieur Laperrière s'estant pourvu au parlement de Guyenne sur des actes secrets de protection faite à Thoulouze avant et après le jugement, M. le Marquis de Chateauneuf secrétaire d'Estat et des commandemens, escrivit à M. le Procureur général que l'intention du Roy estoit que cet affaire n'allast pas plus avant.

Par transaction du 5 mars 1686 receue par Bernus le sieur Villepreux, mon oncle paternel [1], et moy sommes sortis de tous nos affaires de famille, se trouvant néantmoins mon débiteur d'argent presté que je luy ay quitté pour le bien de paix par une seconde transaction du 9 septembre 1684 receue par Ducarpe, notaire du marquisat de Sibrac, demurant dans la paroisse Saint-Pey de Castex du costé de la rivière de Dordoigne, proche la ville de Castillon [2], le sieur de Villepreux, major de Bordeaux, nostre parant commun [3], nous ayant accordés.

Le Révérend Père Honoré, religieux capucin, accompagné du Père Nicolas et autres religieux du mesme ordre, a fait une très belle mission à Marmande qui a commencé le mois de novembre 1691. Le Père Nicolas preschoit tous les matins à 4 heures, et le P. Honoré faisoit l'oraison mentale à 9 heures. L'après-dinée il y avoit des catéchismes aux pénitans pour les garsons, à Sainte-Ursule pour les

---

[1] Suivant une note qui m'a été communiquée par M. A. Communay, *noble* Etienne de Villepreux, écuyer, aurait eu deux sœurs, une qui était Madame de Fontainemarie l'autre mariée à Honoré de Rebleys, écuyer, seigneur de La Badie.

[2] Saint-Pey de Castets est une commune du département de la Gironde, près de la rive gauche de la Dordogne, arrondissement de Libourne, desservie par le bureau de poste de Castillon.

[3] Aux renseignements fournis dans une note précédente sur les majors de Villepreux, j'ajouterai ce renseignement tiré aussi de la *Continuation de la Chronique Bourdeloise* (p. 229) : « Du 25 (janvier 1700) il fut enregistré un arrêt du Conseil d'Etat rendu en faveur du sieur de Villepreux Major de la Ville, au sujet du rétablissement et payement de ses gages pendant sa vie en considération des services par luy rendus depuis plusieurs années par les troupes de Sa Majesté, où il est actuellement officier. »

filles. A 4 heures du soir le père Honoré faisoit un sermon ; en de certaines occasions il se metoit la corde au col, faisant amende honorable pour les pescheurs qu'il faisoit crier tout haut pardon et miséricorde. Presque tout le monde pluroit. J'estois au commancemant à Libourne au service d'où je vins à Marmande pour assister à cette mission dont je feus charmé ! Il y avoit une foule de gens incroiable qui y accouroient de toutes parts ; il me fit faire une confession générale, et fit faire des communions générales, je la fis par son advis avec les penitans de la confrérie desquels je me mis le 14 décembre de ladite année avant midy, et les sieurs d'Auber [1] et Campaignol après midy. Les sieurs La Sourdrie et Ferran [2] s'en mirent le matin, d'autres ont fait la mesme chose ; ledit Père Honoré a fait faire une multiplicité de reconciliations et d'accommodemans. A sa prière j'ay sorti d'affaires les sieurs Lamouroux père et fils, leur ayant fait signer chez moi une transaction. Il a fait planter une croix à la place du chasteau où il s'y fit une procession générale ; il y brusla quantité de livres de galanterie ; il est cause qu'il y a une orgue dans l'église parroissialle. Ce n'est pas seullement à Marmande que ces pieux missionnaires ont très bien réussy, mais partout ailheurs où ils sont allés.

Commission pour Vayres, Saint Pardon et Izon. — Quelque tems après la translation de la Cour des Aydes à Libourne, j'eus une commission pour aller à Vayres[3], Saint-Pardon[4] et Izon[5]. Le sieur de

---

[1] C'était François d'Auber, écuyer, seigneur de Peyrelongue, premier consul de Marmande en 1670, fils de Guillaume d'Auber, écuyer, seigneur de Peyrelongue, enseigne d'une compagnie de gens à pied, 3⁰ consul de Marmande en 1630, premier consul en 1640, et petit-fils d'Alexandre d'Auber, écuyer, seigneur de Peyrelongue, consul de Marmande en 1605, premier consul en 1627.

[2] Un Jean Ferran est mentionné dans la *Notice sur Marmande* (p. 115). Le Ferran ici nommé doit être celui qui figure dans une transaction du 30 avril 1690 reçue par le notaire Bernus et où il est qualifié « docteur en médecine et consul de Marmande. »

[3] Vayres, commune du département de la Gironde, sur la rive gauche de la Dordogne, canton de Libourne, à 6 kilomètres de cette ville.

[4] Saint-Pardon appartient à la commune de Vayres.

[5] Izon est une commune du canton de Libourne, à 10 kilomètres de cette ville. Je ne nommerai pas Izon sans y saluer la riante et studieuse retraite de M. Jules Delpit, ce *jeune* octogénaire auquel je souhaite de passer encore sous ses beaux arbres de bien longues et de bien fécondes années.

Saint Yvoine, receveur du Bureau, dudit Libourne, estoit avec moy, le capitaine de la patache et autres, sur un advis qui feust donné audit sieur de Saint Yvoine qu'on avoit fait passer en fraude des droits du Roy une barque chargée de scel venant du costé de Blaye, qui feust arrestée. Le scel se deschargeoit, se mettoit en entrepôt, se vandoit à la campagne et les droits n'en estoient point acquittés.

Commission de Tournon. — Par arrest contradictoirement randeu à Libourne du 29 mars 1683 j'ay esté nommé commissaire pour aller à Tournon¹. J'en ay parlé dans mon recueil d'arrets². Je l'ay faite d'une manière que j'ay bien sujet d'en estre contant. Estant arrivé à Marmande, les sieurs Mymaut, de Bruet, l'epin et Belioc, conseuls, le sieur Touchart, premier conseul, estant absant³, accompaignés de plusieurs bourgeois et du sieur Gelibert, secrétaire de la communauté, lesdits sieurs conseuls ayant leur chaperon de livrée, me vindrent randre leurs devoirs. Je les receus dans une chambre haute et respondis à leur honnesteté. Lesdits consuls s'estant retirés après leur complimant, je leur donné le pas que je prins aux autres. J'en uzé de mesme à Clairac⁴ où les conseuls me vindrent saluer avec leur chaperon de livrée, ceux de Penne⁵ et de Tournon avec leurs robes et chaperons consulaires. Nos M^rs m'ont advoué que c'estoit une très belle commission⁶.

Commission de La Réole. — J'advoue pourtant et on en demeure d'accord que la plus éclatante commission qu'un officier de la Cour des Aydes ayt faitte venant de son corps est la mienne à La Réolle le mois de juin 1683. Il est vray qu'auparavant rien faire j'ay veu M. le

---

¹ Chef-lieu de canton du département de Lot-et-Garonne, arrondissement de Villeneuve-sur-Lot, à 27 kilomètres de cette ville.

² Ce recueil d'arrets est-il perdu ? Je ne l'ai pas vu dans les archives de M. Maurice Boisvert.

³ La plupart de ces noms se retrouvent dans la *Notice sur Marmande*, mais la liste des magistrats municipaux de l'année 1683 n'y avait pas été donnée. Les de Bruet étaient très anciens à Marmande et ils y apparaissent dès 1243 (*notice*, p. 25).

⁴ Commune du canton de Tonneins, à 6 kilomètres de cette ville.

⁵ Chef-lieu de canton de l'arrondissement de Villeneuve-sur-Lot, à 10 kilomètres de cette ville.

⁶ Ne nous moquons pas trop de cet enthousiasme qu'expliquent les illusions de l'esprit de corps. Combien ne voyons-nous pas de gens qui pour moins de motifs encore, montent plus fièrement au Capitole !

premier Président seul de tout le Parlemant, dont j'ay sujet d'estre contant suivant l'advis de nos Mrs et qu'on m'a dit que ledit sieur premier président a fait coucher sur le registre de la Grand'Chambre. J'ay visité dans les greffes du Parlemant ce que j'ay voulеu, mesme les originaux, à quoy le sieur Dechiens, greffier en chef, ayant fait difficulté de se conformer, ledit sieur premier président l'y a condamné. J'ay fait la mesme chose dans des estudes de procureur, chès un libraire, en un mot je suis entré partout où j'ay voulеu et dans les endroits qui m'ont esté indiqués, ayant mandé le sieur Labissière premier jurat [1], qui m'a accompagné partout avec sa livrée, ayant avec luy des valets de ville. Ayant esté adverti que le nommé Gaches faisoit du papier et du parchemin de faux timbre et qu'il les distribuoit, je feus à 4 heures du matin avec ledit sieur Labissière et autres dans l'estude de l'Héritier, procureur au Parlemant où estoit ledit Gaches; ledit sieur Labissière y éstant entré dit à Gaches que je voulois parler à luy; il s'advança à moy et je l'arrestay; l'ayant remis audit sieur Labissière il le donna à deux valets de ville. On le mit en prison où je le fit écrouer, et à suite traduire à Libourne. J'ay aussy parlé de cette commission dans mon recueil d'arrests.

La disme de toute sorte de bleds, vins, legumages, lins, chanvre et aigneaux se paye à Beaupuy, suivant une transaction du 9 octobre 1620 receue par Lagaüzeire, à raison de 14 gerbes une sauf du millet qui se doibt paier au grenier à mesme raison; et pour le vin à raison de 16 charges de vendange une, en l'allant prandre et recevoir par les chanoines de la Réolle et recteurs, leurs fermiers ou commis.

Commission pour Villeneuve d'Agenois. — Ayant esté nommé commissaire le 24 novembre 1684 pour aller informer contre deux orfèvres de ladite ville [2] contre lesquels le sieur Lafargue, fermier

---

[1] Le *premier jurat* Labissière n'est pas nommé dans l'*Histoire de La Réole*, par M. Octave Gauban (1873, in-8°), estimable travail dont j'ai été heureux de faire l'éloge dans un journal de Bordeaux aujourd'hui disparu, *la Guienne*.

[2] La ville que J. de Fontainemarie appelle *Villeneuve d'Agenois*, est souvent appelée par abréviation *Villeneuve d'Agen*, ce qui a toujours constitué aux yeux des Villeneuvois un abus révoltant. Un sous-préfet de Villeneuve m'a jadis raconté que, pour s'être servi de cette malencontreuse appellation, le jour même de son installation, en réponse aux compliments de bienvenue, il avait à jamais conquis une magnifique impopularité.

des droits de marque sur l'or et sur l'argent, se plaignoit n'ayant peu m'y transporter à cause que ma famme estoit incommodée, je donné mes lettres d'attache pour faire assigner chés moy les tesmoins à Marmande sur la réquisition de Bernus, procureur dudit Laffargue, depuis lequel tems s'estant accordé, il m'est venen remercier chés moy à Marmande.

Le 19 avril 1683 jour de Pasques à 7 heures du matin ma nièce mourut à Marmande. Elle feut le lendemain enterrée dans l'église parroissialle aux sépultures de mon grand père proche l'autel de Saint-Anthoine, y ayant de très puissantes raisons pour cella. Rien n'a esté oblié pour sa guarison, et après son décès, les messes n'ont point manqué pour le repos de son âme.

Le sieur Villepreux, mon oncle maternel, est mort à Marmande le 22 janvier 1694 ; il a esté enterré aux Cordeliers dans la sépulture du sieur et Dlle Dumoran dessoubs la chaire du prédicateur où il y a une cave.

Le sieur Cazaux de Bouglon [1] m'ayant donné un de ses enfans à baptesme, avec la Dlle de Comarque [2], j'y ay envoié mon troisiesme fils. Le baptesme a été fait le 27 mars 1686. Le nom de Jacques luy a esté donné.

Autres commissions. — Une des principales raisons qui m'a empesché d'aller à Bouglon vient de ce qu'estant à la Réolle pour mes affaires, particulièrement le Parlement y tenant séance, M. d'Arche, procureur général en nostre compaignie, m'a envoié une commission par un exprés pour informer en subornement de témoins contre le nommé Jean Maisonnade, habitant de la paroisse de Hautevignes [3],

---

[1] Chef-lieu de canton de l'arrondissement de Marmande, à 18 kilomètres de cette ville.

[2] La maison de Comarque est une des anciennes et nobles maisons du Périgord. Voir sur cette maison en général, et en particulier sur la branche établie en Agenais, la planureuse notice publiée par Courcelles, dans le tome V de l'*Histoire généalogique des pairs de France* (1825).

[3] Hautes-Vignes est une commune du canton de Marmande, à 18 kilomètres de cette ville. Moi qui ai jadis été l'humble historien de cette humble localité (Notice de 12 pages, Agen, 1869, dans les *Monographies historiques* publiées sous les auspices du Conseil général), je ne sais rien de Jean Maisonnade. Je dirai seulement que, depuis la publication de ma plaquette, j'ai trouvé un document qui montre un personnage du même nom et du

ayant prins pour son substitut le sieur Perret. Je me suis randeu à Marmande à l'effet susdit, ayant auparavant fait une information contre ledit Maisonnade, qui ayant esté condamné à la restitution de certains mubles s'ils estoient en nature synon la légitime valeur au dire d'experts en faveur d'un nommé Balan, peauvre tisseran Je suis aussy esté commissaire dans cette affaire.

J'ay prins ledit sieur Perret pour substitut dudit sieur Procureur général dans une commission que j'ay faitte à Marmande pour M. Tartas, prieur et conseigneur du Mas d'Agenais [1]. La qualité que j'ay donnée audit sieur Perret dans ces occasions est la suivante : Maistre Jean Perret, procureur du Roy de Marmande et substitut de M. le Procureur général en la cour des Aydes et finances de Guyenne.

J'ay signé les articles de mariage du sieur La Saubiolle et de D^{lle} Marie Villepreux, ma cousine [2], rédigés en contrat le 4 novembre 1686 receu par Prioret, notaire de Castelnau sur Gupie. Le sieur Villepreux et sa femme luy ont constitué solidairement 2.000 livres.

Commissions de Gontaut, de Fauillet, de Villote et d'Agen. — Le 17 juillet 1687 estant arrivé de Libourne à Marmande, je receus une dépesche de la part de M. Robillard, premier advocat général de la

---

même prénom investi des fonctions consulaires dans la même localité une trentaine d'années auparavant. Voici les premières lignes de ce document relatif à un emprunt de 550 livres *pour payer la subsistance qui a esté imposée sur la presante jurisdiction par ordonnance de M. le duc de Candalle* (à la suite des troubles de la Fronde) : « Le dixiesme may mil six cens cinquante troys dans le bourg de Hautes-Vignes en Agenois se sont assemblés en jurade Jean Maisonnade et Huguet Lagaunye consulz, en compagnie de Maistres Gellibert Marlban, James Mourges, Pierre Pons, juratz et praticiens, James Farges, Guillaume Rieublanc, Jean Beaujon, Leonnard Cumin, etc. »

[1] Le prieuré du Mas-d'Agenais était aussi ancien que célèbre. Je voudrais bien que l'on en écrivît l'histoire complète. Les documents ne manqueraient pas : ils sont surtout nombreux pour la période de la domination anglaise.

[2] Le domaine de la Saubiolle est dans la commune de Mauvezin. Le sieur de la Saubiolle était Jean de Lapeyre, écuyer. Voir sur la famille Lapeyre la *notice sur Mauvezin* de M. l'abbé Alis, *passim*. Je me sers sans scrupule de l'indication *passim*, à cause de la table si détaillée et si exacte dont l'historien de Mauvezin a enrichi son beau volume.

Cour des Aydes, avec une de ses lettres et une de M. le président Métivier qui estoit alors à la teste de la compaignie. Je trouvé dans ce paquet un arrest de la Cour portant un decret d'adjournement personnel contre le sieur Jehan du Rames, vissenechal d'Agen. Cependant la Cour ordonne que j'informeray contre ledit prévost de l'évasion dudit Maisonnade accusé d'avoir fait faire un faux contrat d'obligation de 500 livres et décreté de prinse de corps à la requeste de M. le Procureur général : ce vissenechal ayant longtems guardé ce décret de prinse de corps, le mit enfin à exécution le jour de la Pentecoste et au lieu de conduire comme il devoit ledit Maisonnade à Libourne, il le mena dans la prison d'Agen, sy bien que ledit Maisonnade s'est sauvé des prisons d'Agen longtemps après avec d'autres prisonniers. Ayant receu ma commission, je suis parti de Marmande avec le sieur Bazin fils, advocat en la Cour[1], faisant la fonction de substitut dudit sieur Procureur général, de Larroque, greffier de l'ordinaire de Marmande, et de Carbonnes, huyssier au mesme siège. Je suis alé à Gontaut[2] où j'ay visitay (sic) les prisons dont le premier Consul[3] a donné un certificat audit sieur Bazin, ce qu'ont fait ceux de Fauillet[4] où je me suis transporté, et dans le village de Villote, paroisse de Villotte[5], juridiction dudit Fauillet, auquel lieu de Villote j'ay fait une information contre ledit sieur de Jehan. A cella près je suis arrivé à Agen à dix heures du soir et suis allé loger à Saint-Jacques ; le lendemain matin les conseuls me sont veneu faire leurs complimans[6] avec leurs livrées consulaires, m'ayant

---

[1] Au sujet de divers membres de la famille Bazin, voir *Notice sur la ville de Marmande*, pp. 111, 114, 119.

[2] *Gontaut*, selon l'orthographe adoptée par la très noble famille qui porte ce nom, *Gontaud*, selon l'orthographe officielle, commune du canton de Marmande, à 13 kilomètres de cette ville.

[3] Pourquoi le narrateur n'a-t-il pas donné le nom de ce premier consul ? J'ai vainement cherché ce nom dans les documents hélas ! si incomplets qui sont encore aux archives municipales de Gontaud. Je voudrais bien établir la liste des consuls successifs de ma chère ville natale dans le recueil, que je prépare, de *Documents et notes relatifs à l'histoire de Gontaud*.

[4] Commune de l'arrondissement de Marmande, canton de Tonneins, à 5 kilomètres de cette ville.

[5] Cette paroisse fait partie de la commune de Varès, canton de Tonneins, à 9 kilomètres de cette dernière ville.

[6] Les consuls d'Agen, en l'an de grâce 1687, étaient Jean de Nargassies, de Cambes, Bissières, Guillaume Douzon, sieur de Lalande, Pierre Bussière, Charles Monbet

offert un hostel qu'ils appellent la Maison du Roy dont je les ay remerciés et de leur honnesteté. M. Duval, conseiller en la Grand' Chambre du Parlemant de Guyenne, partit d'Agen la veille de mon arrivée, il estoit logé au petit Paris, et ayant sceu qu'il avoit refusé ladite Maison du Roy, j'ay voulou en cette rencontre faire comme luy. Les officiers de la Cour de l'élection d'Agen me sont venou voir en corps et randré leurs devoirs en qualité de commissaire, le sieur Sabré, présidant, portant la parolle. Ledit sieur Jehan m'est venou randre visite et m'a témoigné la joye qu'il avoit de ce que j'estois son commissaire ; il a esté fort assidu auprès de moy. Quantité de gens de condition me sont aussy venou voir. Les conseuls d'Agen m'ont donné un repas magnifique, je les ay aussy très bien régalés. M. Lasserre, conseiller à la Cour des Aydes, m'a aussy traité et moy à luy. Le sieur Lasserre, chanoine, son frère, m'a donné un très beau repas ; je n'ay pas eu loisir de luy rendre la pareille. Le sieur Rangouse [1], beau-frère dudit sieur Lasserre, m'a fait grande chère à Beauregard, qui est une très agréable maison de campagne à un cart de lieue d'Agen et de l'austre costé de la ville. Ledit sieur Rangouse ayant un procès, je suis esté son arbitre à Bordeaux et M. Voisin, conseiller en nostre compagnie, de sa partie ; nous leur avons fait passer une transaction.

Commission de Tonneins. — Le sieur Ducasse, procureur du Roy de Lagruère [2], ayant escrit une lettre au sieur de Saint-Amans [3], inté-

---

[1] C'était Joseph de Rangouse, sieur de Beauregard, avocat, receveur des décimes de 1681 à 1690, mentionné par M. Jules Andrieux dans son inappréciable *Bibliographie générale de l'Agenais* (tome II, p. 226). M. Andrieu croit que Joseph était un neveu du très original épistolier Pierre Rangouze auquel Tallemant des Réaux a consacré une si piquante historiette (édit. P. Paris, tome V, p. 1-8), et dont M. Adolphe Magen a donné un si spirituel crayon dans son étude sur *un trafiquant littéraire au XVIIe siècle* (*Recueil des travaux de la Société des Lettres, sciences et arts d'Agen*, tome VI, 1853, p. 282-296).

[2] Commune de l'arrondissement de Marmande, canton du Mas-d'Agenais, à 3 kilomètres de cette dernière ville.

[3] Je me demande si ce *sieur de Saint-Amans*, appartenait à la famille de l'historien du département de Lot-et-Garonne, Jean-Florimond Boudon de Saint-Amans. Je ne le vois pas indiqué dans la notice inédite sur les Boudon de Saint-Amans rédigée par Madame la Comtesse Marie de Raymond et dont je dois une copie à sa gracieuse amitié.

ressé aux fermes royalles unies contre le sieur Bailly, commis au bureau du tabac de Tonneins, ledit sieur de Saint-Amans l'a remise audit sieur Bailly, et comme cette lettre estoit cruelle contre luy, qu'il y estoit traité d'homme noirci de concussions et de malversations, il a demandé à la Cour permission d'en informer, laquelle luy ayant esté accordée, son information est décrétée contre ledit sieur Ducasse. La cause plaidée à l'audiance, M. de Maniban président, arrest le 24 mai 1688, par lequel la Cour avant faire droit aux parties, ordonne que ladite lettre missive et l'audition dudit sieur Ducasse seront remises au greffe pour servir de dénonciation au procureur général du Roy et qu'il sera informé par devant moy à ces fins commis... Je suis parti de Libourne le 17 juillet 1688, le sieur Lauron, greffier de la Cour, ne pouvant quitter le service, m'a prié de prandre pour son commis le sieur Moulinier, procureur au présidial de Libourne. Je suis le landemain parti de Marmande ayant prins le sieur Bazin fils, advocat à la Cour, pour substitut. Estant arrivé à Tonneins, j'ay mis pied à terre chez la veuve Castéra où pend pour enseigne les trois pigeons [1] qui me dit que le premier conseul [2] ayant sceu que je devois arriver luy avoit donné la clef de la maison pour me l'offrir, ayant esté nécessairement obligé de s'en aller à la campagne, attendeu que le commandant de quatre compaignies d'infanterie du régimant Royal La marine, estoit logé aux Trois pigeons, je remercié Madame Castera de l'honesteté dudit premier conseul et je prins la maison du sieur Desclaux, advocat en la Cour [3], pour luy faire plaisir qui est dans le voisinage, et où Messieurs

---

[1] L'hôtellerie qui avait ainsi des *armes parlantes* n'existe plus et son souvenir même s'est envolé de Tonneins.

[2] Le nom de ce consul ne se trouve ni dans les *Recherches historiques sur la ville et les anciennes baronnies de Tonneins* par L. F. Lagarde (Agen, 1883), ni dans la nouvelle édition très augmentée donnée de cet ouvrage par le fils de l'auteur, Alphonse Lagarde, sous ce titre : *Notice historique sur la ville de Tonneins* (Agen 1884).

[3] Probablement Daniel Desclaux, avocat au parlement mentionné, à côté de Claude Drême, aussi avocat en parlement, parmi les plus distingués magistrats municipaux de Tonneins dans la seconde moitié du XVIIe siècle (p. 84 de la *notice* citée dans la note précédente). De Daniel Desclaux j'aime à rapprocher, d'une part, Pierre Desclaux, consul de Tonneins en 1618 avec Jean de La Barrière (*Ibid.* p. 61), d'autre part, M. le docteur Desclaux, ancien maire de Tonneins, qui vient de mourir au moment où j'écris ces lignes (août 1888), laissant la réputation d'un excellent administrateur et d'un parfait homme de bien.

les gouverneurs, lieutenans du Roy et intendans de la province ont accoustumé de loger, d'autant mieux que les parties m'en ont aussi prié. Les quatre conseuls de Tonneins avec leurs livrées accompaignés de quatorze bourgeois m'ont rendeu leurs devoirs; ils m'ont dit que j'estois le premier commissaire de nostre Compaignie qu'ils avoient veu à Tonneins. Tout Tonneins m'a veu et quantité de noblesse de ce canton. Le sieur Catufe, juge [1], n'a pas esté des derniers; il m'a traité magnifiquement chés luy. Ma commission a duré seize jours à Tonneins. J'y ay souvent donné à manger audit sieur Desclaux et à d'autres gens, car il faut faire honneur aux Commissions [2]. Le sieur Remond, directeur général du Convoy et comptablie de Bordeaux, a prié ledit sieur présidant Maniban de me nommer pour commissaire dans cette commission, à quoy il n'a pas eu beaucoup de peine, car c'estoit son sentimant.

Le deffinitoire [3] assamblé en Congrégation a accepté et ratifié le droit de banc et sépulture accordé à mon père et la fondation par luy faitte dans l'église des Carmes de Marmande de trois messes par semaine ainsy qu'il est énoncé par les contrats du 22 may 1650 et xx février 1655 receus par Galant et Fourés, notaires royaux dudit Marmande [4], veut et entend que lesdits contrats sortent leur plain et entier effet, et que les prieur et religieux dudit couvent tant presans

---

[1] C'était Daniel de Catuffe, avocat au parlement en 1656, juge de Tonneins, Grateloup et Villeton en 1658, juge de Monheurt en 1685, etc. M. A. Jardinet, qui avait épousé une demoiselle de Catuffe dont la sœur était mariée avec M. Imbert de Mazères, préfet de la Vienne, a bien voulu me communiquer un brevet d'exemption des gens de guerre accordé par Louis XIV, en 1682, au magistrat qui fut un hôte si aimable pour Jacques de Fontainemarie.

[2] Oui, il faut faire honneur aux commissions et, dans un sens plus large, aux situations élevées. Malheur à qui, dans notre généreux pays, méconnaît la grande loi du sacrifice !

[3] Le mot *définitoire* ayant disparu de nos dictionnaires, je crois devoir rappeler que c'était le terme usité, dans plusieurs ordres religieux, pour désigner l'assemblée des principaux membres d'un chapitre, nommés *définiteurs*.

[4] Si l'on dresse jamais, comme on l'a fait pour les notaires de la ville d'Agen, le tableau par ordre chronologique des notaires de la ville de Marmande, le livre de raison des Fontainemarie fournira sa bonne part d'indications.

qu'à venir s'acquitent plainement de toutes les obligations portées par lesdits contrats, et qu'ils me randent et à mes héritiers et successeurs à l'advenir les honneurs deubs à leurs bienfaiteurs selon qu'il m'a esté accordé cy devant par acte du 18 mars 1676.

Le 24 janvier 1689 maistre Jean Fontainemarie est mort à Marmande; le lendemain, il a esté enterré dans la parroisse et dans la sepulture de mon grand-père, il estoit mon oncle paternel.

Le 3 février 1689 M. Bazin de Bezons intendant [1] m'a donné une lettre pour mon second fils adressante à M. le marquis de Louvoi [2], pour le mettre aux cadets. Il est parti de Marmande le 22 mars 1689. Mon cousin Fontainemarie luy a fait present d'un cheval et de ses pistolets. On luy a donné tout ce qui luy estoit nécessaire. Il a esté envoié dans la Compaignie de Cadets à Charlemont [3]. En estant sorti il a esté fait sous-lieutenant et après lieutenant dans le régiment de Foix qui est de campagne [4].

Le Roy ayant cassé ces compaignies de cadets, mon quatriesme fils est party d'icy pour aller au service. Il a esté fait d'abord sous-lieu-

---

[1] Ce successeur de Faucon de Ris, ce prédécesseur de la Bourdonnaie, fut intendant en Guyenne pendant près de quatorze années (1686-1700). Louis Bazin, seigneur de Bezons, arriva dans la ville de Bordeaux le 2 mai 1686 (*Continuation de la Chronique*, p. 109.)

[2] L'illustre ministre de la guerre allait mourir deux ans plus tard (16 juillet 1691). Quelques années auparavant, le 11 juin 1680, il avait reçu à Lormont les compliments des jurats de Bordeaux (*Continuation de la Chronique*, p. 69).

[3] Charlemont est le nom de la citadelle de Givet, département des Ardennes, à la frontière de la Belgique, citadelle établie sur une roche à pic dominant la Meuse de plus de 200 mètres.

[4] Ce régiment était alors commandé par le marquis de Ravignan. Le jeune officier vint en 1702, dans son pays natal chercher des hommes destinés à compléter sa compagnie. Il quitta Marmande le 1er mars 1702, et il mourut du côté de Strasbourg, en septembre de la même année. « Mon cousin Fontainemarie, » écrit le malheureux père, nous en porta la nouvelle le 6 octobre suivant. Nous n'avons pas manqué de faire prier Dieu, pour le repos de son âme. La compagnie de mondit fils estoit une des plus belles du régiment. »

tenant dans le mesme régimant de Foix, tout ce qui luy a esté nécessaire luy ayant esté donné [1].

Le 2 mars 1690 m'estant trouvé à Libourne à la teste de la compaignie j'ay tenu l'audiance qui a esté très belle en robe et chaperon rouge formé d'hermine, ce qui ne m'estoit pas encore arrivé. Néanmoins j'en suis sorti avec honneur. Messieurs m'en ont félicité à l'issue de l'audiance. Le Bureau en a été très satisfait, et ceux qui s'y sont trouvés en ont pareu très contans.

Le 9 dudit mois et an, M. de Maniban, conseiller honoraire en la Cour, a esté receu présidant à mon raport à la place de M. le présidant Maniban, son père [2]. Il a veu Messieurs en robe et chaperon accompaigné de Mirmont, son procureur, en robe ; il a esté fait enqueste de sa vie, mœurs, religion catholique, apostolique, romaine et aage par devant le Rapporteur et son conbiné [3], ayant auparavant consigné au greffe 300 livres pour le festin et 50 livres pour la confrérie de Saint-Yves [4].

Le xxii septembre 1690, les déclarations du Roy portant translation du Parlement et de la Cour des Aydes à Bordeaux ont esté enregistrées à La Réolle et à Libourne. Le Parlement a prins une

---

[1] Le narrateur ajoute dans une note : « Les sous-lieutenans ayant esté cassez à cause de la paix générale, mondit quatriesme fils ayant esté du nombre, s'est retiré à Marmande après avoir fait la campagne ; il est arrivé au logis le 17 décembre 1697. »

[2] Alphonse de Maniban, chevalier, seigneur et baron de Saint-Félix, qui, comme nous l'avons vu plus haut, avait été reçu conseiller en même temps que le narrateur (1661), épousa Henriette de La Rochefoucauld et en eût un fils nommé Guy, comme le président son grand-père. Guy fut conseiller, puis président en la Cour des Aides et mourut en 1731.

[3] C'est-à-dire, si je l'entends bien, le commissaire associé au rapporteur, formant avec lui, en quelque sorte, une combinaison (*cum*, avec, *bini*, deux). Le mot *combiné*, ainsi employé, n'est indiqué dans aucun de nos dictionnaires.

[4] Ai-je besoin de rappeler que saint Yves est le patron des avocats (*advocatus et non latro, res miranda*, etc.) ? je dois ajouter que, selon la remarque d'un vieux biographe (*Moréri* de 1759) « il y a lieu de douter que S. Yves ait effectivement exercé la profession d'avocat. »

crue d'un président à mortier et de six conseillers [1], et la Cour des Aydes d'un président et de trois conseillers et de deux secrétaires en la Chancellerie.

L'ouverture de la séance de la Cour des Aydes a esté faiste à Bordeaux le 14 novembre 1690 en grande magnificence. M. de Bezons, intendant, s'y est trouvé. La Cour m'a députe avec M. Dulong pour l'aller recevoir au haut du degré proche la sale des procureurs. Il est entré en robe et chaperon rouge et nous l'avons receu en robe rouge; il s'est placé dans la chambre du Conseil au-dessus de M. le doyen. Peu de tems après, MM. les présidants en sont sortis en robes de velours noir sans estre suivis d'aucun de nous, et ont prins leurs places ordinaires à l'audiance. Peu de tems après, nous sommes sortis de la chambre du Conseil, M l'intendant estant à la teste des conseillers. Ledit sieur intendant a traversé le parterre et nous aussy ; il s'est mis à la gauche devant M. Guerin, doyen [2]. La déclaration du Roy ayant esté leue, après la réquisition de M. l'advocat général Baritaut [3], M. le premier Président, après avoir pris l'advis de Messieurs, a prononcé l'arrest d'enregistrement. A cella près, ledit sieur

---

[1] L'historien du Parlement de Bordeaux dit au sujet de cette *crue* (t. II, p 217) : « La Cour de Guyenne offrit le prix d'un titre nouveau de président et de six de conseillers, sacrifice considérable pour elle dans l'état de dépréciation où étaient tombées ces places, et qui n'allait pas à moins de 400 000 fr. Mais que n'était-elle pas résignée à faire pour revenir à Bordeaux ? » Le continuateur de la *Chronique Bourdeloise* raconte ainsi le retour de la Cour des Aydes (p. 137) : «Le 14 (novembre 1690), la Cour des Aydes ayant été rétablie et ayant fait ce matin l'ouverture de la séance, M. le Premier Président de Sudiraut a été visité par deux députez avec leurs robes noires et chaperons de livrée. »

[2] Etienne de Guérin, signeur de Vizac, d'abord avocat au parlement de Bordeaux, fut pourvu le 4 février 1658, d'un office de conseiller en la Cour des Aides. Quand il mourut, le 15 février 1708, il y avait cinquante ans révolus qu'il tenait sa charge.

[3] C'était Geoffroy de Baritaud qui avait succédé, dans les fonctions d'avocat général, à son père, lequel les remplissait depuis 1647. G. de Baritaud fut remplacé en octobre 1691, par Aymard de Billy, dont le narrateur va nous annoncer la mort dans le dernier paragraphe de son journal, et il devint président juge des droits de sorties et entrées établis en la ville de Bordeaux.

intendant estant sorti du Palais, nous l'avons accompaigné jusqu'au haut du degré où nous l'avons prins en entrant, sans avoir dessendu aucune marche. Il nous a prié d'aller disner chés luy, ce que nous avons fait. Tout s'est passé fort honnestement, dont nostre registre a esté chargé.

On m'a assuré que le premier juin 1692, le juge lieutenant criminel et procureur du Roy, en robe, et les quatre conseuls de Marmande avec leurs chaperons de livrée estant aux Cordeliers et s'estant placés aux hauts sièges qui sont à main droite entrant dans l'église le sieur de Meaux, colonel d'un régiment de dernières milices, s'est mis à leur teste. Ce régimant a depuis esté cassé.

On m'a dit aussy que M. Touchard, conseiller au Parlemant, et commissaire aux Requestes du Palais, le jour de la Feste Dieu, 5 juin 1692, a assisté à la procession en robe et bonnet avec les juge, lieutenant criminel et procureur du Roy. Aussy de mesme ledit juge marchant à son costé, les quatre conseuls marchant devant et portant le poesle.

Mondit fils [le troisième des enfants du narrateur] a dit sa première messe à Marmande, le 8 juin 1692, jour de dimanche, dans le couvent des Religieuses de Sainte-Ursule. Beaucoup de gens y ont assisté, et plusieurs ont communié, moy le premier et la famille.

Mondit fils le prestre a fait une reconnoissance le 24 juin 1695, receue par Bernus au sieur Dubosc, prieur de Guarrigue, d'un journal dix escats de terre labourable à Escouteloup, faisant partie d'une des pièces à luy données par ma femme et par moy.

Le 8 janvier 1693, ma famme a vandeu 100 livres un tonneau de vin à la fille de Roquelaure, venant de Gragnon [1], et trois jours aupa-

---

[1] Le domaine de Grayon jadis célèbre par ses riches vignobles et son excellent vin, appartient actuellement à M. le docteur François Boisvert, frère de M. Maurice Boisvert. J'ai eu sous les yeux un contrat du 22 octobre 1692 (Quittance pour Nicolas Fourcades, maître chirurgien, donnée par *messire Jacques Fontainemarie*, conseiller du Roy en la Cour des Aydes et Finances de Guyenne), dont voici les premières lignes : « Cejourd'huy vingt-deux du mois d'octobre après midy mil six cens soixante-deux, dans le lieu de Grayon situé dans la paroisse de Beaupuy, juridiction de Marmande en Agenais, par devant moy, notaire royal soussigné presens les témoins bas nommez a esté present messire Jean Fontainemarie, seigneur de Castecu, Dauriolle, conseiller du Roy en la Cour des Aydes et finances de Guyenne seante à Bourdeaux y habitant au Chay des farines, estant presentement au present lieu de Grayon à luy appartenant.»

ravant cent boisseaux de fromant à 9 livres 3 sois le boisseau à prandre dans le grenier comme il est.

Le 25 fevrier 1693, le sieur Gautier, troisiesme conseul de Marmande[1], m'estant venou prier chès moy de la part du Corps de ville d'agréer qu'elle [c'est-à-dire la ville] choisit des gens pour prandre mon santimant où je voudrois sur l'affaire du franc aleu, je luy ay répondu que j'estois prest à donner mon advis dans ma maison quand on voudroit. Le landemain, le sieur Despeirone, second conseul, ledit sieur Fizelier, prestre, le sieur Boc. advocat, les sieurs Fizelier et Bernus, notaires, et le sieur Faget, scindic, s'estant rendeus chès moi, m'ont fait connoitre de quoy il estoit question. Ayant leu leurs pièces, je leur ay dit mon santimant, de quoy ils m'ont remercié, à cella près ils se sont retirés.

Les maisons qui sont dans l'enceinte des murs de Marmande n'y en ayant aucune noble de fonds ont esté taxées suivant la déclaration du Roy et ordonnance de M. Bazin de Bezons du 29 juillet 1694 à 4984 livres. Ma maison a esté taxée 40 livres avec ce qui en dépand, de manière que sachant ladite déclaration du Roy et ayant veu l'ordonnance de M. l'intendant, j'ay payé cette taxe au sieur Larroque, conseul, le 3 septembre 1694.

Le 13 février 1695, le sieur La Saubiolle est mort à Marmande[2].

Le 8 mars 1695, les articles de mariage de messire François de Mallet, escuyer, seigneur de Duran, conseiller du Roy en la Cour des Aydes et finances de Guyenne, et de demoiselle Catherine Marie de Lacheze, ont esté faits et arrestés à Bordeaux. Nous les avons signés à Marmande où ledit sieur Mallet, cousin germain de ma femme, nous les a portés. Depuis lequel tems ledit sieur Mallet a pris un office de conseiller au Parlemant de Bordeaux où il a esté receu sans examen, de mesme que M Cœsar, gendre de M. Minvielle, conseiller à la Cour des Aydes, qui a esté receu conseiller au Parlemant sans examen, avant ledit sieur Mallet.

M. Denis, fils de M. Denis, conseiller audit Parlement, a esté receu président à la Cour des Aydes; il a l'office de M. le président Métivier, son oncle.

---

[1] Parmi les très rares documents que nous possédons touchant l'histoire de Marmande au XVIIe siècle, aucun n'a pu m'apprendre quels étaient les consuls de cette ville en 1692.

[2] Jean de Lapeyre écuyer, déjà nommé plus haut à l'occasion de son mariage (année 1686).

Le 22 mars 1695, j'ay payé 150 livres pour ma part de la capitation généralle conformément au tarif contenant la distribution de classes et le Règlemant des taxes suivant la déclaration du Roy du 13 janvier 1695.

Payé pour 1696, 1697 et un cart pour 1698, à cause de la paix généralle.

Quittance du sieur Fleuri de 23 livres 10 sols du xɪ février 1697 pour l'enregistrement des armoiries ordonné estre fait par édit du mois de novembre '696 [1].

---

[1] Je reproduis une note du narrateur, séparée de son livre de raison et relative à ses armoiries :

« Ordonnance du 29 du mois de novembre 1697, rendue par MM. les Commissaires généraux du Conseil députés sur le fait des armoiries portant que les miennes après avoir esté vérifiées ont esté enregistrées à l'Armorial général dans le registre cotté Guienne en conséquence du paiement des droits réglés par les tarif et arrest du Conseil du XX novembre 1696 en foy de quoy le brevet a esté délivré le 29 janvier 1698 par M. d'Hozier, conseiller du Roy et garde de l'Armorial général de France.

Lesdits droits se sont montés . . . . . . 23 livres 10 s.
Plus j'ay payé pour un duplicata qui est
attaché audit brevet . . . .   62 s.

Ces deux pièces sont dans une petite liete rouge dans un cabinet.
Escu de mes armoiries :

M. Fontainemarie soubs doyen de la Cour des Aydes et finances de Bordeaux porte d'azur à la Fontaine jaillissante d'argent maçonnée de sable, soutenue par deux lions d'or armés et lampassés de gueulles, deux étoiles d'or en chef, et un croissant d'argent en pointe.

M. Fontainemarie, advocat en la Cour, mon cousin germain, a de semblables armoiries ; il m'en a fait voir le brevet qui luy en a esté expédié. »

Puisqu'il est question du prieuré de Garrigue sur lequel nous savons si peu de choses, je résumerai un acte des archives de M. Maurice Boisvert qui donne quelques indications sur les prédécesseurs ou successeurs de Bernard Imbert Dubosc : *Du 9 octobre 1766. Reconnaissance en faveur de M. le prieur de Garrigue par messire J-B de Fontainmarie, conseiller du Roy en la Cour des Aydes et finances de Guienne* : pardevant le notaire royal de Marmande en Guienne soussigné fut présent messire Jean Baptiste de Fontainemarie, conseiller du Roy, etc, demeurant à Bordeaux, rue du Chapeau-Rouge, paroisse Saint-Remy, de présent en cette ville, lequel a volontairement reconnu et confessé avoir et tenir en fief cens rente directe foncière annuelle et perpétuelle, selon les fors et coutumes d'Agenais et dudit

Le premier aoust 1697, j'ay déclaré devant Faget, greffier de Marmande, que j'ay fait mettre cette année en chanvre trois carts de terre ou environ, suivant les ordres de Sa Majesté.

Commission de Cocumont. — Par jugemant arbitral randeu par les sieurs Poitevin et Fontanel, advocats en la Cour, entre la dame et la Communauté de Cocumont[1], le 14 décembre 1691[2], homologué en la Cour du consantemant de M. l'advocat général Robillard, le 19 aoust 1692, il est dit que pour terminer le procès pendant en la Cour des Aydes, il a esté convenu qu'au lieu de trois cens journeaux de fonds dont ladite dame soutient devoir jouir comme nobles, elle ne pourra en demander que cent cinquante journeaux.

Commission de Marmande. — M. d'Arche, procureur général, ayant fait informer de l'authorité de la Cour contre sieur Jacques Faget, maire de Marmande, accusé de concussion, d'abus et de malversation dans l'exercice de sa fonction sur la dénonciation qui luy en a esté faite par devant un conseiller en l'élection d'Agen qui à ces fins s'est transporté à Marmande, la Cour a ordonné qu'il seroit assigné pour estre ouï et pour plus ample secret permit de continuer l'information et de faire procéder par fulminations et censures ecclésiastiques en forme de droit, en exécution duquel arrest ledit sieur procureur général a obtenu un monitoire de Mgr l'Evesque d'Agen[3] qui a esté publié par le sieur curé de Marmande qui a fait

---

Marmande de M. Joseph Lherm, grand archidiacre, chanoine de l'église de Mirepoix, y demeurant au nom et comme seigneur prieur commendataire du prieuré N. D. de Garrigue et ses annexes d'ici absent, mais le sieur Jean Bouic, bourgeois, Jurat de cette ville, y habitant, son procureur constitué.. présent pour ledit seigneur acceptant, un journal douze escats de terre situé dans la paroisse de Granon, juridiction de Marmande.. » Dans l'acte sont mentionnés deux autres prieurs de Garrigue, Bertrand Ruffi (1484), Jean Espaignet (1695).

[1] Commune de l'arrondissement de Marmande, canton de Meilhan, à 11 kilomètres de cette ville.

[2] Ce paragraphe, qui se rapporte aux années 1691 et 1692, n'est pas à sa place au milieu de faits relatifs à l'année 1697. Je n'ai pas cru devoir sacrifier à l'ordre chronologique, l'ordre suivi par le narrateur, et, pour répéter un mot célèbre, *faire de l'ordre avec du désordre*.

[3] L'évêque d'Agen était alors Jules Mascaron (1679-1703).

remetre au greffe de la Cour un cahier de révélations, dont ayant demandé l'ouverture par devant un commissaire de la Cour et qu'il feut procédé à la résomption et audition des Révélans et autres témoins par devant le premier conseiller de la Cour trouvé sur les lieux, la Cour par son ordonnance du 23 may 1696 mise au bas de la requeste dudit sieur Procureur général, a ordonné que l'ouverture desdites révélations seroit faitte par devant M. de Voisin, conseiller du Roy, ce qui a esté exécuté; au surplus, que la résomption et audition des Révélans sera faite par devant moy à ce commis et député, à quoy j'ay satisfait avec toute l'exactitude possible, bien que M. Faget n'ayt rien oblié pour avoir en moy un commissaire relaché, mais inutilement; j'ay fait ma commission dans l'ordre; j'en ay randeu compte à la Cour qui l'a approuvée, m'ayant donné acte de la remise des piesses le 28 aoust 1696. Le sieur Faget, après avoir reconneu la juridiction de la Cour, a trouvé à propos de la décliner, s'estant pour cet effet pourveu devant M. Bazin, seigneur de Bezons, conseiller d'Estat et intendant de la généralité de Bordeaux dont il a obtenu une ordonnance le 17 aoust de ladite année 1696, qui a fait naitre un conflit de juridiction entre la Cour et ledit sieur intendant. M. le premier président en a escrit à M. le Chancellier, à M. le Controlleur général, et à M. le marquis de Chasteauneuf, secrétaire d'Estat. Ledit sieur intendant n'a pas aussy manqué d'en escrire en Cour de son costé, où il est très bien, de manière que les pièces ayant esté remises à M. de Caumartin, il a traité de peu de chose cette poursuite dudit sieur Procureur général, ayant ajouté qu'il y avoit encore de nouvelles charges à vandre.

Cette charge de maire a depuis esté supprimée et ledit sieur Faget ayant achepté celle de Gouverneur, il en jouit.

Commission de Gontaut. — M. le Procureur général estant averty qu'il s'y est glissé un si grand abus dans la ville de Gontaut, située dans l'élection d'Agen, où les tailles sont réelles, qu'encore qu'il n'y ayt dans l'enceinte des murs de ladite ville aucune maison, grange ny aucune sorte de batimant noble de fonds, néantmoins on n'en paye point de taille ny aucune sorte d'imposition, ce qui l'a obligé de donner sa requeste pour les faire encadastrer et demander que par devant le commissaire de la Cour, il sera fait procès-verbal des roolles, des cadastres de ladite juridiction et des comptes qui ont esté randus. Laquelle requeste par ordonnance de la Cour mise au bas d'icelle, le 7 du mois de septembre 1696, a esté renvoiée en jugement et néantmoins la Cour a ordonné qu'en qualité de son commissaire je me transporterois sur le lieu, ce que j'ay exécuté le mieux qui m'a esté possible, toutes les piesses ayant esté remises au greffe comme dans les autres. Je suis pour cet effet parti de Marmande le 25 septembre 1696 avec le sieur Deymier, procureur du Roy de Sainte-Bazeille[1], greffier par moy prins d'office comme dans la commission que j'ay faite contre Faget, ne luy donnant point cette qualité. Après mon arrivée, le sieur Lajus, maire de Gontaut[2], et les conseuls ayant tous leur livrée consulaire, accompagnés de plusieurs bourgeois, m'ont rendeu leurs devoirs; ils ont esté fort assidus auprès de moy pendant le tems que ma commission a duré. A cella près estant parti de Gontaut, je suis allé à la Duronne[3].

Commission de Blanquefort. — Cette commission de Blanquefort[4] m'a esté donnée par M. le premier Présidant sur une requeste de M. le Procureur général qui a demandé que les cotizateurs de cette paroisse fissent leur rolle en ma presance. M'estant transporté à Blanquefort, éloigné de Bordeaux de trois lieues, où les tailles sont personnelles, le 16 novembre 1697, j'ay fait les choses dans l'ordre, dont j'ay dressé mon procès-verbal, ayant prins Durieu, huissier en la Cour, pour greffier d'office.

M. d'Anglure de Bourlemont, archevesque de Bordeaux et primat d'Aquitaine, estant décédé à Bordeaux[5], M. l'abbé de Bourlemont,

---

[1] Nous avons déjà rencontré ce nom porté par un notaire de Castelnau-sur-Gupie (année 1670). Rappelons qu'un *Deynier*, habitant de Ste Bazeille à la fin du XVIe siècle, eut l'honneur d'être un des correspondants du futur Henri IV (Voir *Une lettre inédite du roi Henri IV et une Mazarinade inconnue*) Marmande, 1881, in 8°). Je crois que l'on doit identifier *Deynier* avec *Deymier* et je regrette d'avoir trop tard songé à une identification aussi naturelle.

[2] La famille de Lajus, éteinte depuis le siècle dernier, a fourni plusieurs maires et plusieurs juges à la communauté de Gontaud. Le nom de Lajus est encore porté, de nos jours, par un petit groupe de maisons voisin de cette ville et par un bois qui en est éloigné de 3 kilomètres environ.

[3] La commune de Birac, où se trouve la Duronne, est limitrophe de la commune de Gontaud.

[4] Chef-lieu de canton de l'arrondissement de Bordeaux, à 8 kilomètres de cette ville.

[5] On lit dans la *Continuation de la Chronique Bourdeloise* (p. 200): « Du 9 novembre Messieurs les jurats ayant eu avis que Monseigneur de Bourlemont, archevêque venoit de mourir, ils firent sonner le trépas, ensuite les trois classes, et le lendemain une autre classe par la grande cloche dº 'Hôtel de Ville. »

son nepveu, en a uzé à l'esguart de la Cour des Aydes comme envers le Parlement [1] et dans cette veue estant allé voir M. de Suduiraut, premier président, il a prié MM. Dulong et Loustau, conseillers à la Cour, de la supplier de sa part de se trouver en corps à la cérémonie d'un service qui se devoit faire à Bordeaux, à Saint-André, pour le repos de l'âme du deffunt, de quoy lesdits sieurs Dulong et Loustau se sont acquittés et en conséquance nous nous sommes randeus dans l'Archevesché en robe noire et bonnets, les huyssiers y estant. On nous a mis dans une sale à la gauche, le Parlement estant à la droite dans une autre. Nous sommes sortis de cette manière de l'archevesché en corps, le 20 novembre 1697. On a fait une procession par la rue des Trois Conils, on a coupé à la place Saint-Projet, on a continué par la rue du Loup, on est entré par la petite porte de Saint-André du costé du Peugue. La cérémonie a esté faite très magnifiquement. Il y a eu chapelle ardante, l'église illuminée d'une très belle manière [2]. Le père Verneuil, jésuite, a fait l'oraison funèbre [3]. Tout estant fini chaquun s'est retiré chez soy. On m'a assuré que nostre compaignie ne s'est jamais trouvée dans une pareille cérémonie.

Te Deum pour la paix. — Le landemain la Cour est sortie en corps et en robes rouges du Palais de mesme que le Parlemant, à 4 heures de relevée, pour assister au *Te Deum* qui a esté chanté à Saint-André

---

[1] A rapprocher du récit qui, dans le recueil susdit, commence ainsi (p. 201) : « Du 27 Messieurs les Jurats ayant été invitez par M. l'Abbé de Bourlemont pour assister à l'enterrement et à l'Oraison funèbre de feu Monseigneur l'Archevêque de Bourlemont son oncle, ils partirent de l'Hôtel de Ville sur les 10 heures du matin en robes et chaperons de livrée, la grande cloche sonnant precedez du Chevalier et Archers du guet et autres officiers de la Ville accompagnez des Juge et consuls de la Bourse, se rendirent à l'Archevêché où étant arrivez, ils furent introduits dans la grande sale haute. Messieurs du Parlement étoient dans la sale suivante, Messieurs de la Cour des Aydes et autres corps dans une autre sale de l'autre côté.. »

[2] Ces derniers détails ne sont pas donnés par le continuateur de la *Chronique Bourdeloise*.

[3] L'oraison funèbre n'a pas été imprimée, car elle n'est pas indiquée dans la dernière édition de la *Bibliothèque des écrivains de la compagnie de Jésus* par les PP. de Backer et Sommervogel (Louvain et Lyon, 3 vol. in-f°, 1869-1876).

pour la paix générale, ce qui a esté fort magnifique¹. Je me suis trouvé à l'une et à l'autre de ces deux occasions.

Le 7 février 1699, mon fils aîné est parti de Marmande avec le sieur Bazin, advocat en la Cour, pour aller à Thoulouse suivre le barreau du Parlement de cette ville, qui est le second Parlemant de France. Ma famme m'a dit qu'elle avoit donné à nostre fils 300 livres.

M. l'abbé de Gourgues, évesque de Bazas², dans le cours de sa visite à Beaupuy, le 26 may 1699, confirma le titre de ma chapelle dans l'église dudit Beaupuy³.

---

¹ Le continuateur de la *Chronique Bourdeloise* a passé sous silence cette cérémonie qui paraissait si belle à notre narrateur.

² Jacques-Joseph de Gourgues, occupa le siège de Bazas pendant quarante annnées (1684-1724).

³ On trouve dans les papiers de Jean de Fontainemarie divers documents relatifs à sa chapelle. Le plus important est une ordonnance du 24 janvier 1676, par laquelle G. de Boissonnade « par la miséricorde de Dieu et grâce du St-Siège apostolique evesque et seigneur de Bazas, veu la requeste à nous présentée par M. Maistre Jacques de Fontainemarie, conseiller du Roy, en la Cour des Aydes et Finances de Guyenne, seigneur de Castecu, tendante aux fins qu'il nous plaise luy accorder la permission de faire bastir une chapelle dans l'église paroissiale St-Vincent de Beaupuy, en nostre diocèse, nous, desirant favoriser la piété dudit sieur requérant pour l'augmentation du culte de Dieu et décoration de ladite église, luy avons permis et permettons d'y bastir une chapelle, laquelle sera dédiée et et consacrée à Dieu, sous le nom de Saint Jean le Majeur Apostre, du costé du Nord entre les 2 arcs-boutans qui sont vers le clocher dans laquelle chapelle ledit obit de Castelcu Dauriolle sera célébré du 1ᵉʳ mai). « Voici un autre document de date antérieure, concernant spécialement cet obit :

« RÈGLEMENT SUR L'OBIT D'ORIOLLE :

Nous, vicaires-généraux de Monseigneur l'illustrissime et Révérendissime evesque de Bazas, avons ordonné et ordonnons que ledit sieur Brettes, prestre et curé de Beaupui, dira la messe haute du Saint-Esprit portée par la Fondation à diacre et sous-diacre et ses successeurs à l'advenir dans l'église parroissialle dudit Beaupui tous les mardis après le dimanche de l'Octave de Pasques qui ne sera pas empesché d'aucune feste double, et le lundi précédant dira les vespres des morts, advertira ses paroissiens au prosne d'y assister si bon leur semble dès le dimanche precedant, de laquelle proclamation ainsy faitte et du son des cloches ledit sieur de Fon-

Le 9 juin 1707, M. l'Evesque de Bazas, ledit seigneur de Gourgues, a fait la visite dans l'église de Beaupuy; il a trouvé dans l'ordre tout ce qui me regarde. Il est vray qu'il a dit qu'à la fenestre de ma chapelle il faudroit que cella feut vitré, ce qui n'est pas un affaire.

Le xxi janvier 1700, demoiselle Anne Boisvert, veuve à noble Estienne de Villepreux, escuyer, mon oncle, est décédée à une heure après minuit. Comme elle a très bien vescu, elle est morte de mesme. Je luy ay ouï dire que mon père l'avoit mariée à l'aage de quatorze ans.

Commission pour informer contre le sieur Gelibert, docteur en médecine et premier conseul de Marmande, et le sieur François Mausacré, cy devant scindic de ladite ville. — Ledit sieur Gelibert est mort en 1705 à Marmande. — J'ay receu une commission de la Cour à moy donnée par M. le premier présidant Suduiraut, le 15 février 1701, sur la requeste de M. d'Arche, procureur général du Roy, avec la commission prinse en la chancellerie près la Cour, pour informer contre maistre Armant Gelibert, docteur en médecine et premier conseul de Marmande, ladite année, et sieur François Mausacré, cy-devant sindic de ladite ville. Le 18 dudit mois, et an, ledit sieur Gelibert et les sieurs Gautier, Bernus et Mausacré, me sont venus faire en robe et chapeau consulaire (les valets de ville

---

tainemarie en qualité de seigneur de Castecu ou ceux qui le représenteront se tiendront pour suffisamment advertis d'assister audit anniversaire, le tout en conséquence de l'Obit vulgairement appelé d'Oriolle.

Fait à Bazas, le X juillet mil six cens soixante huit signé Baulon, vicaire-general, Delort, vicaire general, Durand, vicaire general, de Gasc, vicaire general, Bertrand, vicaire general, et, plus bas

du mandement de Messieurs les vicaires généraux.

BORDES, secrétaire,

avec le sceau et armes du seigneur evesque de Bazas.

La signification est au bas faitte audit sieur Brettes le 20 septembre 1668 par Laferrière, sergent royal.

Il y a une ordonnance du seigneur evesque de Bazas confirmative dudit Règlement du 4 juillet 1673. »

Pour épuiser le sujet, indiquons encore une note du chroniqueur nous apprenant que sa chapelle « a esté bénite par le sieur Fizelier, curé, le 29 juillet 1679 » et où il rappelle avec une légitime fierté que dans le titre à lui délivré par l'évêque de Bazas, il est proclamé « bienfaiteur insigne de ladite église, ayant exécuté mes offres y mentionnées. »

estant sur la porte) leurs complimans de leur communauté, me marquer le respect qu'ils ont pour la Cour et pour moy, et qu'ils exécuteroient avec plaisir les ordres que je voudrois leur donner, ledit sieur Gelibert portant la parolle m'aiant traité de Monseigneur [1]. Je les ay receus en la seconde chambre eu haut, où j'estois avec le sieur Lamarche l'aîné; je les ay remerciés de leur honesteté, et je leur ay dit que si je pouvois leur rendre quelque service en général et en particulier je le ferois avec beaucoup de plaisir. Ledit sieur Bernus, troisiesme conseul, est venu auparavant me demander, en habit court, quand je serois en estat de recevoir les conseuls qui estoient prests avec luy de me venir randre leurs devoirs : je luy ay répondu quand ils voudroient; en effet ils sont venus, et je les ay accompagnés tous quatre jusqu'à la porte de la rue. Le sieur Bernus le clerc, frère du conseul, estoit avec eux. Mon fils le prestre s'y est aussy trouvé.

Le xxi août 1702, j'ay donné au sieur Couldroy, bourgeois de Marmande, quatre demi equus (sic) à 38 sols pièce, suivant le cours, pour le retable que ledit sieur fait faire en qualité de prieur des penitans [2].

En juillet 1703, j'ay donné audit sieur Coudroy, prieur, et au sieur Gautier, 3me conseul, quatre demi equus suivant le cours pour accommoder toute l'esglise, ayant mis bas toute la muraille; ils baillent 60 equus de façon au maistre masson nommé Lafontaine. Lesdits sieurs sont veneus chès moy à Marmande me prier d'y contribuer.

Le 5 mars 1703, ma famme et moy avons retiré nos testamens des mains de maistre Anthoine Larroque, notaire royal de Marmande, à

---

[1] Quand j'avais l'honneur d'être à la tête de l'administration municipale de Gontaud, il y a de cela plus d'une vingtaine d'années, j'ai entendu dans une réunion de maires tenue sous la présidence de M. Ernest de Berb, sous-préfet de Marmande, un de mes collègues, un rural, s'écrier en répondant à une question du Sous-Préfet : Oui, *Monseigneur*. L'enthousiasme du sieur G...... amusa fort l'assemblée, et le *Monseigneurisé* ne fut pas le dernier à rire du titre si inattendu dont on le bombardait.

En cette année 1702, Jacques de Fontainemarie raconta le pieux voyage fait par les Marmandais à Agen à l'occasion du Grand Jubilé universel. On trouvera le récit du pélerinage du 30 avril dans la *Notice sur Mauvezin* (p. 597-599). M. l'Abbé Alis attribue l'édifiante relation (p. 434, note) à François de Fontainemarie. Mais l'auteur parle de son fils *Le prêtre* et par là signe, en quelque sorte, le document.

cause de la mort de nostre second fils, décédé capitaine dans le régimant d'infanterie de Foix, et en ayant chacun fait un autre nous l'avons remis au pouvoir dudit sieur Larroque deux jours après par forme de dépôt.

Le 3 février 1704, jour de Dimanche, M. Touchard, natif de Marmande, conseiller au Parlement de Bordeaux, et commissaire aux requestes du Palais me vint voir l'après dinée ; il demura une heure ou environ avec moy. Après arriva M. le prestre Brezetz. A suite ledit sieur Touchart se retira chés luy, où il mourut le landemain matin sur les onze heures ; il a esté enterré le landemain dans sa sépulture à la paroisse. Dieu nous fasse la grace de bien vivre pour bien mourir et nous préserve d'un pareil accident! L'église estoit tendue de noir ; ses armes y estoient avec une couronne perlée. Il a laissé un fils qui est conseiller aux requestes, ayant l'office de son père ; il avoit deux filles dont l'une est religieuse, l'autre estant morte dans le cloistre au Mas d'Agenois ; celle qui est religieuse est dans le cloistre dudit Mas d'Agenois[1].

---

[1] C'est le personnage dont il a été déjà question et sur lequel le narrateur, en une note séparée, revient en ces termes :

« Le 21 juillet 1697 M. Touchart, conseiller aux Requestes, s'estant trouvé à une procession qui se fit autour du cloistre de la paroisse, le sieur Faget, maire de Marmande, dont ils sont natifs, luy ayant voulu prendre le pas sur ce qu'il estoit en habit court, ledit sieur Touchart le saisit au corps et le fit reculer, dont ayant fait un procès verbal, il a esté décrété d'adjournement personnel en grand chambre. M. Drouilhet, conseiller au parlemant, aussy natif de Marmande et moy, restames chaquun dans son banc. Ladite charge de maire a esté supprimée ; le sieur Faget a achepté celle de gouverneur que le Roy a depuis créée.

S'ensuist l'arrest du Parlement :

La Cour, après avoir mandé dans la chambre Faget, maire de Marmande, décrété sur le verbal du sieur Touchard, conseiller du Roy en icelle, commissaire aux Requêtes du Palais, pour l'irrévérance par luy commise le 21 juillet dernier, après qu'il a rendeu son audition devant les commissaires à ce députés, l'a renvoyé et renvoie pour faire l'exercice de sa fonction, luy enjoint de porter plus de respect aux conseillers de la Cour, luy fait inhibitions et deffanses d'user à l'avenir de telles ou semblables façons de faire à telles peines que de raison.

Prononcé à Bordeaux en Parlement le 9 aoust 1697, M. Lecomte premier président. »

M. de Guérin, doyen de la Cour des Aydes, est mort le 15 février 1708. Suivant une lettre de Mr le Président Barbot, du 6 mars 1708[1], Mr Billy, premier advocat général de la Cour des Aydes, est mort en deux fois vingt-quatre heures.

II.

JOURNAL DE FRANÇOIS DE FONTAINEMARIE
(1663-1730)

Je François Fontainemarie, aujourd'huy conseiller à la Cour des aydes de Guyenne, fils de feu Monsieur Jacques Fontainemarie qui mourut doyen de la mesme cour, et de Madame Jeanne de Saint-Angel, naquis à Bordeaux le quatre du mois de décembre mille six cens soixante-trois, à trois heures du matin, dans la paroisse de la Sauvetat.

Je fus baptisé à Saint-André le onziesme du mois de Juillet mille six cens soixante sept et j'eus pour parrein Monsieur François de Saint-Angel, mon ayeul maternel, et pour marreine demoiselle Jacquette de Villepreux, mon ayeule paternelle.

Dès que je fus en estat de profiter des premières instructions qu'on donne aux enfans, ma mère prit elle-mesme le soin de m'apprendre à prier Dieu ; ensuite elle m'enseigna le catécisme (sic), après quoy elle me montra à lire, et enfin ce fut elle qui m'apprit le commencement du rudiment. Jamais mère n'a eu plus d'attention qu'elle à l'éducation de sa famille et il y en a peu qui en ayent eu autant ; elle n'a rien négligé ni rien espargné pour nous rendre tous

---

[1] Le président Barbot correspondait souvent avec Jacques de Fontainemarie. On retrouve parmi les papiers de ce dernier cet *Extrait d'une lettre à moy escrite par M. le Président Barbot*, du 24 mars 1705 :

« Vous aurez sceu les mouvemans que nous nous sommes donnés pour éviter le Monseigneur que M. le M[aréchal] — Il s'agit là du maréchal de Montrevel, gouverneur de la Guyenne — prétendoit que nos députés devoient lui donner ; quoiqu'on eut receu une lettre précise de M. de la Vrillière, on a fait de très humbles remonstrances, et depuis 4 mois qu'on les a envoiées, nous ne voions pas que le Conseil ayt rien déterminé, ni que le voiage de Paris ait rien produit contre nous ; cependant tous les officiers ont eu l'honneur de le saluer en particulier ; il rendit le lendemain la visite à M. le Premier Président, et tout nous paroit tranquille. »

honestes gens et elle a travaillé dans tous les temps avec une application singulière et une tendresse qui ne s'est jamais démentie à nous inspirer des sentiments de religion, d'honneur et de probité.

Lorsque je fus capable de quelque chose de plus, mon père, ne pouvant pas me donner tout le temps qu'il auroit voulu parceque les occupations du palais luy en enlevoit (*sic*) pour lors beaucoup, il fut forcé de me donner un précepteur qu'il renvoia bientost après mal satisfait du peu d'attention qu'il avoit à m'instruire; il ne fut pas plus content de celuy qui prit sa place, car comme il veilloit autant que ses affaires pouvoient le luy permettre, sur tout ce qui me regardoit, qu'il me faisoit par temps reciter mes leçons et qu'il jettoit quelquesfois les yeux sur mes themes, il s'apperceut que ce second precepteur me negligoit (*sic*) et il le congedia. Le troisiesme ne fit guieres mieux ; il ne fut pourtant pas renvoié parce qu'étant tombé malade à Marmande pandant les vaccations et les cours estant sorties de Bordeaux (où la famille ne retourna plus depuis) à la Saint-Martin il demanda à se retirer et je n'eus plus au logis de précepteur. J'avoue qu'un bon précepteur est d'un grand secours à un jeune homme ; lorsqu'il a l'esprit juste, les mœurs bonnes, de la capacité et de l'érudition, il donne à son disciple des principes de vertu, de piété, de politesse et de litterature qui ne s'effacent jamais tout à fait, mais il est si rare d'en trouver de tels, que je croy qu'il est plus avantageux et pour l'escolier et pour la famille de s'en passer que de courre le risque d'en prendre quelqu'un qui soit d'un mauvais caractère.

En novembre 1675 le roy sortit les cours supérieures de Bordeaux et la Cour des Aydes fut transférée à Libourne. Nous estions pour lors à Marmande où nous venions régulièrement passer le temps des vacations et d'où la famille n'est pas depuis sortie. Le précepteur que j'avois dans ce temps se retira peu après, et mon père m'envoia en classe premièrement chés Mr Dupreau et ensuite chés Mr Lamolère, regent de lad [ite] ville de Marmande ; j'estudiai sous ce dernier jusques à ce que mon père me mena luy mesme à Condom pour y faire la retorique chés les péres de l'Oratoire où il me mit en pension en 1679[1].

---

[1] C'était alors un des plus florissants de tous les établissements d'instruction publique du Sud-Ouest. Voir dans la *Revue de Gascogne* de 1887 la remarquable étude consacrée par M. Joseph Gardère au *Collège de Condom sous les Oratoriens*.

Sur la fin de 1679 j'allai à Agen étudier en philosophie chès les pères Jacobins [1] ; je ne fis qu'un cours d'un an sous le père Coronat, sous lequel j'escrivis. Je soutins un (sic) thèze de logique dans le caresme, et le [vide dans le manuscrit] du mois d'aoust 1680 je soutins un acte particulier dédié à Mr l'évesque qui estoit pour lors Monsieur Mascaron et led [it] père Coronat me donna ses lettres testimoniales.

Comme j'estois trop jeune pour aller estudier en droit, ne pouvant estre receu avocat qu'à 21 ans suivant la déclaration du roy [vide dans le manuscrit], mon père, par l'avis de Monsieur de Mascaron, me fit estudier pendant deux ans en theologie chez les mesmes pères Jacobins d'Agen. J'eus pour professeurs le père Laborde et le père Coronat. Ce dernier me donna encore des lettres testimoniales d'estude.

Dans le mois de novembre 1682 j'allai à Cahors commencer mon droit. J'estudié les deux premières années sous Mr Dupuy et Mr le Franc de Caix [2], et sur la fin de lad [ite] seconde année, c'est-à-dire en 1684, je pris le bacalaureat après avoir subi un examen particulier et soutenu publiquement une thèze le 18 du mois de may de la sus [dite] année 1684. Je continué cette étude en 1685 sous les mesmes professeurs et je pris les leçons du droit français sous Mr Dolive qui en estoit le professeur et, après avoir subi un nouvel examen particulier et soutenu une nouvelle thèse, je fus fait licensié en droit civil et en droit canon le 9 juin 1685, muni des certificats d'estude que les trois professeurs susd [its] me donnèrent. Il me fallut encore avoir celuy de Messieurs du parquet de Tolose parceque Cahors est du ressort de ce parlement : ils me le donnèrent le 19 juin 1685 et quand j'eus cette pièce, je m'en retournay à Marmande portant avec moy mes lettres de bachelier et de licensié et toutes les autres pièces, titres et certificats.

Le second juillet 1685 je fus receu avocat au parlement de Guyenne lors seant à la Réole et l'arrest porte que je serai immatriculé sui-

---

[1] Voir *Notice sur le Collège d'Agen depuis sa fondation jusqu'à nos jours (1581-1888)*, par M. Philippe Lauzun (Agen, 1888). M. Lauzun s'est montré, dans ce travail, le digne émule de son ami M. Gardère.

[2] Sur les professeurs Antoine Dupuy et Jean le Franc de Caix, voir l'*Histoire de l'Université de Cahors*, par MM. J. Baudel et J. Malinowski (Cahors, 1876, grand in-8°, p. 153-156).

vant l'ordre de mes degrés et par preferance neanmoins à ceux qui furent receus dans la mesme audience attendu que j'estois fils d'un officier en cour souveraine.

Je resté à Marmande l'année 1686, et en 1687; je commencé à suivre le barreau à la Réole où je passé une partie assés considérable de cette année et de toutes celles pendant lesquelles le parlement y demeura. Quand il fut retabli à Bordeaux, j'y suivis encore le barreau pandant quelque temps et enfin je me retiray tout à fait à Marmande où je fis avec quelque agrément la fonction d'avocat.

En février 1699 il me prit envie d'aller suivre le barreau du parlement de Tolose. Je m'embarquay pour cet effet avec M. Bazin l'adv-[oca]t le 7 dud [it] mois ; nous demurames là jusques à la Saint-Jean et nous en revinmes ensemble. Ce voyage m'a esté assés inutile et j'eusse mieux fait de ne le faire pas.

Depuis mon retour de Tolose j'ay toujours resté à Marmande où je continué à faire les fonctions d'avocat jusques à la mort de mon père excepté que je ne voulus jamais sortir de lad [ite] ville pour aller en arbitrage dans les villes circonvoisines ou à la compagne ni servir d'assesseur ou d'adjoint en qualité de gradué dans les affaires criminelles.

Mon père mourut à Marmande le 18 septembre 1708 agé de 68 ans 8 mois moins 10 jours et fut enseveli aux Carmes dans le tombeau de la famille [1]. Il avoit fait son testament 5 ans et demi auparavant par lequel il faisoit des legs particuliers à chacun de mes frères et sœurs. Il me laissait son office de conseiller à la Cour des Aydes dont il devint doyen 8 ou 9 mois avant sa mort. Il donnoit à ma mère la jouissance de tous ses biens, la priant de fournir aux frais de mes provisions et de ma réception, et l'instituoit son héritière générale et universelle, la priant néanmoins de me remettre son heredité quand elle voudroit. Voyès ci-après l'article de ma famille.

Après la mort de mon père et le 30 septembre 1708, ma mère donna sa procuration pour me présenter au roy et à Mgr le Chan-

---

[1] Déjà, en décembre 1643, Jean Fontainemarie, le grand père de Jacques, voulut que son corps fût « enseveli aux thumbes de mes predecesseurs qui sont au couvent des Peres Cordeliers de la presente ville ».

celier pour avoir, tenir et exercer l'office de Con[seill]er en la Cour des Aydes de Bord[eau]x dont mon père estoit mort vestu. J'envoyé cette procuration avec mes lettres de baccalauréat et de licence, mon arrest de réception à prester le serment d'avocat, mes certificats d'estude et de fréquentation du barreau, mon extrait baptistaire et généralement toutes les pièces nécessaires à M. Lamolere, secretaire du roy à Paris par la médiation de M. le président Barbot. Mes provisions furent expédiées le 15 de no[vem]bre 1708 et enregistrées le 17 du mesme mois. Je les receus le 22 et la veille de la Noël je les présenté à la Cour des Aydes avec une req[ue]te tendante à ce qu'il luy plust de me recevoir en lad[ite] charge ; je ne fus pourtant receu que le 19 fevrier 1709 à cause d'une contestation qu'il y eut entre Mr Leblanc et moy pour la presseance. Mr Leblanc, aussi fils de maistre, prétendoit que son père estant en vie il devoit me preceder, je soutenois au contraire qu'ayant esté présenté au roy presque d'abord après la mort de mon père et mes provisions estant antérieures à celles de M. Leblanc, je devois l'emporter. Nous écrivismes l'un et l'autre à Mgr le Chancelier et M. le président Barbot aussi au nom de la Compagnie; par une première lettre il décida en ma faveur, mais par une seconde sur des raisons assés mauvaises que Mr Suduiraut, premier président, qui voulut faire plaisir à Mr Leblanc, escrivit à son retour de la campagne à M. le Chancelier, il donna la presseance à M. Leblanc qui fut receu le 18 fevrier et moy le lendemain. Les frais de l'obtention de mes provisions ou de ma réception allèrent à près de mille écus.

Je fis une faute que j'exhorte fort tous mes descendants de ne jamais faire, c'est que je ne piqué (*sic*) pas le Code et que je pris ma loy au hazard. Il me fallut assommer d'estudier ; j'en usé de mesme à l'esgard des trois parties du Digeste. Il y eut dans ce procédé trop de présomption de ma part. Je reconnois que je fis mal. Cependant je fus assés heureux pour que Dieu me fit la grâce de sortir assez bien d'affaires.

Je fis enregistrer mes provisions à la Chambre des Comptes à Paris, le six mars 1709 et au bureau des finances à Bord[eau]x, le 17 juin aud[it] an. MM. les trésoriers le firent gratis. Voyés ci-après dans un article séparé ce qui regarde mon office.

J'obtins aussi des lettres d'intermediat pour jouir des gages attachés à mon office depuis le 18 septembre 1708, jour du décès de mon père, jusques à celuy de ma réception qui fut le 19 février 1709;

elles me coustèrent de l'argent et sont datées du 15 mars 1709 ; elles furent enregistrées en la Chambre à Paris, le 16 avril, aud[it] an. Cella me cousta encore de l'argent, et au bureau des trésoriers gratis, le 27 juin 1709.

Je me marié avec Mlle Boutin [1], le 26 aoust 1722, c'est-à-dire que la bénédiction nuptiale nous fut impartie ce jour-là dans l'église paroissielle de Saint-Vivien [2], où ma femme faisoit sa résidence, par mon frère l'abbé Dorriolle, du consentement de M. le curé de cette paroisse.

Nous avions auparavant fait proclamer les bans de nostre mariage, ma femme à Saint-Vivien pendant trois dimanches et moy aussy trois fois à Marmande où je réside quelque partie considérable de l'année en famille et dans ma maison. Je les fis aussi proclamer à Bordeaux une fois et pris dispense des deux autres. On me conseilla de faire faire ces proclamations à Saint-Projet, qui est ma paroisse et parceque j'ay à Bordeaux mon domicile de dignité en qualité de conseiller à la Cour des Aydes et parceque je suis sensé (sic) y habiter et parceque j'y demure véritablement une partie de l'année, mais seul et sans famille.

M. Bignon, qui estoit curé de Saint-Vivien, ne voulut rien pour ses droits. Il ne voulut pas mesme prendre un des treize louis d'or que je donné pour arres à ma femme parcequ'on en donne à Saint-Vivien quoyque M. Doriolle et moy le luy eussions offert tous les deux et l'eussions pressé de l'agréer.

Nos articles de mariage furent signés le 9 juillet et le contrat de mariage fut passé le 25 aoust suivant de l'année 1722, veille de nos noces. Ce contrat a été retenu par Me Robert, notaire royal de Monségur. Voyès ci-après dans un article séparé ce qui regarde mon mariage par rapport à la constitution faite à ma femme.

J'ammenay ma femme à Marmande le [vide dans le manuscrit] 1712. Son cousin Du Luc [3] et quelques autres ses parents et parentes l'y

---

[1] Voir un peu plus loin les renseignements donnés par le narrateur sur sa femme.
[2] Commune du département de la Gironde, arrondissement de la Réole, canton de Monségur, à 4 kilomètres de cette ville.
[3] S'agit-il là du conseiller à la Cour des Aides de Guyenne qui va être mentionné dans une des pages suivantes ?

accompagnèrent et quelques-uns des miens nous vindrent au-devant, les uns à Beaupuy, les autres au bas du vignoble. M. de Villepreux s'en vint de Saint-Vivien avec nous Ma sœur avoit resté à Marmande à cause de ses indispositions. M Doriolle et Mlle Beaufossé y estoint retournés 3 ou 4 jours après nos noces pour tout préparer à la maison, et M. Grayon, mon frère, qui estoit allé avec M. l'abbé Doriolle, Mlle Beaufossé et moy à Saint-Vivien lors de la signature de mes articles de mariage, ne put pas y aller pour les noces ni se trouver aux ammenances [1] parce qu'il estoit malade chés luy à Grayon. M. l'abbé nous vint pourtant joindre avec M. Salles.

MA FAMILLE.

Ma famille comprend mon père, ma mère, mes frères et sœurs, ma femme et mes enfants. Je ne parlerai dans cet article que de mon père, de ma mère, de mes frères et de mes sœurs. Je parlerai de ma femme et mes enfants dans deux autres articles séparés.

Monsieur Jacques Fontainemarie, mon père, seigneur de Castecu, conseiller du Roy en la Cour des Aydes et Finances de Guyenne, mourut à Marmande, âgé de 68 ans, 8 mois moins dix jours et doyen de lad[ite] Cour, le 18 septembre 1708, environ les [vide dans le manuscrit] heures après midi ; il fut enseveli aux Carmes, dans le tombeau de famille qui est sous nostre banc.

Il avoit fait, escrit et signé son testament sans l'avoir pourtant clos, le 7 mars 1703 ; il le remit le mesme jour entre les mains de M[e] [vide dans le manuscrit] Laroque, not[ai]re royal de Marmande, qui luy en donna acte qui fut signé par mon père, par sept témoins et par le[dit] notaire.

---

[1] Ce mot n'a été recueilli ni dans le *Dictionnaire de Trévoux*, ni dans le *Glossaire* de la Curne de Sainte-Palaye. Isaac de Pérès l'ayant employé au sujet du mariage (mai 1597) de la fille de Georges Du Bourg, gouverneur de l'Isle-Jourdain, avec un Du Pouy de Bonnegarde (*Chronique*, Agen, 1882, p. 61), j'ai rappelé (*Ibid*, note 2) que le mot se maintient dans le langage populaire, et que Gabriel Azaïs le mentionne, avec la signification de fêtes de noce (*Dictionnaire des idiomes romans du midi de la France*). J'aurais pu ajouter que Frédéric Mistral le donne aussi dans son *Dictionnaire provençal-français*, où il cite ce vers d'Augier Gaillard, *lou roudié de Rabastens* :

Ah ! ieu vouldrio be qu'el fous à las amenanços.

Par ce testament qui contient la dernière volonté de mon père, outre plusieurs legs pies qu'il laissa et que ma mère a tous acquittés, il donne à M. l'abbé Fontainemarie, sieur Doriolle, à M. Jean Fontainemarie, sieur de Grayon, à Mlle Jeanne Fontainemarie et à Mlle Catherine Fontainemarie, mes frères et sœurs, les seuls enfants qui lui restoint et à chaqun d'eux la somme de 4,600 livres payables en la manière portée par son testament et outre ce il donne à mon frère l'abbé, auquel le susd[it] legs doit tenir lieu de remplacement de la moitié de son titre clérical, l'habitation pendant sa vie de la chambre du milieu du vieux bâtiment qui regarde sur la Cour avec l'antichambre qui est sur le degré et les meubles qui s'y trouveront après le décès de ma mère, hors le cabinet aux livres qui pourra rester, si je le veux ainsi, dans lad[ite] chambre; il veut encore que M. l'abbé jouisse pendant sa vie d'une de ses granges qui touche celle de la veuve du sieur Marres.

Mon père donne aussi la jouissance de ses biens à ma mère et la prie de me faire recevoir dans sa charge de conseiller, d'en faire tous les frais soit pour les provisions, soit pour la réception. Il me laisse les anciens gages attribués à l'office de conseiller et me donne ses livres. Il fait ma mère son héritière et la prie de remettre son hérédité quand elle voudra.

Madame Jeanne de Saint-Angel, ma mère, mourut à Marmande, âgée de [vide dans le manuscrit] le 13 aoust 1616 environ les 4 heures après midi. Elle fut ensevelie dans l'église des pères Carmes de la mesme ville et dans la sépulture [1] de la famille qui est sous nostre banc.

Elle avoit fait son testament le [vide dans le manuscrit].

Monsieur Etienne Fontainemarie, mon frère, appellé dans la famille M. Castecu, mourut à Phalsebourg (*sic*) [2], âgé de 37 ans, 4 mois moins dix jours, le 28 septembre 1702. Il estoit capitaine au premier bataillon du régiment de Foix. Il ne fit point de testament parceque mon père et ma mère estoint en vie et qu'il n'avoit rien gagné au service.

---

[1] *Sépulture* est employé là par abus pour tombeau.
[2] Phalsbourg, en Lorraine.

MON MARIAGE.

Je passé et signé des articles de mariage avec Mademoiselle Marie-Marguerite Boutin, fille de Monsieur Blaise Boutin, de Saint-Vivien, et de demoiselle Louise Calabre[1], ses père et mère, âgée d'environ 27 ans, le 9 juillet 1722.

Le contrat portant la remise et l'approbation de ces articles et de tout le contenu en iceux fut passé le 25 aoust 1722, veille de nos noces, devant Me Robert, notaire royal de Monségur, et le 26 aoust aud[it] an nous épousasmes dans l'église paroissielle de Saint-Vivien. Mon frère, Monsieur l'abbé Doriolle, nous impartit la bénédiction nuptiale du consentement de M. le curé de cette paroisse. J'ay expliqué au troisiesme feuillet du commencement de ce livre comment cella s'estoit passé, ce qui avoit précédé cette cérémonie, et les manières honnestes dont M. le curé en avoit usé à nostre égard.

Par ce contract de mariage M. et Mlle Boutin constituent conjointement et solidairement à ma femme la somme de 30,000 livres en payement de laquelle jusques à concurrence de la somme de 20,000 livres (les 10,000 livres restantes ne devant estre payées qu'après le décès du dernier mourant des constituants), ils luy donnent la métayrie de Saint-Seve, jurisdiction de la Réole, pour 6,000 livres et celle de Castelnaut avec tout ce qu'ils possèdent dans le bourg et jurisdiction pour 4,000 livres, avec faculté à moy de vendre lesd[its] biens fonds en la manière expliquée dans le susd[it] contract ou articles de mariage. Luy donnant encore la veille des noces ou quoyque ce soit à moy la somme de 5,000 livres en espèces d'or ou d'argent, ce qu'ils firent effectivement et led[it] contract de mariage en porte quittance, et les 5.000 livres restantes pour faire les vingt payables dans dix ans aussi en espèces sonnantes et sans aucune sorte de billets.

MES ENFANTS.

Jean-Baptiste Fontainemarie, nostre premier enfant, né le 24 juin 1723, jour de jeudi, à Marmande. — Le 24 juin 1723, à une heure et demie après midi ou environ, ma femme accoucha d'un

---

[1] Louise Calabre était fille d'un juge de Castelnau-sur-Gupie.

garçon qui fut baptisé le 26 du mesme mois par Monsieur l'abbé Fontainemarie, mon frère, dans l'église paroissielle de la ville de Marmande. On luy donna le nom de Jean-Baptiste ; il a pour parrain mondit sieur l'abbé Fontainemarie (et parce qu'il fit le baptesme M. Villepreux de Marmande tint sa place) et pour marraine Mademoiselle Boutin, son ayeule maternelle Cet acte baptistaire (à l'occasion duquel il y a eu quelque contestation dont on trouvera l'origine, la suite et la fin au commencement de ce livre feuillet [vide dans le manuscrit]) fut signé par celuy qui représentoit le parrain, par la marraine, par M. Gautier, curé de Beissac [1], par M. Brezets, un saint prestre, et par M. Lachaussée, vicaire de semaine, ces trois derniers comme témoins de l'action, par mon frère qui fit le baptesme et par moy père de l'enfant qui est le premier dont ma femme a accouché.

Cet enfant, nommé Jean-Baptiste Fontainemarie a esté d'abord mis en nourrice à Grayon où il est nourri par la femme de Berdoulet qui luy donne son laict.

Ma femme et moy l'avons voué au blanc à l'honneur de la Sainte Vierge jusqu'à l'âge de sept ans   Le [vide dans le manuscrit] 1724, je luy ay fait donner le scapulaire chés les Carmes de cette ville de Marmande. Le Père Simon Brousse l'en revestit en présence du prieur et de presque toute la communauté qui assista à la cérémonie. Le 26 juin 1725, ma femme retira cet enfant bien sevré de la nourrice et le fit porter au logis.

Jeanne Fontainemarie, nostre second enfant, née le vendredi neuf juin mille sept cents vint-quatre à Marmande, mariée avec M. de Villepreux, écuyer, nostre couzin, à Marmande, le 10 avril 1742. —
Le 9 juin 1724, à six heures et demie du matin ou environ, ma femme accoucha d'une fille qui fut baptisée dans l'église paroissielle de Marmande le 11 du mesme mois, par M. Boc, vicaire de semaine. On luy donna le nom de Jeanne, elle a pour parrain M. Boutin, son ayeul maternel, et pour marraine ma sœur, Mlle Jeanne Fontainemarie. C'est le second enfant dont ma femme a accouché. Cette fille, nommée Jeanne Fontainemarie, a été d'abord mise en nourrice à Fourques, juridiction de Caumon [2], où elle est nourrie par la femme de Pierre

---

[1] Bayssac est une section de la commune de Marmande, avec paroisse.
[2] Fourques et Caumont sont deux communes de l'arrondissement de Marmande, canton du Mas-d'Agenais.

Mimaut, brassier, appelée Marie Lagraulet qui luy donne son laict. Elle fut sortie de la nourrice le mois de mars 1726 et menée à Marmande chez nous toute sevrée par sa nourrice. Vers la fin du mois de juin 1726, Mlle Boutin [1], qui nous vint voir le dimanche dans l'Octave de la Feste-Dieu et qui s'en retourna 3 ou 4 jours après, s'emmena [2] cette petite par ordre de M. Boutin qui nous la demanda pour toujours dès qu'elle fut née et encore diverses fois pendant qu'elle estoit en nourrisse. Il dit qu'il luy veut laisser tout son bien. C'est luy qui la nourrit et luy fournit tout ce dont elle a besoin. Ragot, nostre munier de Drilhot [3], et Bernard Seguin, son valet, emportèrent cette enfant chès mon beau-père où elle reste toujours depuis.

Catherine Fontainemarie, nostre troisiesme enfant, née le 26 janvier 1726, jour de samedi à Marmande, mariée, le 11 juin de l'année 1743 avec M. Boutet de Labadie, procureur du Roy au siège royal de la ville de Marmande. — Le vint-six janvier mille sept cents vint-six, entre onze et douze heures du soir ou environ, ma femme accoucha d'une seconde fille qui fut baptisée dans l'église parroissiele de Marmande le 28 du même mois, jour de lundi, par M. Doriolle, mon frère, du consentement de M. Delbès qui prit ce

---

[1] C'est-à-dire Louise Calabre, femme du sieur Boutin et mère de madame de Fontainemarie.

[2] Pour : emmener avec elle. Ce gasconisme fleurit encore de nos jours sur les bords de la Garonne.

[3] Le moulin à eau de Drilhot, souvent mentionné dans les papiers de Fontainemarie, faisait partie du domaine de Castecu. Il n'était pas encore annexé à ce domaine en 1577, comme nous l'apprend un acte des archives de M. Maurice Boisvert que j'analyserai en deux lignes : le 27 décembre 1577, Benoit Seguin, habitant de Mauvezin, donne par échange à André Seguin, habitant de Sainte-Bazeille, le moulin de Drilhot avec ce qui en dépend. Jacques de Fontainemarie a ainsi résumé deux pièces de la fin du xviie siècle relatives à l'ancien moulin de Seguin : « Par contrat du 10 juin 1686, receu par Prioret, notaire royal de Castelnaud-sur-Gupie, j'ay affermé mon moulin de Drilhot pour six années au nommé Jean Goymart moienant seize boisseaux mesture, et deux boisseaux de froment bon et marchand annuellement, deux paires d'oisons et quatre paires de poulets. Le 2 novembre 1692, j'ay affermé mondit moulin à Jacques Peluchon et à Guiraut Vinsouneau dit Sauton, pour six ans, soubs les mesmes clauses et conditions. »

jour la possession de la cure de Marmande. On luy a donné le nom de Catherine. M. Boutin, son ayeul maternel, est son parrain, et ma sœur, Mlle Catherine Fontainemarie, appelée Mlle Beaufossé, sa marraine. Cette petite fut mise en nourrice à Birac le 29 du mesme mois de janvier où elle est nourrie par la femme de [vide dans le manuscrit] Bazats, cordonier, demurant au bourg dud[it] lieu qui luy donne son lait. C'est le troisiesme enfant dont ma femme a accouché à Marmande le 10 juillet 1726, ma femme osta sa fille de cette nourrisse et luy en donna une autre qui est la femme de [vide dans le manuscrit] demurant à Gaujac au delà de la Garonne [1].

Blaise Fontainemarie, notre quatriesme enfant, né à Marmande le 12 janvier 1727, jour de dimanche. — Le 12 janvier mille sept cent vint sept, entre quatre et cinq heures du soir, ma femme accoucha à Marmande d'un garçon qui fut baptisé dans l'église paroisiele de Marmande le 14 du mesme mois par M. Doriolle, mon frère, du consentement de M. Delbès, curé dud[it] Marmande, qui sachant lorsqu'il partit pour Agen que ma femme approchoit de son terme, donna ordre à Antoine Soliey, son sacristain, de venir au logis, dès qu'elle seroit accouchée, prier de sa part mon frère de faire ce baptême, ce que led[it] sacristain fit. On luy a donné le nom de Blaise. M. Boutin, son grand-père maternel, est son parrain, et Mlle Catherine Fontainemarie, ma sœur, appelée Mlle Beaufossé, sa marraine. C'est le quatriesme enfant dont ma femme a accouché; il a esté mis en nourrisse à Caubon et c'est la femme de [vide dans le manuscrit] Saubiac, demurant au village des Billaus, qui luy donna le lait; elle remporta cet enfant le 16 dud[it] mois de janvier.

(Renseignements successivement ajoutés à la même page, par Jean-Baptiste de Fontainemarie, continuateur, après sa mère, du mémorial de son père):

Après avoir fait sa philosophie au collège des Jésuites à Bordeaux, il voulut prendre le party du service. Ma mère le luy permit après bien des instances; il partit le 27 mars 1745 pour se rendre à Gand, où étoit le régiment de Normandie dans lequel il entra en qualité de volontaire; il se trouva, le 13 may suivant, à la fameuse bataille de

---

[1] Commune de l'arrondissement de Marmande, canton de Meilhan, à 5 kilomètres de Marmande.

Fontenoy [1], où il y fut blessé [2]. Ma mère luy acheta une compaignie, et, pour cet effet, elle luy envoya huit mille livres, dont il en accusa la réception le 25 décembre de l'année 1747. Peu de temps après, c'est-à-dire à la paix, il fut réformé ; il servit cependant en qualité de capitaine en second jusques en 1754 que je luy envoyé quatre mille cinq cens livres pour l'achat d'une seconde compagnie qu'il conserve encore actuellement ; il est en garnison à Dunkerque ce 6 aoust 1759.

Ce 6 janvier 1761, mon frère est arrivé icy bien incommodé d'une blessure qu'il reçut le 15 d'octobre dans une affaire qui se passa contre le prince de Brunsvik [3]. Il resta à Meurs, petite ville [4], jusqu'à ce qu'il fut en estat de voyager. Sa blessure consiste au menton par une bale qui le luy persa et qui luy tomba dans la poitrine. Il est chevalier de l'Ordre de Saint-Louis. Cette croix luy a été donnée de grace, n'ayant que 17 ans de service. M. d'Auber de Peyrelongue le reçut chevalier par ordre du Roy [5] ; il reçut ici sa croix dans le mois de mars suivant. Il s'est retiré du service et demande une pen-

---

[1] Il est impossible de ne pas citer à propos de la bataille de Fontenoy, l'émouvant et éloquent récit de M. le duc de Broglie, récit qui doit être mis à jamais au nombre des plus belles pages de notre littérature.

[2] Suivant une tradition de famille recueillie de la bouche de M. G. de Colombet, le blessé était étendu sur le champ de bataille parmi les morts quand le maréchal de Saxe, venant à passer auprès de lui, crut voir qu'il s'agitait et dit : enlevez cet homme qui respire encore et ayez en grand soin. Le blessé de Fontenoy était le beau-frère du grand-père de M. de Colombet.

[3] Cette affaire est le combat de Clostercamp, auquel se rattache l'immortel souvenir du dévouement du chevalier d'Assas. Auprès du capitaine Blaise de Fontainemarie fut blessé à Clostercamp un de ses compatriotes, mon bisayeul maternel, Jacques-Philippe de Vivie, capitaine au régiment de Normandie. Les deux *voisins*, les deux *blessés* furent nommés chevaliers de Saint-Louis.

[4] Aujourd'hui Mörs, ville de la Prusse occidentale, à 30 kilomètres de Düsseldorff.

[5] C'était François d'Auber, écuyer, seigneur de Peyrelongue, ancien major de cavalerie au régiment de Vogué, chevalier de Saint-Louis. M. le comte Albert d'Auber de Peyrelongue conserve, dans ses archives, la lettre par laquelle Louis XV chargea François d'Auber, le 7 mars 1761, de « recevoir et admettre à la dignité de chevalier de l'ordre militaire de Saint-Louis, le sieur Blaise de Fontainemarie, capitaine dans mon régiment de Normandie. »

sion. Il a retiré 30,000 livres de sa compagnie, que le premier lieutenant luy a donné.

« Le 24 aoust suivant, il a sorty du logis où il a resté depuis le 6 de janvier luy et son domestique ; il a esté nourri, logé et blanchy, ainsi que son valet, sans qu'il luy en ait rien cousté. Il est allé loger dans sa maison au canton et manger chés Mme de Villepreux, ma sœur, à qui il donne 500 livres de pension. Ma mère luy a cédé la jouissance de cette maison à l'exception des greniers.

« Il s'est marié, ce 17 décembre 1764, dans la paroisse de Cadillac sur Garonne, près Bordeaux avec dem[oise]lle Angélique Duluc, fille de feu M. Duluc, Conseiller en la Cour des Aydes de Guyenne. On luy a constitué vint mille livres sur laquelle somme il toucha au passement (sic) du contract six mille livres ou d'abord après. La dem[oise]lle a de plus cent pistoles, que son oncle Duluc, chanoine à Cadillac, luy a laissé de present [1].

Marie-Anne Fontainemarie, nostre cinquiesme enfant, née à Marmande, le 24 octobre 1728, jour de dimanche. Elle mourut le 13 octobre 1728. — Le vint-quatre octobre mille sept cents vingt huit, entre quatre et cinq heures du matin, ma femme accoucha à Marmande d'une fille qui fut baptisée dans l'église parroisiele de lad[ite] ville, le vint-six du mesme mois par M. le curé Jean-Baptiste Fontainemarie, l'aîné de nos enfants, et son parrain et Marie Espagnel, femme de chambre de ma femme, sa marraine. C'est le cinquiesme enfant dont ma femme a accouché. Elle luy a fait donner le nom de Marie-Anne et l'a mise en nourice à Birac et l'a donnée à [vide dans le manuscrit].

---

[1] Je complète ce paragraphe à l'aide d'une note rédigée par l'époux lui-même et qui m'a été communiquée par M. le docteur d'Antin : « La nuit du 17 au 18 décembre 1769, j'ay épousé demoiselle Catherine Du Luc, native de Bordeaux, paroisse Saint-Michel, née le 15 juin 1731 et baptisée à Saint-André, fille de messire Du Luc, conseiller du roi en la Cour des Aydes de Guienne et de dame Louise de Bazin. M. le chanoine Faget, cousin germain de ladite demoizelle, nous a imparti la bénédiction nuptiale à la paroisse de Loupiac, près Cadillac sur Garonne. » Sur Blaise de Fontainemarie, sieur de Seguin et de la Sauviollo, mort dans sa maison de Seguin, le 10 vendémiaire, an VII, et inhumé dans le cimetière de Mauvezin, et sur sa descendance, voir les détails aussi exacts qu'abondants réunis par M. l'abbé Alis dans sa *Notice* sur son ancienne paroisse (p. 436-440).

Le samedi 13 novembre mille sept cents vint huit vers les 3 heures après midi Marie-Anne Fontainemarie, nostre cinquiesme fille, mourut âgée de trois semaines moins quelques heures chés sa nourrice. Elle a été ensevelie à Birac et M. l'abbé Doriolle, mon frère, assista à sa sépulture.

Marguerite et Marie Fontainemarie, nos sixiesme et septiesme enfants, nées toutes deux à Marmande le 10 octobre 1730. — Le dix octobre mille sept cents trente, ma femme accoucha à Marmande de deux filles ; l'une naquit entre trois et quatre heures du matin et l'autre vers les cinq heures ; elles furent toutes les deux baptisées le mesme jour et vers les deux heures après midi par M. le curé de Marmande. La première née eut pour parrain M. Berguin le père et pour marraine Mlle Jeanne Berguin, sa fille ainée et fut nommée Marguerite (nous l'appelons Angélique) et la seconde qui vint au monde eut pour parrain le mesme M. Berguin et pour marraine Mlle Marie Oddoux et fut nommée Marie-Anne (elle n'est appelée que Marie sur le registre[1].) La première fut mise le mesme jour en nourrisse à Sainte-Abondance[2] et donnée à [vide dans le manuscrit] et la seconde a pour nourrice [vide dans le manuscrit] femme de [vide dans le manuscrit] demurant dans la parroisse de Birac.

---

[1] (Note ajoutée par le frère des deux jumelles, Jean-Baptiste de Fontainemarie) :
Toutes les deux sont religieuses. Marguerite de Fontainemarie est à Agen, au couvent des Carmélites; depuis elle fit sa profession en juillet de l'an 1757. Elle donna quatre mille livres pour son aumône dotale, ainsi qu'il est porté par la quittance, en datte du 25 juillet 1757 et que j'ay, plus six cens douze livres, pour son ameublement, pension de noviciat et autres frais.
Marie de Fontainemarie est au Mas d'Agenais, au couvent des dames Jacobines, où elle fit sa profession religieuse le 9 avril 1756. Elle donna trois mille livres pour son aumône dotale, ainsi qu'il est porté par la quittance, en dat du 8 avril 1756, que j'ay. Plus je luy donné 1,200 livres pour son ameublement et autres frais. Je luy donne sa vie durant cent francs par an, que je luy paye et payeray régulièrement. »

[2] Sainte-Abondance est une paroisse du canton de Marmande, à 4 kilomètres de cette ville.

III.

JOURNAL DE MADAME DE FONTAINEMARIE, NÉE BOUTIN

(1741-1750)

Mademoiselle Louise Calabre, ma mère, est morte le 12 février 1741 et M. Blaise Boutin, mon père, est mort le 22 mars de la mesme année, tous les deux âgés environ soixante-quatorze ou quinze ans, tous les deux ensevelis dans la chapelle dédiée à Saint-Roc dans l'église paroissiale de Saint-Vivien.

Monsieur François Fontainemarie, mon mary, seigneur de Castecu, Conseiller du Roy en la Cour des Aydes et finances de Guyenne et doyen de ladite Cour mourut le 19 novembre 1741 à 10 heures du soir à Marmande, âgé de soixante-dix-huit ou dix-neuf ans. Il fut enseveli aux Carmes dans le tombeau de la fammille (sic) qui est sous nostre banc.

Jeanne Fontainemarie, ma fille ainée, a épousé Joseph de Villepreux le 10 avril 1742 [1] dans l'église paroissialle de Marmande avec

---

[1] Madame veuve de Fontainemarie, à l'occasion du mariage de sa fille aînée avec Joseph de Villepreux, cousin de Jeanne, fit les cadeaux indiqués dans la note que voici :

« Le 10 avril 1742.

« Mémoire des nipes que j'ay donné à ma fille aynée en la mariant et à son mary en reconnoissance des bons services qu'il m'a rendu ou présent que je leur ay faict :

« A ma fille, un habit de pou de soye, presque neuf, que j'avois pour le deuil et une quoffure (sic) et manches de gase d'Italie, toute neuve, pour le deuil.

« Plus un autre habit de beau satin que j'avois et que je n'avois jamais porté.

« Plus une quoiffure avec une belle dentelle que je n'avois aussi jamais porté avec les manches.

« Plus une autre belle quoiffure et manches d'une maline demi-neuve et bien d'autres petites choses qui achevoit de la bien asortir.

« Je donné aussi un habit à M. de Villepreux de présent pour porter le

mon approbation et de tous ses parents les plus proches. Il n'y eut point de feste à cause de la grande affliction où je suis de la perte de mon cher époux. Il y avoit sellement (sic) à la messe sa tante, sœur à son cher père, une autre tante épouse de Jean Fontainemarie, appelée Grayon, mon beau-frère, Catherine Fontainemarie, ma segonde fille, sa sœur. Mes deux dernières filles sont au couvent et mes deux fils à Poitiers. Il y avoit aussi à la nosse M. de Villepreux, le frère à l'époux. Je ne l'aurois pas mariée sy tot sans la situation de mes affaires. M. Ballias, notaire de cette ville, a passé le contract [1].

Le 21 janvier 1752, j'ay eu le malheur de perdre M. de Villepreux, mon jendre (sic), époux de ma fille aynée, par une maladie bien courte et inconnue aux messieurs les médecins qui l'ont veu [2]; il a

---

deuil de M. Fontainemarie, mon mary. Cet habit et autre chose pour ma fille me coutèrent 240 livres.

« Plus j'ay donné des arbres qu'on coupa à la metairie de Saint-Saibe pour racommoder la maison de La Réolle qui appartient à ma fille. Blaise Constant, charpentier, a estimé ces arbres 8 ou 9 écus et je n'ay rien voulu desdits arbres.

« Plus :
  « Le 25 décembre 1742.
« J'ay donné de présent comme ce qui contient ci-dessus à ma même fille une robe de damas blanc, une quoiffure et une paire de manches le tout pour le demi-deuil qui m'a coûté 172 livres 14 sols, présent que j'ay bien voulu faire par l'amitié que j'ay pour elle et pour son mary et par reconnoissance de tous les services qu'il m'a rendu et qu'il me rend tous les jours à moy et à toute ma famille. »

[1] Sur plusieurs membres de la famille Ballias, voir la monographie de Marmande, pp. 115, 116, 118. Un Guillaume Ballias, sieur de Laubarède, commissaire des guerres, fut au nombre des électeurs de la noblesse aux Etats généraux de 1789 à cause de son fief de Montagut.

[2] Le testament de noble Joseph de Villepreux, écuyer, fut rédigé, le 20 janvier 1752, par « sieur Hellies Ballias, bourgeois, jurat, notaire royal.» Dans ce testament J. de Villepreux, après avoir recommandé à sa femme de *garder viduité*, institue pour son héritier général et universel son fils aîné Jean-Baptiste. Il y mentionne ses trois autres enfants et aussi son frère, Honoré de Villepreux, écuyer, que nous retrouverons à l'*Appendice* dans l'*Essai de bibliographie des livres de raison*.

lessé 2 garsons [1] et 2 filles [2] et son épouse ensinte de 8 mois ; il est enseveli dans l'église des R[é]v[érents] P[ères] Cordeliers dessous la chère dens une quave. Le 19 février, ma fille, femme de M. de Villepreux, est accouchée d'une fille environ une heure après midy. La servente et le fils de M. Maubourguet l'ont tenue ; elle a esté baptisée dans l'église parroissialle de Marmande, par M. Bernus, viquere de cette ville. On luy a donné le nom de Jeanne qu'on nomme présentement Angélique [3].

Le 11 juin 1743, Catherine Fontainemarie, ma segonde fille, a

---

[1] Les deux garçons s'appelèrent l'un et l'autre Jean-Baptiste. L'aîné épousa sa cousine, Catherine de Fontainemarie et ne laissa de ce mariage qu'une fille qui décéda sans postérité. Le cadet, connu d'abord sous le nom de chevalier de Villepreux, entra dans les ordres sacrés en 1776 ; il reçoit, dans les actes qui ont passé sous mes yeux, les titres de *prêtre et docteur en théologie*.

[2] Une des filles, Marie-Marguerite, fit ses vœux au couvent des dames Carmélites à Bordeaux, en 1764. L'autre, Anne-Marie, épousa en 1776, Jacques Coutausse de Saint-Martin. J'extrais du *Projet du contrat de mariage de mademoiselle Anne-Marie de Villepreux avec le sieur noble Coutausse de Saint-Martin, avocat, passé devant Bellile, notaire royal à Marmande, le 6 août 1776*, les indications suivantes : « Furent presents noble Jacques Coutausse de Saint-Martin, avocat au Parlement, fils naturel et légitime de noble Pierre Coutausse de Saint-Martin et de feue dame Catherine Barbe de Coulomna, natif de la ville de la Sauvetat de Caumont audit Agenois et habitant avec ledit sieur son père dans la paroisse de Cours (juridiction de Piles, évêché de Sarlat, en Perigord), d'une part, et demoiselle Anne de Villepreux, fille naturelle et légitime de feu messire Joseph de Villepreux, écuyer, et de dame Jeanne de Fontainemarie, native et habitante de ladite ville de Marmande, ledit sieur Jacques Coutausse de Saint-Martin procédant de l'avis et assistance de noble Antoine de Vivie, sieur du Vivier, son parent, agissant pour et au nom de dame Catherine Barbe de Coulouma, veuve de messire Gaston-Hilaire de Courson, écuyer, demeurant dans son château de Fremaure, paroisse de Romagne, jurisdiction dudit La Sauvetat de Caumont, et aussi pour et au nom de demoiselle Marie-Anne Barbe de Coulouma, demeurant dans ladite ville de La Sauvetat. » Le mari de Mlle de Villepreux devint procureur général et membre du corps législatif. Leur fils unique, Jacques Félix, capitaine dans la garde impériale, fut tué pendant la campagne de France, en 1814. Voir la généalogie *De Vivie de Régie* dans le tome II du *Nobiliaire de Guienne et de Gascogne*, par O'Gilvy, p. 309.

[3] Cette fille était morte avant le 5 août 1758.

épousé Jean-Baptiste Boutet de Labadie, de la parroisse de Virazeil, procureur du roy de cette ville, avec mon approbation et de tous nos parents et de ceux de son époux. M. Boutet, prêtre, frère de l'époux, les a épousé dans l'église parroissialle de Marmande par la permission de M. Delbès, curé de cette ville. Mes deux fils, ses frères, sa sœur l'ainée, son mary M. de Villepreux, sa tente ma belle-sœur, sœur à mon mary, sa tente femme à M. son oncle, nommé Grayon [1], M. le Chevalier Villepreux estoient à la messe. Mes deux autres filles jumelles estoint au Couvent; c'est pourquoy elles n'ont pas esté à la messe. — M. Ballias, notaire, a passé le contrat.

Le 29 septembre 1750, Jean-Batiste Fontainemarie, mon fils ayné, a épousé Mademoiselle Rose Dublan dens l'église de Saint-Projet à Bordeaux par mon consentement et de tous ses parens. M. Balias, notaire, et conterroleur de Marmande a fait se mariage. Il a esté à la nosse et M. de Villepreux, mon gendre. Il n'y a pas esté d'autre personne à cause des embarras de la sayson, mais quand ils furent arrivés à Marmande nous invitames beaucoup de monde avec nos parens. Le tout s'est passé avec grande joye de toute part. Il n'y vint que M. Dublan, père de ma belle-fille, pour l'accompagner. — Le contrat fut passé à Bordeaux et retenu par Sarraute, notaire, le 28 septembre 1750 [2].

---

[1] Cet oncle était Jean de Fontainemarie, le quatrième fils de Jacques. Dans les *Articles de mariage accordez entre noble Jean Crayon de Fontainemarie, fils naturel et légitime de feu messire Jacques de Fontainemarie, seigneur de Castecu, doien de la Cour des Aydes de Bordeaux, etc., et damoiselle Anne de Lapeyre de de la Sauviolle*, fille naturelle et légitime de feu noble Jean de Lapeyre, *escuier, sieur de Sauviolle et de dame Marie de Villepreux*, on attribue au futur époux le *lieu de Grayon, situé dans la juridiction dudit Marmande, paroisse de Beaupuy et environ la moitié du domaine de la Duronne (métairie de bas)*, et à la future épouse la *métairie de Lespinasse, située dans la juridiction de Mauvezin*. La mère du fiancé se réserve la jouissance *du lieu de Seguin situé audit Mauvezin*. Parmi les assistants figure *noble de Lapeyre, escuier, seigneur de Lalanne*, cousin de la fiancée. Le contrat est passé à Marmande (octobre 1709) « dans la maison qu'occupe ladite dame de Villepreux quartier de Lestang. »

[2] Voir un peu plus loin ce que dit de son mariage Jean-Baptiste de Fontainemarie.

IV.

JOURNAL DE JEAN-BAPTISTE DE FONTAINEMARIE.

(1720-1774).

Je Jean-Baptiste de Fontainemarie, aujourd'hui Conseiller en la Cour des Aydes et finances de Guyenne, fils de feu Monsieur François de Fontainemarie, Conseiller du Roy et doyen en la Cour des Aydes de Guienne, et de Madame Marie-Marguerite Boutin, suis né à Marmande le 24 juin de l'année mille sept cens vint et trois à deux heures après midy. Ma naissance fit beaucoup de joye à toute la ville, surtout à mon très cher père qui se trouvoit pour lors âgé d'environ soixante ans. Il étoit généralement aimé et respecté de tout le monde, rendant service au pauvre comme au riche, ne prenant jamais d'orgueil pour personne. Il étoit extrèmement religieux, donnant toujours de fort bons conseils; il étoit prudent, grand jurisconsulte, accomodoit beaucoup d'affaires, n'en travailloit jamais aucune pour peu qu'il reconnut qu'elle étoit mauvaise; en un mot, c'étoit à tous égards un grand juge et très estimé en sa Cour.

A peine fus-je en état de recevoir de l'éducation qu'il songeoit à ne rien négliger et se donnoit tous les mouvements pour me la donner aussi bonne qu'il l'avoit lui-même reçue et principalement pour la religion. Il crut ne pouvoir mieux faire que de me mettre à Poitiers chés les Jésuites, au collège que l'on nomme Pygarreaux, après avoir passé deux ans chés les Barnabites au collège de Bazas[1]. Je fus donc à Poitiers où je resté tout de suite quatre ans avec mon frère. J'entré, en y arrivant, en seconde, y fis l'année suivante ma rhétorique et, deux ans de philosophie. Ce fut pendant ce tems-là et en l'année 1741 le 19 novembre que j'eus le malheur de perdre mon très cher père; j'en ay senty toute la perte depuis, et elle auroit été bien plus grande si nous n'eussions pas eu une mère aussi tendre pour ses chers enfants, et aussi respectable qu'elle l'est. Mon très cher père, qui cognoissoit son mérite, luy laissa par son testa-

---

[1] Pourquoi n'avons-nous pas une complète histoire de ce collège de Bazas qui, soit avant la Révolution, soit en notre siècle, a eu de si savants professeurs et de si brillants élèves?

ment [1] la jouissance de tous ses biens ; il m'y fit son héritier et légua à chacun de ses cinq autres enfants 6000 livres pour leurs droits légitimaires ; elle a parfaitement bien répondu à sa confiance.

En 1743, je fus à Bordeaux pour y étudier en droit. Au commencement de 1745, je fus reçu avocat et le 6 du mois de septembre de la même année je fus reçu Conseiller en la Cour des Aydes de Guienne. Ma mère avoit vendu la charge dont étoit revêtu mon très cher père à M. Faget, procureur du Roy au siège royal de cette ville, pour le prix et somme de vint et une mille livres et acheta celle que j'occupe dix-huit mille livres qu'elle paya comptant à M. de Minville. C'est une de la première crüe. Je fus reçu à la Cour avec plaisir et distinction. Je picqué ma loy et profité en cela de l'avis que mon très cher père m'a laissé par écrit au commencement de ce livre. J'ay servy fort exactement les 4 ou 5 premières années. Je fus ensuite au commencement de l'année 1748 à Paris avec M. l'abbé de Malromé, Conseiller clerc au parlement de Bordeaux [2], mon intime amy, du consentement de ma mère ; j'y resté 6 à 7 mois et ce voyage me couta environ 3,000 livres y compris les habits que j'y acheté et et autres petits présents qui me coutèrent bien 1,500 livres. C'estoit la pure curiosité qui m'engagea à faire ce voyage et l'occasion d'y aller avec un amy avec qui je vivois à Bordeaux depuis deux ans et avec lequel j'ay continué de vivre et d'habiter jusqu'en la présente année 1759, toutes les fois que j'ay été à Bordeaux, mon beau-père n'ayant point dans sa maison assez de logement pour m'y donner un appartement.

En 1750, le 29 décembre, j'épousé Mlle Marie Rose Dublan dans la paroisse de Saint-Projet à Bordeaux. M. Durand, chanoine de Saint-André, et ancien amy de M. Dublan, nous impartit la bénédiction nuptiale. Elle est née à Bordeaux, paroisse de Saint-Projet l'an 1728 le 30 septembre ; elle fut baptisée à Saint-André. A l'âge de 7 ans,

---

[1] Ce testament, du 10 avril 1738, fut déposé dans l'étude de M⁰ Boiras, notaire à Marmande. Le testateur veut que l'on dise 400 messes pour le repos de son âme. Il y cite son mémorial domestique à propos de « *vaisseaux vinaires desquels il est fait mention dans mes livres de raison.*

[2] Marc Alexandre-Geneste de Malromé figure parmi les commissaires nommés par le parlement de Bordeaux, en mars 1762, pour examiner certains ouvrages publiés par les jésuites. Voir *Histoire du Parlement de Bordeaux*, par Boscheron des Portes, tome II, p. 281.

elle fut au couvent du Mas-d'Agenais, où elle a resté jusques au mois de may de l'an 1750, d'où elle sortit pour aller à celuy de Notre-Dame à Bordeaux où elle y avoit une tante religieuse. Elle est fille de M[essi]re Pierre Du Blan, actuellement écuyer secrétaire du Roy près la Cour des Aydes de Guienne, directeur et receveur général des domaines du Roy [1], et de dame Marie Tubicz. Leur contrat de mariage se passa à Paris [2], estant de Paris même et M. Dublan, de Créon entre deux-mers [3].

Ils constituèrent conjointement à leur fille la somme de cinquante mille livres dout je reçus à compte au passement du contrat celle de vint mille livres dont dix mille livres furent employés à payer à M. Drouilhet de Sigalas, Conseiller au parlement [4], une pareille somme qu'il avoit prêté à ma mère sur son simple billet pour l'aider à payer comptant la charge de Conseiller qu'elle avoit acheté à M. de Minvielle, et partie du restant des autres dix mille livres ; j'ay employé environ mille écus à acheter de l'argenterie, et me deffis de la vieille de la maison.

Le contrat fut passé à Bordeaux et retenu par Sarrauste, notaire, le 28 septembre 1750. Ils estoient pour lors 4 enfants, aujourd'huy ils ne sont que 3, deux garçons et ma femme. L'ainé est actuellement à Paris [5], pour se faire recevoir en la charge de procureur du Roy du domaine et des finances de Guienne, laquelle luy revient à cent trente mille livres y compris la reception et autres fraix. M. son père me l'a ainsi dit. M. Auguste, second fils, est lieutenant dans le régiment Dauphin infanterie actuellement dans le duché d'Enho-

---

[1] « Secrétaire du Roy maison et couronne de France, charge qui lui revient aux environs de 60,000 livres. » (Note marginale du narrateur).

[2] « Par devant le sieur Billheu, notaire à Paris, mort vers l'an 1754. » (*Ibid*).

[3] Chef-lieu de canton de l'arrondissement de Bordeaux, à 19 kilomètres de cette ville.

[4] C'était Charles-Ignace Drouilhet de Sigalas, né le 2 janvier 1709, un des treize enfants de François Drouilhet de Sigalas et de Catherine de Morin ; il fut pourvu, après la mort de son père (juin 1737), de l'office de conseiller au Parlement de Bordeaux, qu'il exerça jusqu'au 26 août 1780, date de son décès. Voir *Nobiliaire de Guyenne et de Gascogne*, tome I, p. 272.

[5] « 4 août 1759. » (Note marginale du narrateur).

vre ¹ faisant partie de la réserve que comande M. le duc de Broglie ² sous les ordres de M. de Contade lieutenant général ³, et sa demoiselle est morte religieuse à Nostre-Dame, il y a environ 3 ans. L'on pense que c'est de la poitrine.

Mon beau-père me paye exactement chaque année 1500 livres d'interest pour le principal des 30,000 livres restantes faisant partie de la constitution dotale. Il est généralement aimé et estimé de tout le monde à Bordeaux; il est fort sage, fort prudent, il ne fait point de folles dépenses; il a augmenté par ce moyen depuis neuf ans de beaucoup sa fortune, et si le Seigneur le conserve encore quelques années, elle sera des plus brillantes, et sûrement il en faira part à ma femme, ou bien à mes enfants. Monsieur le duc de Lavauguion, aujourd'huy gouverneur des enfants de France ⁴, le protége beaucoup, aussi bien que M. le Maréchal duc de Richelieu, actuellement gouverneur de la haute et basse Guienne résidant à Bordeaux depuis un an ⁵. M. Laleman de Bets, beau-père de M. le Comte de Pons ⁶, l'a

---

¹ On a reconnu sous ce déguisement le duché de Hanovre.

² Victor-François, duc de Broglie, né en 1718, mort en 1804, venait de battre les prussiens à Sondershaus (1758) et de les rebattre à Berghen (1759), ce qui lui valut le bâton de maréchal et le titre de prince de l'empire.

³ Louis-Georges Erasme, marquis de Contades, né en octobre 1704, mort en janvier 1793, selon le *Dictionnaire historique de la France*, en janvier 1795, selon le *Nobiliaire* de Saint-Allais (tome I, p. 104), avait été nommé maréchal de France le 24 août 1758, ce que semble ignorer le narrateur. La veille, pour ainsi dire, du jour où son nom était inscrit dans le livre de raison, Contades perdait (1er août) la bataille de Minden contre le prince de Brunswick.

⁴ Antoine-Paul-Jacques de Quélen de Stuar de Caussade, duc de la Vauguyon, prince de Carency, né à Tonneins, le 17 janvier 1706, mourut à Versailles, le 4 février 1772.

⁵ Le petit-neveu du grand cardinal de Richelieu est trop connu pour qu'il soit utile de donner sur lui le moindre renseignement. J'aime mieux annoncer à mes chers lecteurs — d'autant plus chers qu'ils sont plus rares, comme s'amuse à le dire un de mes spirituels amis — la bonne nouvelle que voici : un habile et heureux chercheur, auquel nous devons deux volumes charmants : *Les dessous de l'histoire*, M. J. Hovyn de Tranchère, prépare la publication d'un important recueil de documents inédits relatifs au fameux gouverneur de la Guyenne.

⁶ Charles-Philippe de Pons, seigneur de Saint-Maurice, Saussignac, etc.,

toujours extremement aimé et l'a favorisé dans toutes ses entreprises. La maison de Caumon de la Force luy est extremement attachée, et plusieurs autres seigneurs à qui il a toujours rendu en province tous les services qu'il a depeudu de luy. Il n'y a eu que M. de Chabannes, marquis de Curton [1], qui luy temoigna sa reconnaissance d'une façon bien odieuse, en luy intentant un procès en 1754 des plus iniques. Aussi le parlement de Bordeaux au rapport de M. de Guionnet [2] rendit un arrêt contre M. de Chabannes, le 13 aoust de l'année 1755 par lequel mon beau-père est relaxé des demandes injustes que lui faisoit M. de Curton; ordonne de plus ledit arrêt que

---

né le 25 mars 1709, nommé lieutenant général des armées du roi, le 10 mai 1748, avait épousé, le 6 février 1736, Marie-Charlotte Lallemand de Betz, fille de messire Michel-Joseph-Hyacinthe Lallemant de Betz, seigneur de Nantrau, et de dame Marie-Marguerite Maillet de Batilly. Voir le *Dictionnaire de Moréri*, 1759, t. VIII, p. 462.

[1] Je ne trouve pas ce personnage dans la généalogie de la maison de Chabannes, branche des seigneurs et marquis de Curton (*Moréri*, t. III, p. 118-119). Le dernier des marquis de Curton mentionné en cette généalogie est Jacques de Chabannes, comte de Rochefort, lieutenant général en 1738, mort le 2 octobre 1742.

[2] Jean-Joseph de Guyonnet, seigneur de Cugnolz et de Montbalen, né à Bordeaux, le 18 décembre 1711, devint conseiller au Parlement de Bordeaux, en 1737 et céda sa charge en 1765, à J.-F. du Mas de Fontbrauge. Il fut, avec MM. de Bacalan, de Baritault, de La Montagne, de Marbotin, de Ségur, membre de la commission de 1762, signalée un peu plus haut (Note sur A. Geneste de Malromé). Voir sur ce magistrat et sur sa famille le *Nobiliaire de Guienne et de Gascogne*, tome I, p. 405-409. Je trouve dans les papiers des Fontainemarie mention de la vente d'une maison à Marmande (quartier de Labat) faite, le 6 mars 1756, par « messire Jean-Joseph de Guyonnet, chevalier, seigneur de Cugnolz, conseiller grand-chambrier au Parlement de Bordeaux, y demeurant, rue et paroisse Sainte-Eulalie, étant actuellement en la présente ville [Marmande]... à messire Jean-Baptiste de Fontainemarie, chevalier, seigneur de Castecu, conseiller du Roy, etc., demeurant à Bordeaux, rue de la Devèse, paroisse Saint-Siméon... » Je trouve encore dans les mêmes papiers un mémoire, du 28 janvier 1767, relatif à diverses affaires à traiter entre MM. de Guyonnet et de Fontainemarie, rédigé par ce dernier et qui débute ainsi: « M. de Guyonnet qui a beaucoup de rentes dans la ville et juridiction de Marmande, en a aussi dans la paroisse de Beaupuy... »

les termes injurieux à M. Dublan, insérés dans les Mémoires du sieur Curton, seront biffés et bâtonnés par le greffier de la Cour, permet audit Dublan de faire imprimer et afficher le susdit arrêt où bon luy semblera, à l'effet de quoy il luy en sera passé deux cens exemplaires en taxe, condamne ledit Chabannes de Curton envers ledit Dublan en la somme de huit mille livres de dommages et intérêts et en tous les depends faits tant au Senechal qu'en la Cour, et en douze cens livres d'amande envers le Roy, à raison de sa ditte appellation.

A la suite de cet arrêt, M. de Chabannes se pourvut au conseil pour en obtenir la cassation, mais le conseil le confirma en tout son contenu par un arrêt qu'il donna, le Roy y étant, y est-il dit. Il est du commencement de l'année 1758, au moyen de quoy cette affaire, bien loin de luy prejudicier, a fait voir au public sa probité et sa droiture, et il n'en a resté que la honte aux agents de M. de Curton, c'est-à-dire à M. le comte de Buron, son beau-père, qui avoit été le moteur de cette affaire sous le nom de son gendre. Aussi M. Dublan proceda-t-il contre luy par la voye d'information, devant le lieutenant criminel en Guienne, sur laquelle toute la grand'chambre assemblée prononça arrêt le 23 juin 1758 qui ordonne que le sieur Buron remettra au greffe de la Cour sous quinzaine un acte de luy signé, par lequel il déclarera que mal à propos, il a proféré les injures mentionnées dans la plainte, qu'il reconnoit le sieur Dublan pour homme de bien et d'honneur, et non de la qualité portée par la plainte et information, condamne ledit sieur Buron en 300 livres de dommages, et intérêts envers le sieur Dublan et aux depends, permet aux surplus au sieur Dublan de faire imprimer, publier, et afficher ledit arrêt et d'employer dans la taxe des depends le nombre de deux cens exemplaires etc. Fait à Marmande le 6 aoust 1759 pour servir de mémoire à ma famille.

Le 19 juin 1760, jour de jeudy, mon beau-frère l'aîné, âgé de 28 ans (la demoiselle en a 18) a épousé dans l'église de Talance en Grave[1] Mlle Le Grix, fille de M. Le Grix, trésorier de France, et de dame Agar Le Grix[2] à qui l'on a compté au passement du contrat

---

[1] Commune du canton de Bordeaux, à 3 kilomètres de cette ville.

[2] On trouve aux Archives départementales de la Gironde, en un registre des insinuations, les articles de mariage, du 1er juin 1760, entre messire Pierre Ozée Dublan, chevalier, conseiller du roi et son procureur au bureau

cent mille livres, lequel contrat fut passé le 1er juin retenu par le sieur La France, notaire, et greffier au Bureau du domaine. M. Dublan, conjointement avec Madame son épouse [1] ont constitué à leur fils le bien de Quinsac avec ses appartenances et dépendances. Mon beau-frère s'est constitué sa charge, le pouvant faire comme émancipé, ce qui revient aux environs de cent mille écus les deux dites constitutions. Il aura beaucoup davantage de sa femme n'ayant que deux frères, et son père, m'a assuré M. Dublan, a au moins en argent, charge ou bien fons douze cent mille livres. Je me rendis à Bordeaux pour assister au contrat que j'ai signé. Le notaire passant par Marmande le surlendemain le porta à ma femme qui l'a également signé, aussi bien que ma mère, M. de Villepreux, M. Boutet et sa femme. Les bijoux que mon beau-frère a donné à sa femme vont aux environs de dix mille livres, sans y comprendre une bourse qu'il luy donna quelques jours avant d'épouser dans laquelle il y avoit cent louis. Je n'ay point assisté à la noce, m'étant retiré icy pour des affaires pressantes. La demoiselle est fort belle, ayant

---

des domaines et finances de Guyenne, fils de messire Pierre Dublan, écuyer, conseiller secrétaire du roi, maison et couronne de France, directeur et receveur général des domaines et droits-unis, et de dame Marie-Anne Tubie, d'une part — et demoiselle Marthe-Marie-Madeleine Legris, fille de messire Jacques Legris, chevalier, président trésorier général de France à Bordeaux et de dame Marthe Agard. De ces articles de mariage relevés par un des plus intrépides fouilleurs du bon pays de Gascogne, M. A. Communay, rapprochons deux notes prises dans le même dépôt par le même érudit, lequel sait donner avec la même facilité qu'il sait trouver : Le 9 septembre 1747, messire Jacques Legris avait acquis pour 18,000 livres de messire Jacques de Lascombes, l'office de président trésorier général en Guienne. — Le 1er novembre 1775, messire Pierre Dublanc, écuyer, conseiller secrétaire, etc., fit l'acquisition, moyennant 65,000 livres, de la maison noble et domaine y compris le vieux château de Lahet, dans les paroisses de Villenave et de Cadaujac, de messire Louis de Castelnau, chevalier, seigneur de Flouques.

[1] Je viens d'avoir le plaisir de lire *Le duc de Nivernais* de M. l'abbé Blampignon (Paris, 1888, in-8°) et j'emprunte à l'élégant auteur de ce livre la piquante observation que voici (p. 235) : « *Votre épouse, mon épouse*. Je vois souvent revenir sous la plume de ces grands seigneurs du xviiie siècle cette expression un peu emphatique dont aujourd'hui se sert M. Prudhomme tout seul. »

beaucoup de vertu et touchant du clavessin au parfait. Dieu veuille répandre sur eux sa sainte bénédiction !

Mort de ma mère. — Le 22 février 1765 [1] jour de vendredy ma mère est morte agée d'environ 69 ans ; elle fut enterrée aux Carmes dans les tombes de la famille le lendemain samedy à trois heures après midy. Elle est morte d'un cancer au sein qui luy est survenu par un coup qu'on luy donna en la descendant de cheval. Elle a laissé six enfans, dont deux sont religieuses et les 4 autres mariez ; elle a fait son testament clos par devant le sieur Ballias, notaire de cette ville ; je l'ay fait ouvrir en juillet 1766. Je suis son héritier général et universel aussi bien que dans mon contract de mariage ; elle a été généralement regrettée, elle étoit très habile ; elle avoit beaucoup de vertu et de religion ; elle n'a rien négligé pour tous ses enfans ; je l'aimois beaucoup et luy ay donné tous mes soins, étant toujours à côté de son lit jusqu'à son dernier soupir. Elle m'a donné sa bénédiction et à mes enfans aussi bien qu'à ma femme la veille de sa mort ; elle a beaucoup souffert, mais avec une patience peu commune ; enfin elle est morte comme elle a vécu, en prédestinée. Dieu me fasse la grace d'en faire autant. Priez pour le repos de son âme !

Ce 26 mars 1767 j'ay terminé le procés que m'avoit intenté le chevalier de Fontainemarie, mon frère, par exploit du 26 septembre 1765 en tête duquel étoient des lettres de restitution en entier, qu'il avoit impetrées contre le traité, ou arrêté de compte fait entre nous le 5 décembre 1755 qui portoit en ma faveur quittance finale de tous ses droits et qui étoit tout écrit de sa main et couché sur le livre de raison de ma mère, à la suite des dépenses qu'elle avoit fait pour

---

[1] L'année précédente, le narrateur (on s'étonne qu'il n'en dise rien dans son journal), avait cessé de faire partie de la Cour des Aides, mais il restait attaché par les liens de l'honorariat à cette compagnie. Voici le billet qu'il reçut du chancelier Maupeou : « Monsieur, les services de vos ancetres et les vœux de votre compagnie, ont déterminé le roi à vous accorder les lettres d'honoraire que vous demandés. Vous deurrés les faire presenter au sceau, quand vous le jugerés à propos. Je suis, Monsieur, votre affectionné serviteur. DE MAUPEOU: A Versailles, le 23 janvier 1764. »

luy. Cette affaire a fini par la voye de la médiation, ayant choisi M. Drouilhet de Sigalas, conseiller de grand'chambre au parlement de Bordeaux, pour notre arbitre. Nous passames un compromis sous la peine de cinq mille livres que celuy de nous deux qui refuseroit d'acquiescer à son jugement payeroit. Il y eut des mémoires de part et d'autre fournis devant le médiateur. Le chevalier de Fontainemarie demandoit à venir à division et partage des biens des père, mère, oncles et tantes, comme s'il eut ignoré les testaments qui avoient été faits en ma faveur et les quittances qu'il avoit donné en pleine majorité des différentes sommes qu'il avoit reçu. Je luy ay opposé dans mes mémoires la fin de non recevoir prise des actes geminez, et en outre mes demandes reconventionnelles qui s'élevoient au moins à plus de dix mille livres aux termes du traité du mois de mars 1756 passé entre luy et la dame sa mère et suivant son testament, ce qui l'auroit engagé à dire qu'il n'étoit pas rempli de ses droits légitimaires. Enfin par l'avis de M. le médiateur, pour éviter le désagrément d'en venir à une estimation des biens paternels et maternels, et pour un bien de paix, j'ay donné trois mille livres au chevalier de Fontainemarie au passement de la transaction retenue par Ballias, notaire de cette ville, le 26 mars 1767 et qu'il est bon de voir, aussi bien que mes mémoires et les différentes lettres que le chevalier de Fontainemarie m'a écrit, dans lesquelles il me promettoit une reconnaissance éternelle pour tous les services que je luy ay rendu, consequemment je n'avois rien moins mérité que son procédé aussi ingrat qu'injuste [1].

---

[1] Les relations entre les deux frères ne redevinrent jamais affectueuses, mais ce ne fut point la faute du narrateur, comme le prouve la touchante lettre qu'il écrivit au chevalier de Fontainemarie et dont la simple et chaleureuse éloquence méritait un meilleur sort :
« Copie de la lettre que j'écris à mon frère ce 7 avril 1777, jour de lundy.
« Si j'eusse crû que ma presence vous eut été agreable, mon cher frere, il y a déjà long temps que je serois allé chés vous pour vous demander votre amitié, et vous assurer de la mienne. Souffrez, je vous supplie, que je fasse aujourd'huy l'un et l'autre par écrit ; je le fais avec d'autant plus de plaisir que je ne desire rien tant que de renouer des nœuds qui n'auroient jamais dû se rompre pour notre tranquillité, notre bonheur et l'édification de notre prochain. C'est sous ce double point de vue, mon cher frère, que je vous

M. Maignol, procureur général de la Cour des Aydes, magistrat

fais part du mariage de ma fille aînée avec notre neveu de Villepreux. Si je ne vous l'ai pas communiqué plutôt, c'est que le succez en etoit trop incertain avant que nous n'eussions reçu de Rome les dispenses necessaires pour le valider. Je souhaite que vous approuviez cette union, qui nous a parue à tous égards assez bien assortie; il est vrai que notre sœur de Villepreux ne pense pas de même; elle y est tellement opposée qu'elle n'a jamais voulu y donner son consentement, en raison, dit-elle, de la trop grande proximité du sang, ce qui a forcé son fils à luy faire samedy dernier le premier acte de respect. Comme l'on est dans l'intention de contracter soudain que les délais de la 3me sommation seront échus, pour profiter du peu de temps que l'abbé de Villepreux doit rester dans le païs, je me propose de vous instruire du jour que le contract devra se passer, pour vous prier de nous faire le plaisir d'y assister, si du moins vos affaires peuvent vous le permettre; si non de souffrir qu'on vous le presente pour le revêtir de votre signature. Que si dans l'un ou l'autre cas vous voulez bien vous rendre à mes vœux, soyez assuré, mon cher frère, que j'en seray toute ma vie pénétré de la plus vive reconnaissance; c'est avec ces sentimens et ceux de l'attachement le plus tendre et le plus sincère, que je suis et seray toujours autant à vous qu'à moy même.

« Votre bon frère FONTAINEMARIE.

« J'ay pris tout l'intérêt possible à la maladie de votre femme; je me suis informé très souvent de son état, et j'ay enfin appris avec bien de la joye qu'elle étoit enfin hors de danger. Je luy souhaite un prompt retablissement. Je desirerois bien que sa santé luy permit de pouvoir assister avec vous au passement du contrat. Au reste, mon cher frère, ame qui vive dans ce monde ne sçait que je vous écris: je ne l'ay dit à personne, qui que ce soit ne m'a engagé ny sollicité à le faire; je n'ay suivi dans tout cecy que le penchant de mon cœur; suivez le vôtre, et je suis assuré de l'heureux succez de mes démarches. »

NOTA.

« Mes espérances ont été bien trompées; il me répondit le lendemain, 8 avril, et m'écrivit les choses du monde les plus dures, les plus humiliantes et les moins méritées, ce qui m'a d'autant plus affligé que je crains qu'il ne porte son ressentiment jusqu'au tombeau, quelque chose que j'aye fait pour le flechir en luy faisant parler, et en allant au devant quoique je sois l'offensé, ayant toujours fait les plus grands sacrifices pour la aussi eccleré (*sic*) qu'intègre [1], a voulu travailler à ma deffense ; il a fait mon second mémoire qui est une pièce achevée et qui faira toujours l'éloge de son autheur. J'ai mis toutes ses lettres en liasse dans le sac qui contient mes mémoires, ceux du chevalier de Fontainemarie, le livre de raison de ma mère et autres pièces pour servir à ma famille de preuves les plus convaincantes de l'amitié que ce magistrat avoit pour moy, et du zèle avec lequel il a soutenu mes intérêts. La transaction que j'avois dressé a été rédigée par luy ; elle est un peu longue, mais il a pensé comme moy qu'elle ne contenoit rien de trop pour démontrer toute l'injustice des demandes du chevalier de Fontainemarie.

MES ENFANS.

Marie Marguerite, ma première fille. — Le 5 aoust 1751 ma femme accoucha d'une fille le jeudy entre cinq et six heures du soir ; elle fut baptisée le six du même mois par M. Delbès, curé de cette ville, dans la paroisse de Notre-Dame. Ma mère l'a tenue sur les fonds baptismeaux avec le sieur Ballias, notaire royal, au lieu et place de M. Dublan, mon beau-père. On luy a donné le nom de Marie-Marguerite. On l'a donnée à une nourrice dans la paroisse de Malvoisin.

Confirmée par M. de Chabanne, évêque d'Agen [2], dans la paroisse de Marmande en may 1761. Et mariée le 30 avril 1777 avec Mᵉ Jean

---

paix. Ce qu'il y a de certain, c'est que je seray prêt dans tous les tems à luy prouver que je suis son frère autant par tendresse que par nature, quand il reviendra sincèrement à moy, ayant depuis longtemps oublié tous les sujets de mecontentement qu'il m'a donné, et notament les choses peu agréables que contient sa dernière lettre, à laquelle je n'ay pas voulu répondre pour ne tomber dans des répétitions qui auroient eu le même sort que ce que je luy ay dit cy devant, luy ayant communiqué le contract de mariage de Mʳ Grayon, où les droits de chaque légitimaire sont établis et fixez. »

[1] Jean-Baptiste de Maignol, seigneur de Mataplane, succéda, comme procureur général près la Cour des Aides, en 1752, à François d'Arche ; il fut remplacé, en 1775, par son fils aîné, Etienne Maignol, mort dernier titulaire de cette charge. Voir sur J. B. de Maignol le *Nobiliaire de Guienne*, tome I, p. 45.

[2] Joseph-Gaspard-Gilbert de Chabannes fut évêque d'Agen de 1735 à 1767

Baptiste de Villepreux, écuyer, mon neveu, consequemment son cousin-germain. Je luy ay constitué pour porter en dot à son mari dix mille livres, sçavoir mille livres à elle léguées par demoiselle Beaufossé de Fontainemarie, sa grande tante, cinq cens livres que luy légua ma mère, et huit mille cinq cents livres pour luy tenir lieu de tous les droits qu'elle pourroit prétendre sur mes biens après ma mort, laquelle susdite somme de dix mille livres je luy ay payé comptant. Sa mère luy a également constitué de son chef, pareille somme de dix mille livres sans intérêts payables un an aprez le decez de M. Dublan, son père, ou après celuy de nous deux qui aura survequ, comme il paroit par le contract de mariage en datte du 21 avril 1777 retenu par Dupouy, notaire royal de cette ville.

Je luy ay donné de plus vingt-cinq louis, autrement six cens livres de present, en outre une table de toilette qui m'a couté trente-six livres, et deux louis lorsqu'elle partit pour aller à Bordeaux y voir son grand père; sa mère luy a donné une belle robe, coiffe à dentelle, chemises, et autres petits effets, et son grand-père M. Dublan, qui est son parrain, luy donna douze louis, autrement deux cents quatre vingts huit livres, la chaîne en or, qu'il a fait acheter à Paris, et qui a couté six cents livres. Elle n'a pas voulu que son mari luy ait donné d'autres bijoux.

Comme Madame de Villepreux, ma sœur, n'a pas voulu donner son consentement à ce mariage, son fils a été forcé de luy faire les actes de respects, qui sont de règle en pareil cas, et elle les a soufferts tous les trois, ce qui nous a très mortifiez [1]; elle n'a pas voulu assister consequemment ny au contract, ny à la noce; elle n'a rien donné ni promis à son fils. Ce mariage a été approuvé de tout le monde parce qu'effectivement M. de Villepreux a beaucoup de religion, de bonnes mœurs, un bon caractère, et que je ne pouvois mieux placer ma fille, ny luy s'associer avec une personne qui sympatisat à ses gouts mieux que ma fille, ce qui nous fait espérer qu'ils

---

[1] J'ai vu dans les Archives de M. Boisvert la *première sommation respectueuse faite à M. de Villepreux, par Dupuy, notaire de Marmande,* le 5 avril 1777. J.-B. de Villepreux, le futur époux, y fait un grand éloge de sa cousine germaine, « Mademoiselle Marie-Marguerite de Fontainemarie, fille aînée de messire Jean-Baptiste de Fontainemarie, écuyer, seigneur de Castecu, et Valaduc, ancien conseiller en la Cour des Aydes, etc.» On mentionne dans la pièce les dispenses de la Cour de Rome, données pour cause honnête, *ob causam honestam.*

seront heureux et que le seigneur répandra sur eux ses plus abondantes bénédictions. Ainsi-soit-il [1]

---

[1] L'*ainsi soit-il* ne se réalisa pas et Madame J.-B. de Villepreux devint bientôt veuve. Elle se remaria avec « Messire Michel-Dubois de Lagrange, écuyer, chevalier de l'ordre royal et militaire de Saint-Louis, capitaine commandant au régiment de Soissonnois. » De ce second mari, elle eut trois enfants : un fils, l'abbé Dubois de Lagrange, qui fut curé de la ville de Marmande, et deux filles, Marie-Rose qui épousa François Boisvert, le grand-père de MM. Maurice et François Boisvert (ce prénom a été souvent porté dans la famille Boisvert, comme le montrent le testament de *François* Boisvert, du 26 juillet 1710, la donation faite par *François* Boisvert et Jeanne Héraud, père et mère, en faveur d'Antoine Boisvert, leur fils, ancien garde du Roy, du 5 mars 1695, etc.) et Marguerite-Georgette, qui épousa le colonel de cavalerie Faget de Renold, chevalier de Saint-Louis, demeurant à Virazeil. J'ai eu en main un testament de Marie-Marguerite de Fontainemarie « fait à Senestis, dans la maison de M. Salat, curé du lieu, le 26 novembre 1785. » La testatrice déclare que « ne pouvant écrire commodément », elle a dicté ses dernières volontés au sieur Campmas, notaire royal de Gontaud ; elle veut que son corps soit enseveli à Marmande » dans « mes tombes aux Cordeliers ; » elle demande « six cens messes basses » pour le repos de son âme « à raison de dix sols chacune »; elle donne et lègue aux Dames de la Charité de la ville de Marmande la somme de 500 livres et pareille somme à l'hôpital de la même ville ; elle institue pour son héritier « le posthume » dont elle est enceinte. Parmi les six témoins figurent Antoine Salat, prêtre, curé de Sénestis, Guillaume Salat, prêtre et chanoine du Chapitre St-Vincent du Mas. Revenons à la première belle-mère de Marie-Marguerite de Fontainemarie, pour citer une requête qu'elle adressa en 1773, à M⁰ M⁰ *Esmangart, chevalier, conseiller du Roy en ses conseils, intendant en la généralité de Bordeaux, dans son hôtel de Bordeaux* : « Supplie humblement Jeanne Fontainemarie, veuve de noble Joseph de Villepreux, écuyer, habitante de la ville de Marmande, disant que la suppliante avoit un beau-frère et une belle-sœur nommés de Villepreux, restant l'un et l'autre au Mas-d'Agenais, dont le Seigneur l'a privée, de son beau-frère, le 25 may de l'année 1771, et de sa belle-sœur, le 28 avril de l'année 1772, dont cy joint leurs extraits mortuaires. Cette dernière qui a survécu douze mois et quelques jours, ayant trouvé que son frère devoit trois années de sa capitation, qu'il n'avoit pas payé n'étant pas en état, comme il avoit eu l'honneur de vous le marquer dans une requette qu'il vous présenta quelque tems avant sa mort, où il avoit fait un détail sincère de la perte considérable qu'il avoit fait par le débordement épouvantable de la Garonne, qui arriva

Marie Rose, ma seconde fille, est morte le 12 décembre de l'an 1753 et ensevelie à Malvoisin où elle étoit en nourrice. — Le 3 septembre 1752 ma femme accoucha d'une fille le dimanche à 10 heures du matin ; elle fut baptisée le même jour par M. Delbès, curé de cette ville, dans l'église paroissiale de Marmande. La fille de chambre l'a tenue sur les fonds baptismeaux avec Bernard Seguin, notre ancien domestique, à la place de Madame Dublan, son ayeule, et de M.

---

le 6 avril de l'année 1770, ayant tout son bien situé dans la paroisse de Sénestis, juridiction du Mas, et dans l'endroit le plus bas, où il faisoit alors sa demeure avec sa sœur. Il vous faisoit aussi le détail de deux autres débordements qui arrivèrent le même mois qui lui emportèrent douze journaux de bled, où il n'en cueillit pas un grain. — FONTAINEMARIE DE VILLEPREUX. La réponse de l'Intendant fut brève et tranchante : « Néant sur la demande de la suppliante la dette de capitation dont il s'agit devant être payée par son fils héritier des sieur et demoiselle de Villepreux. Fait à Bordeaux, le 22 février 1773. — ESMANGART. » Il a été si souvent question des Villepreux dans le texte et dans les notes de ces livres de raison, que l'on me permettra de reproduire ici ce fragment d'une lettre qu'écrivit des environs de Bordeaux en cette même année, à « M M. de Villepreux, écuyer à Senestis, par Marmande », un parent et homonyme, lequel venait de perdre son père et répondait aux compliments de condoléance qui lui avaient été exprimés : « Mes ancêtres sont d'origine de Normandie. Il y a près de trois cents ans que le sieur de Villepreux, a passé dans cette province ; lui et tous ses descendants se sont fixés près de Sauveterre, et habitoient une maison nommée St-Gervais située dans la paroisse de St-Martin du Puy. J'ay souvent ouy dire à feu mon père que ce Villepreux avoit formé par la suite du tems deux branches, lesquelles on distinguoit par les Villepreux de Marmande, qui doit être la vôtre, et par celle de Saint-Germain, qui est la mienne. Feu mon père épousa en 1728 une Raoul, fille d'un conseiller au Parlement, laquelle ne trouvant pas le païs agréable et de plus son éloignement de ses parents l'obligèrent (*sic*) à demander à mon père de se rapprocher de Bordeaux, ce qu'il fit en vendant tout ce qu'il possédoit de ses pères, et acheta la maison de Sacolle, paroisse de Cailleau entre Deux Mers, distante de Bordeaux de deux lieues et demie. Ce n'est pas encore tout ce que vous demandez : il vous faut instruire de sa famille. Il y a 14 ans que l'énumération n'auroit pas été courte, mais la Providence y a pourvu, la détruisant en grande partie. Voici ce qui reste tous partis à prendre, deux demoiselles et votre très humble serviteur, et outre cela une autre demoiselle plus pressée que les autres mariée depuis 10 ans avec un de Gères, laquelle a de son mariage trois garçons de bon appétit et d'assez jolie figure. — A SACOLLE, ce 20me aoust 1773. »

Doriolle de Fontainemarie, mon frère, capitaine au régiment de Normandie. Je luy ay fait donner les noms de Marie Rose [1].

Jeanne Ursule, ma troisième fille, nourrie dans la paroisse de Bouillas. Confirmée par M. de Chabannes, évêque d'Agen, dans la paroisse de Marmande en mars 1761. — Le 20 octobre 1753 ma femme accoucha d'une fille le samedy à une heure après minuit ; elle fut baptisée le même jour par M. Delbès, curé de cette ville, dans l'église paroissiale de Marmande. Un valet et une servante l'ont tenue sur les fonds baptismaux à la place de M° Dublan, fils aîné, son oncle, et de Madame de Villepreux, ma sœur, tous deux absens. Je luy ay fait donner les noms de Jeanne Ursule [2].

Catherine Thérèse, ma quatrième fille, nourrie dans la paroisse de Magdeleine. Confirmée par M. de Chabannes, évêque d'Agen, dans la paroisse de Marmande, en mars 1771. — Le 20 novembre 1754 ma femme a encore accouché d'une fille le mercredy à 4 heures après midy. Elle fut baptisée le même jour par M. Pouget, un des

---

[1] M. Maurice Boisvert conserve dans ses archives une lettre de l'abbé Dumas, curé de Mauvezin, à M. de Fontainemarie, conseiller à la Cour des Aides, du 23 octobre 1753, contenant ces mots : « J'ay reçu par les mains de votre vigneron de Graion les six francs que vous avez envoyé pour la sépulture de votre jeune demoiselle ; j'aurai l'honneur de vous envoyer la quittance du syndic fabricien de cette paroisse. »

[2] Jeanne-Ursule, épousa son cousin Dublan. Voici les indications fournies par le contrat passé le 3 décembre 1781 : Mathurin Dublan, receveur général des domaines du roi, au département de Bazas, habitant ordinairement de ladite ville de la Réolle, fils légitime de M. Fr. Dublan, et de demoiselle Marie-Magdeleine Maurel, de l'avis et conseil de Messire Pierre Dublan, écuyer de dame Marie Dublan, son épouse, ses cousin et cousine germaine, de Messire Pierre Ozée Dublan, procureur du roi au bureau des finances de Guyenne, de Messire Louis-Gabriel Dublan, capitaine commandant au régiment du Perche, chevalier de St-Louis, ses cousins seconds, et autres ses parents, et amis, et demoiselle Jeanne-Ursule de Fontainemarie, fille légitime de feu Messire Jean-Baptiste de Fontainemarie, conseiller honoraire en la Cour des Aides de Guyenne, et de dame Marie-Roze Dublan, du consentement de sa mère et de Messire Pierre Dublan, écuyer, son ayeul, de l'avis et conseil de messire Jean-Baptiste Anaclet de Fontainemarie, écuyer son frère, de dame Marie-Marguerite de Fontainemarie, sa sœur aînée, épouse de Messire Jean-Baptiste de Villepreux, écuyer, etc.

vicaires de cette ville dans l'église paroissiale de Marmande. Le sieur Marc Antoine Bouic, marchand, et Marianne sa sœur, l'ont tenue sur les fonds baptismaux, à la place de M. Louis Auguste Dublan, son oncle, et de Madame Boutet, ma sœur, tous deux absens. Je luy ay fait donner les noms de Catherine Thérèse [1].

Marguerite Rose, ma cinquième fille, nourrie au village des Constans dans la Mothe. Confirmée par M. de Chabanne, évêque d'Agen, dans la paroisse de Marmande en may 1761. — Le 29 décembre 1756 ma femme a accouché d'une cinquième fille à cinq heures du matin ; elle fut baptisée le même jour par M. Delbès, curé de cette ville, dans l'église paroissiale de Marmande. La fille de chambre et mon valet l'ont tenue sur les fons baptismaux à la place de M. Villepreux, de Senestis, mon cousin, et de Mademoiselle Angélique de Fontainemarie, ma sœur. Je luy ay fait donner les noms de Marguerite Rose [2].

Jeanne Victoire, notre sixième fille, nourrie à Bouillas par la nourrice d'Ursulle. Confirmée par M. de Chabanne, évêque d'Agen, dans la paroisse de Marmande en mars 1761. — Le 24 avril 1757 ma femme a accouché d'une sixième fille ; elle fut baptisée le même jour par M. Delbès, curé de cette ville, dans l'église paroissiale de Notre-Dame de Marmande. Une de nos servantes et Bernard Seguin, notre ancien domestique, l'ont tenue sur les fons baptismaux. Je luy ay fait donner les noms de Jeanne Victoire [3].

François Pierre de Fontainemarie, notre premier fils, nourri en ville. — Le 21 mars 1758, jour de la très sainte Trinité, ma femme a accouché de notre premier fils ; il fut baptisé le même jour par M. Delbès, curé de cette ville, dans l'église paroissiale de Marmande.

---

[1] Catherine Thérèse est mentionnée dans le contrat du 3 décembre 1781, comme « épouse de M. Maurice Bazin. »

[2] Marguerite Rose, se maria avec M. Bonnard et c'est par elle que Castecu vint en la possession de Madame Bastrate, née Bonnard.

[3] Je ne sais ce que devint Jeanne Victoire. Est-ce *Jeanne Victoire* qui fut Madame Noguey? Est-ce sa sœur *Marie-Julie*? Un mémoire judiciaire de 1810 donne à Madame Noguey, les prénoms *Marie-Marguerite*, mais le mémoire n'est d'accord, en cela, ni avec le *Livre de Raison*, ni avec le testament de J.-B. de Fontainemarie.

Il a été tenu sur les fons baptismeaux par deux pauvres à qui nous fimes un présent, c'est-à-dire que nous les habillâmes, au lieu et place de M. Dublan, actuellement écuyer, secrétaire du Roy, maison et couronne de France, son ayeul, et de dame Marie Marguerite Boutin, de Fontainemarie, ma très honorée mère. Je luy ay fait donner les noms de François et Pierre, ce dernier étant celuy de M. Dublan, son parrain. Ma femme a voué cet enfant à la Sainte-Vierge et il doit porter le blanc à son honneur jusqu'à ce qu'il soit en état d'être mis à la culotte, si le Seigneur nous le conserve jusqu'à ce tems la. Il est nourry en ville par Mademoiselle Toumayragues, femme d'un chirurgien, le tout pour nous faire plaisir, n'ayant point trouvé de nourrice ailheurs qui fut ce qu'il faudroit. J'aurois cependant été bien aise qu'il eut été nourry en campagne [1].

Blaise Jean Baptiste Anaclet, mon second fils, le chevalier, nourri en ville, à qui j'ay donné le nom de Beaufossé, qui est celui d'un vignoble que j'ay en Bourdelois dans la parroisse de Toulène, près Langon. — Le 13 juillet 1859, jour de vendredy, ma femme a accouché entre six et sept heures du soir d'un second fils, il fut baptisé le même jour par M. Delbès, curé de cette ville, dans l'église paroissiale Notre Dame de Marmande. La fille de chambre et mon valet l'ont tenu sur les fons baptismeaux au lieu et place de M. de Fontainemarie, capitaine au régiment de Normandie, actuellement en garnison à Dunkerque, son oncle, et de dame Marie Tubie Dublan, son ayeule. Je luy ay fait donner le nom de Blaize, de Jean Baptiste et d'Anaclet, ce dernier étant le saint du jour de sa naissance. Il est nourry en ville par la fille de la Maubourguete, femme

---

[1] Un extrait des registres de la paroisse St-Louis de la ville de Toulon nous apprend que « le 29 mai 1779, le corps de sieur Pierre-François de Fontainemarie, sous-lieutenant au régiment de Perche, originaire de Marmande en Guyenne, fils de messire Jean-Baptiste, ancien conseiller en la Cour des Aides de Bordeaux, et dame Marie-Rose du Blanc, décédé le jour précédent muni des Sacrements et âgé de 20 ans, a été inhumé au cimetière. » Le 3 juin suivant, le major du régiment fit ainsi part de la funèbre nouvelle à MM. *de Fontainemarie, conseiller honoraire de la Cour des Aides de Bordeaux, Marmande, par Agen en Agenois* ; « C'est avec beaucoup de douleur, Monsieur, que je vous apprends la mort de M. votre fils; il a succombé, malgré sa jeunesse, à la maladie dont vous étiez instruit. Tous les secours de l'art et ceux de l'amitié ont été employés inutilement. »

qui nous est extrêmement attachée ; il est fort bien, il a un lait de 8 jours et sa nourrice n'a que 20 ans[1].

Marie Julie, notre 7ᵐᵉ fille, nourrie à Beissac. — Le 28 novembre 1760, jour de vendredy, ma femme a accouché vers les cinq heures du soir d'une septième fille, elle fut baptisée le lendemain 29 par M. Pouget, vicaire de cette ville, dans l'église paroissiale Notre-Dame de Marmande. Ma fille ainée et Villepreux, mon neveu, l'ont tenu sur les fons baptismeaux en qualité de parrain et de marraine. Je luy ay fait donner les noms de Marie Julie ; elle est nourrie à Beissac par une femme nommée Berguin Freche, nourrice d'un mois et à son aise.

Pauline, notre huitième fille, nourrie à Bouillas. — Le 9 juillet 1762, jour de vendredy, ma femme a accouché vers les huit heures du soir d'une huitième fille ; elle fut baptisée le lendemain, 10, par

---

[1] Vingt-neuf ans plus tard, nous trouvons Blaise-Jean-Baptiste Anaclet, marié et père de famille : « Extrait du registre des baptêmes de la paroisse St-Cybard de la ville de Meilhan. Le 26 décembre 1788, a été baptisé par moi, curé soussigné, Pierre-Louis, né le 24 du même mois, du légitime mariage de messire Jean-Baptiste-Blaise Anaclet de Fontainemarie, chevalier seigneur de Castecu, Doriole et Valaduc, ancien chevau-léger de la garde du Roy, et de dame Marie-Jeanne Grave, ses père et mère, habitants sur la paroisse de Marmande. Le parrain a été sieur Pierre-Roubinet de St-Paulin, ancien garde du Roy, habitant la paroisse de Leugeats, diocèse de Bordeaux ; la marraine, dame Marie-Rose Dublan, habitante de la susdite paroisse de Marmande. COUSTON D'ARGENCE, curé. » La copie de ce petit document est revêtue de la signature du juge de Meilhan. Voici quelle était alors la formule de légalisation : « Nous Jean Courreges, avocat en la Cour, conseiller du Roy, juge royal, civil et criminel de la ville de Meilhan, certifions que le sieur Couston d'Argence, curé de la ville de Meilhan, qui a signé l'extrait de baptesme de l'autre part, est tel qu'il se qualifie et que foy peut et doit être ajoutée à sa signature. En témoin de quoi nous avons délivré ces présentes que nous avons signé. Donné à Meilhan dans notre hôtel, le 30 décembre 1788 JEAN COURREGES. » En 1791, B.-J.-B. Anaclet émigra, ses biens furent séquestrés, puis vendus comme biens nationaux ; il mourut dans l'émigration. Un mémoire de 1810 déjà cité, où le langage de l'avocat s'élève jusqu'aux pompes de la métaphore, nous apprend que « la recherche de sa succession ne présenta que les tristes débris de la tourmente révolutionnaire. »

M. Delbès, curé, dans la paroisse Notre-Dame de Marmande. Une servante et Saint Pierre, mon valet, l'ont tenue sur les fons baptismaux en qualité de parrain et de marraine. Je luy ay fait donner le nom de Sainte Paule. Elle est nourrie à Bouillas par la nourrice de Thérèse, mon autre fille [1].

Jean Pierre Auguste, mon troisième fils, nourri a Beissac, que j'appelle Valladuc qui est le nom d'un petit fief que j'ay en cette ville. — Le 15 février 1764, jour de mercredy, ma femme a accouché vers les neuf heures du matin d'un troisième fils, il fut baptisé le même jour par M. Boc, vicaire de cette ville, dans l'église paroissiale Notre-Dame de Marmande. Messire Jean Defieux de Chillaud, docteur en Sorbonne, abbé de Letoille, ordre des Prémontrés, dioceze de Bloys, parrain, et dame Elisabeth Paranchere de Chillaud, sa sœur, religieuse de Saint-Dominique, au couvent du Mas, marraine, qui avoit demandé à ma femme pour son frère et pour elle l'enfant qu'elle portoit par la raison qu'elle nous est entièrement attachée. L'un et l'autre ont été représentez par Pierre Gavinau et Thérèse Compaigne, mes domestiques. Je luy ay fait donner les noms de Jean Pierre Auguste ; il est nourri à Beyssac par la nourrice de Julie ; son lait a 11 mois [2].

Pierre Ignace, mon 4ᵐᵉ fils, venu au monde au septième mois fort heureusement Est mort le 4 de février et enterré dans nos tombes à la paroisse. — Le 31 janvier 1765, jour de jeudy, ma femme a accouché vers les six heures du soir d'un quatrième fils ; il fut baptisé le lendemain 1ᵉʳ février par M. Delbès, curé, dans la paroisse Notre-Dame de Marmande, Pierre François de Fontainemarie, mon fils ainé, parrain, et Jeanne Ursule de Fontainemarie, marraine, qui l'ont tenu sur les fons baptismaux. Je luy ay fait donner les noms de Pierre Ignace ; il est nourri à Marmande chez la femme de M. Roullaud, fille de la Maubourguete, et il y est mort le 4 du même mois, c'est à dire 4 jours après sa naissance. Il avoit beaucoup souffert dans le sein de sa mère par rapport à une hydropisie de matrice, qui se manifesta un mois avant qu'elle n'accouchât par une perte pres-

---

[1] *Jeanne Pauline*, comme l'appelle le rédacteur du mémoire de 1810, aurait été mariée, selon ce même mémoire, avec M. Cassaignet ou Castaignet (car une lettre est douteuse dans le nom).

[2] Valaduc émigra comme son frère; plus heureux que lui, il put revoir la France vers 1810. Il partit pour les Etats-Unis où l'on perd sa trace.

que continuelle des eaux qui la fatiguèrent beaucoup et dont elle est parfaitement guérie aujourd'huy graces au Seigneur. Et cet enfant est mort d'une bile répandue, étant jaune comme du safran, n'ayant jamais voulu teter, ce qui obligeoit la nourrice à luy faire avaler de son lait avec un cuiller [1].

Le 24 janvier 1766, à six heures du matin, ma femme a accouché d'un cinquième fils, qui étoit mort [2], mais, graces au Seigneur, ses couches ont été assez heureuses, quoique l'enfant fut presque pourri dans son corps. Il y avoit déjà quelques jours qu'elle ne le sentoit point remuer; elle attribuoit son inaction aux grands froids que nous éprouvons depuis le 9 décembre dernier et qui ont augmenté de jour en jour jusques à aujourd'hui. La rivière est prise depuis le 12 de ce mois; les voitures la traversent à Eguillon [3], la Réole, Langon, etc., et depuis ce temps là les batteaux n'ont pas navigué; il y a eu beaucoup d'arbres de toute espèce qui se sont fendus. On ne sçait pas encore si les vignes et les bleds se sont gelez. Ce sont les plus forts froids qu'il y ait eu par icy depuis 1709. Et ils sont beaucoup

---

[1] Si l'on s'en rapportait au *Dictionnnaire de Littré*, J.-B. de Fontainemarie, en disant *un* cuiller, comme le disent encore beaucoup de méridionaux, se serait exprimé comme le plus illustre de tous, Henri IV qu'il faut surnommer à la fois Henri le bon et Henri le Grand. Voici en effet le récit du savant philologue : « Henri IV ayant dit à Malherbe qu'il fallait prononcer *cuiller*, et le faire faire masculin, Malherbe répondit que, tout puissant qu'était le roi, il ne ferait pas qu'on dit ainsi en deça de la Loire.» Mais en examinant le texte de Tallemant des Réaux, *Historiette de Malherbe*, (tome 7 de l'édition P. Paris, p. 278), on voit « qu'il y eut grande contestation entre ceux du pays *d'A-diou-sias* et ceux de delà la rivière de Loire pour sçavoir s'il falloit dire une *cueiller* ou une *cueillère*. » Ainsi la querelle roulait non sur le sexe du mot, mais sur la façon d'en écrire la dernière syllabe. Loin de voir dans cuiller un mot masculin, Henri IV soutenait l'opinion contraire, d'après cette assertion formelle de Tallemant : «Le Roy et M. de Bellegarde, tous deux du pays d'*A-Diou-sias*, disoient que *ce mot estant féminin*, devoit avoir une terminaison féminine.»

[2] Le narrateur ajoute en une note marginale : « L'enfant avoit huit mois. Nous avons été bien mortifiez de cet accident, sans pouvoir en deviner la vraye cause. Le médecin Héraud nous a dit que l'abondance du sang l'avoit étouffé.»

[3] J.-B. de Fontainemarie écrivait *Eguillon* pour *Aiguillon*, comme au XVIe siècle, Ambroise Paré et Olivier de Serres écrivaient *esguille* pour *aiguille*

plus longs, car il y a près de cinq semaines qui (sic) durent, et ceux de 1709 passèrent dans quinze jours, mais nous avons eu chaque jour depuis ces gelées, le soleil fort clair, ce qui a empêché qu'elles ne fussent si fortes. Le vin s'est neanmoins glacé dans les barriques et dans les bouteilles dans tous les chez et dans plusieurs caves. Je crains beaucoup pour mes meuriers. (Ils n'ont pas été gelés). Les vieilles vignes ont été gelées, mais il y en a beaucoup qui repoussent par racine ; les jeunes ont soutenu. Les bleds qui ont été semés de bonne heure, ont été fort bons, principalement ceux qui étoient dans les terres forts ; il en a péri beaucoup dans les autres terres, ce qui est cause qu'ils ont été fort clairs, mais les épis en sont magnifiques et ils ont beaucoup rendu, et ils se sont beaucoup multipliez dans le mois d'avril et avec le secours de petites pluyes qu'il y a fait en avril et may les jets ont monté en épi fort heureusement. On a ratissé, après les froids et en beau tems, les sègles aussi bien que les fromens, dans le mois de mars et avril, et on s'en est très bien trouvé; du côté de Senestis on a semé des froments vers le 15 mars et ils sont venus aussi beaux que ceux qui avoient été semez en octobre. C'estoit du bled ordinaire. Les fourrages ont été également tous gelez. On en a ressemé, c'est-à-dire avoine, pesillon [1], et on en a aussi semé des fèves, qui ont bien réussi On a fait, après vendanges beaucoup de provins, pour remplacer les pieds gelez.

Ce même jour vendredy on a fait un très beau service pour le repos de l'âme de Mgr le Dauphin mort en prédestiné le 20 décembre 1765 à Fontainebleau. L'état et la religion ont fait en luy une très grande perte ; il est généralement regretté de tout le monde. Le Roy a nommé tout de suite son fils le duc de Berry Dauphin de France ; il a été enterré à Sens.

Le 13 de mars 1767 Madame la Dauphine est morte à Versailles de maladie de poitrine ; elle a été enterrée à Sens dans le caveau qu'elle y a fait faire et à côté de son mari M. le Dauphin, elle a été généralement regrettée ; elle avoit beaucoup de vertu et de religion ; elle laisse trois fils et deux filles.

Le 18 avril 1767, jour de samedy saint, il y a eu de la glace d'un demi-pouce d'épaisseur. Les deux tiers des pousses des vignes ont

---

[1] On chercherait vainement le mot *pesillon* dans nos dictionnaires. C'est le mot à demi francisé de la langue populaire, *peseou*; pois.

été gelées dans les endroits les plus à l'abri du nort et ce qui paroit au vent n'a pas souffert de long-temps autant.

Le cinq septembre 1767, naissance d'une neuvième fille, enterrée à la paroisse. — Le 5 septembre, ma femme a accouché vers une heure après midy d'une neuvième fille, n'étant enceinte que de sept mois et quelques jours. Elle est venue au monde hidropique (sic). La femme sage luy donna l'eau tout de suite et quelques minutes après, elle mourut. Elle fut enterrée le même jour dans nos tombes à la paroisse. Ma femme a été fort heureuse de n'avoir pas porté cet enfant selon le cours ordinaire de neuf mois, attendu qu'il y avoit près d'un mois et demy qu'elle avoit les jambes, les cuisses et une partie du corps si enflé qu'elle ne pouvoit absolument presque plus se remuer, ce qui nous faisoit craindre pour ses jours. Mais graces au Seigneur elle a délivré le plus heureusement du monde et a rendu une si grande quantité d'eaux pendant quatre ou cinq jours, qu'elle est redevenue dans son état naturel, mais fort amaigrie. Dieu veuille me la conserver long temps, s'il le juge à propos pour sa gloire et notre salut [1] !

Le 10 mars 1774 le Roy est mort à Versailles de la petite vérole. C'étoit pour la troisième fois qu'il l'avoit eue ; on l'enterra le même jour sans grande cérémonie, parcequ'il y avoit eu de (sic) venin, et qu'il étoit gangrenné. Son petit-fils, Louis Auguste, Dauphin de France, a succédé à la couronne : il a remis à son peuple le droit régalien, c'est-à-dire le présent qu'il est d'usage de faire pour le joyeux avènement ; il a déclaré de plus par un Edit que les espèces

---

[1] La santé de Madame de Fontainemarie, épuisée par quatorze couches qui se succédèrent en moins de 16 années, resta languissante pendant plusieurs années. En 1774 les deux époux firent un pèlerinage à Garaison, pour obtenir la complète guérison de la vaillante mère, et, en 1775 et 1776, on continua dans le célèbre sanctuaire de la Gascogne des prières à la même intention. On lit dans les notes du narrateur jointes à son livre de raison : « Estant parti de Garaison le 25 juin 1774, où j'estois avec ma femme depuis le 17 du même mois, j'ay remis 18 livres à M. l'abbé Dastugues recepveur, pour continuer à dire le même nombre de messes suivant mes intentions et aux jours fixés par mon mémoire, qui est couché sur le livre de la sacristie de N.-D. de Garaison. Au commencement de juillet 1775, j'ay envoyé à M. l'abbé Lapeyre, chapelain de N.-D. de Garaison, 18 livres franches de port par la poste pour même nombre de messes. » Le 20 mars 1776, pareil envoi fut fait à M. Larroux, doyen des chapelains de N.-D. de Garaison.

continueroient à avoir cours, que les nouvelles que l'on feroit seroient seulement sous une nouvelle empreinte avec l'inscription de Louis XVI. Monsieur est son frère et il en a un autre que l'on nomme le comte d'Artois. Il a annoncé qu'il ne vouloit régner que par la justice et qu'il ne négligeroit rien pour soulager ses peuples. La reine est fille de la reine de Hongrie et sœur de l'Empereur. Ses deux autres frères sont mariés avec deux filles du roy de Sardaigne ; personne n'a encore d'enfant. Le Roy n'a pas vingt ans[1].

---

[1] J.-B. de Fontainemarie mourut six ans après avoir salué l'avènement de Louis XVI, le 1er mars 1780. On se demande pourquoi son livre de raison fut interrompu à partir du 10 mai 1774. La maladie causa-t-elle ce silence et ne lui permit-elle pas d'enregistrer en son mémorial de famille le décès de ce brillant militaire, son fils aîné, qui lui fut enlevé en toute la fleur de ses vingt ans ? Les premières lignes du testament de J.-B. de Fontainemarie (28 janvier 1780) attestent que le vieillard était accablé d'infirmités : « Au nom de Dieu soit fait mon testament. Je Jean-Baptiste de Fontainemarie, écuyer seigneur de Castecu, Doriolle et Valaduc, ancien conseiller en la Cour des Aydes et finances de Guienne, étant dans la ville de Marmande et dans ma maison d'habitation, considérant la certitude de ma mort et l'incertitude de son heure, je veux avant d'en être prévenu et pendant que je suis dans tous mes bons sens, mémoire et jugement faire mon présent testament clos et mystique, que je n'ai pu écrire moi-même à cause de mes infirmités, mais que j'ay fait écrire par M. Jacques Dupouy, notaire royal de cette ville, en qui j'ay toute ma confiance et auquel je l'ai dicté mot à mot. » Les infirmités du testateur étaient si grandes qu'il ne put même « signer au bas de chaque page. » En 1780, il ne restait à J. B. de Fontainemarie, qui avait eu une si magnifique couronne d'enfants, que deux fils et sept filles qu'il nomme Marie-Marguerite, Jeanne-Ursule, Catherine-Thérèse, Marguerite-Roze, Jeanne-Victoire, Marie-Julie, et Paule. Toutes les filles reçoivent dix mille livres, excepté Catherine-Thérèse à qui est donnée la métairie d'Escoute-Loup. A J.-P. de Fontainemarie, écuyer, sieur de Valaduc, sont attribués le vignoble de Grayon (paroisse de Beaupuy) et le domaine de la Duronne (paroisse de Birac). J.-B.-B. Anaclet est l'héritier général et universel. Voici quelques-unes des dispositions du testateur : « J'espère que le Seigneur mon Dieu me fera miséricorde et recevra mon âme après ma mort au rang de ses élus. Je veux et ordonne que mon corps soit inhumé sans aucune espèce de pompe funèbre. Je donne et lègue à l'hôpital et maison de charité de cette ville, la somme de trois cens livres... pareille somme à la confrairie des dames de la charité de cette ville... cent livres à la chapelle des pénitents *blus* (sic) de cette ville... trois cens livres pour célébration de messes dans les différentes églises de Marmande, etc. »

APPENDICE

I.

MÉMOIRE CONCERNANT LA MAISON NOBLE DE CASTECU, SES APPARTENANCES ET DÉPENDANCES.

« *Ses qualités*.—La maison noble de Castecu est appelée Seigneurie dans presque tous les titres qui prouvent sa nobilité et la qualifient noble.

Ses appartenances. — Le château, precloture et autres terres y jointes ; le domaine de bas anciennement appelé le village ou maine de l'Official ; le moulin à eau de Drilhot ; le fief et rentes de Castecu et la disme, de tout quoy il sera ci après parlé en des articles séparés. Il y a même des titres où il est parlé de la juridiction de Castecu.

Ses titres. — Il y a plusieurs anciens titres qui établissent incontestablement la nobilité de Castecu avec ses appartenances et dépendances.

1. La reconnaissance de l'an 1311 et du 20 [février] [1] faite par Bertrand de Clavet, bourgeois de Sainte-Bazeille à Anissans de [Serres] [2], lequel de Clavet reconnoit tenir à fief dudit Anissans de Serres tout le bien qu'il a en la juridiction de La Mothe de Castecu au devoir du quart de tous les fruits et et toute la disme et la moitié

---

[1] Le mémoire a été quelque peu rongé par les rats. J'ai comblé la lacune formée par la disparition du nom du mois à l'aide de la charte originale conservée dans les archives de M. Maurice Boisvert et rédigée en langue gasconne (*conoguda causa sia*, etc.)

[2] Sur Anissans ou Anissance de Serres, voir la *Monographie de Mauvezin* par M. l'abbé Alis (pp. 23, 49, 51, 517). L'habile historien reparlera de la famille de Serres dans la Notice qu'il prépare sur la ville de Sainte-Bazeille, et qui aura, j'en ai la certitude, toute la valeur et tout le succès de son premier travail.

du foin qu'il recueillra, lequel il doit porter dans la barbacane de la dite Mothe [1] et luy donner trois léopards [2] et quelque volaille avec quelque autre chose, le tout conformement à l'arrentement qu'en fit à Marmande autre Clavet environ quarante ans auparavant Il est vrai qu'il est dit dans le procès-verbal fait par Jean de Montreveau, trésorier d'Armagnac pour le duc de Guyenne [3], subrogé en la commission par luy donnée sur le recouvrement de ses droits occupés en ses païs d'Agenois, Condomois et ailleurs, que ledit Montreveau trouva un hostel en manière de petit chastel appellé Castecu, lequel un gentilhomme de Ste-Bazeille nommé Jamet de Landerouat [4] usoit et usurpoit jurisdiction et souvent carnaloit [5] les betails des habitans de Marmande, lequel il déclara estre dans la jurisdiction de Marmande, en la presence dudit sieur de Castecu, lequel n'en fut aucunement contredit.

2. Une transaction du 14 [avril 1400] par laquelle Jeanne de Lasbenes, du consentement de Gaillard..... son mary, en qualité de cohéritiers d'Anissans de Serres, delaisse entre autres choses à

---

[1] Rappelons que la *mothe* ou *motte* était la butte artificielle ou naturelle sur laquelle était construit un château et que *mothe* signifiait, parfois, comme ici, le château lui-même.

[2] Voici la définition de cette monnaie que donne Dom Carpentier dans son supplément au *Glossaire* de Du Cange (tom. II, p. 1030) : « *Leopardi, monetæ anglicæ species, leopardo insignis.*» Le savant auteur cite deux exemples pris dans un manuscrit de l'Abbaye de Sainte-Croix de Bordeaux de l'année 1305.

[3] Appelé Jean de Montraveau ou Montravel dans le tome V des *Archives historiques du département de la Gironde*, pp. 339 et suivantes (*Procès-verbaux de la réintégration des terres usurpées sur le domaine du duc de Guyenne.*)

[4] On lit dans le document qui vient d'être cité en la note 3 (p. 348) : « et que semblablement faisoit ung nommé Jaumet de Landeroat de SainteBazeille, à cause d'ung petit terroier appelé *Casteleu* (sic pour Castelcu), lequel terroier est situé et assis en la jurisdiction de ladite ville de Marmande. » Près de Duras (Lot-et-Garonne), une localité porte le nom de Landerroat, et on trouve dans le département de la Gironde (arrondissement de La Réole) la commune de *Landerroual* (canton de Pellegrue) et celle de *Landerrouet* (canton de Monségur).

[5] *Carnaler* ou *carnalar*, c'est tuer le bétail. Voir le *Glossaire* de Du Cange et celui de La Curne de Sainte Palaye. On a imprimé dans le tome V des *Archives historiques* (p. 348) : « Il *carneloit* et prenoit le bestial. »

Mariote de Las Benes et à Pei Arnaud de Landerouat, son mary, icelle Mariote aussi coheritiere dudit de Serres, tout ce qu'iceluy Serres possedoit dans la jurisdiction de Sainte-Bazeille, et toute la mothe et gentillesse *apperade la mothe de Castecu en la honor de Marmande* avec toutes ses appartenances *en so poder et territori de quere* ainsi qu'elle est limitée et confrontée de toutes parts, sçavoir d'une part *al lo riu de la Guppie* et de l'autre part à *las terres et seignurie de Castelnau* et de l'autre *à las terres del signor de Mauvaisin* et de l'autre à *las terres dudit Anissans de Serres sien hostals, terres, bignes, prats, aubaredes, boscs, bartes et deime*, et la Mothe de Serres qui est près de Landerron en la paroisse de.... *laquel motha de Castecu es tengude et omatgade à nostre signor lo rey à un fer de lance subredaurat*, et la dite Mariotte du consentement dudit Landerouat delaisse à la dite Jeanne tous les autres biens que le dit de Serres possedoit dans *la honor et la bille* de Marmande, de Monségur, etc.

3. Un hommage lige rendu le 24 novembre 1419 à Charles frère du roi de France et duc de Guyenne par Jean de Landerouat qu'il estoit tenu luy faire à cause du lieu de Castecu avec toutes ses rentes, revenus et autres appartenances assis en la juridiction de Marmande [1].

---

[1] Je reproduis ce document d'après une copie des Archives de M. Maurice Boisvert :

« Charles filz et frere de roys de France duc de Guienne comte de Xaintonge et seigneur de La Rochelle a nos amez et feaulz gens de noz comptes, tresorier general de Guienne et a noz Seneschal procureur et receveur d'Agenoiz ou aultres lieuxtenants substitus ou commis, salut et dilection.

Savoir vous faisons que aujourd'hui nostre bien amé maistre Bernat de Gotz procureur suffisamment fondé pour Jehan de Landeroat nous a fait ez mains de nostre amé feal conseiller et Chambellan Robert de Balsac escuier nostre Seneschal dudit lieu a ce par nous commis les foy et hommage lige qu'il nous estoit tenu de faire à cause du lieu de Castetcu avec toutes ses rentes revenus et autres appartenances assis en la juridition de Marmande en Agenois tenu de nous à cause de nostre dite Seneschaussée ausquels foy et hommage nous l'avons receu sauf en autres choses nostre droit et l'autrui. Si vous mandons etc.

« Donné à Agen le vingt quatriesme jour de novembre l'an de grâce mil cccc soixante neuf.   Guitou. »

4. Un denombrement baillé, le 20 mars 1547, devant le senechal d'Agenois par Pierre de Giraud, escuyer [1], pour raison du lieu noble de Castecu situé en la paroisse de Beaupuy, jurisdiction de Marmande par lequel il déclare tenir du roy la noblesse et chasteau dits Castecu en tout droit de fief et hommage lige au devoir d'un fer de lance surdoré, environné [le chateau] de ses anciens fossés avec ses entrées et issues et preclotures, jardin, fue [2], forets, pred, vigne et autres

---

[1] Pierre de Giraut prenait le titre de seigneur de Serres, de Castecu et Doriolle, titre que prenait, avant lui (en 1493) « noble homme Arnaud de Landerroat, seigneur de la maison de Serres, de Castecu et d'Oriolle. » On a parfois appelé Pierre et ses descendants *Guiraud* pour *Giraut*. Je lis, par exemple, dans une savante *Notice sur les Seigneurs de Labit issus des Lasseran Massencomme après la séparation de la branche de Monluc*, par M. Soubdès, archiviste *de la ville de Condom*, manuscrit dont l'impression serait fort désirable : « Les enfants du capitaine Labit (Jean de Lasseran-Massencomme, seigneur de Labit) furent : 1° Blaise dont l'article est rapporté ci-après ; 2° Marguerite qui épousa Jehan Guiraud d'Auriolle. Dans leur contrat de mariage, en date du 3 juillet 1565, elle est dite Marguerite de Monluc, fille de feu Jehan de Monluc et de Marthe de Cassaignet, sieurs de Labit et Caupène. Elle procède avec le conseil de noble Blaise de Monluc, son frère.. Le futur époux qui habite Sainte-Bazeille est dit fils de noble Pierre Guirault, seigneur d'Auriolle et de Castetcu, et de damoyselle Thonye de Beaupuy de Saint-Chamazy. » C'est évidemment par une faute d'impression que Giraud, déjà changé en Guiraud, devient *Gibaut* dans le *Nobiliaire de Guyenne et de Gascogne* (tom. III, p. 260) où il figure, à côté de Jehan de Landerroat, au rôle du ban et de l'arrière-ban de la Sénéchaussée du Bazadois, sous la date du 23 mai 1557. Revenons à Jean de Giraut, le mari de Marguerite de Monluc, pour dire que c'est de lui qu'il s'agit dans un mémoire relatif au feu mis à son château de Castecu, le dimanche 6 mars 1575, par une bande que commandaient trois consuls de Marmande, Pierre Bideau, Jacques Borges et Jean Grollier. On trouvera ce curieux document, rédigé par l'infortuné châtelain lui-même, dans la *Notice sur Mauvezin* (p. 564). La copie dont s'est servi l'historien de Mauvezin est précédée de ces lignes : « Ce qui s'ensuit a esté tiré d'un vieux livre de reconnaissances de feu Jean Giraud, écuyer, vivant seigneur de Castecu, lequel livre est au pouvoir de M. Fontainemarie, conseiller en la Cour des Aydes de Guyenne, seigneur dudit lieu. » Le récit de Jean de Giraut nous apprend que la maison brûlée par « ces poltrons de Consuls » par « cette vermine de gens » n'avait pas moins de trois étages. Excusons la vivacité des termes employés par un propriétaire indigné, écrivant *pro domo sua*.

[2] *Fue*, fuye, colombier.

dependances qui sont près dudit Castecu, et à cause d'iceluy jouit dans la dicte paroisse de Beaupuy certains bastiments et autres possessions, preds, bois, terres labourables ou vacantes, qui ne peuvent faire le labourage de deux paires de bœufs seulement. Déclare encore jouir des cens et rentes en toute directité et fondalité dependants dudit Castecu consistant en environ quinze poigneres de tous grains, en huit livres sept sols quatre deniers, en neuf poulailles et six manœuvres [1].

5. Un contract de partage du 7 juin 1596 retenu par Perié, notaire royal de Marmande [2], par lequel les demoiselles Anne de Giraut, femme de Guilhem de Vincens, Marchand de Bazas, Jeanne de Giraut veuve de Antoine Folanais, praticien de la Réole, et Louise de Giraut, femme de Michel Dupeiron le vieux [3], habitant de Sainte Bazeille, toutes trois sœurs, en ratifiant la transaction entre elles passée le 4 aoust 1595 retenue par Massias, notaire de Sainte-Bazeilhe, font certains règlements, entre autres que ledit Dupeiron demeurera quitte du contenu en sa cedule par luy faite à Bazas et s'engagent de vendre unanimement pour payer leurs dettes la maison noble de Castecu, cens, rentes, appartenances et dépendances d'icelle, située en la paroisse de Beaupuy, jurisdiction de Marmande consistant en une vieille mazure, airiaux, preds, taillis, terres labourables et bousigues [4] et en tout ce qui est en ladite paroisse de Beaupuy, tous les dits biens estant nobles et de toute ancienneté noblement [5].... Achat fait par M. de Massiot [6] des demoiselles

---

[1] C'est-à-dire six journées de travail d'homme.

[2] Les divers documents relatifs à Castecu permettent d'ajouter à la liste déjà donnée des notaires de Marmande, les noms de Barret, Douhaud, Fau, Héniard, Mimaut, Prioret.

[3] Celle-ci se maria en secondes noces avec N... de Larquey, écuyer.

[4] C'est le mot par lequel, dans la langue populaire de la Gascogne, on désigne les terres incultes. Voir *Bousigo* dans le *Dictionnaire* de Mistral.

[5] Il y a ici un vide causé par la dent des souris.

[6] M. A Communay (*Le Parlement de Bordeaux*, p. 79, note 2) rappelle que Léonard de Massiot, seigneur de Longueville, fut d'abord secrétaire d'Antoine de Noailles, évêque de Dax, lors de l'ambassade de ce prélat à Constantinople. Il ajoute : « La Seigneurie de Longueville, possédée tour à tour par les familles de Massiot, Daffis et de Pichon, était située en Agenais, à une lieue de Marmande. » Je complèterai cette note en disant que la terre et le château de Longueville appartinrent aux Monluc avant d'appartenir aux Massiot et qu'aujourd'hui le propriétaire en est M. M. Osmin Massias, gendre de Madame de Labarrre.

Anne, Jeanne et Louise de Giraut par contract retenu par Antoine Perié, notaire royal de Marmande, lesquelles damoiselles promettent de remettre audit sieur Massiot tous titres et reconnaissances qui sont de la dite maison.

6. Une sentence de M. Nicolas de Nets, conseiller en la cour des Aydes de Paris, commissaire commis et député par le roy et ladicte Cour pour l'exécution des arrests d'icelle, portant realité des tailles et arpantement général au païs d'Agenois, rendue entre les procureur du Roy de cette commission et le syndic du tiers état d'Agenois, d'une part, et M. Leonard de Massiot, sieur de Castecu, conseiller au parlement de Bordeaux, d'autre, laquelle déclare les biens contenus au contract de donation du 4 avril 1400 nobles et sujets à la contribution du ban et arrière-ban et ordonne que distraction sera faite d'iceux dudit arpantement général de la juridiction de Marmande aux dépens dudit Sieur de Massiot, partie presente ou duement appelée (avec défense) aux consuls de demander aucune taille pour les dits biens à peine de tous depens, dommages et interets sauf auxdits consuls d'imposer en leurs cadastres ledit sieur de Massiot pour les autres biens roturiers et non compris audict contract de l'an 1400 et nommement pour les 4 ou 5 journaux par luy acquis avec la metairie de l'Official dependant originairement dudit Castecu. Cette sentence est du 18 avril 1605.

7. Procès-verbal de piquetement de Castecu fait le 30 novembre 1607 par Me Cougouilles, juge de Saint Sauveur[1] duquel toutes parties avoient convenu pour procéder à l'exécution de la susdite sentence suivant le pouvoir qui par icelle leur en avoit esté donné, par

---

[1] Voici le début du procès-verbal : « Léonard Cougoulhe, juge ordinaire pour le Roy nostre Sire en jurisdictions royalles de St-Sauveur La Chapelle et Londres, commissaire en ceste partie deputté par Mgr de Netz, conseiller du Roy, en sa Cour des Aydes à Paris, commissaire par le Roy et par ladicte Cour deputté pour l'exécution de certains arrêts, donnés par ladicte Cour à la requeste du syndic du tiers Estat d'Agen sur le faict des tailles dudict pays... » Léonard de Massiot reçoit en ce document les titres de : « escuyer, seigneur de Castelcu, et autres places, conseiller du Roy en sa Cour de parlement de Bourdeaux... » On voit dans le procès-verbal que les consuls de Marmande ont été convoqués le 5 novembre précédent « par devant le sieur Cougouilhe, au logis du Cheval blanc de ladite presente ville... »

lequel en presence et du consentement d'Izaac Bourgeois, consul de Marmande [1], Jean Bourbon, syndic de la dicte ville, et Antoine Perret procureur du Roy, il est dit que Castecu confronte du levant à commencer au bout du preds à Mauvoizin, qu'elle suit le long du ruisseau de La Gupie, que les appartenances de la seigneurie de Castecu à prendre au dessus du moulin de Drillot suivant le chemin public qui la sépare d'avec la seigneurie de Castelnau... et venant jusques au bourg de Beaupuy et descendant dans le chemin de la .. et dans le padouen [2] des héritiers de feu Mondet Lespinasse, conduisant devant l'hostalat de Jean Lespinasse dit Labique et passant outre au village de Perrotaine, allant à la Fon de La Pippre et à Labastison, va soudre? aux prairies de Castecu qui, aboutissant aussi à Marques, un grand fossé entre deux, comprennent tout ce qui est possédé en propriété par les seigneurs de Castecu et estoit de la contenance de 126 journaux 17 escas suivent l'arpentement qui en fut fait en presence des sus nommés. Cependant mon père l'ayant depuis fait arpenter, il ne s'y en est trouvé que 107 journaux 26 escas.

8. Un hommage rendu le 2 avril 1610 par ledit sieur Massiot à la reine Marguerite pour ses terres de Longueville [3] et Castecu et moulin de La Ma [4].

9. Hommage rendu le 1er juillet 1636 par la dame présidente Daffis au roy Louis XIII devant les trésoriers, de la maison noble de Castecu, ses appartenances et dépendances [5].

---

[1] Le nom de Isaac Bourgeois « *procureur en la Cour de Marmande* » figure au bas de la copie d'une sentence du 15 janvier 1697 rendue par Jean de Bastard, juge civil et criminel pour le Roy en la ville et juridiction de Marmande.

[2] La Curne de Sainte-Palaye traduit le mot *Padouens* par pâturages communs.

[3] Sur les Massiot à Longueville, voir une note de la *Notice sur la ville de Marmande*, p. 96.

[4] Le moulin de la Ma était situé auprès de la porte de la ville de Marmande connue sous le même nom. Voir sur ce moulin, possédé au XVIIIe siècle, par M. de Guyonnet de Monbalen, conseiller au parlement de Bordeaux, et qui existe encore (derrière la maison de Madame veuve Lacombe), le texte et une des notes (la 4me) de la page 113 de la *Notice* susdite.

[5] J'ai eu sous les yeux un extrait des registres du bureau du domaine du Roy en la généralité de Guyenne, dont voici les premières lignes: C'est l'adveu et dénombrement que met et baille par devant vous Messieurs les

10. Dénombrement rendu le 13 décembre [1636] par la dicte dame Daffis de la maison noble de Castecu, publié sans opposition à Bordeaux le 14 février 1637.

11. Achat fait le 14 mars 1642 de la maison noble de Castecu fief noble et rentes en dépendans, la metairie et le moulin à eau par M° Jean Fontainemarie, advocat en la Cour, pour le sieur son père, de la dicte dame presidente Dafis avec stipulation de garantie et de la propriété et de la nobilité de Castecu et dependances¹.

---

presidents, tresoriers de France generaux des finances en Guyenne dame Anne de Massiot, femme de messire Jean Daffis, chevalier, conseiller du Roy en ses conseils, et président en la Cour de parlement de Bourdeaux à cause la maison noble de Castecu,» maison signalée comme « tour carrée ou pavillon entouré de fossés..» Anne de Massiot, fille et et héritière de Léonard de Massiot et de Léonarde Mazard de Goulard, était veuve de Jacques de Lescure, seigneur de Saint-Fort, lorsque, le 14 août 1621, elle épousa Jean Daffis, dont elle eut deux filles : Catherine, mariée le 15 mars 1637 à François Artus Le Comte, le célèbre président de La Tresne, et Anne, qui, veuve de Gabriel Jaubert de Saint-Gelais, se remaria à Bernard de Pichon, seigneur de Carriet, président au parlement de Bordeaux, dont les descendants devinrent barons de Pichon-Longueville. Voir *Le parlement de Bordeaux* par A. Communay, p. 79.

¹ Je donne quelques extraits de l'acte de vente : « Saichent tous que aujourd'huy 14ᵐᵉ du mois de mars 1642 après midy, par devant moy Pierre de Godeau, notaire royal à Bourdeaux et en Guyenne, a esté presante dame Anne de Massiot, vefve de feu Messire Jean Daffis, vivant chevalier, conseiller du Roy en ses conseils, et second president en sa cour de parlement de Bourdeaux, residant en ladicte ville, paroisse de Puypaulin, laquelle dame pour elle et les siens a volontairement vendu, cedde, quitte, delaisse et transporte par ces presantes purement et simplement à perpétuité et à jamais à sieur Jean de Fontainemarie, bourgeois et habitant de la ville de Marmande absent, mais M. Jean de Fontainemarie, son fils, advocat en ladicte Cour, illec presant et acceptant.. la maison noble de Castetcu à ladicte dame de Massiot appartenante fiefs nobles et rentes en dependantes, consistant lesdicts fiefs nobles au chasteau de Castetcu, metterie et autres bastiments, eyriaux, terres labourables, predz, baconnes, pastengs, bois, vignes, moulin à eau, moyennant le prix et somme de 12.000 livres tournoises..» Dans l'acte, je relève ces noms marmandais : Arnaud Drouilhet, Jean Lalyman, juge de Longueville, Jean Sacriste, damoiselle de Pigousset, cette dernière évoquée à propos d'une pièce de vigne qu'eut Mme Daffis par la succession de la defunte, sa tante.

12. Hommage rendu le 11 avril 1644 par ledit sieur Jean Fontainemarie au bureau des trésoriers de la généralité de Bordeaux pour raison de la maison noble de Castecu avec tous ses domaines et rentes en dépendans.

13. Denombrement fourni le 14 décembre 1644 par ledit M⁰ Jean Fontainemarie de la maison noble de Castecu, lequel, nonobstant l'opposition des consuls qui en furent deboutez faute d'avoir justifié du contenu en les moyens d'opposition, fut receu par les dits tresoriers.

14. Hommage rendu le 21 février 1663 par Messire Jacques Fontainemarie, conseiller en la Cour des Aides, de la dite maison noble de Castecu de ses appartenances devant lesdicts sieur tresoriers.

15. Denombrement rendu par ledit M⁰ Jean Fontainemarie produit et employé par ledit sieur Jean Fontainemarie, son fils, et receu par les dits huissiers le 26 mars 1669.

16. Arrest de la cour des Aydes de Bordeaux du 7 mars 1664 portant enregistrement des titres de la nobilité de la Seigneurie de Castecu rendu entre le dit sieur Jacques Fontainemarie, le procureur général et les consuls de Marmande signifié le 12 décembre 1667 audit sieur procureur général et au procureur desdits consuls, et le 17 septembre 1695 aux maires, consuls et syndic de la dicte ville [1].

Nota qu'outre tout ce dessus il y a une quittance pour l'arrière ban... Janvier 1544 donnée [2]... Seigneur de la maison Dauriolle [3] et pour raison d'icelle. Il y a encore un extrait de roolle qui contient

---

[1] La signification du 17 septembre 1695 s'adresse « à M. Jacques Faget, conseiller du Roi, maire dudit Marmande, à sieur Jean Coudroy, bourgeois, troisiesme consul de la dicte ville, et à sieur Guillaume Faget, conseiller du Roi, procureur de Sa Majesté et procureur syndic dudit Marmande. ». L'acte fut contrôlé à Marmande le lendemain 18 septembre par Heraud. Dans la seconde moitié du siècle suivant la nobilité de Castecu était encore contestée par les consuls de Marmande, comme le montre un extrait du livre de Jurade de cette ville, du 20 avril 1772 (Archives de M. Maurice Boisvert.) Il fut décidé par la jurade que l'affaire serait traitée de gré à gré. Les membres de l'assemblée sont: Perret, procureur du Roi, Brezetz, Coudroy, Lalyman, Dubrouilh, Labarchede, Marucheau, Fizelier, Couldroy. L'acte de Jurade est signé : Bazin, greffier et secrétaire de la police.

[2] Toutes ces lacunes sont dues aux rongeurs déjà dénoncés.

[3] « La maison noble Doriolle de haut était anciennement appelée « de Serres, » selon une note des archives de M. Boisvert.

le nom de ceux qui pour raison des terres ou biens nobles sont sujets au ban et arrière ban de l'an 1557 dans lequel il est dit que le sieur Dauriolle comme possesseur de la maison noble de Castecu est un des aydes du Seigneur de Birac qui doit donner un cheval léger lors de la convocation du ban et arrière ban, ce qui est justifié par diversses déclarations. Il y a un autre extrait d'un roolle de 1561 qui justifie que le seigneur de Castecu a été cotisé par le ban et arriere ban, tout quoy a esté enregistré à la cour des Aydes de Bordeaux.

Nota que la maison noble de Castecu Dauriolle n'a jamais esté encadastrée ni couchée sur le roolle des tailles de Marmande [1]. »

Comme supplément au mémoire de Jacques de Fontainemarie, je réunirai ici quelques notes extraites de ses papiers et relatives à sa chère maison de campagne de Castecu.

« Le 6 janvier 1684 le Père Philippe, capucin, a mis à Castecu la montre [2] qu'il a faite, où je me suis trouvé avec le Père Benin, capucin, en ayant auparavant mis une autre à Grayon.

Hommage m'a esté rendu par le sieur Deloze au chasteau de Castecu le 2 novembre 1690 (soubs inféodation d'un demi-journal de terre) dont l'acte a esté retenu par Prioret, m'ayant le dit sieur Deloze porté une paire de tours [3].

---

[1] Sur un feuillet détaché du cahier contenant le mémoire que l'on vient de lire, a été dressé le petit tableau généalogique de la famille de Giraut :

Gervais Giraut, père de Pierre.
Pierre Giraut, et Antonine Beaupuy, conjoints.
Jean Giraut, leur fils, marié avec Marguerite Masencomme (sic).
Georges Giraut, fils de Jean et de ladite Marguerite, petit-fils et héritier de Pierre et de la Beaupuy (sic).
Anne, Jeanne et Louise Giraud, filles de Pierre, tantes de Georges et héritières de celui-ci.

[2] C'est-à-dire le cadran solaire.

[3] Nom de la grive dans le langage populaire méridional. On se souvient du mot enthousiaste d'Horace : *nil melius turdo*. Le mot *tourd* figure dans le *Glossaire* de La Curne de Sainte-Palaye, mais non dans les dictionnaires d'Azaïs et de Mistral. Cependant, comme le remarquaient au siècle dernier les rédacteurs du *Dictionnaire de Trévoux*, le mot est surtout « en usage dans la Provence et dans le Languedoc. » J'ai trouvé la forme *Tourde* dans le *Théâtre de l'Agriculture* d'Olivier de Serres.

Le portail et le pont que j'ay fait faire à Castecu pour luy donner un air de distinction revient en tout suivant le calcul que j'en ay fait à cent livres. Le vivier coute 35 livres, la porte du jardin 13 livres. Ayant fait le calcul de tout ce que dessus je l'ay communiqué à ma femme qui l'a trouvé bien.

J'ay fait couper au pied après le décès de ma mère par l'advis de gens à ce connoissans les arbres qui estoient autour de la mote de Castecu attendeu qu'ils estoient la pluspart gastés, estant extremement vieux et ne faisant que périr ; ils ont bien poussé. Aussy après la mort de ma mère j'ay laissé venir en bois de haute fustaye le bois d'Oriolle pour servir d'ornement à Castecu ; j'y ay fait faire des allées, des fossés, une fondrière que j'ay fait accommoder [1] et j'y ay fait mettre de la tuye [2] qui pourra estre coupée de tems en tems.

Noble Pierre Giraut escuyer seigneur de Castecu ayant mis dans son denombrement du xx mars 1517 au sujet de la seigneurie dudit Castecu qu'il y avoit une fuye joignant le jardin, j'ay creu qu'il falloit faire faire un pigeonnier proche dudit jardin dans l'endroit le plus favorable, et pour cet effet, le 7 novembre 1694.' j'ay fait marché avec maitre Anthoine Fort, maitre masson. pour faire les quatre piliers et leurs fondemens, barronner et blanchir et se porter l'eau pour 33 livres. »

Dans une dernière note, J. de Fontainemarie énumère les divers embellissements et les diverses améliorations dont furent l'objet le

---

[1] J. de Fontainemarie ne veut pas dire qu'il établit une fondrière dans son bois, comme certains amis exagérés du pittoresque créent des semblants d'abîmes dans leurs parcs : il veut dire, au contraire, qu'il fit disparaître un enfoncement voisin de son habitation ; c'est ce qu'il appelle *accomoder*.

[2] *Tuje, Toujo*, nom de l'ajonc dans la langue populaire du Sud-Ouest. Mistral, dans *Lou tresor dou félibrige*, a cité sous le mot *toujo* quatre allègres et jolis vers de son précurseur Jasmin :

> Pastous de la raso placo,
> Al soun del tambourinet
> Avès franchit toujo e brano
> Per beire nostre Enriquet

verger, qu'en bon gascon il appelle *berger*, les vignes, les bois de Castecu. Aux défrichements succèdent les « plantements. » Le châtelain met en terre des « noiseliers, acacias, sycomores ; il orne d'une allée de charmes » ce nouveau petit paradis terrestre, et associant tendrement Mme de Fontainemarie à toutes ces belles choses, il termine ainsi sa description : « enfin je n'oblie rien ny ma femme aussy pour mettre Castecu sur le bon pied. »

II.

ESSAI DE BIBLIOGRAPHIE DES LIVRES DE RAISON.

Dans une note de l'*Avertissement*, j'ai dit combien M. Charles de Ribbe m'avait aidé à préparer cet *Essai*. Depuis le jour où j'écrivis cette note, divers autres confrères m'ont honoré de leurs gracieuses communications, parmi lesquels je nommerai M. Léon de Berluc Perussis, ancien président de l'Académie d'Aix-en-Provence ; M. Arthur de Boislisle, membre de l'Institut, secrétaire de la Société de l'Histoire de France ; M. Brun-Durand, ancien magistrat, correspondant du ministère de l'Instruction publique à Crest (Drôme) ; M. Louis Guibert, correspondant du Ministère à Limoges, vice-président de la Société archéologique et historique du Limousin, un des érudits qui ont le plus et le mieux travaillé sur les livres de raison ; M. A. Vernière, le fervent bibliophile de Brioude, le consciencieux éditeur du *Journal de Dom Boyer* ; M. Henri Wilhelm, juge de paix à Chartres, le grand admirateur et ami des Bénédictins, *Benedictinus ipse*. Mais, dans cette énumération reconnaissante, une mention toute particulière est due à un jeune bibliographe qui a déjà donné la mesure de tout ce que l'on peut attendre de son zèle et de son savoir ; M. Henri Stein, archiviste aux Archives Nationales, que j'ai eu la bonne fortune d'avoir pour hôte, l'hiver dernier, et qui a trop généreusement payé son écot en recherchant pour moi avec la plus féconde activité un grand nombre d'indications qui avaient échappé à mes premières poursuites. En remerciant du fond du cœur tous ces chers auxiliaires, je fais appel de nouveau à leur secourable érudition, ainsi qu'à celle de tous les chercheurs sous les yeux desquels ces pages tomberont, pour que les textes ici oubliés me soient signalés le plus exactement possible. J'ai l'intention de compléter, à la suite d'un document inédit que je publierai, l'an prochain (*Le livre de raison de la famille Boisvert*), l'*Essai* que l'on va lire. Espérons que de très abondantes communications, venues d'amis connus ou inconnus, me permettront de réparer presque tous les péchés d'omission que j'aurai commis[1], et d'apprécier une fois de plus les bienfaits de la fraternelle association formée de tous ceux qui portent le noble nom de travailleurs.

PREMIÈRE PARTIE.

Liste, par ordre chronologique, des publications relatives aux livres de raison.

1867.

Une famille au xvi*e siècle*, par Charles de Ribbe. Paris, Albanel, 1867, in-18[2]. On sait qu'il s'agit là de la famille du Laurens. M. de Ribbe, en tête de son *introduction*, a pu dire avec raison : « Le ma-

---

[1] Je dis presque, parce que, comme me fait l'honneur de me l'écrire aujourd'hui-même, 21 juillet, M. Eugène de Rozière, membre de l'Institut et du Sénat, en m'offrant son excellente *Bibliographie des œuvres de M. Edouard Laboulaye* (Paris, Larose et Forcel, in-8°), « le mot complet, n'existe pas en bibliographie. »

[2] En inscrivant le titre de ce doux et excellent petit livre, qui a été le point de départ de l'œuvre si remarquable de M. de Ribbe, je tiens à rappeler l'hommage que j'ai rendu à l'éminent auteur dans deux publications où son nom se présentait à moi tout naturellement: le journal de la vie de Pierre Gassendi rédigé par son neveu (*Documents inédits sur Gassendi* (Paris, 1877, in-8°, p. 41) et le compte-rendu de l'*Histoire d'une famille provençale depuis le milieu du* xive *siècle jusqu'en 1873. Recherches et documents sur la famille Arnaud de Forcalquier publiés par Camille Arnaud* (Forcalquier, 1885, plaquette in-8°, p. 3).

nuscrit que nous publions est peut-être un des plus précieux témoignages fournis par le passé, sur ce qu'il y a de moins profondément étudié et de moins exactement connu dans l'ancien régime: *Les mœurs domestiques* » La *Généalogie de messieurs du Laurens, par Jeanne du Laurens* (leur sœur), a obtenu le plus brillant succès. On l'a déjà réimprimé deux fois [1] et on le réimprimera souvent encore.

1868.

Rapport de M. Focillon, professeur au lycée Louis-le-Grand, sur la *Monographie d'une famille au* XVI*e siècle*, publiée par M. Ch. de Ribbe. (Société internationale des études pratiques d'économie sociale. *Bulletin* de mai, 5me n° de la 4me année, p. 482-501. A la suite du rapport de M. Focillon on trouve des additions à ce rapport faites par M. Cochin, président de la société, (p. 501-503) et par M. de Ribbe (p. 504-515).

1869.

Un livre de famille au XVII*e siècle, par M. de La Prairie*. Fragments du livre domestique de maistre Claude du Tour, advocat au Parlement et depuis conseiller du roi et son advocat au bailliage et siège présidial de Soissons, et de J. D. du Tour, son fils, aussi advocat au Présidial, ancien premier assesseur de la maréchaussée dudict Soissons. (*Bulletin de la Société archéologique de Soissons*, mai 1879). Tirage à part, brochure de 27 pages in-8°, imprimée à Saint-Quentin.

1870.

Un père de famille au XVII*e siècle, d'après un document original et inédit, par Jules de Terris* (Extrait du 5me volume des *Annales de la Société littéraire, scientifique et artistique d'Apt*). Apt, in-8°,

---

[1] La seconde édition est de 1868. Voici le titre de l'édition suivante, que j'ai sous les yeux: *Une famille au* XVI*e siècle d'après des documents originaux*, précédée d'une lettre du R. P. Félix. 3me édition complètement refondue et très augmentée (Tours, Alfred Mame, 1879, in-18 de 220 pages. Les trois éditions sont ornées d'une lettre du R. P. Félix à M. Ch. de Ribbe, datée du 23 avril 1866, où l'éloquent religieux, louant à la fois le récit de Jeanne du Laurens et le travail de l'éditeur, célèbre « le charme d'une telle lecture et le profit d'un tel enseignement. »

— 120 —

de 18 pages. Analyse du livre de raison d'un des aïeux de M. de Terris, Gaspard de Mongé du Caire, seigneur du Caire et en partie de Puimichel, secrétaire du roi en la chancellerie près la cour du Parlement de province, mort le 25 octobre 1726 [1].

1873.

Les savants Godefroy. Mémoires d'une famille pendant les XVIe, XVIIe *et* XVIIIe *siècles*, par le marquis de Godefroy-Ménilglaise. (Paris, Didier, in-8° de 420 et IX pages [2].

Récit d'un grand père. Livre de famille, par M. E. L. Valenciennes, Giard, in-12 [3].

1875.

Livres de raison de Claude, Jacques et N. Dusson, tisserands, au

---

[1] M. Jules de Terris a l'intention de publier en entier et prochainement les mémoires domestiques de M. de Mongé.

[2] J'ai rendu compte de cet ouvrage dans le *Bulletin du Bouquiniste*, du 1er avril 1873. Le marquis de Godefroy fit tirer à part ce compte-rendu à cent exemplaires, sans m'en avertir, et c'est ainsi que la plus mince de mes innombrables plaquettes (4 pages in-8°) ne figure pas dans la *Bibliographie Tamizeyenne* annexée à ma notice sur *Le Père Cortade* (Sauveterre de Guyenne, 1881, petit in-4°). Je puis ajouter que je n'ai appris l'existence du tirage à part de mon article que par la *Bibliographie générale de l'Agenais* (tome II, p. 319), ce qui me donne plus qu'à personne le droit de regarder comme aussi complet que possible le travail de M. Jules Andrieu.

[3] A rapprocher des mémoriaux de famille : *Vieux papiers et vieux souvenirs. Lettres de mon grand-père* (1789-1795), par M. Thellier de Poncheville (Valenciennes, Giard, 1877, in-18).

A rapprocher encore : *Instruction morale d'un père à son fils qui part pour un long voyage*, par maistre Sylvestre du Four, bourgeois de Manosque, fixé à Lyon (Lyon, 1678). Réimprimé à Paris en 1686 et, plus tard, en diverses villes de France, de Suisse, de Hollande. Traduit en latin, en flamand, en allemand. Réédité sur l'édition d'Amsterdam (chez Abraham Volfgang, 1680), par M. de Richemond, archiviste de la Charente-Inférieure (Toulouse, 1876, in-18, de 108 pages).

A rapprocher aussi : *Le livre Caumont où sont contenus lesdits enseignements du seigneur de Caumont, composés pour ses enfans l'an mil quatre cent seize*, d'après le manuscrit de la bibliothèque de Périgueux, par le docteur J. E. Galy (Paris, Techener, 1845, in-8° de 68 pages)

hameau de Chalencey, paroisse de Couches (Saône-et-Loire), publiés par M. Harold de Fontenay dans les *Mémoires de la Société Eduenne*[1].

1877.

La Société d'Autun au XVIIIe *siècle, d'après les mémoires de J. M. Crommelin*, par M. Harold de Fontenay (Autun, 1877, in-8°.

Le manuscrit de ma mère, publié par Alphonse de Lamartine, avec commentaires, prologue et épilogue. Paris, Hachette, in-8°.

Il faut rapprocher du beau récit de Mme de Lamartine, si admirablement commenté par son fils, le *Manuscrit d'une grand'mère. Avertissement à mon fils*, écrit *par Grazia Maria Riola Mancini*. Préface et traduction de A. J. Boyer d'Agen, in 17 de XXI-87 pages. Alph. Lemerre, 1886.

1878.

La Vie domestique, ses modèles et ses règles, d'après des documents originaux, par Charles de Ribbe. Paris, Baltenweck. Troisième édition. 2 vol. in-18 jésus de XV-379 et 414 pages. Le tome II est presque en entier occupé par l'important *livre de raison de la famille de Courtois-Durefort* (commencé en 1812 par Antoine de Courtois, p. 107-253)[2].

Les livres de raison et leur rétablissement dans la coutume des familles comme moyen de réforme, par le même. Compte-rendu de la discussion ouverte sur ce sujet dans la séance de la Société des études pratiques d'économie sociale, en date du 19 mai 1878. Paris, au siège de la Société. Grand in-8° de 36 p.

---

[1] Voir, pour d'autres comptes de familles d'ouvriers les *Papiers curieux d'une famille de Bresse*, par Philibert le Duc (I Nantua, 1882).

[2] Cet ouvrage, qui mérite le titre de classique, a été traduit en allemand (Colmar, Hoffmann, 1880). C'est l'occasion de citer ici diverses publications de M. de Ribbe, qui se rattachent plus ou moins directement à la série de ses travaux spéciaux sur les livres de raison :

Deux chrétiennes pendant la peste de 1720. Paris, Baltenweck, 1874, seconde édition, vol. in-18.

La famille d'après la Bible, Paris, librairie de la Société bibliographique, 1877, Seconde édition, 1 vol. in-32 de 128 pages.

Les livres de raison des familles florentines, par le même (*Annuaire de l'économie sociale*, 1877-78, tome III, Tours, Alfred Mame).

Les Archives domestiques et les livres de famille, par Adrien Arcelin, secrétaire perpétuel de l'Académie de Mâcon. Paris, Adrien Larcher, brochure grand in 8° de 46 pages.

1879.

Les familles et la Société en France avant la Révolution, d'après des documents originaux, par Ch. de Ribbe. 4ᵐᵉ édition refondue et considérablement augmentée. Tours, Alfred Mame, deux volumes, in-18 jésus de xx-333 et 376 pages.

Le livre de famille, par le même. Tours, Alfred Mame, in-18. C'est la reproduction d'une conférence faite à l'Assemblée des Catholiques le 12 juin 1878. La même année, seconde édition à la même librairie, in-8° de 24 pages. *Le livre de famille* est précédé d'une lettre chaleureusement approbative de S. Em. le cardinal Donnet, écrite de Bordeaux le 25 février 1879.

Le livre de raison des Malmazet, de Vals (xvii° et xviii° siècle), par M. Henri Vaschalde. (Dans le *Patriote de l'Ardèche* du 23 mars 1879).

1880.

Journal manuscrit d'un sire de Gouberville et du Mesnil au Val, gentilhomme campagnard, au Cotentin (1553-1562), fragments publiés par l'abbé Tollemer. Rennes, in-12. M. Henri Baudrillart, de l'Institut, qui avait eu connaissance des documents quelque temps avant la publication de l'abbé Tollemer, en a tiré un article plein d'intérêt qui, sous le titre de *Un châtelain de Normandie au XVI° Siècle*, a été inséré dans la *Revue des Deux-Mondes*, en 1878.

Un livre de raison Laonnois, par M. A. Combier, président du Tribunal Civil de Laon. Amiens, Delattre et Lenoel, brochure in-8° de 12 pages.

Le livre de raison des Daurée, d'Agen (1491-1671). Texte précédé d'une étude sur quelques livres de raison des anciennes familles de l'Agenais, par M. G. Tholin, archiviste du département de Lot-et-Garonne. (Vᵉ Lamy, in-32 de 204 p.) [1].

---

[1] J'ai beaucoup loué, au moment même de sa publication, le travail de M. Tholin, dans un article du *Polybiblion*, recueil où je me suis aussi souvent occupé des travaux du même genre, dus à M. Ch. de Ribbe et autres spécialistes.

Livre de raison de Gabriel du Puy, seigneur de la Roquette, en Languedoc, publié par M. Barry.

1881.

Les foyers d'autrefois, d'après une publication récente et un document inédit, par M. Ch. de Ribbe, dans la *Réforme sociale,* bulletin des unions de la paix sociale, livraisons du 15 avril et du 1er mai [1].

Livre de raison des Malliard, de Brive, 1507-1662, publié avec notes par M. Fernand de Malliard (*Bulletin de la Société scientifique, historique et archéologique de la Corrèze* (Brive, in-8°) [2].

---

[1] Ce titre de *Réforme sociale* me rappelle que M. de Ribbe a consacré une sympathique étude à un homme qui, comme lui, mit au service d'une noble cause tout son cœur et tout son talent, l'éminent économiste Le Play, son intime ami, digne de ce surnom qu'aimait le xvie siècle : *grand homme de bien.* Voir : *Le Play d'après sa correspondance* (Paris, Firmin Didot, 1884, in-18).

[2] M. Tholin constate avec toute l'autorité d'un bon témoin (*Le livre de raison de Daurée,* p. 10), qu'une des communications les plus appréciées faites au Congrès des Sociétés savantes tenu à la Sorbonne, en 1879, avait pour objet ce livre de raison analysé par le représentant actuel du nom. Voir *Revue des Sociétés savantes,* 7e série, t. I, p. 466. Depuis cette époque, il ne s'est guère passé d'année où quelque livre de raison n'ait été présenté aux doctes auditeurs réunis dans la Sorbonne tantôt à Pâques, et tantôt à Pentecôte. Voir surtout le compte-rendu des Séances du Congrès de 1885 et de 1886. M. de Malliard mérite un très bon point pour sa féconde initiative. — Je regrette de ne pouvoir citer que par ouï-dire et très vaguement, moi qui aime tant à dire :

« Je l'ai vu de mes yeux, ce qui s'appelle vu »,

un travail de M. l'abbé Boutillier, sur les livres de famille du Nivernais publié en 1881. — Au moment où je donne le bon à tirer, M. Henri Stein me communique ledit travail intitulé : *les livres de famille dans le Nivernais,* par l'abbé Boutillier, curé de Coulanges-les-Nevers, vice-président de la Société Nivernaise des lettres, sciences et arts. (Extrait du *Bulletin* de cette Société. Nevers, in-8° de 20 p.) M. l'abbé Boutillier analyse le livre terrier de la famille de Corbigny (xvie siècle).

Mémoires ou livre de raison d'un bourgeois de Marseille[1] publiés avec une préface et des notes, par J.-F. Thénard, professeur, membre de la Société pour l'étude des langues romanes. (Paris, Maisonneuve, grand in-8, de xi-196 pages). Ce bourgeois, dont les récits s'étendent de 1674 à 1726, était un bonnetier, né en 1654, et qui intitule ainsi son recueil : « Livre de mémoires par moi Jean Louis G., fils de Thomas G. et de Catherine de Thomas de cette ville de Marseille, commencé ce jourd'huy, 2 janvier 1674. »

Le livre de comptes d'un marchand Montalbanais au XIVe siècle, par M. Edouard Forestié (Montauban, brochure in 8° de 24 pages). Les extraits du registre des frères Bonis, communiqués au Comité des travaux historiques et scientifiques, à diverses reprises, ont été trouvés très curieux, et la publication intégrale du livre de comptes de la famille Bonis a paru très désirable. On assure qu'une de nos plus jeunes et plus vaillantes Sociétés savantes, la Société des Archives historiques de la Gascogne, est décidée à mettre en lumière ces importants documents, et tous applaudiront à une aussi intelligente décision [2].

---

[1] La bourgeoisie a fourni le plus grand nombre des livres de raison que nous connaissons. Nous allons trouver mention, pour 1882, d'un livre d'un bourgeois de Lyon et, pour 1886, d'un livre d'un épicier d'Avignon et d'un livre d'un marchand de Reims. Citons encore : le *Journal d'un bourgeois du Puy* qui sera catalogué à la fin de cet *essai*, les *journaux* de Jehan Aubrion, bourgeois de Metz, d'un bourgeois de Caen, d'un bourgeois d'Evreux, d'un bourgeois de Nancy, d'un bourgeois de Rennes, d'un bourgeois de Fécamp, cités un peu plus loin, etc.

Ai-je besoin de rappeler que l'on a de nombreux journaux tenus par des bourgeois de Paris, notamment le *Journal d'un bourgeois de Paris, sous le règne de François Ier* (1515-1536) publié d'après un manuscrit de la Bibl. Nat., par M. Ludovic Lalanne (Paris, 1854); le *Journal d'un bourgeois de Paris* (1405-1449), publié d'après les manuscrits de Rome et de Paris, par M. Alex. Tuetey (Paris, 1881).

Ajoutons que l'on annonce la prochaine publication du *Livre de raison d'un bourgeois de Saint-Chamond* de 1527 à 1682, d'après un manuscrit de la Bibliothèque de Lyon, par M. P. Donot, in-4° avec planches.

[2] De ce *livre de comptes*, on pourrait rapprocher de bien nombreux documents publiés en ces trente dernières années. Contentons-nous de citer l'étude de M. H. de La Ferrière-Percy sur le livre de dépenses de Margue-

1882.

Ue famille rurale au xvii° *siècle*, par Ch. de Ribbe. Paris, librairie de la Société bibliographique. in-8° de 64 pages.

Livre de raison de la famille Moissonnier de St-Bonnet-le-Château (xvi° et xvii° siècle), publié dans l'*Ancien Forez, Revue mensuelle, historique et archéologique*, Montbrison.

Conférence, par M. Thellier de Poncheville sur les livres de famille et la Société domestique dans l'ancienne France, d'après les ouvrages de *M. Charles de Ribbe* (Douai, 13 mars 1882).

Livre de raison d'un bourgeois de Lyon au xiv° *siècle*, en langue vulgaire, publié par M. Guigne (Lyon, in-4°).

Le Livre de raison d'Étienne Benoist (1426-1454), écrit en idiome limousin, dans une famille où l'usage de tenir ces mémoriaux remontait déjà à plusieurs générations, publié par M. L. Guibert (Limoges, V° Ducourtieux, grand in-8° de 98 pages [1].

Chronique d'Isaac de Pérès (1554-1611), publiée par M. A. Le Sueur de Pérès, conseiller honoraire de la Cour d'appel d'Agen, avec le concours de MM. Tamizey de Larroque, Faugère-Dubourg, J. de Laffore, et Ad. Magen (Agen, V° Lamy, grand in 8° de 268 pages. — Dans cette chronique sont relatés les événements de famille à côté des événements locaux [2].

---

rite d'Angoulême, sœur de François I°, 1540-1549 (Paris, 1862, petit in-8°); *Les comptes d'une dame parisienne sous Louis XI* (1463-1467), publiés par M. A. de Boislisle dans le *Bulletin de la Société de l'Histoire de France* (1879); le *livre de comptes de Guy de La Trémoille et Marie de Sully* (1395-1406), publié d'après l'original par un généreux et illustre amateur, le duc Louis de La Trémoille (Nantes, Em. Grimaud, 1887, in-4°).

[1] Saluons en M. Guibert un des plus intrépides de tous les *lieutenants* de M. de Ribbe. Il semble s'être consacré particulièrement, depuis 1882, à l'étude des livres de raison de sa province natale, celle de toutes nos provinces qui a produit le plus de documents de ce genre. M. Guibert, dont nous allons retrouver plusieurs fois le nom dans la suite de cet essai, a publié, en 1883, un travail excellent : *La famille Limousine d'autrefois d'après les testaments et la coutume* (Limoges, in-12 de 64 pages).

[2] On ne trouvera guère, au contraire, que des événements locaux dans une chronique inédite que va publier prochainement un travailleur dont j'ai eu souvent l'occasion de vanter le zèle et la conscience, M. Louis Greil, bibliophile à Cahors, membre de la Société des Archives du Lot : *S'ensuit la description et Chronique des choses advenues despuys l'an 1549 suyvant ce*

1883.

Journal de Noë Lacroix, Chalonnais (1610-1631), publié d'après le manuscrit original, par M. Anatole de Charmasse, annoté par M. Marcel de Chizy et M. A. de Charmasse. (Chalon-sur-Saône, L. Marceau, in-4° de 72 pages [1].

---

que ay trouvé redigé et escript dans un livre de main de feu de bonne memoyre honorable homme maistre Jehan dit Pouget, licentié en toutz droictz et advocat au présidial de Caors et substitut du procureur du roy audit Caors quand vivoit mon ayeul et mon parrin et despuys ledict an 1549 augmenté et acreu par moy Jehan du Pouget, etc.

[1] En dehors des *journaux* qui figurent dans la première et la seconde partie de cet *Essai*, j'aurais pu mentionner diverses publications du même titre, en commençant par les *Mémoires-Journaux de Pierre de l'Estoile* où le chroniqueur a mêlé au récit des évènements historiques, le récit des incidents de son histoire domestique et la mention de ses achats de livres et estampes. Mais j'ai craint, d'une part, de trop prolonger mes énumérations, et, d'autre part, d'indiquer des *Journaux* où les choses générales tiennent presque toute la place réservée, dans les livres de raison proprement dits, aux choses particulières. Renonçant donc à tout indiquer, je me contenterai de noter un peu au hasard : le *Journal* de Charbonneau successivement publié par le marquis d'Aubais, par M. Gabriel Azaïs, par M. Germain (de l'Institut), le *Journal historique* tenu à Saint-Yrieix au XVIe siècle par Pierre et Pardouze de Jarrige, père et fils, et publié, en 1868, par M. de Montégut, le *Journal* de Jehan Aubrion, bourgeois de Metz, avec sa continuation par Pierre Aubrion (1465-1512) publié en entier pour la première fois par M. Lorédan Larchey (Metz, 1857), le *Journal* de Jean le Coullon 1537-1587, d'après le manuscrit original, publié pour la première fois et annoté par M. de Bouteiller (Paris, 1881), le *Journal* d'un bourgeois d'*Evreux* (1740-1830) publié par M. Th. Bonnin (Evreux), le *Journal* d'un bourgeois *de Caen* (1652-1733) publié avec notes par M. G. Mancel (Caen, 1848), le *Journal historique de Barthélemy Philibert*, receveur des deniers patrimoniaux et de l'octroi à Saint-Nicolas du Port (de 1709 à 1717) publié et annoté par M. F. des Robert, dans les *Mémoires de la Société d'Archéologie Lorraine*, 3me série, tome X (1882), le *Journal d'un bourgeois de Fécamp au XVIIIe siècle*, publié par Alphonse Martin (Fécamp, 1837, in-18 de 19 pages); le *Journal de maitre Jean de Solle, docteur en droit, et avocat de la ville d'Auch, 1605-1642*, publié par M. l'abbé de Carsalade du Pont (Auch, 1877, in-8°) ; *Journal d'un bourgeois de Rennes*, publié par l'abbé Guillotin de Courson dans les *Mélanges d'histoire et d'Archéologie bretonnes*; le *Journal de B. L. Soumille* prêtre-bénéficier de l'église collégiale de Villeneuve-sur-Avignon, publié par A. Coulondres (Alais, 1880, in-8°) ; le *Journal* de Nicolas Edouard Olier,

Une famille bourguignonne pendant la Révolution, d'après un livre de raison, par M. Henri Beaune, ancien procureur général à la Cour de Lyon (dans la *Réforme sociale* du 1ᵉʳ et du 15 décembre).

Mœurs et coutumes des familles bretonnes avant 1789, par M. E. Frain. Le tome III de cette publication contient le *Journal de maistre Jehan François Beziel, advocat en parlement de Bretagne*, (1690). — Rennes, Plihon, in-8°¹.

Livres de raison de Jehan de Pyochet, seigneur de Sallin, (né le 1ᵉʳ mars 1532 et mort nonagénaire), cités par M. l'abbé Morand dans *La Savoie et les Savoyards au xviᵉ siècle* (Chambéry, brochure in-8°).

Livre-Journal de P. H. de Chaisne de Classé, conseiller au siège présidial du Mans (1708-1732), publié par l'abbé G. Esnault. — Le Mans, Pellechat, grand in-8° de 31 p. Extrait de la *Revue historique et archéologique du Maine*). M. l'abbé Sirault cite (p. 7), parmi *les livres de famille* de la province du Maine, les documents suivants dont il possède les originaux ou la copie et qu'il se propose de publier : « d'abord, le livre de la vieille famille des Le Roy, qui nous donne tous les actes concernant une branche importante de cette dynastie, 1487 à 1598; celui de la grande famille des Le Peletier, originaires du Maine, qui vinrent s'établir à Paris et s'élevèrent jusqu'aux plus hautes charges de magistrature (1499-1556); le livre des vieux de Courbefosse embrassant tout le xviᵉ siècle, et présentant d'un côté, les contrats d'acquit, de mariage, etc., de l'autre, des notes et souvenirs historiques entremêlés de poésies relatives aux affaires du temps; le livre des Bodreau, commencé au milieu du

---

conseiller au Parlement 1593-1602, publié par M. L. Sandret (Paris, 1876, in-8°); le *Journal de François de Syrueilh*, chanoine de Saint-André de Bordeaux, archidiacre de Blaye, publié par M. G. Clément-Simon, d'après le manuscrit original des Archives de la famille de Laverrie de Vivant, dans les *Archives historiques du département de la Gironde*, tome XIII, 1871-72, p. 244-357; enfin, car il faut pourtant s'arrêter, le *Journal autographe* du ministre Antoine de Chandieu, 1563-1593, dont M. Auguste Bernus vient de se servir dans sa notice sur ce théologien (Paris, 1889, grand in-8°, et dont il nous promet la publication intégrale.

¹ M. Frain avait mentionné divers mémoriaux de famille inédits dans son ouvrage intitulé : *Les familles de Vitré*, de 1400 à 1789 (Rennes, Plihon 1877, p. 41 et suivantes).

xvi° siècle, continué jusqu'à la fin du siècle suivant, et nous permettant de recueillir les souvenirs intimes d'une famille pendant quatre générations ; celui des Drouet du Valentin, qui part du xvi° siècle et s'arrête seulement aux premières années du xix°, commencé d'abord par les Coignart et transmis aux Drouet par alliance; celui de leurs parents de la branche ainée de cette famille, les Drouet d'Aubigny ; celui des de Léée, dont on a pu seulement conserver quatre feuillets, arrachés à la destruction; celui des Bouteiller de Châteaufort, qui révèle l'intérieur d'une famille au xvii° siècle; celui des Duchemin, la plus vieille et nombreuse race lavalloise, dont j'ai copié le texte sur l'original conservé à la bibliothèque nationale à Paris ; celui de Julien Denisot, procureur du Roi au siège de l'élection du Mans au xviii° siècle ; le livre de François Le Boucher, avocat au siège royal de Fresnay-le-Vicomte, de 1663 à 1693 ; celui des Dagues, — la plus ancienne famille patricienne du Mans — dont M. le vicomte de Bastard possède le manuscrit dans sa précieuse collection d'archives du château de Dobert, etc. »

Un livre de raison. Journal de Samuel Robert, lieutenant particulier en l'élection de Saintes (1639-1668), publié par M. Gaston Fortat (dans le tome XI des *Archives historiques de la Saintonge et de l'Aunis*. Saintes, grand in-8°, p. 323-406) [1].

---

[1] Voir dans le même Recueil : *Journal de Jean Perry* [né à Montault, en Agenais], directeur de la Chambre de Commerce de la Rochelle 1757-1793, publié par Louis de Richemont (t. III, p. 297-346, avec supplément dans le tome VIII (p. 327-337). Voir encore en ce même recueil : *Diaire de Jacques Merlin, pasteur de La Rochelle, ou Recueil des choses les plus mémorables qui se sont passées en ceste ville* [de la Rochelle], de 1589 à 1620, publié par M. Charles Dangibeaud (tome V, p. 66-380). Après avoir dépouillé, au profit de notre Essai, les *Archives historiques* fondées par M. Audiat, dépouillons leur grande sœur, les *Archives historiques du département de la Gironde*, fondées par M. Jules Delpit : *Mémorial de famille de Pierre de Brach*, xvi° siècle, d'après l'original sur papier, écrit de la main du poète, conservé au château des Moulières (Deux-Sèvres) et communiqué par M. Gustave de Brach (tome I, 1859, p. 63-66); *Extrait du livre de raison de M. de Lacolonie* (1721-1772), d'après le manuscrit des Archives du vicomte Jules de Gères, au château de Mony (tome XIX, 1879, p. 305-307); *Extrait du livre de raison de Françoise La Crompe, épouse de Claude Dordé, marchand, à Bordeaux*, 1773. Archives de M. J. Dordé, ancien adjoint au maire de Bordeaux (tome XIX, p. 382).

La famille de Rome d'Ardène, d'après quelques livres de raison et des débris de correspondance. (Marseille, Marius Olive, 1883, brochure in-18 de 42 pages.

1884.

Journal de Guillaume Langelier, sieur de la Martinais, écrit à Fougères (1642-1650), publié par M. Ed. Frain, Rennes, Plihon, brochure de 57 pages.

1886.

Livre de raison de M⁰ Nicolas Verseris, avocat au Paris, 1519-1530, publié par M. Gustave Fagniez, d'après un manuscrit conservé à la Bibliothèque du Vatican, dans le tome XII (p. 99-222) des *Mémoires de la Société de l'histoire de la ville de Paris et de l'île de France*, lequel tome XII appartient à l'exercice 1885 et porte le millésime de 1886 [1].

Étude sur les *Mémoires domestiques d'Oudard Coquault, marchand de Reims sous Louis XIV*, à l'appendice du livre de M. Albert Babeau, le peintre si fidèle et si attrayant de la vieille France (Paris, F. Didot, in-8°)

Livre de raison de Pierre Doumail, notaire royal à Gros-Chastang. Extraits publiés par M. Louis Guibert dans un article de la *Réforme sociale* du 15 octobre sur *les collégiens d'autrefois*.

Livre de raison de Jean-François de Curières, ancien mousquetaire, puis major de cavalerie (XVII° et XVIII° siècle. Fragments reproduits dans *Une famille du Rouergue avant 1789* par M. Teissier (*La Réforme sociale* du 15 décembre).

Livre de raison de Peyre de Serras, épicier à Avignon et propriétaire à Maillane (1354-1356). Analyse et extraits donnés par M. Paul Meyer, dans son *Mémoire sur quelques manuscrits de la collection Libri à Florence*, (Romania, t. XIV, p. 536-544).

---

[1] Voir dans le tome VIII des mêmes *Mémoires* (1882) un article de M. l'abbé Valentin Dufour sur *l'abbé Claude Chastelain et son diaire ou journal* (p. 311-320). Déjà, dans le tome IV desdits *Mémoires* (1878) avait paru le *Journal parisien de Jean Maupoint, prieur de Sainte-Catherine de la Couture* (1437-1469), publié par M. Gustave Fagniez.

Le livre de raison de Jacques-Charles Dutilleu publié et annoté par F. Breghot du Lut (Lyon, Mougin-Rusand, in-4° de VI-90 pages.

Les livres de raison en Allemagne et le Tagebuch d'Albrecht Durer, par Ch. de Ribbe (Paris, Levé, brochure in 8° de 32 pages) [1].

Extraits d'un *Livre de raison de François-Ambroise Tamisier*, commerçant retiré des affaires et bourgeois de Marseille (1711-1781), par M. Octave Teissier dans *La maison d'un bourgeois au* XVIII° *siècle* (Paris, Hachette, in-12)

Fragments des livres de raison de Guillaume de Bagnols et d'Antoine de Bagnols (XV° siècle), dans un *Rapport* de M. A. de Boislisle (*Bulletin du Comité*, p. 209-227). Le rapport du savant académicien renferme toute sorte de précieuses indications. On y trouve notamment l'éloge des livres de raison [2], l'éloge des travaux de M. de Ribbe, l'éloge des travaux de la plupart de ceux qui ont marché dans la voie ouverte par lui, une notice parfaite sur la famille de Bagnols et sur les textes intimes qui nous ont été laissés par cette famille [3].

---

[1] Les livres de raison existent en toute l'Europe et même en Amérique, au Canada. Pour ce qui regarde ce dernier pays, mentionnons : *Dernières volontés de Pierre Boucher, seigneur de Boucherville* (6 août 1688). Papiers de famille, etc. (Montréal, 1879). En Belgique, M. Ch. Dejace a publié : *Une famille rurale du* XVIII° *siècle au pays de Liège* (contenant des extraits de papiers domestiques, où s'est dépeinte elle-même une famille de paysans wallons (Liège 1884). Voir aussi *Essai historique sur les conditions des classes rurales en Belgique jusqu'à la fin du* XVIII° *siècle*, par Victor Brants, professeur à l'Université de Louvain (Paris, Champion, 1880, in-8°) ; il y a là un chapitre spécial sur les *cochereaux*, livres de comptes et livres de famille belges. Au dernier moment, M. Henri Stein, qui accomplit un fructueux voyage bibliographique dans les Pays-Bas, m'écrit que la bibliothèque de l'Université de Liège possède dans la collection U. Capitaine, ms n° 222, un petit livre de raison de la famille liégeoise Devivier, allant de 1654 à 1755. (in-12 de 22 feuillets).

[2] M. de Boislisle rappelle que le vrai sens primitif du latin *ratio* est *compte* et que nous devrions écrire livre de raisons, comme on écrit livre de comptes.

[3] Parmi les mémoires énumérés par M. de Boislisle, j'en citerai deux qui ont été publiés à une date indéterminée : *Mémoire et journal de famille de Nicolas Dare, champenois* (1583-1603), mis au jour par MM. de Barberey et de Saint-Mauris, et les *Mémoires pour l'avenir*, d'un auteur inconnu, donnés par M. le chanoine-archiviste Paul Guillaume dans le *Bulletin de la Société d'Études des Hautes-Alpes*.

1887.

Journal de Sémillard, publié par le possesseur, M. L. Royer, de Troyes, dans la *Revue de Champagne et de Brie* (tomes XXII, XXIII et XXIV)[1].

Livre de raison de la famille de Froissard-Broissia (1532-1701), publié dans les *Mémoires de la Société d'émulation du Jura* (4ᵐᵉ série, tome II).

Un livre de raison, par Antoine Gaspard Bellin, docteur en droit, ancien magistrat. (Lyon, imprimerie Mougin-Rusand, grand in-8° de 11 pages). Analyse et extraits du livre de raison de la famille Fornet, du Dauphiné[2].

Article de M. G. Charvet sur le *Livre de raison d'Henri Dumas, bourgeois d'Alais*, dans la *Revue du Midi* de septembre.

Extrait d'un *Livre de raison de la famille Contard du Burgaud*, donné par M. Du Mas de Rauly, archiviste du département de Tarn-et-Garonne, dans le *Bulletin de la Société archéologique* de ce département (second trimestre).

Registre domestique de la famille Verdusan (1359-1478). Article du très savant et très regretté M. Paul La Plagne Barris dans la *Revue de Gascogne*, livraison de décembre.

Livre de raison et de conscience, recueil de divers documents nobiliaires, lettres patentes, dont les textes originaux sont conservés dans les archives (dauphinoises) *de la famille de la Baume-Pluvinel*. Lille, Société Saint-Augustin, in-4° de 75 pages.

Journal d'un professeur à l'Université de Dijon (1742-1774). Mer-

---

[1] La bibliothèque de Troyes possède du même écrivain (n° 2317) un recueil manuscrit en sept volumes : *Mémoires historiques sur la ville de Troyes*, par Michel Sémillard, avocat à Troyes. Le *journal*, qui s'étend de 1762 à 1776, n'est pas seulement un journal historique, mais aussi un journal biographique et familial.

[2] Dans la *Chronique du Polybiblion* de janvier 1888, j'ai appelé l'attention des curieux sur une révélation que nous devons à ce livre de raison au sujet de l'itinéraire de Louis XIII. On n'avait pas encore indiqué une des étapes du voyage de ce prince, à son retour de Languedoc : « Le 18 juillet 1629, le roy Louis 13 du nom, dit le chroniqueur, a passé par Estoille et a logé une nuict dans nostre maison dudict lieu. »

cure Dijonnais (1748-1789). C'est l'œuvre de deux frères : le *Journal* est de Jean-Baptiste Micault et le *Mercure* est de l'avocat Claude Micault. Les deux récits ont été publiés par M. G. Dumay dans le tome IX de la 3me série des *Mémoires de l'Académie des sciences, arts et belles-lettres de Dijon* (p. 1-377)[1].

1888.

Un livre de raison en Artois (XVIe siècle) par M. de Gorguette d'Argœuvres (Saint-Omer), in-8° de 64 pages).

Livre de raison de la famille Legendre (une des plus anciennes du Mans), publié par M. Moulard dans la *Revue historique et archéologique du Maine* (tome XXIII, 1re livraison).

Analyse du *livre de raison de Daniel Lecomte* dans une des séances de la conférence d'études historiques présidée par M. Claudio Jannet (*Bulletin de la Société bibliographique*, juillet, p. 193)[2].

Les livres de raison et journaux historiques du Poitou. Lecture faite à la Sorbonne en 1887, au Congrès des Sociétés savantes, par M. Bélisaire Ledain. Ce mémoire (je souhaiterais le pareil à chacune de nos provinces) a été inséré dans la livraison 47 de la *Revue Poitevine et Saintongeaise* (Melle, librairie Lacave). J'emprunte à ce document les renseignements suivants : « Les livres de raison ou journaux historiques éclos et publiés jusqu'ici dans la province du Poitou sont au nombre de treize : le journal des Le Riche, de Saint-

---

[1] Voici les premières lignes de l'*introduction* de M. Dumay : « En traçant, en 1886, le programme de la prochaine session du Congrès des Sociétés savantes à la Sorbonne, M. Goblet, ministre de l'Instruction publique, a recommandé particulièrement l'étude des *livres de raison*, de ces journaux relatant au jour le jour les faits de la vie courante... l'Académie de Dijon est heureuse de pouvoir répondre l'une des premières au vœu du ministre, en publiant non pas un, mais deux livres de raison qui contiennent la vie anecdotique de notre province pendant la plus grande partie du dernier siècle. » Les récits des frères Micault tiennent beaucoup plus de la *chronique* que du *journal de raison*.

[2] Le Directeur de la conférence d'études, M. Guilhiermoz, s'est occupé, dans une autre séance, du journal inédit que tint de 1503 à 1511 un conseiller au Parlement de Paris, Germain Chartelier.

Maixent[1]; la chronique des Langon, par les Bernard, notaires[2]; la chronique de Brisson, de Fontenay; celle de la guerre des trois Henri, en bas Poitou; le journal de Généroux, notaire de Parthenay[3]; le journal de Jean de Brilhac, lieutenant criminel à Poitiers; celui de René de Brilhac, conseiller au présidial[4]; enfin le livre de comptes de Grignon de la Pellissonnières[5], appartiennent au xvi° siècle. Le journal de Paul de Vendée, du Bas-Poitou[6]; ceux d'Antoine Denésde, marchand et juge consul à Poitiers[7]; de Maillasson de Montmorillon[8]; de Chaboceau, de Parthenay[9]; des Bastard, de Niort[10], sont du xvii° siècle. Le journal de Charmeteau, maitre peruquier à Poitiers, est du xviii° siècle. »

Journal d'Eusèbe Renaudot (1646-1680) dans le *Bulletin de la Société de l'Histoire de Paris et de l'Ile de France*, de mai-juin. M. Henri Omont a fait précéder sa petite publication (4 pages) des lignes que voici : « Eusèbe Renaudot, fils de Théophraste Renaudot, le fondateur de la *Gazette*, nous a laissé un journal, sorte de livre de raison, qui contient de nombreux détails sur son fils, Eusèbe Re-

---

[1] *Journal de Guillaume et de Michel Le Riche, avocats du roi* (1524-1547 et 1572-1586), publié par M. de la Fontenelle de Vaudoré, Saint-Maixent, 1846.

[2] Dans les *Chroniques Fontenaisiennes*, publiées par M. de la Fontenelle de Vaudoré. Fontenay, 1841. Le Langon est près de Fontenay le Comte. Antoine Bernard et André, son fils, furent successivement notaires à Langon.

[3] Le journal de Denis Généroux, publié par M. B. Ledain (1862), Niort, Clouzot, in-8°, s'étend de novembre 1567 à la fin de décembre 1575.

[4] Publication de M. B. Ledain dans le tome XV des *Archives historiques du Poitou*.

[5] Ce livre de raison a paru par les soins de M. Audé, en 1860, dans les *Mémoires de la Société d'émulation de la Vendée*.

[6] Publié par M. l'abbé Drochon dans les *Mémoires de la Société de statistiques, sciences, lettres et arts des deux Sèvres* 1879.

[7] Publié par M. Bricault de Verneuil dans le tome XV des *Archives historiques du Poitou*.

[8] Encore inédit.

[9] M. B. Ledain a utilisé le journal de Chaboceau dans son ouvrage sur la *Gâtine historique et monumentale*.

[10] Le *Papier Mémorial* de la famille de Bastard, de Niort a été mis en lumière par M. Piet Lataudrie dans les *Mémoires de la Société de statistique des Deux-Sèvres*, 1887. C'est un livre de raison proprement dit, comme celui de Grignon de la Pellissonniere.

naudot, détails qui ne semblent avoir été utilisés par aucun des biographes du célèbre orientaliste, Gros de Boze, Niceron, etc. Les extraits suivants donneront un aperçu de l'intérêt de ce journal, qui forme aujourd'hui le ms. français 14348 de la Bibliothèque nationale [1].

Le livre de raison des Baluze, registre domestique et Chronique Tulloise 1506-1641, publié par M. Louis Guibert et suivi d'un Tableau généalogique de la famille Baluze (xvie et xviie siècles). (Tulle, imprimerie Crauffon, grand in-8° de 91 pages (extrait du *Bulletin de la Société des Lettres, Sciences et Arts de la Corrèze*).

Livres de raison, registres de famille et journaux individuels Limousins et Marchois, publiés par M. Louis Guibert avec le concours de MM. Alfred Leroux, Pierre et Jean de Cessac et l'abbé A. Lecler. (Limoges, Vᵉ Ducourtieux; Paris, Alph. Picard, grand in-8° de 484 pages. Extrait du *Bulletin* de la Société Scientifique, Historique et Archéologique de la Corrèze, tomes VII, VIII et IX). Ce riche recueil ne renferme pas moins de vingt livres de raison :

I. — *Registre des comptes de cheptels, contrats et notes diverses des Massiot, de Saint-Léonard*, 1431-1496.

II. — *Cahier Memento de Psaumet Peconnet, de Limoges*, 1487-1502.

III. — *Registre de famille des Maurat, du Dorat*, 1556-1798.

IV. — *Livre de famille des Lemaistre-Bastide, de Limoges*, 1558-1748.

V. — *Livre de famille des Lamy de la Chapelle, de Limoges*, 1571 à nos jours.

VI. — *Livre de famille de Jeanne Boyal, comtesse de Villelume*, 1587-1594.

VII. — *Livre de famille des sieurs de la Brunye, de Rochechouart*, 1599-1788.

---

[1] Conférez un article de l'abbé Ch. Trochon précédemment publié dans le même recueil (tome IV, exercice 1877, p. 241-269) : *Journal d'Eusèbe Renaudot, régent en médecine à Paris*, 1646-1679. L'abbé Trochon rappelle que le fils du journaliste Th. Renaudot eut quatorze enfants et que le célèbre érudit Eusèbe Renaudot fut l'aîné de tous.

VIII. — *Registre de famille des familles Plaze et Deyma*, d'Argentat, 1605-1661.

IX. — *Livre de raison d'Antoine d'Arcilh, de Beaulieu*, 1611-1637.

X. — *Journal du sieur Condinet*, de St-Yrieix, 1614-1621.

XI. — *Livre de raison du sieur Jarrige*, de St-Yrieix, 1614-1621.

XII. — *Livre de raison de Jean et Jérôme Texendier*, de Limoges, 1636-1662.

XIII. — *Journal de Jean Péconnet*, de Limoges, 1644-1678.

XIV. — *Registre de famille d'Isaac, Alexis Ier et Alexis II Chorllon, de Guéret*, 1628-1709.

XV. — *Second livre de raison de Jean Texendier*, de Limoges, continué par Jean-Baptiste, son petit fils, 1662-1703.

XVI. — *Livre de raison de Joseph Péconnet*, de Limoges, 1679-1716.

XVII. — *Livre domestique des Leynia de Chassagne, de Treignac*, 1724-1804.

XVIII. — *Livre de famille d'Etienne Retouret*, de Limoges, 1746-1763.

XIX. — *Livre de raison du sieur Lamy-Deluret*, curé de La Roche-l'Abeille, 1779-1788.

XX. — *Registre de redevances de J. B. Marchandon du Puimirat*, chanoine de Limoges, 1789-1791.

Dans le *Bulletin historique et philologique du Comité des travaux historiques et scientifiques* (numéros 3 et 4 de 1888 distribués en 1889), M. Louis Guibert a analysé le *Registre domestique de Vieilbans*, consul de Brives en 1584 et 1585. M. Léopold Delisle, président de la section d'histoire et de philologie, se faisant l'interprète de tous les érudits présents et absents, a remercié le Secrétaire général de la Société archéologique et historique du Limousin, de son intéressante communication, le félicitant de l'ardeur avec laquelle il s'est voué à la recherche des anciens livres de raison, déclarant que grâce à lui on commence à pouvoir en ajouter une cinquantaine à ceux que l'on connaissait déjà.

Dans la même séance (22 mai 1888), M. Rochetin, de l'Académie de Vaucluse, a communiqué la préface du *Livre de raison* d'un bourgeois d'Uzès au XVIIe siècle, Pierre Bafin. Ce manuscrit, dit le rédacteur officiel du *Bulletin*, « comprend une période de 42 années, de 1644 à 1686, nous faisant assister aux désordres qui ont agité la ville d'Uzès. On comprend ainsi le peu de sympathie de Racine pour la ville du chanoine Sconin. »

La vie de nos ancêtres d'après leurs livres de raison ou les Nimois dans la seconde moitié du XVIIe *siècle d'après des documents inédits* par le docteur Albert Puech, médecin en chef de l'Hôtel-Dieu de Nîmes, lauréat de l'Académie de Médecine de Paris. (Nîmes, Grimaud, Gervais-Bedot, Catelan. Grand in-8° de 457 pages). Le très important recueil de M. le docteur Puech a pour pièce principale : *Le livre de raison du notaire Borrelly allant de 1651 à 1747* (p. 135-315). Autour de ce document le savant écrivain a publié bon nombre d'observations et de textes inédits qui sont aussi utiles à consulter pour l'histoire même de la ville de Nîmes que pour l'histoire de la vieille Société française [1]. Dans l'introduction sont tour à tour étudiés le livre de raison d'un pauvre et modeste gantier — livre de raison type, car il y est surtout question d'actes de commerce [2] — le *Libvre journalier des affaires de moy Jacques Laurens Andreas fait à Sainte-Gilles delpuis mon sejour* (commencé en 1622, continué jusqu'au 3 décembre 1654 [3], *le registre d'Isaac Boisson* (du 19 décembre 1656 au 17 décembre 1701), mis à la disposition de M. le docteur Puech par M. le comte de Balincourt, le *livre de famille de l'avocat Annibal François Puech*, mort en 1723, registre abondant en singulières recettes de médecine domestique).

1889.

Extraits du *Registre de famille du pasteur Daniel Toussain* (1565-1587), dans le *Bulletin de la Société du protestantisme français*,

---

[1] M. le docteur Puech s'était déjà avantageusement servi des livres de raison pour composer l'ouvrage intitulé : *Une ville au temps jadis ou Nîmes à la fin du* XVIe *siècle* (Nîmes, 1884, in-8° de 568 p.) Mais, dans ce travail, les livres de raison ne forment que l'accessoire, tandis que, dans *La vie de nos ancêtres*, ils constituent l'essentiel.

[2] Registre in-folio qui a été découvert aux Archives de l'Hôtel-Dieu.

[3] L'auteur fut consul de Saint-Gilles en 1631.

livraison du 15 avril, p. 185-189, extraits empruntés à une publication allemande du docteur Albert Müller (Flensburg, 1883, in-4°).

Livre de raison de Madame de Simiane. Analyse et extraits donnés par M. le marquis de Saporta (*La famille de Madame de Sévigné en Provence, d'après des documents inédits*, Paris, Plon, grand in-8°, p. 399-402 [1]. « C'est au dernier moment et l'impression du livre déjà terminée, dit-il, qu'il nous a été donné de prendre connaissance du Livre de Raison de la Marquise de Simiane, recueilli fort heureusement par le vicomte Ludovic d'Estienne de Saint-Jean, qui se trouva, il y a quelques années, égaré chez un bouquiniste, et eut le mérite d'en apprécier la valeur. Ce livre de raison est un registre du format petit in-f°, fermant comme un portefeuille, relié en maroquin rouge, aux coins ornés sur les plats de la fleur de lis héraldique des Simiane. »

Au dernier Congrès des Sociétés savantes, M. Louis Guibert a analysé, d'après le récit des journaux, « un livre de raison, tenu à la fin du XVIe siècle par un juge de Saint-Jamien. C'est le plus ancien document de ce genre signalé dans le Limousin [2] ».

La famille d'autrefois en Alsace, par l'abbé H. Cetty (Rixheim, imprimerie de A. Sutta, in-18 de IV-390 p.) M. l'abbé Cetty, préparé à bien traiter ce sujet par ses travaux sur la *famille ouvrière en Alsace*, sur le *paysan alsacien*, sur le *Mariage dans les classes ouvrières*, nous a donné un des meilleurs recueils inspirés par M. de Ribbe. L'énumération seule du titre des chapitres fera comprendre

---

[1] J'ai éprouvé grand plaisir à faire ressortir les qualités diverses de cet ouvrage dans une des récentes livraisons du *Bulletin du Bibliophile*.

[2] M. Guibert m'écrivait, le 15 janvier 1889 : « Il pleut des livres de raison. On m'en envoie de tous les côtés. Dans le nombre il y en a un qui remonte à 1384 : c'est, je crois, le doyen de tous les registres de famille de la région et je le dépouillerai avec toute l'attention respectueuse et toute la sollicitude qu'il mérite. » Dans une autre lettre, M. Guibert, signalant les trouvailles incessantes faites en son cher Limousin, cette terre classique des livres de raison, ajoutait avec un généreux enthousiasme : « Nous épuiserons si possible la veine dans notre province. Nous y sommes bien décidés. »

toute la valeur de ce recueil : *Les livres de famille en Alsace* [1], *la Famille et le respect de Dieu, la Famille et le Mariage, la Famille et le foyer domestique, la Famille et les traditions, la Famille et l'éducation, la Famille et l'école, la Famille et les Pauvres, la Famille et les fêtes, la Famille et la Mort, la Famille et l'esprit public, la Famille et la Corporation.* Il faut remercier M. l'abbé Cetty de nous avoir par son beau livre, momentanément rendu cette province « que le poète, dit-il, (p. 1), appelait avec amour *la douce Alsace*, » et qu'à notre tour nous appellerons, le cœur plein de regrets, plein aussi d'espérances, l'inoubliable Alsace.

Livre de raison d'un magistrat Picard (1601-1602), par Alcius Ledieu, conservateur de la Bibliothèque d'Abbeville. Abbeville, imp. Paillart, 1889. In-8° de 51 pp. (Extr. du *Bulletin de la Soc. d'Emulation d'Abbeville*, 1889, n° 3).

Il s'agit de Philippe de Lavernot-Paschal, président de la sénéchaussée de Ponthieu de 1597 à 1649, dont le portrait lithographié est joint à la publication L'original du manuscrit est à la bibliothèque d'Abbeville.

Souvenirs d'Alsace. Correspondance des demoiselles de Berckheim et de leurs amis, précédée d'un extrait de journal de Mlle Octavie de Berckheim, et d'une préface de M. Ph. Godet. Neuchâtel (Suisse), Delachaux et Niestlé, 1889, 2 vol. in-8° de XIX-325 et 347 pp., avec gravures. Le Journal de Mlle O. de Berckheim va de 1789 à 1846. Au sujet de cet ouvrage, M. J. Liblin a tout récemment publié, dans la *Revue d'Alsace* (Paris, Fischbalcher, nouvelle série, tome III, p. 180-203), un article (à suivre), intitulé : *Livres de raison et souvenirs de famille*

---

[1] Là sont utilisés les livres de raison d'Albert Dürer, de Jean Stolz, de la famille Bildstein, de Jean Jonas et Ambroise Müller, de Sigismond Jalsch, de Dominique Schmutz, de Mathieu Mieg, de Pierre Bitsch, de J. B. Hun, d'Antoine Willig. M. l'abbé Cetty cite (p. 31) « les livres de raison de la famille Ingold de Cernay, religieusement tenus de père en fils. » Je prie ici mon cher et savant ami le P. Ingold (de l'Oratoire) de nous donner, un jour, les livres de raison de ses aïeux. Lui aussi est un de ces fils de l'Alsace qui ont encore plus aimé leur mère depuis qu'elle est si malheureuse : la publication des récits de ses aïeux serait, sinon une consolation, du moins un adoucissement pour sa patriotique douleur.

M. de Ribbe voulait bien m'écrire, en janvier dernier : « M. l'abbé Celty vient de faire revivre la *Famille d'autrefois* dans un délicieux ouvrage [1], que je vous recommande tout particulièrement. » Le mot *délicieux* s'applique non moins justement à son tout récent volume intitulé : *Une grande dame dans son ménage au temps de Louis XIV, d'après le Journal de la Comtesse de Rochefort* (Paris, librairie Victor Palmé, in-12 de 384 pages). La nouvelle héroïne de M. de Ribbe, Madeleine des Porcellets, femme d'André de Brancas, baron de Rochefort, est un type admirable de vertu agissante et de dévouement réorganisateur. Rarement modèle plus distingué et plus attachant s'est offert à un habile peintre ; rarement peintre habitué au succès a mieux réussi que ne l'a fait M. de Ribbe dans son portrait de la noble femme qui résumait en elle ce qu'il y avait de meilleur, au XVIIe siècle, dans le monde de l'association provinciale. Je suis heureux de finir cette première partie de mon petit *Essai* comme elle avait été commencée, par la mention d'un délicat et sympathique chef-d'œuvre [2].

SECONDE PARTIE.

LISTE, PAR ORDRE ALPHABÉTIQUE, DES AUTEURS DE LIVRES DE RAISON INÉDITS.

Livre de raison de Joseph-Louis Abel, négociant à Aix, cité seulement en une simple ligne par M. de Ribbe (*Les Familles*, tome I,

---

[1] Mgr l'Evêque de Strasbourg avait déjà jugé le livre de la même façon, dans sa lettre à l'auteur (du 31 octobre 1888) : « Vous n'avez pas tardé à répondre à mon vœu en nous donnant le charmant volume, *La famille d'autrefois en Alsace*, où, dans des pages d'un style toujours facile et agréable, l'on sent vibrer un cœur sacerdotal et ami de l'ouvrier. »

[2] *Les Extraits du Journal de Madeleine des Porcellets* vont du 17 mai 1689 au 31 décembre 1690 (p. 335-379). En ce même appendice, M. de Ribbe nous fait connaître trois autres livres de raison : *Madame Calvet (Marguerite Mathilde de Cabassole) d'après son livre de raison* (1718), *et celui de son fils* (1737) (p. 241-251); *Les Grimoard de Beauvoir, d'après le livre de raison de Jacques de Beauvoir*, 1638-1702 (p. 263-331). M. de Ribbe nous doit encore la publication de la correspondance d'un père avec son fils au siècle passé, en Provence, correspondance dont il m'a lu, chez lui, en 1880, des extraits qui m'ont ravi et qui ont encore ajouté quelque chose à l'exquise douceur de son hospitalité.

p. 60). *Extrait du livre de raison d'Ursule d'Agoult d'Ollières, veuve Du Puget.* (Cahier du xviii° siècle, aux Archives communales de Bras (Var).

Le livre de raison de Jean d'Antonnelle de Montmeillan. M. le comte de Dienne, dont la Société nationale d'Agriculture vient de couronner un grand travail manuscrit sur le défrichement des marais de l'ancienne France, m'a fait l'honneur de me fournir la note que voici : « C'est en recherchant des documents relatifs à ce personnage [le célèbre ingénieur d'Amsterdam, Van Ens, conseiller du roi Louis XIII, contrôleur de l'Argenterie et menus plaisirs de Sa Majesté, marié avec l'Arlésienne Marguerite d'Antonelle de Montmeillan] que je découvris, parmi les manuscrits de la bibliothèque d'Arles [1], le livre de raison de Jean d'Antonelle [beau-frère de Van Ens]. Sur la couverture de ce volume, malheureusement incomplet et dont les notes ne remontent qu'à 1670, se lit ce quatrain :

> *Mors tua, mors Christi,*
> *Fraus mundi, gloria Cœli,*
> *Et dolor inferni*
> *Sunt meditanda tibi.*

En voici quelques extraits : 1670. L'on a remarqué, cette année, et les vieils gens ont asseuré qu'on n'avoit jamais veu une plus mauvaise année, d'autant que le bétail mesme n'a pas réussi, qu'on a presque perdu tous les agneaux de Crau, du moins les deux tiers ; on a mal vendu la laine ; les moutons de Crau ne se sont pas peu

---

[1] On garde bien d'autres livres de raison dans la bibliothèque d'Arles, sans parler de la *Chronique* de Bertrand Boisset, si bien publiée par M. Victor Lieutaud, bibliophile parfaitement à sa place, soit quant au zèle, soit quant au savoir, quand il était le conservateur de la belle bibliothèque de Marseille. A côté de cette chronique, où figurent, comme dans l'*Olla podrida* de nos voisins, toutes sortes de choses, les baptêmes des onze enfants de l'auteur, les faits quotidiens de l'histoire d'Arles, les nouvelles du voisinage notamment de l'élection et de la mort des Papes d'Avignon, la plantation des vignes et la construction des caves, les grêles et les inondations, etc., divers mémoriaux de famille ont attiré l'attention d'un conseiller à la cour d'Aix, M. Fassin, dont les travaux enfouis dans un recueil arlésien, ne sont malheureusement connus de moi que par leur bonne renommée.

vendre la plus part, ni mesme engraisser, et il n'y a presque point de foin ni de paille. — 1673. Rupture du Rosne. Memoire que ceste présente année, le Rosne a rompeu les digues du Baron et est venuo dans les marès de Couronneau et a inondé tous nos marès et tous nos clos generalement, tant celui de Montilles que les autres deux, venant les eaux jusques dans la cabane; la premiere fois qui feusse le mois de mars dernier. Le Rosne rompit ladicte digue du Baron le premier jour du mois de mars et le trou ne feust fermé que le 25 ou le 26 et comme les eaux commençoient d'estre fort basses, elles étoient pourtant encore au clos du Maset et au segond clos. Aprez on r'habilla les chaussées et les digues de Montlong rompirent par la faute de Bohareau le terraillon et de MM. les Intendants qui, au lieu d'aller, lundi matin, aux chaussées, tinrent une assemblée chez Monsieur d'Augières, advocat du Corps, pour d'autres affaires [1] et on nous dit que s'il y avoit eu deux hommes seullement, ils auroient empesché le trou de s'agrandir.

Le Rosne demeura toujours assez plein, depuis le mois de mars jusqu'au mitan de juin, et après les eaux augmentèrent et le trou du Baron se rouvrit le 28 de juin et inonda encores nos marès plus que jamès et l'eau vint encores dans la cabane et beaucoup plus grosse qu'au mois de mars. de manière qu'il fallust otter tous nos bœufs et les envoyer à vingt sols la pièce, à mon logis; s'il meurt des bestes, les peaux se partageront et la cher sera salée au despens du rentier et la cher m'appartiendra.

1674. — Le 16 novembre, il y a eu une grande inondation de la rivière du Rosne, au quartier du Frébon, qui est survenue de deux ou trois ruptures faites, l'une à la Roque de Curier, l'autre proche Tarascon, l'autre à Lansac qui nous ont inondé tout le territoire du Trébon. Outre ces ruptures, les eaux de la Durance et du Vigueyrat [2] s'esiant jointes ensemble avec celles du Rosne sont survenues avec une si grande rapidité le 17 novembre et 18, qu'elles ont esté à tous les marès du plan du Bourg et à l'estang de Meyrane et ont

---

[1] Hé! mon ami, tire-moi de danger,
Tu feras après ta harangue.
(*L'Enfant et le Maître d'Ecole*. Livre I, fable XIX).

[2] On appelle *Vigueirat* un grand canal creusé au XIV° siècle pour dessécher la Viguerie de Tarascon; il a été conservé par Van Ens et forme, avec celui qui porte le nom de *l'uidange*, le principal écours des marais d'Arles.

inondé toutes nos terres labourives depuis le commencement de nos terres de Trébon que, le dimanche matin, 18 du courant, il y a eu plus de dix ou douze mas dont il y a eu les murailles abattues et des mas entiers par terre, comme celuy de M. de Molèges, à cause du grand vent qu'il fist le samedi 17 du courant qui foita si fort les murailles et les sapa si fort qu'elles se renversèrent et les eaux du Vigueyrat et du terrain venant de la hauteur d'un homme, elles renversèrent cent cannes de chaussées de M. de Moullèges, et de Mme de Barras, dans la rivière de Rosne. Mme de Barras perdit mille setiers de bled dans un grenier bas ; M. Bouret, un peu au-dessus, environ sept à huit cents qui feust vendu tout mouillé, ayant esté porté cinq à six jours après avec des bateaux en cette ville [d'Arles] à 15 ou 20 sols le setier. M. Vacher, au mas de Galignon , en perdit aussi 10,000 setiers et toutes les récoltes du plan du Bourg et la plus grande partie de celles du Trébon ont esté noyées. Tarascon, Avignon, Beaucaire ont eu les eaux et souffert dommages extraordinaires dans leurs greniers bas et caves ; les tonneaux d'huile et de vin ont été renversés sens dessus dessous ; enfin depuis cent ans, l'on n'avoit pas souffert un si grand dommage et les eaux passèrent douze pans sur le pont de Crau ; l'eau fut sur l'hôtel des pauvres de Saint-Lazare, et, en Avignon, on fut contrainct d'oster à minuit le Saint-Sacrement en certaines églises, comme au Refuge et autres monastères. Le Rosne fut dans mon verger d'oliviers et assez avant emporta mon palier. Ceste année 74 a esté extraordinaire. »

Livre de raison de G.-C. Consolin Baculard, commencé à Mollans (Dauphiné) en 1778, indiqué par M. de Ribbe, *Les Familles*, tome I, page 9.

Livre de raison de la famille Bailly, datant de 1743, chez M. Fernand Bailly, notaire à Voiron.

Livre de raison de Charles Barcilon, de Carpentras, commencé le 1er juillet 1700. Indiqué par M. de Ribbe, *Les Familles*, tome I, page 9.

Livre de raison de Jean Bayle de la Charbonnière, xv.iie siècle, rempli de détails sur les phases de l'histoire du protestantisme en Périgord. Voir *France protestante*, seconde édition, tome VI, additions, col. 881.

Livre de raison de la famille de Belorce, famille protestante du pays de Montbéliard (1781-1812). Un curieux fragment sur l'arrivée des Français à Montbéliard en 1793 a été publié dans l'*Annuaire du Doubs pour 1889* (76ᵉ année, Besançon, Jacquin, p 60-61).

Livre de raison de F. E. de Berlier-Tourtour, fils et petit-fils de conseillers à la sénéchaussée de Draguignan, cité par de Ribbe, *les Familles*, tome II, p. 162.

Livre de raison de Jean-Pierre de Berluc, premier consul de Forcalquier en 1723, 1724, 1758 et 1768, et de *Marie de Berluc*, sa sœur, conservés dans les archives de M. Léon de Berluc Perussis, auquel je dois communication des extraits suivants :

1725. — « Par acte du 13 mai 1725, notaire Bandoly, j'ay acheté une vigne, terre et hermas, au cartier de la citadelle... Je l'ai fait mettre sur la cote de la charité, qui en jouit, et c'est pour cet hôpital que je l'ai achetée. Ainsi je veux que cette propriété lui appartienne.

1727. — « Le 17 mai 1727, Mᵉ Jean, notaire de la ville d'Aix, par le conseil de M. Fabry, notre curé, je refis mon testament, dans la chambre du P. Roux de l'oratoire, par lequel je lègue à ma mère 8,000 fr. avec l'usufruit de tous mes biens, et après quelques autres légats à l'hôpital, à la miséricorde et à ma sœur, institue les pauvres de la Charité mes héritiers.

1728. — « Le 5 octobre 1728, j'ay fait mon testament solennel, par lequel je fais ma mère héritière pure et simple, sur la parfaite connoissance que j'ay de sa charité envers les pauvres, et de son discernement à choisir les bons, sans abandonner tout à fait les mauvais.

» Environ dans le même temps que dessus, j'ay fait une exacte recherche des livres de raison de mes devanciers, tous gens de bien, pour sçavoir si, dans leur simplicité, ils n'auroient pas exigé des intérêts sans titre [1] ce qu'ils auroient pu faire dans un temps où l'on ne prechoit point que l'usure fut deffendue, dans une espèce de bonne foy qui, à mon avis, n'excuseroit pas tout à fait devant Dieu, parce que l'ignorance du droit naturel n'excuse personne.

---

[1] Le prêt à intérêt était assimilé à l'usure par les théologiens jansénistes, à moins qu'il ne revêtit la forme d'une constitution de rente.

1729. — A des conditions onéreuses pour lui, il prête à Michel Eyriès une somme qui doit lui faciliter un séjour aux eaux de Digne.

1729. — Il écrit à son procureur fondé d'Aix, chargé de retirer annuellement 60 fr. pour lui, d'en verser le quart entre les mains d'une parente pauvre.

1730. — Il ne paraît pas que les 150 livres qui restaient dues aux hoirs de la demoiselle de Saint-Marc (pour prix d'une maison) ayent jamais été payées, quoique nobles Paul et Etienne de Saint-Marc en ayent fait demande en l'année 1675. C'est pourquoi bien que j'aye lieu de croire que mes autheurs, qui étoient gens de probité, pourroient les avoir acquittées, je prétends, pour plus grande seurté, les acquitter moy-même, avec tous les interests qui étoient deus lors de la demande, qui montent 217 ; au tout, je payerai 367 livres.

En marge : « Demoiselle Claire de Saint Marc est restée seule de cette famille ; elle demeure à Aix rue des Trois-Ormeaux.

» Le 30 déc. 1731, j'ay compté 210 livres à Mlle Trotier, veuve du S. Dautane, de Villeneuve, pour remettre à la d. demoiselle de Saint-Marc.

» Le 22 oct. 1733, j'ay adressé à M. Alpheran, d'Aix, pour faire rendre sous main à lad. demoiselle de Saint-Marc, 177 livres sçavoir 157 pour reste de la somme que j'avois projeté de lui payer, et le surplus pour les interest du principal depuis le jour que j'ai été assuré que j'en étois débiteur.

1745. — » Le 29 mars 1745 ma chère mère s'est endormie dans le Seigneur, dans le sein duquel la multitude des honnêtes gens, qui la connoissoient quelque inconnue qu'elle voulut être, ne doute pas qu'elle n'ait été reçue au moment de sa mort.

» Sainte-Mère, priez pour vos enfants.

» Elle est enterrée aux Cordeliers, quoique par son testament du 5 janvier 1726, notaire Armand, elle eut élu sa sépulture à la paroisse ; la paroisse ayant, en quelque manière renoncé à son droit, dont un voile épais lui a caché la valeur, par le refus que le chapitre a fait d'assister à ses funérailles, à cause qu'on l'a supposée opposée à la constitution Unigenitus, ce qu'on n'a pu connaitre que par l'odeur de sa bonne vie, car elle n'a ni écrit ni parlé, et M. le curé, appelé pour l'administrer, n'a pas daigné l'interroger.

1756. — Pour faire cesser un procès entre la ville et les optionnaires des fours, qui mettoit toute la population en émoi, il offre de renoncer, au profit de la ville, à un capital de 4.197 livres qui lui étoit dû comme optionnaire, sous la seule réserve des intérêts durant sa vie et celle de sa sœur.

1758. — Ayant revendu avec un bénéfice de 200 fr., un immeuble qu'il avait acheté à fonds perdu, il applique cette différence à payer la nourrice d'un enfant nommé Eymon, abandonné de ses père et mère.

Même année. — Il renonce à un legs de 3,000 fr. à lui fait par Madame de Mathieu du Revest, afin que les créanciers de M. de Mathieu, fils de la défunte, soient satisfaits.

1772. — Il *pratique* dans une maison qui lui appartient, « un petit appartement pour y loger Mlle Marie-Anne Vallandan, ma parente, ma volonté étant qu'elle y reste toute sa vie. »

L'auteur de ce livre de raison ayant été par lettre de cachet, éloigné de 30 lieues de Forcalquier, en octobre 1736, pour cause de jansénisme, le conseil de ville, réuni et renforcé le 22 février 1739, au nombre de 21 chefs de famille, prit *à l'unanimité* la délibération la plus honorable pour lui.

Le premier consul expose que cet exil a fait perdre à la communauté de Forcalquier « un de ses principaux taillables, de ses plus dignes consulaires et de ses plus charitables citoyens. Rien ne seroit plus conforme aux vœux du public, à l'intérêt des pauvres et à l'avantage de la vefve et de l'orphelin, que de tenter les voyes convenables pour obtenir son rappel ; n'ouvrant cette proposition à la veille de notre sortie, que pour avoir la satisfaction de donner un dernier témoignage de notre attachement et de notre attention aux véritables intérêts de la ville... On ne s'aperçoit que trop du dérangement que, malgré le court espace de temps, cette affaire cause aux affaires des hôpitaux, et particulièrement à celui de la Charité, dont on annonce la décadence prochaine, si Sa Majesté, par un effet de son amour pour les pauvres, n'a la bonté de rendre incessamment à ceux de cette maison affligée, un recteur qu'ils étoient en possession, depuis si longtemps, de regarder comme leur Père. On n'a jamais mieux reconnu que depuis son départ à combien juste titre il méritoit ce nom de leur part, puisque l'on a la douleur de voir que les ressources qu'avoit cette pauvre maison pour subsister, tant qu'elle a été sous sa conduite, ont tari *des trois quarts* depuis qu'il a été obligé de l'abandonner ; jusques là que les matériaux qui étoient là sur les lieux, destinés à la continuation d'un bâtiment qui augmentoit, chaque année, à proportion non des revenus de la maison, qui ne sont presque rien, mais de ses propres facultés, ne sont plus maintenant qu'un vain amas de pierres, qui ne sert qu'à faire connaitre la faute que fait à cette maison celui qui étoit à la veille de les mettre en œuvre, à ses propres frais et dépens, pour le logement des pauvres, lorsque la lettre de cachet lui fut signifiée. »

Sur quoi, il est délibéré d'envoyer 4 députés à l'évêque de Sisteron, savoir, les deux consuls, M. André de Castellane Adhémar [1], et M. Jouval, un des recteurs des hôpitaux, pour prier le prélat de se joindre au conseil et aux *pauvres de toute la ville, de porter luimême leurs avis aux pieds du trosne*, et de réclamer du roy et du cardinal de Fleury que *l'on rende à la communauté un de ses membres les plus prétieux et les plus utilles*. (Arch. de Forcalquier, B B. 43, 22°, pp. 365 et suiv.)

Malgré cette significative démarche, l'exil dura près de six ans, et ce n'est qu'en 1742 que la lettre de cachet fut révoquée. — J.-P. de Berluc mourut en 1772, de la suette, qu'il avait contractée en soignant les pauvres de la Charité, visités par cette épidémie. — Parmi les dons pieux dûs à sa générosité, il faut citer celui de quatre magnifiques chandeliers d'argent ciselés par Simon [2] qu'il offrit en 1755 à la confrérie de Saint-Mary, établie en la concathédrale de Forcalquier, et qui, malheureusement, furent confisquées et fondues en 1790. »

EXTRAIT DU LIVRE DE RAISON DE MARIE DE BERLUC

(SŒUR DU PRÉCÉDENT). — 1731 :

« Je prie le Seigneur qu'il ne permette pas que les affaires tem« porelles auxquelles je pense estre engagée par son ordre, me fas« sent perdre de veue les éternelles, qui seules ont droit d'occuper
« un cœur chrétien. »

---

[1] André de Castellane, installé comme premier consul le 24 février, fut l'oncle de Jean-Joseph-Victor de Castellane, évêque de Senez (1783-1788).
[2] Artiste des plus remarquables, qui travaillait à cette date chez Senes, orfèvre de Pertuis, et trois ans plus tard chez Moysset, à Toulouse.

Suit l'énumération des affaires qu'elle se propose de consigner dans son livre, et parmi lesquelles,

« ... 3° Les acquisitions que je pourrois faire à mon propre, ce que
« je n'ai le dessein de faire, par la grâce de Dieu, qu'au cas qu'il
« me soit fait quelque remboursement de fonds, ou bien quelque cas
« où la charité m'obligeroit de le faire. » (Ce qui signifie que, trésorière des pauvres, elle ne capitalisera jamais son revenu).

1741

« P. Laugier vint à la maison pour me payer, le 27 aoust, et il ne
« me trouva point parce que j'étois à Lurs. Comme il n'est pas juste
« qu'il souffre de mon absence, il ne faut lui compter les intérêts
« que jusques au 27 aoust.

1751

« Lesdits paysans ayant, par erreur, rompu (*défriché*), dans le
« mien, je les ai laissés jouir, pour éviter contestation. La chose
« étoit faite, et j'aime encore moins faire de bruit et des procès, qui
« intéressent toujours et blessent la charité, qui est un bien plus
« précieux que tout ce qu'il y a dans le monde. »

1771

« Au moys de novembre 1771, Michel Rayne a marié sa fille avec
« un homme de Ganagobie, et comme étant pauvre il ne pouvoit lui
« doner ce que ce parti méritoit, et que cette fille nommée Catherine étoit sage et de mon goût, je fis procuration à Gabriel
« Mailhori de luy donner en mon nom 125 livres sur la dette que son
« père me devoit. [1] »

Nous croyons devoir faire suivre ces extraits, du *testament de François-Delphine Pin* (consul d'Apt en 1770 et 1780-1781), un des aïeux de M. L. de Berluc (branche maternelle).

---

[1] L'auteur de ce livre de raison mourut en 1784, laissant toute sa fortune (cent mille livres environ) à l'hôpital de la Charité, bâti par son frère. Malheureusement, des collatéraux firent casser son testament pour vice de forme, et s'emparèrent de l'héritage. Aucun de ces collatéraux, je me hâte de le dire, ne portait son nom, ni ne descendait de sa famille paternelle.

« L'an 1785 et le 15 janvier après midi, par devant nous, notaire royal à Apt et les témoins cy après nommés, est comparu s' François-Dauphine Pin... lequel nous a remis la présente feuille de papier timbré, qu'il a dit servir d'enveloppe et couverture à son testament mistique solennel, qu'il a dit avoir fait et écrit de sa propre main... et qu'il a ensuite clos et fermé... avec de la cire d'Espagne rouge, à l'empreinte de son cachet ordinaire à ses armes... »

Signé : MEZARD, notaire, et les témoins.

Suit la teneur du testament :

«... Premièrement, comme chrétien catholique apostolique et romain, j'ai fait le signe de la sainte croix, invoqué le saint nom de Dieu, et suplié sa divine bonté de me faire miséricorde, et de recevoir mon âme dans le séjour des bienheureux, lorsqu'il lui plaira de la séparer de mon corps mortel.

« Je prie ma chère et bien aimée épouse, mon héritière universelle, ci-après nommée, de faire célébrer pour le repos de mon âme cent messes basses de *requiem*, de me faire ensevelir de la façon la plus simple : les frères pénitents noirs [1] porteront mon corps à la sépulture. »

Après divers legs aux Pénitents noirs, aux hôpitaux Saint-Castor et de la Charité, le testateur lègue à chacun de ses sept enfants la somme de trois mille livres payable à leur mariage du consentement de leur mère, entrée en religion ou majorité, et, de plus, une pension viagère à chacune de ses deux filles, tant qu'elles resteront filles ; donnant à la veuve le pouvoir d'augmenter les legs ci-dessus « en faveur de celuy ou de ceux qu'elle trouvera à propos, et croira le mériter. »

« J'institue Catherine-Lucrece Tassis, madite chère épouse, mon héritière universelle fiduciaire, en gardant viduité, me confiant entiè-

---

[1] Un usage immémorial et qui subsiste encore à Apt, veut que chaque famille appartienne héréditairement à l'une des trois gazettes de Pénitents. Les Pin appartenaient aux noirs et le dernier d'entre eux, Elzéar Pin, sénateur, mort en 1883, a été porté à la sépulture par cette confrérie, comme son aïeul !

Quand je dis le dernier d'entre eux, je veux parler de la branche d'Apt, car l'autre branche est actuellement représentée par le colonel Pin.

rement à elle pour l'éducation de mes enfants et l'administration de mon héritage, que je la charge de rendre à celuy ou à ceux de mes enfants mâles qu'elle en trouvera le plus digne, et qu'elle jugera à propos, à sa volonté, et par portions égales ou inégales à son choix, soit à son décès, ou à leur mariage, ou plutôt si bon lui semble. Je la nomme tutrice de ceux de mes enfants qui seront encore pupiles à mon décès. Je la dispense de prêter serment, de faire inventaire et de donner caution. Je la dispense même de faire inventaire dans le cas où il seroit demandé sous prétexte de légitime ou suplément, ou de la substitution fiduciaire cy-dessus ; et si elle pouvoit y être forcée en justice, je reduis le legs de celuy ou ceux de mes enfants qui l'auroient demandé ou qui pourroyent l'inquiéter par quelque prétention quelconque, à leur légitime, et cinq sols en sus que je leur lègue seulement, et rien de plus..

« Je recommande, au surplus, à mon épouse d'aimer également mes enfants, de leur donner une éducation convenable selon Dieu et selon leur état, et à mes enfants d'aimer leur mère et de luy être obéissans, de s'aimer et servir réciproquement toute leur vie, et de prévenir toute discorde. L'union est l'âme des familles. Telles sont mes dernières volontés, auxquelles je persiste. A Apt le quinze janvier mil sept cent quatre vingt cinq.

Signé : F. P<small>IN</small> [1].

Livres de raison de la famille de Belrieu dans les archives de cette famille périgourdine. Voir *la France protestante*, seconde édition, tome VI, *additions*, colonne 881.

Livre de raison de la famille Boisvert, de Marmande (xvie, xviie et xviiie siècle). Archives de M. Maurice Boisvert.

---

[1] L'auteur de ce testament mourut à Apt, le 11 juillet 1802, au moment même du rétablissement du culte, et les cloches de la cathédrale, muettes depuis si longtemps, sonnèrent pour la première fois à ses obsèques. Dieu devait bien cela à ce bon chrétien !
Le testament de son fils Jules Pin, plus remarquable encore que le sien, a été publié dans la *Vie domestique*, par M. Charles de Ribbe, qui n'hésite pas à y voir une inspiration directe du *testament de Tobie*. M. de Ribbe a cité (*Les familles*, tome II, p. 274), le testament d'un autre des ascendants de M. Léon de Berluc Perissis, ajoutant que le testateur appartenait à une famille où se maintiennent les principes d'austérité ».

Livre de raison d'Antoine Bougerel, procureur en la cour de parlement de Provence, commencé en 1607, et continué par Antoine Bougerel, fils du précédent, lequel commença son journal le 14 décembre 1648 « auquel mon bon père décéda. » Indiqué par M. Ch. de Ribbe, *les familles*, tome I, p. 10.

Livre de raison de la famille Bouhier, cité par feu Benjamin Fillon dans *le Recueil de notes sur les origines de l'Eglise réformée de Fontenay-le-Comte*. Niort, Clouzot, in-4°, p. 42 ; communiqué à B. Fillon par M. Armand Merlan, de Napoléon-Vendée.

Livre de raison de la famille Boyer, cité dans l'*Histoire de Saint-Bonnet-le Château*, par M. l'abbé Condamin, professeur à l'Institut catholique de Lyon, tome II, 1887, grand in-8° pp. 157, 162, 163, etc.

Livre ou registre domestique du vicomte de Brie (1729-1779). Registre de 207 feuillets in-folio conservé aux Archives d'Angoulême sous la cote H, 9

Livre de raison de Pierre César de Cadenet de Charleval, commencé en 1728 et continué en 1763 par François de Cadenet de Charleval, fils de ce dernier. Indiqué par Ch. de Ribbe, *Vie domestique*, tome II, p. 226 ; *les familles*, tome II, p. 204.

Livre de raison de Joseph Caire, avocat au parlement d'Aix, indiqué par le même auteur. *Les familles*, tome I, page 293.

Livre de raison de la famille Caucabanes, à Nérac, xvi° et xvii° siècles, cité par les annotateurs de la *Chronique d'Isaac de Pérès* (1882). Voir pp. 51, 106. Voir encore la *Biographie de l'arrondissement de Nérac*, par M. Samazeuilh, p. 206-208. Le livre de raison, malheureusement incomplet, avait été communiqué à M. Samazeuilh par M. Lespiault, propriétaire du château de Saint-Martin, lequel château appartenait jadis aux Caucabanes.

Livre de raison d'André Clappiers, médecin à Moustiers (Basses-Alpes), 1740. Indiqué par M. Ch. de Ribbe, *les familles*, tome II, p. 94

Livre de mémoires de la maison de noble et puissant seigneur Mermet Claret, seigneur de Treschenu, de l'an 1459. Fait partie des archives de Simiane-Esparron. Entièrement écrit en dialecte du bas Dauphiné, ce registre va jusqu'à l'année 1461 et fournit une grande quantité de renseignements précieux sur l'agriculture, le prix des denrées, l'administration foncière, etc.

Livre de raison de Trophime Tronc de Codolet, commencé à Salon le 2 janvier 1736, et continué par ses descendants jusqu'au 30 septembre 1825, avec cet en-tête : *Ad majorem dei gloriam.* Indiqué par M Ch. de Ribbe, *les familles*, tome I, p. 58.

Livre de raison de la famille Coignart, qui remonte à Jean Coignard, originaire du pays de Domfront, et a été continué soigneusement par ses enfants (xve-xviie siècle). En la possession de M. l'abbé G. Esnault, au Mans.

Journal de Jehan Colleau, procureur au Châtelet de Melun sous le règne de Henri IV. Archives municipales de Melun, fonds Gauthier. Le manuscrit n'a que deux feuillets in-folio, mais il est intéressant pour la Ligue.

Livre de raison de Pierre-Joseph de Colonia, avocat général au parlement de Provence, puis intendant des finances sous Louis XVI. Trois fois cité par M. de Ribbe, dans *une famille au* xvie *siècle*, p. 51. dans la *Vie domestique*, tome I, p. 147, dans les *Familles*, tome I, p 16.

Registre de la famille Cornet, en la possession de M. Poujol de Fréchencourt, lequel en a extrait les trois notices suivantes, insérées dans les *Mémoires de la société des antiquaires de Picardie* et tirées à part : *la prise d'Amiens par les Espagnols* en 1597 (Amiens, impr. Douillet, 1884, in-8° de 15 p ; *le mariage de Jean Cornet en 1517* (ibid 1881, in-8° de 11 p.; *les bourgeois d'Amiens*, ibid, 1835, in 8° de 16 p.)

On conserve dans les archives de la famille Daurée de Prades, à Agen, un *livre de raison* (in-4° de 140 feuillets, 1639-1664), de Jean-Jacques de Cortète, frère de l'auteur de *Ramounet* et de *la Miramondo*, François de Cortète, seigneur de Prades.

Papiers domestiques des Deydier, d'Ollioules, près Toulon, papiers où l'histoire de la famille est retracée depuis l'année 1250 jusqu'à nos jours. *Les familles*, tome I, p. 40-42 et p. 214-216.

Livre de raison [un court fragment seulement] *du docte Bosius*, dans la brochure de son digne descendant, M. Emile Du Boys : *Un magistrat érudit du* xvie *siècle. Siméon Du Boys* (1536-1581. Lettres inédites (Chartres, Durand, 1888, in-8° de 40 pages).

Livre de raison de la famille Dudrot de Cap-de-Bosc, commencé en 1530, à Condom, cité par M. l'abbé Ferrand, dans son petit livre sur *la Dévote chapelle de Notre-Dame de Piétat* (1888, in-18, p. 31).

Livre de raison (liber rationum) de Marc Antoine Durand d'Escalis, seigneur de Saint-Louis et de Saint-Antonin, commencé en 1660. *Les Familles*, tome I, page 7.

Journal ou livre de raison de Guillaume d'Ercuis (XIII° siècle), dont la publication a été proposée à la société de l'histoire de France par M. Kohler et adoptée par le conseil de cette société le 3 mars 1885.

Livre de raison de Charles Fabry, viguier d'Hyères, frère du sieur de Callas. Un extrait de ce livre relatif à l'entrée du roi Charles IX à Hyères, 28 octobre 1564, est conservé à la bibliothèque d'Inguimbert, à Carpentras, collection Peiresc, registre LXV, n° 2 [1].

Livre de raison de Henry de Forbin, baron d'Oppède, premier président du parlement de Provence (1655-1671). *Les Familles*, tome I, p. 190.

Livre de raison de Gaspard de Foresta, fils de Jean-Augustin de Foresta, premier président au parlement de Provence. 1601. *Les familles*, tome I, p. 57.

Quinziesme cahier de mes Mémoyres 1588-1593. Seiziesme cahier de mes Mémoyres 1594-1595, par Fornier, procureur du roi à Hyères. Ce magistrat notait, jour par jour, les affaires dont il était chargé, les actes de sa vie privée, et tout ce qui se passait de remarquable

---

[1] On paraît avoir eu l'habitude, dans la famille de Peiresc, de tenir des mémoriaux de famille. Lambert (*Catalogue descriptif et raisonné des manuscrits de la bibliothèque de Carpentras*, tome II, 1862, p. 28) reproduit au sujet de Louise de Gaubert, trisaïeule paternelle du grand archéologue provençal, cette note inscrite à la fin d'un calendrier conservé dans le registre V de la collection Peiresc : « L'an 1494, et le segoun luns del mes de jun, qui estoit le X dudit mes, transpassa de ce monde ma benigne et miséricordieuse mère de moy Guilhem Fabry, fils de noble homme feu Emilhon Fabry, de la ville d'Hyères... » Peiresc lui-même a mêlé tant de renseignements sur divers faits de sa laborieuse vie, aux indications relatives à sa correspondance, que j'ai pu présenter comme ses *petits mémoires* le journal où il notait l'envoi des lettres qu'il lançait sans cesse aux quatre coins du monde. (Anvers 1889, in-8°.)

dans la ville d'Hyères. *Catalogue des manuscrits de la Bibliothèque de Carpentras*, tome II, pp. 417 et 422.

Livre de raison d'Antoine de Fresse de Monval, écuyer, de la ville de Valensoles, commencé en 1701. *Une famille au xvi⁰ siècle*, p. 156.

Livre de raison d'Honoré d'Estienne de Saint-Jean, conseiller au parlement de Provence, (xviii⁰ siècle). *Les Familles*, tome II, p. 160.

Livre de raison d'Antoine Galle, de Voiron (1661-1697). Manuscrit de la Bibliothèque municipale de Grenoble, n⁰ 2045, in-8⁰ de 191 feuillets.

Livre de raison d'Achille Gamon (xvi⁰ siècle), cité par M. Brun-Durand dans son *Introduction* aux *Mémoires* dont il a été le si excellent éditeur (1888, grand in-8⁰).

Livres de raison de J. Joseph de Garidel (né en 1584), et de *F. Joseph de Garidel*, petit-fils du précédent (1684-1727) et de *Jean-Baptiste de Garidel*), de la femme de ce dernier et de leur fils, Bruno Pierre de Garidel, conseiller au parlement de Provence en 1777. *Les Familles*, tome I, p. 248-255.

Mémoires de moy Jean-Etienne Gautier, de Cavaillon (Vaucluse) 1674-1704. C'était un chanoine et vicaire général de l'évêque de Cavaillon. *Les Familles*, tome I, p. 11.

Livre de raison de Toussaint Germain, avocat au Conseil du Roi (né à Magny, Seine-et-Oise, le 27 décembre 1700. xviii⁰ siècle In-8⁰ sur papier de 371 pages. Bibliothèque de l'Arsenal, n⁰ 3891.

Livre de raison de Balthazar Jean-Pierre Gérard de la Breily, secrétaire en chef des Etats de Bourgogne, commencé le 1ᵉʳ juin 1757. *Les Familles*, tome II, p. 281.

Livre de raison d'Isabeau de Giraud, tenu depuis la mort de mon bon mari, et commencé le mois d'avril 1671, continué après la mort d'Isabeau (24 juin 1672) par son fils aîné, Balthazar de Fresse-Monval. *Les Familles*, tome II. p. 138-139.

Livre de raison d'Honoré Jean-Joseph de Gras de Prégentil, conseiller au parlement de Provence, 1758. *Les Familles*, tome II, p. 160.

Livre-Journal sur les ans qui s'en suivent, par M. de La Mothe-Bessot (Bibliothèque nationale, fonds français, n⁰ 14429, in 4, de 62 pages). C'est à la fois un livre de famille et une sorte de chronique périgourdine qui s'étend de 1609 jusqu'à la période des troubles de La Fronde inclusivement [1].

Livre de raison de Martin La Plante, notaire et procureur à Étoile (Drôme) 1671-1715 in-4° de 245 feuillets, aux Archives départementales de la Drôme, série E, n° 1472.

Livre de raison de Léonard-Auguste de Larouverade, conseiller à la Cour de Bordeaux, mort à Tulle en 1868, auteur des *Études historiques sur le Bas-Limousin* (1860-1864). Ce livre de raison (240 pages in-quarto) est conservé par son fils, conseiller à la Cour de Cassation. Voir la notice de M. René Fage intitulée : *A. de Larouverade* (Limoges, 1889, grand in-8°, p. 4),

Livre de raison de J.-B. Laugier, bourgeois de Toulon, commencé en 1743, et contenant celui de J. Claude Laugier. *Vie domestique*, tome II, p. 162 ; *Les Familles*, tome II, p. 145-147.

Livre de souvenirs, contenant des documents historiques ou intimes sur la famille Lespaignol, de Reims en Champagne, manuscrit du XVII° siècle, in-4° de 64 pages. La rédaction de ce livre de raison, commencée par Lancelot Lespaignol, né à Reims, échevin de cette ville à la fin du XVI° siècle, a été continuée par son fils François (dont on voit la signature sur ce registre), et par ses petits-fils. Une note sur cette famille, à l'occasion de la mise en vente du livre de raison. (Librairie Voisin, Paris, 1887), a paru dans la *Revue de Champagne et de Brie*, tome XXII, Arcis-sur-Aube, 1887, pages 319-320.

Le *Livre de raison de Jean de Lorman*, rédigé au Mas-d'Agenais entre les années 1615 et 1641 (in-4° de 736 pages), est entre les mains de M. Adolphe Magen, qui, réalisant le vœu général déjà exprimé en 1880 par M. G. Tholin (le *Livre de raison des Daurée, d'Agen*, p. 69), vœu plus ardent que jamais, se décidera bientôt à le publier, espérons-le. Espérons-le d'autant plus qu'il l'annoterait certainement avec l'irréprochable soin et l'abondance savoureuse qui recommandent son édition des *Faits d'armes de Geoffroy de Vivant* (Agen, Michel et Médan, 1887, in-8°).

---

[1] J'ai l'intention de faire une nouvelle infidélité à Peiresc et de lui dérober prochainement quelques journées pour m'occuper de la publication de ce fort intéressant manuscrit.

Le livre de raison de la famille Malebaysse, œuvre de plusieurs générations, 1618-1655, contient à la fois des actes de naissance, des notes de contrats, des documents historiques divers, une liste de consuls de la ville d'Agen, et surtout une chronique agenaise. Voir une lumineuse analyse de tout cela dans l'*Etude* de M. G. Tholin sur les livres de raison des anciennes familles de l'Agenais, p. 71-77 [1].

Livre de comptes de Jacques et Pierre Marraud (1610-1777), en la possession de leur descendant, M. Georges Marraud, conseiller à la Cour d'Appel d'Agen. Voir l'*Etude* de M. Tholin qui vient d'être citée, p. 66-68.

Livre de raison de Jean de Massac, avocat au parlement de Bordeaux, juge royal de Gontaud, puis de Tonneins (xviie siècle), conservé dans les Archives de M. de Dordaygne, au château de Lalande, commune de Saint-Sylvestre (Lot-et-Garonne), signalé pour la première fois par M. le comte de Dienne dans son intéressante plaquette : *Un écolier de l'Université d'Orléans au* xviie *siècle. Lettres et rapports d'un correspondant* (Auxerre, 1888, in-8°, pp. 5, 8, 12.)

« *Livre de raison de Me Arnaud Bernard Massonneau, avocat à la Cour*, commencé le 17 juillet 1737, où l'on trouvera tout ce qui peut m'être utile ou à ma famille. » De ce livre de raison qui est en ma possession, et qui a été rédigé par le frère de ma bisayeule du côté paternel, j'extrais les passages principaux :

« *In nomine patris et filii et spiritus sancti*. Amen. — J'ay fiancé demoiselle Marie Arnaud, fille cadette de Monsieur Gaspard Arnaud, ancien commissaire de marine, demeurant rue du Crant Cancera, paroisse Saint-Siméon, à Bordeaux, et de demoiselle Jeanne Bonnet, le [mot effacé par une tache d'humidité] du mois de juin 1737, lesquels dits sieur Arnaud ont constitué en dot à leur fille douze mille livres tant du chef paternel que maternel, dont dix ont été délivrées comptant et retirées par mon père et moy conjoinctement dont il s'est rendu dépositaire, les deux mille livres restantes pour parfaire la constitution de 12,000 livres m'ont été assurées après le décès dudit sieur Arnaud et celuy de son épouse du dernier vivant sans interest, sur laquelle somme je pris d'abord 3,000 livres pour

---

[1] Le recueil appartenait, en ces derniers temps, à M. Adrien Pozzy, bibliothécaire de la ville d'Agen, mort en 1885.

les dépenses indispensables quand on se marie, habits, assortiments, meubles nécessaires au commencement d'un mariage dont je ne mets pas ici le détail.

« Le 13 aoust 1737, j'ay épousé ladite demoiselle Marie Arnaud, fille cadette de M. Gaspard Arnaud et demoiselle Bonnet. La bénédiction nuptiale nous fut impartie par M. Linards, curé de Saint-Siméon, à Bordeaux, à une heure après minuict.

« Suit la teneur de mon contrat de mariage retenu par Bolle, notaire royal de la ville de Borddaux, demeurant auprès du puits de la Samaritaine [1].

« Le 28 aoust 1737, j'ay payé aux dames religieuses du monastère de l'Annonciade de Marmande quinse cens dix livres neuf sols...

« Le 18 septembre 1737, j'ay achepté une metairie appellée aux Guerins appartenante à demoiselle Louise Menoire, veuve de sieur Jean Daniel Gamet, ladite métairie située dans les Juridictions de Fauillet, Gontaud et le Mas d'Agenois consistant en 17 journaux un tiers, terre labourable ou bois, etc., pour le prix et somme de 5,300 livres, pour les droits (lots et ventes, prélation) 600 livres, plus encore pour construction d'une grange, réparation aux bâtiments et autres frais divers, 1150 ; total : 8050 livres.

« Le 18 aoust 1738, à deux heures après midy, ma femme s'est accouchée d'un garçon qui a été baptisé le 19 du même mois, par

---

[1] Voici les premières lignes du contrat : « Par devant les notaires à Bordeaux soussignés furent présents sieur maître Arnaud Bernard Massonneau, avocat en parlement, fils naturel et légitime de sieur Pierre Massonneau, bourgeois et ancien jurat de la ville et jurisdiction de Gontaud en Agenois, et de demoiselle Françoise Jautard, habitants de la paroisse de Fauguerolles, susdite juridiction d'une part, et demoiselle Marie Arnaud, fille cadette de sieur Gaspard Arnaud, bourgeois de Bordeaux, et de demoiselle Jeanne Bonnet, etc. ; parmi les signataires de l'acte, se trouve un frère de l'époux, Jean Raymond Massonneau, prêtre de la Compagnie de Jésus. Un des fils issus de ce mariage devait épouser la sœur d'un bénédictin de La Réole, dom Boiras, et je me trouve ainsi parent par alliance de représentants des deux ordres religieux qui ont le mieux mérité de l'érudition.

M. Charrié, vicaire de cette ville (c'est-à-dire Marmande)[1], et a été appelé Pierre Massonneau. Son parrain est mon père, sa marraine demoiselle Françoise Jautard de Massonneau, ma mère, qui l'a tenu au nom et place de demoiselle Jeanne Bonnet d'Arnaud, ma belle-mère. Il est décédé chez sa nourrice le 15 février 1739, âgé de six mois et il est enterré dans l'église de Saint-Pardou, juridiction de Marmande.

« Le 6 may 1739, ma femme s'est blessée et accouchée d'un garçon qui n'était pas à temps, à Valence, dans le château de Goudourville. Enterré à Gondourville le 7 may 1739.

« Le 24 may 1740, ma femme s'est accouchée d'un garçon dans cette ville [Marmande], qui a été baptisé par M. Delbès, curé de cette ville et tenu sur les fonds baptismaux par M. Geoffre, avocat en parlement, au lieu et place de M. Baillet Verdole qui devoit tenir pour M. Arnaud, mon beau-père. Il a été nommé Jean Joseph Pierre Gaspard. La marraine a été Françoise Jautard, ma mère.

« Le 8me du mois de juin 1741, mon beau-père, sieur Gaspard Arnaud, décédé depuis le 19 mars de la même année 1744, j'ay descendu à Bordeaux avec sieur Baillet, mon beau frère, et ayant vu ensemble le testament de mondit beau père qui faisait son fils aîné héritier, et donnait à ses filles, nos épouses et autres, la somme de quatre mille livres de plus que les 12,000 qu'il leur avait donné par contrat de mariage faisant en tout la somme de seize mille livres, après avoir veu l'inventaire fait par mon beau frère, seul, sans y appeler personne, nous fiant à sa parole d'honneur, pour entretenir l'amitié des proches dans la famille, nous avons trouvé, ayant fait la supputation, que la légitime de nos femmes n'était point remplie. Des amis communs et avocats nous ont fait passer une transaction

---

[1] La famille Massonneau avait pignon sur rue à Marmande. La maison de campagne était La Carrère, dans la commune de Fauguerolles. Une autre branche de la famille de Massonneau était établie à Gontaud, et a fourni plusieurs magistrats municipaux à ma ville natale. J'ai sous les yeux un contrat qui intéresse cette branche et par lequel, le 25 février 1743, à Gontaud, Jean Etienne Massonneau, bourgeois de cette ville, épouse Mademoiselle Jeanne Labat, fille de défunt Henry Labat de Terreneuve et demoiselle Jeanne de Mellet, habitants de la paroisse Saint-Caprais, juridiction de La Gruère. La fiancée est assistée de « son oncle paternel et tuteur noble François de Melet, écuyer. »

par laquelle mon beau-frère a donné à chaquun de nous 17,000 livres pour tous droits de légitime...

« Le 13 juillet 1741, ma femme s'est accouchée d'un garçon qui a été baptisé par M. Delbès, curé de Marmande, le 14 du même mois sous le nom de Pierre Marc Duchamp de Massonneau ; son parrain est le Révérend Père Marc Arnaud, gardien des RR. PP. Recollets de Bergerac, mon beau frère ; sa marraine fut Marie Duchamp de Massonneau, religieuse de l'Anonciade, ma sœur l'ainée, et a été tenu sur les fonds baptismaux en leur place et nom par sieur Pierre Bousquet, bourgeois de cette ville, et demoiselle Marianne de Massonneau, mon autre sœur cadette.

« Le 4 may 1742, ma belle mère, demoiselle Jeanne Bonnet d'Arnaud, est décédée à Bordeaux, après trois mois de maladie, agée d'environ soixante ans, et a fait par son testament sou mary héritier.

« Le 22 juillet 1742, ma femme s'est accouchée d'un garçon qui a été baptisé le même jour par M. Delbès, curé de Marmande, et a été nommé Jean Xavier de Massonneau. Son parrain est le Révérend Père Jean Raymond de Massonneau, prêtre de la Compagnie de Jésus, mon frère ; sa marraine est Mademoiselle Magdeleine Arnaud de Verdolle, ma belle-sœur, et en leur absence mon métayer de Du Champ [1], Jean Ladonne, dit Visconte, et ma servante l'ont tenu sur les fonds baptismaux.

« Le 28 octobre 1748, sieur Pierre Massonneau, bourgeois et ancien maire de Goutaud, mon père, est décédé dans sa maison de La Carrère, à onze heures du soir, après dix-sept jours d'une maladie de dessenterie ou flux de sang, âgé de soixante-dix-huit ans moins un mois, et m'a laissé son héritier par un testament clos qui a été ouvert trois jours après le décès. *Requiescat in pace. Amen*.

« Suit la teneur de son testament que j'ai copié sur l'original.

« Le 9 juillet 1743, ma femme s'est accouchée d'un garçon baptisé le 10 du même mois, par M. Robelin, curé de Bislauzac; il est né à Duchamp. Son parrain a été sieur Pierre Arnaud, mon beau-

---

[1] La métairie de Du Champ, située dans la commune de Nogaret, appartient à Mme la présidente Trepenat.

frère l'aîné, et l'a tenu sur les fonds baptismaux sieur Jean Massonneau fils, et mon cousin de Gontaud, et sa marraine Marianne Massonneau, ma sœur. Il a été nommé Jean Pierre La Nougarède de Massonneau.

« Le 12 septembre 1747, ledit Jean Pierre La Nougarède, mon fils, est mort chés mon père à La Carrère ; il a été ensuite enseveli dans nos tombes dans l'église de Fauguerolles, par M. Martinés, curé de ladite paroisse.

« Le 22 juin 1744, ma femme s'est accouchée d'un garçon qui a été baptisé le même jour par M. Delbès, curé de cette ville, et il a été nommé Pierre Prelon de Massonneau. Son parrain est M. Pierre Portarieu l'aîné, mon voisin, et sa marraine demoiselle Françoise Jautard de Massonneau, ma mère.

« Le pauvre Melon a été tué d'un coup de fusil au travers du corps dans l'armée de M. le Maréchal de Broglie, régiment de La Tour du Pin, à la bataille de Clostercamps, le 16 octobre 1760, âgé de seize ans et quelques mois, comme appert par la lettre du major de son régiment.

« Le 16 septembre 1745, ma femme s'est accouchée vers minuit d'un garçon qui a été baptisé le 17, par M. Meydieu, vicaire de cette ville, et nommé Jean Baptiste Guérin de Massonneau. Son parrain a été mon fils l'aîné vivant Jean Joseph Pierre Gaspard de Massonneau ; sa marraine demoiselle Marie Arnaud, ma belle sœur, et à sa place Marie-Anne Massonneau, ma sœur.

« Ledit Jean Guérin est mort le 31 juillet 1747. Enterré à l'entrée du cloître de cette ville de Marmande.

« Le 22 novembre 1748, ma femme s'est accouchée à sept heures du soir d'un enfant mort et le lendemain 13 du courant, ma chère épouse est morte d'une maladie de poitrine d'accident qui luy a duré quatre ans. Elle a été enterrée le lendemain dans l'église de Marmande auprès du grand Christ qui est dans cette église. Elle n'a point fait que je sache de testament. Elle m'a laissé quatre enfants mâles qu'elle m'a recommandé, qui sont :

1° Jean Joseph Pierre Gaspard de Massonneau, mon aîné, âgé d'environ neuf ans ;

2° Pierre Marc Du Champ de Massonneau, âgé de huit ans ;

3° Jean Xavier de Massonneau, âgé de sept ans ;

4° Pierre Prelon de Massonneau, âgé de cinq ans bien près.

Requiescat in pace. Amen.

Sa maladie m'a coûté plus de mille écus d'extraordinaire sans la pouvoir sauver.

Les frais funèbres m'ont coûté six cens livres.

« J'ay fait défricher, planter vignes et bâtir une maison à Mondésir ainsi nommée par moy dans la plaine de Gontaud à Fauillet, paroisse du dernier, limitrophe de Gontaud, le tout réparations et dépenses faites, me revient à deux mille livres jusques et compris l'année 1751. A la garde de Dieu. Je ne sçay si j'en retireray jamais mon déboursé.

« J'ay augmenté Mondésir de quatre journaux, quatre lattes, terres en friche, mesure et perche de Fauillet dont je dois payer la taille l'an 1765, si Dieu me fait la grâce de le voir, suivant l'accord que j'ay passé avec la commnnauté de Fauillet l'an 1759. — Plus augmenté d'un journal et demy terre auprès la Goutere que j'ay échangé avec Portarieu à Bistauzac, cette année 1759.

« Le 23 novembre 1750 ma sœur Marianne de Massonneau a épousé M. Mᵉ Larroque Tamizey, de Gontaud [1]. La bénédiction nuptiale leur

---

[1] Le contrat de mariage avait été signé vingt jours auparavant. J'en transcris la première page: « Aujourd'hui troisième du mois de novembre mille sept cens cinquante avant midy dans la paroisse de Fauguerolles, juridiction de Gontaud, lieu appelé à la Carrère, devant moy notaire royal sous signé et témoins bas nommés ont été présens M. Mᵉ Antoine Tamizey, sieur de Larroque, avocat en parlement, habitant de ladite ville de Gontaud, fils légitime de feu M. Mᵉ Jean Tamizey, conseiller du roy et lieutenant royal de la cour royale dudit Gontaud, et de feu demoiselle Suzanne Du Pouy de Bonnegarde (fille d'une Malvin de Montazet), procédant de l'avis et assistance de Mᵉ Jean Tamizey, sieur de La Couronne, Antoine Tamizey sieur de Fortuné, Joseph Tamizey, sieur de Lamotte, demoiselle Marie Tamizey, ses frères et sœurs, demoiselle Thérèse Doumax, sa belle-sœur, noble Jean Pierre de Dariscon, écuyer, son beau-frère, sieur Pierre Scauvaud de Lormade et sieur Pierre Mérac Du Choissy, ses beaux-frères et autres ses parens et amis, d'une part, et demoiselle Marie Massonneau, habitante de la présente maison, et paroisse, fille légitime de sieur Pierre Massonneau, bourgeois, et de demoiselle Françoise Jautard, procédant de l'assistance, vouloir et consentement de ladite demoiselle Jautard, sa mère, et de l'avis de M. Mᵉ Bernard Massonneau, advocat en parlement, son frère et autres ses parents et amis d'autre part... » Les témoins sont : « M. André Martinez, prêtre, docteur en théologie et curé de la présente paroisse, y habitant, et sieur Bathélémy Vidal, praticien, habitant de ladite ville de Gontaud. »

a été impartie par M. de Martinès, curé de Faugrolles. Elle s'est constitué ses droits paternels montant et revenant à la somme de 6000 livres et beaucoup de meubles spécifiés dans le testament de feu mon père et ma mère lui a constitué sept cens pistoles, 1000 livres après sa mort jusques là sans intérest, les 6000 livres restantes je me suis chargé de les payer en un ou plusieurs payements.

« J'ay mis mon fils l'aîné à Agen en quatrième au collège des Jésuites. Il est en pension chez M. Dupuy, répétiteur, près du collège. Je luy donne pour la pension de cet enfant tous les ans la somme de deux cens vingt livres qui a commencé le 21 novembre 1752. Ce n'est par quartier que cinquante cinq livres. Cependant je luy en donne soixante pour que les cinq livres restantes soient pour ses petits besoins et menus plaisirs.

« J'ay mis Xavier avec son frère au même prix l'année 1753, 1754.

« Je les ay remis tous les deux à Agen chez M⁰ Andrieu, l'aîné l'année 1755. L'aîné finit la seconde cette année et Xavier sa troisième.

« J'ay mis Xavier pensionnaire au collège des R. Pères Jésuites à Bordeaux pour y faire sa rhétorique. Sa pension ou les dépenses nécessaires faites en conséquence me coûtent 600 livres. Sa pension a commencé le 1ᵉʳ novembre 1757.

« Le 23 avril 1755 j'ay été écrasé à Du Champ par la grêle qui a emporté toute ma récolte et m'a mis hors d'état de payer les pensions de mes enfants, ce qui m'a obligé de vendre un demy journal deux escats de pred à Liaubon, marchand à Gontaud, pour la somme de 408 livres [1].

« J'ay mis mes deux enfants sçavoir Massonneau l'aîné de tous et Prelon le plus jeune [2] dans le régiment de la Tour du Pin en qualité

---

[1] L'infortuné propriétaire fut obligé de faire, à partir de ce moment, de nombreux emprunts : 150 livres à M. Fontainemarie, conseiller à la Cour des Aides ; 304 livres à M. Souillagon de Bruet, lieutenant criminel de Marmande, 100 livres à Mʳ Bouic « fils aîné, près l'église » (de Marmande), 500 livres à Madame Baille, 100 pistoles « aux pauvres de Bittauzác que j'ay emprunté de la succession de Mʳ Robelin, mort curé de Bistauzac, lesquels pauvres il avait fait héritiers, » etc.

[2] Une note semble indiquer que Prelan n'avait pas été trop bon élève : « J'ay remis Prelan au collège à Marmande à vingt sols par mois. Il a commencé le 3 novembre 1758. »

de soldats volontaires sous la protection de M. de Lantis de Rayne, major dudit régiment qui luy ont été recommandés par M. de Lucmajous. Ils sont partis le premier mars 1760. Je leur donne cinq sols par jour à chacun. J'ay donné à M Lantis 96 livres à leur départ.

« J'ay envoyé au même 150 livres par les mains de M. son frère pour l'aîné qui me reste le 15 janvier 1761. Le pauvre Prelan a esté tué le 16 octobre à Clostercamp d'un coup de fusil dans la poitrine [1].

« J'ay mis mes enfants Du Champ et Xavier à Bordeaux en chambre sous la tutelle du père Massonneau mon frère. Le premier commencera son pilotage le 11 novembre 1758. Xavier étudie en philosophie. J'ay donné à mon frère 240 livres à compte pour leur dépense. Dieu veuille qu'ils en profitent! Je les ay habillés à crédit chez Lassuderie à Tonneins à qui je dois près de 300 livres. J'ay dépensé pour mes deux enfants cette année 1759 à Bordeaux 1000 livres. Du Champ est revenu avec son certificat de pilotage le mois de juin 1759 [2].

---

[1] Nous avons déjà trouvé un peu plus haut mention de cet évènement. Plus heureux que son frère, Pierre-Joseph Gaspard, arriva jusqu'à un grade élevé et se retira en bonne santé à La Carrère. Une procuration notariée, du 24 mai 1780, nous l'y montre installé auprès de son père qui le charge de vendre deux journaux de terre. A cette occasion il reçoit le titre de « Capitaine aide-major des troupes de la marine. » Bernard Massonneau dut mourir peu de temps après, car des actes notariés des années suivantes ne mentionnent plus que son fils aîné, par exemple, divers actes de 1782. Voici le début d'un acte du 17 mai 1786 : « Dans la ville de Gontaud, en Agenois, pardevant nous notaire royal, fut présent *noble* (une complaisance du notaire!) Pierre-Joseph Gaspard de Massonneau, sieur de La Carrère, ancien officier major de la marine pensionné du roy... »

[2] Dans divers contrats, Marc Pierre prend le titre de sieur de Du Champ. Il n'a malheureusement pas continué le livre de raison de son père et s'est contenté d'y inscrire ses revenus et ses dépenses. Je n'en tirerai que cette seule note : « Compte et produit de la récolte de La Carrère en bled froment, seigle, chanvre et vin, par la vente faite de tout ce produit j'en ay retiré la somme de 1050 livres, de quoy il faut soustraire les impositions de la même année (1790) et qui s'élèvent à la somme de 116 livres 2 sols 4 deniers ». Aujourd'hui le domaine de La Carrère, de la même contenance à peu près qu'en 1790 (40 journaux de 45 ares), est affermé 2000 francs. C'est la plantation du tabac qui a si fort élevé le revenu d'un domaine devenu à la mort de Marc Pierre, la propriété de mon père, petit neveu du dernier des Massonneau de La Carrère.

« J'ay mis Xavier pour finir la philosophie en pension chez M. Cassies à Bordeaux (1759) à raison de 150 livres par an, laquelle année ne doit être comptée que de neuf mois, parce qu'il passe trois mois en vacances chez moy.

« Xavier, mon troisième fils, a pris l'habit clérical et soutâne le mois d'octobre 1760. Il a commencé à étudier en théologie cette même année.

« Xavier est entré au séminaire le 1er novembre 1764 [1]. »

Livre de raison de la famille Moiras, de Périgueux (XIIe siècle), indiqué dans le *Bulletin de la Société historique et archéologique du Périgord*, tome XVI, janvier-février 1889, première livraison, p. 34. Ce manuscrit a été donné à la Bibliothèque de la Société par M. l'abbé Petit, ancien curé de Château-l'Évêque et de Tocane-St-Apre.

---

[1] Nous retrouvons le séminariste de 1764, curé de la paroisse de Celles, quelques années plus tard. Voici en quels termes ce vénérable ecclésiastique écrivit à mon grand-père qui lui avait annoncé son mariage avec Mademoiselle Germaine de Montardit : « A Monsieur Monsieur Tamizey de Larroque, gendarme du Roy, chès Madame sa mère à Gontaud. — Je suis enchanté, mon cher enfant, du choix que tu as fait. Dès que tu pensais à me donner une cousine, tu ne pouvais à mon goût mieux rencontrer, et je t'en remercie en mon particulier. Il s'agit à présent de ne jamais perdre de vue le prix du bienfait que tu viens de recevoir, et d'y répondre par une conduite propre à resserrer de plus en plus les liens que tu es en même de former. Quoique je ne connoisse pas par moy-mesme tout le mérite de Macemoiselle de Montardit, la voix du peuple qui est la voix de Dieu, me pénètre par avance de respect et d'affection pour elle. Tu dois te féliciter d'une si heureuse retraite (l'oncle s'adresse à un ancien officier de cavalerie), et bénir tous les jours de la vie les personnes qui t'ont procuré un contentement si parfait. J'espère tout de ton caractère, de ta reconnaissance, et surtout des principes de religion qu'on a autrefois gravés dans ton cœur. Peut-être ont-ils été un peu obscurcis pendant ton séjour à Lunéville (le corps d'élite auquel appartenait mon grand-père portait les divers noms de *gendarmes anglais, gendarmes rouges, gendarmes de Lunéville*), mais j'aime à croire que tu travailleras à leur redonner tout leur lustre, et qu'il seront dans la suite le mobile de toutes tes actions. Ce n'est que sur eux, tu le sais, que tu peux fonder solidement ton bonheur et celuy de ta chère compagne. Mon amitié pour toi m'engage à te donner ces avis; j'espère de celle que tu m'as toujours témoigné que tu en feras ton profit. »

Livre de raison de Jean Pierre Olivier, conseiller au parlement d'Aix (XVII° siècle), conservé à Bollène (Vaucluse), dans les archives de M. Paul de Foucher, lequel a l'intention de le publier, à la suite de la correspondance de ce magistrat avec son collègue et ami Fabri de Peiresc. J'ai publié un extrait du Journal de J. P. Olivier ou mieux Olivari (car tel est le nom réel) dans le tome I. des *Lettres de Peiresc aux frères Dupuy*. (Paris, Imprimerie Nationale, in-4°, 1888, p. 78) [1].

Manuscrits de Pagès, marchand d'Amiens 1684-1723), mis en ordre et publiés par M. Louis Douchet, 1856-59. Six fascicules in-8°.

Livre de raison de Bernardin Pellicot, un des 16 enfants de François Pellicot, écuyer de Marseille, cité par M. de Ribbe, *les familles*, tome II, p. 259.

Livre de raison des familles Pérard et Sézille. Entre les mains de M. Jules Dumesnil, maire de Puiseaux (Loiret), ancien sénateur. Registre de 350 feuilles (1527-1739) [2].

Livre de raison de Guillaume Plieux, procureur du roi au siège présidial et sénéchaussée de Condom (1560-1650). Cité par un descendant du magistrat, magistrat lui-même, M. Amable Plieux, dans son étude sur l'*Instruction publique à Lectoure* (*Revue de Gascogne*, livraison de mars 1889).

Livre de raison de Pierre Préverauld de la Boissière, juge au présidial d'Angoulême, (1735-1768), conservé aux Archives départementales de la Charente (E. 408), in-8° de 94 pages.

Livre de raison de la famille Quinhart, cité dans les *Annales du Midi* fondées et dirigées par M. A. Thomas, professeur à la Faculté des lettres de Paris (Toulouse, seconde livraison, avril 1889, page 84.)

Livres de raison de la famille de Raymond, (1606-1789). Voir sur ces onze registres qui des archives de Madame la comtesse Marie

---

[1] Voir sur les *Olivari* une note du *Testament de Peiresc*, dans : *Un grand amateur français du XVII° siècle*, par M. Léopold Delisle (Toulouse, 1889, page 29). Conférez M. de Ribbe, *Les familles*, tome I, pag. 46.

[2] La publication de ce recueil serait bien désirable, car aux souvenirs de la famille se mêlent de nombreux renseignements historiques successivement relatés, pendant près de trois siècles, par ces bourgeois de Puiseaux.

de Raymond ont passé dans les archives de son cousin Monsieur le Baron de Montesquieu, au château de la Brède, les intéressants détails fournis par M. Tholin (*le livre de raison des Daurée d'Agen*, page. 32 61). J'ai eu longtemps entre les mains les mémoriaux des aïeux de mon amie Madame de Raymond, et je puis attester de *visu* combien sont exacts et complets les renseignements analytiques groupés dans *l'étude* de l'habile éditeur.

Livre de raison de la famille Reneurel, des environs de Valence, 1591-1624. Aux Archives départementales de la Drôme, série E. n° 2108. M. Brun-Durand a bien voulu me communiquer deux passages extraits par lui de cette chronique intime dont le second renferme un récit bien dramatique en sa naïve simplicité. « Le 15 décembre 1591, Isabeau Perrier, ma femme s'est accouchée d'un fils. Je prie Dieu qu'il soit homme de bien.. Le 21 avril 1595, Isabeau Perrier, ma femme, venant de Montvendre avec moi, au-dessus de la cote de Faventines, a fait un fils dont m'a fallu servir de levandière, et de là l'enfant étant au monde, fut porté par sa mère dans une petite grange où n'habitoit personne et où nous trouvasmes un fagot de sarment et de la paille, et avec le rouet de mon arquebuse fut fait du feu pour chauffer la mère et l'enfant. »

Livre de raison de Madame de Ribbe, grand-mère de M. Charles de Ribbe (XVIIe siècle), cité par l'auteur des *Familles et de la Société en France*, tome II, p. 138.

Livre de raison de Vincent Ricard, docteur en droit à l'université d'Aix et lieutenant au siège de l'amirauté de Toulon. (XVIIe siècle), cité dans l'ouvrage susdit, tome I, p. 8; tome II, p. 175.

Livre de raison de Jacques de la Roque, consul d'Aix en Provence (1528-1538). Conservé dans les Archives de l'hospice d'Aix. Cité dans le même ouvrage, tome I, p. 146[1].

Livre de raison de M. de Roumoulles de Linceau. Peiresc, dans une lettre encore inédite adressée à son intime ami et futur biogra-

---

[1] Voir *Testament de Jacques de la Roque fondateur de l'hôpital Saint-Jacques d'Aix* (1532). Texte latin avec traduction en regard, publié par M. le docteur Félix Chavernac, ancien chirurgien chef interne des hôpitaux d'Aix.

phe Pierre Gassendi, le 4 février 1633 [1], nous fait ainsi connaître un document qui semble aujourd'hui perdu et qui était certainement un des plus curieux livres de raison qui aient jamais existé : « Bien ay-je veu un autre muet nommé M. de Roumoulles de Linceaux, qui estoit nostre parent, lequel avoit fait un libvre de raison qui estoit tout en peinture, et avoit fait son testament en peinture aussy. »

Livre de raison de Pierre de Saloulin, écuyer de la ville de Marseille, major général du bataillon des milices gardes-côtes 1734. *Les familles*, tome I, p. 59.

Livre de raison d'un sieur de Sahuguet cité par M. G. Clément-Simon, ancien procureur général près la cour d'Aix, au sujet de l'entrée de Louis XIII à Brive (5 novembre 1632), dans la très intéressante monographie intitulée : *Le père Martial de Brive. La muse séraphique au* xviii° *siècle* (Paris, H. Champion, 1888, in-8°, p. 5, note 1).

Livre de raison de J.-B. de Sudre, d'Avignon (xviii° siècle). *La Vie domestique*, tome 22, p. 205 ; *la famille*, tome I, p. 255-271 [2].

Livre de raison de Tiolier conservé en la bibliothèque de la ville de Clermont-Simon. M. A. Vernière, en me signalant l'intérêt de ce manuscrit, ajoute : « Mon ami Paul le Blanc et moi nous possédons plusieurs livres de raison qui nous viennent de diverses branches de nos ascendants. » Puissent les deux concitoyens et confrères — je devrai dire frères, tant ils sont unis ! — publier les plus méritants de ces mémoriaux de famille ! A eux qui aiment tant leur province natale on peut dire avec un affectueux reproche que pas un seul livre de raison, proprement dit, n'a encore été mis au jour dans

---

[1] On trouvera les lettres de Peiresc à Gassendi et celles de Gassendi à Peiresc dans le premier des volumes qui suivra les trois volumes de la collection des documents inédits consacrés à la correspondance de Peiresc et des frères Dupuy.

[2] Joseph de Gindre n'eut pas moins de dix-huit enfants de 1662 à 1689. Son journal est un des plus attachants de tous ceux que nous ont fait si bien connaître les pénétrantes analyses de M. de Ribbe.

cette région [1], et c'est non sans grande confiance que, faisant appel au zèle des retardataires, je répéterai pour eux le mot du Chevalier d'Assas, ce mot qui retentira à jamais dans l'histoire : *A moi, Auvergne* [2] !

Livre de raison de M. Joseph Anthelme Tricaud, conseiller du Roy, lieutenant général au bailliage du Bugey (1689-1694). Manuscrit de la Bibliothèque municipale de Grenoble, n° 1880, registre in-5, de 33 feuillets.

Livre de raison de Pierre Uchard (1709-1723). Ce manuscrit est possédé par Mademoiselle Marie de Coquet, d'Agen, qui descend de cet avocat, fils du juge ordinaire de Madaillan; le livre journal a été continué par Jean-François Uchard, petit-fils dudit juge. Voir l'*Etude* de M. Georges Tholin, si souvent citée, p. 77-85.

Livres de raison de Joseph Vernet, parmi les manuscrits de la bibliothèque publique d'Avignon. C'est par eux, dit M. de Ribbe (*les familles*, tome I, p. 14) « que M. Léon Lagrange [3] a pu reconstituer l'histoire de la très nombreuse famille des Vernet, retracer la vie si pittoresque de Joseph et les moindres détails de son existence domestique. Joseph tient note de tout, de ses comptes de ménage, des gages des serviteurs, de ce qu'il paye à ses modèles, il enregistre les achats de joujoux pour ses enfants, les frais de leur éducation. Il s'y montre comme ayant été la providence de tous les siens, de son père, de ses frères, de ses sœurs, de ses neveux. Cette autobiographie est surtout d'un très grand prix, au point de vue artisti-

---

[1] On ne peut citer que deux demi-livres de raison : *journal de J. Beaudouin*, publié par P. Le Blanc (Paris, 1879, in-8°), et *journal d'un bourgeois du Puy au XVIIIe siècle* (1722-1742), de l'avocat Rachetin, qui avait commencé à paraître dans les *Tablettes historiques de la Haute-Loire* (pp. 32, 126) et dont la publication a été continuée dans les *Tablettes historiques du Velay* (années 71-72, pp. 49, 123, 135, 161, 200) et années 77-78, p. 137. Il n'a pas été fait de tirage à part.

[2] L'un et l'autre, par leurs travaux, ont donné une certaine célébrité à la ville de Brioude. Leur patriotisme viendra faire plus encore pour l'honneur de leur berceau.

[3] *Joseph Vernet et la peinture au XVII siècle* (Paris, 1864, in-12). Dans un appendice, qui remplit les pages 375 à 450, l'auteur opérant au milieu des manuscrits d'Avignon un habile triage, a donné la quintessence des comptes et mémoires du grand artiste sous ce titre : *Journal ou recueil factice de diverses notes, mentions et souvenirs épars dans les livres de raison de Joseph Vernet et de plusieurs membres de la famille.*

que, car elle renferme le répertoire à peu près complet des œuvres de Joseph Vernet pendant cinquante ans, de 1735 à 1788. »

Livre de raison de François de Villeneuve, seigneur de Cananilles, commencé le 13 mai 1670 (l'auteur mourut le 11 septembre 1717). Les *familles*, tome I, p, 9.

Livre de raison de Honoré de Villepreux (archives de M. Maurice Boisvert). C'est surtout un registre de comptes. En voici le début : « Au nom de Dieu soit fait et tout pour sa plus grande gloire. Livre de raison pour moy Honoré de Villepreux, âgé de 41 ans nuf (*sic*) mois et 10 jours, né le 25 mars 1700 et baptisé le 27 dudit mois de mars 1700. Commencé ledit présent livre le 4 janvier 1742 pour tenir estat et mémoire tant de nos revenus que de toutes les affaires que je feré soit achapts, ventes, emprunts, prêts, payements et autres affaires d'employer ou de servir de l'argent à l'exception de la dépense journalière de la maison ny des comptes de métayers ny salaires des domestiqurs. Je tiens des estats particuliers pour cela. Vive Jésus, Marie et Joseph. « Les plus grands événements notés par le chroniqueur sont ceux-ci : « Acheté un brau à la foire de Sainte-Bazeille. Vendu une barrique de vin rouge [1] . Acheté à Mme la comtesse de Ribérac, propriétaire du château et de la forêt de Calonges, quatre chênes de ladite forêt à 40 livres pièce ». Exception doit être faite cependant pour l'événement de famille que voici : « *Mariage de mon frère*. — Le 10 avril 1742 mon frère a quitté icy pour s'en aller rester à Marmande où il s'est marié et a épousé ledit jour (10 avril 1742) la fille ainée de M. Fontainemarie, conseiller et doyen de la cour des Aydes de Bordeaux. Ma sœur [Marie] et moy avons resté ensemble ici à Sénestis [2]. » La dernière note écrite par le narrateur — ou plutôt le calculateur — car, encore une fois, ce ne sont là que des comptes — est du 30 avril 1771. Un neveu d'Honoré, continuant le journal, a ainsi enregistré le décès de celui dont il avait eu la plume en héritage : Mon oncle Villepreux mou-

---

[1] En janvier 1742, une barrique de ce vin — vin de pressoir — fut vendue 18 *livres* 10 sols.

[2] Le 25 mai suivant fut fait le partage des biens. Joseph de Villepreux, l'heureux époux de Mlle de Fontainemarie, eut pour son lot « la métairie de Rouchou qui est dans la juridiction de Marmande, paroisse de Beaupuy. » Honoré garda avec sa sœur une métairie auprès de Seyches, appelée Damoran et le domaine de Meynié, dans Sénestis.

rut le 14 mai de l'année 1771 d'une maladie qui le conduisit au tombeau dans l'espace de 12 jours seulement. Il fut enterré dans l'église des Révérends pères Cordeliers du Mas. »

III.

LETTRE DE M. LE DOCTEUR E. D'ANTIN

A l'éditeur du **Livre de raison de la famille de Fontainemarie**[1].

Monsieur,

Puisque vous êtes décidé à publier sous forme d'appendice au livre de raison de la famille de Fontainemarie l'inventaire des titres que j'ai trouvé dans la maison de la Sauviolle, je vous le renvoie un peu plus détaillé et mis dans l'ordre chronologique.

1º Articles accordés entre nous Gaston de Ferran, baron de Mauvoisin, d'une part, et Raymond Lapeyre sieur de Lassauviolle comme mari de Catherine Jordaneau pour raison des liens qu'ils possèdent aiant appartenu à feus Michel et Mathieu Jordaneaux ayeul et père de ladite Catherine (original de 1608). Deux copies collationnées de 1635 et 1670 ; plus un extrait du livre des reconnaissances de Mauvoisin ; en tout 4 pièces — Le tout relatif à un droit de chasse sur la baronnie de Mauvezin — Voir l'histoire du château de Mauvesin par l'abbé Alis.

2º Transaction et partage entre les sieurs de Lapeyre et de La Bessède, son beau-frère, 13 septembre 1665 — Autre pièce, même année, même affaire.

3º Accomodement au sujet d'un fossé faisant séparation entre deux pièces de chenevière, situées au village de Seguin dont l'une appartient à dame Marie de Villepreux, veuve de feu le seigneur de la

---

[1] Je n'avais annoncé qu'un appendice en deux parties. Une bonne fortune qui m'arrive *in extremis* me permet de donner une troisième partie. J'en suis d'autant plus heureux que la communication de M. le docteur d'Antin complète mieux tout ce que l'on a déjà lu ici sur les aïeux maternels de mon honorable correspondant et collaborateur.

Saubiolle, escuyer, soubsignée et demoiselle Marie Larue, femme du sieur Macé maitre apoticaire de Castelmoron, 20 avril 1686.

4° Liasse de 11 pièces concernant un procès devant le juge ordinaire et cour de Mauvoisin entre la dame Anne Lapeyre de Fontainemarie et Bernard Durand Petit, procureur, 1730.

5° Petite liasse de 6 pièces concernant des échanges de terre entre la dame Anne Lapeyre Fontainemarie et divers voisins, 1730.

6° Copie du testament de François de Fontainemarie, sieur de Castécu Doriolle, conseiller du roy, doyen de la Cour des Aydes et Finances de Guyenne. Il nous apprend que son père était aussi, de son vivant, doyen de la Cour des Aides, que sa sépulture ainsi que celle de son ayeul était dans l'église des carmes de Marmande où lui-même veut être enseveli. Il fait un legs de 400 messes basses à raison de 8 sols par messe, qui seront ainsi réparties : 100 à l'église paroissiale et 100 à chacun des trois couvents de la ville. Il laisse en outre 30 livres aux pauvres et trente autres qui seront remises à la sœur de l'hospice chargée de visiter les malades pour qu'elle en puisse disposer sans le controle de MM. les administrateurs. Il dit avoir eu sept enfants de Marie-Marguerite Boutin, dont 6 actuellement en vie, sçavoir : Jean-Baptiste Fontainemarie, fils ainé ; Jeanne Fontainemarie, que M. Boutin, mon beau père, me demanda sitôt qu'elle fut sevrée ; Catherine Fontainemarie, que nous appelons Flore ; Blaise Fontainemarie, et Marguerite et Marie Fontainemarie, toutes deux jumelles ; la morte qui s'appelait Marianne et qui était notre cinquième enfant fut ensevelie à Birac où elle était en nourrice. Il nomme MM. de Villepreux de Senestis, ses cousins, seconds tuteurs et curateurs de ses enfants ; institue Jean-Baptiste, son fils ainé, son héritier universel, fait une substitution en faveur de Blaise ou à son défaut en faveur de l'ainé de ses enfants mâles, ou de toutes ses filles s'il n'y a pas de mâles ; et si Jean-Baptiste et Blaise décèdent sans enfants mâles il substitue au dernier mourant des deux outes ses filles par égales portions, 1738.

Le cas prévu en faveur de Blaise se produisit, mais la Révolution empêcha la terre de Castecu de passer aux héritiers de Blaise de Fontainemarie.

7° Mémoire et dénombrement des meubles et effets de feu M. Boutin, fait par M. de Fontainemarie et Madame son épouse. Cette pièce très intéressante nous donne à elle seule un tableau de la vie d'un bourgeois riche de ce temps, mais elle est trop longue pour être publiée. Blaise Boutin était de Monségur, il portait l'épée (une épée à poignée d'argent, nous dit l'inventaire) et avait une charge dans la commune de Castelnau relative au recouvrement des deniers publics. Son père Bernard Boutin possédait des biens à La Réole et lui-même en avait dans la juridiction de Monségur, notament à Saint-Vivien, où il avait une chapelle dans l'église, pour lesquels il faisait reconnaissance à M. de Guilleragué. Voici les degrés généalogiques relevés dans les titres inventoriés :

Elie Boutin
|
Bernard Boutin
Jeanne Dupié, fille de François et d'Antoinette Ducheynau
|
Jeanne Boutin   Anne Boutin   Blaise Boutin
Noble Jean de Ferran   David Villotte   Louise Callabre
                                                                     |
                                                                      Marie-Marguerite Boutin
                                                                      François de Fontainemarie.

On trouva à l'inventaire 89 obligations de valeur variant de 25 à 200 ou mille livres, plus de 60 sacs à procès (j'espère qu'ils étaient relatifs à l'exercice de sa charge), de nombreux baux pour des pièces de terres et trois métairies. Dans la maison, 9,501 livres, 8 sols et 6 deniers en espèces ayant cours ; 18 marcs 1/2 d'argent en espèces hors cours et un marc, une once et demie d'or également démonétisé, qui furent changés à raison : pour l'argent de 46 fr. 18 sols le marc et pour l'or 678 fr. 15 sols. Ce qui met le rapport de la valeur de l'or à celle de l'argent comme 14.66 est à 1. L'inventaire commencé le 5 avril 1740 fut terminé au mois de décembre de la même année. M. de Fontainemarie mourut dans l'intervalle.

8º M. de Villepreux devenu le gendre de Mme de Fontainemarie dresse un état des créances du sieur Boutin qu'il fait précéder du préambule suivant qui nous en dit assez sur les obligations et les sacs à procès du défunt :

« Ce caier est pour tenir un état des intérêts que je dois rembourser à tous ceux qui en ont paié au sieur Boutin, à quoy moy Joseph de Villepreux je me suis engagé et l'ay promis de parole d'honneur et par une déclaration écrite de ma main que j'ay donné à Madame de Fontainemarie ma belle-mère et en cette considération elle m'a abandonné la jouissance de tout le bien de feu M. Boutin et par ce moien je me suis obligé en conscience de faire le remboursemant quoyque je l'aurais été dès que ma femme aurait jouy de ce bien parce qu'on ne peut posséder selon la loy de Dieu un bien qui vient par l'usure de celui qui le laisse, ainsy je dois donc par ces deux motifs remplir cette obligation et je désire faire cette œuvre pieuse et j'espère que Dieu qui conduit touttes choses me fera la grâce de me donner son secours pour parvenir à remplir ce devoir. »

9° Liasse de 11 pièces concernant un différent entre Blaise de Fontainemarie, ancien capitaine au régiment de Normandie, et Jean-Baptiste de Fontainemarie, conseiller en la Cour des Aydes de Guyenne, tous deux fils de François, au sujet du partage des successions de leurs père et mère. Transaction intervenue le 6 mars 1767 par l'intermédiaire de M. Drouilhet de Sigalas, conseiller au Parlement.

10° Quatre pièces, arpentements. 1675, 1710, 1733, 1791.

11° Trois baux de métairies. 1752, 1793, 1798.

12° Cahier de quittances de rente de ma maison de Marmande (Maison de M. Jarleton, grande rue Labat) laquelle relève de M. le baron de Commarque à commencer de l'année 1765. En marge : fiefs de Toris et Albert à M. le baron de Commarque, représentant que Madame la comtesse de Ribérac.

13° Titre que m'a concédé M. de Saint-Sauveur, évêque de Bazas, du banc que j'ai dans l'église paroissiale de Mauvezin, en date du 19 octobre 1774.

Le suppliant adresse une demande à l'évêque désignant l'emplacement et offrant 21 livres à l'église. L'Evêque émet un avis favorable et ordonne la publication au prône trois dimanches consécutifs. Le curé donne un certificat de publication et déclare que personne n'a fait opposition : l'évêque, alors, confirme l'autorisation et fixe à 50 livres l'aumône qui devra être faite à l'église. Reçu du trésorier de la fabrique. de plus 13 livres 10 sous ont été payés au secrétaire de Monseigneur pour ses droits et pour la confirmation du titre.

14° Copie du contrat de mariage entre M. Antoine Dandirac de Verdry, ancien officier d'infanterie et demoiselle Catherine de Fontainemarie le 11 décembre 1787 et la célébration du mariage le 15 janvier 1788.

15° Testament de M. Antoine Dandirac de Verdry, du 18 février 1789.

16° Déclaration portant quittance et partage entre les demoiselles Dandirac sœurs et Dame Catherine de Fontainemarie, veuve de M. Dandirac de Verdry, leur belle sœur. Un détail du partage nous apprend que le café valait alors 25 sous la livre à Bordeaux.

17° Liasse de contrats de constitution de rente. On trouve cette mention en marge de l'un d'eux: Consenty par M. de Feytou de Fauguerolles. Remboursé en assignats le 9 may 1792. Les assignats valaient le jour du remboursement 70 livres 5 sols numéraire, c'est-à-dire 100 fr. assignats, en sorte que 4000 l. assignats ne valaient numéraire que 2810. Il y a donc perte de 1190 l.

18° Pancarte de recruteur: dimension 0,45 c. de large sur 0,30 c. de haut.

Armes de France
De par le roy

On fait sçavoir à toutes sortes de personnes de quelle qualité et condition qu'elles soient, qui voudront prendre parti pour le service du Roy, dans le régiment de NORMANDIE, infanterie, n'auront qu'à s'adresser à M. de FONTAINEMARIE, capitaine audit régiment, qui leur donnera toute sorte de satisfaction, un bon congé de six ans, trente sols à dépenser par jour jusqu'au départ, habillés de neuf en arrivant au Régiment. Les Enfants de famille y sont très distingués. Il récompensera très grassement les personnes qui lui procureront quelque bel homme. Il a besoin d'un Frater, d'un Tailleur et d'un Cordonnier.

Il est logé   où pareilles affiches sont sur la porte.

Ici est terminé l'inventaire des titres de la Sauviolle.

Maintenant puisque l'occasion s'en présente, je vous prierai de rectifier l'erreur de l'abbé Alis qui, dans la notice consacrée à la famille de Fontainemarie, dans l'histoire du château de Mauvezin, a fait de moi un médecin-major au 20° de ligne. Il y avait en effet à Marmande, un médecin militaire qui portait le même nom que moi, mais différemment orthographié. Mon grand-père, Pierre-Emile d'Antin, le mari de Mathilde-Flore de Fontainemarie, était fils de Bertrand d'Antin, de la maison d'Antin en Bigorre, major de vaisseau, lieutenant-colonel de marine, et d'Élisabeth Angélique de Mondenard de Roquelaure. Sans attacher d'autre importance à cette erreur, je ne serai pas fâché de recouvrer ma personalité.

Laplume, 4 juillet 1889.   D'ANTIN.

ERRATUM

Prière de transporter de la page 54 à la page 52, la note sur *le prieuré de Garrigues*, portant le n° 1 (dernier alinéa), dans la page où elle a été malencontreusement placée.

Agen, Imprimerie V° Lamy, rue Voltaire, 43.

DEUX LETTRES BÉNÉDICTINES

INÉDITES

DOM GERMAIN, DOM DEVIC

PAR

PH. TAMIZEY DE LARROQUE

Correspondant de l'Institut.

TOULOUSE
IMPRIMERIE ET LIBRAIRIE ÉDOUARD PRIVAT
45, RUE DES TOURNEURS, 45

1889

DEUX LETTRES BÉNÉDICTINES

INÉDITES

DOM GERMAIN, DOM DEVIC

PAR

PH. TAMIZEY DE LARROQUE

Correspondant de l'Institut.

TOULOUSE
IMPRIMERIE ET LIBRAIRIE ÉDOUARD PRIVAT
45, RUE DES TOURNEURS, 45

1889

EXTRAIT DES *ANNALES DU MIDI*

Tome I (1889), pp. 397-405.

DEUX LETTRES BÉNÉDICTINES

INÉDITES

DOM GERMAIN — DOM DEVIC

Un des documents que l'on va lire avait sa place naturelle dans les *Annales du Midi* : c'est celui qui porte la signature de Dom Claude Devic, lequel appartient à notre région par sa naissance (Sorèze), par son séjour au monastère de la Daurade (Toulouse), par son professorat (abbaye de Saint-Sever), enfin et surtout par sa collaboration à l'*Histoire générale de Languedoc*. Mais j'ai d'abord un peu hésité, je l'avoue, à publier ici l'autre document, car Dom Michel Germain, né à Péronne, est un homme du Nord, et ses travaux n'ont en rien touché à l'histoire méridionale, si ce n'est par quelques passages d'une mémorable dissertation [1]. Pourtant comme les *Annales du Midi* embrassent, dans leur vaste cadre, avec tout le pays d'outre-Loire, les autres pays voisins aimés du soleil et particulièrement ce prolongement de la France que l'on appelle l'Espagne — car pour nous *il n'y a plus de Pyrénées* — j'ai

---

1. *Commentatio de antiquis Regum Francorum Palatiis*, dans l livre IV du *De re diplomatica*, de Mabillon.

pensé que la lettre de Dom Germain, étant en grande partie consacrée au fameux théologien Michel Molinos, je pouvais, sans accroc au programme de notre recueil, rapprocher la lettre du collaborateur de Dom Mabillon de la lettre du collaborateur de Dom Vaissete. D'ailleurs, ne tombe-t-on pas toujours du côté où l'on penche? Et l'extrême intérêt que présente la lettre de Dom Germain me permettait-il de résister à la tentation de la mettre en lumière? Comment se résigner à priver ce lecteur auquel on donne le doux nom d'ami, de la joie de lire une page où pétille toute la verve de celui que je ne crains pas de surnommer le plus spirituel des Bénédictins[1], et où les détails les plus nouveaux, les plus piquants, sont encore relevés par une si fine pointe de malice et par de si savoureux grains de sel gaulois?

La lettre de Dom Devic est moins curieuse que celle de son confrère. On y trouvera toutefois d'utiles renseignements sur le rôle joué, dans la capitale du monde chrétien, par le futur historien du Languedoc, renseignements qui confirment et complètent ceux qui ont été ainsi résumés, en tête du premier volume de la nouvelle édition, par l'académicien E. Dulaurier : « Il fut envoyé à Rome en 1701, en qualité d'assistant du P. Guillaume Laparre, procureur général de la Congrégation auprès du Saint-Siège. Son caractère doux et affable, sa piété tolérante et son savoir lui valurent de nombreuses et illustres amitiés; le pape Clément XI, le fameux auteur de la bulle *Unigenitus*, et la reine de Pologne, Marie-Casimire, l'honoraient de leur bienveillance. En 1708, Dom Laparre ayant été envoyé en mission en France, il le suppléa pendant son absence avec le titre de vice-procureur général. Au milieu des occupations que lui donnait son emploi, il trouvait encore le temps de cultiver les lettres, amour de sa jeunesse; il collationnait les manuscrits du Vatican et des autres bibliothèques de Rome

---

1. Un juge des plus compétents en matière d'esprit, M. le prince Emmanuel de Broglie, lui a décerné les plus flatteurs certificats, à cet égard, en plusieurs passages de son beau livre sur *Mabillon et la Société de l'abbaye de Saint-Germain-des-Prés*, etc. (Paris, 1889, 2 vol. in-8°), *passim*, notamment t. I, p. 27.

pour ses confrères de Saint-Germain-des-Prés, et leur envoya quantité de notes et de mémoires¹. » On remarquera dans la lettre de Dom Devic, à propos de la victoire de Cassano², une allégresse patriotique qui prouve une fois de plus que nos Bénédictins épousaient avec la même ardeur les intérêts de la France et ceux de l'érudition.

Je dois la communication des lettres de Dom Germain et de Dom Devic à un magistrat dont j'ai déjà eu l'occasion de vanter la belle collection bénédictine et encore plus le solide savoir et l'obligeance parfaite, M. Henri Wilhelm³. En remerciant ici mon aimable confrère de la générosité de ses dons, je ne puis m'empêcher d'exprimer le vœu qu'il nous fasse jouir directement d'un choix des nombreux et importants documents qu'il a mis tant de zèle à rassembler. Le recueil que je voudrais arracher à la modestie du docte collectionneur serait doublement précieux, car aux lettres de ses chers Bénédictins il pourrait si facilement joindre les plus abondantes et les plus sûres annotations. Un tel recueil nous aiderait fort à attendre avec plus de patience la publication, dans la *Collection des documents inédits*, de la correspondance des Bénédictins que M. Alph. Dantier avait commencé à préparer et que doit nous donner (en plusieurs volumes⁴) un érudit qui, malgré sa jeunesse, est classé d'une voix unanime parmi nos plus actifs et nos meilleurs travailleurs, M. l'archiviste Henri Stein.

Ph. Tamizey de Larroque.

1. *Introduction*, p. 27.
2. On lit dans l'*Art de vérifier les dates* : « Le 16 août [1705], le duc de Vendôme défait le prince Eugène à la journée de Cassano, où les Français et les Espagnols achètent le champ de bataille par des ruisseaux de sang. »
3. Voir *Reliquiæ Benedictinæ*, Auch, 1886, in-8°, p. 5.
4. Il n'est question que de deux volumes; mais le grand nombre des documents et le grand mérite de l'éditeur forceront la main au Comité des Travaux historiques, et j'espère qu'à la suite de cette douce violence paraîtront au moins quatre volumes aussi gros que bien remplis.

I.

A Monsieur Ménage [1].

Ce 25 avril 1691.

Voici, Monsieur, ce que vous avez souhaité de moy sur trois articles, dans les deux dernières visites que j'ai eu l'honneur de vous rendre.

I. Le passage attribué à saint Ambroise en ces termes : *Sic amat diabolus filios suos ut perdat, sicut amat gluto porcellum ut comedat*, se trouve au 30⁰ sermon de l'appendice du tome second de saint Ambroise, num. 2, page 432. Ce sermon n'est pas de saint Ambroise, mais il pourrait bien être de saint Cesaire d'Arles, et, en ce cas, on trouveroit ce mot, qui a du raport à celuy de glouton, dans la bouche d'un vieux Gaulois, comme j'en ay remarqué plusieurs plus anciens que la langue françoise d'aujourdhuy [2].

II. L'endroit où je vous ay dit qu'on trouvoit une preuve originale que les Romains mesuroient les hommes pour les enroller, se trouve dans les actes autentiques de la passion de saint Maximilien, martyr d'Afrique, au quatrième tome de *Vetera analecta* de D.-J. Mabillon, page 566, où sont ces mots : *Dion, proconsul, dixit : Intumetur. Cumque intumatus fuisset, ex officio recitatum est : Habet pedes quinque, uncias decem. Dion dixit ad officium signetur. Cumque resisteret Maximilianus, respondit : Non possum militare. Dion dixit : Milita ne pereas. Maximilia-*

---

1. Ces mots, d'une écriture ancienne, ont été ajoutés à l'autographe. Rien ne défend de croire que la lettre ait été adressée au savant Gilles Ménage. En 1691, Dom Germain avait quarante-cinq ans et Ménage, qui allait mourir le 23 juillet de l'année suivante, avait quatre-vingt-huit ans.

2. Si, comme je le pense, la lettre était pour l'auteur du *Dictionnaire étymologique ou origines de la langue françoise*, ce renseignement dut plaire singulièrement au vieux philologue qui préparait alors la seconde édition de son recueil, lequel parut seulement deux ans après sa mort. Le travail de revision auquel se livrait Ménage, dans les dernières années de sa vie, rend encore plus vraisemblable l'envoi de la présente lettre à cet érudit.

nus respondit : Non milito; caput mihi præcide; non milito sæculo, sed milito Deo meo, etc. Nostre père fait en la même page cette note : *Nempe Romani mettri solebant tirones, quod militiæ adscribebant, ita ut senos pedes, vel certe quinos et denas uncias habentes inter alares equitos, vel in primis legionum cohortibus probarentur, teste Vegetio in lib. I cap. 5.*

III. Michel Molinos est un prestre espagnol de Saragoce [1]. Il vint à Rome il y a plus ou moins trente ans. Il y acquit la réputation d'un homme fort spirituel et avancé dans l'oraison et la contemplation. C'estoit le plus grand directeur de l'Italie. Non seulement les personnes de qualité de Rome se rapportoient à luy de leur conscience, mais il dirigeoit par lettres plusieurs seculiers, et meme des religieuses dans diverses provinces de l'Italie et d'Espagne. Le feu pape Innocent XI le prenoit pour un saint, et il est constant qu'il l'avoit écrit dans la liste des cardinaux qu'il devoit nommer [2] : de sorte que si la lenteur et l'irresolution naturelle de ce pontife ne l'eut pas retardé, on auroit vu Molinos revetu de la pourpre romaine. Entre autres personnes eloignées qu'il dirigeoit, il se trouva une religieuse d'une ville episcopale du royaume de Naples. L'Evesque de cette ville etant venu à Rome, et parlant au Pape, le Saint Pere luy demanda pourquoy il ne disoit mot de cette sainte ame, qu'il avoit dans un couvent de sa ville. Sur ce que l'Evesque repondit qu'il n'en avoit jamais entendu parler, le Pape le mortifia et luy reprocha fortement sa negligence à l'acquit de son devoir, etc. L'Evesque, de retour à son diocèse, fut au monastere, et y entra pour voir cette religieuse dont le Pape luy avoit parlé si avantageusement. Elle, surprise de cette visite, à quoy elle ne s'attendoit pas, ne voulut pas voir l'Evesque; elle se renferma dans sa chambre et s'y barricada. On en soupçonna du mal : la chambre fut ouverte de force, et pour abreger on trouva dans cette cellule quantité de lettres ecrites de la main de Molinos, où toute l'ordure de sa perni-

---

1. Suivant le *Moréri* de 1759, Molinos naquit « dans le diocèse de Saragosse » en 1627, ce que répète religieusement la *Biographie universelle*. M. H. Fisquet (*Nouvelle Biographie générale*), fait naître le bizarre théologien « près de Saragosse ». Comment Ticknor n'a-t-il pas mentionné Molinos dans son *Histoire de la littérature espagnole*? Voir sur Molinos et son procès diverses lettres écrites de Rome par plusieurs Bénédictins dans le recueil de Valery (*Correspondance inédite de Mabillon et de Montfaucon avec l'Italie*). Voir encore sur Molinos *les Mystiques espagnols* de M. Rousselot, ouvrage qui a eu deux éditions. (Paris, Didier, in-8°.)

2. Connaissait-on cette particularité que l'affirmation si précise de Dom Germain rend indubitable ?

cieuse doctrine etoit repandue [1]. L'Evesque se saisit de ces lettres, les envoya à Rome à l'Inquisition : les cardinaux en parlèrent au Pape, qui eut bien de la peine à se rendre; mais enfin vaincu par l'autorité de ce terrible tribunal, il donna les mains à la saisie de cet homme. On entra chez luy durant la meridienne; on luy trouva bien 17,000 livres en or et en argent avec une prodigieuse quantité de lettres et de memoires, qui decouvrirent à nud ses miseres. L'impureté avec quelques unes des dames qu'il dirigeoit est ce qui a le plus choqué les oreilles chastes [2]. Dans le tintamarre de cette capture, un prelat napolitain, à qui le Pape avoit ordonné de sortir de Rome pour avoir imprimé au Vatican un livre sans permission, et qui restoit dans Rome incognito, entendant le bruit si près de luy (car sa chambre touchoit à celle de Molinos), s'éveilla en sursaut, et croyant que c'estoit à luy qu'on en vouloit, il s'enfuit en chemise et calleçons sur le toit de sa maison; de ce toit il courut à un autre, et de cet autre à celuy des Religieuses dominiquaines, qui n'etoient pas eloignées de luy. Quand ces bonnes filles virent en plein jour un grand homme blanc sur leur toit qui descendoit chez elles, elles crierent, furent à luy avec des batons, des perches et des ballays; enfin, elles avertirent le gouverneur de Rome. Le pauvre prelat avoit beau leur faire signe de ne dire mot, et qu'il ne venoit pas à mauvaises intentions, elles n'en firent que plus de bruit, qui se tourna en risée, dont on fit part au bon Pape, pour adoucir l'amertume qu'il ressentoit dans le cœur de la catastrophe arrivée à son ancien ami Molinos, qu'il adoroit, le croyant un saint, et celuy qui, avec sa pieuse bende (sic), attiroit les benedictions du ciel sur l'Eglise [3].

Je suis avec beaucoup de respect, Monsieur, vostre tres humble et tres obeissant serviteur.

Fr. Michel GERMAIN, M. B.

1. Rappelons que deux des plus beaux génies de l'Eglise catholique au dix-septième siècle, Bossuet et Fénelon, ont condamné avec la même énergie la doctrine de Molinos.

2. Le témoignage est d'autant plus accablant, que Dom Germain était un plus honnête religieux.

3. Connaissait-on cette amusante scène ? Etait-il possible de mieux la raconter ?

II.

A un des supérieurs de Dom Devic, probablement au général de l'Ordre, Dom S. Bougis.

Benedicite.

De Rome, ce 25 aoust 1705.

Mon Reverand Pere,

Je me donne l'honneur d'ecrire cella cy à votre reverance pour luy faire part de la protestation et du decret du Senat de Pologne contre cette cour. En voicy la copie [1].

. . . .

Voicy le decret du Senat de Pologne contre le Pape.

Dominus Papa non se intromittat in negotiis politicis regni Poloniæ, alias ordo ecclesiasticus non gaudebit suffragio in comitiis nostris.

Enfin Mr de Lionne [2] a obtenu du Saint Pere la communication du decret de l'affaire de la Chine, mais sous le secret. Ce prelat eut la bonté de venir chez nous pour nous donner cette bonne nouvelle, dont je luy aurois fait aussitôt part si j'avois eu quelque autre chose à y joindre.

Nous comprimes par la joye qui paroissoit sur son visage qu'il étoit tres satisfait du decret, et ce qui marque qu'il a gagné sa cause, c'est qu'il est voisin de partir de cette cour aprez avoir terminé quelque autre affaire qui

---

1. Suit une très longue pièce en langue latine que j'ai deux bonnes raisons pour ne pas reproduire; d'abord elle est peu intéressante, ensuite elle a dû être publiée déjà. M. Vilhelm suppose avec beaucoup de vraisemblance que cette pièce fut communiquée à Dom Devic par la reine de Pologne, veuve de l'illustre Jean Sobieski, laquelle honorait notre bénédictin de toute sa confiance.

2. Artus de Lionne, évêque de Rosalia, vicaire apostolique en Chine, né à Rome en 1655 pendant que son père, l'illustre homme d'Etat, fut chargé de missions importantes en Italie, mourut à Paris le 2 août 1713. Le décret en question est celui qui fut rendu par Clément XI le 20 novembre 1704, et qui déclarait superstitieuses les cérémonies tolérées par les missionnaires Jésuites. Voir Dom Clément (*Lettres à Eusèbe Philalèthe*), le P. Brucker (*La Chine et l'Extrême-Orient d'après les travaux historiques du P. Antoine Goubil*, dans la *Revue des Questions historiques* d'avril 1885), Dom Jacques Boyer (*Journal de Voyage*, si bien publié par M. A. Vernière, pages 173, 174, 262, etc.).

regarde la Chine, ce qu'il ne fairoit pas s'il avoit perdu. M. le duc de Lorraine vient d'envoyer par un courrier extraordinaire sa reponse au bref du Pape. Ce prince est resolu de ne pas accepter le preliminaire que demande le Pape avant de parler dainstrument (sic), qui est de publier dans ses etats le decret par lequel Sa Sainteté a condamné son code. Ce prince s'oblige seulement à oter de son code tout ce que le pape luy faira connoitre etre contraire à la datterie et à l'immunité ecclesiastique, mais non pas à le condamner entierement parce qu'il renferme douze cens articles qui ne regardent nullement la jurisdiction du pape. Si le pape ne veut pas se contenter de cela, l'envoyé de ce prince a ordre de se retirer de cette cour. Nous venons d'apprendre par un courrier extraord[inaire] la bataille que M. le duc de Vendome a gagnée en Lombardie sur le prince Eugene qu'on dit etre blessé à mort avec quatre autres princes[1]. Je viens de recevoir la lettre que V. R. m'a fait l'honneur de m'ecrire avec son incluse. J'employeray tres volontiers mes soins pour donner satisfaction à ce Reverand Pere, aussi bien qu'au Reverand Pere Garnier. Touchant ce dernier, le R. P. General de Saint-Bazile a repondu qu'il ne croyoit pas qu'il y eut dans Messine autres manuscripts que ceux qui sont marquez dans le catalogue qu'ils ont à Rome, dans lequel il n'y a rien de ce que demande le Pere Garnier; que cependant il fairoit chercher avec soin ce qu'on souhaitte et que supposé qu'on trouve quelque chose, il en faira part avec plaisir [2].

Nous celebrons aujourdhuy la fete de saint Louis dans lesglize (sic) nationale de ce saint tandis que les autres esglizes romaines celebrent celle de saint Barthelemy. Mʳ de Lionne a chanté la messe à laquelle ont

---

1. Le prince Eugène reçut, en effet, deux blessures à la bataille de Cassano, et les princes de Linange et d'Anhalt y furent tués. Vendôme aussi fut blessé à la jambe par une balle et son cheval fut abattu par un boulet. Voir le récit de la bataille de Cassano dans *Quinze ans du règne de Louis XIV*, par Ernest Morel, t. II, pp. 99-104.

2. M. Wilhelm me rappelle, avec son immense connaissance des choses bénédictines, que Dom Julien Garnier, qui avait travaillé jusqu'en 1699 sous la direction de Mabillon, fut chargé, dès 1701, de donner une nouvelle édition des œuvres de saint Basile, et qu'il commença cette entreprise en réunissant et collationnant tous les manuscrits du grand docteur. Le premier volume parut en 1721, le deuxième en 1722; le troisième fut publié, après la mort de Dom Garnier (3 juin 1725), par Dom Prudent Maran (1730). L'auteur de l'*Histoire littéraire de la Congrégation de Saint-Maur*, Dom Tassin, déclare que les savants ont regardé la nouvelle édition des œuvres de saint Basile comme une des meilleures éditions des Pères qui soient sorties de la Congrégation de Saint-Maur.

assisté tous les cardinaux à la reserve de quattre qui pour diverses incommoditez ne se trouvent presque jamais dans les ceremonies publiques. Le bruit s'est repandu dans Rome que l'Empereur a fait sortir de Vienne le nonce du Pape. Je n'ecris point ces nouvelles au R. Pere prieur d'Avignon à qui je presante mes respects, persuadé qu'elle luy en faira part si elle le juge à propos. Je finis en luy demandant la continuation de sa protection et de ses saintes prieres et suis avec un profond respect,

Mon Reverend Pere,

Votre tres humble et tres obeissant religieux

Fr[ere] Claude Devic

m. b.

La bataille que M. de Vendome vient de gagner en Lombardie afflige beaucoup les Romains, du genie allemand, et rejouit beaucoup ceux du genie françois.

Le R. P. procureur presante ses respects a votre Reverence.

POUR PARAITRE PROCHAINEMENT :

LETTRES BÉNÉDICTINES INÉDITES

(SECONDE SÉRIE)

DOM BRIAL — DOM DU LAURA
DOM ESTIENNOT — DOM LOBINEAU

Toulouse, Imp. DOULADOURE-PRIVAT, rue S'-Rome, 39. — 6661

PETITS MÉMOIRES INÉDITS

DE

PEIRESC

PUBLIÉS ET ANNOTÉS

PAR

PH. TAMIZEY DE LARROQUE

Correspondant de l'Institut de France.

ANVERS
IMPRIM. & LITHOGR. VEUVE DE BACKER, RUE ZIRK, 35.
— 1889 —

A Monsieur Léopold Delisle
reconnaissant et affectueux hommage.
Ph. Tamizey de Larroque

Gontaud, 10 novembre 1889

PETITS MÉMOIRES INÉDITS

DE

PEIRESC

PUBLIÉS ET ANNOTÉS

PAR

PH. TAMIZEY DE LARROQUE

Correspondant de l'Institut de France.

ANVERS
IMPRIM. & LITHOGR. VEUVE DE BACKER, RUE ZIRK, 35.
— 1889 —

Extrait du BULLETIN RUBENS. *Tome IV.*

TIRÉ A PART A 200 EXEMPLAIRES.

LES

PETITS MÉMOIRES DE PEIRESC

A MONSIEUR CHARLES RUELENS,
*Conservateur des manuscrits de la Bibliothèque
royale de Bruxelles,
Président de l'Académie d'Archéologie de Belgique,
Secrétaire de la Commission pour la publication des documents
relatifs à la vie et aux œuvres de Rubens.*

Mon cher confrère et ami,

Vous souvient-il des bonnes journées que nous passâmes ensemble, pendant l'été de 1882, dans cette charmante ville de Carpentras, dont se moquent seulement les moutons de Panurge qui ne la connaissent pas ? A peine avions-nous été présentés l'un à l'autre par l'excellent conservateur de la Bibliothèque d'Inguimbert, que nous étions déjà étroitement liés. Il y avait tant d'affinités entre nous ! Fervents bibliophiles, passionnés paléographes, intrépides chercheurs, ayant, avec nos goûts semblables, de communes amitiés — (je me contenterai d'indiquer ici le nom du regretté Paul Lacroix et de notre maître à tous, M. Léopold Delisle) — ne devions-nous pas voir se développer tout de suite en nous une mutuelle sympathie, comparable à ces magnifiques fleurs doubles qui s'épanouissent en un moment? Et quel trait d'union particulier entre nous que ce cher Peiresc, dont nous nous occupions avec une égale ardeur ! On l'aime tant pour peu qu'on le connaisse ! Il avait de si hautes qualités de cœur et d'esprit ! Sa belle âme apparaît si bien à travers sa correspondance ! Et dans ce pur miroir se reflètent si admirablement, à côté de sa séduisante physionomie, tant d'autres figures attachantes, par exemple, celles de plusieurs de vos compatriotes parmi lesquels le grand Rubens brille d'un incomparable éclat. Avec quel tendre intérêt nous suivions notre héros au milieu de ses inappréciables manuscrits ! Il était le plus curieux de tous les amateurs de son temps, et l'on prétend que nous sommes deux des plus curieux chercheurs du nôtre. Aussi combien nous buvions avidement aux sources inexplorées de l'Inguimbertine ! Combien, sous le bienveillant et presque paternel regard de M. Barrès, tout heureux de notre bouillante émulation, nos plumes couraient sur le papier, vives et légères, empruntant, semblait-il, aux aigles qui planaient autour du Mont-Ventoux, quelque chose de la rapidité de leur vol.

A propos de ce Mont-Ventoux, laissez-moi vous rappeler que vous avez été infidèle, un jour, à l'Inguimbertine (c'était le 15 mai). Vous lui avez préféré une ascension faite en compagnie du docteur de Mahy, ministre de l'Agriculture *(où sont les neiges d'antan ?)*, et du sénateur Naquet

« qui depuis... mais alors il était *orthodoxe !* »

pendant que, hardi buveur d'air, vous vous éleviez à près de deux mille mètres au dessus du niveau de l'Océan et rivalisiez avec les aigles dont je viens de parler (rien de métaphorique ! Il s'agit, bien entendu, d'aigles réels), je restai, toute la journée, emprisonné dans notre petite salle de travail, cette salle que vous appeliez irrévérencieusement une *boîte*, et, plongé dans les délices de mes transcriptions, je me disais, dédaigneux des sommités, que j'avais choisi la meilleure part.

Quel agréable souvenir je garde et garderai à jamais de nos amicales causeries *Carpentrassiennes !* Avant la séance, nous nous préparions à bien travailler en arpentant le boulevard du Musée. Après la séance, nous nous délassions de nos fatigues en nous entretenant, pendant une autre promenade, de nos trouvailles, de nos impressions, de nos projets, de toutes choses enfin *et de quibusdam aliis*. Avec quelle gaité d'étudiants nous allâmes, un jour, examiner le prétendu tableau de Rubens qui, dans la maison où j'habitais — je bénirai toujours cette aimable maison — *ornait* la galerie de la vénérable Madame Brun ! Nous eûmes le bon goût de respecter les illusions de la vieille dame ; courtois, galants jusqu'au bout, nous gardâmes devant le faux dieu l'attitude la plus correcte et à notre air convaincu nous crûmes même devoir mêler un brin d'enthousiasme (grande ombre de Rubens, pardonne-nous le !), mais combien nous nous dédommageâmes du sacrifice en descendant l'escalier !

Dans une de ces causeries qui étaient un des charmes les plus vifs de mon séjour à Carpentras, vous m'apprîtes une grande nouvelle : l'on possèdait en Angleterre, disiez-vous, entr'autres manuscrits de Peiresc, un recueil intitulé par les rédacteurs du catalogue de la fameuse collection de lord Ashburnham : *Mémoires autographes de Peiresc, avec la note détaillée de toutes les lettres écrites par lui*. Cette révélation alluma aussitôt ma convoitise. Je n'eus plus qu'un souci : voir les manuscrits de Peiresc qui étaient conservés à Ashburnham-Place, voir surtout le manuscrit des mémoires. Dès mon retour à Gontaud, je m'empressai d'écrire à lord Ashburnham pour le prier de la façon la plus pressante de m'autoriser à aller consulter chez lui les documents peiresciens. Ma supplique était faite pour attendrir le dragon des Hespérides lui-même. Lord Ashburnham, en une lettre froide et polie comme l'acier, m'opposa la plus décourageante fin de non-recevoir. J'étais désolé et j'exhalai mes plaintes un peu partout, jusque dans la *Revue Critique*. Au bout de quelques temps, M. L. Delisle, touché de mon inconsolable douleur, me confia sous le sceau du secret que des négociations étaient entamées pour ramener en France les manuscrits ravis par Libri et qu'il en attendait d'heureux résultats. Les espérances de l'éminent érudit ne tardèrent pas à se réaliser. Louera-t-on jamais assez le zèle, le dévoûment, l'habileté déployés par lui pour nous rendre nos trésors perdus ? Quant à moi, je ne passerai pas un seul jour sans l'en remercier au fond de mon cœur, et de même qu'on maudissait autrefois, en un refrain quotidien, la fureur des Normands, je célèbrerai jusqu'à la fin de ce qui me reste de vie la bienfaisante intervention de celui qui aura été, à divers égards, — *j'en parle comme en parlera la postérité* — le *père de l'histoire de France au XIX siècle.*

Mais voilà une causerie qui, comme nos causeries d'il y a sept ans, devient interminable. J'oubliais, dans l'entraînante joie des souvenirs évoqués, que ni vous, ni moi ne nous appartenons plus : vous vous devez tout entier à Rubens, comme je me dois tout entier à Peiresc. Tant que nous n'aurons pas l'un et l'autre achevé de mettre en lumière les lettres de ces deux grands hommes et de leurs innombrables amis, nous n'aurons pas le droit de prendre un moment de loisir. Comme ces coursiers généreux qui, malgré même l'épuisement de leurs forces, ne s'arrêtent pas avant d'avoir atteint le but, nous ne devons nous reposer --- passez-moi ce vieux cliché --- que « dans les bras de la victoire. » Puissions-nous, avant de prendre notre billet pour la mystérieuse station qui est au bout de la ligne, échanger nos plus cordiales félicitations en face de la rangée complète et pas mal imposante de ces gros volumes auxquels nous aurons consacré le meilleur de notre existence, et, la main dans la main, nous dire avec sérénité, que nous avons consciencieusement rempli notre mission !

Un dernier mot. A vous qui le premier m'avez fait connaître le recueil dont je vais donner quelques extraits, je devais l'hommage de ma petite publication. Je vous le devais aussi parce que vous m'avez gracieusement ouvert toute grande la porte de ce *Bulletin* où l'hospitalité est si douce et si honorable. Je vous le devais, enfin, parce que j'étais impatient de dire très haut, devant vos compatriotes et les miens, quelle profonde reconnaissance je garde de tous les services que vous avez daigné rendre à celui qui est et sera toujours, pour employer une des riantes formules du bon vieux temps, *vostre plus ami et serviteur*.

Philippe Tamizey de Larroque.

Gontaud, 31 Mai 1889.

Qu'il me soit permis de répondre et d'ajouter quelques mots à la lettre-dédicace de mon excellent confrère et ami, lettre que je laisse subsister entière, bien que, dans sa sagesse, le bon « Pierre Charron, parisien » y eût relevé quelques petits excès de bienveillance.

Mes collègues de la Commission Rubens acceptent comme une bonne fortune l'honneur de pouvoir publier ce document si précieux pour l'histoire du grand artiste, si important aussi pour l'histoire du mouvement intellectuel au premier tiers du XVIIe siècle. Et, c'est avec quelque fierté que nous constatons la place considérable occupée par Rubens dans cette correspondance gigantesque, phénoménale; car ce n'est pas seulement dans les missives qui lui sont adressées personnellement qu'il y a lieu de chercher son nom. Il est peu de lettres écrites à des compatriotes du peintre où il ne soit pas question de lui, et dans une foule d'autres, pour ne citer que les lettres de Peiresc à Dupuy, à Vallavez, au nonce Guidi da Bagno, à Aléandre, etc., etc., on trouve de lui des nouvelles, des détails, que l'on chercherait vainement ailleurs. Nous pouvons donc affirmer que la correspondance de Peiresc est une des sources les plus abondantes en notions concernant Rubens comme peintre, comme savant et lettré, comme caractère.

On sait qu'il existe à Carpentras et à Aix des *minutes* ou des *copies* de lettres de Peiresc ; mais elles sont très loin de former la totalité de sa correspondance : quant aux lettres originales, elles sont perdues ou dispersées. De ce qui est connu jusqu'à présent d'importantes parties ont été publiées ou sont en cours de publication : le présent document aura surtout pour grand avantage de provoquer des recherches et de faire découvrir — espérons-le, — des lettres originales errantes dans les collections publiques ou privées.

Suivant le désir exprimé par M. Tamizey de Larroque, j'ai ajouté des notes relatives aux lettres adressées à Rubens ou à d'autres belges. Lorsque je dis que la minute existe à Carpentras, il s'agit de lettres que j'ai copiées et qui viendront dans les tomes II et III de la Correspondance de Rubens ; lorsque je dis que la minute n'y est pas, je veux dire que je ne l'ai pas rencontrée. Ce n'est donc pas un procès-verbal de carence absolu, car il se peut qu'on retrouve un jour l'une ou l'autre dans ces registres volumineux où l'ordre ne règne pas toujours.

Largement répandus, espérons que les *Petits mémoires* feront retrouver quelques débris au moins de la correspondance, jusqu'à présent perdue, du plus illustre des correspondants de Peiresc !

AVERTISSEMENT.

M. Léopold Delisle, dans son *Catalogue des manuscrits des fonds Libri et Barrois*, (1) décrit ainsi (p. 146) le recueil dont je viens m'occuper : Nouvelles acquisitions françaises 5169 (Libri, 1838). Correspondance de Peiresc. Registre dans lequel Peiresc a noté les lettres qu'il a écrites à ses correspondants depuis l'année 1622 jusqu'à l'année 1632. Volume en papier, de 52 feuillets. 320 millimètres sur 215. » L'illustre critique ajoute : « Un passage suffira pour donner une idée de ce précieux registre. » Oui, bien précieux, en effet, car non seulement on y trouve le relevé, jour par jour, des lettres envoyées par Peiresc aux quatre coins du monde, avec l'indication des objets dont ces lettres étaient souvent accompagnées (livres, manuscrits, dessins, monnaies anciennes, plantes rares, etc.), mais encore de rapides mentions de divers évènements de sa vie, mentions qui justifient jusqu'à un certain point le titre adopté dans le catalogue de la collection Libri, et qui me permettent, à mon tour, de me servir du terme de *petits mémoires*.

Je ne reproduirai pas en entier les pages où Peiresc a consigné de sa propre main, avec la régularité d'un parfait teneur de livres, tout ce qui concernait ses relations épistolaires, ainsi que plusieurs particularités biographiques. Comme je l'ai annoncé ailleurs, j'ai le projet d'insérer la liste des lettres qu'il écrivit pendant une période de dix années (moins quelques mois), dans le tableau général, dressé par ordre chronologique, des lettres qu'il écrivit en toute sa vie,

(1) Paris. H. Champion, 1888, grand in-8º.

tableau qui doit figurer à la fin du dernier volume de sa correspondance (1), Aujourd'hui je veux seulement tirer du journal de Peiresc un certain nombre de faits et de dates dont l'intérêt sera considérable pour tous les curieux. Je publierai *in extenso*, comme échantillons, le premier et le dernier feuillet de ce journal, et je ferai dans les autres pages un choix discret.

Tous ceux qui jetteront les yeux sur ces extraits déploreront avec moi que le registre ne soit pas complet, qu'il n'embrasse pas aussi les vingt années qui ont précédé 1622 et les cinq années qui ont suivi 1632. Quel dommage que, guidés par Peiresc lui-même, nous ne puissions le suivre dans toute la merveilleuse activité de sa correspondance depuis son extrême jeunesse (dix-huit ans) jusqu'à sa mort prématurée (moins de soixante ans !) De combien de lettres perdues nous retrouverions ainsi la trace ! Et quelle abondance de renseignements nouveaux viendrait compléter ce que nous connaissons déjà de la vie et des relations de celui qui tint une si belle place dans la première moitié du XVIIe siècle !

Autour du texte je mettrai seulement les notes indispensables, de crainte de noyer petit poisson dans grande sauce, renvoyant mon lecteur à la *Vie de Peiresc*, par Gassendi, ouvrage où le biographe se montre si digne du héros, à la *Correspondance de Peiresc avec les frères Dupuy*, dont le tome II verra le jour dans quelques semaines, aux seize fascicules déjà

---

(1) Voir mon programme, ou, pour mieux dire, mes *desiderata* (car l'éditeur propose, et le Comité des Travaux historiques dispose), à la suite de l'étude si remarquable de M. L. Delisle sur *(Un grand amateur français du XVII siècle*. Toulouse, 1889, grand in-8º, p. 24-26).

publiés des *Correspondants de Peiresc* (1). Je laisse naturellement à M. Ruelens le soin de l'annotation en ce qui regarde les personnages des Pays-Bas tant de fois mentionnés dans les *Petits Mémoires* (2). Dieu me garde de chasser sur les terres de celui qui en sait si long et qui aime tant à faire profiter ses amis des richesses de son érudition !

---

(1) Les deux derniers fascicules viennent de paraître à l'instant même, le n° XV (*Lettres inédites de Thomas d'Arcos*) à Alger, chez Jourdan, le n° XVI (*Lettres inédites de François Luillier*) à Paris, librairie Léon Téchener.

(2) Le nom de Rubens surtout reparait souvent dans le journal, et c'est l'occasion de rappeler le mot de mon ami bien regretté M. Armand Baschet : « Il ne faudrait rien ignorer de la vie d'un artiste tel que Rubens, » mot que M. Ruelens a si heureusement arboré, comme épigraphe, comme drapeau, en tête de son splendide *Codex diplomaticus Rubenianus*.

PETITS MÉMOIRES
DE
PEIRESC.

Année 1622, Peiresc étant alors à Paris.

4 Octobre	[par] Jacquet		A mon père, avec les lettres de M. du Puy pour le vicaire de M. le Cardinal.
			A M. d'Agut (1).
7	»		A M. Rubens (2).
7	»	par Jean, fils de Estienne	A mon père et à M. d'Agut [avec] des livrets.
XI	»	[par] Jacquet	A M. d'Oppede.
			A mon père.
			A mon frère.
			A M. d'Agut, avec deux livres.
XI	»		A M de Mornieu.
			A M. Chifflet.
			A Mgr Bagni.
14	»		A Mgr Bagni.
			A M. Rubens, avec ses mesures (3).
14	»	[par] Jacquet	A M. d'Oppede.
			A M. de la Ceppede.

(1) Le conseiller au parlement d'Aix, Honoré d'Agut, fut un des intimes amis de Peiresc. On trouvera de fréquentes mentions de son nom dans les *petits mémoires*. Presque toutes les lettres de Peiresc à son collègue et ami sont perdues, car dans les registres de minutes, à l'Inguimbertine, on en conserve tout au plus une demi-douzaine.

(2) Lettre perdue, pas de minute à Carpentras (R).

(3) Lettre perdue. Il s'agit des *mesures* des panneaux à remplir par Rubens, dans la Galerie de Luxembourg (R).

14 Octobre	[par] Jacquet	A mon père, avec la commission de M. de Bressieux.	
15, 16 »	[par] Messager	A M. Duval.	
		A Bidone.	
		A Bouniard, sur ses plaintes du P. du Val et retention des deux priorez (1).	
		A M. Pichon.	
16 »	[par] M. Suffren	A mon père, avec M. de Villeroy *(sic)*.	
17 »	par Pierre Ferauld, le messager d'Eres (pour Hyères).	A M. de Suffren.	
		A mon père, avec sa cornette.	
		A M. d'Agut, avec des livrets.	
18 »	par Pierre de Blenis	A M. Lucas.	
19 »	par la poste	A M. du Val.	
		A Bidonne.	
		A M. Pichon.	
20 »	par messager de Caen	A M. du Bouillon, avec lettre de Malerbe *(sic)*.	
		A M. Rubens (2).	
21 »	[par] M. de Lomenie	A M. de Commartin *(sic)*.	
		A M. Lucas, avec les mémoirs et papiers.	
	[par] la poste	A M. d'Andilly.	
	[par] Jacquet	A M. d'Oppede.	
		A M. de Malerbe.	
		A M. d'Agut pour Chaillan.	
21 »	[par] Jacquet	A mon père, avec un pacquet de Giraudenc.	

(1) Ceci se rapporte aux affaires de Peiresc en son abbaye de Guîtres. Voir l'excellente monographie de M. A. de Lantenay, intitulée: *Peiresc, abbé de Guîtres*. (Bordeaux, Feret, 1888, grand-in-8º).

(2) Dans le registre à Carpentras. Lettre contenant surtout des nouvelles politiques (R.)

21 Octobre		[par] Jacquet	A mon frère, touchant Chaff *(sic)*.
		[par] messager de Grace, Ant. Mathieu	A M. d'Agut avec l'histoire romaine payée 8 livres 2 sols (1).
			A mon père.
25me	»	[par] André	A M. d'Oppede.
			A M. Seguiran.
			A M. d'Agut, avec la lettre du restablissement de M. du Vair.
			A M. Merindol.
			A mon père. } avec la despesche
			A mon frère. } de la cour.
			A Mgr le G.[arde] d[es] s[ceaux] de Commartin.
			A M. de la Ville aux clercs.
			A M. d'Herbault.
			A M. de L'Avrilliere.
			A M. Godart.
			A M. D'Andilly.
			A M. Lucas.
			A M. Lormier.
			A M. le juge Suffren.
			A M. Pacius avec le recepisse de 6 pistoles de son filz.
25	»	[par] la poste	A M. du Val.
			A M. Bidonne.
			A M. Pichon.
28	»	[par] l'ordinaire	A M. Bagni (2).
			A Rubens [sans l'abréviation M^r.] (3).
		[par] M. Cotron	A mon père, mon frère.
			Au P. Seguiran.

(1) Il s'agit de l'*histoire romaine* de Nic. Coeffeteau. Paris, Sébastien Cramoisy, 1621, in-f°.

(2) Le futur cardinal Bagni était alors nonce à Bruxelles.

(3) A Carpentras, 27 octobre. Composition du grand tableau représentant le *Mariage de Marie de Médicis* (R.)

28 Vendredy	[par] l'ordinaire	A Mad^e. de Barclay.
sainct	[pour] Rome.	

A M. Eschinard.
A M. Lanyer.

4 Novembre — A M. Rubens, avec les commissions, etc. (¹)
A M. d'Oppede.
A M. de Malerbe, avec la responce de Caen.
A mon frère, avec des livretz.
5 » A M. de Ramberviller.
A M. de Bouc, avec son pacquet.
8 Au cardinal de Sourdy.
Au P. du Val, avec la lettre du dit cardinal.
XI » Rubens (²).
Bagny.
Cardinal Sainte-Suzanne, [avec] Energumeni.
Aleandro.
La Barclay (³).
13 » [pour Bordeaux] : Au P. du Val, au fermier Boumard, à l'advocat Boumard, au procureur Montalier, à Bidone, à M. Pichon, à Millanges. (4).

(1) Minute à Carpentras, avec la date du 3. *Les commissions*, ce sont les démarches faites par Peiresc à Paris pour obtenir des changements aux fenêtres de la Galerie, afin d'avoir une meilleure lumière. (R).

(2) Minute à Carpentras, même sujet et nouvelles. (R).

(3) Excusons Peiresc pour avoir, dans un moment de précipitation, irrespectueusement appelé *la Barclay* celle qu'il appelait plus haut *Mme de Barclay* et qui était la veuve d'un de ses meilleurs amis, le romancier-poète Jean Barclay et la sœur d'un autre de ses amis, M. de Bonnaire.

(4) Je n'ai trouvé dans les bibliothèques d'Aix, de Carpentras, de Paris, etc., aucune lettre de Peiresc au célèbre imprimeur Millanges, aucune lettre de ce dernier au prince des bibliophiles de son temps.

18 Novembre			A M. Rubens, avec la fenestre (¹).
22	»	[pour Bordeaux]	A M. d'Oppede, à M. d'Agut (livrets). A mon père.
23	»		A M. Schilder avec le géographe Arabe, les Energumenes du Jacobin, livrets, les vers de Borbonius (²) au P. Berulle.
25	»	[pour Rome] :	A Aleandro, au cardinal de Sainte-Suzanne, à Nic. Alemanni, à Bonaire, à Eschinard. Mgr Bagni, au Sr Rubens, (avec les articles) [de la paix] (³).
26	»		A M. de la Frettiere, avec la chronique St.-Aubin. (⁴).
27	»	[pour Bordeaux]:	Au P. du Val, à Boumard, à Milanges.
28	»		A mon père : à M. d'Agut, avec deux boittes de cottignac d'Orléans, le port payé. (⁵).
29	»		A M. d'Oppede, à M. d'Agut, avec le mémoire de la tapisserie 14 aulnes. [à payer] dans un mois, à M. de Malerbe, au cardinal Bentivoglio.

(1) A Carpentras, date du 17. *La fenestre*, c'est le dessin de la fenêtre que M. de Brosse, l'architecte du Luxembourg, avait enfin consenti à ouvrir sur les vives instances de Rubens. (R).

(2) Il s'agit là de Nicolas Bourbon qui, après avoir salué dans ses vers le fondateur de l'Oratoire, le futur cardinal de Berulle, devint lui-même plus tard oratorien.

(3) A Carpentras, date du 24. *Les articles de la paix*, après la soumission de La Rochelle (R).

(4) Voir dans le *Dictionnaire historique de Maine-et-Loire* par M. C. Port, l'article *Saint-Aubain* (t. 1, p. 150-151).

(5) Ainsi Peiresc ne se contentait pas d'offrir à son ami deux boites du fameux Cotignac d'Orléans : il avait encore l'amabilité d'en payer le port, bien différent de cet académicien de nos jours qui, adressant ses œuvres complètes (d'un poids formidable) à un de ses amis de province, *oublia d'affranchir* l'énorme ballot et fit maudire par cet ami sa funeste fécondité.

1 Décembre.			A M. Rubens, de sa tapisserie (1). — A. M. Bagni, de l'entrée d'Avignon.
2	»	[pour Aix]	A M. d'Oppede, à M. de la Ceppede, à M. Seguiran, à M. Merindol, à M. d'Agut, à mon père, à mon frère.
3	»	[pour Rome]	Au Sr Aleandro, au P. Capello, à Mad. Barclay, à M. de Bonnaire, à M. Eschinard, à MM. de Seve.
4	»		Au P. du Val, avec ses callottes.
8	»		A M. Bagni, à M. Rubens (2).
16	»		A M. Bagni, à M. Rubens (3).
18	»		Au P. du Val, à Cernillot, bourgeois de Bordeaux (rue Marseille), à M. Pichon.
22	»		Au Sr Spelman, au Sr Seldenus, au Sr Camdenus: (3bis). Au Sr Rubens, avec l'entreveüe de Lyon. (4) [Même *Entrevue* envoyée à Mgr Bagni]. A Mme Barclay, avec l'entreveüe de Lyon, 40 portraictz corrigez [portraits de Barclay], 10 portraits non corrigez, 60 errata [pour l'Argenis, dont la première édition, venait d'être donnée par Peiresc, à Paris, chez Buon, in-8°].

(1) A Carpentras, très longue lettre relative au Luxembourg, aux quatre cartons de tapisseries envoyés par Rubens : la vie de Constantin, etc. (R.)
(2) A Carpentras, réception des *Palazzi di Genova*, etc. (R.)
(3) A Carpentras. Offre d'une pierre dure pour être ciselée, etc. (R).
(3bis) Parmi les savants de l'Angleterre, ce furent là ceux avec qui Peiresc eut les meilleures relations.
(4) A Carpentras. Remise du départ de la Reine-Mère de Lyon, etc. (R).

29 Décembre [pour Rome]	A M. Bagni, à M. Rubens avec les vers de Borbonius pour Gevartius. (1).
	A M. d'Oppede, à M. d'Agut (avec livre), à mon père, à mon frère, à M. Viaz (2).

Année 1623, que Peiresc passa encore à Paris.

5 Janvier	A M. du Maurier, à M. Rubens (3), au Sr Bagni.
	A M. d'Oppede, à M. de la Ceppede, à M. d'Agut, à mon père, à mon frère [avec] l'almanach.
6 »	Au Cardinal Sainte-Susanne, Aleandro (offre de la lunette), Barclay (offre de 200 escus), Bonnaire, Eschinard, Seve.
12 »	A M. d'Oppede, à M. d'Agut (avec des livres), à mon père, mon frère, [lettre] de Cramoisy à Merindol.
13 »	A M. Rubens (4).
18 »	A M. l'Abbé de Caures, à M. d'Oppede, à M. Ollivier, à M. Thoron, à M. Badet, à

(1) A Carpentras. Vers pour étrennes envoyés à Gaspar Gevaerts. (R).

(2) Il s'agit du poète marseillais Balthazar de Vias, parent de Peiresc, un de ses légataires et exécuteurs testamentaires. Voir, outre le fascicule VI des *Correspondants de Peiresc*, qui lui est exclusivement consacré, le *Testament* de ce dernier, à la suite de l'étude déjà citée de M. L. Delisle sur *un grand amateur français*, p. 30.

(3) A Carpentras. Nouvelles de Marc Antoine de Dominis, questions numismatiques, etc. (R).

(4) A Carpentras. Nouvelles politiques, cartons de tapisseries, etc. (R).

	M. Venel, à M. Spagnet (sic pour Espagnet), à mon père, à mon frère.
20 Janvier	A mon père, avec des livrets, à M. d'Agut, [avec] les Milletiere (1).
	A M. Bagni, à M. Rubens, et le mêsme jour sa caisse des testes (2).
23 »	A M. d'Oppede, Ollivier, d'Agut (avec livre), Merindol, du Perier, mon père (avec livres), mon frère.
24 »	A Lucas Torrius, avec Ribera.
27 »	A Rubens, (3) à Bagni, avec *il cavalerato*.
2 Février	A M. Rubens (4), à M. Bagni. Au sieur Pignorius [Lorenzo Pignoria] avec les vers de J. Sirmond, les trois fleurs de lys, le Cappellus, 2 exemplaires du Ragusius, le Borbonius). Au Sr G. P. Gualdo.
8 »	Au P. du Val, avec la lettre du cardinal de Sourdys, la coppie de sa cléricature, le factum de Boumard.

(1) Le livre du controversiste Théophile Brachet de la Milletière, personnage dont Tallement des Réaux a dit qu'il avait quelque chose de démonté dans la tête. « Ce livre, que la chambre de l'Edit condamna à être brûlé par la main du bourreau, est intitulé : *Discours des vrayes raisons pour lesquelles ceux de la religion en France peuvent et doivent, en bonne conscience, résister par armes à la persécution* (1622, en 8°).

(2) A Carpentras. Envoi des *têtes* en plâtre, de Henri IV et de Marie de Médicis. (R).

(3) A Carpentras, date du 26. Réception de médailles de Rockox, galerie du Luxembourg, etc. (R).

(4) A Carpentras, date du 3. Nouvelles. (R).

10 Février		A M. Bagni, à M. Rubens (1) avec lettre de M. l'Abbé (2).
16	»	A M. Millotet, avec la boitte de graine de chou-fleur.
19	»	Au Sr Rubens (3), au Sr Bagni.
21	»	A M. Wingue (4), sur les Fastes.
24	»	Au Sr Rubens, (5) avec la remonstrance aux Hollandois, au Sr Bagni.
25	»	A M. Winghen.
26	»	A Milanges, à M. de l'Aubardemont. (6).
28	»	*Arrivée de mon frère* (7).

(1) A Carpentras, date du 9. Envoi de la lettre de l'Abbé de St.-Ambroise annonçant que la Reine approuve l'arrivée de Rubens à Paris à la fin de mars. (R).

(2) On écrivait ainsi, au XVIIe siècle, le nom de l'érudit Charles Labbé. La même forme est donnée à ce nom dans les *lettres de Jean Chapelain, de l'Académie Française,* t. II, in-4°, 1883, p. 3. Ch. Labbé fut un petit Libri, car il arracha pour son usage personnel, plusieurs feuillets d'un manuscrit aujourd'hui à la bibliothèque nationale, (fonds latin n° 4910), qui lui avait été confié par Peiresc, lequel dans une note indignée a flétri cet odieux procédé. Voir le *Cabinet des manuscrits* par M. L. Delisle, t. I, in-f°, 1868, p. 284.

(3) A Carpentras, minute des lettres écrites à Rubens, datées de Paris, 16 et 24 Février, et envoyées ensemble. (R).

(4) Jérôme de Winghe, chanoine de la cathédrale de Tournai. De 1608 à 1625, Peiresc eut avec lui une correspondance intéressante roulant sur des questions de plantes, de médailles, etc. (R).

(5) V. Note 3.

(6) Il s'agit là du fameux juge ou plutôt bourreau d'Urbain Grandier, Jean Martin, baron de Laubardemont, qui fut maître des requêtes, conseiller d'Etat, président de la cour des Aides de Guyenne, etc. Les uns ont vu en lui un scélérat, les autres un imbécile. A l'appui de l'opinion de ces derniers, on pourrait citer, si elle était historique, la plaisante anecdote racontée par Tallemant des Réaux *(Historiettes,* t. II, 1854, p. 135); le diable de Loudun dit une fois: M. de Laubardemont est C... Et Laubardemont, à son ordinaire, mit le soir : ce que j'atteste estre vray, et signa. »

(7) Je souligne ces mots, parce que Peiresc, en bon frère — et Palamède de Fabri, sieur de Valavez, lui rendait certes affection pour affection. — s'est servi de lettres majuscules pour inscrire sur son registre ce petit événement.

3 Mars		Au Sʳ Rubens. (1).
10	»	M. Bagni, à Rubens (2), M. Roccox (3).
17	»	Rubens. (4).
21	»	A la Barclay (5) au Sʳ Aleandro, à Eschinard (de sa pension), à M. de Seve [du Paruta].
24	»	A M. Bagni, à M. Rubens (6).
28	»	Au cardinal Sainte-Susanne, avec le Ragusius relié, au Sʳ Aleandro, avec les portraits du Roy [et] l'Argenis.
30 Vendredi		Rubens. (7).
4 Avril Mardy		Mon père (8) Rubens (9).
12	»	M. Rubens. (10) M. de Loménie.
21	»	M. Rubens. (11) M. Bagni. M. d'Oppede. Mon père, avec

(1) A Carpentras, date du 1 Mars. On fera savoir à Rubens l'époque de la présence de la Reine à Paris. (R).
(2) A Carpentras. Nouvelles de la Galerie, du neveu de M. Rockox, etc. (R).
(3) A Carpentras. Publiée dans le Bulletin Rubens II, 118. Nicolas Rockox, le célèbre bourgmestre d'Anvers, l'ami de Rubens. (R).
(4) A Carpentras, date du 16. Envoi d'une lettre de l'abbé St.-Ambroise, relative à l'achèvement des tableaux du Luxembourg et à l'arrivée de la Reine (R).
(5) Devant cette récidive de mon cher Peiresc je n'ose plus plaider les circonstances atténuantes et j'abandonne le coupable à toute la sévérité des lois de la galanterie.
(6) A Carpentras, date du 23. La Reine offre un logement à Rubens au Luxembourg. (R).
(7) A Carpentras. Départ de la Reine pour Fontainebleau, cabinet du duc d'Arschot etc. (R).
(8) Du 7 au 11 Avril Peiresc était à Fontainebleau, comme il a soin de l'indiquer en son journal.
(9) A Carpentras, datée de Paris 5. Peiresc se rend à Fontainebleau (R).
(10) Pas de minute à Carpentras. Il y était question d'une entrevue de Peiresc avec le cardinal de Richelieu au sujet de la Galerie du Luxembourg. (R).
(11) A Carpentras. Relative au paiement des travaux de Rubens. (R).

		l'advis de la mort de M. de Marseille (1).
		A M. Aleandro, avec les capitulaires, la confutation de M. Saulmaise double (2).
22 Avril		M. Pignoria avec deux exemplaires de Ragusius l'un en velin, l'autre en blanc.
28	»	Rubens. (3) M. Bagni.
2 May		M. d'Oppede, mon père, M. d'Agut, M. Bourgoigne, M. de Mondevergues, M Pacius.
5	»	Au sieur Bagni, au sieur Rubens (4).
9	»	A M. d'Oppede, La Ceppede, Seguiran, d'Agut, mon père, Du Mas, Bausset, Valbelle, Cassagne, Maureilian, Mondevergues, de Seve.
9	»	A M. Rubens (5), avec la responce du cardinal et de la Reyne.
XI	»	*Claude est entré à mon service.*
12	»	A M. Rubens (6).
		M. le président Seguiran, M. de Vergons, M. d'Agut.
19	»	Rubens (7).

(1) Nicolas Coeffeteau était mort à Paris le même jour (21 avril).
(2) Claude de Saumaise, aussi grand querelleur que grand savant, eut, entre mille disputes, une dispute violente avec Jérôme Aléandre, au sujet des églises suburbicaires. Voir, là dessus une note détaillée dans le fascicule V des correspondants de Peiresc, Dijon, 1882, p. 7.
(3) A Carpentras. Il espère voir bientôt Rubens à Paris. (R).
(4) A Carpentras, date du 4. Démarches faites à Fontainebleau. (R).
(5) A Carpentras. Le Cardinal décide que Rubens vienne « tendre ses tableaux » à Paris. (R).
(6) A Carpentras, date du 11 mai. Prochaine arrivée de la Reine à Paris (R).
(7) A Carpentras. On attend Rubens avec impatience (R).

19	May	Mon père, avec la despesche de M. de la Ville aux Clercs.
		A M. de Barclay [l'abbé Jean, fils du poëte]. Au cardinal Barberin, avec les 3 caisses de livres (1).
23	»	Au cardinal Sainte-Susanne, au Sr Aléandro, à Mme Barclay, au Sr de Bonnaire (avec lettre de Buon).
24	»	A M. de Winghe (2).
		M. Roccox, avec sa médaille d'ATEVLA, sur le cabinet du duc d'Arscot (3).
29	»	*Arrivée de M. Rubens* (en lettres majuscules) (4).
9	Juin	A Mgr Bagni, à M. Gevartius (5).
17	»	A M. Spelman, à M. Camdenus, avec lettres de Torrius.
18	»	Martin m'a commencé à servir par emprunct (6).
27	»	M. Winghen avec la F[rance] M[ourante] (7).

(1) Le cardinal Maffeo Barberini, qui avait été nonce en France, et qui allait devenir pape sous le nom d'Urbain VIII.

(2) A Carpentras. (R).

(3) Publiée dans le *Bulletin Rubens* II, 121. (R).

(4) Cette mention n'est pas dans le registre de Carpentras. (R).

(5) Lettre en original à la bibliothèque royale de Bruxelles ; un court fragment en été publié dans les *Lettres inédites de P. P. Rubens* par M. E. Gachet. Bruxelles 1840. (R).

(6) Cet emprunt ne fut pas de longue durée, car Peiresc a inscrit au bas du feuillet en regard de la date 11 Juillet, cette note sur son ondoyant serviteur : « Martin est party, j'ay payé sa pansion, plus ay baillé un escu, oultre un autre escu qu'il avoit eu en detail. »

(7) *La France mourante, dialogue : le chancelier de l'Hospital, le Capitaine Bayard, dit le chevalier sans reproche, la France malade.* S. L. N. D. (1621) in 8°. La pièce, souvent réimprimée (cinq éditions sont indiquées

3o Juin	M. Rubens (1) M. Bagni.
7 Juillet	Rubens, (2) Bagni.
14 »	M. Rubens, (3) touchant ma reserve.
21 »	M. Rubens (4).
22 »	M. Wingue, avec son livre (5). Au cardinal Sainte-Susanne, avec les lunettes, à M. Aleandro, au cardinal Barberin, à M. Pignoria, à M. J. Mocenigo.
28 »	Rubens (6), avec les 9 graveures metalliques.
4 Aoust	M. Rubens (7), M. Bagny.
10 »	M. Rubens (8), avec le Pignorius et les fr. Roses. M. Roccox (9) [avec] le Pignorius.
	Baillé la boitte des médailles du Duc d'Arscot à M. Ferrarin, luy ayant envoyé 8 jours auparavant la caisse des marbres de M. Rubens.

dans le *Catalogue de la bibliothèque nationale, histoire de France*, t. I. n° 1615), me parait avoir été, sans motifs suffisants, attribuée au cardinal de Richelieu.

(1) Pas de minute à Carpentras. (R).

(2) A Carpentras. Vente des médailles du duc d'Arschot. Dans le registre suit une lettre datée du 10, non mentionnée ici. (R).

(3) Longue lettre à Carpentras. Questions de numismatique. La *réserve* c'est la partie du medaillier du duc d'Arschot dont Peiresc voulait se rendre acquéreur (R).

(4) A Carpentras. Longue lettre ; question de camées et de médailles. (R).

(5) A Carpentras. (R).

(6) A Carpentras, date du 31 Juillet. Envoi d'empreintes d'intailles, etc. (R).

(7) A Carpentras, date du 3 Août. Camées, Rose-Croix, etc. (R).

(8) A Carpentras. Médailles, empreintes envoyées à Pignoria, *discours* de celui-ci (V, note 10).

(9) Pas de minute : il ne s'agit probablement que d'un billet d'envoi inséré dans la lettre à Rubens (R).

13 Aoust		Envoyé à M. de Luson son M. S. de Reims.
14	»	Baillé à M. de Seve, secrétaire du Roy, la signature de la pension d'Eschinard.
18	»	M. Rubens (1).
		M. Spelman, avec le Salmasius de pallio, Seldenus, avec le livre de M. Pignorius, Camdenus, Bosvel.
		Winghem, avec son Poullier (pouillé ?) et la main de Pignorius (2).
		Pignorius, avec les vers de Borbonius, le Salmasius de Pallio, le Pascalii rhetica Legatio, la Galere de Hobier, le Cappellus, 20 exemplaires de sa main, [en tout] six pacquets.
		M. Pacius, M. d'Andilly, avec lettres de Rome.
		D'Estampes. (4) A mon frère.
19	»	D'Orleans. Al papa Urbano VIII (12) at cardinal Sainte-Susanne, al Sr Aleandro, avec les vers de Borbonius, la main de Pignorius, à Menestrier, à

(1) A Carpentras. Camées envoyés à Rubens, œuvres de Goltzius, etc. (R).

(2) Ce que Peiresc appelle *la main* de Pignorius était la dissertation du savant antiquaire de Padoue imprimée à Paris par les soins de son dévoué correspondant : *Magnæ Deum matris Idæ et Attidis initia ex vetustis monumentis nuper Tornaci Nerviorum erutis* (1623, in 4°), composée à l'occasion d'une antique main d'airain trouvée à Tournay.

(3) Peiresc venait de quitter Paris après un séjour d'un peu plus de sept ans. Son journal va nous indiquer les étapes du retour en Provence.

(4) Maffeo Barberini venait d'être élu (6 août), Peiresc, averti en toute hâte par son ami M. de Bonnaire, s'empressa d'adresser au nouveau pape des félicitations qui lui furent très agréables.

		N. Alemanni, à la Barclay, à de Bonnaire, à Eschinard.
		A mon père, à M. Seguiran, à M. d'Agut.
21 Aoust.	d'Orléans.	A mon frère.
26 »	de Tours.	A M. l'Abbé de St.-Maur.
6 Septembre.	de Guistres.	A Mad. de Curson.
7 »	de Libourne.	(1) A Madame de Chalais.
17 »	de Cadillac.	(2) A M. Rubens (3) avec la corniole de Messaline. A M. Ferrarin, à M. Fianni.
	[par le P. du Val]	Au card. S. Susanne, à M. de Gourgues, à M. de la Houlsaye (4).
1 Octobre.		MON ARRIVÉE A AIX.
31 »		Au Sr Lucas Torrius.
2 Novembre.		Au PP. Urbain VIII, au Car-

(1) Pas un seul mot du journal n'indique le séjour à Bordeaux, mais ce séjour est attesté par deux actes que Peiresc signa dans la capitale de la Guyenne, l'un le 15 Septembre, avec Marc Antoine de Gourgues, premier président du parlement de Bordeaux, l'autre, le 16 du même mois, avec les PP. Charles Venot et Nicolas Daron de la Compagnie de Jésus. Voir *Peiresc, abbé de Guîtres*, par M. de Lantenay, p. 38-40.

(2) Gassendi, d'habitude si minutieusement exact, a oublié de mentionner la visite faite par Peiresc au magnifique château du duc d'Epernon.

(3) A Carpentras. Voyage de Peiresc à Bordeaux. Longue dissertation sur un camée de Messaline et des statues existant en cette ville (R).

(4) J'ai publié dans la *Messaline de Bordeaux*, plaquette dont le titre équivoque a obligé d'honnêtes gens à se voiler trop vite la face (Bordeaux, 1881, grand in-8°, p. 11-13), la lettre écrite à M. de la Houlsaye. Cette même lettre a été reproduite, trois ans plus tard, dans le tome I des *Inscriptions romaines de Bordeaux*, par M. Camille Jullian (Bordeaux, 1887, in-4°, p. 610.) Le savant épigraphiste donne à tort la date du 27 Septembre à la lettre écrite le 17. Une faute d'impression m'avait fait adopter, dans ma notice archéologique sur la statue romaine (p. 11), la date du 17. Une faute d'impression plus grave et qu'après plusieurs années j'ai peine encore à pardonner à Mme Ve Cadoret, c'est celle qui (p. 9) transforme en roi des peintres *allemands* ce Rubens que j'avais salué du titre de *roi des peintres flamands*.

	dinal Barberin son neveu (1), au Card. Ste.-Susanne, au Card. Bentivoglio, au S. Aleandro, au S. de Bonnaire, (avec les anagrammes de Billon) (2), à la Barclay, à Eschinard.
13 Novembre	A Mgr Bagni, à M. Rubens, (3) à M. de Mondevergues.
17 »	A M. Aleandro, avec la boitte de la lunette et lettres du P. Vassan.
15 Décembre	Au S. Aleandro avec 3 exemplaires des Sylves de M. Vias, Au S. de Bonnaire. Au S. Eschinard, au S. de Nozet. avec 4 caisses de prunes et une lettre au S. de Perussis (4).
23 à 27 »	Au S. Aleandro avec la brique antique et les lettres hieroglyphiques, à la Barclay, au S. Eschinard, à M. de Seve.
26 à 28 »	A M. de la Ville aux Clercs, à

(1) Les relations de Peiresc avec le cardinal François Barberini vont être désormais très actives, comme on le verra, et il ne partira guères de courrier pour Rome sans qu'il emporte quelque lettre et quelque livre pour le neveu d'Urbain VIII.

(2) Thomas de Billon, avocat d'Aix, était passé maître dans l'art de faire ces tours de force que l'on appelle les anagrammes. Sa facilité en ce genre était déplorable. Ne fit-il pas pleuvoir sur le malheureux Louis XIII, à son entrée dans Aix, cinq cents anagrammes bien comptés ? J'ai déjà rencontré ce prestidigitateur littéraire dans le 1ᵉʳ volume des *Lettres de Peiresc aux frères Dupuy* et j'aurai de nouveau l'occasion de m'occuper prochainement de lui, en publiant une de ses lettres à Peiresc.

(3) A Carpentras. Retour de Peiresc à Aix (R).

(4) Ce « Sieur de Perussis » appartenait à la vieille famille que représente aujourd'hui avec tant d'éclat un érudit et un poète d'autant de talent que de cœur, M. Léon de Berluc Perussis, ancien président de l'Académie d'Aix-en Provence. C'était Paul de Perussis, baron de Lauris, dont le fils, Gaspard, fut viguier d'Avignon.

Mad. de la Ville aux Clercs, à M. de Lomenie, à M. de Lisieux, à M. Le Beauclerc, à M. Le Pelletier, à M. du Puy, à M. Tavernier (avec lettres à M. de Malerbe, Buon, Ant. Estienne, M. Bignon, M. Duchesne (avec le traicté des Sarrasins), M. de la Baroderie (avec le plan de Beaugentier), M. Grotius.

Année 1624.

8 Janvier.	Au Card. Bentivoglio, pour le pied et poids antiques.
	A M. Pacius avec 2 bouteilles de Malvoisie (1).
12 »	Au S. Lor. Pignoria, avec les Sylves de M. Vias, les dessins de la brique et de la toile.
	Au S. Aleandro, avec les vers de Montanus à S. Bruno et le dessein du pied antique.
25, 29 »	A M. de Lomenie père, M. de Lomenie filz, Pelletier, du Puy (2), Bosvel, Spelman, du

---

(1) Peiresc avait ainsi voulu réconforter son ancien professeur de droit, pour lequel il conserva toujours une filiale tendresse et qui allait, dix ans plus tard, mourir à Valence en Dauphiné accablé d'années et de chagrin. Voir ce que j'ai dit des relations vraiment touchantes du maître et de l'élève dans une mince plaquette intitulée : *Jules Pacius de Beriga. Compte-rendu du mémoire de M. Ch. Revillout avec addition de documents inédits.* Paris, 1883, grand in 8°). Du vin de Malvoisie réparateur offert à Pacius, il faut rapprocher la carpe du lac de Genève que, par une délicate attention, Peiresc fit venir en toute hâte pour satisfaire un caprice de son ami du Vair malade. Voir *Lettres inédites de Guillaume du Vair* (Marseille, 1873, p.25).

(2) Peiresc envoyait aux frères Dupuy, avec chacune de ses dépêches si

	Chesne, Bignon, Chappelain, Mgr. le garde des sceaux d'Aligre, Tavernier (avec lettre de credit).
5 Febvrier	A M. de Lomenie père, M. de la Ville aux Clercs, du Puy, de la Baroderie.
10 "	A M. Barclay, avec la balle de Buon des 150 exemplaires des poemes, au cavalier Gualdo.
15 "	A M. de Maussac (1).
17 "	Au S. Eschinard, aux S\rs Lumaga de Gênes, au S. Aleandro, au S de Bonnaire.
25 "	Au S. de Bagni, au S. Rubens (2), avec le fragment du Laterculus, los Alombrados.
21 Mars	A M. de Lomenie, de la Ville aux Clercs, le Beauclerc, le Pelletier, de Valletot, de Malerbe.
25 "	A M. Bignon, à M. Saulmaise, avec la boitte et figure Togata.
12 Avril	Au cardinal Bentivoglio, au S. Aleandro, avec l'Epistomius et la lettre de M. Viaz, au S. de Bonnaire, sur l'indult, à la

nombreuses, quelque livre ou quelque manuscrit ; je juge inutile de produire ici la mention de ces documents, énumérés dans les lettres de mon grand recueil.

(1) L'helléniste Philippe de Maussac, auquel sera consacré un des plus prochains fascicules des *Correspondants de Peiresc*.

(2) A Carpentras, date du 12. Très longue lettre. Rubens, affligé de la perte de sa fille Claire, l'aînée de ses enfants, âgée de 13 ans, n'avait pas écrit à Peiresc depuis quelques mois. Le 28 octobre 1623, il reprend la correspondance par une lettre perdue. Peiresc répond par un véritable mémoire sur la cornaline et la statue de Messaline et par l'envoi d'une copie de la lettre de *los Alombrados* et d'autres choses (R.)

		Barclay, au S. Pignoria avec son *Alys* etc.
15 Avril	*par Claude Melan, graveur* (1)	Au cardinal S. Susanne, avec l'histoire de Montauban, au S. Aleandro, au S. de Bonnaire.
20 »		A frère André, avec les myrthes (2) et une caisse pesant 38 livres dont la voiture est reservée au retour.
2 May		Au S. de Seve, M. de Lomenie, M. du Chesne, avec le volume d'Eschines, l'advis d'Angleterre et memoires des œuvres de M. du Vair, M. Buon, avec une imperfection, M. de Lisieux (3), avec la suite des œuvres M.SS. (4), M. du Puy, M. Godefroy, M. du Liz,

(1) Indication importante nous donnant la date certaine du premier voyage à Rome du célèbre artiste, qui après avoir été l'hôte de Peiresc en 1624, devait être encore son hôte une seconde fois, comme nous le verrons dans la suite de ce journal. Je suis d'autant plus content du renseignement précis donné en ce passage, que je puis ainsi rectifier et compléter ce que j'ai dit des voyages à Rome de Claude Mellan dans le Tome I, des *Lettres de Peiresc aux frères* Dupuy et dans le fascicule XVI des *Correspondants de Peiresc. François Luillier.*

(2) On sait que le myrte est au nombre des plantes dont Peiresc s'occupa avec prédilection. Voir les pages charmantes écrites à cet égard par Gassendi (édition de La Haye, 1651, p. 107-108). On lit en cette dernière page, au sujet de la culture du myrte à larges feuilles et à pleines fleurs dans les beaux jardins de Belgentier (1605): *id attingere visum est, quia nu quam in tota Europa Myrtus pleno flore fuerat agnita : ac debetur Peireskio, quod jam in hortis regiis, quod Romœ, quod in Belgio, quod alibi gentium visatur.*

(3) C'était Guillaume Alleaume, neveu et successeur de Guillaume du Vair.

(4) C'était le rôle des manuscrits destinés à entrer dans l'édition des œuvres complètes de G. du Vair à laquelle Peiresc présida pendant son séjour à Paris et dont, après lui, s'occupa André Du Chesne.

		M. de Vertamont, M. de Malerbe, Tavernier, M. Le Sueur avec la lettre de Souchet.
13	May	A Sa Sainteté, au cardinal Barberin, au card. de Ste. Susanne, au S. Aleandro.
15	»	Au vice-legat Bardi, à M. de Mondevergues.
17	»	Au S. Aleandro, à de Bonnaire, au card. Bentivoglio, à Gio-Bat. Gualdo, à Claude Menestrier.
20	»	A M. Catel, avec la coppie du titre de Philippe le Bel.
		Au S. Aleandro, [avec] le Gramondus relié (1), au cardinal Sainte-Susanne, [avec] ledit Gramundus en blanc, au cardinal Bentivoglio, au S. Aleandro.
4	Juin	A M. Pacius.
5	»	A M. de Lomenie, M. de Malerbe, M. du Chesne, M. Rubens, (2) au dit M. Rubens, avec la lettre de Saulmaise.
10	»	Départ du docteur Antonio Novel de Pignans pour S. Lucar de Varrameda (3).
14	»	Au cardinal Bentivoglio, à la Barclay, à de Bonaire, avec le mot à l'Oreille, au prieur de

(1) *Historia prostratæ a Ludovico XIII sectæriorum in Gallia rebellionis* par Gabriel de Barthélemy, sieur de Grammont, président au parlement de Toulouse (1623, in-4°).

(2) Pas de minute à Carpentras. (R).

(3) J'ai l'intention de publier une correspondance très curieuse de ce médecin-voyageur avec Peiresc dans un fascicule où je réunirai quelques autres lettres à Peiresc de divers savants médecins provençaux.

		Formentieres Lanyer, au cardinal Barberin, au cardinal Sainte-Susanne, au cardinal Bentivoglio, au S. Aleandro, aux sieurs Lumaga, [à] Genes.
28 Juin	*par mon frère* [à Paris]	A M. de Lomenie, M. de la Ville aux Clercs, M. de la Tremoliere, M. le Beauclerc, M. le Peletier, M. du Liz, Mme Aleaume, avec lettre de M. de Vence [Pierre du Vair], M. le Bailleul, M. de L'Effretiere, M. de Malerbe, M. Viaz, avec lettre du S. Aleandro, M. du Puy, avec son papier delli saggi morali et le traicté MS. des libertez de l'église Gallicane, M. Poulain, M. Ferrarin, avec la police de M. Rubens (1), M. Lumages, M. Bignon, avec les 4 conclaves, les promesses de Drouart, et les monneyes de Clotaire, II, Sigebert, Dagobert, Clovis II, Pitton, Tavernier, Buon, avec 10 pistoles, M. du Chesne, M. Bonniot, avec une botte d'arrests, Le Tanneur, M. de Choixsy, M. de Soucarriere, M. Jacquet, M. Cardon, M. de Godefroy, M. de Mondevergues (2).
29	»	A mon frère, à Mgr. le Garde des Sceaux Aligre, à M. de

(1) Pas de minute à Carpentras (R).
(2) On voit par cette énumération d'une trentaine de lettres, que le bon Peiresc avait voulu profiter de l'occasion du port gratuit.

		Roissy, M. Galand, M. le Nonce Archevesque de Damiette, M. de Vertamon, M. d'Aubray, M. Dreux, M. Rubens (1), avec le dessein de l'Athys et le modelle de sa tiare.
6 Juillet		A M. le Card. Bentivoglio, M. Aleandro, M. Menestrier, M. de Bonnaire, avec la feuille du Diogenes, au S. Pignoria, avec le dessein de son Athys et les evesques de St-Pol, etc.
	[pour Toulouse]	A Mess. de Cambolas, de Claran, de Maran conseiller, de Maran professeur, d'Abbatia, [pour Beziers] à M. de Berteuil, [pour Montpellier] à M. de Maussac.
12	»	A M. Chappelain, M. le Beauclerc, M. Le Pelletier, M. de Lomenie, à mon frère, M. Bignon, avec le mémoire des œuvres de St-Chrysostome.
15	»	Au président d'Expily, sur la nouvelle ortographe *(sic)*.
2 Aoust		A M. de Lomenie, à M. de Retelin, avec les conditions de Souchet, à mon frère, avec les mémoires du traicté d'accord avec M. de Crequy et les sommations de ceux de Rians.
10	»	A Lumaga, Eschinard, de Bonnaire, au S. Aleandro, au Card. Ste-Susanne, au Card.

(1) Pas de minute à Carpentras (R).

		Bentivoglio, au caval. Fr. Gualdo.
17 Aoust		A mon frère, à M. Rubens (1), avec le livre de Fra Paolo, et une boitte où estoit la pierre blanche des camayeulx, et une autre boitte d'empreintes et de la bague de Borrille (2) avec le porte cloche en amethiste.
18 »	[pour Bordeaux]	A M. de Gourgues, de Monts, de La Tour, de l'Aubardemon, d'Andrault, de Pichon et sa femme.
22 »	Par *Jean Cossiers, peintre flamand*	(3) Au S. Aleandro avec le Gramondus et le Verulamius et la boitte de l'Athys, au Sr de Bonnaire, à Lumaga, au Sr Pignoria, à Eschinard, à M. le chanoine Maran, avec mes cachets et mémoires de livres, au Sr Aleandro, au Sr Cassagne.
6 Septembre.		Au Sr Aleandro, au Sr Menestrier, avec le coral (sic) en une boitte, au card. Bentivoglio.

(1) Pas de minute à Carpentras (R).

(2) C'est Boniface Borrili, le notaire-antiquaire d'Aix, souvent mentionné dans mes diverses publications *Peiresciennes* et dont j'aurai encore à m'occuper dans un volume où, avec ses lettres à Peiresc, je mettrai en lumière l'inventaire de son riche cabinet d'antiquités et curiosités, voulant ainsi donner un pendant à mon travail sur son compatriote et confrère Antoine de Rascas, sieur de Bagarris (fascicule XII des *Correspondants de Peiresc*, Aix, 1887).

(3) Lettre publiée dans le *Bulletin Rubens* II. 263 Le *Gramondus* est Gabriel de Barthelemi, seigneur de Gramond et le *Verulamius*, est le Chancelier François Bacon, baron de Verulam. (R).

9 Septembre		Au Sr Aleandro, deux exemplaires de Billon, à M. Barclay, avec les caisses de Buon.
23	»	A M. Fraisse, avec 2 médailles d'or. (1).
20	»	A Malerbe.
2 Octobre		A M. de Lomenie. M. de la Ville aux Clercs, M. Pelletier, mon frère, avec lettres de Malerbe, Borilly. M. de Vence, Mondevergues. au nonce de Flandres avec lettres de M. Astier et ses hardes.
5	»	Au card. Barberin, au card. Ste.-Susanne, avec le Petavius, [Petau] au card. Bentivoglio, avec le Petavius et Montauban et vers du p [remier] p [résident] et Billon, à Bonnaire, la Barclay et le petit Barclay, à Pignorius, avec les Anagrammes de Billon, et vers du P.P.
15 Novembre		A mon frère, avec la boitte de raisins. [Envoi au même de deux nouvelles boites le 1r décembre].
22	»	Au Sr Aleandro, avec le *Tertullian ad Nationes*, au Sr Godefroy le jeune.
6 Décembre		Au card. Barberin, au Sr Aleandro, avec le fra Paolo (2), au

(1) Je néglige une bonne cinquantaine de lettres écrites en septembre et novembre par Peiresc aux juges de son procès, à Paris. Si l'on s'étonnait de voir un magistrat devenir si intrépide solliciteur, je dirais que c'était, en ce temps là, une habitude qui ne choquait personne. Est-on bien sûr, d'ailleurs, que l'habitude en soit, de nos jours, tout à fait perdue ?

(2) Fra Paolo Sarpi.

	Sr de Bonnaire, avec les indults et la bulle de Clément V, au Sr Eschinard, au Sr Maran, au Sr Pignoria, avec le fra Paolo.

Année 1625.

10 Janvier	Au sieur cardinal Barberini sur la punition du Sr Aleandro (1).
23 »	A M. de Lauson, à M. Rubens (2), à mon frère, avec les six pièces d'Italie de M. d'Agut, A M. Catel, (3) avec l'entrée du roy ; à M. de Mausac, avec la préface du Tertullian, à M. d'Abbatia avec les vers du pape, la harangue du P. Gabriel, les anagrammes de Billon.
3 et 4 Février.	A Buon, avec lettre [de change] de 140 livres. M. Tavernier, avec lettre [de change] de 300 livres. (4).
15 »	A mon frères avec les deux portraictz de M. du Puy.
IX Mars	Au Sr Rubens. (5).
XII »	A M. Cardon, avec six orangers.

(1) Quelle pouvait être cette punition ? Quel pouvait être le péché ? Qui nous le dira ?

(2) Pas de minute à Carpentras (R).

(3) L'historien Guillaume de Catel, conseiller au parlement de Toulouse, que j'aurai prochainement l'honneur de présenter, avec son groupe languedocien, aux lecteurs des *Correspondants de Peiresc.*

(4) Buon fournissait des livres à Peiresc ; Tavernier lui fournissait des cartes, des gravures. Les belles collections coûtent cher. Je sais quelqu'un qui les compare à ces belles femmes irrésistiblement exigeantes auxquelles l'humaine faiblesse sacrifierait tout.

(5) Pas de minute à Carpentras (R).

		A M. Jacquet, avec 12 orangers et 2 jossemins. (1).
XX	Mars	A M. Rubens (2).
9	Avril	Passage du cardinal [François Barberini].
10	»	Arrivée de MM. Aleandro, Persico, Bonnaire, Barclay, Aubry, Lanicle.
11	»	Partement de MM. de Bonnaire, Barclay, Aubry, Lanicle.
12	»	Passage du S' Guidetti, Regii, Doni, et Giorgio Lonco Scossese.
13	»	[Passage] du P. Guevara, général des Clercs mineurs.
15	»	Partement de S' Aleandro et du dit P. Guevara que je menay en Avignon.
17	»	Entrée du cardinal en Avignon.
21	»	Despesche à mon frère avec la relation du cardinal Legat. A M. de Lomenie, M. du Puy, M. Bignon, M. Rubens (3). M. de Bouq.
22	»	Partement d'Arles.
8	May	A M. de Mondevergues, avec l'huile de scorpion (4) pour du Monstier. (5).

(1) Vous avez bien lu : Peiresc écrit *Jossemin* pour *Jasmin*. C'est une forme du XVIe siècle, et l'on se souvient sans doute des délicieux vers où Ronsard, chantant une bouche aimée, dit qu'elle surpasse en douceur « le thym, le jasmin et l'œillet. » Peiresc, en envoyant à des employés supérieurs de la poste ces gracieux cadeaux, cherchait à se les rendre favorables ; c'étaient des gâteaux de miel donnés à Cerbère.

(2) Pas de minute (R).

(3) Pas de minute (R).

(4) D'après le *Dictionnaire de Trévoux*, ce vilain insecte était fort

12 May	Au cardinal Barberin legat pour mon frère, au dit cardinal, pour M. Maran, au Sʳ Aleandro pour M Maran, au Sʳ Maran, au Sʳ de Bonnaire, à M. de Lomenie, de la Ville aux Clercs, le Beauclerc, le Pelletier, Scarron, d'Andilly, Mad. de la Boderie, aux sieurs de Roissy, de Mesmes, Herouard, Des Iveteaux, Bignon, de l'Effretiere, d'Aubray, du Thou, de Vertamon, Rev. père de Berule, R. P. Sancy, R. P. Sirmond, l'abbé de St. Aman [Charles de Montchal, le futur archevêque de Toulouse], de Lauson, Fouquet, Rubens (1), Autin, Tristan [le numismate Tristan de St.-Amand], du Monstier, du Puy, Rigault, Grotius, Saulmaise, Bertius, Godefroy, du Chesne, Aleaume, Midorge, P. Mercene, Buon.
19 »	A M. Vris peintre flamant (2), à M. Maran, conseiller, à M. d'Abbatia, au cousin Robert de Chavary.

commun en Provence. L'huile où l'on avait fait mourir des scorpions passait pour guérir les piqûres de leurs congénères.

(5) Daniel du Monstier, l'habile peintre, grand ami de Malherbe et de Peiresc.

(1) Pas de minute à Carpentras (R).

(2) Pas de minute à Carpentras. V. sur A. de Vries, notre article *Bulletin Rubens* I. 72 et suivantes (R).

23 May		M. Rubens (1), avec la lettre de Lancelot, M. de Roissy, M. de Cambolas, M. Fouquet.
26	»	A M. Eschinard, pour M. Borilly, à la Barclay, au prieur de Roumoules, au P. Seguiran.
27	»	A M. de Mondevergues, avec le mémoire de Borilly, et les lettres des Celestins pour les remèdes de la rate.
27	»	A M. Ranchin, advocat général à Mompelier, et maintenant général, à M. Vrys, peintre(2).
2 Juin		A M. de Mondevergues, avec les biscuits, au S. Pacius.
3	»	Au cardinal Ste-Susanne, avec la caisse des livres du S. Aleandro qui sont l'Epiphane, le Tertullian, le Thuænus, le Cardan, de Sapientia, etc.
5	»	Au S. de Lomenie, au S. de Valavez, au S. Aleandro, au S. de Bonnaire, au S. Rubens (3) au jeune du Puy (4).
13	»	Au S. Eschinard, à la Barclay, à Cossiers (5), au cardinal Bentivoglio.
14	»	[pour l'affaire de Guittres] Au pape, au cardinal Barberin, au cardinal Ste-Susanne, au

(1) Minute à Carpentras. Envoi d'une lettre adressée à Lancelot, de Marseille, et d'une réponse pour le trésorier Jean de Montfort, acquisition d'antiquités faites par Rubens, etc. (R.)

(2) Pas de minute à Carpentras (R).

(3) Probablement la lettre minutée à Carpentras, maggio 1625, avec la date du jour raturée. Longue lettre relative à des antiquités (R).

(4) C'est-à-dire Jacques du Puy, plus tard prieur de Saint-Sauveur.

(5) Pas de minute à Carpentras (R).

		cardinal Bentivoglio, au cardinal de Sourdis, avec son brief du pape, au S. de Bonnaire, au S. Pamphilo Persico, au S. Aleandro, à M. Rubens (1), à M. Roccox (2) avec le traicté des medailles du duc d'Arscot, à M. du Lis, à M. Pichon.
19 Juin	[pour Toulouse]	Au S. d'Abbatia, au S. Maran, conseiller ; [pour Bordeaux] à M. de Gourgues, 1er président, au président d'Affis, au président Conte, au S. Camain, doyen du parlement, au S. de Gaufreteau, au S. de Poumiers, de Merignac, de Monts, avec l'arrest de M. d'Espernon, de Grimard, d'Andrault, du Duc, de l'Aubardemont, de La Tour, advocat général, de Besleisle, La Haulsaye, greffier des insinuations, Paty Bellegarde, conte de Gurson, commandeur de Trignan, Gaufreteau, provincial, P. du Val, P. Charles Venol, recteur du Noviciat.
1 Juillet		A mon frère de Bouq et à mon frère de Vallavez, 2 pacquets.
5	»	Au P. du Val, à M. de Gourgues, M. de Monts, avec le livre de M. Viaz, M. Pichon, M. Catel, M. Maran, conseiller, M. de Maussac, avec le Ter-

(1) Pas de minute à Carpentras (R).
(2) Publiée, avec la date du 11 Juin, au *Bulletin Rubens* II, 122 (R).

		tullian de Godefroy, M. d'Abbatia, avec *Sylva regia* [de Vias].
16 Juillet		Au sieur de Lomenie A Mgr. le Chancelier } avec les œuvres de M. du Vair.
19 »		(par le muletier qui porte les hardes de la marquise d'Urfé) : A mon frère avec la caissette de fleur d'Orange.
20 »	[pour Avignon]	A M. de Mondevergues, à M. de la Valfenière [le célèbre architecte] avec la monstre des quarreaux de Monstiers, à M. le juge d'Orange.
25 »		A mon frère, avec le grand cachet de Rome.
3 Aoust		Au S. d'Abbatia, avec deux extraicts de l'hostel de ville, au S. d'Andrault, au P. du Val, au S. de Monts.
1 Septembre		A M. de Vris (1), à M. Ranchin le medecin, à M. Ranchin, l'advocat-général, à M. Pacius, à M. d'Abbatia, avec son certificat.
17 »		*Commencement de ma cure par le S. Ænea* (2) (en lettres majuscules).
24 »		A M. d'Andrault, à M. le Ma-

(1) Fragment publié au *Bulletin Rubens* I. 264(R).
(2) Après avoir beaucoup cherché, j'ai le regret de déclarer que je n'ai rien trouvé sur cet Ænea, probablement un de ces médecins étrangers qui ont toujours été quelque peu à la mode chez nous. — Depuis que cette note a été écrite, j'ai appris par les lettres autographes de Peiresc à son frère que le mystérieux Ænea était un médecin italien auquel son reconnaissant client fit obtenir des lettres de naturalisation.

	zuyer, à Mess. de Maussac, de Claret, de St-Félix, Maran, d'Abbatia.
27 Septembre	A mon frère, à M. de Malerbe.
4 Octobre	A M. de la Ville aux Clercs, de Lomenie, à mon frère, à Malerbe.
	A mon cousin de Meaux ; condoléance pour la mort de feu mon oncle de Meaux.
5 »	A M. Viaz avec lettre de Melan et advis de la venue de M. Aleandro.
10 »	A M. de Bonnaire avec le portraict de feu M. Barclay.
24 »	A mon frère sur le subject du decez de feu mon père arrivé le mesme jour, à M. de Lomenie, à M. de la Ville aux Clercs.
26 »	Au S. Aleandro, au S. de Bonnaire en Avignon.
29 »	A mon frère sur le passage du legat en cette ville (1).
30 »	De Roquevaire (2), à mon frère.
2 Novembre	De Beaugentier, au caval. Gualdo, à la Barclay, au S.

(1) Cette relation a été publiée par Fauris de Saint-Vincens dans le *Magasin encyclopédique* du mois d'août 1805 sous ce titre : *Lettre de M. de Peiresc, écrite d'Aix à son frère alors à Paris, dans laquelle il lui donne des détails sur une visite que lui avait fait le cardinal Barberin, neveu du pape Urbain VIII, légat en France*. Comment F. de Saint-Vincens a-t-il pu donner à cette relation la date du 27 Octobre ? Comment surtout a-t-il pu ajouter de son propre cru beaucoup de *détails* à ceux qui avaient été donnés par Peiresc ? Je publierai, plus tard, la lettre autographe de Peiresc en regard de la lettre très développée écrite par son trop peu scrupuleux *collaborateur* et *amplificateur*.

(2) Chef-lieu de canton de l'arrondissement de Marseille, à 29 kilomètres de cette ville.

	Alemanni, au S. Menestrier, au cardinal S. Susanna.
	De Saint-Maxemin (1). Au président de St.-Jean, à M. de Paule, pour mon affaire de Rians.
7 Novembre	De Rians. (2) Au sieur Aleandro, avec le paquet de M. d'Aubray, au sieur de Bonnaire.
15 »	A mon frère, avec les exploicts de Rians, à M. de Lomenie, à M. de Malerbe.
16 »	A mon frère avec les informations de Rians et deux exploits principaux, à M. de la Ville aux Clercs par le Sr Ænea.
17 »	A mon frère, avec autres mémoires de Rians, à M. de Lauson pour les religieuses de Saint-Saulveur [d'Aix].
23 »	Au cardinal Barberin ; au Sr Aleandro, avec le Bartas. (3).
21 »	A la comtesse de Carces, avec le pacquet de mon frère.
25 Décembre	A mon frère, à M. le premier président de Verdun, M. le président de Bellievre, M. du Lis, M. du Puy, de Malerbe.

(1) Saint-Maximin, chef-lieu de canton de l'arrondissement de Brignoles, à 20 kilomètres de cette ville.
(2) Rians, chef-lieu de canton du même arrondissement, à 45 kilomètres de Brignoles.
(3) Par le *Bartas* il faut entendre Guillaume de Saluste, seigneur du Bartas, dont les œuvres furent si souvent réimprimées dans les premières années de XVIIe siècle (1601, 1607, 1610, 1611, 1614, 1615, 1632). Voir *Manuel du libraire*, t. v. p. 97-99 ; *Les vies des poètes gascons* par Guillaume Colletet, de l'académie française (Auch, 1866, in 8°, p. 71-79).

Année 1626.

1 Janvier			Au Sr Ant. Novel, avec lettre de Mr de Cormis.
5	»		Au prieur de Beaugentier [avec] les 4 boittes de bulbes, les marcottes, le rosier Variegato.
19	»		A M. de Lomenie, à Mgr le Chancelier Aligre, à M. Gaulmin, advocat général au grand conseil, à mon frère avec l'original de mon indult.
24	»		A M. de Vris (1), à M. de Malerbe.
1 Febvrier			A mon frère avec les 300 marcottes enserpillées.
3	»	[pour Avignon]	Au vice-legat et à l'Archevesque, pour les dames de la Visitation, à M. Suarez.
			A M. de la Valfeniere, avec les Palais de Genes et l'instrument à desseigner, à Mr Zanobis, (2) avec le Spilemberg, à l'evesque d'Orange (3).
20	»		A la Barclay, à l'archevesque d'Aix, à M. de Lomenie, à mon frère.
26	»		Au Sr Lucas Torius, avec un mémoire.

(1) Pas de minute à Carpentras. (R).

(2) Sur les Zanobis d'Avignon, voir le *Dictionnaire hist. biogr. et bibliogr. du dépt. de Vaucluse* par le d^r Barjavel, t. II, p. 495-496). Le correspondant de Peiresc possédait le manuscrit autographe, aujourd'hui conservé en l'Inguimbertine, des mémoires sur les guerres de religion de Louis de Pérussis, seigneur de Caumont. (Ibid. p. 249).

(3) C'était Jean de Tulle qui siégea du mois d'Août 1609 au mois d'Octobre 1640. C'était un oncle par alliance du frère de Peiresc, lequel frère avait épousé Marquise de Tulle.

1 Mars	Au prieur de Beaugentier avec deux boittes d'Anemones, la boitte d'Anemones de Rome, deux sachets de grenes.
13 »	A M. le cardinal Legat, avec la harangue de Heinsius pour le prince d'Orange, à M. d'Auberi avec des grenades.
14 »	A mon frère, avec les Alombrados et diverses lettres.
15 »	A M. d'Espinouse, avec les greffes de Robin (1). A M. de Riez (2). A M. Thomassin pour la Bible et lieux communs de Genebrar (3). A M. l'Archediacre pour d'autres pièces de Genebrar.
16 »	A Malerbe, à M. de Frejus (4), à M. Antelmy, avec ses lampes.
18 »	Au consul Durand, à M. Viaz, à M. Signier, du voyage de M. des Hayes Cormesnin en Perse.
27 »	A M. de Cambolas, avec des greffes. Au S. Aleandro, avec son breviaire et autres livrets.
12 Avril	Au S. Gassendi avec le Cleome-

(1) Vespasien Robin, botaniste, démonstrateur des plantes médicinales du jardin du roi, était fils de Jean Robin, directeur du jardin du Louvre sous Henri III, Henri IV et Louis XIII, lequel Jean était mort le 25 avril 1629.

(2) Louis Doni d'Attichy (1628-1652).

(3) Le docte Gilbert Genebrard, bénédictin de Cluny, professeur d'hébreu au collège de France, archevêque d'Aix en 1592. On indique inexactement dans tous les recueils biographiques la date de la naissance et de la mort de cet érudit. Selon les rectifications de M. Desvoyes (*Revue de Marseille* d'août 1885. p. 340 et 350), il serait né [à Riom] le 12 décembre 1535 et serait mort [à Semur] le 16 février 1597.

(4) Barthélemy de Camelin (1596-1637).

	des Balforci 4° marroquin (1). Au juge Thomassin \} pour la Au juge Arnauld [Bible de Genebrar.
12 Avril	A M. Cardon, avec les greffes et marcottes. A MM. Viaz, père et fils. A Samson Napollon.
14 »	Au chevalier de Fourbin, avec la relation du 3 Avril.
15 »	Au prieur de Beaugentier, avec les graines de melon, artichauds, etc.
22 »	A l'Evesque de Marseille (2). Au S. de Mondevergues.
23 »	Au cardinal Legat, au Caval. del Pozzo, au cav. Dony, au S. d'Aubery.
24 »	A N. S. Pere, au card. Magalotti, au S. Aleandro avec lettres pour les Trinitaires.
27 »	Au prieur [de Beaugentier] avec les Anemones jaulnes de Nice.
2 May	A M. le chancellier en remerciment de mon indult, à M. d'Aix (3), de son parterre.
19 »	Au card. Legat avec les vers d'Abbatia contre les Huguenots et Espagnols et 3 monnoyes d'Ildefonsus Castus, au Vice-Legat., à M. de Monde-

(1) *Cleomedis Meteora, gr. et lat, a Rob. Balforeo ex ms cod. bibliothecæ Curdin. Joyosii multis mendis repurgata, latine versa, et perpetuo commentario illustrata.* (Bordeaux, Simon Millanges, 1603, in-4°).

(2) François de Loménie (1624-1629). Voir dans les *Lettres aux frères Dupuy* divers passages sur ce prélat tracassier, turbulent et dont l'humeur batailleuse inquiétait tant le pacifique Peiresc, ami si dévoué de la maison de Loménie.

(3) Louis de Bretel (1630-1645).

	vergues, avec 3 volumes des recueils de l'Admonitio
21 May	A M. de Seve, avec 14 pistoles, à M. de la Ville aux Clercs, à M. de Lomenie, à mon frère, à M. d'Aix, à M. Marchier, à Irenée Vendelin, au Liege (1), au cardinal Spada.
4 Juin	*Caisses arrivées* (en lettres majuscules).
5 »	A M. du Lis, à mon frère avec les greffes d'Olliviers Crochus, Cannellez et Gros.
13 »	A M. le général Ranchin, M. l'advocat Pacius, M. Maussac le père, M. d'Abbatia, pour l'Histoire de M. Catel, M. le Cardinal de Sourdis, M. Perisac et M. Miard, ses vicaires, M. de Gourgues, M. le président de Pontac, pour M. de Vris, M. de Monts, M. d'Andrault, M. du Duc, M. de Gaufreteau, M. du Sault et M. de la Tour, advocats généraulx, M. Pichon, M. de Vris(2), M. de la Houssaye.
5 Juillet	*Mon voyage de Tollon* (en lettres majuscules).
19 »	Au S. Gassendy, de quy j'ay depuis receu le Fr. Patricius.
27 »	Au S. Armand, pour les chapelets de corail, à M. de Mar-

---

(1) Wendelinus signait quelquefois Irenée, *grécisant* ainsi son prénom Godefroid (R).

(2) Publiée *Bulletin-Rubens*, I, 189 (R).

3 Aoust		seille, aux Srs Viaz et Durand, pour les religieuses.
		A M. Frère et à M. d'Expilly [à Grenoble] deux exemplaires des œuvres de Mgr. du Vair en grand papier.
5	»	*Mon voyage d'Aubaigne* (1) (en lettres majuscules).
XI	»	*Mon voyage de la Tour d'Aiguez* (2) *(idem)*.
12	»	A Pillehotte (3).
14	»	A M. de Marseille, aux religieuses reformées de St-Saulveur.
16	»	A M. du Puy, à Erycius, Puteanus (4), à Gevartius (5), à Roccox (6), à M. Rubens (7).
1 Septembre		*Mon voyage de Marseille* (en lettres majuscules).
2	»	*De Marseille*, au S. Chabert à Toullon pour le passage du cardinal.
8	»	Au S. de Mondevergues, au P. Lorini, à mon frère, à M. d'Aix pour les Trinitaires, à M. Marchier, à M. de Lome-

(1) Chef-lieu de canton de l'arrondissement de Marseille, à 17 kil. de cette ville.

(2) Aujourd'hui La Tour d'Aigues, département de Vaucluse, arrondissement d'Apt, canton de Pertuis, à 5 kil. de cette ville.

(3) Sur l'imprimeur de Lyon et sur sa famille, voir une excellente étude de M. Aimé Vingtrinier, conservateur de la grande bibliothèque de la ville de Lyon, in-8°, 1886).

(4) Minute à Carpentras (R).

(5) Idem. Et en original à la bibliothèque royale de Bruxelles (R).

(6) Minute à Carpentras. Publiée dans le *Bulletin-Rubens*, II. 123 (R).

(7) Minute à Carpentras. Lettre de recommandation en faveur de M. Ollivier, fils d'un conseiller au parlement d'Aix. Les lettres à Rockox et à Gevaerts sont pour le même objet (R).

		nie, sur le passage du legat, à Malerbe, à M. de Toullon (1).
9 Septembre		A M. d'Abbatia, pour le stampe des comtes de Thoulouse [de G. de Catel].
XI	» [pour Rome]	Au cardinal Barberin, au caval. del Pozzo, au cav. Doni, au S. Eschinard, au S. de Bonnaire, à Dom du Puy [le chartreux Christophe, frère ainé de Pierre et de Jacques], au card. Bentivoglio, au caval. Fr. Gualdo, au S. Aleandro.
17	»	Au cardinal Barberin, au S. Aleandro.
19	»	Voyage de Guille Barbec à Rome avec le S. Henry Alhens. Il est de Dusseldorf près Cologne et Liege. Je luy ay baillé oultre les 25 escus et 6 livres de cy devant, autres 6 escus.
25	»	Au S. d'Abbatia sur la reception du livre de M. Catel.
30	»	*Arrivée de mon frère de Vallavez de Paris* (en lettres majuscules).
19 Octobre		Par M. Gaillard on a envoyé le livre de Patricius à M. Bignon.
21	»	Par le peintre Cossiers : A M. Rubens (2), à Tavernier.
23	»	*Voyage de mon frère à Marseille* (en lettres majuscules).

(1) Auguste de Forbin (1628-1638).

(2) Minute à Carpentras. Lettre de recommandation en faveur du peintre Jean Cossiers. Publiée dans le *Bulletin-Rubens* I. 265, avec celle de Peiresc à Tavernier et à Gaillard (R).

29 Octobre		*Voyage de M. d'Oppede en Cour (idem).*
31 »		A M. l'Empereur, à M. Cassagne, à M. le président Monnyer.
3 Novembre		A M. d'Oppede, à l'Evesque de Toullon.
8 »		*Voyage de mon frère à Rians, Beaugentier et Ieres* (en lettres majuscules).
28 »		*Voyage de mon frère à Avignon (idem).*
2 Décembre		*Venüe des plantes de Constantinople (idem).*
5 »		*Arrivée de M. d'Aix et mon frère avec luy (idem).*
9 »		*Voyage de mon frère à Marseille, avec MM. Pellot et Marchier (idem).*
		A M. de Marseille, avec lettre de M. de Lomenie.
XI »		A M. du Puy l'aisné, avec les lettres de Rubens (1) et actes du grand conseil.
		A M. du Puy le cadet, avec lettre de M. Viaz.
		A M. d'Oppede avec lettres de M. le président Carriolis, de M. le président Chaine, de M. d'Agut, de Madame d'Oppede.
		A M. Guittard, avec lettre de la demoiselle de Napolon (2).

(1) Il s'agit là des lettres de Rubens adressées à Dupuy. Le recueil de Gachet en donne trois du mois de novembre. C'est en cette année 1626 que Rubens continue avec P. Dupuy la correspondance qu'il tenait auparavant avec Peiresc, bien qu'il écrivit encore de temps à autre à celui-ci (R).

(2) C'était Françoise Raoulx, fille de François Raoulx et de Venturo

	Au cardinal Barberin, au S. Aleandro, au S. Aubery, au S. de Bonnaire, à la Barclay.
16 Décembre	*Retour de mon frère* (en lettres majuscules).
19 »	*Voyage de Mons. Seguiran en Cour (idem).*
	A M. de Lomenie, à M. de Toullon, à M. du Puy, à M. d'Oppede, à M. Robin (de mon frère, avec le roelle des plantes de Constantinople).
22 »	A M. le Beauclerc, avec le portrait de feu M. du Vair, M. Le Peletier, M. de Lomenie, M. du Puy, l'abbé de St.-Ambrois, M. Priandy, M. d'Oppede, etc.
26 »	Au Vice-legat, au S. Suarès, sur les registres de Jean XXII, au P. Lorini, à M. de Mondevergues.

Année 1627.

5 Janvier	A M. Bergeron, avec lettre de Blanc (1), à M. d'Oppede, au Prevost Aguillengui, (avec lettre de mon frère à M. Robin, de M. Viaz à M. de

Favier. Sanson Napollon, qui était né à Centuri, près du cap Corse, et qui était fils de Giudicelli Napollon et de Marina Cipriani, avait épousé Françoise en l'église cathédrale de la Major, le 20 janvier 1609. (Notice sur S. Napollon par Léon Bourguès, dans la *Revue de Marseille et de Provence*, livraison de mai-juin 1886, p. 214).

(1) Vincent Blanc ou Le Blanc, le fameux voyageur Marseillais dont les récits, arrangés par Pierre Bergeron, parurent en 1649, Paris, in-4°.

		Clermont,) à M. Seguiran, au R. P. Seguiran, à M. de Lomenie, M. de la Ville aux Clercs, M. Bignon, M. du Lis, M. du Puy.
6 Janvier		Par M. de Perussis (pour Rome): Au card. Barberin, au S. Fraisse, avec pacquet de Guittard à la Napolon.
7	»	Au Sire Cesari, avec les 14 escus des peaux de marroquin (1). A M. Viaz, touchant le livre d'Estius que demandoit M. d'Orleans (Gabriel de l'Aubespine).
8	»	A Dominico Majolo et Benedetto Gnieco (à Rome) pour 60 orangers (2).
14	»	A M. de Lomenie, à M. du Puy, à M. Rubens (3), M. d'Oppede.
		Voyage de Marseille avec M. l'Archevesque d'Aix (en lettres majuscules).
16	»	par M. de Bourdaloue, de Marseille. A M. de Guise sur ses marbres antiques.
20	»	A M. le General Ranchin à

(1) On sait que Peiresc avait, pour ses reliures, la passion du maroquin et particulièrement la passion du maroquin rouge.

(2) Pour Domenico Majolo et Benedetto Gnieco, je renvoie à une lettre de Peiresc à son frère, du 25 mai 1625, où l'on trouvera le dramatique récit des aventures de ces Italiens, qui furent arrêtés et emprisonnés à Brignoles et qui ne durent leur mise en liberté qu'à l'énergique intervention de leur illustre client, lequel eut à lutter, à cette occasion, contre le premier président du parlement d'Aix (d'Oppède). Cette lettre est une des plus curieuses de toutes celles que Peiresc écrivit à Valavez et qui rempliront en entier un volume de la collection des documents inédits.

(3) Pas de minute à Carpentras (R).

			Mompelier, pour les recueils du concile de son parent.
22 Janvier	[pour Marseille]		A M. d'Orleans avec un fagot de libvres (1). A M. Cassagne avec l'Elmacinus (2). A M. Vias.
23 »		au soir, par un pedon (3) extraordinaire (pour Rome).	Au card. Bentivoglio, au S. d'Aubery, avec lettres de M. Chabert et de mon frère, à M. de Perussis et mémoire de livrets.
28 »		au matin.	A M. de Lomenie, avec un pacquet de M. de Marseille, Mess. du Puy, à M. de la Fayette, à M. d'Oppede, à M. de Malerbe.
5 Febvrier	[pour Rome] :		Au card. Barberin, avec les notes de M. Rigault sur l'inscription d'Accia Maria Tulliana. Au S. Aleandro, avec la Gallia d'Elzevir (4). A

(1) Voir dans le fascicule VII des *Correspondants de Peiresc* (Orléans, 1883, *passim*) combien de services Peiresc eut le plaisir de rendre à son voisin, lequel habitait momentanément Marseille et y préparait un de ses savants ouvrages. On peut dire que l'exquise obligeance de notre bibliophile mettait sa riche bibliothèque sous la main même de G. de l'Aubespine.

(2) Il s'agit là de l'édition de l'*Historia Saracenica* de Georges Elmacin par Th. Erpenius (Leyde, 1625, in-f°.)

(3) Voici la définition du mot par le *Dictionnaire de Trévoux* : « Terme qui est en usage à Avignon. C'est le nom qu'on y donne à un courrier, ou plutôt à un messager à pied qui porte les lettres pour Rome. Le *pedon* d'Avignon porte les lettres pour Rome jusqu'à Gênes, où il trouve le pédon de Rome, à qui il les donne, et de qui il reçoit celles de Rome. Ce mot vient de l'italien *pedone*, un piéton. »

(4) *Respublica, sive status regni Galliæ diversorum autorum* (Leyde, 1626, in-24). Voir les détails que donne sur ce recueil M. Alphonse Willems dans son livre classique sur *les Elzevier* (Bruxelles, 1880, p. 70, article 259).

		Eschinard, à M. d'Aubray, à M. de Bonnaire.
9 Febvrier		Par le conseiller Cassagne qui promet des greffes de la pomme Royale (1) : à M. le président Faure, à M. le Général Ranchin.
10	»	Par Gautier, mulletier, qui a 3 pistoles d'arres à 20 livres la charge : trois charges fruicts à M. Jacquet, à M. Cardon, une caisse, les marcottes pour Robin.
		Passage de Domenico Maiolo et Benedetto Gnicco, qui nous ont vendu 74 orangers et 6 jossemins pour 60 livres et oultre ce 3 plants de Lauza Spada (en lettres majuscules).
16	»	A M. de Mondevergues, à M. de la Valfeniere, à l'Evesque d'Orange, au gouverneur Valkembourg, pour faire portraire le Théâtre antique d'Orange (2).
		Arrivée du Narcisse Iacobee de Rome (en lettres majuscules) par patron Hugues Varande, avec l'huile St.-Félix.

(1) Voir dans *Nemausa*, t. II, n° 7 (Nimes, 1884-85, p. 198) les *Lettres de Peiresc au conseiller de Cassagnes, du présidial de Nimes*, publiées par M. Georges Maurin. Dans la troisième des lettres à Jacques de Cassagnes, du 10 mars 1627, Peiresc lui accuse réception des *greffes de la pomme royale*.

(2) Voir une récent et remarquable brochure de M. Charles Wescher, professeur d'archéologie à la Bibliothèque Nationale : *Quelques mots sur le théâtre antique d'Orange* (Paris, E. Thorin, 1889, in 8°).

18 Febvrier		A mon frère avec le Narcisse Iacobee. A M. d'Orleans, avec les vies des Pères de Rosveidus, le Casauboni exercitationes, etc. A M. Cassagne, avec d'autres livres de l'Histoire Sarrasine et le Paruta. A M. Viaz. Par Vincens Blanc : A Fr. Blanc, pour le voyage de son frère.
23	»	A M. Cassagne, avec les médecins arabiques. A M. d'Orleans, avec l'*Optatus* de Baudouin.
1 Mars		A Tavernier, avec le roolle des planches de fleurs, à Mess. du Puy, à M. de Lomenie.
	[pour Bordeaux]:	A M. de Monts, à M. d'Andrault, à M. du Duc, à M. de Vris (1).
5	»	Au card. Barberin, avec le livre de M. du Chesne des historiens ƒr[ançois] 8°. Au S. Aleandro, avec l'Optatus pour conferer aux Mss. Au S. Cavalier del Pozzo. A Dom. du Puy.
6	»	Au lieutenant Arnaud avec le livre de M. Vendelin (2).
XI	»	A M. le conseiller Cassagne à Nismes, avec des dattes marines, au commandeur de Fourbin, à M. d'Espinouze avec

(1) Je n'ai pas trouvé la minute à Carpentras (R).
(2) Probablement, le *Loxias, seu de obliquitate solis*, que Godefroid Wendelinus avait publié l'année précédente à Anvers. (R.)

		des greffes de la pomme royale et autres.
18	Mars	A M. Robin [lettre] de mon frère, avec les myrtes et greffes et ronces.
27	»	A M. d'Orleans, avec les epistres de l'Archevesque de Lyon au pape, à M. Viaz touchant les œuvres du dit S. d'Orleans.
28	»	*Reception de la Cassette de Rome* (en lettres majuscules), où estoit l'empreinte du vase du cardinal et la table d'Arain.
1	Avril	A M. de Lomenie, M. du Puy, M. Rubens (1), M. Gevartius (2), M. Cossiers, M. Geofroy Vendelin, docteur ez droicts, avec lettre du S. Arnaud (3), à M. d'Oppede.
9	»	A M. Robin [lettre] de mon frère avec la boitte de la prevanche blanche et ordre de prendre l'immortelle en Avignon, à M. de Mondevergues, avec des grenadiers.
15	»	A M. l'Archevesque avec les caisses de vin de la Ciotat.
18	»	A M. Chabert avec la pollizze de chargement des arbres de Lauza Spada.
20	»	A M. de la Valfeniere sur les

(1) Pas de minute à Carpentras (R).
(2) La lettre à Gevartius, avec la date du 29 mars, est en original à la *Bibliothèque royale de Bruxelles* et fera partie, comme les autres lettres de Peiresc, de la correspondance de P. P. Rubens (R).
(3) Pas de minute à Carpentras (R).

		antiquitez d'Orange et autres, à M. de Mondevergues.
6 et 7 Mars		*Passage de M. d'Orleans* (en lettres majuscules).
7	»	Au card. Barberin, au S. Soarez, au S. Giorg. Persico, au caval. Doni, au S. Alcandro, avec le Godefroy de Præcedentia, au S. d'Aubery, à M. de Thou, au card. Bentivoglio, etc.
8	»	A M. de Conserans (1), M. de Pasmier de Sponde avec le livre du S. Aleandro, M. de Maussac, M. Maran, M. de Fieubet, M. d'Abbatia.
9	»	A frère Hierosme Pasquier, à la Grande Chartreuse.
18	»	Au card. Barberin avec le Henry VII de Baccon, marroquin.
27	»	A M. Cardon, avec les tortues.
29	»	A MM. du Puy, Tavernier, Lomenie, Seguiran, d'Orleans, Rigault, père Vassan, d'Agut, etc.
4 Juin		Au card. Barberin, au S. Aleandro, avec le livre de Rivius, au S. d'Aubery, au S. Menestrier, etc.
10	»	A M. du Puy, à M. Rubens (2), de Ventis, audit M. Rubens (3), de la podagra avec le livre du S. Aleandro.
21	»	A M. Durand avec douze escus

(1) C'était Bruno Ruade (1624-1643). J'ai publié dans la *Revue de Gascogne (passim)* diverses lettres de ce correspondant de Peiresc.
(2) Pas de minute à Carpentras (R).
(3) Idem (R).

	des marroquins qu'il avoit respondus pour moy à Sire Cesari.
23 Juin	Au card. de Sourdis, au S. de Gourgues, premier président, au S. de Monts, au S. du Duc, au S. de Fayart, au S. de Vris (1), au S. d'Abbatia.
25 »	Au S. Ant. Espanet, vice consul en Cypre, au consul Viguier, au S. Cesari, avec sa peau (2).
29 »	A M. du Puy, M. d'Agut, M. Seguiran.
2 Juillet	Au cardinal (3), à Gios. Persico, au cav. del Pozzo, au S. Aleandro, à M. de Thou, au S. d'Aubery, au S. de Bonnaire.
7 »	A M. Jacq. Godefroy, avec les epistres de Themistocles et le livret de M. Fabrot de XI mense et les roolles de livres.
	A M. d'Aix avec des fruicts et fleurs, et le jossemin qui pousce une seconde fleur du centre de la première (4).

(1) Pas de minute à Carpentras (R).
(2) C'est-à-dire avec le maroquin plus haut mentionné que Peiresc, amateur délicat, raffiné, renvoyait sans doute comme imparfait.
(3) Peiresc appelle François Barberin le *cardinal*, comme on appelait Rome, la ville, *Urbs*.
(4) La grande place qu'occupent les plantes dans ce journal montre combien j'avais raison de dire, dans une note des *Lettres de César de Nostre Dame* (fascicule II des *Correspondants de Peiresc*, Marseille, 1880, p. 51): « On sait combien Peiresc aimait les fleurs et avec quel zèle il les cultivait. Son jardin de Belgentier a été un merveilleux jardin d'acclimatation, et je ne sais comment les ingrats botanistes n'ont pas encore donné à la plus belle de leurs nouvelles fleurs, le nom de *Peiresca* ». Un très distingué botaniste

14 Juillet		A M. de Lomenie, M. de Malerbe, M. Robin (de mon frère), M. de Puy, l'advocat, M. J. du Puy, M. d'Orleans, M. d'Agut, M. Seguiran.
19	»	*Arrivée de M. d'Aubray* (lettres majuscules) conseiller au grand conseil revenant de Rome. Arrivée de M. Mallier, M. des Brosses et le prieur Chevalier, ses collegues.
20	»	M. de Lomenie, M. du Puy, M. Rigault, M. Le Beauclerc, M. Le Peletier, M. de Malerbe, avec un paquet de chez luy (1).
22	»	Au cardinal Barberin, avec la harangue funèbre de Madame par M. de Tolon (2). Au S. Aleandro, avec le livret de M. Fabrot, et lettre de M. d'Aubray à M. de Thou.
28	»	A M. l'Archevesque avec lettres de M. de Limoges (3), à M. de Mondevergues, au P. Lorin, au P. de Bus, avec les

de Marseille, M. Alfred Reynier, touché de ce reproche, m'a promis de réparer, dès qu'il en trouverait l'occasion, le tort fait par ses confrères à Peiresc, et il espère découvrir, dans ses herborisations provençales, dirigées surtout vers les montagnes des Basses-Alpes et du Var, quelque plante digne du nom glorieux qu'elle portera. Faisons des vœux pour que le baptême soit prochain !

(1) C'est-à-dire à Aix, où avait continué à résider la femme de Malherbe.

(2) Nous avons déjà vu que ce prélat était Auguste de Forbin. Son oraison funèbre de Madame n'est pas à la bibliothèque nationale, où l'on conserve une douzaine de pièces sur la mort de la duchesse d'Orléans (*Catalogue. Histoire de France*, t. X, p. 104, n° 15440 à 15453).

(3) François de la Fayette, qui venait d'être nommé à la place de Raymond de la Marthonie, lequel était mort le 11 Janvier 1627.

		2 sermons de St-Bernard, mss. en françois ancien.
30 Juillet	. .	Au cardinal Barberin, avec l'Aristarchus sacer de Heinsius, au S. Aleandro, al S. Gios. Persico, au S. de Bonnaire, au P. Dom du Puy, au cardinal Bentivoglio.
9 Aoust		A. M. de Marseille, au cardinal Barberin, au S. Baulac, du tableau de Chalette (1).
10 »	par M. de Napolon :	A M. de la Ville aux Clercs, M. Le Pelletier, MM. du Puy, M. d'Agut.
14 »	[pour Paris] :	A M. le Beauclerc, à M. Napolon, à M. Seguiran, à M. d'Agut, à M. du Puy, à M. d'Orleans, à M. Andrault, à M. Rigault, à M. Godefroy.
	[pour Padoue] :	A M. Pignoria, avec le livret de M. Fabrot.
20 »		A M. de Marseille, en response de tous ses reproches.

(1) Voir une de mes plus minces et plus rares plaquettes (elle n'a que quatre pages et n'a été tirée qu'à 25 exemplaires) : *Une lettre inédite de Peiresc à Jean Chalette* (extrait de la *Revue de Champagne et de Brie*, 1884). J'ai condensé en un étroit espace, autour de la lettre à Chalette, divers renseignements empruntés à MM. le Marquis de Chennevières, E. Roschach, etc., sur un peintre dont le nom manque à presque tous nos recueils biographiques (Michaud, Didot, Lud. Lalanne), et même à ce *Dictionnaire critique de biographie et d'histoire* où Jal a publié tant de renseignements nouveaux sur les artistes). Conférez une lettre de Peiresc à Adrien de Vries publiée dans la notice de M. Ruelens sur ce dernier peintre (Anvers, 1882, p. 50). A. De Vries y est de beaucoup préféré à Chalette. Si réellement, comme le pensait Peiresc, ai je dit (p. 4), « A. de Vries était supérieur à Chalette, il faudrait placer bien haut le peintre flamand, dont le talent a, du reste, été fort admiré par des maîtres tels que Rubens et Van Dyck ».

			Passage de M. de Poume (en lettres majuscules) de Lyon, neveu de M. de Fetan.
22	Aoust		A M. l'Archevesque.
23	»	[pour Mompelier] :	A M. Pacius le docteur, avec le portraict de l'espece de M. de Grille.
24	»		A M. Chabert, pour le dessein de son poisson.
25	»		A M. Viaz, avec six pièces arabiques (1) par l'homme de la Vigne blanche.
26	»	[pour Paris] :	A M. Godefroy, M. de Lomenie, M. de Malerbe, M. Robin.
		[pour Bordeaux] :	M. d'Andrault, avec les 5 arrests et les vers de Remy (2) pour M. de Monts.
			A M. de Vris (3), avec le pacquet du P. de Rez, à M. Guittard, avec les papiers de Souchet, à M. du Liz, à M. du Puy, à M. Rigault.
27	»	[pour Rome] :	Au card. Barberin, au S. Suarez, des Assises de Hierusalem, au S. Aleandro, à M. de Thou, au card. Bentivoglio, au S. Menestrier, etc.
28	»		A M. Cassagne, à Gilly, à

(1) Balthazar de Vias était un collectionneur, un numismate, et Peiresc voulut flatter les goûts de son parent et confrère en lui laissant, comme suprême souvenir, « six de ses médailles d'or, au choix du dict sieur de Vias. » (*Testament*, déjà cité, p. 30 de la brochure sur le titre de laquelle j'ai eu l'insigne honneur de mettre mon nom à côté du nom de M. Delisle).

(2) C'était Abraham Ravaud, dit Remi, *Remmius*, professeur au collège de France, qui figurera bientôt dans la galerie des *Correspondants de Peiresc*.

(3) Publiée au Bulletin Rubens, t. I, p. 80. (R.)

			Daumartin, pour les trois momies de patron Perier (1).
3 Septembre	[pour Avignon]		Au P. Lorin, au P. de Bus, au S. Suarez prevost, au S. de Mondevergues.
5	»		A M. de Cassagnes, avec l'histoire de Naples, les essais de [nom que je n'ai pu déchiffrer] (2) et les proverbes arabiques.
11	»	[pour Mompelier] :	A M. Ranchin, à Mlle Clausel (la fille du jurisconsulte Pacius).
13	»	[pour Paris] :	A M. Seguiran, à M. d'Agut, à M. du Puy, avec le raisin muscat bigarré de blanc et de rouge en une boitte.
16	»	[pour Marseille] :	A M. Viaz, avec les six volumes Poetarum Germanorum, in-16.
			Partement de M. Neron (en lettres majuscules) (3).
18	»	[par le consul de Forcalquier] :	Au lieutenant Arnaud, avec les lettres de M. Vendelin et Gevartius (4).

(1) Les momies du cabinet de Peiresc ont été souvent signalées. Je renvoie d'avance, pour la description des principales richesses de ce cabinet, à un travail que je prépare peu à peu et qui sera intitulé les *Collections de Peiresc*. Ce travail sera divisé en quatre parties : 1° livres, 2° manuscrits, 3° portraits, dessins, monnaies et objets d'art antiques ; 4° curiosités diverses d'histoire naturelle.

(2) Ce n'est pas *Montaigne* et tout d'abord, j'ai été tenté de lire *Montchrestien*. Mais ce poëte tragique, ce créateur de l'économie politique, n'a pas laissé d'*essais*. Il m'a donc fallu abandonner mon candidat d'un moment et me résigner à l'abstention.

(3) Autre aveu d'ignorance. Je déclare, à ma plus grande honte, que je ne sais rien de ce Néron dont Peiresc annonce le départ comme si c'était un personnage d'importance.

(4) Godefroid Wendelinus était, sans aucun doute, le savant le plus encyclopédique qu'il y eût en Belgique à cette époque. Mais, vivant dans

		Au prieur de Beaugentier pour du boys de lentisque.
22 Septembre		Au S. Lumaga, Gênes, pour les orangers du P. Gabriel.
1 Octobre	[pour Rome] :	Au card. Bentivoglio, au card. Barberin, au S. Suarez, au S. d'Aubery, au S. de Bonnaire.
28	»	*Venue du S. du Chastellet de Lorraine* (en lettres majuscules) (1).
29	» - [pour Rome] :	Au card. Barberin, au S. Suarez, au S. Aleandro, au S. Holstenius, au S. Aubery, au S. de Thou, au S. Menestrier, au

un milieu peu favorable, relégué, pour ainsi dire, dans une humble cure d'une pauvre province, ne recevant guères d'encouragement, il ne put se livrer à la culture des sciences, surtout des sciences naturelles et de l'astronomie, avec la passion qui l'animait. Néanmoins, il trouva encore les moyens de publier divers ouvrages, il en préparait d'autres qui n'ont pas vu le jour, et surtout il entretenait avec les plus grands savants de l'Europe une correspondance considérable. De celle-ci et de ses travaux inachevés j'ai réussi à recueillir quelques débris. Dans sa jeunesse, il avait habité la Provence en qualité de précepteur des enfants d'André Arnaud, lieutenant-général de la Sénéchaussée de Forcalquier. C'est là qu'il fit la connaissance de Peiresc, c'est là qu'il entreprit ses premières observations Une étude savante, approfondie, du séjour de Wendelin dans ce coin du midi, a été publiée en une suite de six articles, par M. de Berluc-Pérussis, dans le *Journal de Forcalquier* du 24 Juillet au 4 Septembre 1887. Ces articles, espérons-le, seront un jour réunis en brochure : ils offrent un intérêt trop considérable pour partager le sort éphémère des nouvelles d'une gazette.

Où sont les lettres de Wendelinus et de Gevartius dont il est question ici ?

La bibliothèque royale de Bruxelles possède un volume de minutes des lettres de C. Gevartius, mais il ne se rapporte qu'aux années 1631 à 1654.

Faisons remarquer, en passant, que Godefroid Wendelinus était lié avec Rubens et que dans ses lettres il est souvent question du peintre. (R.)

(1) C'était le très singulier personnage appelé Jean du Châtelet, baron de Beausoleil, dont il est question dans les *Lettres* de Peiresc et de Dupuy (t. I, pp. 441, 902) et dans le fascicule VI, *Balthazar de Vias*, p. 18-19. Le prétendu alchimiste et astrologue paraît avoir été surtout un fourbe, un charlatan.

	S. de Bonnaire, à Dom. du Puy.
30 Octobre	Au S. Nicolas Gilloux en Alep et au S. Spanet, en Cypre.
2 Novembre	A M. Cassagne avec 140 tulipes variées, à M. Arnaut, lieutenant [de Forcalquier] sur ses MSS.
7 »	Au S. Napolon, au S. Fort, au S. Durand, sur la barque d'Algers.
XI »	A M. Chabert [par un navire flamand], à M. Rubens (1), pour accompagner le boys de lentisque.
	Par M. de Gastines : *Arrivée de la cassette de M. Aubery de Rome* (majuscules).
XII »	A M. Cassagne, avec le *Phylarque* (du P. Goulu contre Balzac).
	Le S. de Gastines [négociant de Marseille], estant en cette ville, je luy ay payé les cent escus de la dame de Lignage receus à Paris par M. du Puy, avec les changes d'un et demy pour cent de Paris à Lyon, et aultant de Lyon à Paris, et 4 livres du port de la cassette de Rome.
XVI »	Le S. Durand estant icy, je luy ay baillé vingt escus à tant moings de vingt et sept escus

(1) Pas de minute à Carpentras. Mais sous la date du 10, Peiresc écrivit à De Vries, une lettre dont il n'est pas fait mention ici, et qui a été publiée *Bulletin Rubens*, I, 83 (R).

que se montèrent les deux douzaines et demy de marroquins de Levant, qu'il m'avoit acheptez, à raison de 10 escus la dernière douzaine, et dix et sept escus la douzaine et demy pendante, faisants 81 livres. Je luy doibs sept escus de reste que je ne luy ay pas payez attendant l'advis de Rome des frais de son affaire.
Ma caisse de Venise est arrivée (majuscules), conduicte par le S. Symon Carraire à qui on a payé 4 livres 20 sols de son port et voiture

17 Novembre		A M. de Gastines en response de la dicte caisse et sur le manquement de divers livres.
18	»	A M. Viaz avec les vers du S. Holstenius sur le mariage de D. Thadeo (1).
26	» [pour Rome]:	Au cardinal, avec le Grotius pro veritate Christianæ religionis et les vers pro pueris baptisatis, la bibliothèque de Naudé (2) et déclaration contre le duc de Rohan, au S. Soarez, au S.

(1) On sait que Thadeo Barberini, prince de Palestrina, préfet de Rome, épousa Anna Colonna, fille de Philippe Colonna, duc de Palliano et de Tagliacoti, grand connétable du royaume de Naples, et que ce mariage fut célébré, comme en un harmonieux concert, par tous les poètes amis de la maison Barberini.

(2) *Advis pour dresser une bibliothèque* (Paris 1627, in-8°). Voir le fascicule XII des *Correspondants de Peiresc. Gabriel Naudé. Lettres inédites écrites d'Italie etc.* (Paris, L. Techener, 1887). Mgr. Le duc d'Aumale vient de donner à Naudé ce grand éloge: « Une des plumes les plus fines de ce siècle. » (*Histoire des princes de Condé*, tome V. 1889, p. 356).

	Aleandro, avec le voyage de Drag *(sic)* (1) 8°. Au S. d'Aubery, au S. Holstenius, avec lettre du Nonce, au S. Albertini pour le MS. du concile de Chalcedoine.
28 Novembre [pour Mompelier et Toulouse]	M. Ranchin, M. de Maussac, M. de Fiobé [Fieubet], M. d'Abbatia.
	Au S. Spannet, vice-consul en Cypre pour les Assises [de Jerusalem] et autres MSS.
29 » [pour Rome]	Au S. Suarez, avec les poetes provençaulx de Jan Nostradame 8° (2) de M. d'Agut, imparfaict du cahier N, attendant que je le remplace du mien, au S. Aleandro, au S. de Bonnaire, etc.
III Décembre	Mon voyage à Bouc (3), (majuscules).
5 »	Par M. de Cambolas, le chanoine (à Rome) : Au cardinal Barberin, au cardinal Bentivoglio, au S. Suarez.

(1) C'était la seconde partie (Paris, 1627, petit in-8°) de la traduction de la première édition anglaise de la relation du célèbre navigateur : *Le voyage de Francis Dracke à l'entour du monde*, traduction faite par Louvencourt, Sieur de Vaucbelles, et dont la 1re partie avait paru en 1613 (Paris, J. Gesselin).

(2) Lyon, 1575, petit in-8°. J'éprouve grand plaisir à annoncer une prochaine édition critique de cet ouvrage par un de mes plus chers confrères et amis, M. Camille Chabaneau, correspondant de l'Institut et chargé de cours à la faculté de Montpellier. Ce que je sais du travail du savant romaniste me permet d'affirmer que son volume, depuis longtemps préparé *con amore*, fera sensation dans le monde savant.

(3) Commune des Bouches du Rhône, dans l'arrondissement d'Aix, à 15 kilomètres de cette ville, à 29 de Marseille.

XI Décembre	*Ballot de Cramoisy venu* (majuscules).
XII »	(Venise) Au S. de Thou, au S. Pignoria. (Paris) : à M. le Beauclerc, M. de Lomenie, à Malerbe, à M. du Puy, à M. d'Orleans, à M. Rigault, à M. d'Agut, à M. Seguiran, etc. (Pays-Bas) : à M. Camerarius, à M. Vendelin (1), avec le discours du catalogue des pages et le pacquet de M. Arnaud, à M. de Vris (2), à M. Bagni.
13 »	*Arrivée des MSS. de Cypre* (en majuscules).
17 »	*Arrivée du livre des lignages d'oultre mer, de la peinture antique de Rome* (idem).
18 »	A M. Ranchin le général, à M. Ranchin le chancellier, avec lettre du S. Godefroy, pour le code Theodosien MS.
31 »	A Domenico Majolo et Benedetto Gneco, pour les orangers de Beaugentier, au cardinal Barberin, avec les *Rep. Scotiæ et Hiberniæ,* au cardinal Bentivoglio, au S. Suarez, sur le Gervasius Tillebericus. [Gervais de Tilbury], au S. Holstenius, avec les extraicts des Eclogues de Virtute et Vitio, à Dom Du Puy, au S. de

---

(1) Minute à Carpentras sous la date du 25 Novembre. (R.)
(2) Pas de minute à Carpentras (R).

Bonnaire avec le pacquet de S. Gassendi.

Au baron de Beausoleil, à Marseille, à M. Viaz.

Année 1628.

3 Janvier		A M. de Cassagne, avec le Nonnius de re cibaria et de salubri potu (1), à M. Viaz, au S. de Beausoleil.
7 »	[pour Rome]	Au cardinal Barberin, avec les vers d'Abr. Remius, au S. Suarez, avec les extraicts de Gervasius Tilleberiensis, au S. Holstenius, avec des vers de Remius, au S. Cavalier Dony.
16 »	[pour Valence]	A M. Pacius, à son aisné.
	[pour Mompelier]	A M. Ranchin le général, à Mme de Clausel (du cabinet du Chancellier).
	[pour Toulouse]	A M. d'Abbatia, avec les vers du S. Remy, pour Dom Taddeo, à M. de Pamies, à à M. Challette.
19 »		A l'archevesque d'Avignon (2), au S. de Cohorne, secrétaire de la légation (3).

(1) *Diæteticon, seu de re cibaria libri quatuor* (WEISS: *Biogr. Univ.*) Antv. Bellerus, 1627. L'auteur Louis Nunez, d'origine portugaise, mais né à Anvers, vers 1560 (*Ibid.*) était un médecin fort érudit, auteur de plusieurs ouvrages. Il s'occupait de numismatique et compte parmi les amis de Rubens (R).

(2) Marius Filonardi (1624-1644). Une des rues d'Avignon porte, en souvenir de ce prélat, le nom de rue Filonarde.

(3) M. de Cohorn est un des aïeux maternels de mon vénérable ami M. le Marquis de Seguins-Vassieux, lequel m'a communiqué sur ce correspondant de Peiresc des renseignements que j'utiliserai dans un fascicule où seront groupés, autour du demi-provençal Abraham Remy (il n'appartient à la Provence que par son séjour chez le premier président d'Oppède, des enfants duquel il fut précepteur), plusieurs personnages réellement provençaux.

25 Janvier		Au cousin de Chavari, avec une bouteille malvoisie [Montpellier] : au général Ranchin, au chancelier Ranchin, à Mlle de Clausel; (Bordeaux): à Dom Paul d'Hillaire, au P. du Val, au général Gaufreteau, à Fr. Chabert, à Fr. Louys Cabrier, à Fauchier, à Brianson; (Paris): au S. de Fetan, au S. Cardon, à M. Le Beauclerc, à M. de Lomenie, à M. d'Agut, à M. du Puy, à M. Rigault, à M. d'Aubray, à M. de Breves, avec le pacquet du S. Napollon, à M. Guittard.
5 Febvrier	[pour Rome] :	Au Cardinal, au S. Suarez, au cav. Doni, avec la lettre du S. Ranchin du 1 décembre pour son cabinet, au S. Aleandro, au S. de Bonnaire, au S. Holstenius, avec le géographe de Constantius du S. Godefroy et la lettre de Mgr. Bagni oubliée.
	[pour Montpellier]:	Au S. Ranchin, de son cabinet sur ses premières offres, au général Ranchin, à Mlle de Clausel, pour le portraict de l'espée, au S. de Maussac (pour Toulouse) : au président Cambolas, du Dionysius Byzant. et du Pline, à l'evesque de Pamies, avec un autre livre du S. Aleandro, au S. d'Abbatia, au S. Maran, du Pline de M. Catel; (pour Rhodez) :

			au Sʳ evesque de Rhodez (1), avec lettres de M. l'archevesque et de l'abbé de Foix, pour le Dionysius Byzant, (pour Agen) : au S. d'Andrault. (pour Bordeaux) : au P. du Val, au card. de Sourdis, à l'evesque de Maillezais, coadjutorie (2), au S. de Gourgues, aux jesuites du Noviciat, au S. de Bellisle, au président Comte, au S. de Pichon, thrésorier, au S. de Mons.
6	Febvrier	Dimanche	Au S. de Fetan, avec une boitte de soles.
20	»	Dimanche matin (pour Venise) :	Au S. d'Avaux, au S. de Thou, avec 4 lettres du S. Napollon, pour Constantinople et Scio (pour Paris) : aux SS. de Lomenie, du Puy, Rigault, de Breves, etc.
21	»		Au cav. G. B. Dony, avec les empreintes de 6 médailles etrusques, au S. Suarez avec 2 exemplaires des poesies provençales (3).
22	»		*Arrivée de la Boette de Stephanoni* (en majuscules) par le chevalier Ravely de Pertuys.
24	»		*Arrivée* (en majuscules) du fagot de livres de M. d'Aubery sur la falouque de l'Abbé du Jar, où estoit le poids antique.

(1) Bernardin de Corneillan (1614-1630).

(2) Henry d'Escoubleau de Sourdis, frère cadet et successeur de cardinal archevêque de Bordeaux.

(3) Le recueil de Cl. Brueys : *Jardin deys musos provensalos* (Aix, David, 1628, 2 vol-in-16).

27 Febvrier	[par La Ferriere pour Rome]	Au card. Barberin pour La Ferrière (1), (Dimanche matin, pour Paris) : au S. de Fetan, avec 3 grenades d'Espagne, à M. le Beauclerc, au S. de Breves, à M. de Lomenie, avec une boitte pour Robin, au S. du Puy, (pour Bordeaux) : au S. de Monts, au S. d'Andrault, au prieur de Roumoules, au marquis de Sourdis, au S. de Maillezais.
2 Mars		A M. le chancelier Ranchin, du prix de son cabinet et inventaires.
3 »	[pour Rome] :	Au card. Barberin, avec la IIe partie de Phyllarque, l'arrest du M[arquis] d'Assigny, les vers de Maynard, le Montmorency d'Abbatia, les notes de Grotius sur Tacite, des vers à plusieurs testes [ici nous passons de la poësie à l'histoire naturelle], lettres de M. d'Oppede et du S. Remy, au S. Holstenius, au S. Aleandro, avec la lettre du S. Gassendi pour Galilée, au S. cav. Dony, au S. de Bonnaire, au S. d'Aubery, au card. Bentivoglio, au S. Suarez, au S. de Cambolas.

(1) Jacques de la Ferrière était un médecin natif de l'Agenais qui fut attaché à la maison du cardinal Alphonse de Richelieu, tour à tour archevêque d'Aix et de Lyon. On trouvera quelques pages de cet homme d'esprit dans un petit recueil que j'intitulerai : *Lettres inédites de divers hommes célèbres de l'Agenais.*

			Au baron de la Garde, avec la vie Notre-Dame de Marcassus (1).
XI	Mars		*Arrivée du ballet de Cramoisy* (en majuscules), du 30 Janvier.
16	»	[pour Toulouse] :	Au S. conseiller de Puymisson, avec les notes de Cujas sur Pline, le lieu [c'est-à-dire le passage] de Nic. Damascenus de *Auro Tolosano*.
22	»		Au S. de Spinouse avec les greffes de Genes et ceulx de Robin, de la poire d'Ambre et des pommes de Damas.
25	»	[pour Paris] :	A M. de Fetan avec une boitte de soles crües, à M. de Breves, à M. de Lomenie, à M. du Puy, à M. d'Orleans, à M. de Malerbe, à M. le nonce Bagni. (pour Bordeaux) : à M. de Monts, au prieur de Roumoules.
26	»		A M. Viaz avec XIII Aspres de Turquie.
1	Avril	Samedy matin. (pour Anvers) :	A M. Rubens, (2) avec l'empreinte de la corniole à deux testes, les vers de M. Remy, au cardinal pour son frère, à M. de Vris (3), avec la lettre du P. de Rez.
7	»		M. le C. Barberin avec les vers de Malerbe et Remius, au S.

(1) Sur Pierre de Marcassus, le polygraphe gascon si fécond, il y aurait une curieuse étude biographique et bibliographique à entreprendre. Je la recommande à quelque jeune et zélé chercheur.

(2) Pas de minute à Carpentras (R).

(3) Publiée au *Bulletin Rubens* I. 90 (R).

		Aleandro, avec le pacquet du P. Morin et les vers de Remius, au S. Holstenius avec son MS. de S. Athanase grec et les vers de Remius, au S. d'Aubery, avec des vers pour M. Dony, au S. de Bonnaire, avec la harangue de M. le Prince, les vers de Remy pour Suarez, etc.
11 Avril		A M. l'evesque d'Orange, au lieutenant Arnaud, avec les lettres du S. Erycius Puteanus (1) et Vendelin (2), et le livre de Olympiades, au S. Gassendi, sur ses observations et cachet d'Ambre.
13 »		(par son homme), au S. de la Garde, de ses œuvres (3).
14 »		*Par mon frère de Vallavez, à M. de Perussis* (en majuscules).
15 »	(pour Venise) :	Au S. d'Avaux, au S. de La Lane, (pour Paris) : à M. le Beauclerc, à M. de Breves, au S. de Malerbe, au S. de

(1) Je ne trouve pas de lettres de Puteanus, adressées à cette date à Peiresc, dans ses nombreuses *centuries* imprimées (R).

(2) C'est la lettre du 2 mars 1628 publiée par M. T. de L. dans le *Journal de Forcalquier*, du 24 Juillet 1887. On en trouve aussi une copie à la bibliothèque de Nimes, dans le recueil dit de Séguier. (Cat. n° 13812) (R).

(3) Voir, dans le tome I des *Œuvres complètes de Malherbe*. (*Collection des grands écrivains de la France*) une ode à de « A Monsieur de La Garde, au sujet de son Histoire sainte » (p. 285-290). Le savant éditeur, M. Lud. Lalanne, dit : « On ignore si *l'Histoire Sainte* a jamais été imprimée. Son auteur était un gentilhomme de Provence, de la maison de Villeneuve ». Serait-il impossible d'obtenir des chercheurs provençaux d'autres renseignements, surtout en ce qui concerne « les œuvres » du correspondant de Malherbe?

			Lomenie, au prieur de Roumoules, à M. du Puy, au S. Robin (de mon frère).
16 Avril			Au card. Barberin, avec le livre de la stérilité, au S. Holstenius, avec le géographe grec de Godefroy, et ses livres et carthes, au S. Aleandro, avec Respublica Helvetiorum, au S. Suarez, avec le Nostradamus des Poetes Provençaulx 8°, au card. Bentivoglio.
17	»		A M. Rubens (1) avec des vers, etc., à M. l'archevesque d'Ambrun (2).
21	»	Vendredy Saint	Le S. Ayguin de Bonnieux m'a vendu le MS. de Meifred pour 6 escus à rachept.
22	»	Samedy Saint	Au S. de Fetan, à M. de Lomenie, à M. du Puy, à M. de Breves, au S. Gassendi, avec lettres du S. Valois, au S. Midorge, au P. Mercene, au S. Maynard (3), l'Argenis en françois.
24	»		Au lieut. Arnaud, avec la despesche du S. Vendelin du XI (4).
29	»		A M. de Lomenie, M. du Puy, M. Gassendi, avec lettres de Rome et de Deodati.

(1) Pas de minute à Carpentras (R).
(2) Guillaume d'Hugues (1612-1648).
(3) S'agit-il là du poëte François Maynard, né deux ans plus tard que Peiresc et trop lié avec Malherbe, dont il fut le meilleur élève, pour n'être pas lié avec Peiresc lui-même ?
(4) Probablement la lettre à Peiresc, du 2 mars 1628, dont il y a copie à la bibliothèque Méjanes à Aix (R).

5 May	(pour Rome) :		Au Cardinal, avec le Seneque d'Elzevir, la lettre de Théophile contre Balzac, l'advis de Phylarque, les vers de Rhé, au S. Suarez, du MS. de Maifred, au S de Bonnaire, avec les 24 exemplaires du Panegyrique de M. Viaz, la response du cardinal pour la Rochelle, à Dom du Puy, avec les dits vers, au S. Aleandro, avec les vers de l'Huistre, 3 de Viaz, 1 de Remy, 1 de Fabrot (1), au S. Menestrier, au cardinal Bentivoglio.
6 »	[pour Paris]:		M. Le Beauclerc, M. le Pelletier, Mad. de Breves, M. de Lomenie, M. Robin, de mon frère, M. de Malerbe, M. du Puy, avec 10 exemplaires des vers de M. Viaz au Pape.
8 »	[pour Rome] :		Au card. Barberin, au card. Bentivoglio, au P. Gabriel Le Febvre.
12 »	[pour Paris] :		A M. Le Beauclerc, M. le Bailleul, M. d'Orleans, avec les vers du Pape et la lettre de M. de Riez, à M. de Lomenie, à M. du Puy, à M. le nonce Bagni, au S. Robin, de mon frère, avec une boitte de plantes du Portugais *(sic.* pour Portugal).

(1) Sur le combat de l'huitre et du rat, qui fut une source intarissable de poësies françaises, latines, provençales, voir force détails dans le fascicule X des *Correspondants de Peiresc ; Guillaume d'Abbatia, capitoul de Toulouse* (Montpellier, 1883, p. 41-45).

	[pour Agen et Bordeaux] :	A M. de Rubran, de mon frère, à M. de Monts, avec les vers du Pape, au prieur de Roumoules, avec les mesmes vers, à M. d'Andrault, avec les mesmes vers.
20 May	[pour Paris] :	A M. de Lomenie, à M. du Puy, à M. Gassendi, (pour Anvers) : à M. Rubens, (1) des camayeuls.
26 »		*Arrivée du fagot du S. Aubery, les assises de Hierusalem, etc. et de l'Hiacyanthe tubereuse du S. de Bonnaire* (2 (en majuscules).

(1) Très longue lettre, véritable mémoire sur des camées appartenant à Rubens et dont celui-ci avait envoyé des empreintes à Venise. On sait qu'une partie de la collection du peintre se trouve aujourd'hui à Paris, à la section de glyptique et de numismatique de la bibliothèque nationale. Dans la dissertation il est question aussi d'une médaille antique que Rubens croyait représenter Elagabale en femme. (R)

(2) Voilà la date précise de l'introduction en France de la superbe fleur. Littré, en son *Dictionnaire*, a cité ce passage des *Mélanges* de Bonaventure d'Argonne, le faux Vigneul-Marville : « Il [Robin, garde du jardin des Plantes] est le premier qui a donné la vogue aux tubéreuses, qu'on ne connaissait qu'en Provence ». Littré avait emprunté cette citation avec tant d'autres citations au *Dictionnaire de Trévoux*. Voici ce qu'avaient ajouté les rédacteurs de ce *Dictionnaire*, vieille forêt où l'on ne cesse d'aller couper du bois « C'est le savant M' Peiresc qui a eu le premier des tubéreuses en Provence. Il avoit envoyé ses frais, un Père Minime en Perse. Ce religieux s'appeloit le Père Théophile Minu... et oit fort diligent dans les langues orientales. Il rapporta plusieurs r... ... et autres. A son second voyage de Perse il rapporta la première ... de tubéreuse qu'on ait vue en France. Elle fut mise dans le jardin de M. Peiresc à *Bougenicé* (sic), qui est un bourg entre Signe et Souliers, de côté de Toulo... » Gassendi, qui a parlé avec tant de complaisance des conquêtes végétales de Peiresc, qui s'est plu, par exemple, à rappeler (p. 188), que, dès 1611, le premier en Provence, il cultiva dans son jardin d'Aix la tulipe dont les oignons lui avaient été envoyés de Tournai, l'automne précédent, par le chanoine de Winghe, et qu'en 1630 il propagea le Jasmin de l'Inde, et divers autres autres jasmins, diverses sortes de vignes, (p. 342-345) sans

2 Juin		(pour Rome) :	Au card. Barberin, avec le Clericus, la Scotia (1) en marroquin, les vers du P. Arnoux, de Rhé, ceux de M. Remy, au Cardinal, au S. Holstenius, au S. Aleandro, au cav. Doni, au S. Suarez, au S. Gios. Persico, au S. Aubery, au S. Caval. del Pozzo, au S. Menestrier, au S. de Bonnaire, à Mellan (2).
3	»	(pour Paris) :	A M. Le Beauclerc, à Mad. de Breves, à M. de Lomenie, à M. du Puy, à M. Gassendi, à M. de Malerbe, (pour Anvers) : à M. Rubens (3), avec lettre du S. Vris.
9 Vendredy			*Partement de M. l'Archevesque pour la Chartreuse et pour la Cour* (en majuscules).
10	»	(pour Venise] :	A M. d'Avaux, avec les vers de M. Viaz, au S. Pignoria, avec les dits vers du S. Viaz au Pape.
		[pour Paris] :	A M. de Lomenie, M. du Puy l'Aisné, M. du Puy le puisné,

reparler du myrte à large feuille, n'a pas fait mention de la tubéreuse. Disons, pour compléter cette trop longue note, que l'on peut lire un délicieux passage, dans un des meilleurs livres d'Alphonse Karr, *Voyage autour de mon jardin* (Paris, 1845, t. I. p. 47), sur les œillets et tubéreuses qu'une brave femme apportait à Marie-Antoinette en sa prison du Temple et qui, par la beauté de leurs couleurs et par la suavité de leur parfum, rendaient un peu moins insupportables pour la reine de France les souffrances de la plus odieuse captivité.

(1) *Respublica, sive status regni Scotiæ et Hiberniæ. Diversorum autorum.* (Leyde, Elzevier, 1627, in-24).

(2) Nouveau jalon posé pour l'histoire du séjour de l'artiste d'Abbeville en Italie.

(3) Pas de minute à Carpentras. (R)

		M. Bagni, M. Gassendi, Robin.
17 Juin	(pour Paris) :	A M. le Beauclerc, M. de Lomenie, au S. Robin, à M. du Puy, à M. Rigault, avec les lunettes, à M. Gassendi, avec sa lunette et lettres de chez luy, à Tavernier, etc.
22 »		Au Roy, à M. d'Herbault, à M. l'Evesque d'Orange.
24 »	(pour Venise) :	M. d'Avaux.
	(pour Paris) :	Mad. de Breves, M. de Malerbe, M. le Beauclerc, M. d'Orléans, M. de Lomenie, M. du Puy, M. Gassendy.
27 »		A S. de Nostradamus, avec les 2 chattons (1).
		Partement de M. de Crequy (en lettres majuscules).
30 »		Au Cardinal, avec *de principatibus italiæ*, les Harangues d'Angleterre, au S. Aleandro, au S. Suarez, au S. de Bonnaire, au S. Aubery, au card. Bentivoglio, à M. Menestrier (2).
8 Juillet		Au S. Godefroy, à M. de Lomenie, à M. du Puy, au S.

---

(1) Peiresc avait donc offert à César de Notredame, comme à tant d'autres amis de Paris et de Rome, des petits chats de race orientale si heureusement introduits par lui dans la circulation. Voir sur ces chats, venus surtout de Damas, les spirituelles pages de M. L. Delisle (*Un grand amateur français*, p. 17-18). On trouvera force choses sur les gentils animaux si chers à Peiresc dans les tomes II et III des *Lettres aux frères Dupuy*.

(2) A la date du 30 Juin, Peiresc écrivait à De Vries, une lettre que nous avons publié au *Bulletin Rubens* (I. 88) et qui ne figure pas dans les *Petits mémoires* (R).

		Gassendi, au S. Deodati, au prieur de Roumoules.
XII Juillet		*Receu le volume de Pline de Pelicier* (1) (en lettres majuscules) jusqu'au XVIe livre inclusivement de la part de M. de Malemeysson, par l'entremise de M. d'Abbatia.
15	»	(pour Paris) : A. M. de Breves, à M. le Beauclerc, à M. de Malerbe, à M. de Lomenie, à M. du Puy l'ainé (et) à M. Rigault, avec le 1er tome du Pline de Pelicier, à Robin, pour prendre 2 escus pour le prix des ciseaux [de jardinage], à M. Gassendi, à M. Deodati.
		(pour Bordeaux) : Au prieur de Roumoules, à M. de Monts.
20	»	A Gilly avec le Neron et 8 livres 10 sols. Au S. Pichery, avec XII pistoles, avec la lettre de M. de Vrix, à M. Viaz, avec ses lettres du cardinal.
22	»	(pour Paris) : Au S. de Fetan, à M. de Lomenie, à Robin, avec la boitte de plantes, à M. du Puy, à M. Rigault, au S. Gassendi, à M. Bertius ; (pour Bordeaux) : au prieur de Roumoules, au Sr

---

(1) Guillaume Pellicier ou Pellissier, évêque de Maguelonne-Montpellier, est trop célèbre pour qu'il soit utile de rappeler qu'il rapporta d'Italie de nombreux manuscrits orientaux, grecs, latins et que la Bibliothèque Nationale a surtout profité de tant de dépouilles opimes. Voir *Le cabinet des manuscrits* par M. L. Delisle (t. I. p, 154-157, 162, 455 ; t, III, p. 350, 390). Voir encore la thèse-monographie de M. Zeller et le catalogue des manuscrits grecs de la Bibliothèque nationale par M. H. Omont.

23 Juillet		d'Andrault, avec ses lettres. Maistre Augustin Barbe d'Apostre a retiré de moy 20 escus pour divers livres tant desseignez que gravez, entr'autres les portes et fenestrages del Ligozzio de Florence, celuy des fabriques [c'est à dire édifices] de Jerusalem, toutes les œuvres de Cherubin del Borgo qui a faict la sale Clementine, en nombre de plus de cent de luy seul, livre du Polydore, de Michel Angelo et autres. Il m'a promis de Lyon, des dessains de Fra Pasquale, general degli Olivetani tirez sur des antiquitez tant Fabriques que figures en nombre de plus de deux cents, à condition qu'ilz ne me duisent je les luy renvoyeray à Paris.
23 »		Par le Sr de Rossi de Lyon allant à Florence, baillé mémoire des livres de Pise, Luques, et du priorista de Firenze composé par Giacomo de Rossi, son père.
25 »		A M. l'Archevesque d'Aix, à M. de l'Estoille [le fils du chroniqueur et le futur membre de l'Académie française], à M. de Riez.
28 »	(pour Rome) :	Au card. Barberin avec le Justinianus Fr. Guineti 8°, le Fabrot de num^o Puerperii, la lettre du Divan, l'inscription

		de Constantin, au Sr de Bonnaire, au Sr Aleandro, avec de n° puerperii, au Sr Eschinard, avec ses mémoires, au Sr Menestrier, au Sr Aubery.
29 Juillet	(pour Paris) :	Au Sr de Fetan, de Lomenie, du Puy, Rigault, du Chesne, Bagni, avec de numero Puerperii, Gassendi, Deodati; (pour Bordeaux) : au prieur de Remoules.
31 »	(Montpellier et Toulouse) :	Au general Ranchin, au S^r d'Abbatia, à M. l'Archevesque de Thoulouse, à M. de Puymisson, à M. de Pamier, avec les vers d'Amaltée.
5 Aoust	(pour Venise) :	A M. d'Avaulx, à M. de Thou, (pour Paris) : à M. de Lomenie, à M. Gassendi, avec un paquet à Gafarel, à M. du Puy l'ayné, au jeune du Puy, à M. Rigault, du Pline.
6 »		A Guez à Marseille pour son frère de Constantinople (pour Montpellier) : au general Ranchin, au maistre Baudan pour la duchesse d'Uzez, à Mlle Clausel, pour l'espée peinte.
12 Samedy	(pour Paris) :	Au Sr de Fetan, de Lomenie, Gassendy, du Puy, Mess. de Sainte-Marthe, au Sr Deodati, M. du Chesne, Godefroy, M. l'Archevesque.
25 »	(pour Rome) :	Au card. Barberin, avec les canons de Dionysius exiguus et la lettre du Roy de Suma-

		tra, au Sr Aleandro, au Sr Suarez, au Sr Holstenius, au Sr d'Aubery, au Sr de Bonnaire, pour la bulbe du Narcisse des Indes, les vers de Viaz et lettres du P. Gabriel.
26 Aoust	Samedy		Au Sr de Fetan, à M. le Beauclerc, à M. de Lomenie, à M. du Puy, à M. Rigault, à M. Gassendi, avec afforce lettres, (pour Bordeaux) : au prieur de Roumoules, avec les vers de Viaz, au p. du Val.
1 Septembre.	Vendredi		De Marseille (pour Paris) : A M. le Beauclerc, M. de Breves, de Lomenie, du Puy, Deodati, Gassendi.
5	»		De Beaugentier (pour Paris) : A M. Gaulmin, advocat général, au S. Napolon.
7	»	Jeudy	De Beaugentier (pour Paris) : de Lomenie, du Puy, Gassendi ; (pour Bordeaux) : au prieur de Roumoules, à M. d'Andrault, au P. du Val.
14	»	Jeudy (pour Paris) :	Le Beauclerc, Le Pelletier, Lomenie, du Puy, du Chesnes, Gassendi, de la Roche-Maillet, d'Oppede, avec les papiers de la Rochelle.
20	»	(pour Seyde) :	A M. de Thou en Alexandrette ou Seyde, à M. Guez.
25	»		De Beaugentier. Au card. Barberin, avec les macules solaires et lunaires de Fabri, ingénieur ? et le dessein des Amours

			forgerons de Normandie (1) et les vers de la Rochelle du jeune Fabrot, au S. Suarez, avec l'epistre de Sylvestre II, au S. Pignoria, au S. Pietro della Valle, au S. Doni, avec le pacquet du P. Mercene, au S. de Bonnaire et de mon frère, avec les vers de Fabrot, au card. Bentivoglio, au caval. del Pozzo, à Dom du Puy, avec le Henry VII de Baccon, au S. Aubery, au S. Menestrier, au S. Holstenius.
2 Octobre			A M. Ranchin, à M. d'Espinouse.
14	»		Au S. Viaz avec deux lettres de Rome du card. Barberin et du S. Aleandro.
18	»	(pour Paris) :	Au S. de Fetan, M. de Lomenie, M. du Puy, au S. de Vrix (2) à M. Gassendy.
27	»	(pour Rome) :	Au card. Barberin, avec les livres d'Aristarque et d'Achastels, au S. Suarez, avec la lettre de de Mad. de Mazan, au S. Bonnaire, au S. Aubery, au S. Aleandro: (pour Padoue) : au S. Pignoria, avec la généalogie des Daulphins de Viennois
30	»		*Arrivée du S. Dormalius liégeois venant de Rome* (3).

(1) Je n'ai par malheur aucun renseignement à fournir sur cet ouvrage dont le titre fait rêver.

(2) Publiée, avec la date du 21 octobre, *Bulletin Rubens*, I. 94 (R).

(3) Je trouve de ce Dormalius deux lettres à Peiresc, datées de Liége 26 janvier 1629 et 16 juillet 1635, à la bibliothèque Méjanes, à Aix, au tome IV

2 Novembre (pour Rome) :		Au S. Aleandro, au S. Aubery, au S. Holstenius, avec lettre du S. Dormalle.
4 » (pour Paris) :		Le Beauclerc, de Fetan, de Lomenie, du Puy, de Vris (1) avec neuf lettres de recommandations adressées à M. de Lomenie, de la Ville aux Clercs, de St.-Ambrois, La Baroderie, La Galaud, du Monstier, du Puy, le P[ere] Seguiran, le P[ere] Sirmond (2).
6 »		Par M. Henry Dormalius : Au présidant d'Expily, au S. Godefroy.
14 »		A M. de Fetan, à M. le Beauclerc, M. de Lomenie, M. du Puy, M. de Vris (3), M. Gassendy, avec les lettres de M. Galaup (4).
17 » (pour Paris) :		A M. de Lomenie, M. du Puy, M. Bagni.

des copies des registres de Peiresc. Il y est question d'un riche cabinet de médailles d'un nommé Jacobus Susius, lequel possédait aussi une bibliothèque valant bien 15000 florins des Pays-Bas. Dans le Recueil de la correspondance de Peiresc, à la Bibliothèque nationale de Paris (Ms. français 9539) il y a une lettre de lui à Peiresc datée de Rome, 5 septembre 1636, de laquelle il résulte qu'il était mathématicien et ami de Wendelinus. Il signe Henricus Dormalius. Il était chanoine à Liège (R).

(1) Publiée, avec la date du 29 octobre. *Bulletin Rubens*, I, 91 (R).

(2) Il y eut, semble-t-il, une dixième lettre de recommandation, car en regard de la colonne formée par les neuf noms, je vois dans l'espace réservé au peintre A. de Vris, cette indication : A M. l'Archevesque.

(3) Publiée *Bulletin-Rubens*, I. 97. (R)

(4) C'était François Galaup de Chasteuil, le docte et saint orientaliste, si célèbre sous le titre de *solitaire du mont Liban*. Je m'occuperai bientôt de cet anachorète dans un fascicule des *Correspondants de Peiresc*, que M. le Marquis de Boisgelin doit enrichir d'une notice généalogique comme il sait les faire, sur la famille de Galaup.

18 Novembre (pour Paris):	A M. Bagni:	
	A M. Le Beauclerc	
	A S' Le Peletier	
	A M. l'Archevesque	Lettres de recommandation en faveur d'Adrien de Vries.
	A M. L'Advocat	
	A M. Le Tenneur	
	A M. d'Ayneux	
	A M. Gau	
	Au S' de Vris, avec lettres du P. de Rez. (1)	
23 »	A M. Godefroy, à M. du Puy, à M. de Vris (2).	
1 Décembre (pour Rome):	Au card. Barberin, au S' de Bonnaire, au S' Suarez, au S' Aleandro, au S' P. de la Valle, au P. du Puy, au S' Holstenius, au S' Menestrier, (pour Padoue): au S' Pignoria.	
3 » (pour Avignon):	Au vice legat, au S' de Cohorne, au dataire Bongo, au prieur du Barroux (3).	
4 »	A M. de Lomenie, à M. du Puy, à M. de Vris, (4) à M. de Grace, evesque (5), à Monseigneur le garde des Sceaux de Marillac, à M. l'Evesque d'Orleans, à Robin, de mon frère.	
13 et 16	A M. de Thou, en Alexandrie, avec les imprimez de la Ro-	

---

(1) Publiée en partie *Bulletin-Rubens*, I. 171. (R)
(2) Probablement, celle qui porte la date du 13 novembre au *Bulletin-Rubens*, I. 171. (R)
(3) Aujourd'hui commune du département de Vaucluse, arrondissement d'Orange, canton de Malaucène, à 5 kilomètres de cette ville, à 4 kilomètres d'Avignon.
(4) Publiée *Bulletin-Rubens*, I. 172. (R)
(5) Jean Guerin (1628-1632).

20 Décembre	(pour Paris) :	chelle, au Sr Estelle, vice consul de Seyde.
20 Décembre	(pour Paris) :	A M. de la Ville au Clercs, M. Le Beauclerc, M. de Lomenie, M. de Marseille, M. le Pelletier, M. de Lyonne, M. du Puy, M. Rigault.
22 „	(pour Orange) :	A M. de Valkenbourg, à l'evesque d'Orange.
	(par son laquay) :	Au Sr Viaz avec l'espreuve de ses vers.
29 „		A M. Pacius, à M. de Mondevergues.

Année 1629.

6 Janvier	(pour Paris) :	Au Sr de Fetan, Le Beauclerc, de Lomenie, du Puy, Gassendi, Moreau, Naudé.
	(pour Venise) :	A M. d'Avaulx, avec des vers, au Sr Pignoria, avec des vers et relations.
21 „	Dimanche (pour Paris) :	Au S. de Fetan, à Mad. de Breves, à M. de Lomenie, M. du Puy, (pour Bordeaux) : au prieur de Roumoules, à Madame la première présidante, au P. Venol, au S. de Belleisle, à l'advocat Boumard, à M. d'Andraut, au thresorier Pichon, au juge Paty.
27 „	Samedi (pour Rome):	Au card. Bentivoglio, à Eschinard, au card. Barberin, avec des vers des sieurs Viaz et Remy sur la Rochelle, l'inscription du S. Rigault et l'épitaphe de Bukingam, au S. Suarez, au caval. Doni, au S.

		Aleandro, avec les vers susdits des sieurs Viaz et Remy, au S. Holstenius avec les Mss. du S. Pacius, au S. d'Aubery, au S. Menestrier, avec l'original de sa naturalité et arrest des comptes, au S. de Bonnaire, au chanoine Antelmy, sur les Amulettes Ægyptiens.
6 Febvrier Mardy	(pour Paris):	Au Sr de Fetan, au M. de Retelin pour Suchet, au Sr Peletier, à M. le Beauclerc, à Mad. de Breves, à M. de Lomenie, à M. du Puy l'ainé, à M. J. du Puy, à M. Rigault, à M. Aultin, à M. du Chesne, à M. de Vris (1), à M. de la Baroderie; (pour Brusselles): à M. Bagny, avec les vers de MM. Viaz et Remy, à M. Chifflet avec les mesmes vers.
15	»	Par le P. Minuti qui m'a apporté le larmoir de deux pans de long (pour Hierusalem): au Sr Empereur, qui a escript sur son passage. (pour Marseille): au Sr Empereur, son frère, au provincial qui a baillé son consentement, le P. Jean François, qui m'a envoyé la verge comme celle de Moïse.
28	» (pour Rome) :	Au card. Barberin, au cardinal Bentivoglio, au Sr de Bonnaire, au Sr Aleandro, au S^r

(1) Longue lettre publiée au *Bulletin-Rubens*, I. 173. (R)

			Aubery, au Sr Holstenius, avec trois empreintes, au Sr Menestrier, avec plusieurs empreintes de médailles, au P. d'Ambruc.
2 Mars		(pour Rome) :	Au card. Barberini, au cav. del Pozzo, de la mittre des femmes de la peinture antique, au Sr Aleandro, au Sr Pietro della Valle, sur le Pentateuque samaritain, avec des vers, au Sr Aubery, avec afforce vers, au Sr Holstenius, au Sr Menestrier, avec ses 5 médailles de Corinthe et l'empreinte de l'Adam de Natalicio Benedetti, à dom du Puy, au cavalier Doni, à M. de Thou.
4	»		A M. Le Beauclerc, M. de Lomenie, avec les vers du Var, [par A. Remy] et le livre de l'huistre [le recueil des vers sur le combat de l'huitre et du rat], autre au même, pour le brevet de M. de Nostradame [le brevet de gentilhomme de la chambre du roi], M. du Puy, M. d'Orleans (avec les vers du Var, M. Gassendi, avec les mesmes vers.
17	»	(pour Venise) :	A M. d'Avaux, au S. Pignoria, avec les vers de Remy, (pour Paris) : A Mad. de Breves, M. de Lomenie, M. du Puy, au S. Gassendi, de son hoste de Digne.
26	»		Au S. de Nostradame (César),

		avec son MS. d'Epistres de son père et à son père in-4° (1) et avec 4 livres de ces guerres, 8 memoires Mss. de la reduction de la Rochelle, 6 petits imprimez.
31 Mars.		Au chevalier de la Valette (2), avec lettre du conseiller Antelmy.
	(pour Rome) :	Au card. Barberin, avec le Tertullian de M. Rigault, les vers de M. Viaz du Var.
6 Avril.	(pour Paris) :	A M. le Nonce avec les vers de La Rochelle qu'il demandoit.
10	»	A M. Pacius à Valance pour les MSS. du S. Holstenius et le Pollux.
XI	»	A M. du Barroux, avec les papiers du S. de Laincel.
		Maistre Simon Briançon est party d'icy pour s'en retourner chez luy, m'ayant remis ses comptes tels qu'il luy a pleu dresser. Il m'avoit donné une médaille d'or de Trajan et trois petites.

(1) Quel recueil doublement curieux ce devait être et quel malheur qu'il soit, comme il le semble bien, à jamais perdu !

(2) Ce fils naturel de Jean Louis de Nogaret, duc d'Epernon, qui devint plus tard (1645) lieutenant général de l'armée navale des Vénitiens, allait être, en attendant, un héros de roman. Voir dans le tome II des *Lettres de Peiresc aux frères Dupuy*, l'amusant récit (p. 234-236) de l'enlèvement de Mlle Gabrielle d'Aimar, fille du président Honoré d'Aimar, sieur de Montsallier, par le trop galant chevalier, à Toulon, en plein jour, le 18 janvier 1630. Si l'on voulait plus de détails sur l'audacieux coup de main, on les trouverait dans les *documents relatifs à l'enlèvement de Mlle d'Aymar* publiés dans la *Revue Sextienne* du 15 avril 1834 (p. 44-54) par celui qui écrit ces lignes.

14 Avril		(pour Paris) :	A M. le Beauclerc, M. de Lomenie, M. du Puy, M. de Vris (1).
19	»	(pour Marseille) :	A M. Cassagne, avec le libvre du card. Albornos.
21	»		A M. Pichery, avec sa boitte de cent médailles d'argent.
		(pour Paris) :	A M. de Lomenie, M. du Puy, au S. Gassendi avec les vers du Var tant du S. Remy que Vias, le phœnomene des 3 soleils, lettres de son frère et du prieur de la Valette.
22	»		A M. des Essars sur la mort de sa mère. A M. de Mondevergues.
1 May.		(pour Marseille) :	A M. Cassagne sur son vase d'Alabastrites Mellei coloris de Pline ou Murrhinum, avec les voyages de M. de Breves. A M. Viaz, avec les triomphes et vers de Borbonius.
2	»		A M. Pacius pere et filz de ses MSS. grecs.
4	»	(pour Rome) :	Au card. Bentivoglio, au card. Barberin, avec diverses curiositez, au S. Suarez, avec la charthe d'Honorius, au S. de Bonnaire, au S. Holstenius, de l'inscription de l'arc de Suse et de Boristenes, à Dom du Puy, au S. Amalteo, du kalendrier arabe, au S. Dony, au S. Menestrier, à Melan
5	»		A M. de Lomenie, à M. du Puy

(1) Publiée *Bulletin Rubens* I. 178 (R).

	l'advocat, à M. du Puy, son frère, à M. Rigault, à M. du Chesne, du livre des lignages d'Oultre mer.
6 May	Sur les 4 heures aprez midy l'*Arrivée de M. l'Archevesque de Richelieu* (en majuscules).
12 »	Au Sr Pignoria, au Sr Bagni, au lieutenant Arnaud, au Sr de Mondevergues, au S. Viaz.
13 »	A M. de Lomenie, M. du Puy, M. Gassendi, avec la lettre de Taxil sur ses escripts (1), à Mad. de Breves.
14 . »	Par Fr. Theophile Minuti à qui j'ay baillé 20 escus d'or d'Italie. En Syrie et Ægypte au Sr Estelle, consul de Seyde, avec lettre de crédit du Sr Turquet, pour 30 ou 40 escus, si besoing est, au Sr Espagnet, vice-consul en Cypre, au Sr Guez, en Constantinople, à M. l'Empereur en Hierusalem, à M. Farnoux et à M. Cœsar Lambert, en Alexandrie.
1 Juin (pour Rome) :	Au card Bentivoglio, au card. [Barberini] avec les poëmes de Barlœus relié en marroquin, les parelies du Sr Galaup, les vers de Cruccius de la Rochelle

---

(1) Il s'agit là du chanoine Nicolas Taxil, prévôt de l'église de Digne à la mort de Gassendi. J'ai réimprimé (Digne, 1882) l'oraison funèbre de son prédécesseur, qu'il prononça dans l'église cathédrale de Digne le 14 novembre 1655. Voir, en une note de la page 4 de cette plaquette, la liste des œuvres de N. Taxil.

		et de Casal, les vers du S. Remy, sur les parelies, les advis de M. de Rohan et de la prise de Privas, au caval. del Pozzo, au S. Suarez, au S. de Bonnaire, à Dom du Puy, à M. Holstenius, de son Oppian, à M. Aubery, avec le roolle de ses curiositez retenues.
		Partement de M. l'Archevesque d'Aix (en majuscules).
3 Juin		Pentecoste, à M. le Beauclerc, M. de Lomenie, M. du Puy, au S. Rubens (1), au S. Rigault, du Boristenes, de l'arc de Suse, lettres au S. Gassendi [envoyées] de Digne.
6 »		*Partement de mon frère pour la cour avec mon neveu et le jeune Mondevergues* (2) (en majuscules).
8 »	(pour Avignon) :	A M. l'Archevesque, à M. de Mondevergues avec le chat *Tripolin* (3).

(1) Je n'ai pas trouvé la minute de cette lettre à Carpentras : c'est d'autant plus regrettable qu'elle devait être intéressante. Vers le milieu de 1628, Rubens était parti en mission diplomatique auprès de Philippe IV en Espagne. Durant son absence, il arrêta sa correspondance avec Peiresc, et la reprit à son retour vers le mois de mai 1629. Cette lettre de Peiresc est la première dont il soit fait mention après le retour. Elle fut remise au peintre, alors envoyé à Londres auprès de Charles I. Rubens y répondit de Londres le 9 aout : « La sua gentilissima de 2 di giunio mi ha dato la vita (R) ».

(2) Ce jeune Mondevergues était-il François de Lopès qui devait devenir célèbre sous le nom de Marquis de Montdevergues, lieutenant-général et amiral des mers dans les Indes orientales ?

(3) Peiresc a pris la précaution d'écrire le mot *Tripolin* en lettres majuscules. D'après ce certificat, le chat en question serait venu de la Turquie d'sie, de Tripoli, l'ancienne Tripolis.

		(pour Valence) :	A M. Pacius, avec une boitte où il y avoit 150 escus sol vallants 600 livres.
10 Juin			Par le cousin Isnard (1), au S. de Nostre-Dame, de son poëme au Roy.
XI	»	(pour Rome) :	Au card. Barberin, avec la vie du grand duc D. Antonio de Portugal et l'épigramme de Privas, au S. de Bonnaire, au S. Aubery, au S. Menestrier, au S. della Valle, de son Pentateuque et de ses relations MSS., au S. Holstenius, don des MSS. Grecs platoniciens.
14	»		*Venue de Mrs Haligre, Le Grand et Peletier* (en majuscules).
16	»	(pour Rome) :	Au card. Barberin, avec *laus asini* de Heinsius, relié en marroquin (2). A M. Holstenius, Suarez, de Bonnaire. *Mon voyage à Marseille vers M. de Thou* (en lettres majuscules).
23	»		*Venue de M. de Thou avec Mrs Haligre, Le Grand et Pelletier* (idem.)

(1) Ce cousin de Peiresc, qui était beau-frère de l'historien-poëte, appartenait à la famille des Isnards, qui joua un rôle si important dans les guerres de religion du XVIe siècle, et qui est, aujourd'hui encore, si brillamment représentée en Provence. Voir le fascicule II des *Correspondants de Peiresc*, *César Nostradamus*, p. 38. Il y a là une piquante petite historiette que j'appellerai l'historiette des trente sous.

(2) *Laus asini tertia parte auctior* (Leyde, Elzevier, 1629, in-24). Chacun sait que l'édition originale de cette facétie de Daniel Heinsius est de l'année 1623, in-4°.

24 Juin	(pour Paris):	Au S. de Fetan, M. le Beauclerc, M. de Lomenie, M. du Puy, M. Rigault, M. de la Berchere, premier présidant de Dijon, avec lettre de l'Abbé St.-Sulpice, son fils.
26	»	Au S. Taxil, chanoine de Digne.
1 Juillet.		*Retour de mon frere* (majuscules).
3	»	Au card. Barberin, avec le Buchanan d'Elzevir, in-16 en blanc (1).
5	»	*Arrivée de M. d'Aubray* (majuscules), Maistre des requestes et de M. de la Hoguette (majuscules).
8	»	*Partement de M. d'Aubray*, (en majuscules), aprez avoir veu la preuve des veines lactées sur un mouton.
10	»	*Mon voyage en cour* (majuscules) avec les autres deputez de nostre compagnie.
		Voyage de mon frère aux Estats de Tarascon (majuscules) avec M. de la Hoguette.
XI	»	De Tarascon par *M. d'Haligre et M. le Pelletier* (majuscules) les escripts de M. Gassendi en fagot, à M. du Puy.

(1) *Georg. Buchanani, Scoti, Poemata quæ extant. Editio postrema* (Leyde, 1628). Cette publication avait été précédée, en la même année, de *Paraphrasis psalmorum Davidis poetica multo quam antehac castigatior. Auctore Georgio Buchanano, Scoto, poetarum nostri seculi facile principe*. (Leyde, in-24). Voir les *Elzevier* de M. Alph. Willems, p. 77.

(2) Voir *Lettres inédites de Philippe Fortin de la Hoguette* publiées pour la société des Archives historiques de la Saintonge et de l'Aunis. La Rochelle, 1888, un vol. grand in-8° de 215 pages.

XII Juillet			D'Uzez. Par le sommelier de feu M. du Vair : A M. du Puy [et] à M. Gassendi (avec l'Epicure de M. Gassendi, baillé à M. d'Haligre), à M. d'Haligre, à Mgr le chancellier, son père, à M. Le Pelletier.
14	»		D'Uzez A M. de Lomenie, avec la duché d'Uzez.
			Mon voyage à *Nismes* [majuscules] à la suitte du Roy (1).
15	»		*Partement du Roy* [en majuscules] pour Montfrin, vers Paris (2).
17	»		*Nostre retour à Arles* [majuscules].
18	»		D'Arles, à M. d'Aubray, à Tarascon par son laquay.
19	»		*Nostre retour à Aix* [majuscules].
22	»	(pour Paris) :	Au S. de Fetan, à M. de Lomenie, avec le cahier des Estats, à M. du Puy, au prieur de Roumoules, à M. le Beauclerc, avec ledit cahier (des

(1) En regard de la mention du voyage à Nimes, on lit ces mots destinés à rappeler des trouvailles et achats en ce voyage : « Le MS. de Georges Syncellus. L'onyce de la nativité de N. S. avec autres pieces pour 3 pistoles et demy. Afforce urnes pour 4 pistoles. L'anneau d'or antique avec l'inscription ✝ TECLA SEGELLA ✝ TECLA VIVAT DEO CVM MARITO SVO, pour 4 pistoles et demy. »

(2) Chef-lieu de commune du département du Gard, arrondissement de Nimes, canton d'Aramon, à 9 kil. de cette ville. On lit dans les *Mémoires* de Bassompierre (édition du M⁴ de Chantérac, t. IV. 1877, p. 54) : « Le Dimanche 15 le roy partit de Nismes pour s'en retourner en France, et me laissa avec Monsieur le Cardinal pour commander les armes sous luy. Nous le fusmes conduire jusques à my chemin de Montfrin où il alla coucher, et revinmes à Nismes ».

		Estats), à M. Le Grand, avec les advis de Rome.
		Passage du S. Guittard et du S. de Guenegaud. (majuscules).
29 Juillet	(pour Paris) :	A M. le Beauclerc, Mad. de Breves, M. de Lomenie, M. du Puy, M. Rigault, de M. d'Orleans et de l'anneau d'or de Tecla, etc.
30 »	(pour Rome) :	Au Cardinal, avec coppie des lettres au S. Gassendi et la reponse sur les Parhelies du 15 juin 1629, au S. de Bonnaire, à M. de Thou, avec le Tertullian de Dom du Puy.
7 Aoust	(pour Rome) :	Au cardinal Barberin, au card. Bentivoglio, au S. Suarez, avec lettres de M. d'Oppede, au S. de Bonnaire, avec la feuille de jossemin jaulne, au S. Holstenius, avec les figures du Psellus, et les oracles ? Assyriens et de l'anneau de Tecla, au S. Menestrier.
9 »		Au S. Galaup à St-Marc, avec le Moyse de Gaulmin (1), il avoit les Talismans de Gaffarel (2), à M. Pacius, avec le duplicata de mes lettres du 9 et XI juin, à son filz aisné.
XI »		*Partement de Perdreau, Tongrelot, et André Martin d'Usez* (majuscules) avec le S. Thibœt (3).

(1) *Liber rabbinicus de vita et morte Mosis cum notis* (Paris, 1629, in-8º).
(2) C'est-à-dire : *Curiosites inouyes sur la sculpture talismanique des Persans*, etc. (Paris, 1629, in-8").
(3) Au dessus du nom du premier de ces peintres, Peiresc a inscrit 12

12 Aoust		(pour Paris) :	Au S. de Fetan, le Beauclerc, de Lomenie, du Puy, Le Huillier, Gassendi, Le Jay, Vrix (1), Bagni, Chifflet.
19	»	(pour Paris) :	Au S. de Fetan, Le Beauclerc, Mad. de Breves, avec le contract des PP. de l'Oratoire, au S. Gaillard, avec touts les papiers de Napolon d'Algers, M. de Lomenie, M. du Puy, M. Gassendi, avec les impetrations de sa Prevosté et lettre de son frère.
29	»	(pour Paris) :	Au S. de Fetan, à M. le Beauclerc, à M. Le Pelletier, à M. de Lomenie, à M. du Puy, au S. Gassendi, au S. Aubery, avec le dessein du champignon, (pour Avignon) : au vice-légat Filonardi, au S. de Cohorn, au S. de Mondevergues, au S. Bingo, dataire.
2 Septembre			Au S. Pichery, avec la lettre de M. Rubens (2).
XI	»	(pour Rome) :	Au cardinal Barberin, au S. de Bonnaire, au S. Holstenius.
16	»		De Beaugentier (pour Paris) : au S. de Fetan, à M. le Beauclerc, à M. du Puy.

escus ; au dessus du nom du second, pareille somme ; au dessus du nom du troisième, 3 escus. C'est là le chiffre des honoraires de chacun des trois artistes employés par Peiresc.

(1) Publiée avec la date du 4, *Bulletin-Rubens*, I. 181 (R).

(2) Peiresc avait reçu de Rubens une lettre datée de Londres 9 août 1629. Il est possible qu'à celle-ci était jointe une lettre de Rubens à son cousin Picquery qui habitait, je crois, Marseille et qui était souvent l'intermédiaire des commissions du peintre et de Peiresc. Je n'ai pas vu la minute de la lettre à Picquery (R).

(Interruption du milieu de Septembre jusqu'au commencement de Novembre).

6, 18, 20 Novembre (pour Paris) :	M. Le Beauclerc, M. le Pelletier, M. du Puy, M. Grotius, des Eclogues MSS. de Constantin Porphyrogenete, M. Rigault, avec les inscriptions de Palaistine, M. Bergeron, les desseins de l'anneau de Tecla, M. Gassendi, M. Rubens (1), M. Gevartius (2), M. Vendelin (3), M. Puteanus (4), M. Tongrelot, M. Cossiers (5), M. Aubery, S. du Mesnil, M. Perdreau, M. Rigault.
8-18 Decembre	M. du Puy, advocat, M. de Thou, Aubery, Gassendi, du Tripos (6), Haligre. Mgr. le chancellier son père, Robin, de mon frère, cardinal Bagny, cardinal de Lyon, S. de l'Estoille.

(1) Pas de minute à Carpentras (R).
(2) En original à la bibliothèque royale de Bruxelles (R).
(3) Minute à Carpentras (R).
(4) Publiée dans le *Bulletin-Rubens*, I. 268 (R).
(5) Pas trouvé la minute de cette lettre (R).
(6) Le fameux trépied de bronze antique trouvé à Fréjus et dont Peiresc s'occupa dans je ne sais combien de lettres et dans une dissertation spéciale, la seule qui autrefois ait été imprimée de lui. (Recueil du P. Desmolets, 1726-1727).

A M. Rubens (1)
A M. Gevartius (2)

} avec la routte sarmatique pour M. Gevartius et le vent Austral. Les desseins et discours du Tripos et des Manubria, les desseins de l'anneau de Tecla, l'inscription ithiphallique de Vincenzo a Porta, les desseins de Livia, M. Marcellus, et Livilla du S. Perdreau.

31 Décembre   A M. Gassendy, recommandé à M. de Digne (3).

Année 1630.

4-12 Janvier   A M. du Puy, Gassendi, de Champigny, l'evesque d'Orleans, de Vris (4), Tavernier, Samuel Petit, cardinal Bagny, Mgr. le Garde des Sceaux, de Lomenie, Le Beauclerc,

(1) Pas trouvé de minute à Carpentras (R).
(2) En original à la bibliothèque royale de Bruxelles (R).
(3) Raphaël de Bologne (1628-1635). Voir sur ce prélat l'*Oraison funèbre de Gassendi* par Nicolas Taxil (p. 85) et *quatre lettres inédites de Jacques Gaffarel*. (Digne, 1886, p. 8).
(4) Publiée, sous la date du 18 Janvier, *Bulletin-Rubens*, I. 185 (R).

		d'Aubray, des Noyers, Le Pelletier, Vignon.
15 Janvier	(pour Rome) :	Au cardinal avec les comtes de Toulouse de Catel, etc., au S. de Bonnaire, avec un memoire d'anticailles, et les cahiers doubles du concile de Florence, 4°.
6 Fevrier.		Au S. Godefroy, Diodati, Pacius.
Mars.		Au P. Theophile Minuti, à Ligourne. Au card. Barberin, au S. P. della Valle, au S. de Bonnaire.
9 Avril.		A M. d'Avaux, ambassadeur à Venize.
29 »		(pour M. Aycard, de Tollon), (Paris) : A M. Le Beauclerc, M. Le Pelletier, M. d'Aubery, M. de Thou, M. du Puy, M. Pichèry, M. Rubens (1), du Tripos.
7 May.	(Rome) :	Au card. Barberin, au S. de Bonnaire.
9 »	(Paris) :	A M. le garde des sceaux Marillac, à M. de la Ville aux Clercs, à M. Olivier père et à son filz ainé.
15 »	(Rome) :	Au card. Barberin, au S. Suarez, au S. Menestrier, au caval. del Pozzo, au card. Bentivoglio, au caval. Gualdo, de mon Tripos et du sien, à Dom Dupuy, avec le dessein du Tripos et eschantillon du

(1) Pas de minute à Carpentras (R).

			Pentateuque Samaritain, à M. Holstenius, au S^r P° della Valle, pour ses livres Samaritains et Cophtes, au S. de Bonnaire.
16	»	(Rome) :	Au cardinal, en response du Kalendrier Turquesque, avec l'Entrée du Roy à Aix, au S. Suarez.
XI Juin.			Par M. Fabrot, à M. Pacius, à Valence.
12	»		A M. de Thou, à M. d'Aubray, à Sallon.
			Passage de M. l'Evesque de Besiers (majuscules) avec le père Bonzi, dominicain (1).
13	»		*Passage de M. de Bethune* (majuscules) avec les S. de Somerset Anglois, Marescot, Hardy.
22	»		A disner, Partement [de Beaugentier] de Peyron Castagne avec toutes les despesches suyvantes : à M. le Beauclerc, M. le cardinal Bagni, avec un paquet pour M. le cardinal Barberin, M. le cardinal de Lyon, M. Marchier, M. Pellot, M. Godefroy, M. Rossi, avec 5o anemones jaulnes, de Fetan, Aycard, avec lettre de sa femme, M. Seguiran, mon frère, avec 3 cahiers d'instructions, le dessein du Tripos, le roolle des MSS. de M. Pacius, afforce lettres, etc.

(1) Clément de Bonzi, le troisième de la dynastie (1628-1659).

1 Juillet		A mon frère, à M. du Puy, à M. Bergeron, à M. Pacius, à M. d'Oppede, à M. de Chasteuil, lettre de son frère.
3 le mecredy		*Passage de M. de Guise et de M. d'Aubray* [en majuscules].
5	»	*Arrivée de la cuvette des plantes de Sayde* [majuscules] tirées de Bytigny, au jardin de l'esmir Facardin.
8	»	*Arrivée des roulleaux et fagots de registres et papiers MSS.* [en majuscules].
13	»	*Retour de M. d'Aubray* [majuscules] avec M. de Crose.
		Arrivée de mon frère [majuscules] de son voyage de Lyon.
15	»	Arrivée des 4 premiers coffres apportez par mon frère.
16	»	*Arrivée des Srs Fernand Nunez et Manuel da Costa* [majuscules].
(pour Tunis) :		Au Sr Thomas de Arcos.
17	»	Arrivée de l'autre coffre et des deux balles de Paris.
19	»	Partement des Srs Fernand et Manuel pour s'embarquer le soir mesme à la Seyne au navire du cadet de Bremont, et par eux escript au St Nicolas Gilloux, aux Indes, au Sr Gaspar de Costa, frère dudict Manuel à Goa, au Sr Augustin Merryard, gentilhomme du Grand Mogor, à Lahore.
22	»	*Passage de M. le premier président d'Oppede* (majuscules).

23 Juillet . *Mon voyage à Tollon* (majuscules) avec M. le premier président.

26 » *Mon retour de Tollon avec M. le comte de Marcheville* (majuscules), ambassadeur en Constantinople.

27 » Au matin (pour Venise) : à M. d'Avaux ; (pour Rome) : au cardinal Barberin, à M. de Bonnaire, à M. Holstenius, de ses MSS. du voyage de Constantinople, au cardinal Bentivoglio, au caval. Gualdo.

27 » Au soir, par M. de Marcheville, à M. de Thou, à M. du Puy, à M. Gassendy pour Constantinople (1), à M. L'huyllier.

(*Lacune de fin Juillet à fin Octobre*).

23 Octobre (pour Thunis) : Au Sr d'Arcos, trois lettres avec la mappemonde.

24 » Au cardinal de Bagni, avec le Trepié.

Passage du Nonce [Bichi].

27 » (pour Rome) : Au card. Barberin, au Sr de Bonnaire, au Sr Menestrier, au Sr Suarez, avec le dessein du Trepié, le livre de Nicephore de S. Domitille, au caval. del Pozzo, à Dom du Puy, au Sr P. della Valle, avec les MSS. arabes de Golius, à M. Holstenius, avec le roolle des Platoniciens et du Trepié.

(1) C'est-à-dire pour lui proposer d'accompagner en Orient le comte de Marcheville.

10 Novembre	(pour Rome) :	Au cardinal Barberin, au Sr Suarez, au Sr de Bonnaire, au Sr Holstenius, au Sr Menestrier.
15 »	(pour Rome) :	Au cardinal Barberin, avec le Spelmannus, f°, le N. Borbonius, 8°, au card. Bentivoglio, au Sr Suarez, Holstenius, G. B. Doni, de Bonnaire, Menestrier, au Sr de Fontenay Bouchard avec le memoire des Pandectes et de Galilée.
18 »	(pour Paris) :	A M. de Lomenie, M. du Puy, M. d'Aubery, au Sr Robin, de mon frère, à Mme de Breves, de mon frère.

Année 1631.

12 janvier		A M. de Lomenie, M. de Baugis, M. Camerarius, M. des Hayes.
19 »		A M. de Viviers, pour les tables de bronze, au Sr Samuel Petit, au Sr de Mondevergues, au Sr Suarez, auditeur, à M. d'Agut, à Corberan, pour les livres de Jean Mallon d'Alep.
16 Febvrier	(pour Avignon).	Au card. Bagni, à M. d'Ambrune, au P. Maximilian, au vicelegat, au Sr de Mondevergues, à Mme de Rousset, au Sr de Bellan, au Sr Ruffy, à Dom Polycarpe de la Riviere.
18 »		(par M. de Piensin, party le 20) Pour Paris : au Sr du Mesnil Aubery, à M. du Puy, à M. Rigault, avec l'inscription

		LEVATE LVDERE NESVS et l'epistre du Sr Suarez, de Tertulliano, à M. Gassendy, M. Marchier.
20 Febvrier		A M. Mallon à Alep, avec le ballot de livres de liturgie, à M. Cassagne, avec le livre de M. Gassendi contre Flud.
21 Mars		(pour Rome par M. Naudé et par Mgr. le cardinal de Bagni (1), au cardinal Barberin, avec son fagot des lettres de M. de Foix, Fabiano Dhona et P. Soave, les 3 chats (2) et les marcottes et greffes, au caval. del Pozzo, avec Hugo, de Militia equestri, le dessein et feuille de Jossemin, au Sr Suarez, au S. Holstenius, avec la caisse des livres grecs miss. platoniciens et autres, au Sr de Fontenay Bouchard, à Eschinard, au cardinal Bentivoglio, (par M. de La Garde, capitaine de la Galere, au P. Dom du Puy, au Sr J. B. Doni.
23 »	(pour Rome) :	Au card. Barberin, au cardinal Bagni, au Sr Naudé, au Sr

(1) Sur le séjour à Belgentier du cardinal de Bagni et de son bibliothécaire Gabriel Naudé, voir *l'Avertissement* du fascicule XIII des *Correspondants de Peiresc*, 1887, p. 2.

(2) J'ai lu quelque part que le chat angora avait été importé d'Orient à Rome et que du palais Barberini il s'était répandu dans toute l'Europe. On remarque par l'envoi ici mentionné que, loin de venir d'Italie en France, l'angora est allé tout d'abord de Provence à Rome. Le premier père adoptif est Peiresc ; le cardinal F. Barberini n'est que le second père et son œuvre de propagande n'a commencé que plusieurs mois après celle de Peiresc.

		de Bonnaire, au S. Holstenius, au S. Menestrier.
2 May		Au cardinal de Lyon, avec les deux chats (1), à M. Marchier.
8 »	(pour Thoulouse) :	A M. d'Abbatia, aux hoirs de feu M. de Puymisson avec les 2 volumes du Pline de Pellicier, à M. l'Archevesque de Thoulouse, à M. de Pasmies, à M. Antoine de Grisoles.
23 »		A M. H. Aycard (pour Thunis) : A M. d'Arcos, avec 2 tonneaux de vin.
25 »	(pour Paris) :	A M. de Thou, à M. Aisné [pour Lainé], premier président, M. Rigaut, de la lunette, M. Gassendi, de l'herbe soubsterraine, à M. Bergeron, avec les mémoires de Blanc, à M. du Chesne, du Formulaire de Bulles, du cardinal Albergat, et registre de Cypre et Sceaux de Die, M. Aubery, M. de Marseille, M. le Jeune, M. d'Aubray.
27 »	(pour Rome, Avignon, Vauriaz [Valréas, arrondissement d'Orange] :	M. le vice-légat avec le pacquet du cardinal [Barberini]. M. Suarez, auditeur, avec le pacquet de son frère [le futur évêque de Vaison]. M. de Beaucastel, M. de Vinsobres, Mme de Rousset, ma nièce de Rians. (Lacune de la fin de Mai au milieu de Septembre).

(1) On savait que le grand cardinal de Richelieu avait une passion pour les chatons, mais on ignorait sans doute que son frère les aimais aussi et que c'était là un goût de famille.

15 Septembre (pour Paris) :	A M. Aubery, à M. du Puy, à M. du Chesne, avec le testament de Ph. Cabassole et 2 Raymondins de Thoulouse, au P. Sirmond avec le pacquet de M. Suarez et l'empreinte du cachet de ΝΙΦΩΥ.
16 »	Au S. du Puy, au S. Aubery, au S. Moreau, professeur en médecine, au S. Vernier, à Nancy, [avec un] memoire des armes de Jean, bastard d'Anjou [un fils du roi René].
1 Octobre	Au S. Dom Polycarpe, avec afforce tiltres de Stephanus, episcopus Tholon, de R. Gaufridus et Gaufredetus dicti Tholoni, de Sancius comes provinciæ.
3 » (pour Rome) :	Au S. Naudé, au card Bagni, avec un fagot de Fraole, 3 vignes de Canada et 2 *galli*, au P. Bzovius, au S. Suarez, au P. Dom du Puy, au S. Holstenius, au card. Barberin, avec les images des poetes provençaux, les vers du Perier, de l'Aulx avec la musique de Barbesieux, l'epistre de Seneque de Malerbe, le portraict de Cleopatre, le Jossemin jaulne des Indes, un fagot de Fraole de Canada, de Pervence [*sic* pour Pervenche] double, 3 vignes de Canada, Bosleduc de Daniel Heinsius, [Bosleduc] d'un

	ingenieur, l'entrée du Roy à Arles, à Aix, à Paris, desseins de marbres antiques ; au S. Menestrier, au S. de Fontenay Bouchard, au caval. del Pozzo, à Dom du Puy, avec lettre de D. Polycarpe, au card. Bentivoglio, au card. Ubaldin, pour les religieuses d'Arles, etc.
10 Octobre	Au card. Barberin pour la viguerie de M. de Mondevergues, à M. Tonduti, avec les tables Rudolphines, au P. Lorini.
XII »	Au vicomte de Dona, avec l'histoire de Montmorency, au S. de Beaucastel, à l'evesque de St-Pol (1), au S. du Cros, archidiacre de St-Pol, au S. Racaller, archidiacre, grand vicaire et official de Vaison, au S. de Vinsobres, à Mme de Rousset, à ma Niepce.

(*Lacune du milieu d'Octobre au milieu de Décembre*).

15 Décembre	Au S. Hugon, grand vicaire de Die, au vicomte de Dona, avec le livre *de lacteis venis*, au S. de Beaucastel, à M. de la Pise, à l'evesque de St-Pol, pour ses tiltres, à Mme de Rousset, à ma nièce, à mon neveu.
28 » (pour Rome) :	Au card. Barberin, au caval. del Pozzo, au S. Suarez.

(1) C'était François Adhémar de Monteil de Grignan (1630-1643).

31 Décembre (pour Paris) : A M. du Puy, à M. de Thou, à M. de Thoulouse, pour M. Holstenius, à M. du Chesne, à M. Gassendi, de ses observations avec lettres de M. de Gastines, etc.

Année 1632.

XIX Febvrier   A M. de Grenoble (1) avec une grosse charge de fruict et d'arbres, eau naffe (2), etc.

XII Mars   Au card. Barberin, à M. d'Arene, de mon frère à M. de Bonnaire.

(Lacune du milieu de Mars au milieu de Juillet).

13-18 Juillet (pour Marseille) : A M. de Gastines, Fort, Lambert. (pour Tunis) : au S. d'Arcos, au S. Berenger, au S. H. Aycard. (pour Nismes) : au S. Sam. Petit, avec les 3 MSS. cophtes et l'inscription punique, au S. Tournier, au S. Peladan, avec sa Flaminia et 3 médailles d'or. (pour Rome) : au card. Barberin, avec le Merille sur la passion, au card. Bagni, au S Naudé, au S. Suarez (3), au caval. del

(1) Pierre Scarron (1621-1670).
(2) Sur l'eau de naffe dont Peiresc aspergeait ses amis et aussi ceux dont il voulait obtenir, en communication, quelque antique objet d'art, — doux et innocent moyen de corruption ! — Voir un bien agréable passage de la notice de M. L. Delisle dans *Un grand amateur français*, p. 16.
(3) Ces trois lettres roulaient sur le même sujet, comme nous l'apprend Peiresc, qui après les noms des destinataires, ajoute : *des années d'Auguste*.

Pozzo, avec les desseins des vases d'argent antiques et celuy du vase d'alebastre, à M. Holstenius, des vases d'argent, des mesures et du Trepied, à Dom Chrestofle du Puy (du Vesuve), au S. de Fontenay Bouchard (du Vesuve), au S. de la Berchere, au S. Doni, du pontificat de Maximian, avec l'inscription de Constantin Cœsar. au S. de Bonnaire, à la Barclay (1).

25 Juillet — Au S. de Gastines, au S. Lambert, pour venir avec ses curiositez, au S. Petit, de Nimes, de la langue des Perses, au S. Calvet (aussi à Nismes) des margottes d'arbres de St-Privaz. (pour Rome) : au card. Barberin, des trois mages et prefets, au caval. del Pozzo, avec le dessein du vase d'alebastre, au S. Holstenius, des Trepiet, de l'incitega (sic), au S. Suarez, de la pesche, avec lettre du S. Menestrier, au S. de Bonnaire, pour les desseins des basreliefs, au S. Melan, idem, au cavalier Gualdo, pour les desseins de son bassin de la nopce et balances pour la dot.

---

(1) Encore la Barclay ! L'incorrigible Peiresc voulait donc finir son journal comme il l'avait commencé !

Reproduction intégrale du feuillet 51 et dernier.

	[Lettres écrites] d'Aix :	Au cardinal Barberin, avec les lettres de du Moulin et Balsac.
		Au cardinal Bagni, avec les articles du 1 Octobre et précédants.
21 Octobre	par l'ordinaire de Lyon passé le 22 Roma.	Au S. Suares.
		Au caval. del Pozzo.
		Au général di S. Dominico Nic. Ridolfi.
		Au S. de Bonnaire, avec les articles.
		Au cardinal Barberin, pour les dames d'Arles.
		Au cardinal Barberin, pour les PP. de l'Oratoire.
		Au P. Estienne Maynier.
		Au S. Despiots.
		Au S. Horatio Tridi.
		Au S. Stefano Mercante.
23 Octobre	par le P. Saqui Roma.	Au cardinal Barberin, avec les 2 volumes de Samuel Petit. Les 2 volumes de Lansbergius, avec le supplément MS. du prieur de la Valette. Les vies des Papes d'Avignon de Fr. Bosquetus. } en marroquin.
		Eidem, du Scaphium.
		Au card. Bentivoglio.
		Au S. Holstenius.
		Au S. Suarez.
		A Dom du Puy.
		Au S. de Bonnaire.
		Au caval. del Pozzo, avec le roulleau du portraict de feu M. Aleandro.

Dernier Octobre par M. Valoys Grenoble	A M. l'evesque de Grenoble, sur la maison de Morges.
	A M. Mitalier, des memoires de Souliers (1).
2 Novembre par l'ordinaire au sieur du Lieu. Dijon	A M. de Thou à Dijon avec une lettre envoyée par M. de Gastines.
	A M. du Lieu.
	A M. Pacius.
	De mon frère à M. Rossy.
Paris	A M. de Lomenie.
	A M. du Puy, avec les articles de reformation du couvent St-Barthelemy, l'arrest de Brignole, sur le moine Brun secularisé renvoyé en un monastere, l'arrest des Augustins de Marseille contre les Gaignedeniers.
	Un pacquet de Rians pour M. du Soul avec 2 pistoles.
	De mon frère à M. Robin avec 2 plantes de Semperviva de Rhodes et de la Graine.
	Au Prieur de Roumoules, des noms des Vases.
	A M. de Roissy.
	A M. le président de Mesmes.
4 Novembre 1632 par l'ordinaire Rome	Au card. Barberin.
	Au card. de Bagni, avec la lettre du S. Petit et ses memoriaulx et lettre du S. Le Grand.
	Au cavalier del Pozzo.

---

(1) Mémoires en latin sur l'histoire de Provence par Jules Raymond de Soliers (né à Pertuis, Vaucluse), mémoires dont le jurisconsulte Annibal Fabrot tira et traduisit (1615, in 8°) les *Antiquités de la ville de Marseille*.

		Au général des Jacobins.
		De mon frère au S. de Bonnaire.
8 Novembre	Par mon neveu et sa belle mère (1)	A Dom Polycarpe, avec la lettre de St-Castor à St-Cassian.
		A l'evesque de Cavaillon (2).
9 »	par l'ordinaire	A M. de Lomenie.
	Paris	A M. du Puy, avec l'arrest de Mad. de Crequy sur sa suppression de part du moys de juillet 1632.
		Au P. Morin des Pentateuques Samaritains tritaptes et simples.
		Au S. le Jay des volumes du Nouveau Testament Syriaque et arabe et de R. Salomon, avec le texte du Pentateuque des Juifs et les 3 versions Chaldée, Arabique et Persienne.
		Au S. Vitray du Theophile de M. Fabrot.
		Lettre de mon frère au S. Passart (3).
	Lyon	A M. Menestrier.
		Au S. de Rossy.

FIN.

(1) Le fils de Valavez, Claude de Fabri, baron, puis Marquis de Rians, avait épousé Marguerite des Alrics, fille de Jacques des Alrics, Sieur de Rousset, et d'Isabeau de Simiane.

(2) Fabrice de la Bourdaisière (1616-1646).

(3) On a souvent dit que tout était commun entre les deux frères, leur fortune, leur logement, comme leurs goûts, mais on n'a peut être pas fait remarquer combien Valavez aidait Peiresc à porter le fardeau de son écrasante correspondance. J'aime, en la dernière de mes notes, à signaler ce nouveau témoignage d'une des plus touchantes affections qui aient jamais existé entre deux bons frères.

CINQ LETTRES

BÉNÉDICTINES

INÉDITES

DOM BRIAL, DOM DU LAURA, DOM ESTIENNOT, DOM LOBINEAU

PAR

PH. TAMIZEY DE LARROQUE

TOULOUSE
IMPRIMERIE ET LIBRAIRIE ÉDOUARD PRIVAT
45, RUE DES TOURNEURS, 45

1890

CINQ LETTRES

BÉNÉDICTINES

INÉDITES

DOM BRIAL, DOM DU LAURA, DOM ESTIENNOT, DOM LOBINEAU

PAR

PH. TAMIZEY DE LARROQUE

TOULOUSE
IMPRIMERIE ET LIBRAIRIE ÉDOUARD PRIVAT
45, RUE DES TOURNEURS, 45
—
1890

Extrait, à 25 exemplaires, des *Annales du Midi*,
Tome II (1890), pp. 81-94.

CINQ LETTRES BÉNÉDICTINES

INÉDITES

DOM BRIAL, DOM DU LAURA, DOM ESTIENNOT, DOM LOBINEAU

Dom Michel-Jean-Joseph Brial ayant vu le jour à Perpignan, et Dom Etienne Du Laura à Bordeaux, tous deux nous appartiennent par droit de naissance. Dom Claude Estiennot étant né à Varennes [1], et Dom Gui-Alexis Lobineau à Rennes, ne peuvent nous appartenir que par droit de conquête. Mais nous avons le droit d'enlever momentanément à la Bourgogne l'infatigable collaborateur de Dom Mabillon [2], et à

« La terre de granit, recouverte de chênes »,

le grand historien de la Bretagne, car la lettre du premier, lequel a réuni tant de matériaux pour servir à l'histoire ecclésiastique et civile de notre région [3], adressée d'une abbaye

---

1. Les biographes de Dom Estiennot se contentent de dire qu'il naquit à Varennes, au diocèse d'Autun. Or, le département de Saône-et-Loire ne compte pas moins de huit localités de ce nom, entre lesquelles, à défaut de tout renseignement précis, mon embarras est extrême. J'hésite surtout entre Varennes-l'Arconce, Varennes-le-Grand, Varennes-Saint-Sauveur et Varennes-sous-Dun. La première de ces quatre communes possède une belle et antique église, qui dépendait d'un prieuré de Bénédictins fondé vers le milieu du onzième siècle. Peut-être fût-ce là que se développa, sous l'influence de la vue du monument et des souvenirs qui l'entouraient, la vocation du futur procureur général à Rome de la Congrégation de Saint-Maur.

2. L'éminent auteur du *Cabinet des manuscrits de la Bibliothèque nationale* a rappelé (tome II, p. 63) qu' « entre les collaborateurs de Mabillon, il faut distinguer Dom Thierri Ruinart, Dom Michel Germain et Dom Claude Estiennot ». Sur tous les doctes religieux qui seront mentionnés ici, je renvoie d'une façon générale le lecteur au beau livre de M. Léopold Delisle, lequel, comme il l'a si bien dit lui-même de Benjamin Guérard (tome II, p. 64), est également digne d'apprécier leurs sentiments et leurs travaux.

3. Pendant plusieurs années, Dom Estiennot parcourut nos provinces méridionales pour y recueillir les documents épars dans divers monastères. En 1676, il réunit en six volumes in-f° les antiquités bénédictines des

gasconne, l'abbaye de Saint-Sever, à un prélat occupant un siège gascon, Jean-Louis de l'Estang de Fromentières, évêque d'Aire, roule sur une question d'hagiographie gasconne, la question si controversée de l'unité ou de la dualité de Saint-Gerons. Quant à la lettre du second, écrite à un grand seigneur, le comte de la Vauguyon, qui possédait de vastes terres en Agenais, en Limousin, en Périgord, en Quercy, et qui aimait à habiter la ville de Tonneins, située à quelques kilomètres seulement de l'humble localité où j'écris ces lignes,

(<i>Ille terrarum mihi præter omnes
Angulus ridet,</i>)</div>

cette pièce ne saurait être considérée comme l'œuvre d'un érudit étranger au Midi, car nous devons, en quelque sorte, à cet érudit le plan de l'admirable *Histoire générale de Languedoc*, ce qui lui confère plein droit de cité parmi nous, comme dans l'antiquité un glorieux fait d'armes rendait un soldat citoyen. Une telle vérité, qui n'est pas assez connue, qui n'a pas même été connue des nouveaux éditeurs du grand recueil dont nous sommes si justement fiers, a été ainsi mise en lumière par M. A. de la Borderie, qui vient, aux applaudissements de tout le monde savant, d'être nommé membre de l'Institut, dans son *Eloge historique de Dom Lobineau* (Saint-Brieuc, 1886, in-8°, p. 30) : « En 1708, les États de Languedoc ayant résolu de faire écrire l'histoire de leur province, voulurent confier ce travail à Dom Lobineau. Celui-ci, qui ne songeait qu'à continuer l'histoire de Bretagne, ayant refusé, les Languedociens s'adressèrent au Supérieur général de la Congrégation de Saint-Maur, pour obtenir de lui deux de ses religieux qui travailleraient suivant les principes de l'historien de Bretagne, et le Supérieur, avant toute chose, pria ce dernier de tracer la voie à ses confrères en leur faisant part de sa méthode. On a la réponse de notre auteur qui est fort intéressante et suffirait à prouver le grand succès de

---

diocèses de Limoges, du Puy, de Périgueux, de Sarlat, etc. En 1679 et 1680, le Languedoc, la Gascogne et le Comtat fournirent à l'intrépide explorateur la matière de cinq volumes également in-f°.

son œuvre. Elle a été publiée en 1825 pour la Société des bibliophiles français sous le titre de : *Lettre de Dom G. A. Lobineau à Dom Simon Bougis, supérieur général de la Congrégation de Saint-Maur,* du 3 octobre 1708. C'est une pièce de toute rareté [1]. » De ce passage si important d'un *Éloge* devenu déjà bien rare aussi, je rapprocherai ces lignes extraites d'une lettre de Dom Lobineau à l'abbé Chotard, du 24 juin 1708, laquelle a paru dans la *Correspondance historique des Bénédictins bretons,* publiée par M. A. de La Borderie (Paris, 1880, p. 141) : « Messieurs des Etats de Languedoc ont chargé leur président de me demander au Chapitre général, et il en a escrit à tous ces gros *dabo* [2]; mais je ne sais point la response qu'ils lui ont faite. Ils m'en font un secret, mais il ne m'importe : je suis Breton encore pour long tems, et j'ai de quoi faire encore deux ou trois volumes, si je continue de trouver une aussi abondante moisson que celle que j'ai commencé de trouver ici [à Rennes] dans les registres des Etats et dans ceux du Parlement. Je vous dirai que j'ai plus de satisfaction ici dans un jour que je n'en avois à Paris dans un mois. »

Je ne veux pas exagérer l'intérêt que présentent les lettres de Dom Estiennot et de Dom Lobineau, ainsi que celles des deux Bénédictins indigènes, Dom Brial et Dom Du Laura; mais il me semble qu'à divers égards toute cette correspondance mérite l'attention et que le lecteur saura, avec moi, beaucoup de gré à M. Henri Wilhelm — j'épargne de plus amples remerciements et compliments à sa trop grande modestie — des documents et des notes qu'encore une fois le docte magistrat a daigné me communiquer.

Ph. Tamizey de Larroque.

[1]. Il faut qu'elle soit bien rare, en effet, pour avoir échappé aux recherches d'érudits aussi zélés que Eugène Thomas (*Introduction bibliographique à l'Histoire générale de Languedoc, Mémoires de la Société archéologique de Montpellier,* tome III, 1854, pp. 371-523) et Edouard Dulaurier, de l'Institut (*Introduction historique,* en tête de la nouvelle et si précieuse édition donnée par la maison Privat, Toulouse, 1872).

[2]. Suivant la remarque du savant éditeur, « nous dirions, familièrement aussi, les *gros bonnets* de la Congrégation de Saint-Maur. »

I.

Paris, 13 octobre 1817.

Mon cher et respectable confrere[1],

Si j'avois pu vous joindre vendredi dernier à l'institut[2], mon intention étoit de vous proposer de faire imprimer avec l'inscription dont j'ai rendu compte dernièrement, le rapport que j'ai fait, il y a plus de sept ans, sur la découverte du tombeau du Roi Pepin, qui est entre les mains de M. Dacier[3]. Comme il ne doit pas trouver place, avec mes autres memoires, dans la prochaine livraison des mémoires de l'Academie[4], je ne serois pas fâché que vous le missiez dans votre Recueil[5], si M. Dacier n'y trouve point d'inconvenient. Il faudroit pour cela faire graver au simple trait le plan du lieu et le dessin du tombeau qui a été fourni par l'architecte.

Lorsque vous imprimerez mon rapport sur l'inscription à la fin du troi-

1. Ce billet autographe, qui est sans adresse, avait pour destinataire, comme le démontre le texte, l'archéologue A.-L. Millin, qui allait mourir l'année suivante (14 août 1818).
2. Dom Brial ne met pas de majuscule en tête du mot Institut.
3. Le baron B.-J. Dacier, qui avait été nommé secrétaire perpétuel de l'Académie des Inscriptions en 1783, renommé en 1795 et 1802, et qui devait garder cette place jusqu'à sa mort (4 février 1833). Dom Brial avait d'abord écrit par inadvertance *du roi* au lieu de *Dacier*. Il effaça le mot *roi*, mais par une nouvelle inadvertance il laissa subsister la syllabe *du*, de sorte qu'on lit : *du M. Dacier*. C'est l'occasion de rappeler que Dacier lut une excellente notice sur Dom Brial, dans la séance de l'Académie du 31 juillet 1829. Rapprochons-en une notice par Daunou, en tête du tome XVII de l'*Histoire littéraire de la France* (1832) et du tome XIX du Recueil des historiens des Gaules et de la France (1833), une autre notice par A. Trognon dans la *Revue encyclopédique* de 1828, enfin quelques pages bien curieuses sur la vie intime du dernier des Bénédictins du xviii° siècle dans le *Voyage bibliographique en France*, de Dibdin (tome IV, pp. 122-131), où, un peu plus loin, il est aussi fort question de Millin.
4. Dom Brial ne met pas d'accent sur l'*e* d'Académie.
5. On sait que Millin était directeur des *Annales encyclopédiques*. Il donna satisfaction à son confrère en insérant dans le tome VI de ce recueil (p. 63), le Rapport sur le tombeau de Pepin. Déjà, dans le tome V du même recueil (p. 278) avait paru une note de Dom Brial sur une inscription de l'église de Saint-Denis. Les deux morceaux ont été réunis dans un tirage à part qui forme une plaquette excessivement rare, dont un

sième alinéa, après ces mots, *et ne fut en état d'être consacré que l'an 771*, ajoutez que le chiffre arabe ne commença à être en usage en France que trois ou quatre cents ans après le règne de Pepin. Je ne dirai pourtant pas, etc. [1].

J'ai l'honneur de vous saluer, monsieur et cher confrère.

BRIAL.

II.

A Monsieur l'abbé LEPINE, *conservateur des mss. de la Biblioth. royale*[2], *ou à M.* MÉON, *adjoint*[3].

Mon bon ami, je n'avois pas un parti sur l'histoire des Albigeois en Languedocien. Après y avoir réfléchi (*sic*), je me suis déterminé à l'impri-

---

exemplaire est conservé dans les riches collections bénédictines de M. Wilhelm. Voici le titre exact des deux petits mémoires : *Notice relative à la découverte d'un tombeau qu'on croit être celui du roi Pepin. Inscription gravée sur le portail de l'église royale de Saint-Denis*. (Paris, imprimerie de Le Normant, rue de Seine, 1818, in-8° de 20 pages). Le premier mémoire occupe les 17 premières pages ; le second mémoire n'est donc que de trois pages. C'est par erreur que le bibliographe Weiss, dans la *Biographie universelle*, met en 1811 (note 3 de la page 509 du tome V) l'impression du mémoire qui parut dans les *Annales encyclopédiques* en novembre 1817. Ce qui explique l'excessive rareté de la plaquette de 1818, c'est que non seulement le tirage en fut fait à très petit nombre, mais qu'encore, comme le constate Quérard (*La France littéraire*, tome I, p. 509), elle ne fut pas mise dans le commerce, pas plus, du reste, qu'un autre opuscule de Dom Brial : *Éloge historique de Dom P. Dan. Labat, religieux bénédictin*. (Paris, 1803, in-8°).

1. Millin n'a pas manqué de tenir compte de toutes les recommandations de son confrère.

2. J'emprunte à M. Léopold Delisle, éditeur, dans les *Notices et documents publiés pour la Société de l'Histoire de France à l'occasion du cinquantième anniversaire de sa fondation* (Paris, 1884), de deux *Lettres du bénédictin Dom Brial à l'abbé Lespine* (pp. 457-460), ces renseignements sur le digne correspondant de l'académicien : « L'abbé Lespine, chanoine de Périgueux, se réfugia en Allemagne pendant les orages de la Révolution ; rentré en France, il occupa d'abord le poste d'archiviste du département de la Dordogne, fut appelé au département des manuscrits de la Bibliothèque impériale en février 1807, puis nommé professeur à l'École des Chartes le 5 mars 1831, et mourut, âgé de 74 ans, le 11 mars 1831. »

3. D.-M. Méon, conservateur adjoint à la Bibliothèque royale, mourut plus qu'octogénaire le 5 mai 1822. Son nom reste attaché à diverses éditions (*Blasons, Fabliaux, Roman de la Rose, Roman du Renard*).

mer, malgré son étendue[1]. C'est une pièce indispensable comme un pendant nécessaire à l'histoire du moine de Vaux Sernai[2], et comme celui-ci sera peut-être terminé avant vos vacances, je dois ajourner tout le reste pour préparer le texte languedocien. Je vous prie de m'envoyer, s'il est encore temps, le n° 9646 des mss. français[3].

Quoique D. Vaissete[4] ait publié cet écrit[5], il n'y a ni sommaires ni divisions ; il est indispensable de lui donner une nouvelle forme.

Je compte sur votre complaisance.

BRIAL[6].

1. C'est la rédaction en prose du xve siècle du poème en langue romane si célèbre sous le titre de : *Chanson de la croisade contre les Albigeois commencée par Guillaume de Tudèle et continuée par un poète anonyme*. Voir sur cette rédaction en prose, insérée par Dom Brial dans le tome XIX (1833) du recueil des *Historiens de France*, la belle *Introduction* de M. Paul Meyer à son édition et traduction de la *Chanson* (pp. xxvi-xxviii).

2. Ce que l'on a écrit de mieux sur le chroniqueur Pierre de Vaux-Cernai se trouve dans la même *introduction* (pp. x-xiii).

3. Aujourd'hui classé dans le fonds français sous le n° 4975. On connaissait deux autres manuscrits de cette rédaction, un conservé dans la bibliothèque d'Inguimbert, à Carpentras (collection Peiresc, n° 591), l'autre dans la bibliothèque municipale de Toulouse (n° 57) : c'est ce dernier qui a été publié par Dumège, peu correctement, d'ailleurs, dans ses *additions et notes* du tome V de sa déplorable édition de l'*Histoire générale de Languedoc*. M. le chanoine Douais vient de faire connaître un troisième manuscrit, qui portera désormais le nom de *manuscrit de Merville*.

4. Constatons que Dom Brial écrit le nom de son confrère comme il faut l'écrire, comme l'ont imprimé les derniers éditeurs de l'*Histoire générale de Languedoc*. Voir leur note sur l'orthographe de ce nom immortel (*Introduction historique*, p. 21).

5. Dans les *Preuves* du tome III. On retrouvera l'*Histoire de la guerre des Albigeois, écrite en Languedocien, par un ancien auteur anonyme*, en tête du tome VIII de l'édition Privat (1879, pp. 2-206). Ce texte a été fort amélioré par M. A. Molinier qui donne une bien mauvaise note à Dumège (*Préface*, p. vi) : « La collation attentive du manuscrit nous a permis de constater qu'il avait apporté à ce travail sa négligence habituelle, et le nombre de fautes commises par lui est tel, que son édition peut être considérée comme nulle et non avenue. »

6. Ce billet, comme le précédent, fait partie de la collection d'autographes bénédictins de M. Wilhelm, à laquelle appartiennent aussi les lettres suivantes, moins celle de Dom Du Laura.

III.

A Dom Michel Germain.

Pax Christi.

Mon Reverend Pere,

Notre Reverend Pere visiteur, qui part aujourd'hui d'ici où il a fait sa visite, pour l'aller faire à Bourdeaux, n'a pas trouvé bon que j'allasse à la Seauve [1], mais bien à la Grasse [2], où il y a de quoi travailler, sans compter cinq autres monastères qui n'en sont qu'à une journée, savoir : Narbonne, Saint-Chinien [3], Caunes [4], Sorèze [5] et Montolieu [6]. Je vous offre mes services en ce pais la. Je suis d'avis de faire d'abord des chroniques et de faire des remarques pour le *Gallia christiana*. Je vous prie de m'envoyer à La Grasse notre histoire françoise de la Seauve [7], de faire souvenir

---

1. Aujourd'hui commune du département de la Gironde, arrondissement de Bordeaux, à 21 kilomètres de cette ville. On y admire les belles ruines de l'ancienne abbaye bénédictine.

2. Chef-lieu de canton de l'arrondissement de Carcassonne, à 35 kilomètres de cette ville. Là aussi de vastes constructions rappellent le monastère des enfants de Saint-Maur, monastère auquel a été récemment consacrée une sérieuse monographie.

3. On écrit maintenant Saint-Chinian. C'est un chef-lieu de canton de l'arrondissement de Saint-Pons, à 80 kilomètres de Montpellier.

4. Caunes est une commune de l'arrondissement de Carcassonne, à 22 kilomètres de cette ville. La remarquable église de Caunes est l'ancienne chapelle de l'abbaye des Bénédictins. Comme La Grasse, Caunes a été l'objet d'une notice historique.

5. Commune du département du Tarn, arrondissement de Castres, à 27 kilomètres de cette ville.

6. Commune du département de l'Aude, arrondissement de Carcassonne, à 18 kilomètres de cette ville.

7. Le manuscrit autographe de cette histoire, qui faisait partie des archives de l'archevêché de Bordeaux, a disparu depuis une quarantaine d'années. En voici le titre complet : *Histoire de l'abbaye de la Sauve-Majour Entre-Deux-Mers, devisée en cinq livres, et comprenant la vie de saint Gérard*. L'abbé Cirot de la Ville a fort utilisé ce travail dans son *Histoire de l'abbaye et congrégation de Notre-Dame-de-la-Grande-Sauve* (Paris et Bordeaux, 1844, 2 vol. in-8°). On conserve dans les archives municipales de la Sauve une copie presque complète de l'ouvrage de Dom Du Laura. Il serait bien désirable que cette copie fût livrée à l'impression, en attendant que la Société des archives historiques du département de la Gironde publie les Cartulaires de l'abbaye de la Sauve, possédés par la bibliothèque de Bordeaux et qui nous sont promis depuis si longtemps.

dom Jean Mabillon de la reponse qu'il doit à M. Labenazie, chanoine de Saint-Capraise, à Agen [1], et de me faire reponse à ce que je demandois à D. Jean Mabillon touchant nos histoires de saint Maurin et de saint Tiberi, savoir si le raisonnement par lequel je prétends (chapitre III de l'*Histoire de saint Maurin* [2] que cette abbaye a été fondée par quelque seigneur de la maison de Bearn est bon, si les preuves que j'apporte du temps de la fondation de Saint-Tiberi (chapitre I) et de la donation du même monastère faite au pape Serge II par Pepin le Jeune se peuvent soutenir. Je voudrois bien que quelqu'un parcourut ces deux histoires, et m'en dit nettement ce qu'il en penserait. Je reviens à M. Labenazie. Il m'a fait voir une lettre d'un homme savant de ce pais, qui lui écrit qu'il a veu à Moissac le manuscrit de Lactance de M. Baluze [3], et qu'il y a trouvé les vies de saint Léger, de saint Odilon, etc., la translation de saint Benoist en France, etc., Cela lui fait soubçonner que ce manuscrit tout entier est d'une main bien récente, au respect de Lactance, et partant suspect pour ce qui le regarde [4]. Il voudroit bien que quelqu'un le vit et l'en éclaircit.

1. Sur Bernard Labenazie, né à Agen en 1635, mort en 1724, d'abord chanoine de Saint-Caprais, puis prieur de ce chapitre collégial, voir l'excellente *Bibliographie générale de l'Agenais*, par M. Jules Andrieu (Paris et Agen, 1887, grand in-8°, tome II, p. 4-6). Labenazie fournit diverses notes sur les évêques d'Agen aux auteurs du *Gallia christiana*, lesquels ont payé ses communications par une très flatteuse épithète : *Clarissimi D. de la Benazie*, (tome II, pp. 893-895).

2. L'histoire de l'abbaye de Saint-Maurin, rédigée par Dom Du Laura, en 1673, est à la Bibliothèque nationale, fonds latin 12,829 (f° 133 et s.). Cette histoire fait suite à des annales très détaillées du même monastère, écrites en latin de la main du même auteur et intitulées : *Chronicon monasterii Sancti Maurini martyris ordinis sancti Benedicti diœcesis Agennensis*. On a de plus, dans le manuscrit latin 13893, une histoire de l'abbaye en latin, tout entière de la main d'Étienne Du Laura, qui, selon une très vraisemblable conjecture de M. L. Delisle, pourrait bien être une première rédaction de l'histoire française, histoire dont je me propose de donner une édition réduite, comme je l'ai fait jadis pour l'*Histoire du prieuré de Sainte-Livrade*, par Dom Gaspard Dumas, *Notice sur le prieuré de Sainte-Livrade, d'après un manuscrit de la bibliothèque Impériale* (Agen, 1869, dans le recueil de *Monographies historiques publiées sous les auspices du Conseil général de Lot-et-Garonne*).

3. Voir sur la découverte du manuscrit de Lactance la notice et les notes qui accompagnent *Trois lettres inédites de l'abbé de Foulhiac* [auteur de la découverte] *à Baluze*, [l'éditeur du traité *De mortibus persecutorum*]. Auch, 1865, in-8°.

4. La délicate question soulevée ici mériterait d'être examinée de nouveau et d'une manière approfondie, définitive, par un critique d'autant de

Quant à l'histoire de saint Maurin, il répond que si toutes les anciennes légendes de ce pays ont été brulées, il faut s'en tenir à la tradition. Faites moi, je vous prie, reponse à La Grasse, pour ce qui me regarde, à M. Labenazie, comme dessus, à Agen, pour ce qui le touche, et me croiez,

Mon reverend Pere,
Vostre très humble et très obéissant confrere,
F. Estienne Du Laura.

A Saint-Maurin, ce 5 aoust 1691. M. B [1].

Mes baise-mains à D. Jean Mabillon.

On m'a dit que les messieurs de Sainte-Marthe travaillent à un nouveau *Gallia christiana*. Je vous prie de me l'apprendre [2].

Au Reverend Pere Dom Michel Germain, religieux bénédictin, en l'abbaye de Saint Germain des Prés, à Paris [3].

savoir que de sagacité. Me sera-t-il permis d'ajouter que je pense, en écrivant ces lignes, à un des nouveaux membres de l'Académie des Inscriptions, M. l'abbé Duchesne, qui a déjà étudié avec tant d'indépendance et résolu avec tant de bonheur de difficiles et redoutables problèmes de littérature ecclésiastique.

1. Sur Étienne Du Laura, mort au monastère de Saint-Sever-Cap, en Gascogne, le 13 avril 1706, voir les *Prieurs claustraux de Sainte-Croix, de Bordeaux*, par Ant. de Lantenay (Bordeaux, 1884, grand in-8°, pp. 85-86). Le savant biographe signale, d'après l'*Histoire* [inédite] *de la congrégation de Saint-Maur*, par Dom Edmond Martène (en la bibliothèque de l'abbaye de Solesmes) un manuscrit en deux volumes in-f°, de Dom Du Laura, conservé autrefois à Saint-Germain-des-Prés : *Recueil de prières pour servir à l'histoire de l'Ordre de Saint-Benoît, en France, rangées par ordre alphabétique des noms des monastères de cet Ordre*.

2. Ce ne fut qu'en 1710, date mémorable, que Dom Denis de Sainte-Marthe fut chargé par l'assemblée du clergé de refondre le *Gallia christiana*, dont il fit un ouvrage nouveau (1715-1728).

3. La lettre autographe est annexée au volume 12,829 du fonds latin. Si elle est adressée à Dom Michel Germain, c'est que ce dernier était le directeur général des travaux relatifs à l'admirable entreprise du *Monasticon gallicanum*, entreprise au sujet de laquelle il y a trois publications célèbres à citer, celles de M. Louis Courajod, de M. Léopold Delisle, et de M. Peigné-Delacourt.

IV.

A l'évêque d'Aire, J.-L. de l'Estang de Fromentières[1].

B[enedicite].

Monseigneur,

Je satisfais par celle cy a mon devoir en offrant a Vostre Grandeur mes humbles respects et a son inclination [en][2] lui rendant compte de ce que jay treuvé dans nos recueils de l'hist. de la Novempopulanie touchant St Gerons[3].

1° Il y a eu un St Gerons confesseur, qui est mort a Ayre different de celui qui est patron de l'Abbaye qui porte son nom et qui est martyr[4]. En voicy une preuve qui me paroist hors datteinte et que je tire du Martyrologe de St Sever escrit Lan MCX, comme il y est marqné, et qui parle de nostre s^t confesseur en ces termes : « ii.° non. Maij in galliis vicojulij « depositio St Geruntij Confessoris et Eventij. » Que ce Saint soit different du Patron de Labbaye qui porte son nom il y en a une preuve convaincante dans le mesme Martyrologe de St Sever qui parle du martyr en ces termes : « v. id. Decemb. festivitas St Geruntij Martyris. »

Je ne treuve rien dans lhistoire ny dans les archives qui mapprenne le

1. Jean-Louis de L'Estang de Fromentières fut évêque d'Aire depuis le mois de janvier 1673 jusqu'au mois de décembre 1684. (Voir *Gallia christiana*, t. I, col. 1174.) Je suis heureux d'annoncer qu'un jeune prêtre fort distingué, M. l'abbé Paul Lahargou, prépare pour sa thèse de doctorat ès lettres une étude sur Fromentières considéré à la fois comme prédicateur et comme évêque, étude qui sera nouvelle en grande partie et qui sera doublement digne de l'éminent prélat auquel elle est consacrée.

2. Déchirure du papier.

3. Au sujet de saint Gerons, je ne puis que renvoyer à une notice des Bollandistes (*Acta sanctorum*, t. II du mois de mai, pp. 461-464) : *de S. Geruntio Aturi in Aquitania*.

4. Le *Martyrologe universel* de Claude Chastelain ne connaît pas saint Gerons, martyr. Il mentionne seulement au vi mai, *à Aire en Gascogne, saint Giroux, confesseur, Aturi Geruntius*. La distinction des deux saints Gerons, le confesseur et le martyr, a été faite d'après les documents cités dans la présente lettre par dom Pierre-Daniel du Buisson, aux pages 37 et suivantes du tome I de son *Historia monasterii S. Severi libri X*. A la fin du t. II de cet ouvrage, à l'Appendice, on trouve le texte de diverses légendes concernant saint Gerons le martyr,

temps de la fondation de cette Abbaye ny le nom de son fondateur. Je nay pas de peine à croire questant desja Abbaye dans le Xe siecle elle a suyvy la regle de St Benoist et a esté reguliere. Le necrologe de St Sever en fait mention en quelques endroits. « viii kal. Maij ob. R. Donatus St Geruntij « monachus nostrae Congregationis. V kal. Maij obiit forto monachus de « S^{to} Geruntio. »

Dans la copie de Lancien obituaire insérée au Martyrologe Romain et qu'on lisoit au Chapitre il y a ce qui suit : « xiii kalend. martij ob. frater « Gaillardus.... S^{to} Geruntij.

« xiv kal. junij ob. fr. forto de S^{to} Geruntio.

« vii id. *Augusti* junii ob. Annerius Abbas[1] S^{ti} Geruntij nostrae Con-« gregationis. » Cela prouve ce me semble que Labbaye de St Gerons a eu des moines autrefois, mais il ne faut rien dissimuler. Ce qui men fait doubter, cest que dans le mesme obituaire il est dit : « iii id Augustii « obiit garsias clericus S^{ti} Gerontij frater noster, » ce qui me fait croire que cette Abbaye estoit desja possedée par des clercs Lan MCC ou quon ne leur donne la qualité de freres que parce quils estoient associés en prieres et bonnes œuvres avec L'abbaye de St Sever. Ces associations mesme des seculiers avec les monasteres estoient fort en usage dans les Xe, XIe et XIIe siecles.

Pour Labbaye de St Leuboire[2] je n'en n'ay (*sic*) rien treuvé. Le martyrologe de St Sever fait mention de son patron en ces termes : « xiii Kalend « Martij in pago Wasconico beata memoria Leborij Confessoris celebratur « depositio qui ut in gestis ejus legitur multorum miraculorum praepotens « patrator habetur. » Je nay pu treuver cette vie du S^t dont il parle et il me semble que les mots de *beata memoria* et *depositio* dont il se sert donnent a connoistre que lan MCX que Lautheur du martyrologe Hugue de Pouyane, moine de St Sever escrivoit[3], il nestoit pas encore reconnu gene-

---

1. Des noms pareils à ceux que l'on vient de lire, *Forto, Gaillard, Garsias, Annerius*, se retrouvent dans les deux tomes de l'ouvrage de dom Du Buisson : *Annerius*, t. II, p. 82; *Gaillardus*, t. I, p. 102; t. II, p. 210; *Garsias* ou *Garsie*, t. I, p. 145, 276, etc.

2. Chastelain (*Martyrologe*, déjà cité, p. 936) dit : S. Louboir dont une abbaye porte le nom au diocèse d'Aire, mal nommé Saint-Lombe par M. Doujat en son *Pouillé*, le même peut-être que S. Luperculc du 16 avril. » L'identification timidement proposée par Chastelain n'a trouvé aucun succès auprès des critiques, et dom Estiennot croit avec raison Saint-Louboir beaucoup moins ancien que l'époque où le placerait la conjecture du docte chanoine de Notre-Dâme de Paris.

3. Dom Du Buisson, qui fait souvent usage du nécrologe de Saint-Sever, n'en nomme pas l'auteur. Ce passage de la lettre de dom Estiennot

ralement pour saint et mesme quil ny avoit pas long temps quil estoit mort. *beata memoria.*

Pour la Chronologie des Seigneurs Evesques vos predecesseurs jay dassez bonnes remarques que je me feray un honneur et une joye de vous donner [1] et Vostre Grandeur me fera une justice rigoureuse si elle me fait la grace de croire que je suis tres disposé a luy rendre tous les services dont elle me jugera capable et avec autant de syncerité que de respect.

Le R. P. Visiteur me donne ordre doffrir a Vostre Grandeur ses tres humbles respects,

Monseigneur

Vostre très humble et tres obeyssant religieux et serviteur en n s j c.

a St Sever Cap ce 20 sept.

1679

f. Claude Estiennot de la Serréé

M. B. I [2].

est le seul, à ma connaissance, où l'on trouve une telle indication, et rien qu'à ce titre la lettre serait très précieuse. J'appelle donc toute l'attention des érudits sur une révélation qui comble une lacune dans l'histoire littéraire de la Gascogne.

1. Dom Du Buisson (t. I, p. 11, note) s'exprime ainsi : « Adurensium Episcoporum successionem pluribus chartis nostris collectam dedi illustrissimo DD. Episcopo Adurensi nunc existenti Joann. Ludovico de Fromentières. » Sans doute s'agit-il ici de la Chronologie préparée par dom Estiennot. Les deux bénédictins ont dû souvent travailler ensemble dans le Chartrier de Saint-Sever, et le premier n'aura pu que gagner à la collaboration d'un savant comme dom Estiennot, quoiqu'il ait le tort de ne jamais en parler.

2. Remarquons cette signature qui nous permet de corriger une faute de Dom Tassin et de tous les autres biographes qui écrivent Estiennot de la *Serre*, au lieu de *la Serrée*. Croyons-en sur ce point le propriétaire lui-même du nom. Je viens de nommer Dom Tassin. Cet historien raconte (p. 181) que Dom Estiennot ayant été envoyé à Rome comme procureur général de la Congrégation de Saint-Maur, signa *Stephanotius* et qu'on lui reprocha devant le pape d'avoir changé son nom, mais qu'il se justifia en disant au Saint-Père que c'était Dom Mabillon qui l'avait ainsi baptisé. En effet, Dom Mabillon, qui était lié de la plus tendre amitié avec Dom Estiennot et qui lui était redevable d'une infinité de pièces rares dont il a fait le principal ornement de ses *Annales* et de sa *Diplomatique*, se plaît à citer dans ces deux beaux recueils son confrère sous le nom de *Stephanotius*. Je rappellerai encore avec Dom Tassin (p. 180) que Dom Estiennot mourut [19 juin 1699, à Rome] entre les bras du grand bénédictin gascono-lan-

V.

A Monsieur Monsieur le Comte de La Vauguyon[1], *à Tonneins.*

a [par] Bourdeaux.

Monsieur,

Il faudroit ressusciter feu Monsieur le Marquis du Bois de la Motte, le plus habile genealogiste que nous eussions[2], pour pouvoir contenter pleinement vostre curiosité ; encore ne sçai-je si, avec toute son habileté il eust pu satisfaire à toutes vos questions. Pour moi, qui me suis plus attaché à l'histoire generale, qu'aux genealogies, j'ai eu beau passer plusieurs jours à feuilleter tout ce que j'ai de memoires genealogiques, je n'ai rien trouvé qui ait pu m'instruire sur ce que vous demandez. Il ne reste que deux articles sur lesquels je ne demeurerai pas dans le silence, comme sur les autres. Le premier, est au sujet des armes de Rochereul. J'ai un manus-

guedocien Dom Bernard de Montfaucon. Je donnerai pour couronnement à cette note l'éloge non moins juste qu'aimable tracé par le prince de Broglie (*Mabillon et la Société de l'abbaye de Saint-Germain-des-Prés*, t. I, p. 149) du religieux qui, « avec son infatigable activité, avait parcouru presque toutes les archives de la France » : « Nous avons déjà parlé d'Estiennot, de son érudition et de la passion qu'il portait dans ses travaux ; sa science et son amour des vieux papiers ne l'empêchent pas d'écrire avec vivacité et agrément. Le savant et l'homme d'esprit se peignent à merveille dans ces Lettres, où règne la plus parfaite liberté. »

1. C'était Nicolas de Quelen de Stuer de Caussade, prince de Carency, comte de la Vauguyon, de Quelen et du Broutay, marquis de Saint-Mégrin, vicomte de Calvignac, vidame de Sarlat, baron de Tonneins, Gratteloup, Villeton, La Gruère (en Agenais), de Chalus, en Limousin), second baron de Quercy, seigneur de Varaignes, Quelneuc, la Chenaye, etc. Il était fils de Barthelemi de Quelen, comte de la Vauguyon, lieutenant général des armées du roi et de Marie de Stuer de Caussade, princesse de Carency. Le *Moréri*, à l'article *Quelen* (édition de 1759), prodigue ainsi les louanges extrêmes au correspondant de Dom Lobineau : « illustre par sa piété, par son esprit, par les connaissances les plus sublimes, et par sa magnificence. »

2. Ne trouvant rien sur le marquis du Bois de la Motte, je me suis adressé à un de ses émules d'aujourd'hui, *un des plus habiles que nous ayons*, M. le marquis de Boisgelin, et ce guide aimable autant que sûr veut bien m'apprendre que c'était Jean-François de Cahideuc, qui devint seigneur du Bois de la Motte par sa mère. Ce merveilleux généalogiste naquit en 1640 et mourut on ne sait trop en quelle année. Son père était mort en 1780 et son fils naquit en 1673.

crit qui a appartenu à René de Rochereul, escuier, seigneur de la Hadière, d'Onglepied, Longbresson, etc., en 1577, qui a dessiné ses armes sur le premier feuillet, de sa propre main, qui sont de..... [ces points et les suivants ont été laissés par Dom Lobineau] semé de coquilles de... au franc cartier de... à trois poignards de... en pal, la pointe en haut; et pour supports deux lions leopardez[1]. L'autre article regarde mon troisième volume. Sur quoi je aurai l'honneur de vous dire que je ai de quoi faire 3 volumes de supplement et de continuation, que je ne me presse point de les faire imprimer et que j'attens sur cela que M^{rs} des Estats parlent[2].

Je suis avec le plus parfait respect, Monsieur, vostre tres humble et tres obéissant serviteur.

G.-A. LOBINEAU.

Rennes, 30 decembre 1714.

---

1. D'après le *Nobiliaire de Bretagne* de Potier de Courcy (seconde édition, tome II, p. 348), la famille de Rochereul aurait été déboutée en 1669 de sa prétention à la noblesse. Comment Dom Lobineau ignorait-il cette circonstance assez voisine de lui? Il est vrai que, même quand on est un Bénédictin des plus érudits, on ne peut pas tout savoir.

2. Ni le troisième volume, ni le Supplément ne parurent jamais, et Dom Lobineau ne publia que l'*Histoire des saints de la province de Bretagne* (1723, 2 vol. in-f°) et les trois derniers volumes de l'*Histoire de la ville de Paris* (1725, in-f°) commencée par Dom Félibien, auteur des deux premiers volumes de la fin de 1714 jusqu'à l'époque de sa mort (3 juin 1727). Notons que tous les biographes, y compris l'auteur du si utile *Dictionnaire historique de la France*, font naître Dom Lobineau en 1666. Or, M. A. de la Borderie (*Éloge historique* déjà cité) a prouvé, d'après l'acte de baptême par lui retrouvé, que Dom Lobineau naquit le 9 octobre 1667.

LETTRES INÉDITES

DE QUELQUES MEMBRES

DE LA

FAMILLE DE MONLUC

PUBLIÉES ET ANNOTÉES

PAR

PHILIPPE TAMIZEY DE LARROQUE

AUCH
IMPRIMERIE ET LITHOGRAPHIE G. FOIX, RUE BALGUERIE

1890

A Monsieur Léopold Delisle,
mon cher commissaire, confrère et ami,
reconnaissant hommage
Ph. Tamizey de Larroque
Gontaud, 26 décembre 1889

LETTRES INÉDITES
DE
QUELQUES MEMBRES DE LA FAMILLE DE MONLUC

Extrait de la REVUE DE GASCOGNE
TIRÉ A 100 EXEMPLAIRES

LETTRES INÉDITES

DE QUELQUES MEMBRES

DE LA

FAMILLE DE MONLUC

PUBLIÉES ET ANNOTÉES

PAR

PHILIPPE TAMIZEY DE LARROQUE

AUCH

IMPRIMERIE ET LITHOGRAPHIE G. FOIX, RUE BALGUERIE

1888

AVERTISSEMENT

Tout n'a pas encore été dit sur Blaise de Monluc. M. le baron de Ruble, en tête du premier volume de son inappréciable édition des *Commentaires* et des *Lettres* du grand capitaine, nous promettait, il y a plus de vingt ans (1864), un travail spécial sur son héros : « Nous ne pouvons que mentionner », disait-il (1), « les controverses établies sur l'origine de la famille de Monluc, l'époque et le lieu de sa naissance, sa nomination officielle à la charge de colonel général de l'infanterie, ses actes comme gouverneur de la Guyenne, le lieu de son tombeau. L'examen de ces questions, *qui trouvera sa place ailleurs*, exigerait, pour être complet, des développements qui ne sauraient entrer dans le cadre étroit de notre préface. » M. de Ruble n'a pas renoncé, Dieu merci! à son projet d'écrire une biographie critique de Blaise de Monluc (il m'en donnait l'assurance encore assez récemment). J'espère bien qu'aussitôt que l'infatigable érudit aura terminé ses belles études sur Jeanne d'Albret, qui, aux applaudissements du monde savant tout entier, viennent d'obtenir de l'Institut la plus légitime et la plus glorieuse des distinctions, il nous fera profiter de tout ce qu'il aura recueilli,

---

(1) *Introduction*, p. 1, note 2.

depuis plus d'un quart de siècle, sur l'histoire des Monluc, dans des recherches incessantes, éclairées à la fois de toutes les lumières de la science et de l'expérience.

Par une coïncidence singulière, ce que l'on connaît le moins dans la vie de l'auteur des *Commentaires*, ce sont les deux extrémités de cette vie si mémorable : on ignore également le lieu et la date de sa naissance, le lieu et la date de sa mort. Tout ce que nous possédons jusqu'à ce jour sur sa venue au monde et sur son décès se réduit à des conjectures, à des présomptions. Une triple bonne fortune m'a permis, ces jours derniers, d'interroger sur chacun de ces événements trois *spécialistes*, un qui s'est particulièrement occupé de la question de la naissance, deux qui ont étudié de très près la question du décès. Le premier est l'archiviste de la ville de Condom, M. Soubdès, savant trop modeste, qui aura eu le grand tort, lui qui travaille si bien, de ne pas vouloir travailler pour le public (1); les deux autres sont le bibliothécaire de la même ville, M. Gardère, digne ami et digne émule de M. Soubdès (2), et l'archiviste du département de Lot-et-Garonne, M. Georges Tholin, qui doit nous donner une curieuse série de documents inédits, extraits des archives municipales d'Agen, relatifs à Blaise de Monluc et aux guerres de religion (3).

(1) M. Soubdès, qui est un bibliophile consommé, possesseur d'une riche collection de beaux livres, dont il fait les honneurs, *je le sais*, avec une rare amabilité, semble avoir pris la devise de ces érudits d'autrefois dont les labeurs étaient toujours entourés d'une ombre discrète : *Mihi et Musis*.

(2) Heureuse la ville de Condom de posséder deux hommes qui, au mérite de bien chercher et de bien trouver, joignent le mérite de communiquer gracieusement leurs trouvailles aux confrères dans l'embarras!

(3) M. Tholin annonce cette bonne nouvelle dans le volume si goûté des savants et des artistes qu'il a publié en collaboration avec M. Benouville : *Un château gascon au moyen-âge. Etude archéologique sur le château de Madaillan* (Agen, 1889, grand in-8°). — Depuis que cette note a été écrite, M. Tholin a commencé la publication, dans la *Revue de l'Agenais* (livraisons de mars et avril 1887), d'un important travail intitulé : *La ville d'Agen pendant les guerres de religion au XVIe siècle*. Il n'y reproduira pas les pièces justificatives qui sont trop nombreuses, qui dépassent la centaine. Puisse ce dossier si précieux être imprimé dans un des prochains volumes du *Recueil des travaux de la Société des lettres, sciences et arts d'Agen* !

M. Soubdès me faisait l'honneur de m'écrire, le 7 avril dernier : « Quant à la question du lieu de naissance de Monluc, je me vois contraint d'avouer, après tant d'autres, qu'il faudra prendre le parti de la considérer comme insoluble jusqu'à la découverte de quelque nouveau document. Mon père a fait pendant longtemps recherches sur recherches sans obtenir de résultat, et cependant le berceau de sa famille était au Saint-Puy, tout près du manoir que Monluc appelait *ma maison;* de plus, il était le parent et l'ami du dernier propriétaire, dont les ancêtres l'avaient acheté à Madame de Sourdis. Malgré cela, des traditions orales, des légendes populaires, voilà tout ce qui peut être recueilli. Ce mince bagage, plus ou moins amplifié par des érudits condomois, fut communiqué dans la suite par l'un d'eux à Sainte-Beuve. Pour ce qui me concerne, j'ai apporté mon petit tribut de recherches sans être plus heureux. Il y a quelques années je fouillai avec soin les plus vieilles minutes du notaire du Saint-Puy; j'y trouvai quelques actes d'acquisitions faites par Monluc, mais absolument rien sur son âge ou le lieu de sa naissance (1). »

Au sujet du lieu de la mort de Monluc, M. Tholin me faisait judicieusement observer, pendant un récent et trop court séjour à Gontaud, que si l'ancien gouverneur de la Guyenne avait rendu le dernier soupir en son château d'Estillac, on ne pourrait expliquer le silence gardé sur ce point par tous les documents des Archives de la ville d'Agen. Quoi! pas la plus

---

(1) S'il fallait en croire Bernard de Labenazie *(Histoire de la ville d'Agen et pays d'Agenais,* p. 243 du manuscrit possédé par M. Paul de Boëry), c'est près de « Puch de Gontaut, qui est vers Damazan, » que s'élevait « la maison paternelle de Monluc, dont les masures paraissent encore vis-à-vis d'Aiguillon et qui portent le nom de Monluc. » Conférez une note de ma petite brochure : *Quelques pages inédites de Blaise de Monluc* (1863, p. 2). Voir, à la fin du présent recueil *(Appendice,* n° 1), une charte en langue provençale, de l'an 1266, dont je dois communication à l'obligeante amitié de M. Paul Meyer, et où l'on trouvera le plus ancien emploi connu, si je ne me trompe, de la forme primitive du nom de Monluc, laquelle, au xiii° siècle, était *Boluc* et devint ensuite *Bonluc.*

petite mention dans les registres consulaires du décès d'un aussi grand personnage et d'un aussi proche voisin (1)! Pas la moindre dépense inscrite dans les comptes municipaux à l'occasion des funérailles de ce maréchal de France! Pour que nulle trace de la mort et de la cérémonie funèbre ne figure au milieu des actes de jurade, il faut évidemment que Monluc n'ait pas rendu sa vaillante âme à Dieu près de la ville où il avait, en quelque sorte, si longtemps régné. On a cru qu'il était déjà mort en juillet 1577 (2). Le codicille de son testament, codicille daté du 18 août suivant, établit, comme l'a constaté M. Clément-Simon (3), qu'à cette dernière date Monluc était encore vivant et même bien portant, comme il convenait à cet homme de fer, car il avait pu se transporter à Condom, et le codicille n'indique pas, selon la formule, qu'il fut le moins du monde malade du corps.

(1) On compte seulement sept kilomètres entre Agen et Estillac.

(2) « Il mourut au mois de juillet 1577 dans son château d'Estillac » (A. de Ruble, *Introduction*, p. vi). Mézeray avait déjà dit (*Histoire de France*, t. III, p. 167) : « A la fin de juillet [1577], Blaise de Montluc finist ses jours dans sa maison d'Estillac en Agenois, dans une extreme vieillesse : de sorte que ce fut plustost la vie qui luy manqua que non pas la mort qui le ravist, laquelle il avoit bravée en tant de sieges, d'assauts et de combats dedans et dehors le royaume, qu'il sembloit qu'elle n'osast plus l'attaquer. » Du reste, les citations en faveur des prétentions d'Estillac pourraient être fort nombreuses : une des plus remarquables serait celle que l'on tirerait du livre LXIV de l'*Histoire* du président de Thou. Mentionnons encore cette phrase de Labenazie (p. 270 du manuscrit déjà cité) : « En la même année [1577] M. le Mareschal de Monluc, cassé par les fatigues de la guerre, mourut à son chasteau d'Estillac ». Le châtelain actuel d'Estillac, M. O. de Laroche, se propose d'étudier à fond la question de l'ensevelissement de son illustre prédécesseur, cette question à laquelle s'intéressait tant notre commune amie, Madame la comtesse Marie de Raymond. Quelques mois à peine avant sa mort, la grande admiratrice de Blaise de Monluc (voir ce que j'ai dit à ce sujet dans ma notice sur cette femme d'élite) avait formé le projet d'aller en ma compagnie faire une visite (avec enquête) au tombeau où repose celuy « qui n'eut onc repos ».

(3) *Le testament du maréchal de Monluc, publié en entier pour la première fois avec un codicille* (*Recueil des travaux de la Société des sciences, lettres et arts d'Agen*, seconde série, tome II, 1872, p. 379). Le testament du maréchal avait été fait à Agen le 22 juillet 1576. On y lit (p. 405) : « Quand il plaira à Dieu le Createur que l'heure de mon trespas sera venue et qu'il aura repris mon ame, veux que mon corps soict ensepvely au lieu de Sainct Puy en Gaure et au sepulcre de mes prédécesseurs. » On retrouve la même recommandation dans le *Testament de François de Massencome, père de Blaise de Monluc*, publié par M. Paul Laplagne Barris dans la *Revue de Gascogne* (tome XVIII, 1877, p. 425).

D'après Scipion du Pleix, ce serait à Condom que Monluc aurait expiré. L'assertion de l'historien indigène est aussi formelle que possible : « L'année fut remarquable par le trepas d'aucuns illustres personnages et entr'autres de Blaise de Monluc, mareschal de France, qui mourut à Condom et fut enterré dans le cœur de l'église cathédrale » (1). Ce témoignage est-il recevable? Je ne le crois pas. Du Pleix seul au monde déclare que sa ville natale vit mourir et vit enterrer l'ancien lieutenant général du Roi en Guyenne. Comment expliquer le silence de tous les contemporains, de tous les chercheurs du siècle suivant? Dieu me garde de dire du mal de Scipion du Pleix, dont l'œuvre historique, trop méconnue, se recommande par de hautes qualités, et, surtout pour la période des guerres de religion, a des parties excellentes! Mais l'isolement complet où le laissent, à l'égard du décès et de la sépulture de Monluc, tous les documents imprimés ou manuscrits, nous oblige à garder un doute prudent.

M. Gardère pense, au contraire, que les précises affirmations de son concitoyen doivent être acceptées par la critique. Je lui avais demandé une *consultation* sur ce sujet : on poura la lire à l'*Appendice* (n° II). C'est avec beaucoup d'habileté que le bibliothécaire de la ville de Condom fait valoir tous les arguments favorables à sa cause. Si ce plaidoyer *pro urbe sua* ne persuade pas tous les lecteurs, je suis sûr du moins qu'il les intéressera tous.

Que devint le vieux lion à partir du 18 août 1577? La mystérieuse obscurité dont sa fin est enveloppée n'autorise-t-elle pas à rappeler les dernières lignes des *Commentaires*, qui sont d'une mélancolie si grandiose, et qui forment tout un saisissant tableau tant admiré de Sainte-Beuve (2) : « Il me ressouvenoit tousjours d'ung prieuré, assis dans les montaignes, que j'avois veu autresfois, partie en Espagne, partie

---

(1) *Histoire d'Henri III*, Paris, Claude Sonnius, 1636, in-f°, p. 62.
(2) *Causeries du lundi*, tome XI, 1856, p. 88.

en France, nommé Sarracolin [Sarrancolin, dans la vallée d'Aure]; j'avois fantaisie de me retirer là en repos; j'eusse veu la France et l'Espaigne en mesme temps : et si Dieu me preste vie, encores je ne sçay que je feray. »

En attendant les révélations de M. de Ruble et des autres explorateurs des documents du xvi° siècle, voici trois petites lettres du seigneur d'Estillac : une fut écrite, le 5 août 1563, aux consuls de Lectoure, au sujet de certains prisonniers accusés d'avoir voulu surprendre cette ville et son château, elle m'a été cédée par mon excellent ami, M. l'abbé de Carsalade du Pont; les deux autres sont adressées au cardinal de la Bourdaisière (1), à Rome, la première, de Bordeaux, le 25 avril 1563, la seconde, de Mont-de-Marsan, le 18 mai 1565. Ces documents ajoutent tous les trois quelque chose à la biographie de Monluc et à l'histoire civile et ecclésiastique de la Gascogne.

(1) Philibert Babou de la Bordaisière, évêque d'Angoulême (vers 1538) et d'Auxerre (vers 1563), fut revêtu de la pourpre en 1561 et mourut en 1570. Son nom n'est pas une seule fois mentionné dans les cinq volumes des *Commentaires et lettres*. C'est donc un personnage nouveau que nos deux lettres introduisent dans la biographie de Monluc.

I

Au cardinal de la Bordeziere, à Rome.

Monsieur, l'abbé de Ravassa (1) a esté devers moy et aprez m'avoir presanté la lettre qu'il vous a pleu m'escrire, m'a faict entendre les bons offices qu'avez faict en ma faveur à l'endroict de nostre St Pere (2); et mesme pour la grace qu'il a pleu à Sa Saincteté faire à mon nepveu de Bellegarde, pour la dispence de depesche gratis de Bulles de l'abbaye de Gymont (3), dont je vous remercie infiniment et vous en demeure autant obligé que je desire avoir de moyen de m'en revencher en toutes les occasions qui se presanteront et où j'auray moyen de vous faire service. Et pour ce que je m'asseure que le sieur Brangnon (?) vous monstrera la coppie de la lettre que j'escris à Sa Sainteté (4), je ne vous feray long discours des affaires de doça, mais me remectant à la dite lettre, je feray fin à la presente par mes humbles recommandations à vostre bonne grace, priant Dieu vous donner,

Monsieur, en toute perfection de santé trez longue et heureuse vie.

Vostre trez humble et obeissant serviteur,

De Monluc.

A Bourdeaux, le xxv° d'avril 1563 (5).

(1) L'abbé de Ravassa, qui m'est inconnu, n'est pas nommé une seule fois dans la *Table analytique* des cinq volumes de l'édition de M. de Ruble.
(2) Pie IV, élu le 26 décembre 1559, mort le 9 décembre 1565.
(3) Je ne vois dans le *Gallia christiana* (tome I, col. 1030) aucun abbé de Gimont portant en 1563 le nom de Bellegarde, mais sous le n° xxxix de la série des abbés, entre Aimeric de Bidos et Pierre Maton, je trouve un Jean de Bellegarde, fils de Roger de Bellegarde, maréchal de France, qui serait mort en 1557 à l'âge de seize ans. J'appelle sur cette difficulté l'attention des futurs historiens du monastère de Gimont.
(4) Savait-on que Monluc eût été en correspondance ave Pie IV? On chercherait vainement le nom de ce pape dans les *Commentaires* et dans les *Lettres*. On voit que notre petit document nous apprend déjà bien des choses.
(5) Original qui faisait partie de la magnifique collection d'autographes de M. Jules de Gères et dont cet aimable érudit m'avait donné copie, quelque temps avant sa mort prématurée. Aucun des documents connus n'indiquait d'une façon précise la présence de Monluc à Bordeaux le 25 avril 1563.

II

Aux consuls de Lectoure.

Du septieme jour d'aoust 1563, par devant M. le juge Maige Foyssin (1), assistans Despes, conseiller à l'université des causes, Filhol conseiller (2), Barreria (3), Nicolay et Jean Sabus, consuls de Lectore. — Dans la chambre du conseil de lad. cour, s'est presenté Helie de Pucherye, soy disant prevost (4), disant que par comandement de M. de Monluc, lieutenant pour le Roy en Guyenne en absence de M. le prince de Navarre, suyvant la lettre dud. seigneur adressante aux officiers et consulz de Lectore escripte à Bellepesche de tels termes :

Messieurs les officiers, consulz et prevost de Lectore, j'ay entendu que vous autres estes en differend pour raison des prisonniers qui sont dans vostre ville et dites que la cognoissance n'en appartient aulcunement au prevost, ains c'est à vous aultres. Je vous declare que je vous ay delegué tous ensemble pour faire le proces aususdits prisonniés soubz mon auctorité. A ceste cause n'en soyez plus en desaccord et ne faictes faulte tous ensemble faire led. proces le plus promptement que faire se pourra pour icelleuy estre jugé par led. prevost; que sera fin. Je prie Nostre Seigneur vous donner, Messieurs, ce que desirez.

A Belpesche (5), ce v⁵ jour d'aoust 1563.

Je vous supplie qu'il ne se uze en cela rien de dissimulation, car l'affaire est de telle importance qu'il en fault scavoir la verité et les

---

(1) M. de Ruble a publié (tome v, p. 90) une lettre de Monluc à M. de la Cassaigne, gouverneur de Lectoure, écrite d'Agen le 3 octobre 1567, où est mentionné avec éloges un parent du juge-mage, le capitaine Foyssin, nommé lieutenant du château de Lectoure.

(2) Nous trouvons dans les *Commentaires et Lettres* (tome IV, p. 167) mention d'un capitaine catholique dont le nom s'approche fort du nom de ce magistrat, Filheul : il signa la capitulation de Lectoure (2 octobre 1562).

(3) Le même sans doute que ce *Barrières*, dont la signature est apposée au bas du document cité dans la note précédente.

(4) Personnage à identifier avec *Louys de Picharry*, « qui est homme de bien, et lequel a très fidèlement exercé ledict office de prévost pendant ces troubles. » (*Mémoire et Instruction à Martineau*, du 19 janvier 1563. Tome I⁷, p. 261).

(5) *Belpêche, Belpech.* C'est aujourd'hui *Beaupuy*, commune de canton de l'Isle-Jourdain, arrondissement de Lombez, à 38 kilomètres d'Auch.

coulpables; et que à mon retour de Comenge qui sera dans dix jours, si plaist à Dieu, je treuve les choses bien advancées.

Vostre bon voysin et amy.

B. de Monluc.

Et au-dessus : Messieurs les officiers de consulz et prevost de Lectore, à Lectore — (Et scellée du sceau dud. sieur de cire rouge).

Requerant icelluy Pucharye parlant aususdit sieur juge Maige et aultres officiers susdits Barreria, Nicolay et consulz susdits, les *prisonniés preveneus de l'entreprinse qua esté dressée dernierement pour surprendre les chasteau et ville de Lectore mesmes le s^r de Peyrecabe* (1) *le pouldrier et aultres* pour leur faire la procedure et juger le proces suyvant l'ordonnance du Roy.

Comparant Labarthe, absens les advocats, procureur general en la presente senechaussée, comme substitut dud. procureur et estant promocteur desusdits consulz, sur ce interrogé a dict n'entendre contredire aux requisitions dud. Pucharye prevost, d'aultant que le cas est prevotable, et mesmes par expres requiert que les prisonniers soient mis entre les mains dud. prevost.

Sur quoy par comung advis des susdits assistans a esté arresté que les prisonniés seront baillés entre les mains dud. prevost pour leur estre faict la procedure jusque à sentence exclusivement; et avant juger le proces le susd. s^r de Monluc en sera adverty et apres s'il est besoing et sentencier le proces ledit prevost appellera lesd. officiers suyvant l'ordre du Roy. Sauf que led. Ydron a esté d'advis que avant bailher les prisonniés aud. prevost monstrera de ses lettres ou aultrement jusques à ce que led. s^r de Monluc en soyt consulté et eu advis d'icelluy (2).

(1) Ce capitaine huguenot figure dans le récit de la tentative faite par les protestants (15 octobre 1567) pour secourir la ville de Lectoure (*Commentaires*, tome III, p. 111). Il y eut ainsi deux tentatives sur Lectoure, celle de l'été de 1563 et celle de l'automne de 1567. Cette dernière est célèbre, et Monluc a pu, sans trop de vantardise, déclarer qu'en l'arrêtant il sauva la Guyenne (tome III, p. 115). La tentative de 1563 n'a été signalée par aucun historien et ne nous est révélée que par le présent document.

(2) Archives départementales du Gers, registres du sénéchal d'Armagnac, année 1563, fol. 49.

III

« *A Monseigneur Monseigneur Reverendissime Cardinal de la Bordezière, à Rome.* »

Monseigneur, je vous avoyz escript dernierement par le feu abbé de Clausane (1) qu'il vous pleust me faire tant de bien et de faveur que de interceder pour moy vers nostre Sainct Père le Pape à ce qu'il pleust à Sa Saincteté suyvant l'humble requeste que je luy ay faicte d'accorder à M. Robert de Gontault, mon cousin (2), l'expedition des bulles de l'evesché de Condom (3) gratuitement et sans rien payer à nostre Sainct Père, Sacré Colliège que aux officiers pour les causes et raisons que lors je vous escripvis. Et pour ce que j'ay entendu que le dict abbé de Clausane s'est noyé sur le chemin près Gennes, je depesche encores ce porteur à cest effest et en escriptz à nostre Sainct Pere, vous suppliant, Monseigneur, me favoriser de tant auprès de Sa Saincteté qu'il luy plaise m'accorder ceste grace, et me faisant ce bien vous m'augmenterez l'affection que j'ay de vous faire et au Saint Siege aposto-

---

(1) Que sait-on de la vie de ce malheureux abbé, qui, comme nous allons le voir un peu plus loin, se noya en se rendant à Rome ?

(2) Monluc appelle Robert de Gontaut son cousin, parce qu'il y avait eu, vers le milieu du xv° siècle, une alliance entre la famille de Monluc et celle de Gontaut-Biron. Pierre de Lasseran de Massencome, seigneur de Monluc, avait épousé Isabelle de Gontaut, dont il eut Amanieu, qui fut le grand-père de Blaise de Monluc. Un passage des *Commentaires* nous montre R. de Gontaut partant, en compagnie de l'auteur, pour les bains de Barbotan (tome III, p. 93). Voir de fréquentes mentions du prélat dans les lettres de son cher cousin (tome v, passim).

(3) Avant de succéder sur le siège de Condom à Charles de Pisseleu, oncle de la trop fameuse duchesse d'Etampes, Robert avait été prieur de Sainte-Livrade. Voir *Notice sur le prieuré de Sainte-Livrade, d'après un manuscrit inédit de la Bibliothèque Nationale* (Agen, 1869, p. 29). J'ai publié dans la *Revue de Gascogne* (tome xx, 1879, p. 238) une lettre de la duchesse d'Etampes à Robert de Gontaut, relative à l'évêché de Condom (5 janvier 1565), document qui devait être réimprimé par feu Paulin Paris, dans ses belles *Etudes sur le règne de François I*" (1885, tome II, p. 416). J'ai aussi publié (*Revue*, ibid., p. 240) une quittance de la somme de cinq mille livres « pour la composition et accord » entre les deux parties, quittance délivrée par Blaise de Monluc (à Estillac, 13 août 1565). Dans le volume des *Mélanges* de Clairambault d'où j'ai tiré cette quittance (n° 1120), on trouve d'autres pièces relatives à l'arrangement fait entre l'ancienne favorite et le nouvel évêque de Condom, notamment une quittance de ce dernier (f° 56), datée du 8 juillet 1566.

lique très humble service, comme je feray en tous les endroictz qu'il vous plaira me commander, Dieu aydant, lequel je prie,

Monseigneur, vous donner fort longue et très heureuse vie, me recommandant trez humblement à vostre bonne grace.

Au Mont de Marsan, ce xviii° de may 1565 (1). Vostre trez humble et trez obeissant serviteur,

DE MONLUC.

IV

Lettre d'Ysabeau de Beauville, seconde femme de Blaise de Monluc, à Robert de Gontaut (2).

Monsieur mon cousin,

Arsoyr (3) bien tard Boëry (4) arriva en ceste ville portant lettres de creance de Monsieur de Monluc pour vous dyre, quy me gardera de vous en fere plus long discours. Au reste mon dict seigneur de Monluc me mande que je luy face avancer le bastiment d'Estillac (5), ce que je

---

(1) Bibliothèque Nationale, Mélanges Clairambault, vol. 1120, f° 52. Original. Comme les lettres précédentes, celle-ci nous fournit une indication nouvelle sur l'itinéraire de Blaise de Monluc.

(2) Ysabeau Paule de Beauville, fille de François, seigneur et baron de Beauville, et de Claire de Laurens, dame de Souspez, avait épousé Blaise de Monluc au château d'Estillac, le 31 mai 1564. Voir le contrat de mariage publié par M. de Ruble (tome v, *Pièces justificatives*, p. 346-348). Ysabeau se remaria, le 23 novembre 1579, avec François de Pérusse, comte des Cars. Rappelons que Blaise de Monluc avait épousé en premières noces, le 20 octobre 1526, Antoinette de Ysalguier, fille de Jacques de Ysalguier, baron de Clermont, et de Miramonde de Montaut. Voir le contrat de mariage publié par M. La Plagne-Barris dans la *Revue de Gascogne* (tome XVI, 1875, p. 466-478).

(3) C'est-à-dire hier au soir. Ce mot *arsoir*, harmonieux et charmant, et qui plaisait tant à Clément Marot, peut être rapproché de cette autre rapide expression du bon vieux temps, *asthure*, pour à cette heure.

(4) Sur Antoine Boëry, secrétaire de Monluc, voir *Quelques pages inédites* déjà citées (p. 3, note 1) et les *Commentaires et Lettres*, tomes III, IV et V, *passim*. En ce dernier tome on voit (p. v) que Boëry fut envoyé d'Estillac à Condom, le 8 mai 1565, pour apporter à Robert de Gontaut, qui devait les adresser à Rome, les lettres par lesquelles Catherine de Médicis et Charles IX demandaient l'expédition gratuite des bulles du prélat.

(5) Monluc a mentionné *Stillac* dans les *Commentaires* (tome II, p. 339). On ne savait pas que les travaux de restauration du château d'Estillac avaient été commencés dès 1563. Notre document complète, à cet égard, le document du

ne puys fere sans vostre ayde. A ceste cause vous prye me vouloir envoyer ce maistre masson que vous scavez pour fere marché et divyser le pourtal dudict Estilhac et vous reprye encore une foyz le fere venir le plus toust que vous sera possible. Je m'en pars aujourd'huy d'icy pour m'en aller à Stillac et en envoye les grands chevaulx de mon dict seigneur de Monluc à Bayonne (1) et me manderez quand esse que vous en viendrez à ce cartyer. Je n'é poinct heu nouveles despuys de Madamoyzelle de Sainthorens (2). Le pourteur me gardera de vous fere plus long discours, qui sera fin de ma lettre, apres m'estre ccommandee bien humblement à vostre bonne grace, prye Dieu,

Monsieur mon cousin,
en santé vous donner très heureuse et longue vye.

D'Agen, ce xxxme d'avril 1563.

Vostre tres humble cousine à vous faire service,

DE BEAUVILLE (3).

V

Lettre de Jean de Monluc, évêque de Valence, frère cadet de Blaise de Monluc, à Catherine de Médicis (4).

Madame, à mon arrivée en ceste ville, je trouvai l'abbé de Saint-Jean prest à s'en retourner, avec une despesche de telle teneur que si je ne suis deceu, vous n'y eussiez voulu faire aucune response. Et ayant entendu

---

16 avril 1567, conservé dans les Archives municipales de Toulouse et ainsi analysé par M. de Ruble (tome v, p. 335) : Attestation de B. de Monluc (étant à Agen) certifiant que le bois de charpente acheté à Toulouse par Me Jehan Chambre, charpentier, est destiné à la construction du château et de l'église d'Estillac.
 (1) Les *Commentaires* ne disent rien du voyage de Monluc à Bayonne.
 (2) La femme de François de Cassagnet de Tilladet, sieur de Saint-Orens, colonel des gens de pied de Guyenne. C'était un ami de Monluc qui parle cent fois de lui dans les *Commentaires* et notamment au sujet du voyage aux bains de Barbotan (tome III, p. 193).
 (3) Bibliothèque nationale, fonds français, n° 20462, f° 91, copie. On trouve dans le même registre quelques autres lettres de Madame de Monluc à son cousin, mais elles m'ont paru trop peu intéressantes pour mériter d'être recueillies. Ce sont des billets d'une douzaine de lignes, où est accusée réception d'une lettre et où Ysabeau se contente le plus souvent d'ajouter qu'elle n'a rien autre chose à dire.
 (4) Au sujet du personnage que Labenazie, en son ouvrage déjà cité, appelle (p. 243) « l'homme le plus habile de son temps, et qui fait tant d'honneur à ce

que tout le mal procedoit d'un double de requeste qu'on disoit avoir esté presentée par Messeigneurs de Guise, connestable, et mareschal Saint-André, je fis tout ce qu'il me fut possible envers Monseigneur le Prince pour lui persuader que c'estoit un mauvais avertissement (1). Et de faict je le pensois ainsi. Et sur ma parole il print nouveau conseil et advisa de surseoir d'envoyer la susdite despesche jusques au retour du dit abbé de Saint-Jehan. Pendant lequel temps j'ay essayé de mettre plusieurs partis en avant, ou bien de moderer et refformer ceux qui ja ont esté presentés. Mais j'ay si peu advancé et si peu profité qu'il me semble que je n'ay pas grande occasion de sejourner icy. Et m'en serois desjà desparti, n'eust esté qu'un jeune homme allant en Espagne me commanda hier de vostre part que je ne bougeasse d'icy jusques à ce que vous m'eussiez mandé autres nouvelles. Et toutesfois l'abbé de Saint-Jean qui est venu depuis ne m'a rien dit de vostre part ; qui faict que je suis en grande perplexité craignant de failhir, soit que je m'en aille, soit que je demeure, et pour m'en esclaircir, je vous supplie très humblement m'advertir de vostre volonté. Cependant, Madame, je ne veux oublier à vous dire que Monseigneur le Prince et toute ceste compagnie se figurent beaucoup de maulx et beaucoup de ruines qui adviendront pour ce different ; desirent que, puisqu'il n'y a encore mal qui ne se puisse reparer en deux jours, qu'il se trouve quelque moyen pour empescher qu'il n'en vienne davantage. Et sur cela ils persistent en leur demande qu'ils ne veulent reconnoistre pour autre que pour bonne, juste, saincte et necessaire à la conservation du repos public ; et vouldroient bien que vous, Madame, fussiez en tel lieu, que sans

pays », je renverrai aux *Notes et documents inédits pour servir à la biographie de Jean de Monluc, évêque de Valence.* (Auch, 1868.) Mais combien de choses pourraient être ajoutées à ma brochure d'il y a vingt ans ! On les trouverait surtout dans le tome XVII des *Archives historiques du département de la Gironde*, où M. le comte Ed. de Barthélemy a publié (1877), sous le titre de *Lettres, Mémoires, Notes et extraits divers* (p. 250-358), une série de pièces (de 1555 à 1585) tirés des manuscrits de la Bibliothèque impériale de Saint-Pétersbourg. Parmi ces pièces figurent plusieurs lettres et mémoires de Jean de Monluc au roi et à la reine (24 janvier 1564, 20 et 21 juillet 1566, 28 juillet 1566, 20 octobre 1566, pp. 296, 318, 322, 329, 331).

(1) Sur les circonstances dans lesquelles fut écrite cette lettre, curieux exposé des tentatives faites par Jean de Monluc pour adoucir l'esprit du prince de Condé, après la requête des membres du triumvirat, voir les éclaircissements donnés par M. de Ruble (*Antoine de Bourbon et Jeanne d'Albret*, tome IV, 1886, chapitre XVIII, consacré aux évènements d'avril et mai 1562, p. 145-270). Là (p. 191), l'excellent historien attribue à l'évêque de Valence la rédaction du remarquable manifeste du prince de Condé en réponse à la requête des triumvirs (19 mai). M. de Ruble, en ce même volume (*Pièces justificatives*, p. 428), mentionne un ordre du roi à Jean de Monluc d'aller au Concile de Trente avec le cardinal de Lorraine (19 août 1562).

aucun respect, vous peussiez juger de leur dicte demande et de celle qui vous a esté presentée par les susdits seigneurs de Guise, connestable, et mareschal; qui seroit le vray et certain moyen pour apaiser, comme ils pensent, les troubles, et nous preserver des ruines qui nous menacent. Et craignant de vous ennuyer de trop longue lettre, j'ay donné charge au present porteur de vous en dire tout ce que j'en ay pu comprendre, vous suppliant très humblement le vouloir escouter, et m'excuser si je vous confesse librement le peu de moyen que j'ay de vous faire service en cette affaire. Et toutesfois je n'en ay, en rien qui soit, diminué la bonne volonté, et espere qu'à l'heure qu'il y aura moins d'apparence d'accord, Dieu fera quelque ouverture de laquelle vous serez consolée comme le bon zele qu'il vous a donné le merite.

Madame, je prie Nostre-Seigneur vous donner, en parfaicte santé, tres longue et tres heureuse vie.

D'Orléans, ce xi mai 1562.

Vostre tres humble et tres obeissant serviteur,

MONLUC E. VALENCE (1).

VI

Ordonnance de Jean de Monluc, evêque de Valence, au sujet de quelques navires du port de Bordeaux.

Jehan de Monluc, evesque et comte de Valence et Dye, conseiller du roy en son privé conseil, à Maistre Jean de Maillac, conseiller dudit

---

(1) Fonds français, vol. 6607, f° 23. Original. On trouve une copie dans un autre volume du même fonds, n° 6620, f° 21. Je dois communication de ce document à M. de Ruble, qui a eu l'amabilité de me communiquer aussi l'analyse de trois autres lettres de Jean de Monluc encore inédites à la Bibliothèque Nationale : 1° Lettre aux consuls de Valence, écrite d'Orléans le 21 mai 1562. Le roi l'a dépêché à Lyon et à Valence et lui a commandé de s'arrêter à Orléans pour y négocier. Comme la négociation sera longue, il leur envoie le présent porteur, leur conseillant de le croire et de rester fidèles au roi. Il exprime le regret de ne pas avoir été plus tôt informé des événements de Valence. (Fonds français, vol. 10190, f° 163. Copie du temps.) — 2° Lettre à l'abbé de Malloc, vicaire général de Valence, sur le même sujet et à la même date. (Ibid., f° 163, v°. Copie du temps.) — 3° Lettre à Tavannes, écrite de Suriou, le 3 octobre 1562. Il lui annonce qu'il se rend en Bourgogne et, comme le pays est en guerre, il lui demande une lettre de recommandation. (Fonds français, vol. 4631, f° 99. Original.)

seigneur et fermier general du recouvrement et distribution de ses finances au païs et generallité de Guienne (1), salut.

Nous vous mandons et ordonnons que des deniers tant ordinaires que extraordinaires de votre dicte ferme et recepte, vous payez, baillez et delivriez comptant à M. Guillaume Le Beau, aussy conseiller d'icelluy seigneur tresorier et receveur general de la marine du Ponant, la somme de mil quatre vingtz treize livres seze solz deux deniertz que nous lui avons ordonné et ordonnons pour icelle employer assavoir viii^c iii^l xvj^s ij^d pour..... (2) navire du roy nommé La Catherine, lequel auroit arrivé en ce pays..... (3) et presque hors d'esperance de pouvoir estre relevé, tellement que, à cause de la perte d'un tel navire, il y auroit dangier de gaster le port et havre de ceste ville; pour ceste cause avec le conseil et advis du cappitaine Berre et autres cappitaines de navires et marins à ce expertz et enteduz, ordonnasmes que avant que la grande marée vind, qui devoit estre le quinziesme jour de janvier, l'on essayast en toute diligence de relever le dict navire, ce qui a esté faict en la presence du procureur general du Roy et du dict cappitaine Berre. et autres, qui nous ont tesmoigné de la diligence des mariniers et autres ouvriers qui meritoient en ung si bon et prompt service estre salarisez; et les ii^c iiii^{xx} x^l restans pour estre distribuées à six gardiens des navires du Roy nommez Le Charles, La Catherine et L'Ours, estans sur le port et havre du dict Bordeaulx pour les garder jour et nuict durant les mois de janvier, febvrier et mars, et en rapportant par nous ces presentes et quitance du dict Le Beau sure, suffisante, la dicte somme vous sera passée et allouée en la despense de voz comptes et rabatue de vostre recepte par Messieurs des Comptes à Paris, ausquelz prions ainsi le faire sans difficulté.

Faict à Bordeaulx, le viiie jour de janvier mil v^c soixante-neuf.

MONLUC E. VALENCE (4).

(1) Sur cet officier de finances, voir divers passages des *Commentaires* et des *Lettres* (t. II, IV et V).
(2) Ici quelques mots qu'une large tache rend illisibles.
(3) Même observation.
(4) Bibliothèque nationale, fonds latin, vol. 17,029, f° 153. Original. Document à rapprocher de divers autres documents qui se rattachent an séjour de Jean de Monluc à Bordeaux. Voir *Archives historiques du département de la Gironde*, tome VII, p. 175-176; *Notes et documents* de 1868, pp. 53-55, 55-56, 59-60, 62, etc. A ce propos, rappelons ici qu'au bas de la page 30 de la brochure qui vient d'être citée, je mentionnais une lettre conservée dans les archives municipales de Bordeaux, écrite par Jean de Monluc, le 7 août 1570, aux jurats de cette

VII

Lettre de Jean de Monluc, évêque de Valence, au roi Charles IX.

Sire,

Pendant que j'ay esté deux jours abscent de Monsieur de Monluc (1), le sieur de Beaumont est arrivé de vostre part (2) qui luy a baillé les lettres qu'il vous avoit pleu de luy escripre, ausquelles j'ay incontinant après mon retour satisfait, et en ay envoyé les copies par toutes les senneschaulcées et villes principalles de ceste province, et vous puys asseurer que pour le reguard du premier article, qu'est de la suspention des armes, n'y aura pas grand difficulté que vous n'y soyés fort promptement et fort vollontiers obey; car du jour qu'on veist rapporter le dict sieur de Monluc à sa mayson (3), toute l'assemblée, qu'estoit de quarante-cinq enseignes de gens de pied et de cinq à six cens sallades, se despartist en telle sorte que avecques grand poyne l'ons en a peu retenir huict ou dix enseignes pour les fere tenir sur la frontiere de Bear, et du reste chascun s'est retiré à sa mayson, hormiz la pluspart de noz gendarmes qui despuyz un an ont accoustumé de se faire payer au triple de ce que montent leurs guaiges et ce neantmoings ne bouger point de leurs maysons, ainsy que je vous ay par plusieurs foys escript, à quoy il vous a pleu me fayre respondre par voz lettres du deuxiesme de ce moys, par lesquelles il vous plait me commander d'embrasser la cause de vostre pouvre peuple; et comme j'ay receu toutz voz comman-

cette ville, et j'exprimais le vœu qu'on ne nous en fit pas trop attendre la publication. Près de vingt ans ont passé sur mon vœu et l'on ne s'étonnera pas si je le renouvelle avec une impatience voisine du désespoir.

(1) Les deux frères, comme M. de Ruble l'a remarqué (*Introduction* aux *Commentaires*, p. xxi), vécurent ensemble pendant les années 1570 à 1572. L'évêque de Valence remplissait auprès de son ainé les fonctions de commissaire-receveur.

(2) « Le roy me despescha Monsieur de Beaumont, mareschal des logis de Monsieur le prince de Navarre, etc. » (*Commentaires*, tome III, p. 452).

(3) Après qu'il eut reçu, à l'assaut du château de Rabastens, une si terrible *arquebousade sur le visaige* (*Commentaires*, tome III, p. 423).

dementz à grande obligation pour l'honneur que vous me faites de m'employer en chose qui vous soit agreable, je me tiens plus honoré de cestuy cy que de toutz les aultres (4), d'aultant que faysant ce qu'il vous plait me commander, je m'employeray en ce qui peult vous rendre plus agreable à Dieu qui vous a donné ceste bonne intention, et tant que vous l'executerez, il vous fera tousjours prosperer en toutes voz affaires; et en cecy, Sire, ne reste synon à vous supplier très humblement fere guarder touttes mes lettres, affin que sy quelqun pour se couvrir se vouloit advancer de dire ou escripre le contrayre de ce que je vous ay mandé tant de ce fait que toutz aultres concernantz l'estat de ce pays, qu'il vous playse m'en faire advertir et je vous en envoyeray telle preuve que vous cognoistrés que pour rien du monde je ne vous vouldroys mantir, et en cecy ne pourrois je avoyr failhy synon comme ceux qui parlent en termes genceraulx parce que à la verité les ungs ont plus failly que les aultres. Les ungs ont beaucop travailhé et beaucop souffert et se sont contantés de ce peu que l'on leur a baillé, et en cella, Sire, j'uzeray de la mesme syncerité que j'ay accoustumé de faire et vous diray que la compaignye du sieur de Fontanilles (1), despuys que Monsieur la renvoya du camp, a esté plus que toutes les aultres employée pour vostre service et mesmes, tant que le camp de messieurs les princes a demeuré en ce pays, n'y a eu compaignye que la syenne et celle de Monsieur de Monluc qui se soit monstrée, j'entends d'icy Tholose, et comme le dict sieur de Monluc est liberal à bailler commissions ruyneuses plustost aux siens que aux aultres, il l'a despuys tousjours tenu aux frontieres de Bear, tant pour la fiance qu'il avoit au cappitaine que parce qu'il y a plus de noblesse en la dicte compaignye qu'en pas une des aultres; et cella estant veritable comme il est, à peyne de ma vye et de mon honneur, j'espere que vous ne trouverez maulvays que je vous supplye très humblement (mais c'est avecq plus d'affection que je vous suppliroys de me fayre du bien, encore que j'en aye bien grand besoing), qu'il vous playse avoir ledict sieur de Fontanilles pour recommandé et que sy honneste compaignye et sy bonne de jeunes gentilzhommes qui vous serviront icy et en toutz aultres endroitz qu'il vous plaira leur commander.

(4) Il faut rapprocher ce passage de toute la belle et énergique lettre écrite au même roi par Jean de Monluc deux ans auparavant (2 décembre 1568), à l'occasion de la misère du peuple causée principalement par les excès des gens de guerre (*Appendice* de la brochure déjà citée : *Quelques pages inédites de Blaise de Monluc,* p. 20-22).

(1) Philippe de La Roche, baron de Fontenille, gendre de Monluc. Voir *Commentaires,* tome II, p. 142 et *passim,* ainsi que tome III, *passim.*

Sire, je prie Nostre Seigneur vous donner en tres heureuse vie une perpetuelle felicité.

De Cassagnes (1), ce 17me d'aoust 1570.

Vostre tres humble et tres obeissant serviteur et subject,

MONLUC E. VALANCE (2).

VIII

Au roi de France Henri II (3).

Sire,

Ce jour d'huy qu'est le 22e de ce mois de mars, ay receu la despesche et don qu'il vous a pleu me faire du gouvernement d'Albe (4) et ne

---

(1) L'héroïque blessé de Rabastens a dit (*Commentaires*, tome III, p. 452): « Ma femme me vint prendre à Marsiac, et m'en appourtarent dans sa lictière jusques à Cassaigne, maison de l'évesque de Condom, près de Condom, là où la colicque, pour me refreschir, me tint trois sepmaines, sans me laisser trois jours et me cuyda empourter. Monsieur de Valence, mon frère, me vint trouver et ne m'habandonna jamais jusques à ce que les médecins et sirurgiens luy asseurarent que je ne mourrois point de la playe... » Voir, à l'*Appendice*, *Extrait du testament inédit de Jean Du Chemin, évêque de Condom*, extrait pris par M. l'abbé de Carsalade du Pont dans les archives du château de Saint-Blancard et dont il s'est gracieusement dessaisi en ma faveur.

(2) Bibliothèque nationale.

(3) Sur Joachim de Monluc, seigneur de Lioux, prince de Chabanais, chevalier de l'ordre du roi, gentilhomme ordinaire de sa chambre, etc., voir une note de M. de Ruble (*Commentaires*, tome I, p. 15) sous ce passage relatif à Fabien de Monluc, seigneur de Montesquiou, le quatrième et dernier fils de Blaise : « Je luy ay donné Chabannais, que Monsieur de Lioux, mon frère, m'avoit donné par son testament [1567]. » Indiquons, dans le tome I des *Archives historiques du département de la Gironde* (p. 335-341), une *Transaction* (31 mars 1563) *entre les coseigneurs de la terre de Longueville* (près de Marmande, aujourd'hui possédée par M. Osmin Massias, gendre de M. de Labarre), où l'on trouve force détails sur Joachim de Monluc et sur deux sœurs de son père, Galiane, mariée à François de Pellegrue, seigneur de Cambes, et Florette, mariée à Jean de Pellegrue, seigneur de Longueville. Une des lettres de l'évêque de Valence publiées par M. Ed. de Barthélemy et mentionnées plus haut (document n° V, note 1) nous apprend, à la date du 20 octobre 1566, que le sieur de Maligny avait enlevé à Joachim de Monluc son château de *Chabanes* (sic pour Chabanais, chef-lieu de canton de l'arrondissement de Confolens, à 50 kil. d'Angoulême).

(4) Plusieurs auteurs ont cru que Joachim de Monluc fut gouverneur non d'Albe en Italie, mais d'Albi en Languedoc. Parmi les coupables je signalerai le P. Anselme (*Grands officiers de la couronne*, t. VII, p. 291) et, à sa suite, d'Hozier (*Généalogie Chapt de Rastignac*, p. 12). Sur la nomination du gouverneur d'Albe, voir les *Commentaires* (tome I, p. 446) et les *Lettres* (tome IV, p. 10).

fauldray de m'en aller en la plus grande dilligence que je pourray. Je vous supplie tres humblement, Sire, croire que je vous y serviray aussi fidellement que subgect ny serviteur que ayez de par dela et prie Dieu qu'il me doint la grace de vous y pouvoir faire service agreable. Je vous mercie tres humblement du bien et honneur qu'il vous a pleu me faire de permettre que je fine mes jours en vostre service en lieu et charge si honnorable. Je prieray Dieu,

Sire, vous donner tres heureuse et longue vie.

D'Agen, ce 22e mars 1553.

Vostre tres humble et tres obeissant subgect,

J. MONLUC (1).

IX

Au connétable de Montmorency.

Monseigneur,

Auiourd'huy qu'est le 22e de mars, ay receu les lettres patentes du Roy du don du gouvernement d'Albe et me desplaist que ceulx qui avoient prins la charge de me la porter n'en ont faict meilleure diligence de me faire tenir; et m'eusse espargné mille escuz qu'il m'a cousté à dresser ou armer les deux enseignes qu'il vous a pleu me faire donner, et quant je les eusse menées jusques au camp, je vous eusse montré les deux plus belles compaignies qui sortist y a dix ans de Gascoigne, et le Roy eust congneu que je n'avois rien espargné pour son service.

Monseigneur, je vous mercie tres humblement du bien qu'il vous a pleu me faire d'estre cause que le Roy m'aye employé en ung lieu si honnorable. J'espere que Dieu me fera si heureux que ledict seigneur et vous vous contenterez du service que je feray de par dela; et encore que je me trouve bien fort content de la charge qu'il vous a pleu me faire donner, si eussay-je fort desiré de vous faire service ce voyage afin d'avoir asseurance d'estre pour à jamays en vostre protection, et le bien

(1) Bibliothèque nationale. Fonds français, n° 20,462, f° 1.

et honneur que j'ay eu jamais jusques icy et espere avoir, ce sera par vostre moyen; et prie Dieu, Monseigneur, vous donner l'heur et contentement que je vous desire, et à moy la grace de vous faire service.

D'Agen, ce 22e mars 1553.

Vostre tres humble et tres obeissant serviteur,

J. Monluc (1).

X

Lettre de Fabien de Monluc, dernier fils du maréchal, à Robert de Gontaut, prieur de Sainte-Livrade (2).

Monsieur, Ie anvoye mon frere (3) devers vous pour vous dire l'ese et le contantemant que ie eu ayant antandu que Monsieur de Monluc vous avoyet choisy pour avoyr l'evesché de Condom (4). Au reste ie luy ey dit quelque chose pour vous dire de ma part; ie vous prie le croyre comme moy mesmes, e esperant que vous vouldrés montrer an cecy mon amy, comme ie vous fere an vostre endroyt an tout ce que me sera possible, ne vous feré plus longe lettre, remetant le reste au

---

(1) Fonds français n° 20,462, f° 1. Comme la lettre précédente, c'est une copie faite d'après les manuscrits Lamoignon.

(2) Sur Fabien de Monluc voir les *Commentaires*, tome I, p. 15; tome III, *passim*. Sa biographie a été très bien résumée par M. de Ruble (tome I, p. 15, note 1). Contentons-nous de rappeler qu'il suivit son frère Pierre-Bertrand dans la malheureuse expédition d'Afrique; qu'il épousa, le 9 janvier 1570, « l'héritière de Montesquiou », comme dit Blaise de Monluc (tome I, p. 15); qu'il fut blessé au siège de Rabasteins et tué (septembre 1573) à l'assaut de Nogaro.

(3) Ce frère devait être le chevalier Jean de Monluc, futur successeur de Robert de Gontaut sur le siège de Condom.

(4) M. le comte Hector de La Ferrière (*Lettres de Catherine de Médicis*, tome II, 1885, p. 235) cite notre document en une note sous une lettre de la reine-mère à l'auteur des *Commentaires* touchant l'évêché de Condom (22 novembre 1564) et, se trompant plusieurs fois, il présente ce document comme « une lettre de *Charles* de Monluc félicitant *Sainte-Livrade* (sic pour le prieur de Sainte-Livrade), *un des fils d'Antoine de Noailles*, de ce que Blaise de Monluc lui a assuré l'évêché de Condom ». On voit par la lettre de Catherine de Médicis à Blaise de Monluc que ce dernier fut obligé de *partager l'évêché de Condom* avec Jean de Morvillier, évêque d'Orléans. Conférez les lettres de Blaise de Monluc, tome IV, p. 360; tome V, p. 13 et suiv.

presant portur, me recomandant bien humblemant à vostre bonne grace, priant Dieu,

Monsieur, que an santé vous doynt uruse et loungue vie.

De Flamarens, ce disiesme de desambre 1564.

Vostre meilleur amy pret à vous fere service,

F. DE MONLUC.

Ie ne vous manderé rien de la maladie de Monsieur de Monluc, m'asurant que mon frere vous dira comme tout et pasé (1).

XI

Lettre de Fabien de Monluc à Robert de Gontaut, évêque de Condom.

Monsieur, Il y a un marchant de Condom nomé Langlade auquel ie doys 135 livres 18 sols. Si vous avez le moyen aprés la racolte de les luy payer, me feriez un bien grand plesir (2). Ie vous prie ne trouver estrange que ie vous emploie si souvant : car la necessyté là où ie me trouve me le commande. En recompance de tant de biens et plaisirs que ie resoys de vous, ie vous en rendrai toute ma vie amytié et service, autant que à tous les omes du monde. Ie espere vous aller voyr devant mon partemant, qu'et fin (3) aprés m'estre recommandé de bien bon cur à vostre bonne grace, priant Dieu,

Monsieur, que an santé vous doynt uruse et loungue vie.

De Bourdeaux, ce 12 de juillet 1566.

Vostre millur neveu pret à vous fere service,

F. DE MONLUC (4).

(1) Bibliothèque Nationale, fonds français, n° 20,462, f° 145. Copie.
(2) On voit que déjà, à cette époque, les neveux considéraient les oncles comme on les considère dans la spirituelle variante du vers de Legouvé :
  « Un *oncle* est un *caissier* donné par la nature. »
(3) C'est-à-dire : « ce qui est la fin de ma lettre. »
(4) Bibliothèque Nationale, fonds français, n° 20,462, f° 115. Copie.

XII

Lettre du chevalier Jean de Monluc, troisième fils du maréchal (1),
« *A madame la duchesse de Ferrare* » (*Renée de France*).

Madame, j'ai comendement de monseigneur le duc d'Anjou de me aler metre dedens Montargy avec des companies de mon regiment pour le service du Roy, et m'a dict qu'il vous a escript et faict escrire à la magesté du Roy pour vous prier de me recepvoyr pour faire son dict cervice et vostre; et à ceste cause, madame, je vous envoye ce gentilhome present porteur pour vous le faire entendre et pour vous suplier tres humblement me mander incontinent vostre voulounté et vous assurer qu'il n'y eust seu envoyer personne qui soyst plus prest à vous faire tres humble cervice que moy quand il vous plairra me comender.

Madame, je prierai Dieu vous donner en perfaicte santé tres heureuse et longue vie.

De Sans, ce vi° de fevrier 1568.

       Vostre tres humble serviteur,
         Le chevalier DE MONLUC (2).

(1) Sur Jean de Monluc, chevalier de Malte, prince de Chabanais, évêque de Condom de 1571 à 1581, voir les *Commentaires*, *passim*, mais surtout tome I, p. 15, où l'on trouve cet éloge de sa vertu guerrière : « Et croy que s'il eust suyvi les armes, il n'eust guières esté moingz que ses frères, car son commencement l'a démonstré, tant pour la réputtation qu'il a acquize au siège de Malthe, que là où il s'est trouvé par deça ». M. de Ruble (note de la page 14) fait mourir Jean de Monluc en 1585. Voici ce que dit à ce sujet M. Philippe Lauzun (*Lettres inédites de Marguerite de Valois*, xi° fascicule des *Archives historiques de la Gascogne*, p. 31, note 2) : « Il résulte des Archives de Condom et des minutieuses recherches que notre savant compatriote M. J. Gardère y a bien voulu faire pour nous, que l'évêché de Condom devint vacant en ce temps-là par la mort du titulaire, Jean de Monluc, qui arriva le 6 août 1581, à quatre heures du soir, et non à la fin de janvier 1582, comme le dit dans son Supplément à l'*Histoire de la Gascogne*, p. 571, le chanoine Monlezun. Le lendemain, les consuls annoncent cet événement à la jurade. » Les auteurs du *Gallia christiana* (tome II, colonne 969) n'avaient pas donné la date de la mort de Jean de Monluc. Voir à l'*Appendice* (n° III) un *Extrait du testament de Jean du Chemin, évêque de Condom, relatif à son prédécesseur et bienfaiteur le commandeur de Monluc.*

(2) Bibliothèque Nationale, fonds français, n° 3,218, f° 76. Original.

XIII

Lettre de Fabien de Monluc au duc d'Anjou.

Monseigneur, suyvant le commandement qu'il vous pleust me fere estant à la court je suyz en ce payz aveq Monsieur l'Admiral (1). Mays entendant que vous faictes armée je me prepare pour vous aller trouver aveques ma compaignye; car vous estant mon maistre, je ne pretendz bien ny honneur d'aultre que de vous, et par mesme rayson j'y veulx hazarder ma vye et celle de mes amys auprès de vous, supliant très humblement vostre grandeur de m'onorer tant de me commender que je vous ailhe trouver (2). Monsieur de Monluc mon pere s'en va vous trouver aveques grand volonté de vous fere service, comme je espere que cognoistrez (3). Je me tiendray tout prest pour marcher à vostre premier commandement.

Monseigneur, je supplye le Createur qu'il maintienne Vostre Grandeur en toute prosperité et vous doint tout ce que dessirez.

De Montesquieu (4), ce xxvi decembre (1572) (5).

Vostre très humble et très obeisant serviteur,

FABIAN DE MONLUC (6).

(1) Honorat de Savoie, marquis de Villars, fut amiral de France depuis la fin d'août 1572 jusqu'en 1578. Il mourut maréchal de France en 1580. Il avait succédé à Blaise de Monluc dans le gouvernement général de la Guyenne. L'auteur des *Commentaires* a dit deux mots de son successeur (tome III, p. 434 et 527).

(2) En réponse à cette prière, le duc d'Anjou écrivit à F. de Monluc, le 27 janvier 1573, de venir le joindre devant la Rochelle. Voir *Commentaires*, tome III, p. 527, note 4.

(3) Blaise de Monluc, accompagnant le duc d'Anjou, arriva, le 12 février 1573, devant la Rochelle. Voir, dans *Quelques pages inédites de Blaise de Monluc*, le mémoire qu'il rédigea au sujet de ce siège et qu'il adressa au futur Henri III (p. 6-15).

(4) Aujourd'hui chef-lieu de canton de l'arrondissement de Mirande, à 20 kilomètres d'Auch. On écrivait tantôt Montesquieu, tantôt Montesquiou. La terre de Montesquiou avait été apportée à Fabien de Monluc par sa femme, Anne de Montesquiou, qui devint par la mort de ses frères l'unique héritière de Jean II, baron de Montesquiou.

(5) Quelques mois plus tard, F. de Monluc mourut dans des circonstances qu'il faut laisser raconter à son père *(Commentaires,* tome III, p. 527) : « Je perdis, pour mon dernier malheur, mon filz Fabian, seigneur de Montesquieu, lequel, voulant forcer une barricade de Nogaro, feust blessé d'une arquebusade, de laquelle il mourut. Encor qu'il feust mon fils, je puis dire qu'il estoit bien né et valeureux. Cela me cuida accabler d'ennuy; mais Dieu me donna le couraige de le pourter, non pas comme je devois, mais comme je peuz. » Conférez Brantôme, *Grands capitaines français,* tome IV de l'édition de M. Lud. Lalane, p. 44.

(6) Bibliothèque Nationale, fonds français, n° 15,558, f° 217. Original.

XIV

Lettre de Marguerite de Monluc, fille du maréchal (1), *à Robert de Gontaut, évêque de Condom.*

Monseigneur, i'ay resceu la lettre qu'il vous a pleu m'escripre et vous remercie tres humblement de la peyne qu'il vous plaict prendre pour moy. Il ne m'est possible faire vostre contentemant si tost que me mandés par vostre lettre à cause que sommes icy toutes seulles sans aucqu'une monture. Monsieur le capitayne Monluc (2) s'en a tout amenné à Mages (3) il y a quinze iours. Des que i'ous resseu les lettres de Monsieur et Madame de Monluc, qui feut mardy de matin, madame de Caupenne (4) luy despescha pour les luy apporter affin qu'il nous envoyast des chevaux; n'en avons encores heu nulles nouvelles; y en mandons un autre sur l'eure presante des incontinent ne faire faute de partir s'il est besoing; par quoy, monsieur (5), puis que l'election tumbe

---

(1) Marguerite était la fille ainée de Blaise de Monluc (premier lit). Tout ce que l'on savait d'elle jusqu'à ce jour, c'est qu'elle fut religieuse au monastère de Prouilhan (diocèse de Condom). La présente lettre nous aidera à un peu mieux la connaitre. Rappelons qu'une de ses sœurs, Marie, fut religieuse au monastère du Paravis (diocèse d'Agen), et qu'une autre sœur (du même lit), nommée Françoise, épousa (janvier 1555) le baron de Fontenilles, déjà mentionné dans les notes précédentes. Les trois demi-sœurs de Marguerite, filles d'Isabeau de Beauville, furent : 1° Charlotte-Catherine, mariée (décembre 1581) avec Aymeric de Voisins, baron de Montaut; 2° Suzanne, mariée (décembre 1581) avec Henri de Rochechouart-Barbazan, baron de Faudoas; 3° Jeanne-Françoise, mariée (octobre 1587) avec Daniel de Talleyrand-de-Grignols, prince de Chalais.

(2) C'était Pierre-Bertrand de Monluc, second fils du premier mariage de Blaise. Il avait été fait capitaine à l'âge de 17 ans, comme on le voit dans une lettre de l'évêque de Valence (p. 47 de mon recueil); il fut tué à Madère en août 1566. Il était toujours appelé le capitaine Monluc. Voir sur cet intrépide aventurier une étude spéciale de M. Paul Gaffarel dans la *Revue historique* de juillet 1879 (p. 273-332) sous ce titre : *Le capitaine Peyrot Monluc.*

(3) Peut-être Magescq, commune du département des Landes, arrondissement de Dax, canton de Soustons, à 68 kilomètres de Mont-de-Marsan.

(4) C'était la belle-mère du capitaine Monluc, lequel avait épousé, le 6 juillet 1563, Marguerite de Caupenne. Cette belle-mère s'appelait Françoise de Cauna; elle était mariée à François, seigneur de Caupenne. Voir *Généalogie de la maison de Caupenne*, dans le tome III de l'*Armorial des Landes*, par le baron de Cauna (Paris et Bordeaux, 1869, p. 193).

(5) Marguerite, après avoir donné du *Monseigneur* à Robert de Gontaut au commencement de sa lettre, croit avoir fait assez et se contente de l'appeler *monsieur;* seulement elle revient au titre de *Monseigneur* dans la formule finale.

vendredy qui est demain (1), ie voudrois scavoir, si estoit vostre bon plaisir, comme elles en auront arresté puisque ne m'y puis trouver encore, pour ne prandre point unne mocquerie. Aussi, monsieur, ie vous vouldrois suplier tres humblemant adviser si en prennant ceste charge ce pourra estre gueres mon ayse ny advantage. J'ay telle fiance en vous, monsieur, que ne me prouchasserez iames chose que ie ne m'en doyve contenter et me tiens fort obligee de ce bien et autre qu'ay resseu de vous pour vous en faire toute ma vie tres humble service. A quoy m'employeray en toutz les endroictz qu'il vous plaira me comander et que Dieu m'en donrra le moyen, d'aussi bon cœur que luy prie,

Monseigneur, vous donner en santé longue vie et à moy vostre bonne grace, laquelle sallue de mes tres humbles affectionnées récommandations.

De Cauna (2), ce 15.

Par vostre tres humble obeissante cousine,

M. Monluc.

Madame de Cauna (3) m'a comandé vous presenter ces tres humbles recommandations à vostre bonne grace (4).

---

(1) S'agissait-il de l'élection d'une abbesse ou de quelque autre dignitaire du monastère de Proulhban? Malheureusement les auteurs du *Gallia christiana* n'ont pas consacré de notice à ce monastère et lui ont seulement accordé une mention de deux lignes (tome II, colonne 960) : « An. 1277 conditur nobile cœnobium de Ponte-Viridi, seu de Prulliano, monialium ordinis Dominicani a Vienna de Gontaldo ».

(2) Commune du département des Landes, canton et arrondissement de Saint-Sever, à 8 kilomètres de cette ville, à 23 kilomètres de Mont-de-Marsan.

(3) Mme de Cauna devait être Jeanne d'Abzac de Ladouze, qu'Etienne de Cauna, seigneur de Cauna, épousa après avoir perdu sa première femme Eléonore de Pouylebaut. La seconde Mme de Cauna était donc la belle-mère (ou marâtre) de Mme de Caupenne.

(4) Bibliothèque Nationale, fonds français, n° 20,462, f° 103. Copie.

XV

Lettre de Charles de Monluc, petit-fils du maréchal (1), *au roi de France Henri III.*

Sire, suyvant vos comandemens j'ay esté parler au sieur de Lussan, gouverneur de Blaye (2), auquel j'ay faict entendre la creance qu'il vous avoict pleu me donner, et m'a dict pour responce qu'il n'a jamais eu autre intention que d'estre vostre tres humble fidelle subjet et serviteur; toutesfoys, qu'ayant ceste place en charge, où il estoict enguaigé et son honneur aussy pour vostre service, il s'y est trouvé sy necessiteux et hors de moyen de la conserver qu'il a esté contrainct d'entreprendre ce qu'il faict et de fere payer le succide (3) qu'il prend aux baysseaus quy passent au habre (4) de la dicte ville pour y entretenir les soldats et mortepayes; bien que ç'a esté aprez avoir souvent

---

(1) Charles de Monluc, seigneur de Caupène, était le second fils de Pierre-Bertrand de Monluc. Il devint chevalier de l'ordre du Roi, capitaine de cinquante hommes d'armes de ses ordonnances et son sénéchal d'Agenais et Gascogne. Il fit son testament le 3 janvier 1595 et fut tué, le 19 mai 1596, sous les murs de la ville d'Ardres qu'assiégeaient les Espagnols, dans une sortie où brilla sa valeur et où il se montra le digne fils du capitaine, son père, et du maréchal, son grand-père. (Voir sur cet événement la *Chronologie nocennaire* de Palma Cayet, l'*Histoire* du président de Thou, celle de Mézeray, etc.). On trouve dans les *Archives historiques du département de la Gironde* (tome XIX, 1879, p. 287) le contrat passé, le 17 février 1597, par Florimond de Raymond, conseiller au parlement de Bordeaux, premier éditeur des *Commentaires*, et Théodore de Ilius, écuyer, au nom de haute et puissante dame douairière de Monluc, avec deux maîtres maçons pour la construction d'un tombeau en marbre, que les représentants de la mère de Charles de Monluc s'engagent à faire porter de Bordeaux en la ville d'Agen, au couvent des Cordeliers.

(2) Jean Paul d'Esparbez, septième fils de Bertrand d'Esparbez, seigneur de Lussan, et de Louise de Saint-Félix, fut seigneur de Lussan, de la Serre, de la Garde, de Saint-Savin, de Vitriesse et de Chadenac. Capitaine des gardes écossaises du corps du roi, chevalier de l'ordre du Saint-Esprit, il eut, outre le gouvernement de Blaye, le sénéchalat d'Agenais et de Condomois. Il mourut fort âgé le 18 novembre 1616. Les documents relatifs soit à J.-P. d'Esparbès, soit à sa famille, abondent dans la *Revue de Gascogne*, comme dans les *Archives historiques du département de la Gironde*.

(3) Charles de Monluc écrit *succide* pour *subside*. Au XVI° siècle, Vincent Carloix se sert de la forme *suscide*.

(4) On a reconnu l'ancienne prononciation gasconne : *baysseaux* pour *vaisseaux*, *habre* pour *haore*.

donné advis à Vostre Majesté et à Monsieur le Mareschal de Matignon de l'importance d'icelle et de la necessité en quoy il y estoict, et n'y ayant esté pourveu, cella l'auroict forcé de s'en dispencer, mais que s'il plaict à Vostre Majesté luy fere cest honneur de remedyer à ses necessitez, il cessera tout soudain ce qu'il en a comencé, qu'est tout ce qu'il m'a respondeu. Au reste, Sire, je ne faudray d'assembler le plus de mes amys que je pourray tant de ma compagnie que d'autres volontaires et me tenir prest attendant vos comandemens; ores que je ne pourray mectre beaucoup de gens aux champs qu'avec grand incomodité, attendeu le long temps qu'il y a que ma dicte compagnie n'a faict monstre, nonobstant qu'elle a esté durant les guerres passées tousjours des premieres en pied en ce pays pour vostre service, sy est-ce que je feray tout ce que je pourray et supplieray tres humblement Vostre Majesté de s'en ressouvenir, affin que les gens d'armes d'icelle ayent plus de moyen avecques moy de vous rendre le tres humble et fidelle service que nous vous debvons tous.

Sire, je supplie le Createur augmenter et accroistre les grandeurs de Vostre Majesté.

De Bordeaulx, ce xve avril 1585.

Vostre tres humble et tres obeissant subjet et serviteur,

Monluc (1).

XVI

Lettre de Charles de Monluc au roi de France Henri III.

Sire, il y a desja ung moys que je vous escrivy de Bordeaux la responce que le sieur de Lussan, gouverneur de Blaye, m'avoict faicte sur la creance qu'il pleust à Vostre Majesté me donner pour luy fere entendre; et despuys m'en estant venu en ces quartiers de Guascogne, j'ay faict toute la diligence que j'ay peu à rechercher des hommes pour rendre ma compagnye en estat et digne de vous fere service, sy bien que l'heur m'a esté si favorable que j'ay trouvé ung bon nombre d'ho-

(1) Bibliothèque Nationale, fonds français, n° 15,569, f° 92. Original.

nestes hommes, et plus qu'il ne m'en fault pour la rendre complecte, tous disposez et en bonne volonté de rendre à Vostre Majesté le très humble et fidelle service que nous vous debvons tous, et les entretiens en ceste bonne oppynion, attendent ce qu'il vous plaiira, Sire, que je face, soyt d'aller devers Vostre Majesté, ou demeurer par deça pour m'employer aux occasions qu'elle me commandera; ores qu'on m'a escript de delà qu'il vous avoict pleu me faire cest honneur de me mander vostre intention, laquelle toutesfoys je n'ay poinct entendue, ne moings receue aucune despeche de Vostre Majesté ne d'autre quy en fist nulle mention, sy est-ce que je me tiens prest avec tous mes amys pour obeyr à tous les commandemens qu'il vous plairra me fere. Bien est vray que ceulx de ma dicte compagnye n'ayant poinct faict il y a fort long temps monstre desireroyent qu'il pleut à Vostre dicte Majesté de s'en ressouvenir et mander à Monsieur le Mareschal de Matignon qu'il leur en fist faire affin qu'ilz ayent plus de moyen avec moy de vous temogner le zelle et cincerité que nous avons et debvons à vostre tres humble service, car sans ung peu d'ayde à tout le moings d'une monstre il me seroict malaisé d'admenner hors de ce pays une belle trouppe telle que je pence avoir pour vostre dict service, et avec ceste eternelle devotion,

Sire, je supplie le Createur augmenter et accroistre les grandeurs de Vostre Majesté.

D'Estillac, ce 14 jour de may 1585.

Vostre tres humble et tres obeissant subjet et serviteur,

MONLUC (1).

XVII

Lettre de Charles de Monluc au roi de France Henri III.

Sire, Il y a environ cinq semaines que je receus une lettre de Vostre Majesté par laquelle vous pleust me donner assurance d'employer en bref ma compagnie de géns d'armes après avoir faict montre, tellement que soubz ceste sperance ung bon nombre de gentilshommes que j'avois enrollés pour le service de Vostre Majesté ont demeuré en leurs

(1) Bibliothèque nationale, fonds français, n° 15,569, f° 250.

maisons; toutesfois ne pouvant effectuer ce que leur avois promis, ilz s'ennuyent d'une si longue attante, d'autant qu'ilz ont veu les autres compaignies tant vieilles que nouvelles avoir faict monstre, estant la miene des plus antienes, ce que les faict entrer en opinion que Vostre Majesté n'en faict poinct d'estat, qu'il ne peult estre que fort desadvantageus pour moy, m'arrivant ce malheur de n'estre employé avec mes amis pour votre service, chose que je desire d'aussi bon cueur comme je suplie tres humblement Vostre Majesté vouloir croire que nul sera honoré de vos commandementz qui ait meilheure volonté d'y obeir que moy qui ne pourrois qu'avec regret insupportable demeurer à ma maison (1) lorsque les autres seront employés, mais sur l'esperance que j'ay de recevoir ceste faveur de Vostre Majesté je tascheray à conserver les homes que j'avois disposés pour vostre service, bien qu'il me sera malaisé, si la dilation en est longue, estant recherchés de plusieurs; et attandant quelque resolution de vostre volonté, prieray Dieu qu'il luy plaise,

Sire, vous conserver en toute prosperité et santé.

Vostre tres humble et tres oubeissant subgect et serviteur,

MONLUC (2).

D'Estillac, ce xi juillet 1585.

XVIII

Lettre de Charles de Monluc, sénéchal d'Agenais, à Henri IV.

Sire,

L'honneur qu'il a pleu à Vostre Majesté me fere par vos lettres que le sieur de Gignan (3) m'a rendues et les propos qu'il m'a tenus de vostre part m'avoyent faict preparer de vous aller trouver pour vous rendre preuve de l'extresme desir que j'ay tousjours eu de vous fere tres humble service. Je reçoys beaucoup de desplaisir qu'il m'ayt esté

(1) C'est-à-dire à Estillac, où Charles de Monluc avait remplacé son grand-père. Nous retrouverons Charles de Monluc à Estillac en 1594.
(2) Bibliothèque nationale, fonds français, n° 15,570, f° 117. Original.
(3) On ne trouve pas ce nom (peut-être mal lu) dans la *Table générale des matières* du Recueil des *Lettres missives de Henri IV*.

impossible pour les justes ocasions que le sieur de Monbrun (1), present porteur que j'envoie exprés vers Vostre Majesté, vous dira. Je la suplie tres humblement m'honnorer tant que de l'ouyr et de le croire, et vous assurer, Sire, qu'au despens de ma vye et de mon honneur je ne manqueray point aux choses qu'il vous assurera de ma part et d'obeyr aux commandemans de Vostre Majesté; atandant lesquels et que j'aye ceste faveur de les aller recevoyr, je suplie tres humblement Vostre Majesté s'assurer qu'il n'y a gentilhomme en ce Royaulme qui desire vous rendre plus d'effaictz de sa fidellité et tres humble obeissance que moy, qui pour sureté de ce oblige ma foy, à laquelle je ne contreviendray jamais (2), comme je me promectz que Monsieur le Mareschal de Matignon me fera ce bien d'en assurer Vostre Majesté, suivant ce que je l'en ay suplié (3). Cependant je m'esforceray de tout mon pouvoyr à m'oposer avec mes amys à tout ce qui se passera de

(1) Ce sieur de Monbrun serait-il le même que le personnage du même nom dont il est parlé dans la *Chronique d'Isaac de Pérès*, à l'année 1593, comme d'un chef de ligueurs qui gagna Esclarmonde de Burs, ancienne nourrice du capitaine Laporte, et obtint de cette nouvelle Tarpeia que le château de Nérac lui serait livré? Isaac de Pérès ajoute que, le complot ayant été découvert, la malheureuse Esclarmonde eut la tête tranchée et que ses quatre membres furent exposés sur la place de Nérac, le 13 avril 1593. Aucun personnage du nom de *Monbrun* ne figure dans les neuf volumes des *Lettres missives de Henri IV*.
(2) Charles de Monluc tint sa parole, et quelques mois plus tard, il rendait à Henri IV le grand service de réduire la ville d'Agen sous l'obéissance du nouveau roi de France. Voir à ce sujet deux lettres de Henri IV, une à M. de Lestelle, du 26 juin 1594 (tome IV du Recueil, p. 183), l'autre à M. de Boissonade, premier consul d'Agen, du même jour (tome VIII, p. 523). Dans les notes qui accompagnent les deux documents, on a donné à Charles de Monluc le prénom de *Blaise*.
(3) Le maréchal de Matignon, le 13 novembre 1590, avait écrit à Henri IV, au sujet de Charles de Monluc (*Archives historiques*, tome VII, p. 215) : « Il est en mauvais mesnage avec ceulx d'Agen, qui ont gecté hors ung homme qu'il avoit laissé dans la tour de la porte du Pin, rompu tous les forts de la dicte ville, qui me faict croire qu'il n'aura plus telle créance et autorité dans icelle qu'il en a eu ordinaire, et qu'il n'ozera se mettre entre les mains de ce peuple-là, qui est de tout temps, comme Vostre Majesté sçait, assez prompt à entreprendre. » A côté de cette tirade contre Monluc ligueur, je tiens à reproduire un fragment inédit d'une lettre du même maréchal à Henri IV (malheureusement non datée) en faveur de Monluc repentant : « Sire, le sieur de Monluc m'a mandé qu'il est tout resolu de se remettre au service de Vostre Majesté en luy laissant la seneschaussée d'Agenois et Condomois et la ville de Castillon pour luy servir de rettraite du costé de delà la rivière, n'y en ayant autre où il se peust retirer. Il m'assure fort de servir fidellement Vostre Majesté, à laquelle plaira commander que ses depesches et provisions me soient envoyees. Il me doibt venir trouver devant que je les luy delivre. Je le doibs aussy aller installer en sa charge à Condom et au Port-Sainte-Marie. Je suplie tres humblement Vostre Majesté qu'il luy plaise me permettre pour si peu de temps qu'il luy plaira de l'aller trouver pour luy faire entendre au vray l'estat des affaires de deça, où j'espere si bien pourvoir que pendant mon voyage il n'y arrivera aulcun inconvenient à

deça contre le bien de vostre service avec aultant d'affection que je suplie Dieu,

Sire, vous conserver avec toute felicité et accroissement de vostre estat en parfaicte santé, tres longue et tres hureuse vye.

D'Estillac, ce v febvrier 1594.

Vostre tres humble, tres obeissant subjet et serviteur,

Monluc (1).

XIX

Lettre de Charles de Monluc à « Monsieur Daffis, conseiller du Roy en son conseil d'Estat et son premier president au parlement de Bourdeaulx » (2).

Monsieur,

Suivant les nouvelles occasions qui arrivent, je suis contrainct vous escripre et vous importuner. Maintenant il y a une telle rumeur populaire par prinse d'armes en ce paiz d'Agenoiz que j'y prevoy ung grand malleur qui nous menasse d'une perte irreparable sy de bonne heure on n'y donne les remedes convenables. Voilà pourquoy, Monsieur, je vous faicz ceste-cy affin qu'il y soict apporté quelque remede pour l'intermission que la cour de Parlement y peult faire attandant la veneue de monsieur le mareschal de Matignon. Pour moy je n'y voy poinct aucung remede s'il n'y est pourveu par la force, car ilz ne font nul estat des edictz du Roy ny des arrestz de la Cour, tant leur licence est effrenée, et sy je metz des genz en pied, cela ne peust estre qu'avec la ruyne du paiz, n'ayant de quoy les entretenir, et cela leur servira de pretexte pour les faire mutiner touz. Le sieur Delpeuch, procureur du

---

vostre service, faissant estat de laisser le sieur de Poyanne et mon fils pour rester. » (Bibliothèque nationale, ancienne collection des Missions étrangères, volume 302, non paginé à l'époque déjà lointaine où je l'ai dépouillé.) Sur la soumission de Charles de Monluc, voir Palma Cayet, *Chronologie novennaire*, sous l'année 1594).

(1) Bibliothèque nationale, fonds français, n° 24,066. Original, comme le document cité dans la note précédente.

(2) Sur le premier président Guillaume Daffis voir, outre de nombreux documents dans les *Archives historiques de la Gironde* (tomes II, IV, VI, VIII, XIII, XIV, XV, XIX, etc.), l'excellente notice de M. A. Communay (*Le Parlement de Bordeaux*, 1886, p. 45-53). Daffis envoya la présente lettre au roi Henri IV (*Archives historiques*, tome XIV, p. 316).

roy au siege d'Agen vouz faira entandre et vous discourra particulierement d'ung affaire important au paiz et à la conservation de ceste ville, lequel je vous suppliray tres humblement, Monsieur, vouloir escouter et y apporter ce qui sera de vostre pouvoir à ce que leur requeste leur soit accordée. Honorez-moy tousjours, je vous supplie, de vos bonnes graces et servez-vous franchement, Monsieur, de vostre bien humble serviteur,

MONLUC.

D'Agen, ce seguound de julliet 1594 (1).

XX

Lettre de Charles de Monluc, sénéchal d'Agenais, à M. de Gourgues, maitre-d'hôtel ordinaire du Roi, et président du Bureau des finances en Guienne (2).

Monsieur, Il y a deja quelques jours que je n'ay peu vous escripre parce que le service du Roy m'avoit appellé vers ces peys de Comenge aveques la priere que m'a faite toute la noblesse de ces quartyez de les aller assister à mettre soubz l'obeyssance de S. M. les villes de Sainct Bertrand, Sainct Gaudens, Sainct Beat et Montrejau, lieux fort importans à son service pour estre pres la frontyere d'Espagnie et lesquelz le Marquis de Vilars (3) avoit promis mettre en main aulx Espagnolz par les mennées qu'en fait Monpezat (4). Mais m'estant mis en campagne aveques ung bon nombre de gens et force noblesse, nous alames droict audit Sainct Gaudens que nous primes d'abord, sauf la cytadelle où les gens de guerre qui estoyent environ de cent aveques quinse ou

---

(1) Bibliothèque nationale, fonds français n° 24.066. Copie.

(2) Ogier de Gourgues, seigneur de Monlezun, vicomte de Juillac, baron de Vayres, était le fils ainé de Jean de Gourgues, seigneur de Gaube et Monlezun, et d'Isabeau Dutau. Il était né à Mont-de-Marsan comme son illustre frère Dominique de Gourgues, l'intrépide vengeur des Français assassinés à la Floride par les Espagnols. G. de Lurbe dit dans la *Chronique Bourdeloise*, à l'année 1594 : « Augier de Gourgues conseiller du Roy en son conseil d'Estat, Maistre
» ordinaire de son hostel, et President des Tresoriers de France en la generalité
» de Guyenne, au Bureau estably à Bourdeaux, apres avoir fidellement servy
» cinq Roys, plein d'ans et d'honneur, decede audit Bourdeaux en sa maison
» le 20 d'octobre audit an, n'ayant laissé de sa qualité son pareil en Guyenne. »
Voir le curieux *Testament* d'Ogier de Gourgues (du 1er janvier 1594) publié par M. l'abbé J. Pailhès dans le tome XXIV des *Archives historiques* (p. 46-58).

(3) Emmanuel, marquis de Vilars, sur lequel on trouvera une longue note dans les *Vieux papiers du château de Causac* (Agen, 1882, p. 3-4).

(4) Henri de Savoie, seigneur de Montpezat, frère cadet d'Emmanuel.

vingt gentilzhommes c'estoyent retyrez cuydans y faire resistance, mais nous les joignismes de sy pres avecques ung canon, une coulevrine de baterie et deulx moyennes, qu'après avoir tyré cent ou six vingtz coups nous les contraignismes se randre à nous et je leur donnai les champs avecques ung baton blanc. Cest heureuz commancement donna tel esfroy à tout le reste des villes qui tennoyent pour la Ligue que le lendemain après la prinse de ceste cytadelle, ceulx de Monrejau vindrent me trouver pour prester entre noz mains le serement de fidelité et obeyssance au Roy. Sainct-Beat en feyrent le semblable. M. de Lussan qui commande dans Sainct-Bertrand m'envoya prier par force gentilzhommes ses amys de le vouloir recevoir comme serviteur du Roy, me remetant d'hors et deja la ville de Sainct Bertrand entre mes mains pour la tenir soubz l'obeyssance de S. M.; ce que je luy accordé soubz le bon plaisir de M. le Mareschal de Matignon. De toutes ces villes reduites je me deliberé d'en faire despesche au Roy pour luy represanter la charge que j'ay prinse du peys pour assurer S. M. de leur fidelité et obeyssance; et voyant que je n'avois rien plus à faire vers ces quartiers, je prins la route pour m'en revenir. Et ayant prins mon chemin vers d'Aux, ceulx de la ville craignant que je leur voulsisse faire faire le degast se rezolurent soudein de cryer vive le Roy, ce qu'ilz ont fait avecque les aultres cerymonyes requises et me vindrent trouver pour me randre certain de leurs bonnes intentions (1). Ce bon succez me poussoit d'aller plus avant jusques à Grenade pour en faire desloger le marquis de Vilars et la remetre en l'obeyssance du Roy (2). Mais je me trouvai manque de gens ayant deja presque tout commencé à prendre son chemin. Si j'eusse heu moyens pour les rettenir, sans failhir je vennois à bout de ce dessaing, mais je suis si desnué de moyens que je ne scay de quel cousté m'en prendre. Je ne puis entrer en ses assemblées qu'il ne me couste gros et vous scavez le peu de commoditez qu'on m'a bailhé. Je me pleins librement à vous et vous descouvre toutes mes necessitez, m'assurant tant de l'honneur de vostre amytié que si l'occazion s'offre à propos d'en faire quelque recit à S. M. que vous en aurez le soing; aussi vous scavez le pouvoir que vous avez sur moy. Je me delibere maintennant que je suis de retour de ce voyage de faire metre les armes bas à ses croquans, et sy la voye de la douceur

(1) Les annalistes gascons n'ont rien dit, ce me semble, de la manifestation ici racontée. Du reste, je n'ai pas besoin de le faire remarquer, toute cette lettre est une bien importante page d'histoire régionale.
(2) Voir sur le marquis de Villars et son frère à Grenade la lettre déjà citée du président Daffis à Henri IV, du 8 juillet 1591 (*Archives historiques de la Gironde*, t. xiv, p. 316).

ne les y peult esmouvoir j'y employeray à bon esciant la force et irray partout à main armée où je sauray qu'ilz seront pour les tailher en pieces, à quoy je trouve toute la noblesse fort dispozée. Je ne tarderay gueres à metre la main à l'œuvre, Dieu aidant, et dans peu de jours j'espere vous en mander des nouvelles. Cependent je vous supplieray, Monsieur, me vouloir donner advis si mon dit sieur le Mareschal arrivera encores à Bourdeaux, affin qu'à mesme temps ou quelques jours avant son arrivée je m'y puisse randre. Veuillez moy conserver tousjours en voz bonnes graces et faites assuré estat de mon service comme de celluy qui est eternellement,

Monsieur, vostre bien humble à vous faire service,

MONLUC.

D'Estilbac, ce xix juilhet [1594] (1).

XXI

Lettre de Charles de Monluc, sénéchal d'Agenais, à Henri IV.

Sire,

Je supplieray tres humblement Vostre Majesté de m'excuser si je suis si prolixe en ceste lettre, mais les occazions qui consernent vostre service et ce que mon debvoir m'oblige de luy faire entendre, me servira d'excuse. Ce sera donc ayeques vostre permission, Sire, que je feray le discours de ce qui c'est passé au voyage que j'ai fait sur la frontyere d'Espagnie du cousté de Commenge. J'ay esté semondz par les sieurs de Larboust (2) et Du Bourc, gouverneur de l'Isle (3), d'aller attaquer deulx ou trois places que le marquis de Villars et Montpezat,

(1) Bibliothèque nationale, fonds français, n° 24,066. Original.
(2) Adrien d'Aure, vicomte de Larboust, capitaine de cinquante hommes d'armes des Ordonnances, chevalier de l'Ordre, etc. Il ne faut le confondre ni avec Jacques d'Aure, seigneur et baron de Montagut et de Larboust, ni avec Savary d'Aure, baron de Larboust, auquel M. de Ruble a consacré une longue et intéressante note dans le tome III des *Commentaires*, p. 273.
(3) Georges Du Bourg, seigneur de Clermont (en Armagnac), gouverneur de la ville et du comté de l'Isle-Jourdain, gentilhomme de la Chambre du Roi, etc. Voir *Recherches sur la Maison Du Bourg*, par Henry Du Bourg, 2° partie, Toulouse, 1881 (p. 41-42 et 93-108). L'auteur a reproduit en ces dernières pages divers documents que j'avais eu le plaisir de donner à la *Revue de Gascogne* en 1874 (tome XV, p. 81-86) sous ce titre: *Lettres inédites de Georges Du Bourg, gouverneur de l'Isle-en-Jourdain*.

son frere, estoyent deliberez de remettre ez mains de l'espagniol. Nous sommes allez droict à Saint-Gaudens, où ilz avoyent fortiffié une cytadelle, laquelle nous a tenu trois jours pour la prendre; mais enfin l'ayant battue de deux pieces de batterye et deux moyennes, ceulx qui estoyent dedanz se sont randuz et remiz la place en l'obeyssance de Vostre Majesté; laquelle, à la requisition de la noblesse et principaux du pays, a esté razée. Les ennemis ont prins tel esfroy que voyant que le lieu qu'ilz croyoyent qui resisteroit davantage avoit esté sitost prins, ilz ont vollu capituler pour trois autres places qui restoyent sur ceste frontyere, qui sont Monrejau, Sainct-Beat et Sainct-Bertrand (1). Les deux premieres rendirent soudain obeyssance à Vostre Majesté, feyrent les feuz de joye et ceremonyes requises en leur reduction. Pour celle de Sainct-Bertrand, qui est la plus forte et la plus importante, de laquelle le sieur de Lussan en estoit gouverneur, implore le pardon et clemence accostumee de Vostre Majesté et pour cest effect luy rend sa foy et obeyssance par une lettre qu'il luy en escript; et affin de les engager à ce qui estoit de leur debvoir j'ozay, Sire, leur accorder, aveques l'advis de toute la noblesse qui y estoyent, certains articles la coppie desquelz j'envoye à Vostre Majesté, la suppliant tres humblement de les vouloir veoir. J'en ai gardé l'original pour l'aprehension que j'ai heu du perilh des chemins, me rezervant de les porter moy-mesmes lhorsque j'auray l'honneur de me randre prés de Vostre Majesté. Il n'y a nulle plasse maintenant verz les montagnes qui ne soyent

---

(1) M. l'abbé de Carsalade Du Pont, non content de m'avoir fourni d'excellentes indications sur la plupart des gentilshommes gascons mentionnés dans cette lettre, m'a encore abandonné un précieux dossier formé de pièces inédites relatives à la ville de Saint-Bertrand, à Charles de Monluc et à ses compagnons d'armes. Comme je ne veux pas abuser du généreux élan de mon cher confrère et ami, je ne me servirai de ce dossier que pour énumérer quelques-uns des documents qui le constituent et qui trouveront, un jour, leur place, non défraichis, dans un fascicule sur les *Huguenots en Comminges et en Conserans*, lequel fera le pendant d'un fascicule publié, en 1884 par ce vaillant érudit: *Les Huguenots en Bigorre*. Voici les documents principaux à signaler: *Prétentions du Chapitre de Comenge contre le baron et le vicomte de Larboust et sur la corne de licorne* [conservée dans le trésor de la cathédrale de Saint-Bertrand et sur laquelle on peut voir une note des *Lettres françaises de Joseph Scaliger*, p. 227], 1587; *Lettre du roi Henri III à M. de Luscan* [Géraud de Gémit, sieur de Luscan], du 11 avril 1589; autre pièce, du 11 avril 1592, où figurent les chanoines et consuls de Saint-Bertrand, d'une part, et, d'autre part, le sieur de Luscan, établi commandant dans cette ville par le marquis de Villars; *Remonstrations des habitans de Saint-Bertrand à tres illustre et puissant seigneur Monseigneur de Dampeille*; *Enquête sur la prise de Saint-Bertrand en 1593* (pièce remplie de curieux détails); *Provisions de gouverneur de Saint-Bertrand pour le sieur de Sarp* (signées par le maréchal de Matignon, le 27 août 1595), etc.

soubz son obeyssance. La pluspart de la noblesse, le clergé et les scindicz de ce peyz-là m'ont faict une priere d'importuner Vostre Majesté d'une demande laquelle j'estyme plustost presomptueuse que meritoyre, qu'est qu'il luy plaise me volloir octroyer le gouvernement de ceste particuilhere ville de Sainct-Bertrand et ordonner pour la garde d'icelle cent hommes de pied. Sire, si je reçoys ceste faveur de Vostre Majesté, j'espere que Dieu me faira la grace luy tesmogner que je n'y seray point inutille, ayant le commandement de ceste place et qu'estant voizin de l'Espagne de trois lieues seulement, je seray si heureux que d'y faire quelque service signalé, comme plus particuillerement je luy feray entendre avant peu de temps en ayant deja myz les fers au feu. J'ay receu tant de faveurs en ce qu'il a pleu à Vostre Majesté me donner le gouvernement des senechaussées d'Agennois et Condommois, que je veux aussi me promettre qu'elle ne me l'a point donné pour m'en hoster l'authorité ny l'amoindrir. Toutesfois j'ay esté estonné comme il luy a plu accorder le gouvernement particuilher des villes de Marmande et Villeneuve aulx sieurs de Castelnau (1) et Foncaude (2) sanz qu'ilz soyent subjectz à recognoistre la charge qu'il luy a plu me commettre en main. Je supplieray tres humblement Vostre Majesté que je puisse estre esclaircy de ce qui est de sa volonté à laquelle je me rangeray toutesfois sans nulle difficulté. Ce sont villes lesquelles n'ent jamais esté distraictes du pouvoir des gouverneurs, mes devanciers. J'espere bien que je luy rendray tant de fideles services qu'elle ne me voudra traicter en autre qualité. Je me rezoudray à en recepvoir le commandement tel qu'il luy plairra pour me monstrer tousjours obeyssant. Il y a une troisiesme supplication que je desire que Vostre Majesté aye agreable que je luy fasse, qu'est qu'il luy plaise de recepvoir en sa bonne grace Monsieur le Prince de Final (3) qui demeure au pays de Languedoque (?) et que l'opinion qu'on luy a donnée qu'il estoit entierement confydent du Roy d'Espagne ne soit effacée par le tesmoi-

---

(1) Sur François de La Mothe, baron de Castelnau, voir *Notice sur la ville de Marmande*, 1872, p. 85-86.

(2) C'était François de Monferrant, vicomte de Foncaude, seigneur et baron de Cancon, Casseneuil et en partie de Gontaud. Voir une lettre de ce personnage à Henri IV, datée de Villeneuve, le 15 avril 1594, dans les *Documents inédits relatifs à l'histoire de l'Agenais* (1874, p. 182-184). J'emprunte à ce recueil (p. 180) cette note sur Charles de Monluc : « Voir des renseignements sur lui et des documents de lui donnés par M. Ad. Magen dans son curieux et savant Mémoire intitulé : *La ville d'Agen sous le sénéchalat de Pierre de Peyronenc, seigneur de Saint-Chamarand* (1865, p. 16, 17, 18, 40, 41, 42, etc. du tirage à part. »

(3) Alexandre Carrett, marquis et prince de Final.

gnage que j'en donne à Vostre Majesté, qu'est que je luy respons sur la fidellité et honneur que toute ma vye je luy doibs randre qu'il est, Sire, vostre tres humble et obeyssant serviteur, qu'il n'a jamais trampé en nulle association avecques l'estranger au prejudice de vostre service. Ce sont plustost de calomniateurs que veritables ceulx qui luy ont randu ce mauvais office. S'il avoit cest honneur d'estre cogneu de Votre Majesté, je m'assure qu'elle jugeroit que son humeur et sa condition n'est pas fort propre à telz effectz.

C'est de mon debvoir, Sire, de vous nommer particuilherement les principaux gentilshommes qui m'ont assisté en ce voyage de Comenge quy sont Messieurs le vicomte de Larboust, le baron de Pouygalhard (1), Terride (2), Dubourc, de Larboust, de Montbartyé (3), de Lahite (4), Desplanatz, de Gensac, Desclignac (5), de Reau (6) et de Couzans, lesquelz touts ont tasché d'y amener ce qu'ilz ont peu de leurs amys. J'ay donné charge au sieur de Monbrun, qui presentera à Vostre Majesté ceste-cy, de lui faire entendre plus particulhicrement ung affaire myen particuilher auquel j'ai besoing de la gratiffication de Vostre Majesté, et toutte ma vye je supplieray le Createur, Sire, qu'en parfaite santé conservez vostre estat, longue et heureuse vye.

D'Estillac, ce dernier de juillet 1594.

Vostre tres humble, tres obeyssant sujet et fydelle serviteur,

MONLUC (7).

(1) Gilles de Léaumont, baron de Puygaillard, capitaine de cinquante hommes d'armes, chevalier des Ordres, vice-amiral de Guyenne, député en 1614 aux Etats de Paris par la noblesse d'Armagnac.

(2) Jean de Lomagne, vicomte de Terride, qui épousa, le 31 mars 1592, Catherine de Castaing, dame de Baringue, auteur des seigneurs de Baringue. Voir *Abrégé de la généalogie des vicomtes de Lomagne*, p. 35-36.

(3) Corbeyran d'Astorg, seigneur de Montbartier, cousin du vicomte de Larboust; il était fils de Bernard d'Astorg, seigneur de Montbartier, et d'Isabeau d'Aure de Larboust.

(4) Bertrand du Cos, seigneur de Lahite, fils ainé de Jacques du Cos, seigneur de Lahite, lieutenant général au marquisat de Saluces, gentilhomme de la Chambre, chevalier des Ordres, etc. Bertrand épousa, le 15 août 1602, Marie de Gauthé (note tirée des Archives de M. le comte Odet du Cos de la Hite et due, comme les précédentes, à M. l'abbé de Carsalade Du Pont).

(5) Gilles de Preissac, baron d'Esclignac, fils d'Alexandre de Preissac. Il était cousin de Puygaillard, car sa grand'mère (branche paternelle) était Catherine de Léaumont.

(6) Blaise de Béarn, seigneur de Réaup, frère cadet de Joseph de Béarn, seigneur du Saumont. Voir la *Chronique d'Isaac de Pérès* (1882, p. 43).

(7) Bibliothèque Nationale, fonds français, n° 24066. Original.

XXII

Lettre d'Adrien de Monluc-Montesquiou (1) « *à M. le président de Thou, conseiller du Roi, en ses Conseils d'Estat et privé, et directeur de ses finances.* »

Monsieur, Une de mes plus douces et honorables souvenances est celle qui me represente l'honneur que jay receu de vous lorsqu'estant par delà, je recherchois des occasions de vous aller offrir mon service. Maintenant que je suis esloigné je ne puis avoir une plus agreable occupation que de vous en continuer les veus, comme je fais, Monsieur, avec mes supplications tres humbles de les recevoir par cest honeste homme et de lui faire la faveur qu'il puisse vous dire le sujet de son voiage où le Roy a interest, le peis de Fois (2) et moy fort particulierement, sur quoy j'implore vostre faveur et justice, vous supliant me permetre que je me die tousjours,

Monsieur,

Vostre tres humble serviteur,

Monluc (3).

Ce 5 de juin 1613, à Montesquiou.

(1) Adrien de Monluc, seigneur de Montesquiou, comte de Carmain [le cardinal de Retz et plusieurs autres contemporains l'appellent *Cramail*], prince de Chabanois, etc., était fils de Fabien de Monluc. Il avait épousé (22 septembre 1592) Jeanne de Foix, fille unique d'Odet de Foix, comte de Carmain, et de Jeanne d'Orbessan. Il mourut à Paris, le 22 janvier 1646, âgé de 78 ans. La biographie d'Adrien de Monluc, triplement intéressante au point de vue militaire, politique et littéraire, est encore à écrire. Feu Édouard Fournier n'a fait qu'effleurer ce sujet dans une notice que j'avais jadis eu l'intention de compléter. Malmené par le cardinal de Richelieu dans un mémoire spécial rédigé de la propre main de ce grand homme (23 octobre 1635; recueil Avenel, tome v, p. 330-336), Adrien de Monluc se relève au milieu des reconnaissants hommages que lui rendent Goudouli, François de Maynard et plusieurs autres célèbres écrivains qu'il protégea et qu'il aima. Mézeray, qui a si bien parlé du maréchal de Monluc, n'a pas moins bien parlé d'Adrien (tome III, p. 168) : « De ce dernier [Fabien] et de l'heritière de Montesquiou, il resta deux enfans, dont l'un a esté cet illustre comte de Carmain, que nous avons veu advantagé de tant de rares qualitez et d'héroïques vertus, que sans l'envie qui n'en a pû souffrir l'éclat, et sans le cours du temps, auquel son courage trop genereux n'a jamais voulu se laisser emporter, il eust surpassé la reputation de son ayeul, et n'eust pas esté moins en estime à la posterité qu'il l'a esté de son vivant parmy tous les gens d'honneur ». Scipion Dupleix avait déjà dit d'Adrien de Monluc (*Histoire de France*, tome I, p. 547) : « Un des plus accomplis seigneurs de France, n'y ayant rien à desirer si ce n'est que la fortune n'eut point été envieuse de son mérite ».

(2) Adrien de Monluc fut sénéchal et gouverneur pour le Roi au pays de Foix. Voir à l'Appendice (n° IV) un document du 18 août 1618, intitulé : *Arrest du Conseil d'Estat de Navarre d'entre M. le comte de Carmain et les habitants de la vallée d'Andorre.*

(3) Bibliothèque Nationale, collection Dupuy, registre 802, f° 229. Original.

APPENDICE

I

Charte de Gaston de Gontaut, seigneur de Biron.

1 Conoguda cauza sia que l senher *Gasto* (1) de Gontaut, cavaler, senher de Biron (2), per si e per totz los seus e per tot son ordenh e per tot 2 son heret a donat e *autreiat* a feus per *las* costumas generals d'Agenes a n Guilhem Ar[naut] so filh e a son ordenh e a son heret per totz 3 temps per far totas las proprias voluntatz del predig Guilhem Ar[naut] e de son ordenh e de son heret per totz temps totas las terras 4 on om apela a la terra de las Fontas ab totz los apertenemens de las meissas terras de las Fontas lasquals terras so en l'abesquat d'Age- 5 nes en las perroquias de las gleias de Senh Joan de Boluc e de Cazals entre l castel de Manurt (3), d'une part, e l castel d'Agulho d'autra 6 part, e l fluvi de

---

(1) Les mots imprimés en italique sont effacés dans la charte.
(2) Voir sur Gaston de Gontaut, dont les possessions étaient si considérables en Agenais comme en Périgord, le recueil du P. Anselme (t. IV) et surtout l'ample généalogie fournie par l'abbé de Lespine au recueil du chevalier de Courcelles, *Histoire généalogique des pairs de France* (t. II).
(3) C'est Monheurt, aujourd'hui commune du canton de Damazan, à peu de distance d'Aiguillon.

la Baiza d'autre part e Boluc (1) d'autra part, ab totas las terras coutas e no coutas e ab totz los cammas e ls cam- 7 mazils et ab tots los homes e ab totas las femnas e ls pratz e ls pradals e ab totas las oblias e ls acaptes e las rendas e las senhorias e ab 8 totas las agas e ab totas las cauzas que s'aperteno e s devʼo apertener a las predichas terras de Las Fontas e ab totz los dregs e las 9 razos e las accios que l predigs senhor Gastos avia e aver devia en las predichas terras de Las Fontas e vesti l en feuzelment del 10 tot per las costumas generals d'Agenes ab. I. parelh de gans nuos blancs d'acapte a senhor mudant ses plus e ses tot autre ser- 11 vezi cessal que l predigs Guilhem Ar[naut] ni sos ordenhs ni sos heretz no n fassa ni n reda al predig senhor Gasto ni a son ordenh ni 12 a son heret mas quant tant solament. I. parelh de gans nuos blancs d'acapte a senhor mudant e deu lh en e lh en promes 13 del tot portar bona e ferma guirentia de totz homes e de totas femnas que al predig Guilhem An[naut] e a son ordenh e a son heret 14 f[or]sa ni turbasio ni deman ni questio i fesso ni i moguesso en las predichas cauzas afeuzadas en tot ni en partida per nulh temps 15 mai d'aici avant; per laqual guirentia far e portar bona e ferma e establa per totz temps, lo predigs senher Gasto a o- 16 bligatz totz sos bes per totz locs prezens e avenidors al predig Guilhem Ar[naut] per si e per tot son ordenh. Aisso fo fag xi dias a l'issida del 17 mes d'aost. Testimonis : Helyas Ros, Garciac de Calviac, Bertran de Concas, P. de Manhinon, Senhoret d'Astafort, Aimar de 18 Lagarda, et ego Ramundus de Lagarriga, comunis notarius Montis franquini, qui hanc cartam scrisi utroque (2) consensu anno Domini 19 M° cc° L° x sexto. Regnante domino Alfonso, Tholosano comite, e Petro (3), Agennense episcopo (4).

(1) M. Clément Simon (*Le testament du maréchal Blaise de Monluc*) rappelle (p. 380) que, dans un acte du 3 septembre 1318 (contrat de mariage d'Odet de Montesquiou et d'Aude de Lasseran-Massencôme), sont énumérées les terres de Massencôme, Bonluc, Monhurt, Puch-de-Gontaut. Il ajoute (p. 384) que la localité de Monluc figure, sous le nom de *Bonus lucus*, dans le Pouillé des premières années du xvi° siècle analysé par M. Jules de Laffore (*Recueil des travaux de la Société des sciences, lettres et arts d'Agen*, tome vii, 1854, p. 112), pouillé que la savante compagnie va prochainement publier *in extenso*.

(2) C'est bien ce que semble donner le fac-similé, mais il doit y avoir et il faut *utriusque* (*Note de M. Paul Meyer*).

(3) Pierre Jerlandi, qui siégea de 1269 au 28 juillet 1271.

(4) Archives des Basses-Pyrénées, E 161. Fac-similé à l'usage des élèves de l'Ecole des Chartes.

II

Lettre de M. Gardère sur le lieu où mourut Blaise de Monluc.

Condom, ce 14 juin 1887.

.....Monluc est-il mort à Condom? Je commence par vous dire que rien dans nos archives communales, au moins à ma connaissance, ne peut nous éclairer sur ce point. Les procès-verbaux des jurades condomoises sont interrompus sur nos registres de 1569 à 1580, si j'excepte un cahier de 1576, et quant aux comptes consulaires, il existe, entre autres, une lacune de vingt ans qui va de 1563 à 1589. En dehors de ces sources, les registres paroissiaux du xvie siècle n'existant pas à Condom, je ne vois que les archives privées, livres de raison, correspondances, qui puissent faire mention de l'événement. Pour ce qui regarde la sépulture de Monluc dans le chœur de notre cathédrale, pas un document de nos archives, pas un feuillet du manuscrit Lagutère, qui donne pourtant de précieux renseignements sur l'église de Saint-Pierre, ne contient une indication de ce genre.

Cependant Scipion Dupleix est affirmatif [ici reproduction du passage de l'*Histoire de France* déjà cité dans mon *Avertissement*]. Je me hâte de dire que la chose ne me paraît pas impossible. Les historiens qui sont venus après Dupleix, mais longtemps après lui, déclarent, il est vrai, que Monluc est mort à Estillac. Sur quoi s'appuient-ils? Ils se bornent, ce me semble, à affirmer le fait. Ils écrivent pourtant bien loin de l'événement, et combien je préfère l'opinion de Dupleix, un contemporain, un Condomois, qui a pu assister lui-même à la cérémonie funèbre (il avait alors près de sept ans) ou qui a dû certainement en entendre parler par les siens! Chose remarquable! les partisans d'Estillac paraissent ignorer que Dupleix ait mentionné avec tant de précision le lieu de la mort de Monluc. Pourquoi n'ont-ils pas pris la peine de rectifier son erreur, en justifiant leur assertion toute différente de la sienne? L'existence du tombeau à Estillac ne saurait prouver d'une façon péremptoire que Monluc soit mort à Estillac; elle autorise seulement à admettre que son corps y a été apporté.

Si Monluc était mort à Estillac, les consuls d'Agen n'auraient-ils pas fait mention de l'événement dans leurs jurades? Et les comptes consulaires de 1577 ne contiendraient-ils pas quelque article de dépense à cet égard? Si les jurades sont muettes, si les comptes sont muets, je me refuse à croire, ne serait-ce que pour l'honneur des consuls, que Monluc soit mort à Estillac, c'est-à-dire aux portes d'Agen.

Est-il invraisemblable que le vieux maréchal soit mort à Condom? Je croirai Dupleix tant que l'on ne m'aura pas prouvé qu'il se trompe, car Dupleix était placé dans les meilleures conditions pour savoir la vérité. Son père, tous les siens étaient amis de Monluc, et certainement il aura souvent entendu parler dans sa famille de l'événement de 1577. Du reste, Monluc est à Condom au mois d'août de cette année et, pendant son séjour dans notre ville, il ajoute un codicille à son testament.

A-t-il été enterré dans le chœur de la cathédrale? Tout d'abord cela paraît étrange, si l'on considère que le chœur dans les cathédrales est généralement réservé, à cause de la sainteté du lieu, pour la sépulture des grands dignitaires de l'église, des évêques notamment. Mais il ne s'agit pas ici d'un personnage ordinaire. Monluc fut un grand défenseur de la foi catholique. Son fils Jean, alors évêque de Condom, n'aurait-il pu vouloir donner aux restes du maréchal une place d'honneur en rapport avec ses hautes dignités et surtout avec les services qu'il avait rendus à la religion? Ne pourrait-on d'ailleurs admettre que le corps de Monluc fut déposé provisoirement dans le chœur de la cathédrale où se trouvait déjà le tombeau de son parent Mgr Robert de Gontaut, pour être plus tard transporté soit au Sempuy, soit à Estillac? Du reste, ne l'oublions pas, nous nous trouvons en présence d'une affirmation formelle de Dupleix, que doivent seuls faire tomber des documents d'une incontestable autorité.

Si l'on m'objecte que Dupleix a pu se tromper, appliquant au maréchal ce qui est vrai de l'évêque Jean de Monluc, son fils, dont le corps fut enterré dans le chœur de la cathédrale en 1582, je réponds que si la confusion est possible, elle n'est pas probable. Je ne crois pas notre historiographe capable d'avoir pris un événement dont il aurait été témoin à l'âge de douze ans, avec un événement qui se serait passé quatre ou cinq ans auparavant. Les circonstances de la mort et de l'enterrement du maréchal firent sur son jeune esprit une impression trop profonde, pour qu'il ait pu y avoir confusion dans ses souvenirs. D'ailleurs, s'il en eût été ainsi, les Condomois, témoins des deux faits, ne lui auraient-ils pas signalé sa méprise et l'erreur n'aurait-elle pas été corrigée dans les éditions successives de l'*Histoire de France*?

Si l'on m'objecte encore que l'abbé Lagutère ne parle dans ses mémoires manuscrits sur l'église de Condom ni de la mort, ni de l'enterrement de Blaise de Monluc, je réponds qu'il ne parle pas davantage de la sépulture d'un ancien gouverneur de Condom, le sieur du Bouzet de Roquepine, laquelle se fit dans la cathédrale de Saint-Pierre.....

III

Extrait du testament de Jean du Chemin, évêque de Condom (1), (1ᵉʳ décembre 1615), *relatif à son prédécesseur Jean de Monluc.*

.....« Premierement je veux et ordonne qu'après qu'il aura plu à Dieu separer mon ame de mon corps mortel et corruptible, de m'appeller de cette vie mortelle à l'immortelle, que mon corps soit enterré en l'église de Cassaigne, qui est dans l'enclos du château où j'ai passé la plus part de ma vie, et où feu M. le Commandeur de Monluc mon predecesseur et bienfaiteur décéda, et où j'ai fait dresser mon tombeau joignant le sien, où après son décès, avant faire porter ou enterrer son corps dans le chœur de l'église cathédrale de Condom, je fis enterrer son cœur et ses entrailles, désirant, puisque mes os n'ont pu être joints aux siens, qu'ils le soient pour le moins à cette partie. Et pour honorer, comme j'ai fait toujours, sa mémoire, que la postérité ne me tienne entaché de fort salle et vilain vice d'ingratitude, j'ai fait apposer sa statue en pierre et partout fait mettre ses armoiries, les siennes au costé droit, les miennes à gauche, afin que cette (un mot illisible) lui serve de monument et à mon corps de sepulcre. »

Jean Du Chemin, après avoir distribué ses biens à ses neveux et avoir substitué lesdits neveux les uns aux autres, termine en disant que dans le cas où ses héritiers mourraient sans postérité, il leur substitue Jean de Forcès, son filleul, fils d'Antoinette de Monluc, fille de son susdit feu bienfaiteur (2).

(1) Sur Jean Du Chemin voir la remarquable étude de M. Léonce Couture dans ses *Trois poètes Condomois du* xvıᵉ *siècle*, 1877, p. 17.
(2) M. l'abbé de Carsalade Du Pont, qui a trouvé le testament de l'évêque Jean Du Chemin aux archives du château de Saint-Blancard (fonds Gobas), a trouvé aussi dans le même fonds les éléments de la note que voici, dont il veut bien encore enrichir mon petit recueil : « Jean de Monluc, évêque de Condom, eut une fille naturelle, nommée Antoinette, qui fut mariée, le 26 février 1591, à Guillaume de Forcès, seigneur de Goalard, près Condom. Ce mariage se fit à l'instigation de Jean du Chemin. Ce prélat donna à la future mille écus et son trousseau, en considération, dit-il dans l'acte de mariage, de la grande amitié qu'il avait pour ledit feu seigneur Jehan de Monluc, père de ladite Antoinette, laquelle il avait recueillie chez lui et fait élever à la mort dudit feu Jean de Monluc. De cette union vint un fils, Jehan de Forcès, qui fut tenu sur les fonts baptismaux par l'évêque Jean du Chemin ».

IV

Arrest du Conseil d'Estat de Navarre d'entre M. le comte de Carmain et les habitants de la Vallée d'Andorre.

Entre messire Adrian de Monluc, comte de Carmain, senechal et gouverneur pour le Roy en ses comtez de Foix et terres souveraines d'Andorre et Donezain, demandeur pour estre maintenu en sa charge de gouverneur de la vallée d'Andorre, conformement à ses provisions et celles de ses predecesseurs en la dicte charge, d'une part, et les habitans de la dicte vallée, deffendeurs d'autre,

Veu par le Roy en son conseil l'arrest d'icelluy du 23e jour de janvier 1617, donné sur la requeste du dict sieur comte, tendant à ce que attendu le reffus desdicts habitans de le recognoistre comme gouverneur de la dicte vallée il pleust à Sa Majesté y pourveoir, par lequel arrest auroit esté ordonné que dans deux mois après la signification d'icelluy aux consulz d'Andorre, ilz deputeroient par devers elle telle personne qu'ilz adviseroient bon estre pour aporter leurs privileges ou coppies deument collationnées d'iceux en vertu desquelz ilz pretendent estre exemptz de recognoistre aucun gouverneur pour iceux; veuz et ouyes les remonstrances qu'ilz avoient à faire sur ce subject estre ordonné ce que de raison, exploict de signiffication dudict arrest faict aux gens du conseil de la dicte vallée le 29 decembre audict an avec commandement d'y obeir dans le dict delay, autre arrest du Conseil en datte du 25e jour de mars donné sur la requeste des habitans requerans que suivant le susdict commandement ayant envoyé exprès par devers S. M. deux deputez de leur communauté avec leurs privileges et exemptions et lettre patentes du 25 aoust 1598 il luy plaise pour les considerations y contenues les maintenir et garder en la faculté et jouissance d'iceux, et particulierement en l'exemption qu'ils ont et ont tousiours eu d'estre conduitz et gouvernez conjoinctement par les officiers communs de S. M. et du sieur evesque d'Urgel en tout temps soit de paix ou de guerre sans avoir autre gouverneur, et que ceux qui ont esté cy devant sénéchaux de Foix, aient eu aucun pouvoir, jurisdiction et commandement sur eux, avec deffenses audict sieur comte de Carmaing de de les inquieter ou molester pour ce regard ny s'ingerer de prendre aucune auctorité en ladicte qualité de gouverneur en ladicte vallée d'Andorre, par lequel arrest auroit esté ordonné que le sieur Caute, ayant charge des affaires dudict sieur comte de Carmaing en cette ville, auroit communication desdicts privileges et lettres patentes et que d'icelles seroient faictes copies pour estre envoiées et pareillement communiquées audict sieur comte de Carmaing afin de dire par luy sur icelles tout ce que bon luy sembleroit, et ce dans trois mois, pour sur le tout estre faict droict aux parties ainsi que de raison, requeste presentée par lesdicts habitans tendant à ce que ledict sieur comte bien que demandeur originaire n'ayant daigné comparoir pour justiffier les fins de ses demandes et prétentions dans le dict temps et delay de trois mois pendant lequel lesdits deputez ont depuis séjourné à la suitte du conseil à grands frais et despens, il plaise à Sa Majesté les conserver en leurs droicts, privileges et exemptions, faire deffenses audict sieur comte de les y troubler, et outre le condamner au remboursement de leurs frais et despens ou autrement y pourvoir par Sa Majesté; Memoires et instructions envoiees au Conseil de Sa Majesté par le dict sieur comte de Carmaing après avoir par luy eu communication desdicts privileges et lettres patentes desdicts habitans pour monstrer et justifier que les actes et pretendus privileges desdicts habitans sont contraires à ce qu'ils ont mis en avant et particulierement à ce qu'ilz pretendent estre exemptz de le recognoistre comme gouverneur; Requeste presentée par lesdicts habitans de la vallée d'Andorre au dict sieur comte de Carmaing en la dicte qualité de gouverneur pour Sa Majesté au pays de Foix et terres souveraines de Donezan et Andorre tendant à ce qu'il luy pleust les descharger d'un droict de Gabelle que ledit comte prétendoit lever sur eux, au bas de laquelle requeste qui est signée des consulz de la dicte vallée est l'appointement dudict sieur comte signé de sa main le 30 novembre 1611, par lequel il est ordonné que lesdicts habitans feroient apparoir des privileges mentionnés en icelle; ung extrait de convention ou concordat escrit en parchemin passé entre Roger Bernard, comte de Foix, et ledict evesque d'Urgel le sixiesme jour de septembre 1278 sur plusieurs et diverses questions, demandes et contentions qui estoient entre eulx touchant la vallée ou les vallées d'Andorre; ung autre extraict en parchemin d'une information faicte en l'an 1346 non signé sur les pretendus debatz et differens entre lesdicts sieurs comte de Foix et evesque d'Urgel, lettres patentes du feu Roy Henri le Grand, expediées soubs le scing et scel de Navarre le xxve jour d'aoust 1598 obtenues par lesdicts habitans sur les remonstrances qu'ils auroient faict à Sa Majesté qui par autres ses lettres patentes du xvie de febvrier au dict an expediées au dict sieur vicomte de Mirapoix pour l'estat et charge de gouverneur du comté de Foix, vallée de Pamiers et terres adjacentes, lesdictes vallées d'Andorre y aiant esté comprises, ilz craignoient que la dicte expression dans ledict pouvoir fist prejudice à la liberté du pairage d'entre Sa Majesté et le dict d'Urgel *(sic)*, par lesquelles Sa dicte Majesté declare par lesdictes provisions expediées audict sieur vicomte de Mirapoix n'avoir entendu ny entendre prejudicier directement ny indirectement aux privileges, libertez, franchises et immunitez desdicts habitans, ains veult qu'ilz en jouissent plainement et paisiblement et tout ainsy qu'ont faict leurs predecesseurs et eux sous les autres senechaux et gouverneurs dudict comté; autre requeste presentée au Conseil par lesdits habitans contenant leurs contredits aux raisons et moiens alleguez par ledict sieur comte de Carmain; copie des lettres patentes d'Anthoine et Jeanne, Roy et Reyne de Navarre, données à Paris le xxv febvrier 1556 par lesquelles leurs Majestés ont pourveu Jacques de Villommil, sieur et baron de Pailles, de l'estat et charge de gouverneur et lieutenant general pour leurs Majestés es comté de Foix, terres et pays de Donezan et d'Andorre, en fin de laquelle copie est l'acte de prestation de serment ès mains de Sa Majesté, par ledict sieur de Pailles pour raison desdit estat et charge; Extraict du concordat faict en la ville de Tarascon en Foix, regnant Philippe roy de France en l'année 1275, entre Roger Bernard, comte de Foix, d'une part, et les habitans des vallées d'Andorre par lequel ledict Roger Bernard leur remet et quitte le droict *Cugutia* lequel il souloit prendre sur tous les hommes et femmes desdites vallées moyennant ce que lesdicts habitans luy donnerent toute justice sur eux haute, moyenne et basse, ledict extraict tiré de son original trouvé ès archives de Foix et collationné partie appellée par le juge mage du senechal de Foix le 12 may dernier signé dudict juge mage, et tout ce qui a esté mis et produict par les parties par devers les commissaires deputez, et tout considéré:

Le Roy estant en son conseil a ordonné et ordonne que le sieur comte de Carmaing, senechal et gouverneur du comté de Foix, sera maintenu et gardé en la qualité de lieutenant de sa dicte Majesté ès terres souveraines d'Andorre, et ce sans préjudicier à la liberté du pariage, privileges et franchises dont lesdicts habitants d'Andorre ont jouy sous les autres senechaux et gouverneurs dudict comté. Ordonne Sa dicte Majesté qu'iceux habitans vivront sous les mesmes officiers de justice ainsi qu'ils ont cy devant faict et comme ils vivent encore aujourd'huy bien et deument et sans aucune innovation.

Faict au conseil d'Estat du Roy tenu à Paris pour ses affaires et finances de Navarre et Bearn le xviiie jour d'aoust 1618.

Collationné : de Loménie.

Et afin que ledict arrest feust mis à deue execution le Roy donna ses lettres patentes de la teneur qui en suit :

Louis par la grace de Dieu, Roy de France et de Navarre, seigneur souverain d'Andorre, au premier nostre huissier, sergent ou bailhe sur ce requis, salut.

Nous te mandons et commectons par ces presentes que à la requeste de nos chers et bien amez les habitans de la vallée d'Andorre, l'arrest de nostre conseil dont l'extraict est cy attaché soubs le contre scel de nostre chancellerie soit mis à deue et entiere execution selon sa forme et teneur, faisant en vertu d'icelluy tous commandemens, signiffications, deffences et autres exploicts requis et necessaires, etc.

Extraict faict et collationné par moy Anthoine Depeyre, notaire royal du lieu de Luzonac, païs de Foix, sur l'arrest expedié en forme, tiré des archives du pays d'Andorre, m'aiant esté exhibé et apres deue collation retiré par ceux du conseil dudict pays dans leur maison commune le 29 octobre 1618. En foy de quoy me suis soubz signé :

DE PEYRE, notaire (1).

(1) Bibliothèque Nationale, collection Brienne, volume 302, f° 195.

UNE
NIÈCE DE PEIRESC

CLAIRE DE FABRI

NOTES ET DOCUMENTS

PUBLIÉS PAR

Philippe TAMIZEY DE LARROQUE

BORDEAUX
IMPRIMERIE NOUVELLE A. BELLIER ET Cⁱᵉ
16 — RUE CABIROL — 16

1890

A Madame Léopold Delisle
très respectueux hommage
Ph. Tamizey de Larroque
Gontaud, 18 janvier 1890

UNE NIÈCE DE PEIRESC

CLAIRE DE FABRI

NOTES ET DOCUMENTS

PUBLIÉS PAR

Philippe TAMIZEY DE LARROQUE

BORDEAUX
IMPRIMERIE NOUVELLE A. BELLIER ET Cⁱᵉ
16 — RUE CABIROL — 16

EXTRAIT DE LA *REVUE CATHOLIQUE DE BORDEAUX*

Tiré a 60 Exemplaires

UNE NIÈCE DE PEIRESC

Claire de FABRI

Le savant continuateur du *Nobiliaire de Guienne et de Gascogne*, M. le Dʳ Jules de Bourrousse de Laffore, a publié, en 1884, un volume tiré à petit nombre d'exemplaires et qui n'a pas été mis en vente, intitulé : *Généalogie des maisons de Fabri et d'Eyrenx* (1). Dans cet ouvrage, dont les matériaux ont presque tous été extraits des archives du château d'Augé (2), on chercherait vainement la moindre mention de Claire de Fabri et de ses sœurs, filles de Palamède de Fabri, seigneur de Valavez, frère cadet de Claude Nicolas de Fabri, seigneur de Peiresc. L'habile généalogiste n'attribue (p. 38) au mariage de Palamède de Fabri avec Marquise de Tulles (3), dame de Trébillane (4), qu'un seul enfant, Claude de Fabri, baron, puis marquis de Rians, héritier, à la mort de son oncle, de la charge de conseiller au parlement de Provence. Ce qui excuse M. de Laffore d'avoir ignoré l'existence des sœurs du marquis de Rians, c'est que les généalogistes provençaux eux-mêmes l'ignoraient aussi. Le nom de Claire de Fabri, pour ne nous occuper que d'elle en ce moment, ne se trouve dans aucun des nobiliaires anciens ou récents que

---

(1) Bordeaux, imprimerie Gounouilhou, grand in-8° de 191 pages.

(2) Près de La Plume, chef-lieu de canton du département de Lot-et-Garonne.

(3) M. de Laffore a cru devoir adopter (p. 37) la forme *Thules*. J'ai mieux aimé écrire le mot comme l'écrivait Peiresc, comme l'écrivaient les membres de la famille de Tulles et notamment un évêque d'Orange, Jean de Tulles, dont j'ai jadis publié quelques lettres dans le *Bulletin historique et archéologique de Vaucluse*, lequel évêque était cousin de la belle-sœur de Peiresc. Les auteurs du *Gallia Christiana* ont eux aussi donné la préférence à l'orthographe *Tulles* (Tome I, col. 784-785).

(4) *Trébillane* était un fief rural qui appartient à la commune de Cabriès, arrondissement d'Aix, située à 19 kilomètres de cette ville.

j'ai pu consulter en grand nombre dans les riches bibliothèques d'Aix et de Carpentras. Ce nom ne m'a été révélé que par la correspondance inédite de Peiresc avec son frère, correspondance qui avait été enlevée par Libri à la seconde de ces bibliothèques et qui vient de nous être restituée, à la suite des généreux efforts d'un homme dont il ne faut pas moins admirer l'immense zèle que l'immense savoir : tout le monde a nommé M. Léopold Delisle (1). A cette correspondance, que je publierai en entier un peu plus tard, je l'espère (2), j'emprunterai divers détails qui nous feront connaître, estimer, aimer la nièce du plus illustre des abbés de Guîtres (3). Mais avant de reproduire quelques fragments des lettres écrites par Peiresc au père de Claire de Fabri, je ferai part à mes chers lecteurs d'une toute fraîche trouvaille d'un incomparable chercheur, M. le marquis de Boisgelin. Quand, pour annoter, au point de vue généalogique, les lettres de Nicolas Claude de Fabri, je me heurte à quelque invincible difficulté, je me tourne vers le d'Hozier d'Aix en Provence (4), comme vers un bon génie, et il est bien rare que le très obligeant et très aimable érudit ne me tire pas d'embarras. Ayant appelé son attention sur cette Claire de Fabri qui avait échappé aux recherches de tous les généalogistes et qu'en raison de cette

---

(1) Voir sur l'intervention de l'éminent paléographe et sur l'importance des trésors rapportés par lui d'Angleterre, le *Testament inédit de Peiresc*, publié au commencement de l'année 1889 (Toulouse, in-8°) et les *Petits Mémoires de Peiresc* publiés à la fin de cette même année (Anvers, in-8°) et qui ont été si gracieusement présentés aux lecteurs de la *Revue Catholique* par le plus indulgent des juges, M. le chanoine E. Allain (livraison du 10 décembre 1889, *Bibliographie*).

(2) Mon programme (trop ambitieux peut-être) s'épanouit en tête du *Testament* cité dans la note précédente.

(3) Ai-je besoin de rappeler que, sur Peiresc considéré comme abbé de Guîtres, M. A. de Lantenay a tout dit et parfaitement dit? Rendant compte, en 1887, de sa monographie dans la *Revue critique*, j'écrivais que mon cher et vénéré concurrent avait pris la partie *sacrée* du domaine peirescien et qu'il avait épuisé le sujet. Au sujet de la partie profane de ce domaine presqu'infini, puisse-t-on, un jour, me rendre le même témoignage!

(4) On sait que le très célèbre Pierre d'Hozier était de Marseille. Ajoutons que de tout temps la Provence semble avoir été la terre classique des grands généalogistes.

circonstance je m'amusais à appeler un *enfant... trouvé par moi*, M. de Boisgelin s'empressa, avec sa bonne grâce habituelle, de consulter les antiques registres des archives d'Aix, et il y découvrit non seulement l'acte de naissance de la mystérieuse Claire, mais aussi l'acte de naissance de trois autres filles de Palamède de Fabri, plus mystérieuses encore, car elles ne sont pas mentionnées, à côté de leur sœur, dans la correspondance de leur oncle. De ces documents, il résulte que *Claire Fabri*, fille de *Palamède Fabri* et de Marquise de Tulles, fut baptisée à Aix, paroisse Sainte-Madeleine, le 13 novembre 1608, qu'elle eut pour parrain, Ferréol Flotte de Maux et pour marraine, Claire Emenjaud, femme de Marc-Antoine Garnier de Montfuzon (1).

Claire apparaît pour la première fois dans la correspondance de Peiresc, le 4 janvier 1625. Ce jour-là, la jeune fille de dix-sept ans, qui allait devenir une petite sainte, reçoit de son oncle une note quelque peu défavorable :

«Au surplus, l'affaire de ma nièce (2) est résolüe absolument. Les dames (3) accordent de la recevoir comme pensionnaire à cinq escus par moys pour 8 ou 10 moys. La continuelle pluye d'aujourd'hui m'a empesché d'y pouvoir aller (car elles sont au logis de M. de Saint-Cesary) (4); c'étoit pour prendre le jour de l'assignation qu'elle y entrera, mais je faisois dessein d'envoyer quérir Mme de Bourgoigne (5), afin qu'elle fit semblant de l'emmener avec elle à sa bastide (6) et de

---

(1) Des mêmes documents, il résulte que Claire avait été précédée par Catherine, née en 1606, et qu'elle fut suivie par Suzanne, née en 1618, et par Louise, née en 1623.

(2) Peiresc dit et dira toujours dans ses lettres à son frère (alors à Paris) : *ma nièce* et non *votre fille*.

(3) Les dames de Sainte-Marie, que Peiresc nomme plus loin en toutes lettres.

(4) Le logis de M. de Saint-Césary n'est pas mentionné dans l'excellent ouvrage de Roux-Alpheran : *Les rues d'Aix, ou recherches historiques sur l'ancienne capitale de la Provence* (Aix, 1847-1848, 2 vol.; grand in-8º).

(5) Une parente de Peiresc, qui figure bien souvent dans la correspondance de ce grand homme.

(6) Mme de Bourgoigne était de Marseille et l'on sait qu'il n'y a pas de Marseillais sans bastide.

tromper les vallets mesmes de la maison, et la mère, pour la faire par après revenir sur le tard et la faire conduire là dedans sans qu'on en sceut rien, pour éviter les mauvaises impressions que, soubs main, on luy pourroit faire donner, si on sçait qu'elle y soit. Aujourd'huy le président de Saint-Jean m'a dict que ces dames l'avoient voulu consulter là-dessus de façon qu'il sera malaisé de le tenir secret. Nous verrons ce qui s'y pourra faire, et de quelque façon qu'elle soit, elle sera toujours très bien là-dedans pour quelque temps, pour y apprendre la crainte de Dieu, à quoy elle n'avoit esté guières bien instituée, et, si elle s'y arreste, encores mieux. »

On voit que Mme de Valavez n'était pas d'accord avec son beau-frère au sujet de l'entrée au couvent de Mlle Claire et que Peiresc, appliquant un peu le *compelle intrare,* dut songer à un pieux enlèvement. Une lettre du 11 janvier, « à M. de Valavez, en cour » nous apprend en ces termes comment se prépara avec le dévoué concours de Mme de Bourgoigne, cette sorte de coup d'état domestique :

« Mme Bourgoigne vint hier dans notre litière, fort saine et gaillarde, et approuva grandement les intentions de ma nièce. Elle s'arreste icy 2 ou 3 jours pour voir ses parents et, en s'en allant, emmènera ma nièce et la laisra icy pres en lieu d'où elle pourra aisément revenir avec Mile Lombard (1) pour se jetter secrètement dans ce monastère, sans qu'on en sçaiche rien jusques à ce qu'elle soit bien résolue si elle prendra le voille ou non. Cependant elle escrira des lettres à sa mère ou à son grand-père comme si elle estoit à Marseille avec sa grand-mère (2). Si cela reuscit, c'est une grande bénédiction en cette maison, et cela me fera espérer que les affaires s'y puissent bien restablir. »

Voici le récit très détaillé, très minutieux, très pittoresque de l'expédition, adressé huit jours plus tard par Peiresc à son frère, et en tout point conforme au programme adopté (19 janvier) :

---

(1) Mlle Lombard était sous-intendante de la maison de Peiresc, possédant et justifiant toute la confiance de ses maîtres.

(2) C'est ce qui s'appelle, je crois, en langage familier, *soigner l'alibi.*

« Monsieur mon frère, ensuitte de ce que je vous avois escript par mes dernières despesches, M^m Bourgoigne s'en retourna mardy chez elle, dans nostre litière, et emmena sa petite-fille Claire (1) jusques en Séon (2), où M. Lombard et deux aultres honnestes hommes de mes amys l'allèrent conduire. Le lendemain la litière s'en revint toute vuide, et arriva icy sur le midy. Le soir à nuict close, ledict sire Lombard arriva à la porte de la ville ayant ramené Claire en crouppe du mallier affeublée d'un bon caban (3) à cause du vent, et accompagnée des dicts deux hommes, gents d'honneur. Ils mirent pied à terre dans la ville, et trouvèrent Mlle Lombard qui les attendoit au coin de l'église des Cordeliers, avec laquelle Claire s'en alla droict au lieu destiné, suyvie de loing par l'un des dicts honnestes hommes, tandis que M. Lombard et l'aultre vinrent, avec les chevaux, mettre pied à terre ceans. Si tost que Claire toucha la porte de l'église, elle fut ouverte par une religieuse qui l'attendoit derrière, et s'estant desveloppée du caban (4), entra dans le logis des Dames de Sainte-Marie, lesquelles la receurent fort favorablement. Et aussy tost, celuy qui l'avoit suyvie jusques là alla prendre son coffre qui avoit esté porté chez luy dez le jour precedant (je pense que vous le cognoissez, il a nom le sire Grange) et le fit porter dans la dicte maison. Tout cela se fit tant de gré à gré, que ce ne peult estre qu'un coup du ciel. Elle s'y trouve si bien, qu'elle ne plaint que de n'y estre entrée plustost, et dict desja qu'elle n'en sortira plus. Le temps et la persévérance feront voir si

---

(1) Sa petite fille adoptive sans doute, l'expression étant prise dans un sens métaphorique. S'il n'y a pas là un simple terme d'amitié, comment expliquer les mots *sa petite fille?*

(2) Il s'agit de Séon, station de la ligne de Paris-Lyon-Méditerranée; c'est le chef-lieu d'une commune à 9 kilomètres de Marseille.

(3) Le caban d'alors était une sorte de casaque qui préservait de la pluie. Mais comme nous sommes à Aix, et ainsi, d'ailleurs, que l'explique Peiresc, il faut à la pluie substituer le vent, ce terrible vent qui, suivant le dicton fameux, dut être mis, avec notre d'Épernon, parmi les plus cruels fléaux de la Provence.

(4) C'est-à-dire dégagée du caban qui l'enveloppait. Michel de Montaigne a dit : *Se développer d'un argument.*

c'est à bon esciant, et quand elle en debvroit sortir, tousjours aura elle beaucoup proffité, voyant comme il fault craindre et aymer Dieu. Je l'allay voir sammedy après disner, et la trouvay la plus contente du monde. J'avois faict payer, dez le jour mesme qu'elle y debvoit aller, sa pension pour 3 moys à 5 escus par moys, et luy avois faict faire du linge ou aultres prevoyemens nécessaires pour une aultre quinzaine d'escus. Les voyages de la litière avec des mullets mieux dressez que les nostres et le sesjour de Mme Bourgoigne icy peuvent avoir cousté encore aultant, sans que mon père y ayt voulu contribuer un sol (1), mais je ne fis jamais de dépence plus volontiers que celle-là et ne pense pas qu'il s'en puisse faire de mieux employées pour le bien de la maison, et pour vostre repos et le mien. Mon père en est tout tressailly de joie et en loue Dieu incessamment, voyant bien le bénéfice apparent, oultre le danger où nous estions, car elle s'estoit laissée coiffer de l'amour du fils d'Ostagier quasi aultant que sa tante de Bouc (2), nous [n'] en estant plus les maistres, ce qui nous desesperoit. Dieu y a mis la main. Vous ne sçauriez croire les traverses qu'on a receues en une si innocente entreprinse, car jusques à M. d'Orves (3), la présidente Seguiran (4), ma sœur de Bouc, la religieuse Seguiran, M. de Saint-Étienne et aultres infinis ont fait tout ce qui se pouvoit imaginer pour rompre et ruiner cette affaire (5). »

Dans un post-scriptum daté du 22 janvier, l'excellent oncle

(1) Regnaud de Fabri, seigneur de Calas, de Peiresc, de Rians, etc., conseiller-doyen à la Cour des Comptes de Provence, allait mourir quelques mois plus tard (25 octobre).

(2) Une sœur consanguine de Peiresc, Suzanne, mariée, en 1615, avec Henri Seguiran, seigneur de Bouc.

(3) Guillaume Cambe, seigneur d'Orves, avait épousé, en 1584, une tante de Peiresc, Catherine (*alias* Charlotte) de Fabri.

(4) La femme du premier président de la Cour des Comptes, belle-mère de la demi-sœur de Peiresc.

(5) Peiresc, dont je ne puis reproduire toutes les longues plaintes, incrimine surtout deux servantes de sa maison, deux sœurs, qui « disoient impudemment en présence de la (jeune fille) que c'estoit mal que la contraignois à cela. » Il ajoute : « Vous pouvez penser si c'estoit me mettre en juste colère, car il n'y a rien de si esloigné de mon naturel. » Le bon Peiresc s'élève surtout contre une des deux sœurs, nommée Madeleine, qu'il est tenté,

et excellent narrateur donne à Valavez ces détails complémentaires :

« Depuis Mlle Lombard receut des mains du sire Grange le manchon et la layne (que je luy avois baillez devant nos gents comme s'il les debvoit porter à Marseille) et les porta à ma nièce, laquelle receut fort volontiers les laynes, mais s'excusa de prendre le manchon, disant qu'il luy seroit inutile. Vous regarderez ce que vous vouldrez qu'on en fasse, car Suson est trop petite (1) pour s'en servir de long-temps, et les façons changent, et la fourrure est de difficile garde en cez païs icy. Je l'eusse volontiers baillé à sa mère, mais parce qu'elle croid qu'on l'ayt envoyé à Marseille, à sa fille, ce seroit descouvrir tout le pot aux roses que nous avons si bien caché, nonobstant l'envie et la jalousie de tant de gents. Mme Bourgoigne a envoyé visiter ma nièce. J'ay appris qu'elle luy bailla de l'argent à son adieu de Séon, qui sont tous témoignages de bonne amitié dont je me tiens fort obligé. Je luy ay envoyé, ce jourd'huy, un mullet chargé de sel qu'elle m'avoit laissé cognoistre qu'elle désiroit, ensemble une bouteille de Malvoisie (2), et une d'eau naffe (3). »

dans son indignation, de regarder comme une sorcière. Mais cette indignation l'entraîne encore plus loin dans une autre lettre, où il va jusqu'à traiter les deux sœurs de *truies*. C'est un bien gros et bien vilain mot. Ne le reprochons pas trop sévèrement à Peiresc, car notre héros était hors de lui en l'écrivant, et, le lendemain, j'en suis sûr, il l'eût désavoué. Rappelons, d'ailleurs, comme circonstance atténuante, un illustre précédent. Le plus grand peut-être des poètes de l'antiquité, Pindare, n'a-t-il pas osé se servir de la même odieuse expression contre sa rivale en poésie, Corinne, la *muse lyrique*?

(1) C'est le gracieux diminutif du nom d'une des sœurs de Claire, Suzanne de Fabri, laquelle n'était alors âgée que de six ou sept ans.

(2) Peiresc aimait à payer quelques-unes de ses dettes à l'aide d'un tel nectar. Voir dans ses *Petits Mémoires inédits* la mention (p. 27) d'un présent de deux bouteilles de Malvoisie fait à son ancien professeur de droit, Jules Pacius de Beriga.

(3) Sur l'eau de naffe qui, si l'on me passe cette plaisanterie, coule à flots dans la correspondance de Peiresc, tantôt pour récompenser un service rendu, tantôt pour obtenir un service demandé, voir la page 108 des *Petits Mémoires*. Là, je renvoie mon lecteur à un bien agréable passage de la notice de M. L. Delisle sur *Un grand Amateur français* (Toulouse, 1889). p. 16.

La vocation de Claire de Fabri devint de plus en plus ardente, comme nous l'apprend cette lettre de son oncle (écrite quelque temps avant les fêtes de Pâques de l'année 1625, c'est-à-dire avant le 30 mars) :

« Ma nièce est tousjours plus résolüe ; je l'allay voir hier soir ; elle me dict qu'elle eust désiré de prendre l'habit le jour de Pasques. Il y en a desja sept qui ont prins l'habit devant qu'elle et y en a encore une qui le doibt prendre sammedy. Et s'en présente sept ou huict aultres qui seront reçeues à cez Pasques. Puisqu'elle veult y demeurer, il vault mieulx qu'elle ne soit pas des dernières, de façon que je luy ay presté le consentement, tant pour vous que pour moy, aprez toutefoys y avoir apporté toutes les circonspections que j'ay peu. J'eusse bien désiré que vous eussiez esté présent, mais si vous faictes le voyage de Bordeaux, qui ne pourroit estre que trez utile, vous ne pourriez venir que bien tard. Et vauldra mieulx vous descharger de cette courvée. Mon père en est merveilleusement satisfaict. Je verray d'y envoyer au premier jour ma tante d'Orves, avec mes sœurs (1) et Mme de Montfuson, sa marrine, pour la voir desmentir les mauvais bruictz qu'on faisoit courir de cette pauvre fille. »

La prise de voile est ainsi racontée dans une lettre du 28 avril que l'on trouvera sans doute bien touchante :

« Monsieur mon frère, ma nièce receut hier le voille avec un si apparent et si grand contentement, que toute la ville en demeura grandement bien édifiée. On n'avoit invité que sa mère, ses tantes, sa marrine et quelques-unes des plus proches parentes, mais Mme d'Oppede (2) y voulut adsister, et tout plein d'aultres qui pleurèrent tout leur saoul sans qu'elle monstrast jamais aultre visage que riant et le plus content du monde. M. le Prevost, comme grand vicaire (3), dict la messe et fit les ceremonies, ayant tesmoigné que de toutes celles qui estoient passées par ses mains, il n'en avoit jamais

---

(1) Les sœurs données à Peiresc par le second mariage de son père.
(2) La femme du premier président du Parlement de Provence.
(3) C'était le prévôt du chapitre de la cathédrale d'Aix, l'abbé Marchier, grand ami de la famille Fabri.

recognu aulcune si resolüe ne si résignée en Dieu. Je la felicitay et luy baillay la bénédiction de la part de mon père et de la vostre, et crois fermement qu'elle vivra trez contente avec l'ayde de Dieu, et que ses prières seront capables de faire prospérer toute la maison. Elle est tellement changée que vous ne la cognoistriez plus, car de ce qu'elle vivoit ceans en enfant, sans paroistre capable de discerner aulcunement la raison, elle en est maintenant si capable, qu'il semble qu'elle aye faict cette profession une vingtaine d'années, et me ramentevoit quelquefoys des discours que je luy avois autrefoys tenus, lesquelz elle sembloit avoir négligez dont elle m'exagère les raisons et motifs avec tant de tesmoignages de m'en sçavoir le bon gré qui s'en pouvoit attendre que j'en suis tout consolé et tout ravy. Je prie à Dieu qu'il la fasse persister en ce sainct propos, et qu'il vous comble de toutes les autres bénédictions que vous pourriez souhaicter, demeurant, Monsieur mon frère, vostre bien humble et affectionné frère et serviteur. »

Dans plusieurs des lettres qui suivent celle-là, Peiresc donne à son frère les meilleures nouvelles de la jeune novice. Nous ne citerons que ce court passage d'une lettre du 14 juin, où brille tout l'enthousiasme d'un oncle qui avait la tendresse d'un père :

« Je vis hier ma nièce qui est si contente, si grasse et si belle, qu'elle ne le fut jamais à la centiesme prez (1); elle vous baise les mains. »

Voici enfin le compte rendu de la fête à la suite de laquelle Mlle de Fabri fut définitivement séparée du monde, compte rendu où s'épanche cette éloquence du cœur à laquelle il ne faut rien comparer :

« D'Aix, ce premier juin 1625.

« Monsieur mon frère, ma nièce Claire Marie, vostre fille, à ce matin a receu le voille noir de la main de Mgr l'évesque

---

(1) Une jeune personne à qui je lisais ces lignes me disait : « Savez-vous bien que cela donne appétit d'entrer au couvent ? »

de Senez (1), tenant la place de M. nostre Archevesque (2), avec tant de bonne édification de toute l'adsistance qu'on ne sçauroit rien voir de pareil. M. de Bouc (3) en a voulu estre et en est demeuré tout ravy aussi bien que les aultres. Nous n'avions prié personne que ma sœur de Bouc et ma tante d'Orves, mais il y a pourtant eu fort bonne compagnie. J'avois mis deux archers du prevost à la porte pour nous garantir de la foule, ce qui a fort bien réussy, car nonobstant la chaleur nous n'y avons point receu d'incommodité, Dieu mercy. Cette fille a tousjours esté durant l'exhortation du P. Paul, de l'Oratoire (4), durant la cérémonie et la grande messe, tousjours descouverte le visage, et exposée à la veüe de tout le monde, mais avec une constance, une gravité, et une joye apparente, qui faisoit estonner un chascun ; quand elle a prononcé les requisitions et parolles sacramentales de ses vœux, elle a touché tout ce monde là qui s'est mis en larmes, exceptée elle seule. M. de Senez m'a advoué qu'il ne se trouva de sa vie touché si avant en l'âme, recognoissant la manifeste ferveur de l'amour divin en cette pauvre fille, laquelle est la directrice de toutes les aultres ses compagnes, et leur faict des exhortations nompareilles. Aussy s'en louent elles infiniment aussy bien que leur confesseur ordinaire qui ne se peust taire de m'advoüer qu'elle avoit ressenty des effects tout apparents d'une particulière grace divine toute extraordinaire en sa personne par dessus toutes les aultres. M. de Bouc m'a dict qu'il s'est luy mesme trouvé si descontenancé et si surprins, qu'il n'eust jamais rien creu ne imaginé de pareil sans le voir. Pour moy j'estois tout hors de moy mesmes.

(1) C'était Louis Duchaîne, qui siégea depuis l'année 1623 jusqu'en l'année 1671.

(2) Guy Harault de l'Hospital, qui occupa le siège de Saint-Maximin, de la fin de 1623 jusqu'à la fin de 1625.

(3) Henri Seguiran, seigneur de Bouc, successeur de son père dans la charge de premier président de la Chambre des Comptes de Provence.

(4) J'ai vainement cherché quel pouvait être ce père Paul. On connaît plusieurs prédicateurs de ce nom au xviie siècle.

« Au reste, un chascun lisoit apparemment dans son visage un si grand contentement qu'il ne falloit poinct de meilleure consolation que cela. J'ay bien du regret que vous n'ayez peu estre de la partie, mais si aulcune chose m'en doibt consoler, je pense que ce soit l'appréhension que l'émotion qui vous estoit inesvitable, ne fust capable de nuire à vostre santé. C'est pourquoy je loue Dieu de vostre absence, comme des aultres événements qui nous viennent de sa main. M. de Bouc m'a dict que ses vœux seroient d'y loger une couple de ses filles, mais qu'il se gardera bien d'y assister jamais en personne, pour ne se retrouver en la peine où il s'est veu. Et m'a dict qu'il se sentait bien empesché à trouver de la rhetorique compétante, pour vous en dire ce qu'il vouldroit, par une lettre qu'il vous fera possible par cette voye.

« Le prieur de Beaugentier (1) m'avoit envoyé afforce fleurs dont on luy avait fait un chappelet sur la teste (2) et dont on avoit orné son cierge fort richement. Il y avoit de cez roses jaulnes larges comme la paulme de la main, de cez anesmones incarnades de M. de Bonnaire et de cez œilletons colombins non ordinaires en ce païs, qu'il faisoit beau voir parmy les fleurs d'oranger et aultres œillets du païs; nous y avions adjousté du jardin de cette ville des ranoncules jaulnes doubles fort gentils et d'une fleur violette que Lautier

---

(1) C'est aujourd'hui une commune du département du Var, à 23 kilomètres de Toulon. Là était située la maison de campagne des Fabri, célèbre par les magnifiques jardins qui l'entouraient. Les contemporains ont fort vanté ces jardins enchanteurs, et un d'eux n'a pas manqué de les comparer au paradis terrestre.

(2) C'est-à-dire une couronne. Peiresc, dans son trouble, a oublié de nommer ici sa nièce, de sorte que, victime de l'amphibologie, il semble dire que c'était la tête du vénérable prieur qui était ornée de fleurs. Revenons au mot *chappelet* pour rappeler que ce synonyme de couronne a été souvent appliqué par un des plus aimables saints et aussi des plus aimables écrivains qui aient jamais existé : Saint François de Sales. Et, à ce propos, me permettra-t-on de dire qu'il y a, ce me semble, quelque chose de la suavité du langage de l'évêque de Genève dans le tableau que Peiresc nous retrace d'une cérémonie embellie par toutes ces exquises fleurs venues des jardins d'Aix et de Belgentier, et plus encore embellie par toutes les souriantes vertus de la jeune religieuse, vertus que l'on peut appeler les fleurs de l'âme,

n'a sceu cognoistre (1) et qui réussissoit bien gentille. Il y avoit aussy de cez capucines de couleur jaulne dorée qui n'y sieoit pas mal. Cez dames s'estoient délectées à bastir je ne sçay combien de petits festons fort gentils. Elles viennent loger à la Saint-Michel en la maison du président de Trez (2), dont je suis infiniment aise pour les pouvoir aller visiter souvent sans m'incommoder. Enfin vous avez à louer Dieu grandement de l'heureux succez et progrez de cette vocation, et croire comme moy que c'est le plus grand heur qui sceust jamais advenir à nostre maison. Je prie à Dieu qu'il la comble tousjours de plus en plus de ses saintes bénédictions et qu'il luy continüe le don de persévérance, ne doultant poinct que ses prières ne se rendent un jour bien efficaces devant Dieu pour en obtenir ce de quoy nous pourrons avoir de besoing, pour nostre salut et de tous les nostres. Je prie sa divine bonté de le vouloir ainsin ordonner, et sur ce souhaict je finiray, demeurant, Monsieur mon frère, vostre trez humble et trez affectionné frère et serviteur. »

Que devint sœur Claire Marie de Fabri? M. le marquis de Boisgelin n'a pas retrouvé son acte de décès. Alla-t-elle s'éteindre dans un autre monastère de Provence? Sa trace est-elle à jamais perdue? Quoiqu'il en soit, croyons qu'elle resta toujours telle que nous la montre la dernière des lettres ici réunies, et qu'après avoir été un ange sur la terre, la nièce de Peiresc est une bienheureuse dans le ciel.

(1) Lautier, en sa qualité d'apothicaire, était un habile botaniste. Ajoutons que c'était aussi un antiquaire dont le cabinet de curiosités et d'objets d'art était renommé.

(2) Roux-Alpheran (les Rues d'Aix) ne mentionne pas la maison de ce magistrat, mais en s'occupant de l'hôpital de la Charité (p. 485) il rappelle qu'un conseiller au Parlement d'Aix, portant le même nom et probablement son descendant, Antoine de Trest, laissa, en 1702, à cet établissement, la somme considérable dans tous les temps, et énorme en ce temps-là, de quatre cent mille livres.

LIVRE DE RAISON

DE LA

FAMILLE DUDROT DE CAPDEBOSC

(1522-1675)

PUBLIÉ ET ANNOTÉ

PAR

PHILIPPE TAMIZEY DE LARROQUE

PARIS
Librairie ALPHONSE PICARD
82, RUE BONAPARTE

1891

A mon cher confrère et ami
Monsieur Léopold Delisle
affectueux et reconnaissant hommage
   Ph. Tamizey de Larroque

Larrivière Peirule, 9 août 1891

LIVRE DE RAISON

DE LA

FAMILLE DUDROT DE CAPDEBOSC

Extrait, à cent-vingt exemplaires, de la REVUE DE GASCOGNE

LIVRE DE RAISON

DE LA

FAMILLE DUDROT DE CAPDEBOSC

(1522-1675)

PUBLIÉ ET ANNOTÉ

PAR

PHILIPPE TAMIZEY DE LARROQUE

PARIS
Librairie ALPHONSE PICARD
82, RUE BONAPARTE

1891

LIVRE DE RAISON

DE LA

FAMILLE DUDROT DE CAPDEBOSC

(1522-1675)

AVERTISSEMENT

Quand je donnai, en 1872, une nouvelle édition des *Sonnets exotériques* de Gérard Marie Imbert d'après le seul exemplaire connu, celui de la Bibliothèque Mazarine (1), je ne me doutais guères qu'assez près de la ville de Condom, berceau de mon poète, on conserve un manuscrit qui m'aurait fourni les plus exacts détails sur le premier des personnages mentionnés en ces mauvais vers :

> O du Drot et du Franc, gentils enfans d'Orphée,
> Qui la harpe et le luc maniez de voz doits
> Si divinement bien, que la pierre et le bois
> Suivent voz sons enfans de la main echaufée (2).

Un érudit condomois dont j'ai déjà eu l'occasion de vanter le grand savoir et la grande obligeance (3), M. Soubdès, a eu l'amabilité de me confier une copie très bien faite du *Livre de raison de la famille Dudrot* (4). Non content de me rendre ce service, il a encore daigné mettre à ma disposition des

---

(1) Bourdeaus, Simon Millanges, 1578, petit in-8°.
(2) *Collection méridionale*, tome II, Paris et Bordeaux, in-8°, p. 31, sonnet XXVIII, sonnet beaucoup plus moral que poétique, et où la vertu est célébrée de la façon la pius indigne d'elle. Dans la note 58 qui correspond au premier vers, j'avais été piteusement obligé d'avouer (p. 79) que Dudrot m'était « parfaitement inconnu ».
(3) *Lettres inédites de quelques membres de la famille de Monluc* (Auch, 1890, p. 6).
(4) Je laisse à ce nom la forme que lui donnent les représentants actuels de la famille, qui sont ainsi fidèles à son antique usage.

notes excellentes qui éclaircissent à peu près tous les passages difficiles. Je ne puis assez le remercier de tant d'amicale générosité. Ceux de mes lecteurs qui trouveront quelque intérêt à parcourir soit le texte, soit le commentaire, devront surtout en rapporter le mérite à mon cher confrère et collaborateur. Je les prie d'associer à leur reconnaissance MM. Dudrot, qui m'ont gracieusement autorisé à mettre en lumière le livre de raison rédigé, pendant plus de cent cinquante années, par leurs aïeux des xvi° et xvii° siècles (1).

Pour utiliser tout de suite une des nombreuses et précieuses communications de M. Soubdès, je vais reproduire une note où il décrit et analyse aussi rapidement que fidèlement le manuscrit original :

« Le petit livre en forme de cœur a dû être ainsi fait dans l'origine, pour un recueil de prières à la Vierge. Bien que la dévotion du Sacré Cœur n'ait été instituée que plus tard, il est probable que cet emblème de l'amour divin existait déjà depuis longtemps et que le premier auteur de ce livre adopta cette forme comme un témoignage de sa piété. Son travail promptement interrompu n'occupe que les douze premiers feuillets qui contiennent des prières en latin (2), avec un

---

(1) MM. Dudrot résident à Cap de Bosc, domaine situé dans la commune de Moncrabeau (Lot-et-Garonne), sur la rive droite de Losse, très près de la limite du département du Gers. Le domaine est dans la famille depuis le xvi° siècle.

(2) La première de ces prières débute ainsi : « *Cace me de omnibus malis inimicis meis visibilibus et invisibilibus.* » Ni M. Soubdès ni moi n'avons pensé que la reproduction de ces formules pût présenter le moindre intérêt. Nous avons également cru devoir écarter quelques autres latinades éparses dans le manuscrit, par exemple, ce qui regarde (f° 72) un saint évêque d'Allemagne, nommé Albert, auquel, pendant qu'il célébrait le sacrifice de la messe et tenait en ses mains le corps du Seigneur, une voix divine fit entendre les huit recommandations suivantes : 1° aumônes; 2° déploration de la Passion; 3° patience pour supporter les injures; 4° veilles avec oraisons; 5° hospitalité à donner aux voyageurs; 6° résignation dans les tribulations; 7° prières adressées directement à Dieu; 8° dévouement absolu, exclusif, à Dieu; et, par exemple encore, une historiette (f° 74) où figure le diable, laquelle me semble empruntée au recueil jadis si répandu de Césaire d'Heisterbach (*Dialogus miraculum*), recueil dont je me suis fort occupé dans un de mes premiers travaux (*Mémoire sur le sac de Béziers*, 1862). J'aurais reproduit le récit (f° 74 v°) de l'impression produite à Toulouse par la nouvelle du désastre de Pavie, si ce récit que l'on peut rapprocher de celui de Dom Vaissete (édition Privat, t. xi, p. 219) et de celui de M. Dubé-

petit encadrement rouge. Les prières en vers français qui viennent ensuite semblent écrites d'une autre main; elles remplissent six feuillets. Le reste du livre, qui se compose aujourd'hui de 74 feuillets, fut utilisé dans la suite pour inscrire les faits mémorables de la famille. On conçoit que la sainteté du commencement offrait une garantie pour la conservation des notes qu'on y insérait. La première avec date est de 1522, et elle a été mise sur le feuillet 66, vers la fin du livre, laissant ainsi beaucoup de feuillets blancs pour continuer les prières à la Vierge. Ce n'est que dans les temps postérieurs, lorsque les feuillets de la fin ont été épuisés, que l'on a employé les pages intermédiaires.

» Parmi les notes de famille, on rencontre souvent, insérées sans ordre, des mentions d'événements publics, dont quelques-uns ne sont pas sans importance. On trouve, par exemple, au verso du feuillet 71, la relation du séjour de François Ier à Nérac, dans les derniers jours d'octobre 1542. Ce voyage paraît être resté inconnu, car les historiens du Languedoc dissertent longuement pour suivre la trace de ce roi, lorsqu'il quitta Béziers pour se rendre à la Rochelle (1). Il y a aussi, dans le volume, diverses poésies se rapportant à des

---

dat (*Histoire du parlement de Toulouse*, t. 1, p. 145), n'avait été rendu illisible en partie par l'effacement de l'écriture. En voici les premières lignes : « *Nota quod anno Domini millesimo quingentesimo vicesimo quarto et die octava mensis Marcii venerunt quedam nova in curia suprema parlamenti Tholose quod in Ytalia inimici regni Francie victoriam obtinuerunt in qua fuerunt capitanei maxima cum virorum illustrium ac regni magnatum copia, Francie que Vasconie nobiles occisi: et illustrissimus rex noster Franciscus primus hujus nominis simul cum rege Navarre captus apud hostes. Tunc vidisses dominos presidentes et dicte curie consiliarios de tanta perditione dolentes et flentes, Deum et Sanctos deprecantes*, etc. Dans le reste du récit on voit, ou, pour mieux dire (à cause des altérations et des lacunes du texte), on entrevoit qu'il est question d'une procession générale, et que, par l'ordre du premier président, on apposa dans l'église de Saint-Sernin les armes de François Ier, *super cereas faces magni ponderis*.

(1) Voir plus loin (première partie, à l'année 1542) une note sur le séjour de François Ier à Nérac, séjour resté ignoré non seulement de Dom Vaissete, mais encore de tous les autres historiens méridionaux et même de Samazeuilh qui, dans son *Histoire de l'Agenais, du Bazadais et du Condomois* (Auch, 2 vol. in-8°, 1846-47), a fait une si large place à la charmante ville qui devint sa patrie d'adoption.

faits de la première moitié du xvi° siècle. Celle qui se trouve au feuillet 40 est particulièrement remarquable. Elle a été inspirée par les prédications du célèbre moine Thomas Illyric (1), et l'on ne sait trop si certains traits qu'elle renferme doivent être attribués à la bonhomie ou à la malignité. Cette pièce de vers est surtout précieuse parce qu'on y voit certains tours de phrase dans un langage entremêlé d'italien, de français et de latin, où l'on croit reconnaître les paroles mêmes de l'ardent prédicateur. »

Voici le plan que j'ai suivi pour la publication du recueil Dudrot : dans une première partie seront groupées les indications relatives à l'histoire de la famille et la mention des évènements grands ou petits de l'histoire locale; dans la seconde partie trouveront place les poésies en langue française, pieuses ou profanes, qui sont mêlées aux récits en prose. Les prières adressées à la Vierge avaient-elles déjà été imprimées avant d'être copiées par un des auteurs de notre manuscrit? Dans le doute, je n'ai pas osé les écarter. Ce sont de modestes *fleurettes*, dépourvues d'éclat et de parfum, mais qui sont protégées contre tout dédain par leur grâce simple et naïve, et aussi par leur extrême rareté, car, en supposant qu'elles aient été familières aux âmes dévotes du xvi° siècle, qui donc les connaît aujourd'hui? Quant aux pièces qui forment une série de chants historiques, ou si l'expression semble trop ambitieuse, une sorte de chronique rimée, elles ont été regardées comme inédites et comme très curieuses par des critiques dont nul ne contestera l'autorité : ils s'appellent Léonce Couture et Gaston Paris. Je me suis

---

(1) Voir sur Thomas Illyric (seconde partie, sous la première pièce de vers) une note où j'ai cherché à réunir un certain nombre d'indications qu'il y aurait à utiliser dans la notice approfondie, définitive, que l'on devrait bien consacrer à un personnage en qui tout fut singulier, le caractère, le talent, l'aventureuse destinée. En attendant cette notice, je renverrai les curieux à deux recueils où les renseignements sur le frère Thomas sont très abondants, la *Bibliothèque universelle des auteurs ecclésiastiques* par Ellies Dupin (xvi° siècle, ii° partie, p. 447-454) et les *Annales ordinis Minorum* du P. Luc de Wadding, où sept chapitres de l'année 1520 sont remplis de détails sur le *saint homme*.

demandé, un moment, si ces pièces n'avaient pas été composées par ce Dudrot que G. M. Imbert appelait complaisamment « gentil enfant d'Orphée. » Rien n'eût été plus naturel, me disais-je, que l'insertion dans le livre de famille des poésies d'un membre de la famille. C'était une si commode, une si séduisante occasion de mettre ses productions en bon lieu et sous bonne sauvegarde, comme dans le coffret de bois de cèdre auquel on confie les objets précieux, et d'en assurer ainsi pour toujours la conservation! Les faiseurs de vers sont tous — ou presque tous — si amoureux de leurs œuvres, si désireux pour elles de durables admirations! Il me plaisait d'avoir retrouvé un des poètes perdus de la vieille Gascogne, d'avoir découvert, pour emprunter à M. Léonce Couture sa spirituelle métaphore, « un invisible astéroïde de ce ciel poétique dont Ronsard est le soleil (1). » Mais ce n'était là qu'une fragile conjecture qui devait bien vite se briser contre l'inexorable chronologie. Les poésies appartiennent évidemment au premier tiers du XVIe siècle, et mon candidat d'une minute, Jehan Dudrot, le contemporain et l'ami d'Imbert, ne vint au monde qu'en 1534 (2). Il balbutiait à peine, quand les poésies en question circulaient déjà depuis quelque temps : il eût par trop mérité, en cet âge si tendre, le titre de *nourrisson* des muses. Laissons donc là l'invraisemblable, l'impossible idée qui m'avait tout d'abord souri. Résignons-nous à ignorer à la fois l'histoire des poésies de Jehan Dudrot et l'origine de celles qui ont été recueillies dans le livre de raison et qui, malgré leur étrangeté, peut-être même à cause de cette étrangeté, se recommandent à l'indulgente attention du lecteur.

L'appendice contiendra : 1° un document de 1541 sur la levée de la taille dans la ville de Condom, levée dont cette

---

(1) *Histoire littéraire de la Gascogne*, G. M. Imbert, dans le tome IV de la *Revue d'Aquitaine*, 1860.
(2) Imbert naquit, comme il nous l'apprend lui-même en son 98e sonnet, le 4 décembre 1530.

année-là, était chargé, avec ses collègues, le consul Michel Dudrot, ce qui explique l'inscription dudit document dans le livre de raison; 2° une table chronologique des naissances, mariages, décès énumérés par les rédacteurs successifs; 3° une table également chronologique des faits divers relatés dans le Mémorial (maladies contagieuses, accidents météorologiques, années fécondes ou stériles, famines, crimes, guerres, etc.); 4° une notice sur la filiation de la famille Dudrot depuis la première moitié du xvi° siècle jusqu'à nos jours, notice rédigée par M. Soubdès d'après les renseignements et documents fournis par les descendants actuels du consul de 1541.

Je voudrais que ma petite publication inspirât à plusieurs le désir de rechercher et de mettre en lumière les vieux mémoriaux de famille. Ma chère Gascogne, qui a trop négligé jusqu'à présent les travaux de ce genre, devrait bien imiter le zèle généreux avec lequel diverses provinces, notamment le Limousin, la Normandie et la Provence, arrachent aux ténèbres des archives privées les registres domestiques antérieurs à la Révolution. Je suis persuadé qu'on trouverait dans notre région, soit en fouillant les paperasses des vieux châteaux (1), soit en fouillant celles des anciennes maisons de la bourgeoisie, un grand nombre de ces documents qui sont à quelques-uns des livres maintenant en renom, ce que sont les clairs ruisseaux de nos belles vallées aux ruisseaux

(1) On conserve au château de La Hitte un registre de la première moitié du xvii° siècle, où Jean-Baptiste du Cos, seigneur de Saint-Sever, réunit (dessinés à l'encre de chine) quatre portraits de ses aïeux et le sien propre, accompagnés de notices et de copies collationnées des actes qui concernent chacune des cinq générations. Voir ce qu'en a dit M. le comte de La Hitte dans son très piquant article intitulé : *Un Gascon père de trente-deux enfants* (*Revue de Gascogne* de février 1891, p. 91-93). Rappelons aussi que M. le chanoine Jules de Carsalade du Pont a retrouvé le livre de raison des Puységur dans les archives du château de ce nom (canton de Fleurance, Gers), château en ruine dont il a fait une si pittoresque description en tête de son exquise notice sur *Jean de Montferrand, vicomte de Foncaude* (Bordeaux, 1891, p. 4). Le savant secrétaire général de la Société historique de Gascogne possède, dans ses archives personnelles, le livre de raison des Carsalade du Pont. Nous aimons à espérer que tous ces trésors seront bientôt en nos impatientes mains,

boueux des rues de quelques grandes villes. J'ai trop la haine des *clichés* pour insister, après tant d'autres *laudatores temporis acti,* sur le charme et l'importance de l'étude des récits où se déroule la patriarcale vie de nos pères, mais il me sera bien permis de constater que jamais cette étude n'a eu autant d'opportunité qu'en des jours troublés comme ceux où nous vivons et qui sont caractérisés par le mot à la mode : *c'est fin de siècle.*

PREMIÈRE PARTIE

Naisense

Mil cinq cens vingt (*sic*) et deux contant *a nativitate* la vespre de Noel sur le soir apres sope nascist Bertrand Drot filh legitime et naturel de Micheau du Drot et de Johanine de Maubin (1) conjoinctz a la parroiche de La Fite au lieu appelé a Bordieu du Bosc, jurisdiction de Moncrabeau. En ceste temps par la peste estions fouys de Mezin. Les eaues estoyt merveilleusement grandes (2), et ausi par peste toutz ceulz de Condom sen estoyt fouys, ausi ceulx de Moncrabeau.

(1) *Maubin* est la forme gasconne de Malvin. Sur les deux branches de la très noble et très ancienne famille de Malvin, Malvin de Lalanne et Malvin de Montazet, on peut citer Samazeuilh, *Dictionnaire de l'arrondissement de Nérac*, 1881, p. 526, et Jules de Bourrousse de Laffore, *Nobiliaire de Guienne et de Gascogne*, t. IV, 1883, p. 412, mais surtout la très ample (57 pages in-f°) et vraiment complète notice de d'Hozier dans l'*Armorial général ou reyistre de la noblesse de France* (Paris, Prault, 1764, t. V, seconde partie). On peut encore consulter sur la maison de Malvin le récent et remarquable ouvrage d'un descendant (par les femmes) des marquis de Montazet, M. le marquis de Dampierre (*Monographie du château de Plassac en Saintonge*, t. II, La Rochelle, 1890, grand in-8° de 431 pages). Tout ce beau volume est rempli de renseignements et documents sur les Montazet qui furent, jusqu'à la Révolution, seigneurs de la terre de Plassac, aujourd'hui possédée par le dévoué président de la Société Nationale des Agriculteurs de France.

(2) L'archiviste de Condom, déjà loué dans les *Lettres de la famille de Monluc*, M. Joseph Gardère, après avoir bien voulu m'apprendre que l'on trouve, dans les registres de jurades conservés à la mairie de cette ville, de nombreux et curieux détails sur les diverses pestes mentionnées par les rédacteurs du livre de raison, ajoute que le premier de ces registres contient le passage suivant relatif aux *grandes eaues* : « Lo quart jour de nobvembre l'an susdit [1522] lo s' Alein d'Albret anec de bita a trespas à Castetgellos et plagoc quatre jorns et quatre neytz ses sessa que bien petit dont las riberas de Garoua, Bayssa, Gelissa, Lossa et autres generalment per tota la Franca vengon si grandas que noy damore pont, molins, maysos, bestials et se pergoc grant nombre de gens et a bita d'ome ne seran bistas ta grosas ni per ausi dize despus lo deluge. »

Naisence

L'an mil cinq cens vingt sept (1527) au moys de febrier en la ville et cité de Condom nasquit Miramonde du Drot filhe legitime et naturelle desdits conjoincts demeurant au logis et maison de Pierre pres du cimentiere (1) apartenente aux heretiers de la maison de Berdolet.

[*Ce qui suit est d'une autre écriture et d'une encre différente.*]

Au quel temps je estoys a Thoulouse et peu apres fus averti par lettres comme ladite filhe estoyt nee audit temps et moys, du jour ne fust point escript, laquelle filhe tindrent aux fons Anthoine Barbache et Miramonde de [*en blanc*] sa fame.

Lundy vingt septiesme du moys de mars mil cinq cens trente ung (1531) nasquist Anthoine du Drot fils dudit du Drot et Anna du Faur (2) conjoinctz heure entre quatre cinq apres midy.

Il moreust au moys dapvril mil cinq cens trente 4^{tre} (1534) son pere estant en chemin a Lion, qui partist le dimanche apres disné, le dimanche suyvent apres Quasi modo et le lundi le susdit enfant morust de la berole sive de la picotte qui regnoyt merveilleusement en ce temps, et lui creva ung œil, puys par ung chattarre (3) les dens lui tombarent de sa bouche de quoy il moreust et plusieurs aultres de la dite picotte.

Naysence

Dimenche xiii de jullet jour de sainct Bone adventure a heure de six heures mil cinq cens trente troys (1533) apres midy nasquist G^{met}

---

(1) Dans la langue gasconne actuelle le cimetière est appelé *cementeri*.

(2) Cette Anna ou Anne du Faur était sœur de la femme de *Mosgr de Bats* dont le décès est signalé plus loin parmi les plus *aparans*. Existait-il quelque parenté entre Anne du Faur et la famille illustrée par le magistrat-poète, Guy du Faur de Pibrac? Cette famille, regardée communément comme languedocienne, était bien plutôt gasconne. L'historien Auguste de Thou, en ses *Mémoires*, a eu soin de rappeler qu'elle est originaire d'Auch, et il la connaissait bien, car il était lié avec Pibrac et avec un des frères de ce grand personnage, le président de Saint-Jory, comme j'ai tout récemment eu l'occasion de le rappeler (*Billets languedociens inédits extraits de la Méjanes*, Toulouse, 1891, p. 2).

(3) Imbert (sonnet v. p. 19), se plaignant d'avoir été, en sa jeunesse, éborgné par la maladie, a dit :

Un catarrhe m'osta moytié de ma lumière.

Du Bartas (*Sixiesme jour de la Sepmaine*) adopte une autre forme :

Mais comme l'œil qui n'est offencé d'un catherre.

[Guillaumet] Drot filz dudit Micheu Drot et Anna du Faur sa mere, lequel tint aux fons de baptesme G^met Barre nostre cosin germain (1) avecque Mariane du Faur a Condom.

Le 13 du mois de decembre 1599, le dit Guilhaumet est mort sur l'heure de dix heures du soir.

1534

Jour de dimenche IIIme de octobre et jour de sainct Francoys nasquit Jehan Drot filz de ceulx qui dessus de matin a heure entre nef et x, lequel tint aux fons de baptesme Johanot du Bosc filz de Scailhes et sa fame Katherine aussi tante dudit enfant et est mort le 25 mai 1590 (2).

Naicence.

Sabmedi xxvme de decembre mil cinq cens trente cinq nasquit Micheau du Drot mon filz (3) et de Johannote Dymas ma fame a heure de vi heures et bien pres de sept de matin jour de Noel apres que sa mere eust receu son createur au convent des carmes, apeyne eust elle loysir de sen revenir dudit convent pour les maulx de enfanter qui la pressoyent, lequel tint aux fons de baptesme mon frere Micheau du Drot marchant et Anna du Faur sa fame [*Ce qui suit est d'une autre écriture*] et mourut dans lan et navoyt pas passes   ou [*Le papier manque*].

1536

Le dimenche xxixme de apvril et jour sainct Pierre martir nasquist Jehane du Drot (4) a heure de cinq heures de matin, fille de ceulx

---

(1) Les Barre étaient nombreux à Condom au xvie siècle. Voir dans le fascicule vi des *Archives historiques de la Gascogne* (p. 77) une note sur Pierre Barre (le capitaine Cazalis).

(2) C'est ce Jehan Dudrot, né quatre ans après Imbert, qui fut son confrère en poésie. Croyons que les vers de Dudrot, qui ont tous péri, valaient un peu mieux que ceux de son ami, qui ont surnagé. *Habent sua fata... versiculi.*

(3) Le père de l'enfant ci-dessus, le mari de Johannote Dymas, doit être Pierre Dudrot, licencié, qui figure avec ce titre au cadastre de 1536 (f° 110). Son nom était sans doute inscrit sur un feuillet précédent, qui a disparu, où devait se trouver la naissance de son premier enfant. Micheau ci-dessus serait le second, puisque celui qui vient après est dit *le tiers* (le 3me). D'après la rédaction des actes de cette époque, on voit que c'est ce Pierre Dudrot qui tient ordinairement la plume pour toute la famille, sans doute à cause de sa qualité de licencié. Il se dit frère de Micheau Dudrot. (Communication de M. Soubdès).

(4) Mariée à M. Me Jehan Thouzin. Voy. plus loin.

qui dessus, laquelle ma fame et moy tigmes aux fons de baptesme, son pere estant à Lyon.

A ceste année le prin temps fust pleuvieux et facheux tant en gelees (*sic*) et ny eust gueres fruytages occasion dung froyt qui gasta les fleurs des arbres.

Naysence.

Lan mil cinq cens xxxvii et le jour sainct Michel de vendenges nasquit le tiers enfant de ma fame le quel nestoyt point a son terme quar navoyt passes vii moys et demy le quel fust apporté aux fons de baptesme par mossg^r le conterolleur notre cozin avec la fame de Jehan Daubergne hoste (1) de Condom et morust ii heures après.

Naycence.

Lan mil cinq cens trent huit et le dixiesme de septembre a hure de sept heures de matin nasquist Jehane du Drot ma fille laquelle tignt aux fons de bapteme g^{met} [Guillamet] et Jehan du Drot mes nepveus et Anne du Faur leur mere leur presta la main pour ce que lesdits enfans estoyt par lors petiz, le mardi rier au demain de la foere de Francescas fust ce faict a Condom (2).

1539

Mardi xxviii de octobre jour de sainct Symeon et Jude sur le soer heure de dix heures sonnées nasquist Margerite du Drot filhe de mon dit frere et sa fame Anne du Faur, laquelle filhe tindrent aux fons de baptesme sire Jehan du Luc (3) et sa fame Marguerite de Labberio (4).

---

(1) Aubergiste.
(2) Cette phrase n'est pas très claire. Il est probable que le rédacteur, écrivant dans la semaine qui suivait l'événement, a voulu dire : « Cela fut fait à Condom, mardi dernier, le lendemain de la foire de Francescas. » Cette foire, qui est très ancienne, se tient toujours le 9 septembre. Or, en 1538, le 9 septembre était un lundi. Dans l'ancien français, *rière* signifiait *en arrière*. Voir Roquefort, *Glossaire de la langue romane*, et Littré, à l'étymologie du mot *dernier*. (Communication de M. Soubdès.)
(3) La famille Duluc est très ancienne. Le château du Luc récemment détruit était à 4 kilomètres de Condom, paroisse de Poumaro. Il se trouve sur la carte de Cassini, mais non sur la carte de l'Etat-major. Dans le livre de raison on voit (f° 25) Frise deu Leuc, belle-sœur de Jehan Dudrot. (Communication du même.)
(4) Probablement la sœur de Jean-Paul de Laberie, un des *trois poètes Condomois* célébrés par M. Léonce Couture en 1877. Le nom primitif était *Labe*.

En ceste temps habions faulte de pluye et le monde ne povoyt semer les blez faulte de pluye les laboreurs enuys (1)...

Naysence.

Lan mil cinq cens xli (1541) et le jour de capdan (2) octave de Noel qui avoyt esté en jour de dimanche heure de huyt heures de matin nasquist Guirault du Drot nostre filz filheul de mossg^r de Dymas son grand pere et Johane de Bobis sa grand mere. En ce temps lannee avoit esté asses fertille ou les vivres estoyt asses a bon marché.

Naysence.

Lan mil v^cxlii (1542) et le jeudy xxvi doctobre questoyt lendemain la feste sainct Crespin heure de cinq heures sonnées de soir nasquist Pierre du Drot filz de mondit frere, lequel tignt aux fons Me du Drot juge de Moncrabeau avec sa fame. Ce temps estoyt asses bon. Le bled a viij s. [sous] la cartau, le vin nobeau a troys liars et viii D[eniers] le pot. Le samedi apres ensuyvant fist son entree le Roy Francoys a Nerac avec son filz dorleanx, madame Marguerite sa filhe, le cardinal de Lorreyne et aultres cardinaulx, lesquels viz le lundy apres a leur departement et estoyt venus par eau depuys Tholoze decendre au Port Saincte Marie pour venir a Nerac ou estoyent le Roy et Royne de Navarre (3). Puys de jours apres vingt le daulphin audit lieu et sa fame pour voir leur tante.

Celui qui fut conseiller se latinisa en *Laberio* qui en français devint *Laberie*. (Communication du même.)

(1) Le dernier mot est très effacé. La phrase est incomplète, cependant le papier ne manquait pas. Puisque nous sommes ici entre 1539 et 1541, c'est l'occasion de rappeler que parmi les ruines du couvent des Cordeliers de Condom, se trouvent encore quelques restes des chapelles de l'ancienne église. Au-dessus de l'entrée d'une de ces chapelles, on voit sur une pierre cette inscription en grandes lettres : *Cest la chapelle de Mrs* Dvdrot *réparée par M^e* Dvdrot *coner* [conseiller]. 1640. (Communication du même.)

(2) Premier de l'an.

(3) Par une singulière fatalité, toutes les relations contemporaines sont muettes sur le voyage de François Ier dans les derniers jours d'octobre 1542. Les écrivains postérieurs ont imité ce silence. Nous avons déjà vu qu'un des historiens les plus exacts que l'on connaisse, Dom Vaissete, n'a pas été mieux informé que les autres historiens régionaux. Ce vénérable érudit n'a rien su des mouvements de la cour depuis le 17 octobre, où il nous montre (t. xi, p. 269) le roi à Toulouse, vers lequel, ce jour-là, députent les États de Béziers, jusqu'au 7 décembre où François Ier, « ayant continué sa route vers la Guienne, donna un édit à Cognac. » Ayant appelé sur une telle lacune l'attention du principal annotateur de l'*Histoire générale de Languedoc*, le savant M. A. Molinier, il m'a fait l'honneur de m'écrire qu'il n'avait rien ajouté sur ce point au texte de Dom

[Pardon général]

L'an mil vcxliii (1543) et le dimanche xxiiii de feubrier heusmes ung pardon general portant remission planaire de tous cas exceptes tant sullement les veuz de chasteté et Religion que estet le dimanche gras ou chacun receust notre Seigneur et jeunasmes troys jours tout pour avoir paix de entre les Roys et temporene (1).

Despuys lan mil cinq cens quarante cinq et le premier jour de may, jusques a laultre moys de may apres, mil vcxlvi (1546) mururent en Condom mainetes persones tant par exces (accès?) que par une fieuvre continue que l'on appelle mal chault le nom desquiels ay icy mys que quessoyt des plus aparans.

Mosg^r de Condom Herard de Grosolles evesque (2).
Mosg^r le prieur Jehan de Laumont (3).
Mosg^r ladvocat Castanea (4).

Vaissete, qu'à l'exemple de son illustre devancier, il n'avait pas suivi le roi à sa sortie de Languedoc, mais qu'il mentionnerait le renseignement nouveau dans les additions et corrections du tome xii. La publication toute récente du tome 1er du *Catalogue des actes de François Ier* (Paris, imprimerie Nationale, novembre 1890, in-4°) me permet de citer un document officiel qui confirme parfaitement le témoignage de notre chroniqueur et qui concerne un des diplomates les plus habiles qui aient été fournis à la France par la Gascogne, le futur évêque de Valence : « Mandement au trésorier de l'Epargne de payer à Jean de Monluc, abbé de Hautefontaine et ambassadeur du roi à Venise, 2475 livres pour cent quatre-vingts jours d'exercice de sa charge. Nérac, 30 octobre 1542 (p. 381). »

On voit par un autre document de la même page que François Ier était encore à Toulouse le 27 octobre, veille de son arrivée à Nérac, ce qui prouverait que le voyage s'effectua bien rapidement, même en supposant que la Cour partit de la capitale du Languedoc d'assez bon matin et qu'elle arriva assez tard dans la capitale de l'Albret.

(1) Les Quatre-Temps. On dit aujourd'hui dans le Condomois :

> Las Tempouros de Nadaou
> Dejuados que las caou;
> Las de Pentocousto
> Las dejue qui pousco.

Voy. du Cange, v° *Temporalia* (communication de M. Soubdès).

(2) Hérard de Grossolles était un des fils de Jean de Grossolles, chevalier, baron de Flamarens et de Montastruc, qui s'était marié, comme nous l'apprend le *Dictionnaire de Moréri* (t. v. p. 491), au château de Lauzun, en présence de Jean de Caumont, seigneur de Lauzun, avec Anne d'Abzac (29 mai 1466). Sur l'épiscopat de Mgr de Grossolles, qui avait été d'abord abbé de Simorre, voir, outre les historiens régionaux (Dom Brugèles, chanoine Monlezun), *Gallia Christiana*, t. ii, col. 968.

(3) Jean de Laumont succéda à Manaud de Laumont comme prieur de Saint-Jacques. Il est probable qu'ils étaient des Léaumont-Puygaillard, mais je n'en ai jamais trouvé la preuve (communication de M. Soubdès).

(4) C'est le mot Castaing latinisé (*idem*).

2

Mosg^r de Batz (1).

Me Pierre de Faur.

Guillaume Barre conterolleur.

Michel du Drot marchant.

Raymond de Berenjon (2).

Mathieu Coppin.

Johanot Thozin.

Madone de Berdolet (3).

Nicholas Despaze barbier.

Antoine Molie.

La fame de Anthoni Molie.

Mosg^r Bertrand de Dossa.

Mosg^r Johan du Brocca.

Pierre dez Pres dict Garron qui morust au logis du bastard (4) Cabdet Arros.

Mosg^r lofficial Costeres.

Mosg^r Johan Levangeliste de Ferran.

Le Me Sans Alemant tailheur dymages (5) qui mourust en Espaigne questoyt marié à la fille de Braylette Tamisier.

Mosg^r de Moches avocat qui mourust le x de juillet mil vcxlvj [1546].

Estiene Bopille medeci.

(1) Ce de Batz avait épousé une fille de Mathieu du Faur, dont il ajouta le nom au sien. Il serait difficile de le rattacher aux illustres de Batz, car les généalogistes ont soin d'omettre les personnages qui ne sont ni d'épée ni d'église. Je croirais volontiers qu'il pourrait provenir de ces Batz-Castelmore dont l'un épousa Anne de Labit, qui fut dotée de mille livres par son cousin le maréchal de Monluc. Les Batz-Castelmore descendraient d'Arnaud de Batz, marchand de Lupiac, lequel serait un bâtard de la maison illustre. Voir sur cette question une notice de M. Paul Laplagne-Barris dans la *Revue de Gascogne* (t. xxiv, pp. 153, 400, 350, et t. xxvi, p. 243, et aussi le fascicule 1 des *Archives historiques de la Gascogne*, p. 179, note 1). Cf. le *Nobiliaire* d'O'gilvy (t. i, p. 461; t. ii, p. 393). (*Idem.*)

(2) C'était le fondateur de la chapelle de Piétat. Voir l'excellent petit livre de M. l'abbé Ferran sur la *Dévote chapelle de Notre-Dame de Piétat* (1888, in-18). Je mentionne avec reconnaissance ce volume qui m'a révélé l'existence du livre de raison des Dudrot (p. 31).

(3) Catherine d'Ombrac, veuve de Peyronnet de Gessac (communication de M. Soubdès).

(4) Le mot *bastard* a été rayé.

(5) Il est probable, comme le suggère M. J. Gardère, que cet *imajier* avait dû être employé par l'évêque Jean Marre à *tailher* les retables et statues qui ornaient sa belle cathédrale. Du reste on ne connaît aucun des artistes qui travaillèrent à élever et à décorer un des plus remarquables monuments de la Gascogne.

Mosg^r le secretaire Oliverio [Olivier latinisé] (1).
Mosg^r le camarier Raymond de Bosset.
La daune de Mathieu Coppin la vieilhe.
Estienne du Goa.

Lan mil v°45 (1545) et le 8 daoust nasquit unne notre filhe de la quelle ma fame se gasta ledit jour environ xi heures de matin avant disner pour ce que nestoyt a terme car navoyt plus hault de vi moys et morust lendemain heure de vespres laquelle Mosg^r de Dymas et sa fame tindrent aux fons et fust par eux baptizee au thos (2).

Et le dit tremblement de terre dura environ le temps de la diction d'un *pater* et ung *ave maria* qui causa de l'estonnement à tous (3).

Lan mil cinq cens quarante six et le xe du moys de juillet ung jour de sabmedy de matin heure de six heures sonnées nasquist Loys du Drot notre filz lequel faulsist aussi baptiser au thos et puys apporter aux fons lequel fust tenu ausdits fons par Me Loys le cotellier et Johanette Doret sa fame. En ce temps fezoyt gros chault et regnoyt grosses malledies de fieuvre chaulde sive mal chault.

Mariage.

Le xixe may 1560, je Jehan deu Drot (4) fils de Micheu deu Drot, ay espouzé ma fame Margaride de Moullié et mon frere (5) epoza ca fame Jehane Trelles aucy le dit jour tous encemble a la chapelle de Nostre Dame de Piatat dehors la ville et apres allames disner au bourdieu du Pin. Et deceda le dit du Drot le 25 may 1590 et la dite de Mollié le 27 janvier 1607.

Nexcance.

Le dernier jour de febvrier mil cinq cens soixante et un nasquiet mon fils Oddet deu Drot et tien aux fons de batesme mon beu frere Oddet Moullie et ma mere Agne deu Faur. Moreust le dit s^r Dudrot conseiller guarde des seaux le 17 jung mil six cens unze.

---

(1) Entre les deux lignes se trouvait une ligne qui a été raturée et où on peut lire encore : « Me Antoni de Costa, advocat. »

(2) C'est-à-dire l'auge en pierre installée auprès des maisons pour recueillir les eaux pluviales. Dans la langue populaire de la Gascogne le mot *tos* désigne en général toute espèce d'auge pour faire manger ou boire les animaux.

(3) Le commencement de la relation de ce tremblement de terre devait se trouver en regard, sur un feuillet qui a disparu (communication de M. Soubdès.)

(4) Voyez plus haut sa naissance.

(5) Ce frère s'appelait Gilhames.

Nexcance.

Le segont jour de may mil cinq cens soysante deux nasquiet mon fils Gilhames deu Drot et tient a la fonct de baptesme mon frere Gilhames deu Drot et la fame (1) de Oddet Moullié Frize deu Leuc ma belle socur et y abouet grant gere (guerre) quar ceux de la Religion abouet sesy toutes les billes aux enbirons Leytoure Agen Nerac Moncrabeu Mesin Monreal Quastetgelos [Casteljaloux] et plesieurs autres et Condom feut esté sasy sy ne feut que la companie deu roy de Nabarre estouet dedans.

Le dit Gilhames de l'autre part escript moreut le x° april 1589 que feuct tué par les Hugaus (2) de Nerac sen retornant de la guere abec plieusieurs autres.

Nexcance.

Le xxIIII° nobanbre mil cinq cens soxante et troues nasquit ma filho Jehane deu Drot et tien aux fons de baptesme mon oncle mo[nsieu]r mestre Jehan deu Drot et ma belle seur Jehane Trelles et nasquiet au bourdieu de Vinhau pour ce que abions abandoné la ville par le grant danger de peste que il y abouet dans ladicte ville de Condom et par tout le pais.

Et est decedée le 10 avril 1592.

(1) Après *famo* on lit les deux mots « Janon Trelles » rayés.
(2) Signalons cette nouvelle forme d'une appellation qui, d'après le *Dictionnaire* de Littré, « parait se trouver pour la première fois dans une lettre du comte de Villars, lieutenant général en Languedoc, du 4 novembre 1560. » De la forme *Huguenaulx*, adoptée par Villars dans le document que cite Dom Vaissete, de la forme *Hugaus* donnée dans le présent livre de raison, rapprochons la forme *Huguenaulx*, qui figure dans une lettre de Blaise de Monluc, du 19 août 1562 (édition du baron de Ruble, t. IV, p. 152), et la forme *Hugoneaulx*, que l'on remarque dans un document antérieur à tous ceux qui viennent d'être allégués, le procès-verbal dressé par le juge de Monclar contre divers habitants de cette ville, de la nouvelle religion, pour assemblées séditieuses, du 17 janvier 1560 (v. st. Voir mon recueil de *Documents inédits pour servir à l'histoire de l'Agenais*, Agen, 1885, in-8°, p. 72.) — Une longue lettre espagnole écrite de Rome, le 27 septembre 1561, par le P. Perpina, jésuite, et publiée dernièrement dans une thèse latine sur ce brillant humaniste (*De Petri Ioannis Perpiniani vita et operibus, thesim proponebat* BERN. GAUDEAU. Paris, Retaux-Bray, 1891), on trouve la forme vulgaire usitée alors à Montpellier, *uganaus*, et de plus une étymologie qui doit s'ajouter à toutes celles qu'on a déjà proposées de ce mot : *uganau* viendrait de *uga*, hibou (voir *ugou* dans le *Dictionn. proc. franç.* de Mistral), parce que les hérétiques, avant d'oser agir à découvert, « hazian de noche sus tristes ayuntamientos por los rincones a modo de coruzas. » M. Mérimée, prof. de littérature espagnole à la faculté des lettres de Toulouse, déclarait, à la soutenance du P. Gaudeau, que cette étymologie lui paraissait préférable à celles que donne le Dictionnaire de Littré. (Communication de M. Léonce Couture.)

Nexcance.

Lan mil cinq cons soysante et cinq et le xi⁰ septembre nasquict ma filhe Catarine deu Drot (1) et tint a la fonct de baptesme Jehan du Bousc et ca fame Catarine deu Faur ma tante et seur de ma mere.

Nexcance.

Lan mil cinq cens soysante et sept et le xxiiii⁰ mars nasquict mon filz Betran deu Drot et tien à la fonct deu batesme Betran Sangentis et ca fame Agne deu Bousc.

Le dit enfant est mort le xviii⁰ de may 1585.

Nexcance.

Lan mil cinq cens soysante et huict et le xi⁰ no[vem]bre nasquict Jehan deu Drot mon filz et tien a [la] fonct de baptesme son frere Oddet et ca seur Jehane deu Drot.

Et ledit enfant moreut un ang et demy apres.

1572

Nexcance.

Lan mil cinq cens [sep]tante deux et le xi⁰ janbrie nasquict ma filhe Catarine deu Drot et tien a la foncs deu baptesme sire Gilhames Fresquet et ca fame Catarine de Quxcan.

(*Après* naissance *ci-dessus on a ajouté :*) Est mort le 9⁰ apvril 1639.

1574

Nexcance.

L'an mil cinq cens septante et quatre et le iiii⁰ mars nasquit mon filz Jehan Deu Drot et tient a la fonct de baptesme son frere Betran et sa seur Catarine pour ce que le premier jour deu dit mois les armes feurent prinzes par toute la France et le 8⁰ apvril an seusdit mon frere Gilhames sen benant de Bourdeulx feut prins prisonie par les Uchanautz (2) et mené a Quastel Gelos et paya de ransun onze cens escus sol à 3 l. [3 livres] piece.

Le dit Jehan de lautre part escript moreut le 7⁰ jung 1586 et feut enpouzoné et ne demeu[ra] mallade que trois jours.

(1) Mariée à Mᵉ Jehan Perricot, lieutenant criminel.
(2) Les philologues remarqueront cette nouvelle variante du mot *huguenots*.

Nexance.

Le xi⁰ mars 1579 naquict mon filz Jehan Miqueu et tient a la fonct de batesme Jehan Parrabere et sa seur Caiarine Deu Drot.

Ledit enfant mourut ung an apres.

Neysance.

Le v⁰ julhet 1581 naquict mon filz Bernat Deu Drot et tien au font de batesme mo' de Mellet et sa filhe Gasparde de Mellet ma belle seur (1).

Moreut le dit enfant le vi⁰ janbrié 1583.

Mariage.

Le vingt deusiesme apvril 159. (2) ie Odet du Drot ay espousé ma femme Marie de la Crompe a leglise de Saint Martin pres La Plume.

Est morte la dite de Lacrompe le 19ᵉ septembre 1642.

---

(1) Au commencement du xvi⁰ siècle, les Mellet, de même que les Dudrot, étaient au nombre des riches habitants de Condom. Il y aurait beaucoup à dire sur ces Mellet. Il n'en existe plus de représentants mâles, mais leur descendance féminine se retrouve encore dans les deux branches principales. L'ainée est representée à Condom par la famille de Cugnac, la seconde au château de Bonas par Madame de Rumfort, fille de M. Faget de Quennefer (de Marmande) et petite-fille du dernier Mellet de Bonas. O'Gilvy, dans son *Nobiliaire de Guienne* (t. II, p. 74), a inséré la généalogie des Mellet, seigneurs de Faudon, et dans un long préambule il explique une erreur d'Hozier qui donnait aux Mellet de Condom la même origine qu'à ses clients. Saint-Allais s'est occupé de la généalogie des Mellet du Périgord dans son *Nobiliaire universel* (t. XI, p. 132). (Communication de M. Soubdès.) — A la note de mon excellent collaborateur j'ajouterai quelques indications. Un érudit qui apporte dans l'examen des questions généalogiques autant de conscience que de sagacité, M. Leo Drouyn a complété et rectifié le travail d'O'Gilvy (*Variétés Girondines*, dans les *Actes de l'Académie de Bordeaux*, 1879, p. 200-210). Mon amie à jamais regrettée, Madame la comtesse Marie de Raymond, m'avait jadis montré un dossier assez considérable de documents relatifs aux Mellet, aujourd'hui conservé dans le fonds qui, aux Archives départementales de Lot-et-Garonne, porte le nom de la généreuse donatrice. Ce dossier, où je me souviens d'avoir vu un arbre généalogique de dimensions très considérables, un arbre très *touffu*, comme je m'amusais à le dire, serait à consulter le jour où quelque sérieux travailleur voudrait, à l'aide des pièces imprimées et des pièces inédites, dire le dernier mot au sujet des Mellet. Comme les seigneurs de Faudon (domaine situé dans la commune de Saint-Pierre de Nogaret et possédé par mon cher parent et ami M. Charles de Ricaud) furent aussi quelque peu seigneurs de Gontaud, j'ai eu l'occasion de recueillir quelques actes relatifs aux interminables procès que soutinrent les consuls de ma ville natale contre leurs terribles voisins : je les publierai ou les analyserai dans mes *Notes et documents pour servir à l'histoire de Gontaud*.

(2) Le dernier chiffre de l'année est enlevé.

Le vingt uniesme mars 159. (1) est né mon filz Jehan sur les huict heures du soir et l'ont tenu sur la font du baptesme Guilhaume du Drot mon frere et damoiselle Marguerite de Mollié ma mere.

Nessance.

Le viugt neufiesme may 1599 heure d'une heure après midi est nee ma fille Marguerite du Drot et a esté tenue sur la font du baptesme par Mʳ Mᵉ Berard La Crompe conseiller d'Agen (2) mon beau frère et damoiselle Catherine du Drot lieutenante criminelle ma seur.

Et est morte le 13 aoust aux an [que dessus] à cinq heures apres midi.

Naissance.

Le tretsiesme iuin mil six cens, et une heure apres minuit est née ma fille Catherine du Drot laquelle a esté tenue sur les fons de baptesme par Mʳ Mᵉ Jehan Perricot lieutenant criminel (3) et damoiselle Catherine du Drot ma sœur sa femme. A esposé Mʳ Mᵉ Guillaume Labat advocat et [lieutenant] particulier audit siège [*Cette dernière phrase a été raturée*]. Depuis a esté mariée avec Mʳ de Nicolas (?), bourgeois de la ville de Gimont (4), et est morte le.....

Naisance.

Le 9 may 1601 ma femme savorta dun enfant qui neust baptesme. Le 23 iuillet 1602 heure de trois à quatre est née ma fille Marguerire et a este tenue le 25 aoust aux an [que dessus] sur le fons de baptesme par Mʳ Mᵉ Jehan Audieur conseiller du Roy en la presant ville de Condom et damoiselle Marguerite du Guy sa femme.

A esté mariée avec Mʳ Mᵉ Alem Arnauld Daston conᵉʳ du Roy au siege preal [présidial] de la prt [présente] ville et est morte le premier juillet 1651 entre trois et quattre heures du matin du susdit jour.

---

(1) Le dernier chiffre paraît être un 6. La naissance enregistrée au verso du feuillet est de 1599. Les deux articles ci-dessus doivent être peu antérieurs (Note de M. Soubdès).

(2) O'Gilvy a donné en son *Nobiliaire* (t. 1, p. 55) une généalogie de La Crompe de la Bessière. Cette généalogie ne commence qu'en 1615, faute de documents, mais on voit que c'était déjà dans les dernières années du xviᵉ siècle une famille de magistrats à la cour présidiale d'Agen.

(3) Il existe sur la famille Perricot une notice généalogique de 4 pages par Magny. (Communication de M. Soubdès.)

(4) Il y avait à Gimont une famille *de Nicolas*, à laquelle appartenait un célèbre professeur de droit canonique à l'Université de Cahors, auteur de l'*Enchiridion perelegans, in quinque titulos diductum, universam sacerdotiorum materiam complectens* (Lyon, 1550, in-4º). (Communic. de M. Léonce Couture).

Nessance.

Le dixiesme iuillet 1603 heure de douse heures apres minuit est née ma fille Marie et a esté tenue sur le fons de baptesme par mon cousin Jehan Mollié et ma belle sœur Blasiette de Ranconet (1) et est decedée le 24 dudit mois heure de douse heures apres midi.

Le troisiesme fevrier 1605 est née ma fille Jehane du Drot sur l'heure de dix heures du soir et a esté tenue à baptesme par M⁰ M⁰ Jehan Thousin advocat et damoiselle Jehanne du Drot sa femme et est morte le vingt quatrieme octobre mil six cens cinq, heure de deux heures apres minuit.

Nessance.

Le vint huitiesme aoust mil six cens sept sur l'hure de six heures de matin iour de sammedi est né mon filz Odet du Drot a Bordenave moy m'y estant retiré à cause de la peste et a esté baptisé a Siurac (2) par mon filz Jehan du Drot et ma fille Caterine.

Et est mort le 17 decembre 1608 sur les quatre heures du matin.

Nessance.

Le quatorsiesme ianvier mil six cens unze sur l'hure de dix heures de nuit mest née ma fille Marie du Drot et ay pencé perdre ma femme qui a demuré dix iours au travail dudit enfantement; et a esté tenue le 22 dudit mois sur le fons de baptesme par Jehan du Drot et Marguerite du Drot mes enfans.

Est morte ladite Marie le 18ᵉ janᵉʳ 1621, sur l'heure de trois à quatre heures du soir.

Le dix septiesme jour du moys de jung mil six cens unse que Monsieur Maistre Odet Dudrot quand vivoict conᵉʳ et guarde des sçaux (3) au siege de la presant ville mourust a six heures du soir en foi de quoy je Bertrand du Faur son clerc (4) a escript le present memoyre.

---

(1) Faut-il saluer dans cette *Blasiette* une parente de l'admirable érudit du xvɪᵉ siècle que j'ai cherché à ressusciter dans mon mémoire intitulé : *Un grand homme oublié. Le président de Ranconnet* (Paris, 1871)?

(2) Dans le voisinage de Siurac, il y a deux endroits du nom de Bordeneuve, l'un sur la route d'Agen, près de Séculi, l'autre à l'est de Hugaut. (Communication de M. Soubdès.)

(3) Les mots : *et guarde des sçaux*, ont été ajoutés d'une autre écriture.

(4) Il y avait d'abord : son *procureur ay* escript. Les mots *clerc a* ont été ajoutés par-dessus la rature, d'une main qui n'est pas la même que celle qui a ajouté *et guarde des sequx*.

Mariage.

Le dernier dapvril 1619 je Jehan Dudrot ay espousé ma fame damoiselle Jehanne de Raymond (1) a nœuf heures du matin dans l'eglise des religieuses de l'Ave Maria dans la ville d'Agen.

Est morte madite fame le 27ᵉ octobre 1621, entre une et deux heures après minuit.

Naissance.

Le 19ᵉ mars 1620 à trois heures apres minuit est né mon filz Robert et a esté donné à baptiser à Mʳ Mᵉ Robert de Raymond conseiller mon boufrere (sic) (2) et à damˡˡᵉ Marie de Lacrompe ma mere et a esté baptisé par les susnommés.

Est mort le 26ᵉ feb[vrier] à 9 heures le matin lan 1629.

Naissance.

Le 16ᵉ febvrier 1621 est né mon filz Jean à lheure dentre deux et trois apres midy et a esté donné à baptiser à Mʳ Mᵉ Jean de Lacrompe consᵉʳ mon oncle et damᵉˡˡᵉ Serene de Redon ma belle mere (3).

Est mort ledit Jean 5 sepmenes apres avoir esté né et avoir eu l'eau le 25 mars 1621.

Mariage.

Le 23ᵉ 8ᵇʳᵉ 1622 je Jean Dudrot ay espousé ma famme damᵉˡˡᵉ

---

(1) C'était une Raymond de la célèbre famille agenaise. Le mariage de Jean Dudrot avec Jeanne a été mentionné par le docteur Jules de Bourrousse de Laffore dans sa généalogie *Du Bernet* (*Nobiliaire de Guienne et de Gascogne*, t. III, p. 357) et, avec plus de détails, dans sa généalogie inédite de la maison de Raymond. Voir ce que j'ai dit de ce travail à la fin de ma notice sur *Madame la comtesse Marie de Raymond* (Auch, mai 1886, p. 19).

(2) Voir sur Robert de Raymond le *Livre de raison des Daurée d'Agen*, par M. Georges Tholin (Agen, 1880, in-18). Le savant archiviste du département de Lot-et-Garonne a très habilement résumé, dans les notices sur les aïeux de la comtesse Marie de Raymond, les livres de raison successivement rédigés par les descendants de Robert, lequel fut, comme son père Jean et comme son grand-père Robert 1ᵉʳ de nom, conseiller du roi au siège présidial d'Agen.

(3) Serène de Redon avait été mariée, le 13 juillet 1581, avec Jean de Raymond, qui mourut le 5 mars 1606 et qui était le frère de mon héros, le fameux controversiste *Florimond de Raymond*, conseiller au parlement de Bordeaux. C'était la fille de Pierre de Redon, écuyer, sieur du Limport, lieutenant principal en la sénéchaussée d'Agenais. Voir sur ce magistrat les *Documents inédits pour servir à l'histoire de l'Agenais*, p. 92. D'Hozier a dressé la généalogie de la famille de Redon.

Marie Du Bernet à cinq heures du matin dans leglize Sainct-Pierre à Bourdeaux.

Est morte ma susdite famme le 27ᵉ may 1669 entre 12 et une heure dapres midy (1).

Naissance.

Le 8ᵉ 9ᵇʳᵉ 1623 a onze heures du soir est né mon filz Salomon et a esté donné à baptiser à M. Du Bernet advocat au Parlement mon Beau pere et à damᵉˡˡᵉ Jeanne Disrael sa femme ma Belle mere.

Est mort le dit Salomon mon filz le 24ᵉ 8ᵇʳᵉ 1624, entre deux et trois heures apres minuit.

Naissance.

Le 24ᵉ xᵇʳᵉ 1625 est née ma fille Jehanne a trois a quattre heures avant jour, et a esté donnée à baptiser à M. Du Bernet mon Beau pere et damᵉˡˡᵉ Jehanne Disrael ma Belle mere.

Est morte ladite Jehanne le 20 8ᵇʳᵉ 1626.

Naissance.

Le onziesme Decembre 1626, est nee entre quattre et cinq heures de matin ma fille Catherine, laquelle a esté donnée à baptiser à M. Mᵉ Jehan de Lacrompe jadis conᵉʳ au siege Dagen [d'Agen], mon oncle, et à damᵉˡˡᵉ Catherine Dudrot ma tante famme au sʳ de Molinis Dastafort [d'Astaffort]. A esté baptisée [*ici un vide dans le manuscrit*]. A esté mariée à M. Mᵉ Jehan Dupuy sʳ de Lahite du lieu de Cazaubon en Armagnac comme apert de ses pactes de mariage du 12 apvril 1653 retenus par Dupuy et a espouzé en ville a lesglise St-Michel le 26 susdit mois et an.

Naissance.

Le 26ᵉ janᵉʳ 1628 est né mon filz Jehan, entre cinq et six heures du soir, et a esté donné à baptiser à M. Mᵉ Jehan Du Bernet cʳ [conseiller] du Roy en la cour du Parlement de Bourdeaux mon Beau frere et Dˡˡᵉ Marie Du Bernet fame à M. Mᵉ Priesac adᵗ [avocat] et Docteur

---

(1) Marie du Bernet appartenait à la famille qui allait fournir un premier président au parlement d'Aix, puis au parlement de Bordeaux, Joseph du Bernet, le grand ami de Peiresc. C'était la cousine-germaine du premier président. Voir la *Notice du Bernet* dans le tome III du *Nobiliaire de Guienne* par le Dʳ Jules de Bourrousse de Laffore, p. 359 et 368-369,

Regent en luniversité de Bourdeaux (1). A esté baptisé le 9e apvril 1635.

[*En haut et en marge on a ajouté ce qui suit.*]

Est mort le xe 9bre 1646 (2) en Catalognie sen estant alé à la guerre sans mon adveu ni sceu.

Naissance.

Le 4e may 1629 est né mon filz François et a esté donné à Baptesme à M. Me François du Bernet mon beau frere chanoine en l'eglise St-Pierre de la pñt [présent] ville et à Damelle Marguerite Du Bernet sa sœur famme à Me de Lassus recepveur general du tailhon en Guienne.

Et est mort ledit François le dernier febvrier 1631.

Naissance.

Est nee ma fille Marie le 3e aoust 1630 et a esté baptisée le lendemain par mes enfans Jehan et Catherine Dudrot dans l'esglise S-Pierre de la present ville.

Est religieuse au couvent St-Ursulle de la present ville et a faict la profession le 4e Xbre 1646.

[*Famine à Condom.*]

Lan 1631 y eust grande famine en ce pais et la cartal du bled se vandist puis lesté de lannée 1630 jusque à lesté 1631 dix, doutze et quatorze livres la cartal mezure de la present ville (3) et les aultres grains à proportion mesme le milhet à dix livres. Et lan 1640 le vin est vendu a 5 sous le pot (4) toute lannee.

---

(1) Quelque parent sans doute de Daniel de Priezac, qui fut conseiller d'Etat, membre de l'Académie française, et qui, né en Limousin (1590), mourut à Paris (1662).

(2) Le 21 novembre 1646, le comte d'Harcourt fut obligé de lever le siège de Lérida. Le 18 avril de la même année, Agezillan de Bezolles, « cappitaine au régiment de cavalerie du seigneur comte de Merenville, » partant pour l'armée de Catalogne, fait son testament à Condom, dans la maison où réside sa mère Anne de La Jugie de Rieux. Le même jour, Agezillan de Bezolles achète 3 chevaux à Guillaume du Saige, pour 1600 livres, afin d'aller en Catalogne (minutes de Rizon, chez Me Lagorce). Il est probable qu'Agezillan de Bezolles décida Jehan Dudrot à le suivre à l'insu de sa famille. (Communication de M. Soubdes.)

(3) La *cartal*, mesure de Condom, était de 61 litres 26 d'après l'instruction préfectorale de l'an x.

(4) Le *pot*, d'après la même instruction, valait 1 litre 702.

Naissance.

Est nee ma filhe Agne Dudrot le 19e apvril 1632 entre dix à unze heures de matin et a esté baptisée le lendemain par mes enfans Jehan et Marie Dudrot dans lesglise St-Pierre de la present ville.

Est morte le 20e 7bre 1635 à Capdeboscq et ensepvelie à lesglise de Marquadis (1).

Naissance.

Est né mon filz Arnauld Alem sur le 9 à x heures de matin le troisiesme septembre 1633. Et a esté donné à baptesme à M. Daston conseiller mon Beau frere et Dam^{lle} Marguerite Coquart femme de M. Me Jehan Du Bernet conseiller en la cour de Parlement de Bourdeaux mon Beau frere.

Et a esté baptizé le xe apvril 1635.

Naissance.

Est née ma fille Jehanne sur les sept à huict heures du soir le 4e 7bre 1634 et a esté baptisee par Jehan et Marie Dudrot mes enfans le septiesme septembre mil six cens trante et quatre.

Est religieuse Ursuline et en a prins lhabit le 13e 9bre 1650. A faict sa profession le 6e febvrier 1652.

[*Après* naissance *on a ajouté* :] Est morte vers le 15 novembre 1665.

Naissance.

Est né mon filz Odet le 23e juillet 1638 et a esté donné à Baptesme à M. Me Odet Du Bernet L[ieutenant] acc[esseur] mon Beau frère et Dam^{lle} de Redon famme à M. Me Jehan de Melet, president au siege de la present ville, et a esté baptisé le sixieme X^{bre} 1638.

Est mort le premier may 1644.

[*Abondante récolte de blé.*]

L'annee 1639 feust fort bonne en bleds et le gerbier sive loubat tiroit deux cartals et nœuf cartons (2) de dix gerbes le loubat.

---

(1) L'église de Marcadis est très voisine de Cap-de-Bosc. Elle est aujourd'hui annexe de la paroisse d'Artigues.

(2) Le *carton* ou mieux *quarton* était le *quart* de la *cartal*, qui elle-même était le *quart* de la *conque*.

Naissance.

Est né mon fils Bernard le 15ᵉ may 1641 entre deux a trois heures de nuict et a esté donné à baptesme à M. noble Bernard Du Bouzet sʳ de Laroche marin et à Damᵗᵗᵉ Guirauete de Larochemarin, mariés (1).

Lean luy foust bailhée le mesme jour et le baptesme a esté achevé en lesglize de Marcadis jurisdiction de Moncrabeau le 4ᵉ Aoust auditan.

Naissance.

Est né mon filz Antoine le setziesme mars 1644 à six heures de matin et a esté donné à baptiser à M. Mᵉ Antoine de Cous prestre et chanoine et grand archidiacre en lesglize cathedrale de la present ville (2) et à Damᵗᵗᵉ Anne Mazeres famme au sʳ Du Bernet L[ieutenant] accesseur ma Belle sœur.

Et leau lui a esté baillée le susdit jour. Depuis a esté baptisé dans lesglize St-Pierre de la present ville.

Naissance.

Est né mon filz Pierre le 9ᵉ Aoust 1645 entre deux et trois heures du matin.

Est mort ledit Pierre le 4ᵉ Xᵇʳᵉ 1651 vers les cinq à six heures du matin.

[*Pigeonnier de Capdebosc.*]

1647.

Sera memoire qui jay appigeonné ma feue (3) de Capdebosc de

---

(1) Sur ce du Bouzet et sur les du Bouzet en général, je suis heureux de citer ici, tant à cause de son mérite que de son origine condomoise, M. J. Noulens, l'habile généalogiste auquel nous devons les *Maisons historiques de Gascogne.* V. le tome 1, p. 1-191.

(2) Sans doute un neveu, filleul et protégé de Mgr Antoine de Cous qui occupa le siège épiscopal de Condom depuis 1616 jusqu'en 1647.

(3) *Fuie, fuye*, petit colombier dont les boulins ou trous ne vont pas jusqu'à terre, par opposition au colombier à pied qui avait des boulins depuis le sommet jusqu'au rez-de-chaussée. Certaines terres titrées avaient seules le droit de colombier à pied. D'après quelques auteurs (D'Olive, livre 3, chap 2; La Peyrère, lettre S n° 9; Guyot, *Traité des fiefs*, t. vi, p. 615), on aurait, au contraire, appelé *fuyes* les colombiers à pied dans les ressorts des parlements de Bordeaux et de Toulouse. La distinction entre le *colombier* et la *fuye* n'existait pas anciennement dans les provinces méridionales. Les plus vieux cadastres de Condom n'emploient que le mot *colomé*; ce n'est que dans celui de 1684, que l'on voit figurer *hunc* qui est probablement une altération de *fuye* que les Gascons ne pouvaient prononcer. — Le 14 septembre 1687, Bernard Dudrot, sieur de Capdebosq, obtint du duc d'Albret la concession d'une *fuye*, moyennant deux sols six deniers de rente annuelle et perpétuelle, d'après un original en parchemin des Archives de Capdebosc. (Communication de M. Soubdès.)

nouveau en l'année mil six cens quarante sept et au mois d'octobre (1).

[Grande peste à Condom.]

Lan 1653 y eust grand peste dans Condom où il y moureust de trois partz les deux du peuple, sept procureurs et M. de Guilhot medecin avec sa famille fors un enfant (2). [Un mot à la suite est effacé.]

[Saumon pêché près de Condom.]

Sera memoire que le 23 jung 1656 heure de six à sept heures du soir feust prins proche le molin de Barlet de la present ville un saumon.

[Décès.]

Sera memoire que M. Du Bernet conseiller au parlement de Bourdeaux est mort soudainement dans le palais le x° may 1662.

[Chaleurs excessives.]

Est à remarquer que l'année 1669 a esté fort esterille tant en grains que vins à cause du grand chaut qu'il a faict n'ayant eu quant à moy [La suite devait se trouver en regard, sur un feuillet qui a disparu.]

[Notes de vendange.]

Et de vendange scavoir à Bordenave que cinq charges entre metaier et moy; à la vigne Descremis six charges de mesme; au Cailhau de mesme et à Capdebosq.

---

(1) A rapprocher d'un passage du *Livre de raison de la famille de Fontainemarie* sur le pigeonnier de Castecu (p. 115).

(2) Le chanoine Lagutère parle en ces termes de la peste de 1653 dans ses mémoires : « Et feust nommé led. s' Destrades [il s'agit de la députation qui fut faite de notre Evêque pour les Etats de Tours] qui partit pour Paris où il resta iusques en 1653 qu'il vint à Limoges où il demeura quelque temps avec le sieur Evesque dud. lieu en attendant qu'il peust se retirer dans son diocese fort affligé de peste et surtout Condom qui fut entierement deserté à cause de cette maladie y estant mort ou au voisinage près de quatre mil personnes, les eglises fermees et la cathedrale sans aucuns offices près de quatre ou cinq mois. Led. s' de Margeon vicaire general s'estoit retiré à Cassagne d'ou il donnoit les ordres pour la conduite du diocese et sur la fin du mois de decembre dud. an feust le service divin restabli dans lad. cathedrale et peu à peu les habitans se retirerent ayant resté iusques environ led. temps campés dans des hutes au voisinage de lad. ville. » (Communication de M. J. Gardère). C'est à l'occasion de cette peste que les consuls firent le vœu dont M. Gardère a parlé dans sa substantielle étude sur l'*Iustruction publique à Condom*, un des meilleurs travaux publiés sur l'histoire de l'enseignement d'autrefois.

[*Décès.*]

Est mort mondit père le 20 dauost lan 1674 (1).

[*Mariage.*]

Memoire du mariage dentre Arnaut Alem du Drot et ma^{elle} Betrade de Tartanac qui espousarent le quinze de fevrier 1675 (2) qui estoit un vandredi matin a neuf heures ayant espousé au Pradeau par M. Claisac viquere de St-Pierre.

---

(1) Ceci est inscrit au f° 50. On trouve au f° 63 v° cette nouvelle mention du même décès avec une date de jour différente : « Monsieur M° Jean Dudrot est mort le xi aoust l'annee 1674 et a esté ensevely aus Cordeliés. »
(2) Le chiffre 7 est douteux, ayant été surchargé.

SECONDE PARTIE

CHANTS HISTORIQUES (1)

[*De frere Thomas*] (2)

« La bastonade te venero, »
Dist fraire Thomas cordelier;

---

(1) Je supprime les prières rimées annoncées dans l'*Acertissement* parce que je n'ai plus le droit de les supposer inédites. Voici ce que m'écrit M. Léonce Couture : « Le premier fragment commençant par le vers : *Pource, Vierge au cueur piteux*, est la seizième strophe de l'*Oraison tres decote, plaisante et bien composee en l'honneur de la Royne de Paradis contenant* xvj. *couplets*. Ce dernier couplet se trouve au verso du feuillet *i* des *Heures* de Simon Vostre de 1515 (in-8°), que j'ai sous les yeux.—Ces mêmes heures renferment, à la suite, la longue prière rimée *A toy Royne de hault parage*, avec le distique placé à la fin :

Lame qui est dordure taincte
Doit ainsi faire sa complaincte.

» Enfin, au feuillet *oij* c° commence l'*Aultre orayson a la glorieuse Vierge Marie [pour dire tous les jours]* :

Glorieuse Vierge Marie
A toy me rens et si te prie
Que tu me vueilles ayder
En tout ce que jauray mestier. *Etc*.

» Tout cela n'offre aucune variante notable avec votre copie. Je crois, de plus, que les mêmes textes poétiques se trouvent dans plusieurs autres livres d'heures de la même époque. »

(2) Dans la *Revue catholique de Bordeaux* du 10 mai 1890, j'ai posé (p. 288) cette question sur les prédications de Thomas Illyricus en notre sud-ouest: « Tous connaissent ce moine à la parole ardente, entrainante, d'une famille originaire d'Illyrie (d'où son surnom d'Illyricus). qui, renouvelant au commencement du xvi° siècle les prodiges oratoires de saint Vincent Ferrier, *couroit le monde, preschant la pénitence, et annonçant le courroux prochain de Dieu*, comme s'exprime Florimond de Raymond (*La naissance, progres et decadence*

de l'heresie de ce siecle, Paris, in-4°, 1605). Je voudrais savoir ce que l'on pourrait ajouter aux pittoresques récits du conseiller au parlement de Bordeaux, ainsi qu'aux renseignements fournis par le P. Bajole (*Histoire sacrée d'Aquitaine,* 1644, in-4°), sur les prédications et prédictions du populaire orateur à Bordeaux, à Condom, à Toulouse. Quelles autres villes du sud-ouest furent évangélisées par le cordelier au zèle impétueux et à l'âpre éloquence? Quels documents publics ou inédits gardent des traces du passage de cet apôtre à travers notre Aquitaine qu'il admirait tant, la comparant presque au paradis? Que sait-on, en particulier (non d'après la tradition, dont je me méfie beaucoup, mais d'après d'incontestables témoignages), du séjour du frère Thomas sur la côte d'Arcachon, où, suivant la belle image de Florimond de Raymond, citée dans mon *Essai biographique* de 1867 (p. 107), il vit *la mer enflée qui rouloit ses foudres?* » Jusqu'à ce jour l'enquête que je réclamais n'a rien produit, mais M. le chanoine Ulysse Chevalier, correspondant de l'Institut, répondant à ma question dans le même excellent recueil périodique où elle avait été posée (livraison du 25 juin 1890), a indiqué un document inédit qui, pour ce qui concerne le séjour du frère Thomas en Dauphiné, nous fournit un nouveau jalon. D'après un registre des délibérations de la ville de Grenoble, coté BB 4, f° 98, frère Thomas vint en cette ville le 14 novembre 1516, y prêcha plusieurs fois (jusqu'au 19, jour de son départ), sur une place publique, celle de Sainte-Marie, en présence de l'évêque [Laurent Allemand]. Espérons que d'autres chercheurs trouveront des témoignages qui viennent compléter pour l'Aquitaine, la Gascogne et le Languedoc, les vagues données que nous possédons. Combien je voudrais que dans toutes les villes qui furent électrisées par la parole du prédicateur, on pût retrouver des textes aussi précis que ceux qui ont été conservés dans les archives de Cahors et de Condom! Le premier de ces textes, extrait du registre *Te igitur* et publié par MM. L. Combaricu et F. Cangardel dans le *Bulletin de la société des études du Lot* (t. XXIII, 1888), nous apprend (p. 135-140) qu'en 1519, le 25 mai, le vénérable homme de Dieu, professeur de théologie et très profond philosophe, se dirigea de la très célèbre cité de Toulouse [indication qui complète sur un point important le très maigre et insuffisant article de la *Biographie toulousaine*] vers la ville de Cahors. Suivent de curieux détails sur l'arrivée de Thomas, au devant duquel accourut toute la population cadurcienne, ses consuls en tête; sur la bénédiction papale que donna le saint homme à la foule prosternée; sur la vie moins humaine qu'angélique qu'il mena pendant huit jours dans le couvent des Frères Mineurs, buvant d'un vin très étendu d'eau (*calde lymphatum*), ayant une planche pour lit, passant une partie de la nuit en prières; sur sa figure très pâle, sur son nez mince et pointu, sur sa barbe longue, sur son corps amaigri, mais fortement charpenté, sur sa haute stature; sur son éloquence extraordinaire; sur la fatigue qu'il bravait en parlant du haut de la chaire pendant quatre et cinq heures d'une voix retentissante; sur son sermon en l'honneur de l'Immaculée Conception de la Vierge Marie, sur d'autres sermons en plein vent dans une prairie située auprès du pont de Valentré devant d'innombrables auditeurs; sur ses prédications aux environs de Cahors (à Aujols, à Beauregard, à Concots, à Villefranche). Le texte de Condom, publié par M. Bourgeon (*La Réforme à Nérac. Les origines*) [Toulouse, 1880, in-8°, p. 77-79], est moins étendu et nous apporte de moins minutieuses informations, mais on y trouve quelques indications pour l'itinéraire du fougueux orateur (dimanche 27 octobre 1518, arrivée à Condom; séjour d'une semaine environ dans cette ville, où il prêcha trois fois dans le couvent des Frères Mineurs, et une fois, le jour de la Toussaint, dans la prairie de l'hôpital, devant plus de trente mille personnes; départ pour Nérac; retour à Condom, départ pour Toulouse). On y trouve aussi, comme dans le récit cadurcien, le contre-coup de la saisissante impression que produisait sur les masses cette éloquence qui avait quelque chose de la violence et du fracas d'un torrent, impression mêlée de délirant enthousiasme et de religieuse terreur.

« Guerre, famine, provero,
» Et pestilencia toy ralier (1). »

Onc despuys ses sermons et mines (2),
Nusmes que guerres et famines,
Fiebres, pestes, infinis maulx
Susmes par terribles assaulx.

La bastonade trop cruelle
Nous vint apres, point je ne faulx;
Guerre, famine et aultres maulx
Et pestilence universelle.

« Pardone luy, Xristo, pardonne,
» Mio caro crucifixo;
» Ta grace luy abandonne
» Estando poplite flexo. »

Avecque ses serimonies
Et grosses exclamations
Changeoyt pencées infinies
Vexces (3) et tentations.

Quand il entra dedens Condom
Lon l'estimoyt demy prophete;
En aultres lieux bruict et renom;
Dung jour ouvrier lon fesoyt feste.

Le nom de Jhesus Maria, metre,
Jhesus Maria nous disons
Escript en quelque belle lettre,
Devant les portes des maisons (4).

(1) Je guillemette les phrases empruntées à la prédication de frère Thomas. Au reste, ni le texte ni le sens de ce quatrain ne sont absolument sûrs. La dernière lettre du premier et du quatrième vers peut aussi bien être un *a*. Je traduirais, sauf meilleur avis : « La bastonnade viendra sur toi; tu éprouveras guerre, famine et peste (venant) te rallier, t'atteindre. »
(2) *Mines* veut-il dire ici *gestes, grimaces*, ou plutôt *menaces* (lat. *minae*)?
(3) Sans doute substantif verbal du verbe *eexer*. Le sens serait : « Il changeait, il faisait disparaître beaucoup de pensées (déréglées), de vexations, de tentations. »
(4) La chanson est d'accord avec tous les récits connus, notamment avec les récits cadurciens et condomois. A Cahors, après avoir pleuré quatre fois, n'ayant pas dit un seul mot qui ne pénétrât dans l'âme des auditeurs, il recommanda à tout le monde de mettre sur les portes de la ville et même des maisons un écri-

Cartes, dez, piroettes et eschès
Toutz instrumentz delectables
Aultres occasions de pechès
Chasser comme detestables (1).

    Provence leust
    Quar la morust
    De peste et d'infection
    A genoulx par devotion
    Devant limage Notre Dame
    De Menton lieu propice
    Troys lieux par de là Nice.
    Dieu luy veuilh saulver son âme!

Mort.

Depuys Labret je vis morir
Ses filz premiers et luy suivir (2)
Feu Jehan Marre vieulx assez
Presque en ung an furent trespassez (3).

teau portant le nom de Jésus, ce qui fut fait à l'instant même. (*Bulletin* déjà cité, p. 138.) Le texte publié par M. Bourgeon est ainsi conçu : « et fey far des Iesus per botar à lintrant de las portas. »

(1) Nouvel accord entre notre chanson et les textes de Cahors et de Condom. Voici la traduction du *Te igitur* (p. 139): « Comme pendant son séjour à Cahors l'homme de Dieu au nom de Jésus-Christ avait recommandé aux consuls de faire brûler toutes les cartes servant au jeu avec les tables et tréteaux à l'usage des dés, aussitôt après son départ, le jour même, marchands et bourgeois, apportèrent tous toutes ces futilités dans la maison consulaire. Il y avait bien pour les cartes jusqu'à cinq charges de chevaux, et un bûcher ayant été préparé, tous ces objets furent brûlés sur la place publique devant la maison commune. » Le rédacteur du *Te igitur* a reproduit, à la suite de son récit, une lettre écrite de Villefranche, le 18 mai 1519, par frère Thomas aux consuls de Cahors, où il les félicite de leur auto-da-fé et dit combien il s'en est réjoui (*qua de re gavisus sum*). Le registre des jurades de Condom, toujours plus bref que le registre de Cahors, se contente de cette simple mention : « et fey ardre totas las cartas, datz, taulers et tamborins et fey cessar beaucop de joez que no joguen per lo present. »

(2) Il s'agit là d'Alain le Grand, mort à Casteljaloux en octobre 1522. Voir sur Alain d'Albret et sur sa famille la monographie de M. Luchaire, laquelle résume, complète et remplace tous les travaux antérieurs.

(3) La date attribuée à la mort de l'évêque Marre est la bonne : c'est celle qui a été adoptée dans le *Gallia Christiana* (t. ii, col. 967) : « tandem vir pius ad cœlestem patriam migravit an. 1521 » et, à la marge : « 13 octobre. » La date du 28 mai parait avoir été rayée immédiatement. Elle se rapportait peut-être, comme le remarque M. Soubdès, à quelqu'un des seigneurs d'Albret dont il est question dans le même quatrain. Revenons au *Gallia* pour constater que le grand évêque y est appelé Johannes *de* Marre (col. 968), ce qui — l'erreur faisant toujours boule de neige — a été aggravé dans un *Dictionnaire historique*

(1521 et die dominica xiii octobris [xxviii maij *barré*] anno predicto millesimo quingentesimo xxi obiit dictus Marra).

Guerres.

Prinse fust lisle de Rodes
Et hors mys ses gentilz croysars
Par les Turcs mechantes brodes (1)
Getans mortiers, floches et dars.

Fontarabie et La Groygne (2)
Ou Esparros ses ieulx perdit (3)
En Naples, guare la roigne !
Lautrec à Dieu lame rendit (4).

Apres Rome Fontarabie,
Naples, Pavie, Lytalie
Avecque ses guerres et picques
Au mylieu de mes coroniques.

Trahisons.

Dieu punira ses trahisons
Comprins botefeuz de maisons

où Jean *de* Marre est devenu Jean *de la* Marre. Attendons-nous à quelque déformation plus considérable encore. Jean Marre, considéré comme évêque et comme écrivain (j'ai signalé un manuscrit de lui à la *Bibliothèque nationale* dans une plaquette sur la *Fondation de la Société des bibliophiles de Guyenne*, Auch, 1866, p. 20), mériterait une notice spéciale et développée, que devrait bien nous donner un jeune prêtre en quête d'un beau et neuf sujet pour une thèse de doctorat. Il ne faudrait pas oublier d'y signaler l'admiration du prélat pour Thomas Illyric, attestée dans cette phrase du chroniqueur municipal de Condom (p. 78 du livre de M. Bourgeon) : « Lo reverend pay en Dieu Mons. Jehan Marr evesque de Condom anet demorar audit convent noyt et jor per ausir lo sermon et predication decoudit sant home. »

(1) Terme injurieux que l'on peut assez bien traduire par *canailles*.

(2) C'est Logrogno, dans la vieille Castille, l'antique *Juliobriga*, sur l'Ebre, à 94 kilomètres s. de Vitoria. Favin (*Histoire de Navarre*, p. 706) appelle cette ville *Logrogno*, et Du Bellay *Le Groagne*.

(3) André de Foix, seigneur de l'Esparre (Esparros est une commune des Hautes-Pyrénées; c'était autrefois une des douze grandes baronnies de Bigorre. Favin, p. 707, l'appelle *Asparrault*), André de Foix, dis-je, était frère des seigneur de Lautrec et de Lescun. La perte de ses yeux est relatée par tous les historiens. Voir en particulier Brantôme, *Vies des grands capitaines français*, discours XXIX.

(4) Odet de Foix, seigneur de Lautrec, maréchal de France, fut tué au siège de Naples, le 15 août 1528.

Qui tant de maulx ont faict en France
Mirent à feu Troys et Dijion,
Monopoles faictz à Lion
Contre leur Dieu et conscience.

Guerres.

Audois cum de Borbon va bie (1)
Cestoyt pour passer Litalie
Mais à Pabie, merancolie.
Il fust fort plus que Golias
Le jour de la sainct Mathias.

Mil V^c et vingt et quatre
Au jour dessus mentioné
Bon gré notre champ a combatre
Françoys fust prins et enbironé.

Puys admené dez gens sens loy
Nabarre ausi perdist son Roy
Qui a peu de temps se recoubra
Le sainct esprit tres bien oubra.
Il les faulsist bailler bons gaiges :
Les enfans furent en ostaiges.

Lan mil cinq cens 7 et xx
Lampereur en Provence vingt
La où il fist toutz ses assays
De prendre Marceille comme Ays (2).

En Lorraine et Picardie
Entre les Roys vismes grand guerre
Au Pymont, Savoye, Litalie
Et tout pour amplier leur terre.

De nous treuves pretendues de x ans advenir (3).
Paule tiers moyenneur a esté

---

(1) Peut-être est-ce l'expression italienne *ca cia*, va son train, s'en va.
(2) Je juge inutile de consacrer la moindre note à des événements et à des personnages trop connus, mais je ne résiste pas à l'envie de citer sur l'invasion de la Provence par Charles-Quint les remarquables pages publiées par un illustre enfant d'Aix, M. Mignet, dans la *Revue des Deux-Mondes*, en 1860.
(3) Note marginale du manuscrit : *Publié[es] 1538 le premier de juillet*.

Qui en ce moys de juillet en esté
A faict les Roys a Nyce tous venir.

Paule 3 fust notre moyenneur
De paix, traictez avecque Lampereur.
Troys Roys a Nyce se trouvarent
Je ne scay rien si s'accordarent
Que le maistre des clefs et des portes
Si les fist venir en Aigues mortes.
[*Ces six derniers vers ont été raturés.*]
Lamperreur a xxviii galleres
Et les Francoys en diverses manieres
Treves tenir trestous jurarent
Par peu de temps apres durarent.

Ou par terre ou par nef
Vingt Lampereur en France
Mil cinq cens trente nef
Vne tre belle aliance
Feust veue de luy et des Francoys
Apres guerre paix entre Roys.

Peu devant Saincte Katherine
En novembre le vingt troys
Les mariniers sur la marine
Lampereur et Dauphin cortoys
Pose corans a grosse heleyne.
Ils firent prendre une baleyne;
ii jours apres belle assemblée,
A Bayone firent leur entrée.

Cette paix fust tost perdue.
Ne scay coment il en ala,
Car Landerci et par de la
Fust aux Françoys place rendue.
Lussemborc et aultres lieux
Furent prins par le voloir de Dieux.

Tempeste (1540).

De pierre fusmes tormentés
Le jour saint Leo pape Romain

Ou perdismes raysins et grain
Par grosses gresles et tampestes
Qui abbatoyt clochiés, fenestres,
Et ny eust arbre qui fust sain.

A Condom font ce jour grand feste (1)
Pour ce que son corps y repoze.
Jamais ne vis telle tempeste.
De peur de ce parler je noze
Suy assuré que nous vismes
Tampestées plus de 70 dismes
    In diocesi.

De Luther.

Ung appostat contre leglize vint
Croy que despuys mile ve et vint
Nomes le Luther avec ses aderans
Souysses, seduit ausi maintz alemans.

Despuys ce temps au ciel on vit
Unne commette enflambée
Qui signifioyt l'assemblée
Des precurseurs de lantecrist
Qui moult erreurs ont escript
Persecutant la pouvre Eglise
Dont despuys quant bien je m'advise
Ses deluges de calamittés
Guerres, famines, mortalités
Nous ont esté prefigurées.

(1) Fr. de Belleforest dit dans sa *Cosmographie* (t. II, p. 273) : « En l'église Saint-Pierre est honoré comme patron saint Léon pape duquel les Condomois font grand feste. » (Communication de M. Gardère.) La légende du pape saint Léon, fondateur de l'église de Condom, formait le commencement de l'histoire de l'abbaye qui se trouvait dans le vieux cartulaire dont l'original n'existe plus. Dom d'Achéry, lorsqu'il inséra cette histoire dans son *Spicilège*, crut devoir supprimer ces récits légendaires, mais ils ont été conservés dans des copies dont l'une, de Larcher, est aux archives de Condom, l'autre, de Lagutère, est encore dans la famille de ce dernier. C'est celle qui a été utilisée par le chanoine Monlezun dans son *Histoire de la Gascogne*. Une troisième copie est dans les mains de M. Plieux, qui a discuté cette légende dans son travail sur l'abbaye de Condom (*Revue de Gascogne*, 1881). Il s'agit dans notre légende de Léon III. L'*Art de vérifier les dates* dit qu'il est compté entre les saints, mais ne fixe pas le jour de sa fête. (Communication de M. Soubdès.)

Ainsi est comme je le croy
Par signes en mainctes contrées
Chascun le scait trop mieulx que moy.
A Coullougne cité sus le Rin
Ung cordelier [*en interligne*, pellerin] trova la presse,
A Basle en grec et latin
Alemans mirent leur genesse
   Et vielhesse
Qui mieux diroit sur ses colloques
  Par equivocques
A composer chascun sapplique
  Chose inique
Cuidans savoir plus que Platon
A feu la faulse rethorique
DEcolampade, Melancton.

Famine

Mile V^e trente uung
Tant dedans les viles que dehors
Morust de faim mainct ung
Que pitié estoyt voers tant de mors.

Il fust veu en ceste ville
Beaucop plus cher quanpt que soyt
Le pain, le vin, le sel et luile
De jour en jour sencherissoyt.

Le bled vaulsist a comug pris
iiii l. [*livres*] 5 soulz ou six.
Je fis la prinse sommaire
De perpetuelle memoire.

Maledies.

Par fiebre chaulde infinis
Crier, rever, tumber je vis
Dez malades reconvalir
Et medecins beaucop failhir.

[*Pardon papal. Expéditions de Charles-Quint et de Barberousse*]
   8 de septembre.

Lan cinq cens trente-six apres mile
Pardon papal du tout Remission

Je vis nuz piedz les citoyens de vile
Devotement a la procession.

Prians Jhesus nous voloir doner paix.
Lan pour les fruiz nous vint a competence.
Les Espaignoulz estoyt ja dedens Aix
Et Lampereur venoit contre la France.

Lampereur avec grosse puyssance
Assailhist le Royaulme de France
Et la Provence; lost estoit a Nyce,
Lieu mal propice, car la jaulnice
Grevoyt des gens estans en grans dangers;
Peste regnoyt et navoyt que manger.
Genes fust prins, Dagali Barbarosse
Et sainct Planquat (1) qui vingt a la secorse.

L'annee apres Francoys fist ordonné
Que argent biernoys seroyt abandonné
Et descrié en Gascoingne, et en France
Dont mainct subjet vesquit en grand soffrance (2).

Mal temps et cher touchant nostre despense
Heusmes apres dont mainct moust de faim
Faulte de vin, de blez ausi de pain;
Prions a Dieu quil nous binct recompense.

Sur une bonne vie et une bonne mort.

Il a bien la conscience dure
Et mèt son ame a laventure
Pour ce monde qui si peu dure
Pert Paradis qui tous jours dure.

Lon dit au bray par raison vive
Qui bien beult morir bien vive
Quar jamais ne furent daccord
Maulvaise vie et bonne mort.

(1) Voir ma petite notice sur l'*Amiral Bertrand d'Ornesan, baron de Saint-Blancard* (extrait de la *Revue de Gascogne* de mai 1867).
(2) Voir dans le *Catalogue des actes de François I*, publié par l'Académie des sciences morales et politiques (t. III), mention de l'Edit du 29 novembre 1538 portant suppression du cours dans le royaume de certaines monnaies étrangères, telles que les Vaches de Béarn, etc.

APPENDICE

I

Livre de la taille sur allivrement de la ville de Condom.

Faict lan mil v⁰ xli [1541] et pour lever la somme de ii^{cc} l. t. [200 livres tournois] pour le cartier de april deu au Roy et aultres affaires de la dite ville; pour lever ladite somme Jehan Mellet, F. du Franc (1), Michel Drot et aultres impouzarent comme sensuibt.

Pour chef de livre de 1 sou sur chacun habitant dudit Condom et juridiction dicelle, son bien montant jusques a unne l. (une livre) ou plus.

Montent les dites livres six mille sept cens sept livres ii s. vi d. [2 sous six deniers] de tous ceulx qui sont comprins audit livre oultre ledit chef de livre de 1 sou pour chacun et pour chacune livre fust cothizé que seroyt payé iiii d. t. [4 deniers tournois].

Montent lesdits chef de livre pour lever ladite somme, iiii^{xx} ii l. [82 livres] à 1 sou pour chef de livre.

Les aultres livres montent à iiii deniers pour livre, cent xi l. xv s. huict deniers [111 livres 15 sous 8 deniers].

Quest en somme avec lesdits chef de livre nefz vignz xiii l. [193 livres] quinze sous huict deniers. Par ainsi restent a lever de la dite somme de ii^{cc} l [200 livres] impouzée vi l. iiii s. iiii d. [6 livres 4 sous 4 deniers] laquelle se prendroyt sur ceulx de la Ressingle ou ailleurs.

Les chef des maisons montent seze cens xl chef [1640].

---

(1) François du Franc était l'aïeul maternel de l'historien Scipion Dupleix. Je dirais que Monluc en parle longuement, si les récits d'un écrivain d'autant de verve pouvaient jamais avoir quelque longueur. (*Commentaires*, édition du baron A. de Ruble, la seule, du reste, que l'on doive citer, t. ii, p. 357). Voir sur la famille du Franc une note dans mon édition des *Sonnets exotériques*, p. 75,

Le bien de maistre Guirault Dymas quil a en Condom est allivré pour vi l. vii s. vi d. [6 livres 7 sous 6 deniers].

Il en y a xi^{cc} [1100] livres que ne portent point de l. [livre].

Par ainsi qui est escript au livre gros de lalivrement de la ville de Condom portant 1 l. [livre] pour ladite l. [livre] porte iiii d. [4 deniers] a lever ladite some de ii^{cc} l. [200 livres].

De xvii s. vi d. — iii d. ob. [de 17 sous 6 deniers — 3 deniers obole].

De xv s — iii d. [de 15 sous — 3 deniers].

De xii s. vi d. — ii d. ob. [de 12 sous 6 deniers — 2 deniers obole].

De x s. — ii d. [de 10 sous — 2 deniers].

De vii s. vi d. — i d. ob. [de 7 sous 6 derniers — 1 denier obole].

De v s. — i d. [de 5 sous — 1 denier].

De ii s. vi d. — ob. [de 2 sous 6 derniers — obole] (1).

II

Table chronologique des évènements de famille.

1522 Naissance de Bertrand Drot. Peste, fuite de Mézin.
1527 N. de Miramonde du Drot.
1531 N. d'Antoine du Drot.
1533 N. de Guillaumet Drot.
1534 N. de Jehan Drot.
1535 N. de Micheau du Drot.
1526 N. de Jehane du Drot.
1537 N. du 3e enfant de Jehannote Dymas.
1538 N. de Jehane du Drot.
1539 N. de Marguerite du Drot.
1540 N. de Pierre du Drot.
1541 N. de Guiraut du Drot.
1542 N. de Pierre Dudrot.
1544 N. de Arnaut Guillem du D.

(1) L'ancien archiviste du département du Gers, aujourd'hui à Rennes, où tous nos regrets et aussi tous nos vœux l'ont suivi, M. Paul Parfouru, a utilisé, dans sa belle publication des *Comptes de Risele*, cette partie du manuscrit Dudrot, d'après un extrait qui lui avait été transmis par M. Gardère (*Archives historiques de la Gascogne*, fascicule xii, introduction, p. xlix). M. Soubdès présente ainsi une bien judicieuse observation à l'éditeur des *Comptes de Risele :* « Malgré l'opinion du savant archiviste, il me semble que, selon notre texte, le *chef de livre* était invariable quel que fut le montant de la taille. C'était une surtaxe de laquelle étaient exempts tous ceux dont le revenu cadastral était inférieur à une livre. »

1545 N. d'une fille non à terme.
1545-46 Décès de personnes marquantes.
1546 N. de Louis Dudrot.
1560 Mariage de Jehan du Drot avec Margaride de Moullié et de son frère avec Jehane Trelles.
1561 N. d'Oddet du Drot.
1562 N. de Gilhames du Drot.
1563 N. de Jehane du Drot.
1565 N. de Catarine du Drot.
1567 N. de Betran du Drot.
1568 N. de Jehan du Drot.
1572 N. de Catharine du Drot.
1574 N. de Jehan du Drot.
1575 N. de Gilhames (autre fils).
1579 N. de Jehan Miqueu.
1581 N. de Bernat du Drot.
1595 Mariage de Oddet du Drot avec M^{le} de la Crompe.
1596 N. de Jehan, fils d'Oddet.
1599 N. de Marguerite, fille d'Od.
1600 N. de Catherine du Drot.
1600 N. Avortement.
1602 N. de Marguerite.
1603 N. de M^{le}.
1605 N. de Jehane.
1607 N. d'Odet.

1611 N. de M^{le}.
1619 Mariage de Jehan Dud. avec Jehanne de Raymond, mort en 1621.
1620 N. de Robert, m. en 1629.
1621 N. de Jehan, m. 5 sem. après.
1622 Mariage de Jehan Dudrot avec M^{le} du Bernet, m. en 1669.
1623 N. de Salomon + en 1624.
1625 N. de Jehanne + en 1626.
1626 N. de Catherine.
1628 N. de Jehan + en 1646 en Catalogne.
1629 N. de François + 1631.
1630 N. de M^{le}, Ursuline.
1632 N. de Agne.
1633 N. de Arnaud Alem.
1634 N. de Jehanne, Ursuline.
1638 N. de Odet + 1644.
1641 N. de Bernard.
1644 N. de Antoine.
1645 N. de Pierre + 1651.
1662 Décès de M. du B. C.
1674 Décès de Jean Dudrot.
1675 Mariage de Arnaut Alem du Drot avec Betrade de Tartanac.

III

Table des pestes et événements mémorables.

1522 Peste à Mézin, Condom et Moncrabeau.
1534 Epidémie de vérole sive picotte.

1536 Printemps pluvieux. Gelées sur les fruits.
1539 Sécheresse à la fin d'octobre. On ne peut semer le blé.

1540 Gelée qui emporta tout.
1541 Année fertile. Vins à bon marché.
1542 Franç. 1er vient à Nérac, le samedi 28 octobre jusqu'au lundi suivant.
1543 Pardon général.
1544 Grêle, tempête, foudre à Moncrabeau.
1545 à 1546. Décès de personnes marquantes.
1546 Grandes chaleurs. Fièvres chaudes sive mal chault.
1562 Grande guerre. Ceux de la Religion ont saisi les villes des environs.
1562 Peste à Condom.
1574 Prise d'armes dans toute la France, le 1er mars. Gilhames du D. prisonnier des Huguenots.
1575 Baptême à Larressingle à cause de la guerre.
1607 Peste à Condom.
1631 Famine à Condom.
1639 Abondance de blé.
1647 Pigeonnier à Capdebosc.
Id. Tremblement de terre.
1653 Grande peste à Condom.
Id. Guerre, peste et famine.
1656 Saumon pêché au moulin de Barlet.
1669 Année stérile. Grand chaud..
Id. Notes de vendange.

IV

Filiation de la famille Dudrot.

Dans la première partie du XVIe siècle, la famille Dudrot était représentée par deux frères, Michel et Pierre, qui commencèrent le livre de raison. Les premiers actes sont rédigés par Pierre, désigné comme licencié au cadastre de Condom, en l'année 1536. Dans la suite, on ne voit plus que Michel et ses descendants, les seuls qui se soient perpétués jusqu'à nos jours, après avoir adopté pour résidence le domaine de Cap-de-Bosc, situé dans la paroisse de Marcadis, commune de Moncrabeau. Leur filiation peut s'établir avec certitude de la manière suivante :

I. Michel Dudrot, mentionné dans l'acte le plus ancien du livre de raison, au sujet de son fils Bertrand, né d'un premier mariage avec Johanine de Maubin. Ayant quitté Mézin à cause de la peste, il s'était retiré au Bourdieu-du-Bosc, qu'il ne faut pas confondre avec Cap-de-

Bosq acheté plus tard par ses fils. Michel Dudrot se maria en secondes noces avec Anne du Faur, qui lui donna entre autres enfants :

II. Jehan Dudrot, qui inscrit lui-même son mariage avec Margaride de Moullié (1), le 19 mai 1560. Ils eurent pour fils aîné :

III. Odet Dudrot, conseiller et garde des sceaux au Présidial de Condom. Il se maria en 1595 avec Marie de La Crompe. Leur fils aîné fut :

IV. Jehan Dudrot, qui succéda à son père dans la charge de conseiller garde des sceaux. De son premier mariage avec Jehanne de Raymond il eut deux enfants morts jeunes. Il se remaria avec Marie Dubernet et devint père d'un grand nombre d'enfants, parmi lesquels Arnaud-Alem, qui succéda à la charge de garde des sceaux et forma une branche aujourd'hui éteinte. Dans le partage qui eut lieu entre les enfants de Jehan Dudrot et de Marie Dubernet, la terre de Cap-de-Bosq échut à l'un des fils qui forme le degré suivant :

V. Bernard Dudrot, dont la naissance est enregistrée dans le livre de raison en 1641, ne s'y trouve plus mentionné dans la suite. Le mariage de son frère aîné, Arnaud-Alem, en 1675, est le dernier acte inscrit. Dans son contrat de mariage avec Catherine Condom, Bernard se qualifie sieur de Cap-de-Bosq. Il eut deux fils qui portèrent tous les deux le nom de Joseph. L'aîné demeura à Cap-de-Bosc; mais n'ayant pas eu d'enfants de sa femme Andrée de Gélas (2), il fit héritier le fils de son frère cadet, qui suit :

VI. Joseph Dudrot, sieur du Couloumé, épousa Anne Monbalère et alla habiter Lasserre-d'Ordan, juridiction d'Auch. Leur fils, appelé encore Joseph, rentra à Cap-de-Bosq comme héritier de son oncle ;

---

(1) Aux XVIe et XVIIe siècles, les Mollié (Molié et Molier) possédaient à Condom de grands biens et des charges importantes. A la date de 1575, on trouve dans un cadastre « Mons' le conterogle Molié. »

(2) Andrée de Gélas, dans son contrat de mariage avec Joseph Dudrot l'aîné, en 1711, est dite sœur de noble Blaise de Gélas, sieur de Rozès. Les Gélas de Rozès étaient une branche des Gélas de Léberon, illustrés par le vaillant neveu de Monluc. Le nom de Gélas, qui se trouvait éteint dans le Condomois, a été relevé récemment, en raison d'une descendance féminine, par MM. Ducos de Saint-Barthélemy, dont l'un vient de contracter une alliance avec Mademoiselle de Gervain, au château de Lasserre, près de Francescas. Voy. Brémond, *Nobiliaire toulousain*, t. 1, p. 393. — On trouvera un complément de la note de M. Soubdès dans le commentaire des *Mémoires de Jean d'Antras de Samazan* (Auch, 1880, p. 129), commentaire que j'aurais le droit de louer beaucoup, car il est presque en entier l'œuvre de mon cher et savant collaborateur.

VII. Joseph II Dudrot épousa en premières noces Sylvie de Lartigue du Courréjot (1), dont il n'eut qu'un fils, Joseph Dudrot, prêtre. Il contracta un second mariage en 1740 avec Andrée de La Fitte Clavé (2), qui lui donna plusieurs enfants, dont l'aîné fut :

VIII. François Dudrot, marié en 1781, à Brimont, près La Plume, en Bruillois, avec Marie Méne. Il eut pour fils :

IX. Louis Dudrot qui épousa, en 1813, Joséphine d'Abadie et fut père de François-Abdon, propriétaire actuel du livre de raison, comme chef de la famille.

X. François-Abdon Dudrot, résidant aujourd'hui à Cap-de-Bosq, se maria en 1841 avec Thélésie Duluc. Ses enfants sont :

XI. Paul-Fernand Dudrot, habitant avec son père; 2° Marie-Antoinette Dudrot, mariée avec M. Ernest Baylin, résidant au Boué, près de Moncrabeau; 3° Gabrielle-Josèphe Dudrot, mariée avec M. Labat, docteur-médecin à Nérac.

---

(1) Une généalogie des Lartigue figure dans le *Nobiliaire* d'O'Gilvy, t. II, p. 273. Le mariage Dudrot y est relaté à la page 191. Le nom de l'époux est grandement défiguré. Il est vrai qu'il est rétabli aux *Additions et corrections* du tome III, p. 563.
(2) Voir *Notice généalogique sur la famille de La Fitte*, tirage à part de l'*Armorial de la noblesse de Guienne et de Gascogne* (sans date), Bordeaux, typographie de veuve Suwerinck et Comp., rue Sainte-Catherine, Bazar Bordelais.

Auch, imprimerie et lithographie G. FOIX, rue Balguerie.

BILLETS LANGUEDOCIENS

INÉDITS

EXTRAITS DE *LA MÉJANES*

(CUJAS — DU FAUR DE SAINT-JORY — DESCLAUX ET GARRIGUES)

PUBLIÉS ET ANNOTÉS

PAR

PH. TAMIZEY DE LARROQUE

CORRESPONDANT DE L'INSTITUT

TOULOUSE
ÉDOUARD PRIVAT, IMPRIMEUR-LIBRAIRE
45, RUE DES TOURNEURS, 45

1891

A Monsieur L. Delisle
reconnaissant et affectueux hommage
Ph. Tamizey de Larroque

BILLETS LANGUEDOCIENS

INÉDITS

EXTRAITS DE *LA MÉJANES*

(CUJAS — DU FAUR DE SAINT-JORY — DESCLAN — GARRIGUES)

PUBLIÉS ET ANNOTÉS

PAR

PH. TAMIZEY DE LARROQUE

CORRESPONDANT DE L'INSTITUT

TOULOUSE

ÉDOUARD PRIVAT, IMPRIMEUR-LIBRAIRE

45, RUE DES TOURNEURS, 45

1891

EXTRAIT DES *ANNALES DU MIDI*
Tiré à part à 60 exemplaires.

BILLETS LANGUEDOCIENS INÉDITS

EXTRAITS DE *LA MÉJANES*

(CUJAS — DU FAUR DE SAINT-JORY — DESCLAN — GARRIGUES)

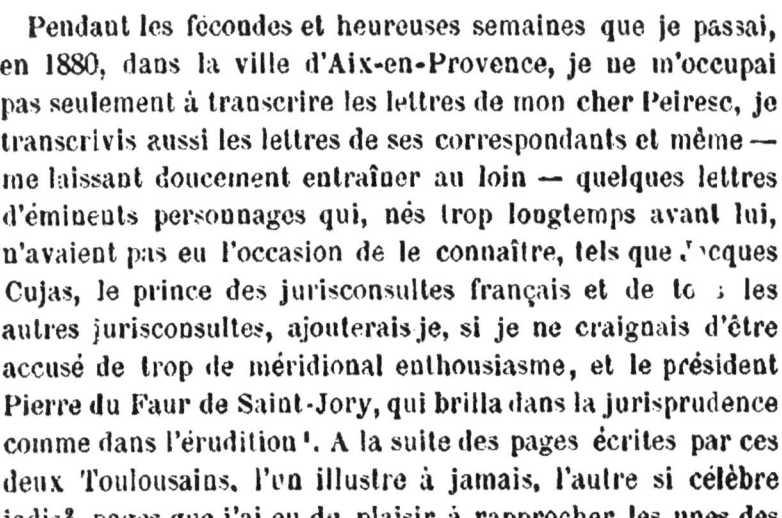

Pendant les fécondes et heureuses semaines que je passai, en 1880, dans la ville d'Aix-en-Provence, je ne m'occupai pas seulement à transcrire les lettres de mon cher Peiresc, je transcrivis aussi les lettres de ses correspondants et même — me laissant doucement entraîner au loin — quelques lettres d'éminents personnages qui, nés trop longtemps avant lui, n'avaient pas eu l'occasion de le connaître, tels que Jacques Cujas, le prince des jurisconsultes français et de tous les autres jurisconsultes, ajouterais-je, si je ne craignais d'être accusé de trop de méridional enthousiasme, et le président Pierre du Faur de Saint-Jory, qui brilla dans la jurisprudence comme dans l'érudition [1]. A la suite des pages écrites par ces deux Toulousains, l'un illustre à jamais, l'autre si célèbre jadis [2], pages que j'ai eu du plaisir à rapprocher les unes des

---

1. Cujas mourut à Bourges le 4 octobre 1590, quand Peiresc n'avait pas encore dix ans, et Pierre du Faur mourut à Toulouse le 18 mai 1600, quand mon héros n'en avait pas encore vingt.

2. M. le conseiller Dubédat (*Histoire du Parlement de Toulouse*, Paris, 1885, t. I, p. 512), dépeint bien poétiquement le caractère et les habitudes du « président du Faur de Saint-Jory, le plus sage et le plus prudent des philosophes, étranger aux disputes publiques, vivant avec ses

autres à cause de l'excellente amitié qui lia Cujas et l'auteur de l'*Agonisticon, sive de re athletica*[1], où trouvera une très curieuse relation d'un procès de sorcellerie par un correspondant de Peiresc sur lequel je n'ai pu me procurer aucun renseignement. Après avoir lu la piquante lettre où le narrateur rend si bien compte au docte conseiller au Parlement de Provence des multiples incidents d'une affaire qui eut un si grand retentissement, et qui pourtant n'a pas même été mentionnée par Dom Vaissete[2], on regrettera sans nul doute avec moi que le nom de Déclan soit entouré d'un mystère impénétrable. Le dernier des quatre Languedociens dont les manuscrits de la bibliothèque d'Aix nous ont conservé quelques lignes est, au contraire, bien connu, surtout depuis que l'on s'est tant occupé des inscriptions de Narbonne. C'est Pierre Garrigues, « ingénieur royal », qui « dirigea l'exécution des travaux qui furent faits aux fortifications de Narbonne à la fin du seizième siècle et au commencement du dix-septième siècle », qui, « en 1604, fut élu l'un des consuls de la ville, et, en 1693, était un des directeurs de l'hôpital Saint-Paul[3] ».

---

livres, dans sa terre de Saint-Jory, où de Thou et Pithou le visitèrent à l'automne de 1582, cueillant ses fruits sur l'arbre et ses journées à l'ombre, en oubliant les tristesses de son temps ». Voir encore sur le grand magistrat, pp. 638-644.

1. Citons encore le dernier historien du Parlement de Toulouse (p. 639) : « Il avait vécu à Bourges, avec Cujas, sous le même toit, travaillant et priant ensemble, rompant le même pain, et étroitement unis, malgré la différence de leur âge, d'une de ces amitiés qui bravent les disgrâces et le temps. Cujas lui prédisait alors qu'il serait une des colonnes de la jurisprudence, et on sait qu'il lui dédia son premier ouvrage de droit ».

2. J'espérais que l'on trouverait beaucoup de documents sur cette affaire à la bibliothèque de la ville de Toulouse et aux archives du département de la Haute-Garonne. Un de mes aimables confrères, qui est un bien habile chercheur, M. Charles Pradel, n'a pu, malgré tout son zèle obligeant, me communiquer aucune pièce spéciale.

3. *Histoire générale de Languedoc, Epigraphie de Narbonne*, par M. Albert Lebègue, professeur à la Faculté des lettres de Toulouse, fascicule 1, mars 1887, p. 95. Voir encore sur le diligent collectionneur auquel nous devons la conservation de si précieux monuments épigraphiques, les pages 75, 87, du recueil du savant archéologue.

En publiant la petite lettre adressée par cet épigraphiste à Peiresc, si grand épigraphiste lui-même, je suis heureux d'éclairer d'une lueur de plus la biographie du modeste travailleur qui a bien mérité des amis de l'histoire méridionale.

Ph. Tamizey de Larroque.

I.

A Monsieur d'Emery, conseiller au Parlement de Paris [1].

Monsieur, il n'y a rien que je ne voulsisse faire pour vous servir ou complaire, et m'efforceray tant qu'il me sera possible selon les memoires que m'avés envoyé, et que je pourray repeter d'ailleurs, de satisfaire à vostre desir touchant l'eloge de feu M. le premier president vostre pere [2], mais si je ne rencontre point aussy, comme je me crains fort que mon esprit attaché desja du tout après les questions du droit, ne soit difficile et retif à flechir à cela [3], je vous supplieray de m'en dispenser et pour cette fetardise d'esprit ne laisser à continuer en mon endroit la bonne volonté que m'avés tousjours montrée et que je vous observeray de ma part toute

---

1. *D'Emery* est le nom sous lequel fut connu, dans sa jeunesse, le futur président de Thou (Jacques-Auguste).

2. Christophe de Thou, premier président du Parlement de Paris, mort le 1er novembre 1582, âgé de soixante-quatorze ans.

3. L'esprit de Cujas resta *rétif*, et quelques mois après, J.-A. de Thou se plaint ainsi d'un retard qui devait se prolonger indéfiniment : « Nostre monument [c'est-à-dire le tombeau de Christophe de Thou, *V. Amplissimi Christophori Thuani tumulus*] est à imprimer jusques à hui, pour l'attente de l'accomplissement de la promesse de Monsieur Cujas qui me devoit envoier un éloge. Je suis encore à le recevoir ». (Lettre à Pierre Pithou, du 1er septembre 1583, dans le *Choix de lettres françoises inédites de J.-A. de Thou*, publié par Paulin Paris dans les *Mélanges* de la Société des bibliophiles françois. Paris, 1877, p. 39, du tirage à part.) Le recueil des poésies funèbres demandées par la piété filiale de J.-A. de Thou à ses amis et aux amis de son père parut à la fin de l'année 1583. (Paris, Mamert-Patisson, in-4°.) J'ai tiré de ce recueil devenu rare un sonnet de Guillaume de Saluste, sieur de Bartas, qui n'avait pas été inséré dans ses œuvres complètes, et que j'ai réimprimé dans la *Revue critique*, il y aura bientôt une vingtaine d'années.

ma vie. Il ne se parle plus icy de maladie, Dieu mercy, et sur ce, Monsieur, etc.

De Bourges, ce XXVIII may 1583 [1].

Cujas.

II.

A Monsieur Joseph de la Scala [2].

Monsieur, vostre lettre du dernier de septembre m'a esté renduë en ce lieu icy le sixiesme du mois de novembre, et ne vous sçaurois dire entre les mains de qui elle a si longuement demeuré [3]. Tant y a que je devrois estre excusé de ce que ma reponce ne sera venüe plus tost en vos mains. Je vous mercie très fort de vos epistres de Julianus [4], lesquelles j'ay faites copier pour les voir tout à mon loisir et vous en rendre bon compte puis après, et me semble qu'aucunes des lacunes qui y sont se pourront remplir aisement si l'on y regarde de près. J'ay pris grand plaisir de voir la

1. Manuscrit 1021, t. III de la collection des manuscrits de Peiresc, f° 395. Copie. Qu'il me soit permis de renouveler ici le vœu que j'ai jadis exprimé (*Vies des poëtes gascons*, par GUILLAUME COLLETET, de l'Académie française. Paris, 1866, grand in-8°, que l'on publiât un recueil complet des lettres françaises inédites de Cujas, lettres qui sont conservées en grand nombre dans les collections de la Bibliothèque nationale et dans quelques autres collections. Je recommande mon vœu, déjà presque antique, à quelque jeune et zélé chercheur méridional, et je suis sûr que la direction des *Annales* ferait fête à un recueil qui serait une révélation pour la plupart des admirateurs de Cujas.

2 On lit dans le *Secunda Scaligerana* (édition d'Amsterdam, 1740, p. 324) cet éloge de Pierre du Faur, accompagné d'une de ces boutades que, dans ses causeries familières, le terrible érudit aimait à lancer contre tout le monde et même contre ses meilleurs amis : « *Faber Sanjorianus*, premier président de Tholose, qui a fait *Semestria* et *Agonistica*, a esté un des hommes doctes de France, mais ce n'est qu'un amasseur; il ne juge rien ».

3. On ne trouve aucune lettre du président de Saint-Jory dans le rarissime recueil : *Epistres françoises des personnages illustres et doctes à M. Joseph Juste de la Scala*, mises en lumière par Jaques (sic) de Reves. (Harderwyck, 1624, in-8°.)

4. Les lettres de l'empereur Julien.

sentence de Paulus [1], et ay trouvé remarquable les derniers mots d'icelle. Je voudrois de bon cœur que M. Cujas eust mis en lumiere toutes celles qu'on luy a envoyées de Besançon. Je luy ay envoyé mon commentaire sur les règles de droit par mon frère de Hermay [2] qui vous aura veu passant par Agen [3] et vous aura conté de nos nouvelles, ce qui me gardera de faire celle-cy plus longue fors pour vous dire que j'ay trouvé le livre de M. de Thou *De re accipitraria* [4], très bien fait et digne d'un tel personnage. Il y a quelques fautes à l'impression que l'on n'aura omises à remarquer, entr'aultres au livre premier, cayer second, première page, au vers qui commence *Quoque aliis*, et au feuillet sixiesme du mesme cayer, au vers qui commence *Immensique*. J'espère que ce livre sera bien receu partout et portera beaucoup d'honneur à l'autheur, comme je desire pour ses merites, vous priant, si vous luy escrivez, me ramentevoir à sa bonne grâce, après vous avoir salué et M. Loysel [5] aussy de mes humbles et affectionnées recommandations du mesme cœur dont je vais prier le Sei-

---

1. Il s'agit là du jurisconsulte Paul, trop connu dans l'Ecole et ailleurs pour qu'une note sur lui soit le moins du monde utile. N'apportons pas des briques à Toulouse.

2. C'était le second des frères de Pierre du Faur ; il s'appelait Jean, était seigneur de Champ-sur-Marne et d'Hermé, et fut maître des requêtes (1573), puis conseiller d'Etat. Voir le *Dictionnaire de Moréri*, édition de 1759, t. V, p. 54. Les deux frères étaient cousins germains de Guy du Faur de Pibrac, plus célèbre encore par ses quatrains que par sa vie politique.

3. Cela nous donne la date approximative de la présente lettre, car on sait que Joseph Scaliger était dans sa ville natale pendant l'été de l'année 1583. Voir *Lettres française inédites de Joseph Scaliger*. (Agen et Paris), 1881, p. 137-158.)

4. *Hieracosophion, sive de re accipitraria, libri III*. (Paris, Mamert-Patisson, 1584, in-4º.) Les deux premiers livres avaient été déjà imprimés par Simon Millanges, à Bordeaux, pendant le séjour dans cette ville de J.-A. de Thou, comme l'attestent les Mémoires de sa vie (livre II). Scaliger compare ce poème à une *perle transparente* dans une lettre à l'auteur du 27 août 1584 (*Lettres françaises* déjà citées, p. 171). Voir aussi ce qu'en dit l'auteur lui-même dans une lettre à P. Pithou, du 1ᵉʳ mai 1583 (*Choix de lettres françaises inédites*, etc., p. 23, du tirage à part). Dans deux autres lettres du même recueil adressées à Claude du Puy, le 30 mai et le 16 juin 1583 (pp. 24, 26), le futur président de Thou demandait instamment que son poème sur la fauconnerie fût soumis au jugement de M. de la Scala.

5. Antoine Loisel était alors avocat général du roi auprès de la Chambre de justice établie en Guyenne.

gneur Dieu qu'il vous donne, Monsieur, en parfaite santé longue et heureuse vie.

Vostre humble et affectionné amy, frère et serviteur,

P. DU FAUR, sieur de Saint-Jory.

A Saint-Jory [1], ce 7 novembre [2].

III.

A Monsieur de Peiresc.

Monsieur, à mon arrivée en cette ville qui fut heureuse, Dieu mercy, dimanche dernier, malgré les vents et la pluye qui avaient conjuré à nous arrester en chemin, je fus curieux d'apprendre des nouvelles pour vous en faire part. On n'y parle que de la procedure criminelle que la Cour fait fort vivement, nonobstant l'interdiction du Conseil, contre Sœur Elisabeth de Romillon [3], accusée de sorcellerie et de magie, et M. de Resseguier,

1. Saint-Jory est aujourd'hui une commune du département de la Haute-Garonne, arrondissement de Toulouse, à 17 kilomètres de cette ville.

2. Manuscrit 1022, registre IV de la collection Peiresc, folio 163. Copie. Au f° 169, on remarque une lettre du savant humaniste Nicolas Le Fèvre, le précepteur de Louis XIII, *le grand Nicolas le Fèvre*, comme l'appelle Paul Colomiès, en une note du *Secunda Scaligerana* de 1740 (p. 325), écrite de Paris, le 8 avril 1589, à « M. du Faur de Saint-Jory, premier président à Toulouse ». Le Fèvre y parle d'abord de son édition de *Juvénal*, et il ajoute : « De L'Isle, procureur, a fait imprimer quelque chose, ces jours cy, contre M. de la Scala, que je vous envoye ; j'ay peur qu'il ne se trouve avoir bonne cause et les vers pour le sujet bien faits, osté deux ou trois traits. Vous prendrez bien, croys-je, autant de plaisir à juger ce differend comme de vos caps de Gascogne, pour le moins les parties sont plus civiles et moins importunes. M. Patisson n'a rien faict de nouveau ». Le Fèvre termine sa lettre en priant son correspondant de saluer M. du Puy et en transmettant au magistrat toulousain les compliments de ses confrères parisiens, les présidents Fauchet, Huillier et Hotman.

3. Elisabeth était fille de Barthélemy de Romillon et de Catherine de Suffren. C'était la sœur du P. Jean-Baptiste de Romillon qui, de concert avec César de Bus, chanoine de Cavaillon, fonda en 1592, dans sa ville natale, à l'Isle (comtat Venaissin), la congrégation de la doctrine chrétienne. (Voir sur cet homme de bien un article en deux grandes colonnes du

prestre et president aux enquestes, son confesseur [1], qui a pris la fuite à Bourdeaux. L'histoire est que cette Sœur Elisabeth, qu'on nommoit desja la Beate, et qui a fait construire un des plus beaux monastères de cette ville, appelé des Isabelistes [2], au batiment duquel ledit sieur de Resseguier a contribué plus de 20,000 francs et l'a peuplé de cinq de ses filles, qui y sont religieuses. Elle faisoit profession ouverte de prédire l'avenir et deviné ce qui estoit arrivé de plus secret et caché à toute sorte de personne, comme si elle fust esté animée de quelque esprit prophétique. Les extases et les ravissements qu'elle avoit, et les frequentes elevations visibles de son corps à plus de quatre pans sur terre parmi ses oraisons, et lesquelles elle disoit se faire par le ministere des anges, avoient imprimé en l'esprit du peuple une grande opinion de la sainteté de sa vie. Une demoiselle d'Olive, fille de M. d'Espaniac, trésorier de France, portée de de quelque curiosité, s'enquit d'elle si sa mere et un sien frere decedés estoient sauvés, et si elle leur pourroit donner raison de ce qu'estant enceinte, sans aucun effort se seroit blessée. La reponse fust que son frère estoit en paradis, et sa mere encore en purgatoire, d'où elle sortiroit bientôt

---

tome IX du *Dictionnaire de Moréri*, article tiré de sa vie, écrite par le P. Bourguignon, et de sa correspondance imprimée et inédite avec le cardinal de Bérulle.) Elisabeth ou Isabeau, mariée, en 1569, avec Pierre de Bartholier, lui donna deux fils, morts en bas âge, et une fille, Françoise, qui rivalisa d'exaltation avec sa mère. Cette dernière mourut à Paris le 22 mai 1619, ayant institué la congrégation des religieuses de Sainte-Elisabeth. Françoise, née à l'Isle, le 12 mai 1573, après avoir ardemment aidé sa mère en ses fondations pieuses, marcha sur ses pas et n'établit pas moins de sept maisons (Agen, Angoulême, l'Isle, Metz, Paris, Toulouse, Villeneuve-d'Avignon). Elle mourut le 1er septembre 1643, ayant porté en religion le nom de Sœur Sainte-Marie. — Voir sur la mère et la fille les *Annales de Toulouse*, par de Rozoi (t. IV, 1771, pp. 167, 168); le *Fédéralisme et la Terreur à l'Isle (Vaucluse)*, par le marquis de Joannis (Avignon 1884, in-8°, p 65); l'*Histoire du Parlement de Toulouse*, déjà citée (t. II, pp. 15, 17, etc.).

1. C'était le président aux enquêtes Guillaume de Rességuier. M. Dubédat, qui lui donne le titre de « surintendant du couvent des religieuses du tiers-ordre de Saint-François », nous le présente (p. 17) comme « l'aïeul du président François de Rességuier, un des plus vigoureux rameaux de cette famille des Rességuier qu'un savant du dix-septième siècle, Graverol (de Nîmes), comparait à un chêne toujours vert ».

2. Au sujet de cet établissement, Rozoi renvoie au *Dictionnaire* de l'abbé Expilly (t. III, p. 851), au *Dictionnaire historique* de l'abbé Ladvocat (t. II, p. 448), au *Dictionnaire généalogique héraldique*, etc. *Supplément* (t. I, p. 172).

par le moyen des prières qu'on faisoit, mais que la cause de sa blessure, elle la devoit rejetter sur une pieuse jeune Sœur qui estoit sorcière. Comment, repliqua cette demoiselle, ma Sœur n'est pas d'age pour se mesler de ce mestier ; elle a esté touejours eslevée à la crainte de Dieu, je ne le puis croire. Ils resolurent de la mander querir dans le monastère où elle demeura toute la nuit, là on la tourmenta tant qu'on luy persuada qu'elle avoit esté au Sabbat[1] et qu'elle y avoit reconnu plusieurs conseillers et autres personnes qualifiées qu'elle nommait par nom et surnom. Le s^r de Resseguier en advertit le conseiller d'Espaniac, lequel l'ayant rebuté avec des paroles fort aigres et offensives, il se résolut d'en donner advis à l'Official. L'Official l'a communiqué à la Cour ; les Chambres s'assemblerent ; le s^r de Resseguier remontre que la Magie noire se lisoit publiquement dans Tholouse, que de touts ordres et de toute qualité il y en avoit des ecoliers en grand nombre de sorciers, et, particularisant l'affaire, entra si avant en discours que les parents du conseiller d'Espaniac et autres par luy accusés le prinrent au colet. Le s^r d'Espaniac, de l'autre costé, se rend instigateur contre la Beate Elisabeth et ledit s^r de Resseguier dit que cette Elisabeth est une sorciere et magicienne, que tout le monde est scandalisé de ces elevations, que les grimaces qu'elle fait parmi ces extases montrent qu'il y a de l'art diabolique et demande d'estre informé de sa vie et de celle du s^r de Resseguier. La jeune fille aussi dit qu'on l'a violentée toute une nuit dans le couvent pour luy faire accroire qu'elle estoit sorciere ; que cette Elisabeth par intervalle luy faisoit venir un gentilhomme bien habillé, lequel elle luy promettoit en mariage ; elle se plaint de l'imposture qu'on luy a dressée et dit encore que le s^r de Resseguier y estoit toutjours present. La Cour ordonna qu'il seroit informé contre Sœur Elisabeth et le s^r de Resseguier. Il y a plus de six vingt temoins ouis en l'information qui deposent à ce qu'on dit des choses fort estranges de cette Elisabeth, et entre autres d'avoir vu souvent qu'une petite grenouille cornüe se jettoit parmi ses elevations sur le bras de cette femme, laquelle crioit : *M. de Resseguier, courés, venés voir,* qu'il y accouroit soudain et luy disoit : *Sœur Elisabeth, c'est une tentation, c'est le diable vesistas,* et la grenouille luy repondoit par trois fois : *tu as menti.* On dit aussi qu'un jour auparavant que cette Sœur Elisabeth entrast dans son monastere, des dames la

---

[1]. M. Dubédat, qui attribue (p. 15) à « Isabeau de Romillon une de ces imaginations dont la Grèce disait qu'elles montaient dans les nuages plus vite que le vent », ajoute (p. 16) qu' « elle voyait partout des sorciers, dans les rues, sous les toits des maisons, au fond des bois, au milieu des champs », et qu' « un jour, elle accusa publiquement la fille d'un trésorier de France d'aller au Sabbat ».

mirent dans un carrosse, et comme elles alloint a la promenade, le carrossier criant : *Mesdames, il n'y a pas moyen que je passe; ne voyés vous pas ces eaux qui s'opposent? Nous sommes perdus. Arrestons-nous;* qu'alors cette femme fit quelques imprecations, et cette grenouille entra dans le carrosse, se mit sur son bras gauche et toutes ces illusions disparurent. On en fait mille autres petits contes. Tant y a qu'on les a criés à trois brief jours et leur font son procès.

Voyla tout ce que je vous puis dire pour le present [1], et après vous avoir humblement salué, je demeure, Monsieur, vostre, etc.

DESCLAIR.

A Tholose, ce 23 avril 1619 [2].

IV.

A Monsieur de Peiresc.

MONSIEUR,

La vostre du 15 fevrier m'a esté rendüe depuis six jours, et trouvant commodité d'un homme qui m'a dit aller à Salon, j'ay hazardé la presente par laquelle je vous diray comme j'ay appris que M. Bosquet [3] doit estre de

---

1. Nous n'avons pas malheureusement la continuation du récit. C'est grand dommage pour notre curiosité, car il y eut dans la suite de l'affaire bien des complications et des bizarreries. L'historien du Parlement de Toulouse, dans une analyse vive et rapide du manuscrit du P. Lombard, nous apprend que, pour en finir avec tous ces scandales, le Parlement condamna la visionnaire à être enfermée aux prisons de l'Archevêché; que la captivité n'étouffa pas ses mystiques aspirations; que le président de Rességuier, voyant de près cette femme d'une pureté sans tache, séduit par tant de charité et de piété, l'enleva de sa prison et partit avec elle pour Paris; que le Parlement prononça le bannissement contre Isabeau et sa fille, avec défense de rentrer dans le ressort de la Cour à peine du bûcher; que le président fut suspendu de ses fonctions pendant six mois et qu'il ne tarda pas à se démettre de sa charge pour fonder une Société de douze prêtres qui cherchaient à retracer, dans leur règle, l'image austère de la première Eglise.

2. Man. 1023, registre IV de la collection Peiresc, f. 69. Copie.

3. François de Bosquet, le futur évêque de Lodève (1648) et de Montpellier (1655), était un correspondant et un ami de Peiresc. Voir sur ce docte prélat le récent et remarquable volume de M. l'abbé Henry.

retour de Tholose dans peu de jours[1] avec lequel je sçauray s'il vous a envoyé le dessein du vase avec la mesure que j'en avois faict faire. Que s'il ne l'a pas faict nous aviserons à la premiere commodité de le vous faire tenir. Je fais estat d'aller après la feste de Pasques à Beziers, et si l'homme qui a le vase dont je vous ay escrit cy devant y est, j'en retireray un dessein pour le vous envoyer. Je vous suis grandement obligé de la peine que vous voulés prendre de me faire expliquer l'inscription hebraïque que je vous ay envoyée ; il s'en est encore trouvé un'autre laquelle je veux transcrire, et si vous n'avés desagreable que j'use d'une si grande liberté en vostre endroit je l'envoyerai pour de mesme en avoir l'explication, afin de la rapporter dans le livre des Antiquités de cette ville que je travaille. Continués moy, s'il vous plait, l'honneur de vos commandements puisqu'en l'exécution d'iceux je veux paroistre,

Monsieur,

Vostre, etc

GARRIGUE[2].

A Narbonne, ce 8 avril 1631[3].

1. On sait que Bosquet était né à Narbonne (28 mai 1605) et qu'il se plaisait à revenir souvent dans sa ville natale.

2. La signature n'a pas d's ; mais comme nous ne sommes malheureusement pas en présence d'un original, je n'ai osé modifier l'orthographe usuelle et je me suis décidé à suivre le torrent.

3. Man. 1023, t. V de la collection Peiresc, f. 96. Copie

Toulouse, imp. DOULADOURE-PRIVAT, rue S¹-Rome, 39. -- 8581

CORRESPONDANCE DE PEIRESC

IMPRIMERIE GERVAIS-BEDOT, NIMES

CORRESPONDANCE
DE PEIRESC

avec plusieurs Missionnaires et Religieux

DE L'ORDRE DES CAPUCINS

1631-1637

RECUEILLIE ET PUBLIÉE

PAR

Le P. APOLLINAIRE DE VALENCE

RELIGIEUX DU MÊME ORDRE
CORRESPONDANT DE L'ACADÉMIE DELPHINALE

et précédée d'une lettre-préface

par

PH. TAMIZEY DE LARROQUE

CORRESPONDANT DE L'INSTITUT DE FRANCE

PARIS
ALPHONSE PICARD, LIBRAIRE-ÉDITEUR
82, Rue Bonaparte
—
1891

A. R. P. EUGENIO

CARPENTORACTENSI ORDINIS PRAEDICATORUM

E MARCHIONIBUS D'ALAUZIER

QUI

DUM IN PATRIO CONVENTU PRIORIS PARTES

OMNIUM PLAUSU SAPIENTER AGERET

SUPER EGESTATEM ET PAUPERTATEM NOSTRAM INTELLIGENS

TRIUM MENSIUM HOSPITIO

HAS LITTERAS

EX INGUIMBERTINAE BIBLIOTHECAE PEIRESCIANIS CODICIBUS

TRANSSUMENDI

ALACRITATEM NOBIS FECIT

IN GRATITUDINIS AERE PERENNIUS PIGNUS

OPUS

D. D. D.

Avis de l'Éditeur

La Correspondance de Peiresc avec plusieurs missionnaires et religieux de l'Ordre des Capucins *ne sera pas comprise dans la collection des* Lettres *de ce grand homme dont le Ministère de l'Instruction publique a confié l'édition à l'estimable et savant M. Tamizey de Larroque. C'est le motif qui nous porte à l'offrir au monde lettré, dont l'attention s'est si vivement attachée, depuis quelques années, à tous les souvenirs laissés par l'illustre Conseiller au Parlement de Provence, que Bayle appela le procureur général de la littérature, et que Balzac dépeignit en ces termes :*

« *Si vous me permettez de me servir en français d'une parole empruntée de Grèce, nous avons perdu en ce rare personnage une pièce de naufrage de l'antiquité et les reliques du siècle d'or. Toutes les vertus des temps héroïques s'étaient retirées en cette belle âme. La corruption universelle ne pouvait rien sur sa bonne constitution, et le mal qui le touchait ne le souillait point. Sa générosité n'a été ni bornée par la mer, ni enfermée en deçà des Alpes ; elle a semé ses faveurs et ses courtoisies de tout côté. Elle a reçu des remerciements des extrémités de la Syrie et du sommet du Liban. Dans une fortune assez médiocre, il* avait les pensées d'un grand seigneur, et, sans l'amitié d'Auguste, il ne laissait pas d'être Mécénas. »

Nos religieux eurent une part abondante aux bienfaits, à la protection et à l'affection de Peiresc. C'est ce qui donne à la Correspondance qui va suivre plus de prix pour nous que pour le monde savant. Une circonstance actuelle ajoute encore de la valeur à l'intérêt que Peiresc portait à nos ancêtres : c'est le procès qui, nous l'espérons, se terminera par la béatification de deux de ses correspondants, les PP. Agathange de Vendôme et Cassien de Nantes, martyrisés à Gondar, en 1638.

La partie la plus considérable des écrits de Peiresc et des minutes de ses lettres appartient à la Bibliothèque de Carpentras, par suite de la générosité et du flair scientifique du grand évêque d'Inguimbert. Quelques fragments subsistent dans la Bibliothèque Méjanes, à Aix; d'autres dans la Bibliothèque Nationale, à Paris. Nous avons pris soin d'indiquer, sous le titre de chaque pièce, le lieu de son dépôt.

Nous faisons suivre cette publication de Notices biographiques et bibliographiques sur les religieux de notre Ordre qui s'y trouvent dénommés.

Nous devons exprimer ici notre reconnaissance pour M. Tamizey de Larroque, qui a bien voulu nous faire profiter de l'autorité de son nom pour présenter cet ouvrage au public, et qui nous a aidé à l'orner de notes auxquelles notre érudition personnelle n'aurait pu suffire.

Frère APOLLINAIRE de Valence, capucin.

LETTRE de M. Tamizey de Larroque

Correspondant de l'Institut de France

Mon Très Révérend Père,

Mon premier mot doit être un mot de remerciement pour la confiance que vous avez daigné me témoigner en me chargeant de présenter à un public d'élite le Recueil que vous avez préparé avec un soin si pieux et un zèle si éclairé. C'est pour moi un grand honneur et une grande joie de vous servir de caution, et, pour ainsi dire, de parrain auprès des amis de notre cher Peiresc. Je ne veux pas vous décerner ici des éloges qui offenseraient votre humilité et votre modestie ; mais je puis bien déclarer que vous n'avez rien négligé, soit dans vos transcriptions, soit dans vos annotations, pour nous donner un Recueil digne à la fois de Claude-Nicolas de Fabri et de vos vénérés confrères d'autrefois, ses actifs et dévoués correspondants, dont il fut si heureusement secondé dans des recherches qui devaient tant servir la cause de la science et de la civilisation.

Non seulement, Mon Très Révérend Père, je vous dois une vive reconnaissance pour m'avoir choisi comme l'introducteur de votre Recueil auprès des lecteurs qui savent apprécier les travaux substantiels, mais encore pour avoir allégé, par cette excellente publication, l'écrasant fardeau qui pèse sur les épaules de l'éditeur de la Correspondance générale de Peiresc. Ce que vous avez si bien fait, qui donc désormais oserait y toucher ? Me voilà dispensé, grâce à votre vaillante initiative, de la préparation d'une notable partie de l'immense Recueil auquel j'ai résolu de consacrer tout ce qui me reste de force et d'ardeur. Dans cette bien-aimée Bibliothèque de Carpentras, où vous et moi nous avons travaillé de si bon cœur, on conserve (à l'état d'autographes, de minutes ou de copies) environ sept mille lettres de Peiresc. Les Bibliothèques d'Aix, de Montpellier, de Paris, et celles d'Allemagne, d'Angleterre, de Belgique et d'Italie ajouteraient probablement trois mille documents à ceux de la magnifique collection de l'Inguimbertine. C'est, par conséquent, dix mille lettres, à peu près, qui nous ont été laissées par le savant Conseiller au Parlement de Provence. Même, si les membres du *Comité des Travaux Historiques et Scientifiques*, en qui j'aime à bénir de si bienveillants protecteurs, consentent à m'accorder, dans la *Collection des Documents Inédits*, la large hospitalité que je leur demande, combien de lettres intéressantes ne pourront y trouver place! Les dix volumes, s'ils me sont concédés, renfermeront à peine deux mille pièces. Que de regrets vous m'épargnez en imprimant dans votre Recueil bon nombre de lettres qui, fatalement, ne seraient pas entrées dans le mien! Déjà, un de mes meilleurs et plus doctes amis, M. l'abbé Louis Bertrand, directeur au Grand Séminaire de Bordeaux, a publié, dans sa parfaite *Notice sur Peiresc, abbé de Guitres,* plusieurs lettres écrites en cette qualité par mon héros. Quel gré j'ai su à mon vénérable devancier d'avoir si bien moissonné un coin du trop vaste champ qui s'étendait devant moi! A votre tour d'engranger les bonnes et belles gerbes qu'il m'eût fallu abandonner en grande partie! J'espère que d'autres habiles et vaillants travailleurs imiteront votre exemple, et m'apporteront un concours qui restreindra de plus en plus le terrain que j'ai à parcourir. Je compte notamment, pour la publication de la Correspondance de Peiresc et de son collègue au Parlement d'Aix et intime ami, Pierre d'Olivier, sur M. Paul de Faucher, dont l'appui m'est doublement garanti par son patriotisme de bon provençal et par son culte fervent pour des souvenirs de famille. J'attends beaucoup aussi, en ce qui regarde la mise en lumière de la Correspondance italienne de Peiresc, qui serait le complément et le couronnement de sa Correspondance française, j'attends, dis-je, beaucoup aussi d'un jeune professeur de la Faculté des Lettres de Montpellier, ancien membre de l'École d'Archéologie de Rome, M. Léon-G. Pelissier, qui est familiarisé avec la langue et la littérature d'au-delà les Alpes, et qui, par son origine méridionale comme par ses remarquables travaux sur les *Correspondants d'Holstenius,* est naturellement appelé à devenir un de nos meilleurs collaborateurs ou successeurs. Du reste, quelques unes des portions de la Correspondance italienne de Peiresc ont déjà paru, ou vont paraître bientôt, par les soins de trois recommandables érudits étrangers : M. Luigi Amabile, professeur à l'Université de Naples (*Lettres à T. Campanella*) ; M. A. Favaro, professeur à l'Université de Padoue (*Lettres à Galilée*) ; M. C. Ruelens, conservateur des Manuscrits de la Bibliothèque royale de Bruxelles (*Lettres à Rubens*). Encouragé, fortifié, aidé par tant de sympathiques compagnons de voyage, je redoublerai de zèle pour atteindre le but, et peut-être, grâce aux nobles efforts et à l'infatigable dévouement de tels auxiliaires, me sera-t-il donné de voir s'élever l'édifice complet, où mon Recueil formera le corps de logis principal, où les Recueils divers constitueront les constructions accessoires, où votre Recueil en particulier (à cause des saints personnages qui y figurent) représentera la chapelle.

Voilà une transition toute trouvée pour revenir aux Lettres dont vous êtes le consciencieux éditeur. Je ne crains pas d'affirmer que cette série de documents sera une des plus goûtées dans toute la Correspondance de Peiresc. Les qualités de ce grand homme y brillent d'un incomparable éclat, et votre beau volume mettra le sceau à sa renommée.

Mais que dire des religieux, ses correspondants, si bons serviteurs, à la fois, de Dieu et de leur patrie, qui, « sans nuire en rien à leurs pieuses et charitables conquestes des âmes, » travaillaient si résolûment « pour le public et pour la nation françoise ? » Que dire de ces missionnaires qui, au prix des plus pénibles sacrifices, accomplirent tous les devoirs d'un double apostolat, augmentèrent le trésor des connaissances humaines, et rendirent plus vif le rayonnement de notre influence en de lointaines régions, où se conserve encore le souvenir de ces civilisateurs par excellence ? Parmi eux, je salue avec un respect particulier les Pères Agathange de Vendôme et Cassien de Nantes, qui justifièrent cette phrase prophétique de Peiresc (Lettre du 20 décembre 1633, au P. Gilles de Loches) : « Mais ils ne sont là que pour y chercher des travaulx et des martyres ! » Leur sang a été, selon l'éloquente et mémorable parole de Tertullien, une semence d'une inépuisable fécondité. La pourpre de ce sang généreux décore votre Ordre tout entier. Puisse votre publication, en appelant l'attention du monde chrétien sur l'héroïsme des deux correspondants de celui qui fut l'ami du pape Urbain VIII, hâter l'heure où le grand Pape qui, au milieu de tous les orages, gouverne si admirablement la barque de l'Église, proclamera bienheureux ceux qui sont si noblement morts (j'emprunte ici le beau langage de Peiresc, (lettre au P. Gilles de Loches, du 20 mars 1635), « en preschant la saincte foy chrestienne à ces pauvres âmes infidèles » qu'ils savaient « si bien ramener à la cognoissance de Dieu. » C'est de tout mon cœur que je vous souhaite de voir resplendir l'auréole des saints autour du front de ces confrères qui, depuis deux siècles et demi, tiennent dans leurs mains les glorieuses palmes du martyre. Ce serait pour vous, j'en suis bien sûr, le plus précieux des succès et la plus douce des récompenses.

Daignez agréer, mon Très Révérend Père et très cher collaborateur, avec toutes mes félicitations et tous mes vœux, l'hommage de mes sentiments les plus respectueux et les plus dévoués.

Ph. TAMIZEY DE LARROQUE.

Pavillon Peiresc, près Gontaud, 19 juin 1890.

JULES DELPIT

NOTES BIOGRAPHIQUES

et

BIBLIOGRAPHIQUES

PÉRIGUEUX

IMPRIMERIE DE LA DORDOGNE (ANC. DUPONT ET Cⁱᵉ).

1892

Jules Delpit

Notes biographiques

et

bibliographiques

PÉRIGUEUX

IMPRIMERIE DE LA DORDOGNE (ANC. DUPONT ET Cᵉ).

1892

Extrait, à cent exemplaires,
du *Bulletin de la Société historique et archéologique du Périgord.*

Jules Delpit

NOTES BIOGRAPHIQUES ET BIBLIOGRAPHIQUES

De nombreux hommages ont été déjà rendus à l'homme éminent que nous venons d'avoir la douleur de perdre. Le lendemain de sa mort, tous les journaux de Bordeaux ont raconté sa longue et noble vie. Le jour de ses funérailles, trois de ses plus chers confrères, M. Henri Barckhausen, correspondant de l'Institut, président de la Société des bibliophiles de Guyenne; M. Fr. Habasque, conseiller à la Cour, président de la Société des Archives historiques du département de la Gironde et de la Société archéologique de Bordeaux; M. Charles Marionneau, correspondant de l'Institut et président de l'Académie nationale des sciences, belles-lettres et arts de cette ville, ont donné, dans d'éloquents discours, les plus justes éloges à son talent comme à son caractère (1). Le vénérable curé d'Izon, M. le chanoine Desfossés, qui était depuis dix-huit ans l'intime ami de son paroissien, a complété ces beaux éloges dans une lettre remplie des plus touchants et des plus charmants détails, adressée à M. le Directeur de l'*Aquitaine* (2). A mon tour, je voudrais, en m'inspirant surtout de mes

---

(1) Ces discours vont être imprimés et réunis dans une brochure où l'on aura, de plus, le portrait de J. Delpit. Je dois ajouter que le discours de M. Marionneau, comme l'a constaté l'orateur, n'a pas été prononcé au nom de la compagnie dont il est le digne président, car J. Delpit, après avoir été, de 1818 à 1865, un des membres les plus remarquables de l'Académie, crut devoir se séparer d'elle. Ce fut un brusque divorce succédant à une parfaite union. Mais, je ne crains pas de l'assurer, on se regretta toujours de part et d'autre et, au fond du cœur de l'apparent infidèle, l'Académie resta ce que fut jusqu'à la fin Bérénice pour Titus.

(2) Livraison du 1er avril, p. 205-208. Cette lettre a été signalée dans un article nécrologique de la *Revue de Saintonge et d'Aunis* (1er mai, p. 167), où M. Louis Audiat, président-fondateur de la Société des Archives historiques de ces deux provinces, salue cordialement en J. Delpit son précurseur, le président-fondateur de la Société des Archives historiques de la Guyenne.

propres souvenirs, dire ce que fut Jules Delpit. Je le dirai avec cette simplicité et cette sincérité qu'il aimait par dessus tout. Puissé-je, en parlant d'abord des mérites de l'homme, puis des mérites de l'érudit, faire encore plus apprécier celui qui a été pour moi, depuis mon extrême jeunesse, le meilleur des maîtres et des amis, celui qui fut et restera l'honneur de notre région !

I

Jacques-Jean-Jules Delpit, fils de Jean-André, député de l'arrondissement de Bergerac sous la Restauration, mort conseiller à la Cour de Cassation, officier de la Légion-d'Honneur, etc., (1) et d'Hélène de Bensse, naquit le 16 avril 1808 à Bordeaux. Il fut élève du collège de cette ville, étudia le droit à Paris, suivit en même temps les cours de l'Ecole des Chartes où il se lia avec Jules Quicherat, qu'il regarda toujours comme un de ses amis les plus dévoués, fut honoré de l'affectueuse confiance d'Augustin Thierry, avec lequel il travailla beaucoup, fut chargé par le Ministère de l'Instruction publique d'une mission en Angleterre pour recueillir dans les dépôts publics de Londres les documents relatifs à l'histoire de France, et, peu de temps après, revint dans sa chère province natale qu'il ne devait plus quitter et où, pendant plus de quarante années, il fut l'infatigable semeur du bon grain. Déjà octogénaire, mais toujours *jeune*, il continuait à mériter son beau surnom de *bénédictin laïque*. L'admirable travailleur résistait à la vieillesse comme à la maladie, et c'est quelques mois seulement avant sa mort que, devenu trop faible, il dut abandonner cette plume qui avait été dans sa main le plus vaillant de tous les glaives. Un jour que nous visitions ensemble, il y a déjà bien longtemps, le cimetière d'Izon, il m'avait dit, en me montrant le tombeau de sa famille : *Je ne me reposerai que là*. Il a tenu parole. Entouré des plus tendres affections, il s'éteignit, le 25 mars, à quatre heures du matin, si doucement qu'avant même d'avoir rendu le dernier soupir, il semblait être entré dans l'éternelle paix. Le cimetière dont je viens de parler fut

---

(1) Le père de Jules Delpit était né à Saint-Avit-Sénieur (Dordogne) : il appartenait à une famille très ancienne et très estimée. Tant à cause de l'origine périgourdine de J. Delpit que de son titre de membre-fondateur de la Société historique et archéologique du Périgord, cette Société a voulu qu'une notice lui fût consacrée dans son *Bulletin* et y perpétuât sa mémoire. Je serai toujours reconnaissant à mes chers confrères de m'avoir choisi pour interprète de leur sympathie et de leurs regrets.

trop étroit pour contenir la foule d'amis de toute condition qui accoururent à ses funérailles, présidées par son dévoué parent, Mgr Gouzot, archevêque d'Auch. J'ai vanté l'éloquence des discours prononcés au bord de sa tombe ; mais ce qui était plus éloquent encore que la voix des orateurs, c'était l'émotion douloureuse avec laquelle tous les assistants s'inclinaient devant le cercueil de celui qui, selon la frappante expression du xvie siècle, avait été un *grand homme de bien*.

Au milieu de toutes les qualités qui distinguaient J. Delpit, je tiens à signaler tout d'abord une immense bonté. La première fois que je le vis, il m'en donna des témoignages que je n'oublierai jamais. J'étais un tout jeune homme, et ce ne fut pas sans quelque timidité que je me présentai à lui. Il m'accueillit de la façon la plus gracieuse, me prodiguant les plus sages conseils, les plus précieux encouragements. En pénétrant dans son cabinet, je cherchais encore ma voie : en le quittant, ma destinée de travailleur était fixée à jamais. J'emportai de cette décisive entrevue quelque chose de la flamme généreuse qui brûlait dans l'âme de l'intrépide lutteur. A partir de ce jour, je devins du même coup son disciple et son ami. Que de fois, dans l'élan de ma reconnaissance, je devais comparer cet initiateur, ce bienfaiteur, à un véritable père !

J'aurais trop à dire si je racontais la centième partie seulement de ce que je sais au sujet d'une bonté qui allait jusqu'aux plus exquises délicatesses et aussi parfois jusqu'aux plus méritoires sacrifices. Je ne citerai que deux faits dont un n'est connu de personne, dont l'autre n'est connu que de bien peu de monde. Un jour que nous examinions ensemble, dans le château en ruine de Mauvezin, de vieux documents historiques (1), nous nous laissâmes entraîner par le charme du déchiffrement et nous prolongeâmes notre séjour bien au-delà de l'heure où nous nous proposions de repartir pour Gontaud : aussi les provisions emportées en vue d'un seul repas devinrent-elles insuffisantes pour deux repas, et l'antique donjon ressemblait-il déjà pour le plus jeune des deux paléographes à la *tour d'Hugolin*. Ce que voyant mon cher compagnon d'infortune, il déclara, par un pieux et héroïque mensonge, qu'il n'avait pas faim, et il m'obligea, malgré ma résistance, à prendre sa part, m'avouant, plus tard, que son estomac avait quelque peu murmuré contre son cœur. L'autre fait a plus d'importance. J. Delpit avait pour parente une jeune fille pauvre qui, faute de dot, allait manquer un mariage qui lui souriait beaucoup. Il fournit

---

(1) Voir, dans la *Notice sur le château, les anciens seigneurs et la paroisse de Mauvezin* par l'abbé R. L. Alis, 1887, ma *Lettre à l'auteur*, p. III.

spontanément toute cette dot, jetant ainsi un pont d'or sur l'abîme qui séparait les futurs époux. J'ajoute qu'il trouva la récompense de son chevaleresque procédé dans le durable bonheur d'un ménage où son nom n'a jamais cessé d'être béni (1).

Ce qu'il fallait non moins admirer dans J. Delpit que sa chaleur de cœur, c'était sa loyauté : elle avait l'éclat et la solidité du diamant. Aussi était-elle proverbiale d'un bout à l'autre de l'Aquitaine. Je me souviens qu'au mois d'octobre de l'année 1869, S. Ém. le cardinal Donnet ayant été appelé à Gontaud pour y présider une fête splendide et ayant daigné faire une visite au maire qui avait eu l'honneur de le haranguer à son entrée dans l'humble petite ville, nous vinmes à parler du grand travailleur : « M. Delpit, me dit vivement l'illustre archevêque, c'est le plus savant de mes diocésains et, ce qui vaut encore mieux, *c'est le plus droit des hommes !* »

A côté d'un parfait désintéressement et d'un amour passionné de la justice et de la vérité, il faut louer en J. Delpit une vertu qui, rare partout, est particulièrement rare, assure-t-on, sur les bords de la Garonne. Sa modestie touchait à la candeur. L'auteur de travaux si remarqués, le fondateur d'associations si florissantes, semblait ignorer son éclatant mérite. Il s'effaçait autant que d'autres aiment à se pavaner, et lui, qui n'a jamais flatté personne, ne voulait même pas accepter la plus légitime louange. Par sa valeur propre comme par ses considérables relations, s'il avait été le moins du monde ambitieux, il se fût facilement élevé très haut. Il a toujours préféré mettre son crédit au service de ses amis et redire, dans sa fière indépendance, le noble mot d'autrefois : *plus d'honneur que d'honneurs* (2).

Ce que j'ai déjà dit de J. Delpit laisse deviner ce qu'il était au milieu des siens. Moi qui me suis souvent assis à son foyer, où l'hospitalité était

---

(1) J'aime à rapprocher de la générosité de mon maître et ami celle de feu Joseph-Victor Le Clerc, doyen de la Faculté des lettres de Paris, qui, voyant la fille d'un de ses confrères de l'Académie et de la Sorbonne privée par son peu de fortune d'un mariage avantageux, rétablit l'équilibre entre les situations au moyen d'un don considérable. Le trait m'a été raconté, non sans émotion, par le père même de la jeune femme ainsi mise en possession d'un bon mari.

(2) J. Delpit accepta seulement, après *l'année terrible*, la présidence du conseil d'arrondissement de Libourne, mais ce fut uniquement par patriotisme et pour travailler, dans sa sphère d'action, au relèvement de la France. Quelqu'un lui dit : *vous voilà donc à la chaîne !* — Il répondit : *Oui, mais comme on est à la chaîne un jour d'incendie.*

si affectueuse et si douce (1), je puis attester que je n'ai jamais autant qu'en lui retrouvé le type de ces chefs de famille aux vertus patriarcales que nous font admirer les anciens livres de raison. Je l'ai vu auprès de sa vieille mère : il avait pour elle tant de soins délicats et de respectueux égards que j'en étais touché jusqu'au fond de l'âme. Dieu, qui bénit la piété filiale, lui donna une compagne dont la beauté morale égalait la beauté physique et qui a été la parure et la joie de sa vie. A cette compagne, tous les amis de J. Delpit doivent à jamais un culte de reconnaissance, car elle a merveilleusement favorisé les travaux de son mari bien aimé, soit en adoucissant ses chagrins à force de tendresse et en fortifiant sa santé à force d'attentions et de précautions, soit en épargnant son temps et sa tranquillité, prenant pour elle tout le fardeau de l'administration d'un grand domaine (2). La reconnaissance que je réclame pour Madame Jules Delpit, je la réclame aussi pour Madame René Delpit, si digne de

---

(1) A propos de cette hospitalité, je tiens à reproduire quelques lignes imprimées jadis dans une plaquette dont les matériaux m'avaient été fournis par la bibliothèque d'Izon, (*Une lettre inédite du roi Henri IV et une mazarinade inconnue*, Marmande, 1881, p. 1) : « M. Jules Delpit, le fondateur et le secrétaire général des *Archives historiques*, possède à Izon, entre Bordeaux et Libourne, une collection qui bien certainement doit être mise au nombre des plus riches et des plus remarquables de toutes les collections provinciales. Dans une galerie d'une immense étendue sont rangés plusieurs milliers de volumes parmi lesquels on distingue une magnifique série, à peu près complète, d'ouvrages anciens ou nouveaux sur l'Aquitaine. Comme la Bibliothèque nationale, la collection formée par M. Delpit avec ce fervent et persévérant amour qui seul peut enfanter des prodiges, se divise en quatre départements : imprimés, manuscrits, estampes et médailles. L'heureux possesseur de tous ces trésors en fait les honneurs de manière à charmer ses hôtes, et l'on se demande ce que l'on doit le plus apprécier en lui, de son amabilité, qui est si simple et si cordiale, ou de son savoir, qui est si profond et si varié, tout en restant si modeste et si discret. Pour ma part, je puis déclarer que j'ai passé quelques-unes des meilleures heures de ma vie dans cette galerie d'Izon, dont je parlerai toujours avec autant de reconnaissance que d'admiration. Devant tant de rarissimes bouquins, tant de friands autographes, tant de splendides gravures, tant de précieuses médailles, qui sollicitaient également mon ardente curiosité, je me suis dit parfois, en un moment d'enthousiasme que je supplie les théologiens de me pardonner : *On ne doit guère être mieux dans le paradis !* Et comme pour que rien ne manque au bonheur de ceux qui contemplent toutes ces belles choses, la lumière entre à flots par les larges fenêtres de la galerie ouvertes sur un parc dont la riante verdure est un bienfait pour les yeux fatigués des travailleurs. »

(2) Mme Jules Delpit, par sa lutte courageuse et victorieuse contre le phylloxera, a pu être comparée à la duchesse de Fitz-James, dont l'initiative a été si intelligente et si bienfaisante. C'était un spectacle réconfortant que celui des deux

sa mère à tous égards (1). Une fois, voyant ces natures d'élite rivaliser d'amabilité auprès du vieillard rajeuni sous l'influence de leur rayonnante affection, je lui dis : *Heureux homme, vous avez autour de vous deux anges gardiens, sans compter celui qui est invisible !* Mais aussi combien il appréciait de tels trésors! Dans quelle profonde tendresse il réunissait la mère et la fille! Et combien il a mérité que l'une d'elles le jugeât en ces termes : « Après avoir été un fils incomparable, il a été le meilleur des maris et le plus tendre des pères. Ses amis célèbreront son talent et son érudition : nul ne pourra assez exalter les qualités de son cœur. » (2).

Ce n'était pas seulement à sa famille et à ses amis que ce cœur appartenait : J. Delpit en donnait une part à ses serviteurs (3), à ses voisins, aux pauvres qui venaient à lui comme aux pauvres vers lesquels il allait lui-même. On raconte de lui d'innombrables traits de charité. J'en ai vu un que, après un très grand nombre d'années, je crois voir encore, tant il m'a laissé une saisissante impression : c'était à Bordeaux, un soir d'hiver. Nous rencontrâmes au coin d'une rue une mendiante qui tenait dans ses bras un petit enfant déguenillé, à demi-nu. J. Delpit s'arrêta, s'écriant : Mais cet enfant va être gelé ! Et d'un mouvement rapide comme l'éclair, il mit autour du cou du petit misérable une écharpe de laine qui protégeait son propre cou, renouvelant ainsi, en excellent médiéviste qu'il était, la légendaire bonne action du roi Robert. Comme je lui reprochais son imprudente générosité, il me répondit, en riant : *Ne vous inquiétez pas. Loin de faire du mal, cela réchauffe.*

époux combattant à l'envi le bon combat, l'un au milieu des livres et des manuscrits, l'autre au milieu des vignes dévastées et peu à peu guéries, sauvées. Suivant la belle définition de Michelet, l'histoire est une résurrection. Pendant que J. Delpit ressuscitait le passé de la Guyenne, Mme Delpit ressuscitait les pampres et les raisins du vignoble d'Izon.

(1) J'ai eu l'agréable occasion de dire une partie du bien que je pense de la gracieuse jeune femme dans l'épître dédicatoire d'*Un sermon inédit d'une fille du roi Henri IV*, imprimé pour le mariage de Mlle Madeleine Delpit et de M. René Delpit, lieutenant de vaisseau, chevalier de la Légion-d'Honneur. 12 décembre 1888.

(2) Lettre de Mme Jules Delpit, du 4 mai 1892.

(3) M. le curé Desfossés a rappelé que, dans la patriarcale maison de son cher paroissien, les serviteurs ont toujours été traités comme s'ils étaient de la famille, et il en a cité une touchante preuve : Un vieux domestique, qui avait précédé son maître dans la mort, le précéda aussi dans le tombeau des Delpit, où maintenant, ajoute le pieux écrivain, « le maître et le serviteur, comme deux compagnons fatigués, dorment côte à côte leur dernier sommeil. »

II

L'érudit, en J. Delpit, n'était pas moins recommandable que l'homme. De même qu'on a pu le proclamer loyal entre tous, on peut affirmer que jamais travailleur n'a été plus consciencieux. Il poussait le souci de l'exactitude jusqu'au scrupule et au raffinement. Jamais chercheur n'a moins épargné sa peine. Pour la moindre vérification, il remuait des montagnes de livres. Il était de ceux en trop petit nombre pour qui la vérité est si belle qu'on doit braver toute fatigue pour la poursuivre et l'atteindre. A tant de soin et de zèle, il joignait une rare finesse d'esprit, un sens critique presque infaillible. Son érudition si précise et dont l'horizon était si étendu, s'en illuminait. C'est un heureux et fécond mariage que celui du savoir et de la sagacité. Dans les nombreux travaux de J. Delpit, on remarque toujours une aussi précieuse association, trop souvent absente, hélas! des livres de nos jours où domine tantôt la servile compilation, tantôt la trompeuse fantaisie. La place me manque pour analyser une à une les publications de J. Delpit. Je me contenterai de signaler les plus considérables (1).

La *Notice d'un manuscrit de la Bibliothèque de Wolfenbüttel, intitulé : Recognitiones feodorum*, etc., rédigée en collaboration avec M. Martial Delpit, inaugure dignement (1841) la série des œuvres principales du paléographe et de l'historien. J'aurai tout dit sur ce travail, qui fait tant d'honneur aux deux cousins, en rappelant qu'il fut couronné par l'Académie des Inscriptions et Belles-Lettres (2).

---

(1) On trouvera plus loin la liste complète des ouvrages et opuscules de J. Delpit qu'a bien voulu m'aider à établir M. René Delpit, son gendre et neveu, ou, pour mieux dire, son fils d'adoption. L'officier de marine a ainsi rendu à son second père ce que ce dernier avait fait pour son père réel, dont il avait, en 1887, si soigneusement énuméré les quarante-huit grandes ou petites publications (*Liste des ouvrages publiés par Jean-Martial Delpit*).

(2) Constatons que J. Delpit, en ses études, resta toujours fidèle (*Qualis ab inceptu...*) à la province dont Bordeaux est la métropole. Jamais il n'est sorti du cercle au milieu duquel tout d'abord il s'était placé, je devrais dire enraciné. A moi, il reprochait amicalement d'être un volage, de *courtiser la brune et la blonde*, la Provence comme l'Aquitaine, la Saintonge comme l'Ile-de-France, etc.; il s'amusait à me comparer à un gigantesque papillon s'ébattant sur toutes les fleurs et les saccageant toutes.

Quel malheur pour la science que le tome Ier de la *Collection générale des documents français qui se trouvent en Angleterre* (1847) n'ait pas été suivi de plusieurs autres! Quel malheur que les encouragements auxquels le vaillant éditeur avait tant de droits lui aient été refusés! L'impossibilité où il fut mis, faute d'appui, de continuer ce qui avait été parfaitement commencé, a été une des plus grandes amertumes de sa vie. Il avait rêvé de nous donner un recueil qui, complétant celui de Rymer, aurait été pour les savants des deux côtés du détroit un inappréciable instrument de travail. Victime du plus ingrat abandon, il dut se résigner à interrompre la construction du monument auquel il avait résolu de consacrer sa plus virile énergie. En face du remarquable portique qu'il a élevé, on comprend combien J. Delpit a souffert de l'inachèvement de son œuvre. Tous ceux qui ont consulté l'indispensable volume où l'Aquitaine tient une si grande place, ont certainement partagé les nobles regrets de l'éditeur.

La *Réponse d'un campagnard à un Parisien ou Réfutation du livre de M. Veuillot sur le droit du seigneur* (1857), et la *Réplique* de 1873, sont écrites avec infiniment de savoir, de verve et d'esprit; mais, ainsi que je l'ai dit en toute franchise à l'auteur dans ma correspondance, comme dans mes causeries avec lui, tout cela ne lui donne pas raison (1). Le droit du seigneur est incontestablement une vieille fable. On ne cassera pas, sur ce point, la sentence rendue par un tribunal souverain, l'École des Chartes. C'est la sentence même de l'impartiale Histoire. Tout ce que l'on pourrait accorder à J. Delpit, c'est qu'on ne pouvait mieux défendre une cause qui... n'était pas bonne (2). Je me plais à reconnaître encore que, dans son étincelante discussion, l'adversaire de Louis Veuillot a traité d'une façon fort instructive bon nombre de questions accessoires et que, tout

---

(1) Touchant ce sujet, comme bien d'autres sujets divers, J. Delpit, malgré la distance des âges et des situations, m'a toujours laissé la liberté de le contredire. Non seulement il tolérait les objections présentées avec bonne foi et bonne amitié; il allait jusqu'à les solliciter. On a quelquefois trouvé sa franchise un peu rude et on l'a même rapproché de l'austère et inflexible *Alceste*. Mais on a le droit de parler un peu haut quand on sait écouter les protestations des autres.

(2) Dans une notice (1881) sur un autre maître et ami dont le souvenir me reste bien cher aussi, Paulin Paris (du Collège de France et de l'Institut), j'ai eu à dire ceci (p. 7) : « En sincère narrateur, je dois ajouter qu'en 1844 il fut battu, en fort bonne compagnie d'ailleurs, par Letronne dans la querelle soulevée à propos du cœur trouvé à la Sainte-Chapelle. Mais quel est le grand savant qui n'a pas eu, un jour ou l'autre, son affaire du prétendu cœur de saint Louis? » Pour le grand savant qu'a été J. Delpit, cette affaire-là fut l'impossible thèse sur le droit du seigneur.

considéré, on doit appliquer à son erreur le célèbre mot de saint Augustin : *felix culpa*.

Dans les *Origines de l'imprimerie en Guyenne* (1869), nous marchons, au contraire, sur un terrain de toute solidité. Maître d'un sujet longtemps étudié avec amour, l'éminent bibliophile a résolu de difficiles problèmes et il a fait avancer sur plus d'un point la science bibliographique. Un spécialiste dont l'Institut a consacré la réputation par ses suffrages, le libraire A. Claudin, m'a déclaré que le travail de J. Delpit est, à ses yeux, un des meilleurs ouvrages qui aient été écrits sur les premiers essais de la typographie en province, plus que jamais à l'ordre du jour.

C'est un autre bien remarquable chapitre d'histoire bibliographico-littéraire que J. Delpit publia, en 1880, sous le titre de *Catalogue des manuscrits de la bibliothèque de Bordeaux* (tome Ier). De même que pour l'ouvrage précédent, m'abritant, afin de n'être pas soupçonné de juger avec complaisance un ami, sous l'autorité d'une appréciation indiscutable, je rappellerai qu'un critique tel que M. B. Hauréau a magistralement fait ressortir, dans deux articles du *Journal des Savants*, la haute valeur de la description et de l'analyse des manuscrits de la bibliothèque de Bordeaux. Souhaitons que l'ouvrage soit continué et achevé par un érudit qui soit honoré des mêmes éloges que son devancier.

Citons enfin trois publications qui ont singulièrement ajouté à ce que nous connaissions de l'histoire de la capitale de la Guyenne : *Chronique bordeloise* (de 1240 à 1638) par Jean de Gaufreteau (1876-1878); *Chronique bordeloise* (de 1588 à 1616) par Etienne de Cruseau (1879-1881); *Chronique du Parlement de Bordeaux* (de 1451 à 1560) par Pierre de Métivier (1886) (1). Je ne dirai rien de trop en déclarant que seuls, les six volumes de ces chroniques, préparés au prix de plusieurs années d'écrasant labeur, et qui ont renouvelé si heureusement les sources où nous avions l'habitude de puiser, suffiraient pour rendre le nom de leur éditeur cher à jamais aux travailleurs en général, aux travailleurs bordelais en particulier.

Ce n'était pas assez de si bien publier tous les documents que je viens d'indiquer : J. Delpit a pris la plus large part à la création, dans la seconde moitié de ce siècle, de quatre Sociétés savantes consacrées à l'histoire des événements, des livres et des monuments de la Guyenne, sociétés dont le rôle est des plus considérables et dont la prospérité est des plus brillantes. Je demande l'autorisation de citer ce qu'au sujet de ces quatre sœurs

---

(1) En collaboration avec M. Arthur de Brezetz, à cette époque secrétaire de la Société des bibliophiles de Guyenne

j'écrivais, il y a près de quatorze ans, dans un recueil périodique universellement estimé : « La *Revue critique*, qui aime les bons travailleurs, me permettra de rendre tout d'abord à l'éditeur de la *Chronique bordeloise*, M. Jules Delpit, un hommage non moins reconnaissant que respectueux. Je ne serai que strictement juste en signalant le zèle, le dévouement, les mérites de tout genre avec lesquels M. Delpit, pendant toute une vie déjà longue et qui, je l'espère bien, restera plusieurs années encore vigoureuse et féconde, a rendu les plus grands services à l'érudition. Non seulement l'éditeur de la *Collection générale des documents français qui se trouvent en Angleterre* (1) a prodigieusement travaillé, mais encore il a prodigieusement fait travailler les autres, et son initiative ardente, généreuse, infatigable, se retrouve partout à Bordeaux, dans la Société des Archives historiques, comme dans la Commission des Archives municipales, dans la Société archéologique, comme dans la Société des bibliophiles de Guyenne. Si jamais on donne de sa province natale une histoire comparable à l'*Histoire générale de Languedoc*, ce sera surtout grâce aux innombrables matériaux réunis par lui et par ses disciples, et presque à toutes les pages d'une telle histoire on devra citer le nom de ce modèle des travailleurs. » (2).

Soit comme président de la Société archéologique et de la Commission des Archives municipales, soit comme simple membre de ces deux compagnies, J. Delpit déploya beaucoup d'efficace activité (3), mais c'est

---

(1) Le *Journal des Savants* exprimait le vœu, en annonçant ce volume aujourd'hui complètement épuisé, que ce très utile recueil fût continué. J'ai entendu dire que la note si flatteuse pour J. Delpit, insérée dans la *Chronique* d'une livraison dont la date m'échappe, émanait de l'académicien et historien Mignet.

(2) Numéro du 9 novembre 1878, en tête d'un compte-rendu de la *Chronique* de Jean de Gaufreteau (p. 294-300).

(3) J. Delpit rédigea, en sa qualité de *premier* président de la Commission, un des plus remarquables morceaux que l'on doive à sa nette et sobre plume, la *préface du Livre des Bouillons* (1887). Sur cette tête de ligne des publications de la Commission et sur les cinq volumes qui ont suivi et qui sont surtout l'œuvre de trois érudits que leur nom suffit à louer, M. Henri Barckhausen, M. Leo Drouyn et M. Camille Jullian (auquel tous les amis de la Guyenne demandent instamment l'impression de ses belles leçons sur l'histoire de Bordeaux et du Sud-Ouest), on lira avec fruit une lumineuse étude descriptive, analytique et critique, insérée l'an dernier, par M. le chanoine Allain, dans la *Revue des Questions historiques*. Je me reprocherais de ne pas ajouter que le savant archiviste diocésain a écrit pour l'excellente *Revue catholique de Bordeaux*, dont il est un des habiles directeurs (livraison du 10 avril), une note émue, vibrante, sur la mort de notre vénéré doyen.

principalement dans l'établissement et la direction de la Société des Archives historiques et de la Société des bibliophiles qu'il a dépensé le plus de généreux efforts, qu'il a été, si je puis m'exprimer ainsi, *le plus père*. Aussi, lui ai-je dit une fois, avec une chaleureuse conviction qui le fit sourire : « Vous laisserez, outre une fille charmante, *deux filles immortelles.* » De ces deux grandes filles, la plus choyée, la favorite, c'était l'ainée. Elle a été aussi l'objet de mes préférences, de ma prédilection. Dès les premiers jours, je devins un des collaborateurs les plus militants de J. Delpit. De même que le commandant est parfois obligé de rappeler dans les rangs le soldat qui s'avance trop, qui ressemble trop aux fougueux *enfants perdus* dont parle, en son pittoresque et entrainant langage, Blaise de Monluc, on dut dire enfin au flot envahissant de mes communications : *Tu n'iras pas plus loin* (1). Je ne résiste pas à la tentation de reproduire un fragment d'un article de la *Revue de Gascogne* au sujet de J. Delpit envisagé dans ses relations avec la première (par sa date comme par son importance) des Sociétés écloses sous son aile puissante :

« M. Jules Delpit, secrétaire général de la Société des Archives historiques du département de la Gironde, a bien voulu transcrire pour la *Revue de Gascogne* le document que l'on va lire et qui précise certaines dates de la biographie de l'historien condomois (2). En remerciant l'éminent érudit de sa gracieuse communication, je tiens à le féliciter de la médaille d'or qui, le 12 mars dernier, lui a été solennellement offerte par les membres d'une Société dont il est l'âme, après en avoir été le père. Cette médaille, admirablement gravée et admirablement frappée, porte cette légende : *A Jules Delpit, fondateur de la Société des Archives* (1859); *ses confrères et ses disciples*. En Gascogne, on n'applaudira pas moins qu'en Guyenne à l'éclatant hommage ainsi rendu au grand savant qui a

---

(1) Dans un discours de J. Delpit prononcé en 1883 et qui sera mentionné plus loin, c'est à moi que cette phrase s'adresse : « Un autre nous a fourni tant de copie qu'il a fallu modérer son ardeur. » En effet, un seul des volumes, — je n'ose dire lequel, — ne contient pas moins de 300 documents transcrits de ma main, et, dans les vingt premiers volumes de la collection, le total de mes communication s'élève au chiffre effrayant de trois mille environ. Je rappellerai, à ce propos, un bien joli mot de feu N. de Wailly, conservateur du département des manuscrits de la Bibliothèque alors impériale : le très savant académicien, qui m'honorait de sa précieuse bienveillance, passant devant la table encombrée de registres, où galopait ma bouillante et dévorante plume, me dit tout bas avec un aimable enjouement : *Laissez-nous donc un peu d'inédit, s'il vous plaît !*

(2) *Lettres du roi Henri IV en faveur de Scipion du Pleix.*

formé tant d'autres grands savants et qui, soit par ses propres travaux, soit par les travaux dont il a été l'inspirateur, a merveilleusement servi la cause des sciences historiques. Moi qui ai eu le regret de ne pouvoir assister à la cordiale fête du 12 mars, moi qui n'ai pu mêler ma voix à celles qui acclamaient, ce jour-là, le maître vénéré, l'infatigable initiateur, je veux du moins m'associer d'ici à une manifestation que M. Delpit a dû regarder comme une des meilleures récompenses de sa vie toute de travail et de dévouement. Je ne puis rien ajouter aux témoignages d'estime et de reconnaissance donnés, en prose et en vers (1), au vaillant capitaine sous les ordres duquel je serai toujours fier d'avoir combattu. Mais qu'il me soit permis d'exprimer le vœu que ce cher et noble vétéran, qui travaille encore tant et si bien à 75 ans, ne nous quitte pas avant d'avoir vu paraître le cinquantième volume de ce beau recueil des *Archives historiques* auquel à jamais son nom restera glorieusement attaché ! » (2).

M. Léopold Delisle a tellement favorisé par ses travaux de tout genre et par son incessant apostolat le grand mouvement scientifique de notre époque, que j'ai pu saluer, en ce rénovateur qu'on ne louera jamais assez, le *véritable père de l'Histoire de France* (3). C'est aux mêmes titres, toutes proportions gardées, qu'il faut saluer en Jules Delpit le *véritable père de l'histoire de la Guyenne.*

---

(1) La prose était représentée par un discours de feu A. Gouget, archiviste du département de la Gironde, président de la Société des Archives pour 1883; par un autre discours de M. le docteur Ferdinand Durodié, président désigné pour 1884; par le procès-verbal, en langue gasconne du moyen âge, de la remise de la médaille offerte au héros de la solennité pendant le banquet, etc. M. Leo Drouyn avait porté la parole au nom de la Muse, et sa pétillante improvisation humoristique vint prouver une fois de plus qu'il n'existe pas de bonne fête sans cette enchanteresse que l'on appelle la Poésie.

(2) Livraison de mai 1883, tome XXIV de la collection. — La justice et l'amitié veulent impérieusement et avec des droits égaux qu'à côté des discours qui viennent d'être cités, j'évoque le souvenir d'un discours de M. R. Dezeimeris imprimé en tête du tome XI des *Archives historiques* (1869, p. VIII-X) et où la reconnaissance envers le directeur de la petite *École des Chartes* de Bordeaux est exprimée, — (on sait combien le *Vigneron de Loupiac* est riche à ce double égard !) — avec autant de cœur que d'esprit.

(3) *Petits mémoires de Peiresc*, épître dédicatoire à Charles Ruelens (Anvers, 1889).

III

BIBLIOGRAPHIE.

1. — *Notice historique sur la famille de Bouglon.*
Dans la *Revue historique de la noblesse*, Paris, 1841, in-8°.

2. — *Notice d'un manuscrit de la bibliothèque de Wolfenbuttel, intitulé* Recognitiones feodorum *et où se trouvent des renseignements sur l'état des villes, des personnes et des propriétés en Guyenne et en Gascogne au* XIII° *siècle*. — 1841, Paris, Impr. Royale, in-4° (163 pages) (en collaboration avec M. Martial Delpit). Extrait du tome XIV des *Notices des mss.* par l'Académie des Inscriptions et Belles-Lettres.

3. — *La ville et les seigneurs de Bouglon.*
Dans le tome I de la *Guienne historique et monumentale* publiée par Alexandre Ducourneau (Bordeaux, 1843, in-4°, p. 5-15).

4. — *Lettre à MM. les membres du Conseil municipal de Bordeaux au sujet de la publication des Registres de la Jurade* (en collaboration avec MM. Brunet et A. Detcheverry). — Bordeaux, imprimerie de Lavigne, 1844, in-8°.

5. — *Notes biographiques sur les MM. de Lamothe.* — Bordeaux, 1846, Balarac, in-8° (23 pages).

6. — *Collection générale des Documents français qui se trouvent en Angleterre.*
Archives de la mairie de Londres,
du duché de Lancastre,
de la Bibliothèque des avocats,
de la première partie de l'Echiquier.
Paris, 1847, Dumoulin. — V°° Dondey-Dupré, in-4° (350 pages).

7. — *Recherches biographiques et bibliographiques sur Gabriel de Tarregua, médecin établi à Bordeaux vers 1490.* — Bordeaux, 1848, H. Faye, in-8° (16 pages).
Extrait des *Actes* de l'Académie de Bordeaux.

— *Projet d'association pour les artistes, peintres, sculpteurs, dessinateurs, etc., de Bordeaux.*

Bordeaux, 1848, H. Faye, in-4° (7 pages).

9. — *Notes sur l'Histoire du Blason et des Armoiries dans la province de Guyenne.* — Bordeaux, 1849, H. Faye, in-8° (19 pages).

Extrait des *Actes* de l'Académie de Bordeaux.

Très curieuse et très piquante étude qui donne parfaitement raison à cette assertion de M. le comte de Cosnac dans son tout récent ouvrage (*Mazarin et Colbert,* Paris, Plon, in-8°, 1892, tome VII, p. 400) : « On y voit [dans l'*Armorial de France*] figurer les personnes exerçant les professions de toutes sortes, et adoptant fréquemment des armes parlantes qui auraient pu leur servir d'enseignes ; en cherchant un peu, on y trouverait certainement quelque apothicaire avec ses emblèmes. »

10. — *Un épisode de l'histoire de l'Académie des beaux-arts à Bordeaux.* — Bordeaux, 1851, H. Faye, in-8° (16 pages).

Extrait des *Actes* de l'Académie de Bordeaux.

11. — *Revue critique de la première exposition de la Société des amis des arts de Bordeaux.*

Bordeaux, 1851, Feret, in-12 (40 pages).

12. — *Rapport sur les mémoires envoyés au concours de 1850 en réponse à cette question : Quelles ont été les causes des révolutions que les beaux-arts ont subies... et quels sont les enseignements qu'il faut en tirer pour assurer l'avenir de l'art ?* — Bordeaux, 1852, Gounouilhou, in-8° (27 pages).

Extrait des *Actes* de l'Académie de Bordeaux.

13. — *Fragment de l'histoire des arts à Bordeaux. Académie de peinture et sculpture sous Louis XIV.* — Bordeaux, 1853, Gounouilhou, in-8° (51 pages).

Extrait des *Actes* de l'Académie de Bordeaux.

14. — *Catalogue des tableaux, des statues, etc., du musée de Bordeaux* (en collaboration avec P. Lacour). — Bordeaux, 1855, in-12 (267 pages).

15. — *Réponse d'un campagnard à un Parisien ou réfutation du livre de M. Veuillot sur le droit du seigneur.* — Paris, 1857, Dumoulin, in-4° (301 pages). — Bordeaux, 1857, Crugy.

16. — *Éloge de Pierre Lacour, de l'Académie des sciences, belles-lettres et arts de Bordeaux.* — Bordeaux, 1862, Gounouilhou, in-8°, 39 pages.

Extrait des *Actes* de l'Académie de Bordeaux.

17. — *Mémoire pour les héritiers Lacour et M. Jules Delpit contre M. Gounouilhou, imprimeur, M. Oscar Gué, conservateur du musée de Bordeaux, et contre la ville de Bordeaux.* — Bordeaux, 1863, Mme Crugy, in-4°.

18. — *Instruction et plan de travail pour un glossaire gascon* (avec la collaboration de MM. Dezeimeris et Virac). — Bordeaux, 1864, Gounouilhou, in-4°, 3 pages.

Extrait des *Archives historiques du département de la Gironde*.

19. — *Rapport sur deux frontons exécutés par MM. de Coeffard et Amédée Jouandot* (au nom d'une commission composée de MM. de Lacolonge, Leo Drouyn et J. Delpit, rapporteur). — Bordeaux, 1865, Gounouilhou, in-8°, 15 pages.

Extrait des *Actes* de l'Académie de Bordeaux.

20. — *Plainte de la Guyenne au roy, publiée sur un exemplaire unique et précédée d'une préface*. Cet exemplaire unique, de l'édition de Millanges (Bordeaux, 1577, in-8° de 47 pages) ou, pour parler plus prudemment, *réputé unique* (car on n'est jamais sûr de ces choses-là), appartient à la bibliothèque d'Izon. — Bordeaux, Gounouilhou, 1868, in-8°.

Dans le tome I des *Publications de la Société des bibliophiles de Guyenne*.

21. — *Origines de l'imprimerie en Guyenne.* — Bordeaux, 1869, Forestié, in-8°, 112 pages.

Extrait des *Tablettes des bibliophiles de Guyenne*.

22. — *Le droit du seigneur, réplique d'un campagnard à un Parisien, ou seconde réponse à M. Louis Veuillot.* — Bordeaux, 1873, Gounouilhou, in-8°. — Bordeaux, 1873, Lefèvre, in-8°.

Extrait des *Tablettes des bibliophiles de Guyenne*.

23. — *Le prince ridicule, mazarinade inédite composée en 1650*, publiée et accompagnée de notes par J. DELPIT. — Bordeaux, 1873, Delmas, in-8°, 24 pages.

24. — *Inventaire de la collection des ouvrages et documents sur Michel de Montaigne et lettres de François de la Chassaigne recueillis par MM. Gabriel RICHOU et ROBOREL DE CLIMENS, publiés par M. Jules DELPIT*. — Bordeaux, Crugy, 1877, in-8°, 396 pages.

 Extrait des *Tablettes des bibliophiles de Guyenne*.

25. — GAUFRETEAU. *Chronique bordeloise*, suivie d'une généalogie de la famille de Gaufreteau. — Bordeaux, 1877-78, Gounouilhou, 2 volumes in-8° de   pages.

 Publications de la Société des bibliophiles de Guyenne.

26. — *Poésies inédites de Lagrange-Chancel*. — Bordeaux, P. Chollet, 1878, in-8°.

 Dans le tome III des *Tablettes des bibliophiles de Guyenne*.

27. — *Notice sur M. J.-L. Dessalles, ancien archiviste du département de la Dordogne*. — Périgueux, Dupont et Cie, 1879, in-8°, 7 pages.

28. — *Chronique d'Etienne de Cruseau (1588 à 1616)*. — Bordeaux, 1879-1881, 2 volumes in-8°.

 Publications de la Société des bibliophiles de Guyenne.

29. — *Catalogue des manuscrits de la bibliothèque municipale*, t. I. — Bordeaux, 1880, in-4°, 462 pages.

30. — *Un collectionneur bordelais, Barthélemy-Pierre Partarrieu*. — Bordeaux, 1881, Gounouilhou, in-8°, 47 pages.

 Extrait des *Tablettes des bibliophiles de Guyenne*.

31. — *Un curé bordelais, recueil de mazarinades, publié sur Louis Bonnet, curé de Sainte-Eulalie*. — Sauveterre de Guyenne, Chollet, 1881, in-8°, 36 pages.

 Tablettes des bibliophiles de Guyenne.

32. — *Bibliographie dramatique bordelaise* publiée à la suite du travail de M. H. Minier, intitulé : *Le Théâtre à Bordeaux, étude historique*. — Bordeaux, Chollet, 1883, in-8°.

Voir les observations de M. Jules Andrieu dans le tome I de son excellentissime *Bibliographie générale de l'Agenais* (Agen, 1886, p. 229).

33. — *Souvenir du 12 mars 1883*. — Bordeaux, imprimerie Gounouilhou, 1883, in-4° de 33 pages.

J. Delpit fit luxueusement imprimer cette plaquette, dont un exemplaire fut offert par lui à chacun des souscripteurs pour la médaille d'or. Le recueil, paré de cette épigraphe : *Amicitiæ pignoris custos*, n'a pas été mis dans le commerce. Outre les morceaux de prose et de poésie déjà mentionnés, on y trouve le discours dans lequel J. Delpit remercia ses confrères, après avoir reçu l'écrin contenant les deux exemplaires de la médaille, discours plein de cœur autant que de modestie. Les dernières pages de ce *testimonium* sont occupées par la liste (rédigée en langue gasconne par le lauréat) des noms, prénoms et titres des souscripteurs. A chaque nom, le très courtois érudit a joint un gracieux petit éloge, et cela forme comme un charmant chapelet de perles.

34. — *Chronique du Parlement de Bordeaux*, par Pierre DE METIVIER (1451 à 1560), publiée par Arthur de Brezetz et Jules Delpit. — Bordeaux, 1886, 2 volumes in-8°.

Publications de la Société des bibliophiles de Guyenne.

35. — *Jean-Martial Delpit. Notes biographiques et bibliographiques* par J. D. — Périgueux, imprimerie Laporte, 1887, grand in-8° de 14 pages.

Extrait du *Bulletin* de la Société historique et archéologique du Périgord.

Ces *Notes* avaient été primitivement destinées à M. le comte Riant (de l'Institut de France) qui m'avait chargé de les demander à J. Delpit pour une notice développée devant être publiée dans les *Archives de l'Orient latin*. La mort prématurée du très savant historien des croisades l'empêcha de mettre à profit les indications complètes en leur brièveté à lui fournies sur son confrère et collaborateur Martial Delpit. De ces indications, où le bon parent n'a nullement exagéré les éloges dus à son cousin-germain, il faut rapprocher l'article très bien fait, et aussi exact que sympathique, de M. Jules Andrieu sur Martial Delpit, qui a été un des plus doctes et des plus purs écrivains de mon cher Agenais (tome I, p. 227-228).

36. — Sous ce dernier numéro, il faudrait grouper un très grand nombre d'articles bibliographiques publiés par J. Delpit, dans certains recueils périodiques de Paris et de la province, notamment dans le *Bulletin du Bibliophile*, édité par la maison Techener, où l'on a remarqué, en ces dernières années, une notice sur le démonographe Pierre de Lancre, conseiller au Parlement de Bordeaux; mais, surtout, dans deux grands journaux quotidiens de la capitale de la Guyenne, feu le *Courrier de la Gironde*, et la toujours vivante et très vivante *Gironde*. Je voudrais qu'un des jeunes disciples de J. Delpit dressât la liste complète des articles isolés où, pendant plus de quarante années, il rendit compte de presque tous les ouvrages d'histoire qui parurent en Guyenne. Il y a là de petits chefs-d'œuvre de discussion et de critique, qu'il importe de ne pas laisser oublier dans les catacombes des collections de vieux journaux. Je citerai, entre toutes ces pages, parfois saupoudrées de malice, une série d'articles -- un feu roulant ! — contre la prétendue *Histoire de Bordeaux* de l'abbé O' Reilly (dans le *Courrier de la Gironde*, avant 1864). La verve, en toutes ces incisives observations, le disputait à l'érudition. Un ami de l'abbé, se plaignant devant moi, avec une vertueuse indignation, de ce qui lui paraissait friser le sacrilège, osa parler d'*œuvre de démon*. Nous sommes d'accord, lui dis-je : *c'est l'œuvre d'un démon* ...... *d'esprit*. Je ne rappelle pas ceci pour me procurer le *mot de la fin ;* c'est pour expliquer comment on a pu faire une réputation d'adversaire du clergé à un homme profondément religieux, mais qui, dans la vie littéraire comme dans la vie privée, ne s'écartait jamais de la ligne droite, sacrifiait tout à la justice, quel que fût le coupable, et avait le droit de prendre pour devise : *Dieu et la vérité*.

Périgueux, Impr. de la Dordogne.

UNE
FÊTE BORDELAISE
EN 1615

RELATION CONTEMPORAINE

PUBLIÉE

AVEC UN AVERTISSEMENT ET DES NOTES

PAR

Ph. TAMIZEY DE LARROQUE

BORDEAUX
IMPRIMERIE NOUVELLE A. BELLIER & Cie
16 — rue Cabirol — 16

1892

*à mon cher maître et ami
Monsieur Léopold Delisle
souvenir bien affectueux
Ph. Tamizey de Larroque*

UNE FÊTE BORDELAISE

EN 1615

EXTRAIT DE LA *REVUE CATHOLIQUE DE BORDEAUX*

Tiré a 100 Exemplaires

UNE
FÊTE BORDELAISE
EN 1615

RELATION CONTEMPORAINE

PUBLIÉE

AVEC UN AVERTISSEMENT ET DES NOTES

PAR

Ph. TAMIZEY de LARROQUE

BORDEAUX

IMPRIMERIE NOUVELLE A. BELLIER & Cie

16 — rue Cabirol — 16

1892

UNE FÊTE BORDELAISE

EN 1615

Bordeaux est depuis longtemps renommé pour la magnificence de ses fêtes. Avant même que le génie de Tourny en eût fait une des plus remarquables villes de l'Europe, les manifestations de la joie publique y prenaient un éclat admirable. Tout concourait à ce résultat : la richesse de la commerçante et prospère cité, ses relations avec le monde entier, la générosité et l'entrain de ses habitants, la majestueuse largeur de son port, la grandiose beauté de ses monuments. Assise, reine souriante, au milieu d'une plaine d'un abord facile et auprès d'un fleuve dont la navigation a de tout temps été d'une activité prodigieuse, la capitale de la Guienne attirait à elle d'innombrables curieux (1). Il se trouvait toujours quelque chroniqueur pour décrire tant de pompeuses merveilles, quelque poète pour les chanter, et l'éloquence girondine, se donnant libre carrière en d'enthousiastes récits qui se répandaient au loin, d'autant plus rapides qu'ils étaient plus légers, véritables *feuilles* volantes, augmentait un peu partout la célébrité des fêtes bordelaises.

(1) Voir *l'Heureuse arrivée du Roi dans Bordeaux*, plaquette imprimée par S. Millanges, 1615, in-8°, où l'on signale (p. 7) « la grande multitude des gents » venus de tous les environs et qui avaient tout quitté, même leurs vendanges, pour assister à l'entrée royale. L'affluence du 7 octobre 1615 se retrouvait en toutes les mêmes circonstances.

Parmi toutes ces fêtes, celles qui se succédèrent en l'année 1615, à l'occasion des mariages du jeune roi Louis XIII avec Anne d'Autriche et d'Elisabeth de France avec l'Infant d'Espagne, fils de Philippe III, eurent une splendeur et un retentissement particuliers. Elles inspirèrent une foule d'écrivains indigènes ou étrangers, prosateurs ou poètes. Un jour, quelqu'un de ma connaissance a essayé d'en dresser la longue liste (1); mais, malgré tout son zèle de chercheur, il n'a pu la présenter comme complète (2). Du moins, il n'y a pas omis le livret fort rare (3) qui va être reproduit plus loin et qu'il avait consulté à la Bibliothèque Nationale (4) quand il préparait la publication de la relation quasi officielle du « Hérauld d'armes de Normandie ». Ce *petit discours*, comme l'appelle son auteur anonyme, contient en peu de pages beaucoup de particularités, quelques-unes même qui ne sont pas indiquées dans les autres relations contemporaines. C'est une revue brève et précise des principaux incidents du séjour de la Cour de France à Bordeaux (seconde période). On n'y trouve ni la morne sécheresse du procès-

(1) A la suite de *Louis XIII à Bordeaux*, relation inédite publiée, d'après un manuscrit de la Bibliothèque Nationale, par la Société des Bibliophiles de Guienne. (Bordeaux, Gounouilhou, 1876.)

(2) On n'a pas signalé dans cette petite notice bibliographique un manuscrit mystérieux, jalousement possédé par un habitant de Bordeaux qui a une fâcheuse ressemblance avec les dragons des Hespérides. Ce manuscrit contiendrait, assure-t-on, le récit le plus détaillé et le plus intéressant qui se puisse voir des fêtes célébrées en l'honneur des mariages de France et d'Espagne. L'auteur ne serait rien moins que Martin Despois, érudit et poète si heureusement ressuscité par la baguette magique de M. R. Dezeimeris. Puisse le propriétaire d'un manuscrit si digne d'être mis en lumière ne pas s'obstiner à le garder perpétuellement à l'état de trésor caché !

(3) Malgré son extrême rareté, la plaquette n'a été mentionnée ni dans le *Manuel du Libraire*, ni dans le *Supplément* donné à l'inappréciable recueil de J.-Charles Brunet par son savant homonyme, M. Gustave Brunet, le vénéré doyen des bibliophiles bordelais. On se demande, au sujet de ces deux oracles de la bibliographie, si là comme ailleurs, il n'y aurait pas des noms prédestinés.

(4) LB 36 — 726. Pièce in-8°. La réimpression actuelle est faite d'après un exemplaire de la même édition conservé dans la bibliothèque de M. le duc de la Trémoille, qui porte si honorablement un grand nom et qui se montre si noblement généreux, soit en donnant avec tant d'amabilité ses somptueuses publications aux travailleurs (j'en sais quelque chose), soit en comblant de ses bienfaits la Bibliothèque Nationale, ce patrimoine presque sacré de tous les esprits éclairés.

verbal dressé, comme par un maître des cérémonies, par le héraut Pierre Sorel et cité un peu plus haut, ni l'exubérance indiscrète des récits de plus d'un concurrent de ce personnage, notamment de ceux que nous devons au P. Garasse. Entre la rédaction du héraut d'armes de Normandie, qui fait penser à l'aridité du désert, et celle du jésuite angoumoisin, qui donne l'image d'un bois trop touffu, d'un fourré presque inextricable (1), la prose de notre écrivain inconnu tient le juste milieu. Sans doute, son opuscule n'est pas parfait et je me garderai bien de le vanter plus qu'il ne faut, mais en faveur de ses qualités on fera grâce à ses défauts, et, tout bien considéré, c'est avec confiance que je le présente à tous ceux qui, comme moi, s'intéressent aux moindres détails de l'histoire bordelaise et redisent patriotiquement avec le poète Ausone: *Diligo Burdigalam*.

PH. TAMIZEY DE LARROQUE.

(1) C'est surtout dans *Les Champs Elysiens ou la Reception du Roy Très Chrestien Louys XIII au College de Bourdeaus* (Millanges, 1615), que la verve du P. Garasse coule à flots intarissables. Cet homme d'esprit, de beaucoup d'esprit, a composé bien d'autres singulières pages pendant son séjour à Bordeaux. Citons notamment un poème latin sur la Chartreuse du Cardinal de Sourdis, dont la Bibliothèque municipale de Bordeaux garde un exemplaire peut-être unique et dont j'ai retrouvé une copie dans la collection Peiresc, à l'Inguimbertine de Carpentras, et aussi une piquante plaquette que je crois pouvoir attribuer sûrement au fougueux adversaire d'Étienne Pasquier et de Théophile de Viau: *L'Anti-Joseph, ou bien plaisant et fidele narré d'un ministre de la religion pretendue reformee, vendu publiquement à Clerac, ville d'Agenois, ayant esté enfermé dans un coffre par une honeste dame de la dite ville, à laquelle il faisait l'amour* (1615, in-8°), réimprimée de nos jours par un bibliophile bordelais de grand mérite, M. L. B[orde] de F[ortage], lequel a aussi réimprimé *Les Ceremonies qui ont esté faictes, en la presence du Roy, aux espousailles de Madame, sœur aynee de S. M.*, et *Les Magnificences faictes en la ville de Bourdeaux à l'entree du Roy*. Je suis fort tenté d'inscrire encore au compte de l'infatigable producteur, du très fécond Père, *L'Epithalame royal de Louis XIII et d'Anne d'Autriche*. (Bourdeaus, Pierre de la Court, 1615, petit in-8° de 34 p.) Du reste, toutes ces délicates questions de paternité seront prochainement discutées avec soin et résolues avec bonheur dans une monographie très étendue que va consacrer au P. Garasse son confrère, le P. H. Chérot, si avantageusement connu comme critique et écrivain par son livre sur le P. Le Moyne et par sa collaboration aux *Études religieuses, philosophiques*, etc.

DESCRIPTION

DES ARTIFICES ET MAGNIFICENCES

faictes à Bordeaux

AVEC LE COMBAT

naual et les feux artificiels du sieur
Morel et Jumeau, representez sur
la Garonne, en la presence de
leurs Majestez

A PARIS

par IEAN SARA, rüe S. Iean de Beauuais

deuant les Escholes de Decret

M.DC.XV

DESCRIPTION DES
ARTIFICES

et magnificences faictes à Bordeaux avec le combat et les feux artificiels du sieur Morel et Jumeau representez sur la Garonne en la presence de leurs Majestez.

―――

Povr ne priver d'vn si grand contentement les esprits des personnes curieux (et qui desirent voir, s'ils ne peuuent des yeux du corps, à tout le moins de ceux de l'esprit, tout ce qui se faict de beau et de rare par tout l'vniuers), a esté mis en lumiere ce petit discours, où est particularisé selon la verité ce qui s'est passé de plus remarquable à Bordeaux depuis le commencement du present mois (1).

(1) C'est-à-dire du mois de novembre. Rappelons que Louis XIII était parti de Paris le 17 août et qu'il était arrivé à Bordeaux le mercredi 7 octobre, vers cinq heures du soir; qu'Anne d'Autriche arriva dans cette ville le samedi 21 novembre, à huit heures du soir, et que le 25 du même « mois se feist et cellebra fort solemnellement en l'esglise Sainct-André la confirmation du mariage du Roy très chrestien et de la fille aynee du Roy d'Espagne ». On chercherait vainement ces dates dans l'*Histoire de Bordeaux*, par Dom Devienne. Encore si ce singulier historien n'avait commis que des péchés d'omission !

— 4 —

Le vingt neufiesme de nouembre (1) leurs Majestez firent vn banquet fort magnifique et somptueux (2) au chasteau Trompette, un peu distant de la ville (3), où assistèrent tous les seigneurs et dames de la Cour, auec leurs habits les plus exquis, d'où après auoir disné vinrent à Bordeaux dans vn des plus beaux vaisseaux qui aye iamais esté sur la mer, lequel vaisseau estoit faict en dosme en forme de tribune d'vn artifice non pareil tout entouré de ballustres, couuert tout d'or et d'azur. La dite nauire estoit tiree de quatre autres barques peintes de rouge, qui estoient tirees d'vne grande quantité d'hommes qui ramoient sur la riuiere et portoient la mesme liuree.

A l'entree dudit chasteau où leurs Majestez auoient disné, on auoit faict faire deux galleries avec leurs ballustres toutes peintes. Les galeries auoient dix-huit toises de long; au milieu estoit vn grand escalier, aux deux costez duquel je voyois deux pieds d'estails, sur lesquels estoient posez deux grands anges hauts chascun de huict pieds, lesquels tenoient vne couronne royale de deux toises de diametre; le fond de la

(1) L'auteur n'a pas tenu tout ce que son exorde promettait. Loin de raconter *tout ce qui s'est passé de plus remarquable à Bordeaux depuis le commencement du mois*, il ne raconte que les événements des derniers jours. Il est probable que ses intentions ont été trahies par son imprimeur qui aura sacrifié les premières pages du manuscrit et qui aura laissé subsister, malgré la suppression, l'annonce d'un récit entier, comme on maintient sur une carte de restaurant un alléchant menu qui n'est jamais complet.

(2) C'était ce que l'on appelle vulgairement le dîner de noces, servi trois jours après la cérémonie de Saint-André.

(3) Au sujet de l'emplacement occupé, en dehors de l'enceinte de Bordeaux, par la fameuse forteresse, je ne puis que renvoyer à l'ouvrage où l'éminent archéologue M. Léo Drouyn a si magistralement restitué, dans la belle collection des *Archives municipales*, la capitale de la Guienne (*Bordeaux vers 1450. Description topographique.* 1875, in-4°). Si j'étais aussi amoureux que le P. Garasse des comparaisons mythologiques (ne salue-t-il pas dans Louis XIII un nouvel Orphée et dans Anne d'Autriche « sa belle Eurydice des Espagnes »?), je dirais qu'à la savante voix de M. Léo Drouyn, comme aux sons de la lyre d'Amphion, les pierres éparses du vieux Bordeaux sont d'elles-mêmes, en quelque sorte, venues se placer régulièrement les unes sur les autres.

dite couronne estoit couuert de velours rouge; dessoubs on avoit faict deux sieges en forme de throsnes fort magnifiques, pour seoir le Roy et la Royne, où le Roy assis receut les clefs de la ville, que les Escheuins luy baillerent en grande ceremonie, luy ayant faict vne fort belle harangue; ils marchoient en vn bel ordre, suiuis de tous les archers de la ville et de six mille soldats, bourgeois de la ville, tous vestus selon la liuree de leurs capitaines.

A la porte qui est sur le bord de la riuiere, il y auoit vn arc triomphal fort magnifique.

Dedans la ville, tout n'y estoit pas moins preparé que dehors, et tesmoignoient par leurs magnificences leur bonne volonté enuers nostre Roy.

En la ruë appellee du Chapeau-Rouge, il y auoit deux galleries auec leurs ballustres en forme de terrasse, où estoient force trompettes, clairons, hauts-bois, et toutes sortes d'instrumens.

Plus loing estoit vn arc triompal d'ordre Corinthien, peint et doré, remply de beaux tableaux où estoient depeintes plusieurs histoires; aux deux costez de l'arc estoient deux niches, dans l'une desquelles se voyoit la statuë du Roy, dans l'autre celle de la Royne.

Puis on rencontroit vne fontaine en façon de pyramide de forme triangulaire, au pied de laquelle estoient des dauphins qui iettoient de l'eau; la pyramide auoit quatre toises de haut; se lisoit grauez contre plusieurs belles inscriptions et deuises et entre autres celle-cy : LOIS DE BOVRBON BON BOVRDELOIS (1).

Puis se rencontroit vn autre arc d'ordre Ionique, de six toises de haut, enrichy aussi de plusieurs belles histoires, et de deux niches aux deux costez; dans l'vne estoit de relief la statuë de Henry le Grand d'heureuse mémoire (2), dans

(1) Constatons que l'anagramme est irréprochable, et c'est chose digne de remarque, car beaucoup de faiseurs de ces tours de force littéraires (*Nugæ difficiles*) se contentent de l'à peu près, comme les traducteurs.

(2) Jamais cette expression banale n'a été plus justement employée. L'àpropos la relève et l'ennoblit au point de lui prêter une sorte de touchante éloquence.

l'autre celle de la Royne mère. Deuant le dit arc, il y auoit vne autre fontaine, auec vn fort beau pied d'estail, sur lequel estoit posé le pourtraict d'Abondance, tenant vne corne en sa main; aux quatre coings du dit pied d'estail, quatre Dauphins iettoient du vin en abondance (1).

Sur la place de S. Proiect, estoit vn autre arc qui surpassoit tous les precedents en grandeur et beauté; iceluy auoit deux faces et estoit d'ordre Corinthien, deuant iceluy estoit vn grand rocher de trois toises de haut qui iettoit de l'eau d'un excellent artifice.

L'ordre qui fut tenu en marchant estoit tel : premierement, vne compagnie de cent ieunes enfans de la ville, de huict à dix ans, choisis entre tous les aultres de fort bonne mine et couuerts fort somptueusement, lesquels estoient suiuis de quarante Geants hauts de dix pieds (2), couuerts d'armes toutes dorées, et de tres riches accoustremens. Les Geants tenoient en leurs mains chascun vne picque.

Quelque temps après marchoient tous les Messieurs du clergé (3), puis les Escheuins de la ville, leurs archers tous reuestus de casaques neufues. En après les thrésoriers de France; puis Messieurs de la Cour de Parlement auec leurs robbes rouges, montez en housses sur de beaux cheuaux.

Puis marchoient les cent suisses deuant le Roy, lequel les suiuoit monté sur vn cheual blanc accompagné de tous les seigneurs de la Cour, montez sur des cheuaux les plus beaux

---

(1) Croyons que c'était du vin de Bordeaux, du plus pur et du plus généreux. Voir sur la coutume de faire couler des fontaines de vin, les jours d'allégresse, diverses indications fournies par l'éditeur des *Documents inédits pour servir à l'histoire de l'Agenais*. (Agen, 1875, in-8°, p. 248.)

(2) Il n'y avait pas alors de fêtes sans géants. C'était un ornement obligatoire et, pour ainsi dire, sacramentel.

(3) Messieurs du clergé étaient plus heureux que leurs devanciers du xvie siècle qui, lors de la mémorable entrée de Charles IX dans Bordeaux (1er avril 1565), ne purent percer la foule et tenir leur rang dans le cortège. Voir *Entrée du roi Charles IX à Bordeaux, avec un avertissement et des notes*, publiée par celui qui écrit ces lignes. (Bordeaux, Chollet, 1882, petit in-4°, p. 8.)

et les mieux caparaçonnez de tout le monde; iceux seigneurs estoient tous richement parez.

Dessus la teste du Roy, porté des (1) six principaux curez de la ville, vn dais en façon de couronne imperialle.

Après sa Majesté, venoit en bel ordre celle de la Royne dans vne lictiere de velours rouge cramoisi, tout brodé d'or, qui estoit ouuerte. La dite lictiere estoit couuerte d'un dais pareil à celuy du Roy.

Ainsi en grande pompe et solemnité furent conduicts à S. André, Eglise Cathedrale de la ville, où, proche de là, le Roy estoit logé (2).

Le lendemain, la curiosité du Roy le porta à voir tous les soldats de la ville rangez en bataille et s'exerceant et maniant fort dextrement (3).

Le soir, le sieur Iumeau fist vn feu artificiel fort industrieux; lequel estoit vn chasteau couuert d'une couronne flamboyante; du dit chasteau sortit vn dragon iettant force fusees et feux d'artifices; ledit dragon marchoit sus la riuiere.

Le sieur Morel, quelques iours après, a aussi monstré la gentillesse de son esprit par plusieurs artifices.

Fut faict aussi sur la Garonne (riuiere encore vne fois aussi grande que la Seine (4), portant nauires) vn combat naual, où on voyait force nauires, barques, galleres, galliottes et

---

(1) D'après une correction manuscrite, au mot *des* il faut substituer le mot *par*.

(2) A l'archevêché. Toutes les relations nous apprennent que le roi était l'hôte de son *bon cousin* le cardinal de Sourdis. Charles IX avait aussi couché dans le palais archiépiscopal.

(3) On sait combien Louis XIII raffolait des exercices militaires. Nulle part on ne trouve plus de curieux détails à ce sujet que dans les mémoires d'un officier gascon qui fut fort estimé de ce prince, Jacques de Chastenet, seigneur de Puységur.

(4) Que les riverains de la Seine n'accusent point notre chroniqueur d'avoir osé, pour flatter les Bordelais, diminuer ce fleuve au profit de la Garonne ! Il a seulement voulu opposer à la Seine coulant devant Paris la Garonne coulant devant Bordeaux et déjà presque semblable à la mer elle-même.

brigantins se donner vne infinité de canonades, chose qui estoit fort belle à voir, et assez rare, n'estant pas commune à plusieurs.

Voilà en bref ce qui s'est passé de plus beau, mais les paroles du plus excellant orateur ne suffiroient pas à descrire la chose et la faire paroistre aussi belle comme mes yeux l'ont peu comprendre.

De Bordeaux, ce 8 Decembre 1615.

PH. TAMIZEY DE LARROQUE

INSTRUCTIONS

SUR LA PESTE

PAR

LE CARDINAL D'ARMAGNAC

Extrait des *Annales du Midi*, tome IV.

TOULOUSE
ÉDOUARD PRIVAT, LIBRAIRE-ÉDITEUR
45, RUE DES TOURNEURS, 45

1892

A mon cher maître et ami
Monsieur Léopold Delisle
hommage bien affectueux
Ph. Tamizey de Larroque

PH. TAMIZEY DE LARROQUE

INSTRUCTIONS
SUR LA PESTE

PAR

LE CARDINAL D'ARMAGNAC

Extrait des *Annales du Midi*, tome IV.

TOULOUSE
ÉDOUARD PRIVAT, LIBRAIRE-ÉDITEUR
45, RUE DES TOURNEURS, 45

1892

INSTRUCTIONS

SUR LA PESTE

PAR LE CARDINAL D'ARMAGNAC

Guizot, dans une remarquable lettre que j'ai eu naguère le plaisir de publier, raconte cette charmante anecdote : « Quand Madame la duchesse d'Orléans voulait faire faire à Monsieur le comte de Paris de nouvelles connaissances de camarades, il lui répondait : *Je n'aime que mes vieux amis* ». L'illustre écrivain ajoute : « Je suis comme lui, j'aime mes vieux amis, et je lui souhaite, à lui, de garder toute sa vie cette aimable et honorable disposition [1] ». A mon tour, pour ne parler ici que des affections littéraires, je dirai que j'ai aussi le culte des vieux amis. Les personnages dont je me suis sympathiquement occupé m'attirent avec une force invincible. Sans cesse je voudrais revenir à eux pour mieux les faire connaître, pour mieux les faire aimer. Comme un peintre qui n'est jamais

---

[1]. Lettre écrite du Val-Richer, le 7 octobre 1850, à M. Roguet Lépine, ancien pair de France. (Voir : *Une petite gerbe de billets inédits*. Paris, librairie Techener, 1890 ; in-8°, p. 83.)

content de son œuvre et qui, jaloux de la perfectionner, prodigue sans trêve les coups de pinceau, je cherche toujours à ajouter de nouveaux renseignements, de nouveaux documents à ceux que j'ai déjà mis en lumière. Parmi les hommes célèbres qui ont été l'objet de mes préférences de chercheur, le cardinal Georges d'Armagnac occupe un des premiers rangs. Depuis que je lui ai consacré tout un volume en 1874[1], je suis resté constamment fidèle à mon héros, réclamant pour lui et pour sa prose l'attention des érudits dans deux de nos plus considérables recueils périodiques : la *Revue historique*, dirigée par M. Gabriel Monod[2], et la *Revue des Questions historiques*, dirigée par M. le marquis de Beaucourt[3], et aussi dans une de nos meilleures revues provinciales, la *Revue de Gascogne*, où, en ces dix dernières années, j'ai multiplié les communications (documents inédits, notes, notices) relatives à un compatriote que les biographes avaient singulièrement négligé[4].

Aujourd'hui, c'est une rarissime petite pièce imprimée depuis plus de trois cents ans qui me ramène vers le cardinal d'Armagnac. Cette pièce, dont il existe à peine deux ou trois exemplaires, est intitulée : *Advis et remedes souverains pour se garder de peste en tems suspect : desquels lon use à Rome, Venise, et aux Allemagnes : communiqués par très illustrissime et Reverendissime, Monseigneur le Cardinal d'Armaignac, au profit de sa cité et diocese de Rhodez.* (A Tolose, par Guion Boudeville, iuré de l'Université.

---

[1]. *Collection méridionale*, t. V ; *Lettres inédites du cardinal d'Armagnac*, précédées d'une notice biographique. Bordeaux, in-8°.

[2]. Là ont été publiées et annotées, avec le concours de M. Jean Loutchizky, professeur de Kiew, environ soixante lettres inédites, presque toutes très importantes, conservées à la Bibliothèque impériale de Saint-Pétersbourg (1876, t. II, p. 516-565 ; 1877, t. V, p. 317-347).

[3]. *Le cardinal d'Armagnac et Jacques de Germigny* (livraison de janvier 1883). Il a été fait un tirage à part de cette étude (Paris, 28 pages).

[4]. Voir mes doléances sur ce point en tête de l'*Introduction* au Recueil de 1874, pages 1 et 2. Je signale avec joie un article réparateur dû à l'habile et savante plume de M. Léonce Couture. (*Revue de Gascogne* de 1875, d. 341-378.)

1558. Aveq privilege du seneschal. Très petit in-8° de 6 feuillets non chiffrés.) Le savant bibliographe qui a rédigé et édité le *Catalogue des livres composant la bibliothèque de feu M. le baron James de Rothschild* rappelle (t. I, p. 108) qu'il a déjà décrit (n°s 47 et 123) deux autres volumes publiés par ordre du cardinal d'Armagnac[1], et il ajoute : « Les *Remedes pour se garder de peste* sont une nouvelle preuve du zèle avec lequel le prélat administrait son diocèse ».

Tant pour rendre hommage à la sollicitude de l'évêque de Rodez que pour offrir aux curieux un texte que les philologues et les hygiénistes ne seront pas seuls à trouver intéressant, je vais reproduire le petit livret que bien peu de bibliophiles ont eu l'occasion d'entrevoir[2]; mais auparavant je

1. *A la honor de Dieu, e per lo salut de las armas, Monsenhor lo Reverendissime Cardenal Darmanhac, Avesqua de Rodes, e de Vabre, a faict extraire, traduire e imprimir lo petit Tractat que sensiec : compausat per venerable e scientificq persona, Mestre Ioan Iarson, iadis Chancelier de Paris, per Lnstruction dels Rictors, Vicaris, e autres ayants charge darmas ausdicts diocesis*, etc., 1556. A Rodes, par Iean Mottier; pet. in-8° de 44 feuillets non chiffrés. Le titre, imprimé en rouge et en noir, porte les armes du cardinal d'Armagnac. Jean Mottier, dont le nom figure sur le titre, n'était que le libraire; l'impression a été faite par Corneille de Septgranges, à Lyon. M. Brunet n'a jamais rencontré ce volume, qu'il cite cependant (II, 1558) d'après Court de Gebelin; il ajoute que « c'est un livre aussi précieux que rare ». — *Statuta Synodalia diœcesis Ruthenensis Lugduni. Excudi curabat Ioannes Mottier typis Cornelii à Septemgrangiis*. 1566. *Mensis Martii die sexto*; petit in-8° de 4 feuillets et 183 pages. Le titre est occupé par un grand bois représentant un autel au chiffre et aux armes du cardinal d'Armagnac. Au verso du titre est un extrait du privilège accordé pour dix ans par *Monseigneur le reverendissime cardinal d'Armaignac* à Jean Mottier, libraire de Rhodez, à la date du 27 février 1552, avant Pâques. Cette publication a été faite par le cardinal lui-même, qui prenait soin d'instruire le clergé et les fidèles de son diocèse. Nous avons cité plus haut une traduction de l'*Instruction* de Gerson, qu'il fit traduire en provençal; un opuscule décrit ci-après (n° 195) nous apprend que le docte prélat s'occupait aussi de propager les connaissances médicales. Les *Statuta* sont précédés de vers latins adressés au cardinal d'Armagnac par Nicolas Du Mangin, évêque de Spalatro, et Urbain Lombard, Rémois.

2. Un des plus célèbres bibliophiles de notre époque, l'auteur du *Manuel du Libraire*, n'a jamais mis la main sur l'*Advis*, cet oiseau rare entre tous. Les continuateurs du *Manuel*, MM. Pierre Deschamps et Gus-

voudrais, complétant ma notice d'il y a dix-huit ans, signaler un incident fort peu connu de la vie du cardinal d'Armagnac. Le prélat qui, à Rodez, chercha si bien à préserver ses ouailles du danger de la contagion, étant devenu archevêque d'Avignon, se retrouva, une vingtaine d'années plus tard, en présence du fléau. Était-ce la faute de l'âge? Le poids de la vieillesse avait-il affaibli l'ancien adversaire de la peste? Devant ce « mal qui répand la terreur » et qui, dans Avignon, fit près de dix mille victimes, l'octogénaire avait-il vu s'amollir toute son énergie? Écoutons un témoin de ses défaillances, un bourgeois — quelque peu frondeur — qui a raconté au jour le jour la lamentable histoire des ravages de la peste dans la ville des papes et dans les environs (1580-1581)[1] : « Le 4 [septembre 1580], samedi au matin, a esté dit que la peste estoit dans cette ville. M. le Cardinal d'Armagnac fit faire défense que personne de sa maison ne sortit et fut fait ce dit jour grand garde à la porte du palais. Dieu nous veuille estre en aide! — Le 6, le fléau de Dieu qu'on nomme la peste tomba dans cette ville en la maison d'un cordonnier... Dieu nous veuille aider! Amen. — [Après] le 23 dudit mois, plusieurs autres furent frappés, de sorte que le Cardinal fut contraint de s'en aller à Bédarrides avec une douzaine de gens pour le servir. Dieu nous veuille aider, car nous n'avons pas grande aide de tels hommes! — Le 20 [octobre], ay receu de l'argentier de M. le Cardinal d'Armagnac six livres, et me les jetta par un trou d'un jardin qui est à l'entrée de la porte du palais. Dieu ait son âme! — Le 16 [novembre], je demandai de l'argent à M. de Tholun qui s'en est allé au petit palais; il me fit réponse que M. le Car-

---

tave Brunet, n'ont pas été plus heureux (*Supplément*, 1878). L'exemplaire conservé dans l'admirable bibliothèque du baron J. de Rothschild faisait autrefois partie de la collection de M. le comte O. de Béhague. J'ai vu jadis un autre exemplaire annoncé dans le catalogue d'une librairie parisienne au prix de 200 francs.

1. *Bulletin du Comité des travaux historiques et scientifiques*, section d'histoire et de philologie, année 1884, n° 1. *La peste d'Avignon*, document communiqué par M. le comte E. de Barthélemy (p. 45-67). Le Journal anonyme appartient aux archives de M. le marquis d'Aulan.

dinal n'en avoit pas pour lui. Grand nombre de morts. — Le 8 [décembre], M. le Cardinal faisoit toujours grande chère. Qui avoit mal estoit sur d'avoir aussi peu de secours de lui comme d'une barilhe enfondrée. — Le 22 [décembre], M. le Cardinal m'a fait remettre vingt livres. — Le 1er janvier [1581], le cardinal estoit au pont de Sorgue qu'il se faisoit bonne chère. — Le 10 [février], le cardinal d'Armagnac estoit à Sorgue depuis la Noël où il faisoit bonne chère. — [Après le 6 mars] les consuls furent à Sorgue pour dire à M. le Cardinal qu'ils ne savoient plus que faire à cause de la pauvreté de la ville. — Le 12 [mars], M. le Cardinal pensa mourir à Sorgue d'un catarrhe. — Le 29 [mars], le Cardinal est toujours à Sorgue, faisant grande chère. — Le 13 [avril], mal. Depuis le mois de septembre, il est mort environ 9,000 personnes ou plus. M. le Cardinal estoit au pays de Sorgue, qui regardoit passer nos mélancolies. — Le 15 [avril], mal. M. le Cardinal estoit à Sorgue faisant grande chère et peut dire le contraire de l'Évangile : *Ego sum pastor et non cognovi oves meas.* — Le 24 [juin], la fille de sire Jean Guérin fut frappée de peste à Sorgue et je fus le premier à le dire à l'illustrissime Cardinal en dinant. — Le 1er aoust, fort bien. Fut conclu à Bédarrides, où estoient M. le Cardinal et M. le Général, que personne ne rentreroit en ville qu'après une quarantaine faite. — Le 18 [septembre], M. le Cardinal arriva entre huit et neuf heures du matin et alla descendre au bas des degrés de Notre-Dame où Messieurs les chanoines l'attendoient avec Messieurs de la ville. Dès qu'il fut descendu de sa litière, il se mit à genoux, où M. le Prévôt de ladite église lui donne à baiser la croix, puis montèrent tous ensemble en chantant et vint jusqu'au maistre-autel où fut chanté *Te Deum* avec les orgues et après on chanta l'office en musique. M. le Cardinal dit l'oraison et donna la bénédiction, après quoi tous ces Messieurs vinrent lui faire la révérence et il rentra au palais où il reçut Messieurs de la ville. — Le 1er octobre, la bonne santé continue. M. le Cardinal alla diner à Montaux[1] avec le plus grand

---

1. Mot évidemment mal lu. Il s'agit sans aucun doute de Monteux,

ennemi qu'il eut jamais, et qui estoit l'abbé de Saint-André, lequel avoit esté juif; ledit abbé fit le festin[1]. — Le 4 [octobre], fut faite grande procession pour rendre grâces à Dieu de la délivrance qu'il nous avoit fait de la peste. M. le Cardinal y assista avec M. le Général. »

Tel est l'acte d'accusation dressé contre l'archevêque d'Avignon. C'est un homme aigri par la souffrance, un mécontent qui tient la plume, remarquons-le tout d'abord, et il est difficile à un mécontent, chacun le sait, de rester dans la mesure et dans la justice. Quelques-uns des reproches adressés à Georges d'Armagnac sont certainement immérités. Quand le chroniqueur dénonce presque à chaque ligne la *grande chère* que faisait un malheureux vieillard presque mourant, nous ne pouvons que sourire de ses invraisemblables exagérations. Quand il se plaint du refus opposé par le prélat à des demandes de secours, il oublie que sa générosité proverbiale le protège contre de telles assertions et que celui qui, toute sa vie, ne cessa de répandre ses bienfaits autour de lui et qui favorisa avec une munificence presque royale amis et serviteurs, artistes et savants, n'aurait pas refusé aux pestiférés de sa ville archiépiscopale, si ses propres ressources n'avaient été taries, l'or dont il avait toujours été si noblement prodigue[2]. Le seul

aujourd'hui chef-lieu de commune du département de Vaucluse, à 5 kilomètres de Carpentras et à 19 d'Avignon.

1. « La tempérance et la sobriété » du cardinal ont été justement louées par ses contemporains (voir l'*Introduction* déjà citée, p. 23). Ces mêmes contemporains ont non moins justement loué sa « douceur et gracieuseté singulière (*ibid.*). — Le bourgeois-chroniqueur confirme ce dernier éloge en nous apprenant que l'archevêque, pratiquant le pardon des injures, c'est-à-dire ce qui coûte le plus à notre charité, alla cordialement s'asseoir à la même table que son plus cruel ennemi.

2. Voir la même *Introduction*, pp. 19, 23, 43, etc. Sur la bienfaisance particulière du cardinal à l'égard des habitants d'Avignon, voir p. 44. J'ai rappelé là, d'après le consciencieux historien Nouguier, qu'il nourrissait à ses dépens « une grande partie du peuple, et surtout les pauvres malades, s'ostant le plus souvent le propre bouillon de sa bouche pour le leur envoyer. » Nouguier ajoute, avec un soupir de regret et même avec une plaisante petite pointe de rancune, que, par ses trop libérales distributions, le prélat fit hausser le prix du poisson, ce qui, dit-il, « a tourné à nostre desadvantage. »

reproche sérieux, le seul qui doive subsister devant l'histoire, c'est l'abandon d'une ville où, représentant à la fois du pouvoir civil comme gouverneur, et du pouvoir religieux comme cardinal-archevêque, il avait doublement le devoir de donner l'exemple d'une indomptable énergie. Mais, comme je le rappelais dans la notice si souvent citée (p. 28), les hommes ne sont pas parfaits, même quand ils sont des princes de l'Église. Combien, d'ailleurs, d'illustres contemporains du cardinal d'Armagnac, sans avoir comme lui l'excuse de l'âge, n'ont pas plus que lui osé affronter la peste[1]! La conduite du maire de Bordeaux, Michel de Montaigne, encore qu'il fît profession de philosophie, n'eut, en de moins graves circonstances, rien de très héroïque. Mais je citerai surtout l'acte de faiblesse commis par un des plus renommés capitaines du seizième siècle, par le glorieux vainqueur de Lépante, qui, peu de jours après son entrée solennelle à Milan (11 août 1576), quitta précipitamment cette ville pour se retirer en Espagne ; il fuyait devant l'ennemi, devant la peste[2]. Qui pourrait faire un crime au cardinal d'Armagnac, accablé d'années et de fatigues, d'avoir reculé devant le fléau qui avait épouvanté un des plus intrépides et des plus chevaleresques généraux qui aient jamais excité l'admiration des hommes, le héros de Lépante étant alors en toute la force et tout l'éclat de ses trente ans?

Ph. Tamizey de Larroque.

1. Au dix-septième siècle, le vice-légat d'Avignon ne montra pas plus de fermeté, je ne dirai pas en face de l'épidémie, mais en face de la menace de l'épidémie. Voici le piquant récit de Peiresc (lettre du 3 novembre 1628 à P. Dupuy, t. I, pp. 741-742) : « Au reste, ce pauvre vice legat [c'était Cosme Bardi] est en telle allarme pour des predictions qui l'avoient me nassé de la peste luy mesmes qu'il en estoit tombé en fiebvre de peur, et s'estoit renfermé dans son palais avec des apoticaires, medecins, cirurgiens et quantité de moutons, pour n'avoir rien à prendre de la ville, ou pour n'y laisser aulcune communication avec ceux de son train. A cette heure, il commence de se laisser voir, mais de fort loing d'un bout d'une sale à l'aultre bout, où il donne les audiances, et faict venir les parties par un chemin d'une galerie où pas un de ses domestiques ne passe. Il y a de la compassion de le voir en telle transe. »

2. *Don Juan d'Autriche,* par Auguste Laugel. (*Revue des Deux-Mondes* du 15 février 1884.)

Advis et Remedes sovverains

pour se garder de Peste en tems suspet : desquels lon vse à Rome, Venise, et aux Allemagnes : communiqués par tresillustrissime et Reuerendissime, Monseigneur le Cardinal d'Armaignac, au profit de la Cité et Diocese de Rhodez. [1]

En premier lieu, prier deuotement Dieu nostre createur, tant en publiq qu'en particulier, qu'il lui plaise nous preseruer et garder de cette contagion : car comme nous enseigne le pro (v°) phete Royal *Nisi Dominus custodierit ciuitatem frustra vigilat qui custodit eam. Psal.* cxxvi.

Et pource que les mauuaises humeurs commencees à se corrompre dans les corps humains, plus facilement reçoiuent l'infexion de l'air, il faut necessairement tenir l'estomach et la teste bien purgés, en ne se remplissant trop de viandes et principalement grosses et fumeuses.

Se purger le plus souuent *(fol. Aiij)* qu'il sera possible auec aucunes medecines familieres, comme aueq la Cassia, Pillules masticines [2], Pillules d'alloës, et autres semblables.

Sur toutes les medecines, vser souuent du Tartare [3], qui est la rose du vin, laquelle faut mettre en poudre subtile, et puis la destremper en eauë chaude, et la couler et passer par vn drapeau de linge blanc [4] et bien net, et deseicher ladite eauë sur le feu, comme quand on fait le sel (v°) blanc : et icelle poudre garder, et en prendre trois onces la mettant auec vne liure de Couserue de roses, et le matin en prendre vne cuilleree qui soit d'une once, et en continuer par iours interposés : à sçauoir des deux iours l'un. En ce faisant, le corps sentretiendra lubrique [5], et purge les voyes communes.

---

1. Rappelons que Georges d'Armagnac avait été ambassadeur de France à Venise en 1536, à Rome en 1539. Avant son envoi à Venise, le futur cardinal avait dû remplir quelque mission en Allemagne.

2. Pilules de mastic, sorte de térébenthine.

3. *Tartare,* tartre.

4. Ce sens du mot *drapeau* se conserve encore dans le langage méridional : on appelle *drapeau* le linge dans lequel on emmaillotte les petits enfants.

5. Le sens primitif du mot est glissant, *lubricus.* Ici le mot lubrique

Qui ne pourra faire aueq ladite Conserue, prendra le Tartare, ou rose susdite, dans vn bouillon de chair[1], ou de *(fol. Aiiij)* choux, le destrampant fort bien, et le laissant reposer vn peu, et puis vuider ledit boillon en vne autre escuelle legerement : et apres iettee la terre qui reste au fondz, le faut humer.

Outre ce, est bon de manger potages de choses qui purifient le sang, comme Buglose, Bourage[2], Cicoree, Lectues[3], et autres telles herbes : et sur tout, ne demeurer iamais aueq l'estomac vuide, ou trop à ieun, ni trop plain (*v°*) aussi.

Vser pareillement de l'escorce de Citron confit, qui est tresbonne.

Le matin, sur iour, et le soir quand on va au lit, baigner aueq la main les temples, les pouls, veines, et nez, auec du vin aigre rosat, ou autre bon vin aigre.

Les Riches peuuent mettre dans ledit vinaigre vn peu de Camphora, Ligno aloës, *(fol. Bi)* Xilobalsamo, Canelle, et eauë rose : et est tresbon tenir tousiours prest vn petit Flascon dudit vin aigre, pour en vser comme dessus.

Et est bon aussi, tousiours porter sur soi, des perfums aux Gants, à la chemise, aux mouchoërs, aux cheueux, et à la barbe : Porter quelque pomme de senteur au col, ou bien patinostres[4], et les manier et sentir souuent.

La maison soit tenue nette (*v°*) le plus que lon pourra, de toutes immondices et ordures : et principalement des urines, et autres villains excrements.

Nettoyer bien souuent les fosses et latrines, siue Priués.

Tenir le moins de nattes, ou tapisseries de laine que lon pourra[5].

---

amène l'idée de ressorts bien huilés aux moyens desquels fonctionne bien la machine humaine.

1. On appelait alors *chair* ce que nous appelons *viande*.
2. On a reconnu la *bourrache* dont les salutaires vertus sont encore fort prônées par les gens de la campagne.
3. Le c de ce mot rappelle la provenance latine : *lactuca*.
4. C'est-à-dire chapelets.
5. C'était déjà la chasse aux microbes. On sait avec quelle sévérité les

Les Riches vseront souuent de perfums en leurs maisons, aueq les meilleurs (*fol. Bij*) qu'ils pourront trouuer.

Les poures feront prouision de fueilles et bois de laurier, de Romarin, de Geneurier, siue Cade et de Cypres : et vseront le plus souuent qu'ils pourront, de les brusler au milieu de la Sale et chambre ; principalement au matin et le soir.

Tenir les Rues de la ville nettes de toutes immondices et putrefaxions, bruslant en icelles des choses susdites.

FIN[1].

hygiénistes de notre temps proscrivent les rideaux des lits, les tentures des chambres à coucher.

1. Je dois la copie des *Instructions sur la peste* (j'ai cru devoir abréger ainsi un titre beaucoup trop long) à M. Émile Picot, conservateur de la bibliothèque du baron James de Rothschild. Mes remerciements à mon savant ami sont d'autant plus vifs que sa copie a été admirablement faite et que son temps est infiniment précieux. — On pourrait rapprocher le livret que l'on vient de lire d'une plaquette imprimée à Avignon à cinq cents exemplaires, pour être gratuitement distribuée aux habitants d'Orange : *Discours sur les préservatifs de la peste*, par M. Claude Sissaud, docteur en médecine et professeur en l'Université de cette ville d'Orange, imprimé par délibération du bureau de la santé de la même ville pour l'usage de ses habitants. Avignon, François Mallard, s. d. [1720], in-4° de 16 pages.

APPENDICE.

Presque toutes mes trop nombreuses publications contiennent quelques documents nouveaux. Pour ne pas déroger à une vieille et chère habitude, je vais donner ici deux lettres inédites du cardinal d'Armagnac et deux petites pièces de poésie, l'une latine, l'autre française, composées en son honneur, et qui ne me semblent pas avoir jamais vu le jour. La première lettre, adressée de Rodez au général des finances Malroux, baron de la Guépie, le 29 juillet 1558, et tirée des Archives départementales du Gers, m'a été gracieusement communiquée par mon excellent collaborateur et ami, M. le chanoine Jules de Carsalade du Pont, le très actif et très distingué secrétaire général de la Société des Archives historiques de la Gascogne. C'est un plaidoyer vigoureux en faveur des habitants de Lectoure, pressés et oppressés par le fisc impitoyable. La seconde lettre, adressée d'Avignon au roi Henri III, le 27 juillet 1584, provient d'une collection de la Bibliothèque nationale[1] et présente cet intérêt particulier, que c'est une réponse à des reproches du roi, ce qui en fait quelque peu un document autobiographique[2].

I.

Lettre du cardinal d'Armagnac au baron de la Guépie (29 juillet 1558).

Monsr le General les consulz de Lectore me sont venus remonstrer l'occasion qu'ilz ont de se plaindre de vous pour la grande vexation que leur

---

[1]. Fonds français, manuscrit 10 191, f° 308. On trouverait facilement dans cette collection bon nombre d'autres curieuses lettres inédites de Georges d'Armagnac, et je souhaite vivement que quelque bon travailleur méridional en forme bientôt un recueil qui complète les divers recueils spéciaux énumérés plus haut.

[2]. On a mis en tête de la lettre ce petit sommaire : « Le cardinal d'Armagnac mande au Roy qu'il ira à Lyon faire la reverence à S. M. de laquelle il suivra toujours les conseils. »

donnés a cause des deniers communs de leur ville ce que j'ay trouvé bien estrange et m'a esté mal aisé de le croire pour l'oppinion que j'avoys que vous souveniés de la recomandation qu'otrefoys je vous avoys faicte d'eulx en ceste ville. Vous scavés Monsr le general que je suys vostre amy de longue main et seroys bien marry que vous feussiez travailler de chose ou je n'eusse moyen de vous mectre en repos. Qui me donne occasion de vous escripre ceste lettre pour vous dire qu'il me semble que ferés fort bien de vous deporter de travailler plus les habitans dud. Lectore, laquelle pour estre ville comtale n'est comprinse en vostre commission tenent les deniers communs qu'elle tient par don des feus comtes d'Armagnac. Et le roy Louys unziesme considerant de quelle importance ceste petite ville estoyt voulut qu'elle fust exempte de tailles et aultres subcides aussi bien que Tholose estoyt affin qu'ilz eussent mellieur moyen de la fortiffier et pour les conserver en bonne devotion d'estre bons fidelles et affectionnés subiectz du Roy. Duquel privillege ils usent encore, aujourd'huy, et n'est vray semblable que le Roy les ayant tant advantaigés en cest endroit les ait voulu grever de la façon que vous y procedés; mesmement qu'ilz rendent ordinairement leur compte a Monsr le seneschal d'Armagnac ou son lieutenant sans partir de leur ville et sans grandz fraiz. Par quoy vous devez mectre en consideration quilz ne sont pour endurer que tort leur soit faict et que le roy de Navarre les aura soubz sa protection pour estre ses subiectz lequel aura a grand desplaisir que vous entrepregnés de les vexer sans cause. Aussi suys je leur gouverneur non seulement de la volonté des susd. roy et royne qui en sont proprietaires mais par l'exprés comandement du Roy. Et estans vostre amy come vous scavés bien que je suys je vous conselhe que vous en demetiez et le dy autant pour vostre repoz considerant l'ennuy qui vous en peult advenir, come pour le contentement des habitans de ladite ville, laquelle neantmoings je vous recomande et moy mesmes bien affectueusement a vostre bonne grace et prie Dieu Monsr le General quen bonne santé vous doint longue vie.

C'est de Roddez le xxjxe de juilhet 1558.

Et audessoubz est escript de la main de mondit seigneur le cardinal. — Monsr le General tout maintenant Messieurs de Rodez, de Vignac et aultres habitans et subiectz des villes de ceste contrée m'ont monstré les griefz que vous leur faictes pour raison des deniers communs qui ne sont comprins en vostre commission, je vous prie user de conseil et ne vous laisser mener par voz clercz lesquelz ne parlent icy des deniers du Roy synon de voz salaires et de leurs exactions. Pencés un peu Monsieur je vous prie que dira le Roy et messeigneurs de son conseil quant ils entendront les inquisitions qui sen font, et le dire et plaincte du roy de Navarre. Sur ce je vous recommande les subiectz dudit seigneur come celuy qui est vostre bon et antien amy.

Le cardinal D'ARMAGNAC.

Et au dessus est escript. A Monsr Monsr le general Malroux baron de la Guepie. [1]

II.

Lettre du cardinal d'Armagnac au roi (27 juillet 1584).

Sire, il y a desjà long temps que j'ay faict entendre à Vostre Majesté l'occasion du retardement du voyaige du Sr de Revest devers elle, qui me rendra, s'il vous plaist, excusé sur la plainte que me faictes par Roger, l'un de vos valets de chambre, pour les occasions que vous aurés peu sçavoir, par le retour duquel je vous diray, Sire, que mon desir n'a jamais tendu à autres fins, que de suyvre en toutes choses voz commandemens, et d'y employer non seullement ma vie, mais tout ce qui se trouvera en mon pouvoir, m'estant resolu de vous aller faire la reverence et le vous exprimer de bouche à vostre arrivée à Lyon, et vous donnant tout le contentement qu'il me sera possible ne suyvre jusques à la fin de mes jours [2] autre conseil que celuy qui viendra de vostre part, ce que je supplie très humblement votre Majesté vouloir croire, et la continuation de ma très humble servitude que je vous presente de mesme cueur et affection que je supplie nostre Seigneur de vous donner, Sire, en toute perfection de santé très heureuse et très longue vie.

d'Avignon, le 27 de juillet 1584.

Vostre très humble et très obeyssant subject et serviteur

G. Card. d'ARMAIGNAC. [3]

1. Registre des audiences du Sénéchal d'Armagnac et Lectoure, année 1558, fol. 43, verso. On lit à la suite de la lettre au général si malmené :
« Missive envoyée aux consulz de Lectore par Mondit seigneur le cardinal. Messieurs les consulz. » Le scribe s'est arrêté là ; une feuille en blanc indique dans le registre la place où devait être transcrite la lettre du cardinal d'Armagnac aux consuls de Lectoure.

2. On sait que le cardinal mourut un peu moins d'un an après avoir dicté ces lignes, le 21 juillet 1585. La présente lettre est une des dernières lettres que l'on connaisse de lui.

3. Ces deux lignes sont autographes.

III

Poésies en l'honneur du cardinal d'Armagnac[1].

GEORGIUS CARDINALIS ARMENIACUS

Anagramma.

Antistes, patris cui stemmate limina fulgent
    Cuique genus prisca nobilitate nitet,
Non magis innuptæ profert quis Palladis artes
    Sacraque Pieridum te magis ullus amat.
Hæc quoque te exornant latissima munera divum,
    Prisca fides, probitas et pietatis amor.
Cumque manu facili tantas congesserit in te
    Egregias dotes Jupiter ingenii,
Non mirum est, præsul, si te videaris ab illo
    DIVINO MISSA SACRA LUCERNA GREGI [2].

Anagrame françois.

Prelat, en qui le ciel sa richesse épuisée
Prodiguement versa dès ta nativité,
Pour dresser à ton nom une imortalité,
Eussé-je d'Appollon l'ame favorisée,
Eussé-je en ma poitrine une ardeur attisée
Et l'esprit de fureur saintement agité,
L'honneur qu'ont tes vertus saintement mérité,
Je ferois resonner sur ma lire prisée.
C'est toi vraiement, prélat, que les sçavantes seurs
Ont toujours abreuvé du miel de leurs douceurs
Et jeune pourmené sur le roc de Parnasse ;
C'est toi de qui l'honneur mérite estre chanté
Et d'un soleil à l'autre incessamment porté,
Veu que GRAND AMI ES et CORDIAL EN GRACE. [2]

1. Bibl. nat., fonds français 1845, f° 107 verso.
2. Les mots imprimés en capitales donnent en anagramme : GEORGES CARDINAL D'ARMENIAC.

Toulouse, Imp. DOULADOURE-PRIVAT, rue S'-Rome, 39.

E. ALLAIN

AU PAVILLON PEIRESC

L. AUDIAT

SOUS LE CHATAIGNIER

1893

AU PAVILLON PEIRESC

Je n'ai jamais écrit d'impressions de voyage ; pour y réussir, il faut beaucoup d'esprit et d'imagination. Mon cher confrère M. Hazera, en nous parlant de Solesmes, nous a amplement démontré qu'il est abondamment pourvu de l'un et de l'autre. Mais « tout le monde ne peut aller à Corinthe », et je dois dire, sans fausse humilité, que les qualités nécessaires pour intéresser le lecteur en traitant de tels sujets ne m'ont pas été départies. Si je voulais m'en mêler, *invita Minerva*, je verserais sûrement dans cette littérature spéciale, littérature fort utile mais peu savoureuse, dont les maîtres sont Joanne, Murray et Bœdeker.

Malgré la résolution, prise depuis longtemps en pleine connaissance de cause et tenue fidèlement jusqu'ici, de garder pour moi seul mes souvenirs de voyageur, je me risque à parler aujourd'hui d'une excursion trop courte au pavillon Peiresc. C'est le nom que notre très docte et spirituel ami, M. Ph. Tamizey de Larroque, donne à sa maison des champs, en souvenir du grand « curieux », de l'ami incomparable, du *tam bonus commendatarius* de Guîtres (1) dont il a exhumé la correspondance et renouvelé la gloire quelque peu obscurcie.

---

(1) N'oublions pas de constater fièrement que, grâce à mon savant maître, M. Antoine de Lantenay, et à M. Tamizey de Larroque lui-même, la *Revue Catholique* a pu rendre dignement hommage à la mémoire de Peiresc.

Hoc erat in votis! me disais-je, il y a quelque quinze jours, en embrassant mon hôte. Depuis des années, j'avais recours à sa complaisante érudition ; avec une bienveillance exquise, il avait présenté mes livres aux lecteurs de plus d'une revue savante ; je lisais ses ouvrages incessamment multipliés, ses articles dont il ne peut lui-même savoir le nombre, ses lettres familières où le cœur et l'esprit font si bon ménage et où on apprend tant de choses. Et jamais nous ne nous étions vus ! Cela ne pouvait durer ainsi, et, puisque mon ami ne bouge de son ermitage que pour se plonger du matin au soir dans le *mare magnum* des manuscrits de la Nationale, de la Méjanes et de l'Inguimbertine, je n'avais qu'une chose à faire, aller moi-même au pavillon Peiresc. « Nous ne nous connaissons pas encore *de visu*, m'écrivait le solitaire de Gontaud ; cette anormale situation ne peut durer plus longtemps. Je fais donc appel à votre bonne affection et je vous tends les bras avec la plus douce confiance. » Comment résister à cet appel cordial ?

Quelles bonnes heures j'ai passées là-bas ! Tout y a été exquis, du moins de la part de mon hôte. Et pouvait-il en être autrement ? Entre nous deux, nulle dissonance. J'ai des relations d'études avec des hommes dont les idées diffèrent des miennes sur des points essentiels ; ces relations sont aimables, mais à quelques égards nous restons « irréductibles ». Avec M. Tamizey de Larroque, rien de pareil : nous jetons sur les choses éternelles les mêmes regards, et nous nous glorifions de la même fidélité aux enseignements et aux lois de notre mère la sainte Église. Et puis nous avons les mêmes amis, les mêmes goûts, et, le dirai-je ? une commune faiblesse (1).

(1) Cette faiblesse, je vais la confesser, et sans honte. Nous aimons beaucoup... les chats. Quelques sérieux lecteurs hausseront les épaules à cette révélation inattendue. Tant pis pour eux. Ils ne savent donc pas, les pauvres gens, le charme et le soulas qu'apporte un soyeux minet dans un cabinet encombré de livres et de papiers ! De temps en temps, on quitte des yeux le manuscrit qu'on déchiffre ou la « copie » qu'on aligne péniblement, et on se repose en contemplant le philosophe ronronnant qui s'est installé à son aise sur quelque pile branlante de bouquins et garde, comme l'« Amilcar » de *Sylvestre Bonnard*, « la cité des livres ». Au surplus, la

Nous avons les mêmes amis, dont nous sommes fiers et dont, avec un charme infini, nous avons évoqué le souvenir, rappelé les bons offices, les saillies spirituelles, les œuvres magistrales. Vais-je les nommer ici ? J'en ai bien envie. Mais non. L'amitié est une fleur délicate dont on aime à se réserver, entre intimes, peut-être avec quelque égoïsme, le doux parfum. Je dirai seulement que nos amis ne sont ni des politiciens, ni des barons juifs, mais des historiens, des critiques, des érudits qui trouvent tous à qui parler avec M. Tamizey de Larroque et qui, pour la plupart, veulent bien m'honorer, moi chétif, de cette large bienveillance que les vrais savants ne refusent jamais aux travailleurs de bonne volonté.

Nous avons les mêmes goûts et je marche, mais *longo intervallo*, dans les mêmes sentiers que mon hôte du pavillon Peiresc. Nous aimons les vieux parchemins et les papiers poudreux ; nous aimons follement les livres, y compris ce

confrérie des amateurs de chats est fort bien composée et notre prédilection pour eux est autorisée par d'illustres exemples. Richelieu en avait constamment trois ou quatre sous son fauteuil. Peiresc a introduit les angoras en France, comme l'a dit, à une séance solennelle de l'Académie des Inscriptions, le prince des érudits de ce siècle, M. Léopold Delisle, en citant, s'il vous plaît, le grave Gassendi. Un des dessinateurs les plus fins et les plus célèbres du xviiie siècle, Cochin le fils, a gravé « les chats angola (*sic*) de Mme du Deffand » ; au bas de l'estampe, on lit ces vers, fort justes à mon sens :

> S'ils ont griffes et dents, ils en font bon usage.
> On leur impute à tort et ruse et trahison ;
> Ils sont gays, caressans ; la grâce est leur partage.
> Qui les craint s'en repent ; qui s'y fie a raison.

Taine a adressé douze sonnets à ses chats. Je souhaite que les biographes de l'avenir — d'un avenir aussi tardif que possible — aient un souvenir pour le matou favori du pavillon Peiresc, l'honnête « Rousseau », qui dort dans des poses à peindre sur les papiers de son maître, et se comporte si dignement, non pas à sa table homérique, mais tout à côté. — J'indique aux amateurs qui voudraient justifier auprès des profanes la douce manie que je viens d'avouer, un livre très fin du marquis de Cherville, *les Chiens et les Chats d'Eugène Lambert* (in-4° illustré de 6 eaux-fortes et 145 dessins). Texte et gravures en font un régal des plus friands, pour les yeux et pour l'esprit.

qu'on appelle dédaigneusement les « bouquins » (1). Nous nous passionnons pour les recherches de bibliothèques et d'archives. Certes nous savons revenir souvent aux poètes et aux orateurs, surtout à ceux de l'antiquité et du grand siècle ; mais ce qui nous charme surtout ce sont les bons livres d'histoire. Au surplus, nous ne dédaignons rien : un recueil de bibliographie, un inventaire, un catalogue même, ont pour nous des charmes, parce que nous y cherchons toujours et que nous y trouvons souvent quelque éclaircissement depuis longtemps désiré. Pour mon ami, et, toute proportion gardée, pour moi, les heures ne sont jamais longues quand elles sont employées au « déduict délectable » de la chasse, dans les « livres nouveaulx, livres viels et anticques » et surtout dans les documents inédits, à la poursuite de la vérité vraie sur les événements, les institutions et les hommes du passé. Chacun prend son plaisir où il le trouve, n'est-ce pas ? et nos plaisirs à nous en valent bien d'autres. « Joint que », comme on aurait dit au temps du bon Peiresc, ces études-là ont aussi leur utilité pratique : le commerce des morts ne nuit pas à qui veut bien connaître les vivants. L'homme est toujours homme en tout pays et en tout temps. Et l'histoire fortement étudiée nous permet d'ajouter l'expérience des autres à celle qu'on peut acquérir dans la pratique journalière — et souvent, hélas ! bien dure — de la vie.

(1) A propos de bouquins et de voyages, quels bons jours j'ai passés à Solesmes, tandis que l'aimable et savant Dom Antoine Dubourg me faisait les honneurs de l'admirable bibliothèque de l'abbaye, bibliothèque malheureusement dispersée dans une dizaine de maisons, mais qui renferme tant de trésors ! Avec le plain-chant des moines et surtout des Bénédictines, cette collection de livres motiverait largement non seulement un voyage, mais un long séjour à Solesmes. Et quel accueil de la part de ces pieux « solitaires » ! Quelle merveille que les *saints* de l'abbatiale, auxquels, moi aussi, j'ai pu faire mes dévotions sous la conduite de notre bon ami, Dom Gabriel Thomasson. L'exacte et pittoresque description des hommes et des choses de Solesmes que nous donne mon cher confrère M. Hazera m'a décidé, il y a quelques semaines, à ne pas remettre davantage cette excursion si longtemps désirée au célèbre monastère et à l'hospitalière maison de Notre-Dame du Chêne. Je puis dire que la réalité y a pleinement répondu à mes espérances.

Donc nous avons longuement causé, nous laissant aller sans arrière-pensée au charme de ce bavardage abandonné, où les parenthèses abondent et les anecdotes aussi. Il est très bon de se soustraire ainsi quelquefois aux tristesses du présent, aux inquiétudes de l'avenir, et je ne tiens pas pour perdues ces heures d'exquis loisir. A la vérité, j'avais parfois quelques remords de ravir ainsi à mon hôte ce temps qu'il emploie si bien. En ma faveur il a bien voulu

... Partem solido demere de die,

et le bénéfice était si grand pour moi que j'étouffais mes scrupules. Au fait, me disais-je, mon excellent ami se dédommagera quand je serai parti ; il mettra les morceaux doubles. Et puis quand, comme lui, on donne régulièrement aux livres douze heures par jour (voilà ce qui s'appelle un *dies solidus*), c'est pain bénit d'être contraint à se reposer un peu.

Entre temps, tandis que mon hôte corrigeait quelque épreuve impatiemment attendue par l'imprimeur ou annotait savamment une ou deux lettres de Peiresc, je bouquinais quelque peu pour mon compte. Nous n'avions pas à notre portée la splendide « librairie » de la maison de Gontaud où un corps d'armée de 6,000 volumes est rangé en bon ordre. Mais il y avait encore à s'escrimer dans l' « estude » suffisamment garnie du pavillon Peiresc. Ainsi ai-je fait, m'en donnant à cœur joie et glanant, de ci de là, quelques notes qui auront, je l'espère, leur emploi.

J'avais beau dire avec Lamartine : « O temps ! suspends ton vol », il a fallu partir, mais avec le grand désir et le ferme espoir d'un retour prochain.

Du pavillon Peiresc, cette maison de Socrate qui serait trop petite pour tous les livres et surtout tous les amis de M. Tamizey de Larroque, maison perchée à plus de cent mètres d'altitude au centre d'un vaste paysage « fait à souhait pour le plaisir des yeux », avec des souvenirs inoubliables, avec la joie d'avoir vu à mon aise et longuement entretenu un ami qui est un des plus savants hommes de ce temps, j'ai rapporté des vers charmants.

Ces vers, on me permet de les donner aux lecteurs de notre chère *Revue Catholique*. M. Tamizey de Larroque a été un de ses fondateurs ; il y collabore avec le dévouement, la bonne grâce et la science que l'on sait ; son succès et son bon renom lui tiennent fort au cœur. Les stances qu'on va lire sont l'œuvre d'un de ses plus fidèles amis, homme d'esprit et de science, grand travailleur et érudit de marque, M. Louis Audiat. Tout à côté du pavillon Peiresc se dresse un châtaignier séculaire dont l'ombre fraîche abrite chaque été le maître de céans et ses amis. A ses pieds, on a fortement travaillé, beaucoup causé aussi, mais non, je vous l'assure, des moyens de faire fortune, du cours de la Bourse, du prix des vins, de l'odieuse politique. Ce châtaignier, M. Audiat l'a chanté en d'aimables vers allégoriques qui le dépeignent vraiment fort bien, mais où nous reconnaissons sans peine, en « cet arbre fier qui domine les autres, chenu mais très droit, nourrissant des rameaux vigoureux, prouvant sa force par ses fruits innombrables, en cet arbre à qui nous avons tous pris une feuille et souvent branche entière », qui donc ? mais notre ami lui-même, avec sa stature imposante, la fraîche vigueur de son esprit, son noble cœur, sa science très sûre et la bonne grâce avec laquelle il nous y fait tous participer, « Gascons, Français, même étrangers ».

Je voulais écrire dix lignes pour présenter les vers de M. Audiat et en noter les allusions délicates. Voilà six pages. C'est bien le cas de dire : *Ex abundantia cordis os loquitur*.

Il est, tout de même, temps de s'arrêter. En fait de préfaces, comme en fait de folies, les plus courtes sont toujours les meilleures. J'aurais dû m'en souvenir plus tôt, évitant ainsi de démontrer à mes dépens l'exactitude de cet aphorisme :

Qui ne sut se borner ne sut jamais écrire.

H. ALLAIN.

SOUS LE CHATAIGNIER

A M. Philippe TAMIZEY DE LARROQUE,
Correspondant de l'Institut.

Sur la colline un grand arbre s'élève,
Vert et touffu, dont au printemps la fleur
Répand au loin son parfum, dont la sève
Verse en été le calme et la fraîcheur.
Qui ne connaît son ombre hospitalière ?
Qui n'a, Gascon, Français, même étranger,
Pris une feuille et souvent branche entière
    A ce généreux châtaignier ?

Cet arbre fier qui domine les autres
Se plaît à voir d'aimables compagnons,
Causeurs charmants, gais vivants, bons apôtres,
Que n'effraient point francs propos et chansons.
On jase ; on rit du méchant qui fait rage,
Du sot qu'il faut à tout prix éloigner.
Il cache tout sous son discret feuillage,
    L'indulgent et bon châtaignier !

Il est chenu, mais très droit. Son écorce
Nourrit encor des rameaux vigoureux.
Le cœur est ferme ; il nous prouve sa force
Et sa verdeur par ses fruits savoureux.
Garde longtemps cette vigueur si belle
Que tes amis sont heureux d'admirer.
Fais chaque année une branche nouvelle,
    Toujours jeune, ô vieux châtaignier !

Louis AUDIAT.

Pavillon Peirese, près Gontaud, août 1893.

Paris-Bordeaux. — Imprimerie Nouvelle A. BELLIER et Cie.

EXTRAIT DE LA *REVUE CATHOLIQUE DE BORDEAUX*

TIRÉ A 40 EXEMPLAIRES

FRANÇOIS DE SOURDIS ET L'AFFAIRE DES AUTELS

TROIS LETTRES INÉDITES

DU

ROI HENRI IV

Publiées avec Introduction et Notes

PAR

E. ALLAIN ET PH. TAMIZEY DE LARROQUE

BORDEAUX

IMPRIMERIE NOUVELLE A. BELLIER ET Cie

16 -- RUE CABIROL -- 16

1893

EXTRAIT DE LA *REVUE CATHOLIQUE DE BORDEAUX*

25 juin 1893

HENRI IV ET LE CARDINAL DE SOURDIS

M. Eugène Halphen vient de publier un recueil de *Lettres inédites du roi Henri IV à Monsieur de Béthune, ambassadeur de France à Rome* (du 9 mars au 31 juillet 1602). Ce recueil, qui sort des célèbres presses de D. Jouaust (novembre 1892), est trois fois recommandé à la sympathique attention des lecteurs par le nom d'un roi tel qu'Henri IV, d'un éditeur tel que M. Halphen et d'un imprimeur tel que Jouaust. Mais, à côté de tant de splendides qualités (je ne parle pas de la beauté du papier, car cela va sans dire), l'élégantissime volume a un immense défaut, c'est qu'il est presque inabordable, n'ayant été tiré qu'à vingt exemplaires (vingt seulement ; on a bien lu !). Comme, par une faveur insigne, et qui était, du reste, un peu due à mon admiration pour Henri IV et à mon affection pour M. Halphen, un de mes meilleurs collaborateurs dans l'édition des *Registres-Journaux de Pierre de l'Estoile*, je suis l'heureux possesseur d'un des vingt *merles blancs*, je veux, autant que possible, faire participer à mon bonheur les lecteurs de la *Revue Catholique de Bordeaux*, en leur communiquant quelques extraits des plus intéressants documents presque inédits qui auront été, en cette nouvelle année, mes plus précieuses étrennes.

« Davantage, ces jours passez, il est arrivé une brouillerie à Bourdeaux entre ledit cardinal [de Sourdis] et le chapitre de son eglise cathédrale, en laquelle la cour de Parlement s'est engagée, ainsy que

vous verrez par deux memoires que je vous envoye, qui m'ont esté
presentez, l'un par ledit chapitre, et l'autre par la cour, en quoi ledit
Cardinal s'est laissé emporter (1), et a passé plus avant que ses
semblables n'avoient jamais faict en pareil cas, dont j'ay esté tres
marry pour la consideration de sa dignité et pour le scandale que
ce y a apporté. Car les Maire et Jurats de ladite ville, avec le peuple
d'icelle, se sont plaints à moy de cette action aultant et plus que
ladite cour et ledit chapitre. Neantmoins, j'ai commandé à ladite
cour de surseoir l'execution des arrests d'icelle, et toutes autres sortes
de poursuites et rigueurs contre ledit Cardinal et les siens jusques à
ce que j'en aye aultrement ordonné et aye faict escrire audit Cardinal
qu'il vienne par deça pour consoler et assister sa mere sur le deces
de son mary, affin d'entendre par sa bouche ses raisons, et, après,
conserver à un chacun l'authorité qui luy appartient, ainsy que vous
direz à sa Sainteté, si elle vous demande ce qui s'est passé en ce
faict; mais vous ne lui en parlerez le premier ny à autre que audit
cardinal d'Ossat, car il faut, s'il est possible, ensevelir ce faict sans le
divulguer davantage. Il est vray que je crains que ledit Cardinal ait
pris conseil d'en user aultrement, et qu'il ait escript le premier à
Rome pour justifier sa cause, quoy estant vous en direz la verité à
sa Sainteté, et luy remonstrerez combien il importe à ceulx du clergé
de mon royaume, et mesmes à nostre Religion, que mes Parlements et
officiers ne soient en debat avec eulx, et le desadvantage que y auroient
ceulx là, si telles contestations continuoient, l'assurant que j'interposeray mon authorité pour l'empescher. Mais aussy il fault que ledit
Cardinal de Sourdis et ses semblables se conduisent avec discretion
sans abuser de leur dignité, sous pretexte de bienfaire à la Religion,
ou accroistre leur juridiction ou puissance. » (Lettre du 25 mars 1602,
p. 14-16.)

« Nos cardinaux françois monstrent avoir peu d'envie et declarent
avoir encores moins de moyen de retourner à Rome, principalement
ceulx de Givry et de Sourdis, ce dernier prenant plus de plaisir à
remuer mesnage en son diocese qu'à disposer ses affaires pour faire
ce voyage, ainsy que vous aurez sceu par mes precedentes. Je n'ay

---

(1) On sait que le grand archevêque était coutumier du fait. Ne l'a-t-on pas
comparé au *bouillant* Achille ?

aussy aucune certitude encores du partement et acheminement de celuy de Joyeuse ; mais j'estime qu'il attend que je sois à Poictiers pour y venir prendre congé de moy, et, après, suivre son voyage : car je ne doute point qu'il ne le fasse, m'en ayant donné parolle comme il a fait, et si celuy de Sourdis vient me trouver comme je luy ay escript, je le presseray tant d'aller que je l'y feray resoudre. » (Lettre du 24 avril 1602, p. 27.)

« Le cardinal de Sourdis, qui est icy [à Blois], m'a exposé son fait, et m'a asseuré n'en avoir rien mandé à Rome, ne l'ayant voulu faire sans ma permission, de quoy je l'ay loué. Je luy ay dit aussi me sembler n'estre necessaire d'abreuver sa S^{teté} de choses semblables, ausquelles il est facile de pourvoir quand chacun reconnoistra et fera ce qu'il doit ; de quoy je l'ay admonesté de monstrer le chemin aux autres, ce qu'il m'a promis de faire, tellement que j'ay commandé à ceux de mon conseil de prendre connoissance de ses griefs et y donner l'ordre et reglement qu'ils jugeront equitable, car je n'ay moindre volonté de conserver l'authorité ecclesiastique que la mienne. » (Lettre du 7 mai 1602, p. 45.)

Si jamais quelque habile homme refaisait le très insuffisant travail de Rawenez — (un de mes rêves serait que ce *refaiseur* fût un certain archiviste diocésain qui nous a déjà donné un piquant extrait du *Journal* de Bertheau) —, il ne faudrait qu'il négligeât ni la correspondance du cardinal avec Henri IV, ni sa correspondance avec Marie de Médicis dont j'ai reproduit quelques fragments dans *Hercule d'Argilemont* et bien des pages, plusieurs années auparavant, dans le tome XIV des *Archives historiques de la Gironde* (1873). A côté des lettres imprimées, on utiliserait diverses lettres inédites qui dorment encore dans les recueils de la Bibliothèque Nationale. A bon entendeur salut !

T. DE L.

TROIS LETTRES INÉDITES D'HENRI IV

Quand j'ai eu en mains la note brève et pleine qu'on vient de lire, et qui m'avait été obligeamment envoyée, pour la *Revue Catholique de Bordeaux*, par mon cher et savant ami, M. Tamizey de Larroque, j'ai eu la pensée de rechercher dans nos archives et bibliothèques bordelaises les documents de nature à éclaircir la grave affaire dont il est parlé dans plusieurs des dépêches d'Henri IV à M. de Béthune, retrouvées et publiées par M. Halphen. Le premier résultat de mes fouilles a été la découverte de trois autres lettres de ce prince que les meilleurs juges croient inédites (1).

Elles nous ont été conservées dans le manuscrit de Bertheau sur les actes du cardinal de Sourdis. Avant de les imprimer, je vais dire un mot des sources à consulter sur « l'affaire des autels », et je la résumerai très brièvement, me réservant d'y revenir plus tard avec tout le développement qu'elle mérite.

Peu d'incidents ont eu autant de gravité que celui-là, durant l'épiscopat long et agité de François de Sourdis. Aussi n'a-t-il point échappé aux historiens bordelais, à Dom Devienne (2), par exemple, et au président Boscheron des Portes (3). Naturellement Rawenez (4) l'a raconté en détail, mais on sait ce que pèse auprès des hommes

---

(1) J'ai consulté à ce sujet mon illustre compatriote, M. Léopold Delisle, et M. Tamizey de Larroque. Ils pensent l'un et l'autre que les lettres en question n'ont en effet jamais été imprimées.

(2) *Histoire de Bordeaux*, t. I, 2ᵉ éd., p. 199-203.

(3) *Histoire du Parlement de Bordeaux* (Bordeaux, 1878, in-8º), t. I, p. 339-343.

(4) *Histoire du Cardinal de Sourdis* (Bordeaux, 1867, in-8º), p. 50-61.

d'étude l'autorité de ce maladroit compilateur. Dans ses précieux — et trop rares — *Mélanges de Biographie et d'Histoire* (1), mon docte maître, M. de Lantenay, l'a pris bien des fois en défaut. Son histoire n'est pas autre chose qu'un panégyrique fait sur commande; il n'était nullement préparé à composer une œuvre sérieuse, ignorant complètement la façon de procéder dans la recherche des documents, manquant de critique, et commettant dans la transcription des textes d'innombrables bévues.

Il a consacré presque tout un chapitre à « l'affaire des autels »; mais, comme il n'a prêté l'oreille qu'à une cloche, il n'a entendu qu'un son. On lui avait mis en main le manuscrit de Bertheau (2) et presque toujours il a suivi aveuglément ce guide, intelligent, je le veux bien, consciencieux et subjectivement impartial. Mais ne peut-on craindre qu'il ne l'ait pas toujours été objectivement, alors qu'il avait entrepris de défendre et de glorifier la mémoire d'un prélat qu'il avait beaucoup aimé et longtemps servi, dont il avait été un des familiers les plus dévoués ?

Certes il n'y a pas lieu de rejeter *a priori* son témoignage, et je puis bien dire que des trois sources principales à consulter sur l'incident, son manuscrit tient le premier rang, en raison non seulement de l'ampleur du récit, mais encore du soin qu'il a eu de l'appuyer de textes dont plusieurs ne se trouvent que là. Cependant, quand on voudra aller au fond des choses, il faudra entendre les corps intéressés ou intervenants au procès : le chapitre dont nous avons les *Actes* pour cette époque (Arch. Gir., G 291); le parlement dont la Bibliothèque municipale possède (ms. 369) les *Registres secrets* (3); je devrais ajouter la jurade, malheureusement ses délibérations de 1602 n'ont pas encore été reconstituées.

(1) Bordeaux, Feret, 1885, gr. in-8° de 600 p.

(2) C'est un petit in-4°, relié en vélin, de 1093 p. plus des feuillets lacérés à la fin ; les 172 premières pages ont été tellement endommagées par l'humidité et par les rats qu'on n'en peut faire presque aucun usage. La partie utilisable embrasse les années 1602-1612. Le récit de Bertheau est, d'ordinaire, fort intéressant, et, ce qui augmente beaucoup la valeur historique de son œuvre, beaucoup de pièces officielles y sont insérées *in extenso*. Son ms. a été restitué anonymement aux Archives diocésaines, il y a quelques années; il y est classé sous la cote C 1 et j'en ai donné, dans mon *Inventaire-Sommaire* (p. 4-6), une ample analyse.

(3) C'est aux f°s 385ro-392 du tome V de ce ms. en 27 volumes, que se trouvent racontées les séances du parlement où l'affaire des autels fut agitée.

Les *Actes capitulaires* sont intéressants dans la sobriété voulue et le calme du moins apparent de leur rédaction ; les formes respectueuses à l'endroit de l'archevêque sont toujours conservées. Mais faut-il s'y fier exclusivement ? Pour être chanoine on n'en est pas moins homme et, à cette heure-là, « Messieurs » étaient des hommes fort mécontents des procédés d'un supérieur hiérarchique qui se trouvait alors leur adversaire. Celui-ci avait des torts à leur endroit. En étaient-ils exempts eux-mêmes? Je n'en crois rien.

Les *Registres secrets* du parlement sont extrêmement hostiles au prélat. Le tour de leur récit est très net et très vivant. Naturellement les mémoires d'É. de Cruseau (1) sont dans la même note.

Il faudrait, avec beaucoup de tact et de critique, discuter, une à une, les assertions souvent contradictoires des trois parties en présence. Voici, du moins, pour le moment, la série des faits qui me semblent hors de contestation.

Il existait dans la nef de Saint-André deux autels adossés au mur méridional. Ils étaient d'ordinaire sans nappes et sans ornements ; ils n'étaient pas surmontés de ce dais ou « poesle » dont l'absence était régulièrement signalée et condamnée par le cardinal dans ses procès-verbaux de visite. Nul chancel n'en défendait l'approche. On avait accoutumé d'y porter les enfants nouvellement baptisés, non seulement de la paroisse de la Majestat, mais de toutes celles de la ville dépendant du chapitre. François de Sourdis avait remarqué avec déplaisir que, les jours de sermon, beaucoup de gens s'y asseyaient ou s'y tenaient debout, pour mieux voir et ouïr les prédicateurs. Il affirme expressément dans sa première lettre au Roi et sa plainte au Pape qu'il avait souvent reproché au peuple et représenté au chapitre ces « insolences ». Dans les *Actes capitulaires*, à la date du 26 février 1602, les chanoines disent qu'il leur en fut parlé à cette date, pour la première fois, par le secrétaire du prélat ; ils reconnaissent pourtant, dans cette requête au Souverain Pontife qu'Henri IV recommande aux bons soins de M. de Béthune et du

(1) *Chronique d'Étienne de Cruseau*, publiée par la Société des Bibliophiles de Guyenne (Bordeaux, 1879), t. I, p. 294-300. — Je mentionne pour mémoire les quelques lignes consacrées à l'incident dans la *Chronique bordeloise par J. de Gaufreteau*, également publiée par la Société des Bibliophiles de Guyenne (Bordeaux, 1878), t. II, p. 7. Le sceptique chroniqueur ne manque pas de s'y livrer, selon sa constante habitude, à des plaisanteries qui sentent un peu bien le fagot.

cardinal d'Ossat par les lettres ci-dessous publiées, que, l'archevêque ayant appelé leur attention sur ce fait, ils avaient eu soin de faire garder les autels, durant les prédications, *per duos clericos cum baculis, quo facto duæ istæ aræ postea ab omni plane prophanatione præservatæ sunt.*

Quoi qu'il en soit, à l'heure même où Me Bertin, chanoine et « secrestain » de Saint-André, traitait la question avec ses confrères, on les vint avertir que des maçons accompagnés des gens du cardinal (le registre capitulaire mentionne un de ses aumôniers, Pierre Miard, plus tard vicaire général et protonotaire apostolique, et Eustache, son valet de chambre) procédaient, sans autre forme de procès, à la démolition des autels. Les chanoines revêtus de leurs insignes s'empressent d'accourir; ils demandent aux gens du cardinal et aux ouvriers de justifier d'un ordre écrit, et cet ordre ne leur étant pas représenté, ils les font conduire dans leurs prisons et envoient des députés au parlement pour demander protection, et se plaindre, non pas, comme ils l'affirmèrent, du cardinal mais de ses officiers.

S'il en faut croire les chanoines dans leur requête au Pape, l'archevêque, ayant appris l'emprisonnement de ses gens, s'était porté de sa personne à Saint-André; il avait éclaté en reproches violents et en était même venu aux voies de fait. Bien plus, il fit rompre les portes des prisons capitulaires pour délivrer les maçons, et les autels furent par eux rasés.

Le maréchal d'Ornano, les jurats et le parlement prirent parti contre le cardinal. Dès le 28 février, la cour ordonnait une information et déléguait les conseillers Amalbi et Duverdus, dit Bonneau, pour dresser procès-verbal de l'état des lieux. Ils commençaient à remplir cette mission, assistés des jurats, du capitaine du guet et de ses archers, quand survint le prélat; il leur enjoignit impérativement de quitter l'église, « qui est à moi, leur dit-il, comme votre palais est au Roi ». Sur leur refus, il les excommunia. Les conseillers allèrent rendre compte des faits aux chambres assemblées, et, malgré les récusations très vivement formulées par le cardinal contre plusieurs membres de la compagnie, arrêt intervint, prescrivant la reconstruction immédiate des autels qui devraient cependant, pour prévenir de nouvelles irrévérences, être clos d'un balustre.

Quand, le 1ᵉʳ mars, en présence d'Amalbi et de Duverdus, les ouvriers commencèrent à rebâtir les autels, le cardinal revenant de la paroisse Saint-Aubin de Blanquefort où il était allé célébrer la fête patronale, renouvela ses protestations et fulmina de nouveau les censures; il réunit à l'archevêché les curés de la ville et leur interdit d'administrer les sacrements aux excommuniés. Le procureur général « se porta appelant comme d'abus de ladicte excommunication » et, le 2, le Parlement défendit aux curés de la publier.

Le cardinal la proclama lui-même le lendemain à Saint-Projet où une circonstance fortuite l'avait conduit et où il avait rencontré et reconnu, assistant à la messe, les conseillers Amalbi et Duverdus.

Le 4, toutes chambres assemblées, François de Sourdis vint de sa personne au Palais, où il justifia ses actes dans un langage modéré (1); mais, contre l'attente de l'évêque d'Agen, Nicolas de Villars, qui l'avait accompagné, et du premier président Daffis, il ne leva pas les censures. Lui sorti, la cour déclara sa sentence abusive, et lui enjoignit de la rétracter, sous peine de la saisie de son temporel jusqu'à concurrence de 4,000 écus; elle députa au Roi, en même temps, pour lui demander l'éloignement de l'archevêque, l'avocat général Du Sault, le jurat Galatheau et un gentilhomme du maréchal d'Ornano.

Le 9 mars, selon Bertheau, Amalbi et Duverdus, « recognoissant leur faulte, vinrent demander l'absolution de l'excommunication contre eux fulminée, ce que fit volontiers ce prélat, tant il auoit le cueur porté au pardon. ». — Le 13, le chapitre « commit MM. le sous-doyen, [du] Périer et syndic pour aller remercier MM. le Premier [président], d'Amalbi et Bonneau (Duverdus) de la bonne justice qu'il leur auoit plu faire au chapitre touchant la desmolition des autels de la nef et offrir leur payement, et enioinct à M. le recepueur de bailler audict sʳ syndic tout l'argent qu'il conuiendra pour cet effaict ». On devine l'impression qu'un tel procédé dut faire sur le cardinal.

(1) Il résulte d'une délibération capitulaire du 5 mars que, ce jour-là, l'archevêque fit faire au chapitre, par son secrétaire, le chanoine et « secrestain » Bertin, des propositions d'accommodement. Il faut bien reconnaître qu'elles furent très froidement accueillies.

Il se décida sans retard à écrire au Roi pour protester contre la procédure du Parlement, et lui recommander, avec sa propre cause, celle de ses serviteurs qui avaient été emprisonnés par ordre de la cour. Sa lettre (non datée) nous a été conservée par Bertheau. Elle est digne et ferme ; il y est fait expresse mention de la plainte que le prélat allait adresser au Pape contre son chapitre (1). La fin du carême se passa en visites pastorales dans l'Entre-Dordogne. François de Sourdis célébra à Saint-Émilion et à Libourne les offices de la Semaine sainte et de la fête de Pâques qui tombait, cette année, le 7 avril. Rentré à Bordeaux, « il receut, dit Bertheau, lettres de Sa Maiesté, portant qu'elle auoit du déplaisir de la mauuoise intelligence qui estoit entre luy et son chapitre et de la procédure de sa cour de parlement à laquelle il (*sic*) mandoit de relascher ses ouvriers et officiers emprisohnez ; au reste qu'au plustot il vint trouver S. M. pour lui faire entendre les particularitez de ceste affaire et receuoir ses intentions pour calmer tout cet orage, n'estant pas content de ce qu'il auoit escript à Sa Sainteté, comme ayant le pouuoir de luy faire rendre justice sans molester Sa Sainteté à ce subiect. »

Quand, obéissant aux ordres du Roi, le cardinal l'entretint à Blois de cette fâcheuse affaire, il en fut très mal accueilli. Henri IV, qui voulait maintenir à tout prix dans son royaume la paix qu'il y avait établie avec tant de peine, lui parla « asprement » et le menaça même de « le tirer de Bordeaux » ; le cardinal répondit avec fermeté, et termina en représentant au Roi que, « si Sa Maiesté le vouloit tirer de Bordeaux, ce seroit donc en l'arrachant de l'aultel ».

A la fin de septembre, il reçut avec joie un bref de Clément VIII, daté du 1er juillet, où il était fort encouragé dans son épreuve, mais où les conseils de modération, délicatement présentés du reste, ne manquaient pas (2). Le chapitre de son côté, par un autre bref à lui

---

(1) La lettre du cardinal au Pape est transcrite par Bertheau à la suite de celle qu'il avait adressée au Roi. Elle n'est pas plus datée que la première, mais il me semble qu'elle n'est pas à sa place. Le bref du 1er juillet répond en effet à une lettre datée de Blois au mois de mai.

(2) *Confidimus etiam de tua prudentia, circumspectione et patientia quod vinces in bono malum et tibi et Christo Fratres tuos lucraberis vt vnanimes, vno Spiritu, Deo seruiatis. Neque nos dubitamus, qui te optime nouimus, te multa lenitate vti et oleum vino admiscere et, de Apostoli praecepto, modo arguere, modo obsecrare, modo etiam increpare in omni patientia et doctrina.*

adressé (1), était vivement blâmé et menacé de censures. Il délibéra d'y répondre et le fit en effet par une supplique fort longue au Souverain Pontife, que Bertheau n'a pas manqué de reproduire *in extenso* dans ses mémoires. C'est une pièce bien curieuse, mais dont la discussion et même l'analyse m'entraînerait très loin. Elle avait été portée au Roi par le chanoine Martin, député à cet effet à la cour et dont les services, en la circonstance, furent très appréciés de ses confrères.

C'est à cette supplique que se rapportent les trois lettres inédites d'Henri IV publiées ici pour la première fois. Les détails dans lesquels je suis entré m'ont paru nécessaires pour en donner pleinement l'intelligence. Les voici (2).

Lettre du Roy à M. de Bethune, Ambassadeur à Rome (3).

Monsr de Bethune, je pensois auoir assoupy le différend d'entre mon cousin le Car^{al} de Sourdis et son chapitre de l'église cathédrale de Bordeaux, touchant la démolition des autelz dont vous auez ouy parler et estimois à la façon que les choses estoient passées qu'il n'en feroit plus d'instance. Mais les plainctes en ont esté portées jusques à Rome et sur icelles est interuenu le bref de nostre très St Père addressant audit chapitre dont je vous enuoye la copie, par lequel, d'aultant que ledit chapitre est comme menacé de censures

---

(1) Ce bref fut remis au chapitre le 25 septembre par les soins du cardinal, ainsi que nous l'apprennent les *Actes capitulaires*; mais, « attendu l'absence d'une grande partie de MM. lesdicts chanoines, à l'occasion des vendanges », il ne fut lu en chapitre que le 18 octobre.

(2) Bertheau les a transcrites aux pp. 261-265 de ses mémoires. Je reproduis l'orthographe de cette copie très soignée.

(3) Les personnages nommés dans ces trois lettres d'Henri IV sont trop connus pour qu'il y ait lieu d'en parler longuement. Philippe de Béthune, comte de Salles et de Charost (1561-1649), frère puîné de Sully et père d'un de nos plus illustres archevêques, Henri de Béthune. — Arnaud, cardinal d'Ossat, évêque de Rennes et conseiller d'État (1537-1604), un des principaux négociateurs de la réconciliation d'Henri IV avec le Saint-Siège. — Nicolas de Neufville, seigneur de Villeroi (1542-1617), secrétaire d'État spécialement chargé, à l'époque où nos lettres furent écrites, des affaires étrangères.

ecclésiastiques, il se délibère d'y faire respondre (1) et desire qu'elle soit presentée de vostre main à Sa Sainctété et que je l'accompagne de ma recommandation en vostre endroit. Le prétexte de la plaincte de sadite S^té est de ce que ledit chapitre s'est pourueu en ma cour de Parlement de Bordeaux pour raison de ladite démolition desdits autelz ; mais je ne trouue aulcunement à propos que ledit Car^al, m'ayant demandé justice, se soit addressé à Sa S^té pour l'obtenir, sans auoir eu de moy permission de ce faire et vous puis dire que luy et plusieurs de ses gens eussent esté bien empeschez à respondre de leur faict, si je n'y eusse aporté mon auctorité et qu'ayant fait veoir en mon conseil les decretz et arretz de madite cour de Parlement de Bordeaux, il a esté jugé que le tout auroit esté fait auecq grande considération. J'ai sorty de peyne, et auecq honneur, ledit Car^al, fait cesser l'exécution desdits decretz de madite cour, eslargy ses domestiques qui estoient prisonniers et leué les saisies et toutes condamnations de peynes pécuniaires et n'a rien esté obmis en son endroit de ce que l'on a peu faire pour luy si l'on n'eust voulcu user de trop d'injustice ; et neantmoins, il a fait éclater par delà une plaincte mal fondée, dont je ne puis demeurer satisfait. Parquoy je vous prie, ayant veu et considéré la response dudit chapitre dont vous auez aussi communication, la vouloir representer et faire veoir à Sadite S^té et informer aussy de la vérité de la procédure, luy faisant apréhender la conséquence d'icelle, car Sa S^té n'ignore les priuilèges de ce royaume et comme le possessoire est aux mains de mes juges et officiers (2). Je me

(1) Le ms. porte distinctement *respondre* ; mais c'est, je crois, une erreur de copie et *responce* serait plus correct.

(2) Le possessoire est une action personnelle intentée par celui qui se prétend troublé dans la possession d'une chose. Dans la maxime alléguée par le Roi il est question essentiellement du possessoire en matière bénéficiale. Depuis fort longtemps, l'action possessoire dans les contestations relatives aux bénéfices était en effet dévolue aux magistrats royaux. Était-ce, dans le principe, usurpation de leur part, ou concession gracieuse de l'Église ? C'est une question difficile à résoudre. Toujours est-il qu'une bulle de Martin V, du 21 août 1425, avait autorisé cette procédure. Mais, dans la suite, les juges royaux avaient été plus loin. Non seulement ils avaient conservé le jugement au possessoire, mais ils avaient empêché les tribunaux ecclésiastiques de juger le pétitoire et ils avaient indûment étendu la concession

promets aussy que sa prudence et bonne conduite, qui sert de miroir à tous les princes de ce siècle, ne se laissera emporter aux conseils de ceux qui prétendent que c'est la grandeur de Rome et du S. Siège apostolicq. d'user de samblables rigueurs, mais qu'elle mesurera toutes choses et ses interestz priués à ce qui sera du bien et grandeur de la gloire de Dieu et de son Eglise. J'en escrips à mon cousin le Car^{al} d'Ossat auecq lequel je désire que vous en conferiez et que tous deux ensemble vous essayez d'y aporter le tempérament requis pour le bien des ungs et des autres et vous me ferez seruice très agréable, priant Dieu, Mr de Bethune, qu'il vous ayt en sa saincte garde. Escript à Fontainebleau le xi decemb. 1602. Signé : HENRY, et plus bas : de Neufuille ; et au dessus : *A Mr de Bethune, conseiller en mon Conseil d'Estat et mon ambassadeur à Rome.*

Lettre du Roy au Car^{al} d'Ossat à Rome.

Mon cousin, j'escrips bien amplement au sieur de Bethune, mon ambassadeur, sur le subiect de la plainte qu'a faite par delà mon cousin le Car^{al} de Sourdis, touchant la

---

pontificale au delà de ses limites primitives qui se restreignaient nettement au possessoire en matière de bénéfices. L'argument mis en avant par le chapitre de Saint-André dans sa supplique au Pape ne concluait donc pas dans l'espèce, puisqu'il était basé sur une extension abusive de la bulle de Martin V. C'était pourtant l'unique excuse que pouvaient apporter les chanoines de leur appel au Parlement. Ils le comprenaient fort bien, comme on en peut juger par le passage suivant des *Actes capitulaires* : « Sera escript à Sa Majesté que attendu que par ledict bref Sa Sainteté blasme principalement le chapitre pour s'estre adressé à la cour de parlement pour le restablissement desdicts autels desmolis, suyuant les priuilèges octroyés par le Sainct Siège aux officiers royaux de cognoistre *du possessoire aux choses ecclesiastiques et annexes à icelles*, qu'il plaise à S. M. d'escripre à M. l'ambassadeur et à Mgr le cardinal d'Ossat d'assister de leur faueur la lettre dudict chapitre *pour la conseruation des droicts du roy.* » Voilà où on en était venu en France, et c'était là un des articles les plus vivement défendus des prétendues « libertés » de l'Église gallicane. On peut voir sur cette question du possessoire et ses conséquences pratiques, entre autres canonistes : Durand de Maillane, *Dictionnaire de Droit canonique et de Pratique bénéficiale*, 3e éd. in-4º, t. IV, v^o *Possessoire*; Rousseau de la Combe, *Recueil de Jurisprudence canonique et bénéficiale*, in-f^o, v^o *Possessoire* et *Loix canoniques*, p. 15; [Icard], *Prælectiones Juris canonici*, éd. de 1886, t. III, p. 21 seq.

démolition des autelz de l'église cathédrale de Bordeaux, dont vous auez ouy parler. Sur quoy Sa Ste a enuoyé au chapitre de ladite église un bref plein d'aigreur et de menaces auquel ledit chapitre délibère de respondre. Vous aurez communication de l'un et de l'autre, ayant commandé audit sr de Bethune d'en conférer auecq vous et je desire que vous apuyez et assistiez, aultant qu'il vous sera possible, ladite response dudit chapitre, pour leuer à Sa S{té} les mauuaises impressions qu'Elle a prises de luy, sur ce qu'en a fait entendre par delà ledit Car{al} de Sourdis entre lequel et son chapitre il ne fault pas nourrir ces diuisions, car elles ne peuuent produyre que scandale aux ungs et aux aultres. Partant, regardez auecq mondit ambassadeur à faire en sorte que la lettre dudit chapitre soit présentée bien à propos à Sa S{té}, considérée par Elle, et aporter quelque tempérament en cest affaire duquel escripuant plus particulièrement à mondit ambassadeur, je me remets à sa lettre, me contentant de vous asseurer que vous ferez chose qui me sera très agréable en cest endroit, priant Dieu, mon cousin, qu'il vous ayt en sa saincte garde. Escript à Fontainebleau le xi decembre 1602. Signé : HENRY, et plus bas : de Neufuille; et au dessus : *A mon cousin le Car{al} d'Ossat.*

Lettre du Roy au chapitre Saint-André.

Chers et bien aymez, nous ne sommes moins desplaisant de la plaincte que nostre cousin le Car{al} de Sourdis a faite par delà que du bref de Nostre S. Père qui est interuenu sur icelle et auez bien faict d'auoir recours à Nous pour appuyer et justifier vostre procédure. Car il n'a pas esté raisonnable que ledit Car{al} nous ayant demandé justice se soit pouruëu par deuers Sa S{té}. Nous escriuons présentement au sieur de Bethune, nostre ambassadeur, et à nostre cousin le Car{al} d'Ossat, qu'ils facent veoir vostre response à Sa S{té} et luy representent vos justes raisons et le faisons d'autant plus volontiers que nous tenons vostre cause estre juste et raisonnable, vous asseurant que, quand il se presentera occasion de vous gratifier, nous le ferons tousiours d'entière affection.

Donné à Fontainebleau le xi° decembre 1602. Signé : HENRY, et plus bas : de Neufuille ; et au dessus : *A nos chers et bien aymez, les doyen, chanoines et chapitre de Bordeaux.*

Il ne paraît pas que les démarches prescrites par le Roi à ses agents et annoncées au chapitre aient eu de grands résultats. La lettre (non datée) que reçut celui-ci du secrétaire d'État, de Neufville, et que Rawenez a publiée d'après la copie de Bertheau, est fort vague et va surtout à recommander la patience et la paix. « Icy finit, écrit, après avoir rapporté cette dépêche, le fidèle secrétaire, la querelle de la démolition de ces autels, en laquelle chascun estime avoir bien fait, le chapitre se fortifiant en ses privilèges, le parlement en la coustume, craignant le changement ès choses ecclésiastiques, tous sans aucun égard au grand zèle de M. le cardinal... Il a [pourtant] cueilly le fruict de son intention, car ces autels n'ont point esté remis sans qu'ils aient eu chascun sa closture, en sorte qu'ils ne sont plus subiects à prophanation. »

L'affaire finit ainsi par où elle eût dû commencer. En pareille matière, un juste accommodement vaut toujours mieux en effet qu'un procès et surtout que l'appel aux juges séculiers. Nos parlementaires de 1602 pouvaient être, pour la plupart, de bons chrétiens dans la vie privée, mais ils n'avaient pas la moindre idée des droits de l'Église. Le Roi, de son côté, tenait-il la balance égale quand après avoir blâmé le recours de Fr. de Sourdis au Pape, il soutenait si vivement le recours du chapitre ? Dans l'espèce, les chanoines et l'archevêque eurent des torts réciproques ; moins de raideur et plus de réserve dans la parole et dans les actes chez celui-ci, plus de déférence et de modération chez ceux-là, eussent évité bien des misères.

Malheureusement il est plus facile de déduire, dans le silence du cabinet et d'après l'expérience d'autrui, de sages principes que de les mettre soi-même en pratique au moment opportun. Tâchons du moins de profiter des leçons de l'histoire, mais gardons-nous de juger avec une rigueur excessive ceux dont les erreurs de conduite nous donnent l'occasion de les formuler.

E. A.

XV ANNÉE. — N° 12 (Prix : 0,50 c.) 25 Juin 1893.

Tamizey de L,

REVUE CATHOLIQUE DE BORDEAUX

PARAISSANT LE 10 ET LE 25 DE CHAQUE MOIS

SOMMAIRE

I. HENRI IV ET LE CARDINAL DE SOURDIS .. Ph. TAMIZEY DE LARROQUE.
II. TROIS LETTRES INÉDITES DE HENRI IV... E. ALLAIN.
III. LE CARDINAL PITRA (Fin).................. DUBÉDAT.
IV. CONTRIBUTION A L'HISTOIRE DE L'INSTRUCTION PRIMAIRE DANS LA GIRONDE AVANT LA RÉVOLUTION (Suite). E. ALLAIN.
V. UNE PAGE INÉDITE DE LA GUERRE DE GUIENNE EN 1650..................... A. DUPRÉ.
VI. SUPPLÉMENT : *ÉLÉVATION AU CARDINALAT DE MONSEIGNEUR L'ARCHEVÊQUE ;* Nouveaux chanoines ; Nominations ecclésiastiques ; Le banquet de Mussonville ; Nécrologie. — Le budget des Cultes ; Le Sacré Collège. — *A travers les Revues.* — Bibliographie.

UN AN : 8 FR.

On s'abonne *sans frais* dans tous les bureaux de poste, à l'*Œuvre des Bons Livres* et aux bureaux de la *Revue*, 16, rue Cabirol, Bordeaux.

Les abonnements partent du 1er Janvier ou du 1er Juillet et sont exigibles d'avance.

La reproduction des articles publiés par la *Revue* est interdite.

BORDEAUX

CHEMIN DE FER D'ORLÉANS

Billets d'aller et retour à prix réduits pour Royat et Laqueuille (Juin-Septembre 1893). — Pendant la saison thermale, du 1er juin au 30 septembre, la Compagnie d'Orléans délivre à toutes les gares de son réseau : 1° pour la station de Laqueuille desservant les stations thermales du Mont-Dore et de La Bourboule ; 2° pour la station de Royat, des billets aller et retour réduits de 25 %, en 1re classe et de 20 %, en 2e et 3e classes sur le double des prix des billets simples.

Tout billet délivré à une gare située à 300 kilomètres au moins desdites stations donne droit au porteur à un arrêt en cours de route, à l'aller et au retour.

La durée de validité de ces billets est de 10 jours, non compris les jours de départ et d'arrivée. Cette durée peut être prolongée de 5 jours, moyennant paiement d'un supplément de 10 % du prix du billet. La demande de prolongation peut être faite soit à la gare de départ, soit à la gare d'arrêt, lorsqu'il y a lieu, soit à la gare destinataire, *mais avant l'expiration de la durée de validité des billets*.

Les voyageurs munis de ces billets peuvent faire usage des places de luxe, à la condition de payer intégralement le supplément afférent auxdites places.

AVIS. — Les voyageurs obtiennent, sur leur demande, soit à la gare de départ, soit au bureau du correspondant de la Compagnie à Laqueuille, des billets d'aller et retour réduits de 25 % pour le Mont-Dore et La Bourboule.

Du Mont-Dore et de La Bourboule à Royat et Clermont-Ferrand *et vice versa* ; de Bort à Laqueuille (le Mont-Dore et la Bourboule), Royat et Clermont-Ferrand *et vice versa* ; billets d'aller et retour à prix réduits valables pendant 3 jours. (55)

Fêtes à Coutras (25-26 juin 1893). — A l'occasion des fêtes qui auront lieu à Coutras les 25 et 26 juin courant, la Compagnie d'Orléans rendra valables, pour le retour, jusqu'aux derniers trains de mardi 27 juin, les coupons retour des billets aller et retour, à prix réduits, qui auront été délivrés pour Coutras, aux prix et conditions du tarif spécial G. V., n° 2, les samedis 24, dimanche 25 et lundi 26 juin inclus, aux gares et stations des sections de : Paris à Bordeaux-Saint-Jean, Bordeaux-Bastide à La Sauve ; Coutras à Périgueux, Périgueux à Ribérac, Ribérac à Palqueyrat ; Libourne à Trémolat ; Périgueux aux Versannes ; Périgueux à Milhac-d'Auberoche ; Périgueux à Agonac ; Angoulême au Quéroy-Pranzac. (64)

Concours régional agricole et Fêtes à Angoulême (mai-juin 1893). — A l'occasion du Concours régional agricole et des Fêtes qui auront lieu à Angoulême du 13 mai au 25 juin 1893, la Compagnie d'Orléans fera délivrer exceptionnellement aux gares des Ormes, Le Blanc (viâ Poitiers ou Montmorillon), Saint-Sébastien, Guéret, Bourganeuf, Meymac, Brive, Le Buisson et La Sauve, ainsi qu'aux gares et stations comprises entre ces divers points et Angoulême, des billets aller et retour de toutes classes, à prix réduits, pour Angoulême :

Du samedi 13 au lundi 15 mai ; du samedi 20 au lundi 22 mai ; du samedi 3 au dimanche 4 juin ; du samedi 17 au dimanche 18 juin ; du samedi 24 au dimanche 25 juin.

Les Coupons retour desdits billets seront valables jusqu'aux derniers trains du lendemain du dernier jour de délivrance de chaque période indiquée ci-dessus.

Ceux de ces billets qui seront pris aux gares et stations situées à 75 kilomètres au moins d'Angoulême comporteront une réduction de 30 p. 0/0 sur les prix du Tarif général. Pour les parcours inférieurs à 75 kilomètres, les prix seront ceux prévus par le Tarif spécial G. V. n° 2, avec maximum de perception des prix du Tarif général pour 75 kilomètres réduits de 30 0/0.

Les billets dont il s'agit pourront être utilisés dans tous les trains recevant réglementairement, pour le parcours à effectuer, des voyageurs à plein tarif de la classe du billet délivré. (47)

MAISONS RECOMMANDÉES

ARTICLES DE VOYAGE Maison Gaultier, I. Ehrensperger, gendre et successeur, 27, cours de l'Intendance, Bordeaux.

BIJOUTERIE-HORLOGERIE Servan, 2, pl. Gambetta. (Maison fondée en 1785.) Seul représentant de l'orfèvrerie Christofle.

LIBRAIRIE Vve MOQUET, 45, rue Porte-Dijeaux, Bordeaux. — Écrins de mariage, Missels et Livres de piété pour première communion.

PORCELAINES et Cristaux, Faïences et Verrerie d'art, anc. Maison DAYDIE, Kintzel, succr, cours de l'Intendance, 56 et 58, Bordeaux.

ÉLIXIR BRUNOT AU GAIACOL

(Gaïacol chimiquement pur, Tolu, Goudron, Eau de pin goudronné.)

Recommandé par les médecins pour le traitement des affections chroniques de la Poitrine, de la Tuberculose pulmonaire, de l'Influenza et de ses suites, des Bronchites, Toux persistantes, Asthmes, etc.

Très agréable à prendre, soit dans une infusion pectorale, soit de préférence dans du lait.

Prix du flacon : 5 francs.

Dépôts : Pharmacie J.-M. Brunot, St-Médard-en-Jalles, près Bordeaux. — Paris, Pharmacie Centrale de France, 7, rue de Jouy. — Bordeaux, Pharmacie Centrale, 7, rue Pélegrin. — Détail dans toutes les pharmacies.

LA NEW-YORK Compagnie d'Assurances sur la Vie, fondée en 1845. Fonds de garantie 652 MILLIONS, entièrement réalisés. 1 bis, boulevard des Italiens, PARIS.

MM. L. & E. REY Frères, BORDEAUX

Pour tout ce qui concerne les annonces, s'adresser au bureau de la **Revue**, *16, rue Cabirol, Bordeaux.*

HENRI IV ET LE CARDINAL DE SOURDIS

M. Eugène Halphen vient de publier un recueil de *Lettres inédites du roi Henri IV à Monsieur de Béthune, ambassadeur de France à Rome* (du 9 mars au 31 juillet 1602). Ce recueil, qui sort des célèbres presses de D. Jouaust (novembre 1892), est trois fois recommandé à la sympathique attention des lecteurs par le nom d'un roi tel qu'Henri IV, d'un éditeur tel que M. Halphen et d'un imprimeur tel que Jouaust. Mais, à côté de tant de splendides qualités (je ne parle pas de la beauté du papier, car cela va sans dire), l'élégantissime volume a un immense défaut, c'est qu'il est presque inabordable, n'ayant été tiré qu'à vingt exemplaires (vingt seulement : on a bien lu !). Comme, par une faveur insigne, et qui était, du reste, un peu due à mon admiration pour Henri IV et à mon affection pour M. Halphen, un de mes meilleurs collaborateurs dans l'édition des *Registres-Journaux de Pierre de l'Estoile*, je suis l'heureux possesseur d'un des vingt *merles blancs*, je veux, autant que possible, faire participer à mon bonheur les lecteurs de la *Revue*, en leur communiquant quelques extraits des plus intéressants documents presque inédits qui auront été, en cette nouvelle année, mes plus précieuses étrennes.

« Davantage, ces jours passez, il est arrivé une brouillerie à Bourdeaux entre ledit cardinal de [Sourdis] et le chapitre de son église cathédrale, en laquelle la cour de Parlement s'est engagée, ainsy que vous verrez par deux memoires que je vous envoye qui m'ont esté presentez, l'un par ledit chapitre, et l'autre par la cour, en quoi ledit cardinal s'est laissé emporter (1), et a passé plus avant que ses semblables n'avoient jamais faict en pareil cas, dont j'ay esté tres marry pour la consideration de sa dignité et pour le scandale que

---

(1) On sait que le grand archevêque était coutumier du fait. Ne l'a-t-on pas comparé au *bouillant* Achille ?

ce y a apporté. Car les maire et jurats de ladite ville, avec le peuple d'icelle, se sont plaints à moy de cette action aultant et plus que ladite cour et ledit chapitre. Neantmoins, j'ai commandé à ladite cour de surseoir l'execution des arrests d'icelle, et toutes autres sortes de poursuites et rigueurs contre ledit cardinal et les siens jusques à ce que j'en aye aultrement ordonné et aye faict escrire audit cardinal qu'il vienne par deça pour consoler et assister sa mere sur le deces de son mary, affin d'entendre par sa bouche ses raisons, et apres conserver à un chacun l'authorité qui luy appartient, ainsy que vous direz à sa Sainteté, si elle vous demande ce qui s'est passé en ce faict; mais vous ne lui en parlerez le premier ny à autre que audit cardinal d'Ossat, car il faut, s'il est possible, ensevelir ce faict sans le divulguer davantage. Il est vray que je crains que ledit cardinal ait pris conseil d'en user aultrement, et qu'il ait escript le premier à Rome pour justifier sa cause, quoy estant vous en direz la verité à sa Sainteté, et luy remonstrerez combien il importe à ceulx du clergé de mon royaume, et mesmes à nostre religion, que mes parlements et officiers ne soient en debat avec eulx, et le desadvantage que y auroient ceulx là, si telles contestations continuoient, l'assurant que j'interposeray mon authorité pour l'empescher. Mais aussy il fault que ledit cardinal de Sourdis et ses semblables se conduisent avec discretion sans abuser de leur dignité, sous pretexte de bienfaire à la religion, ou accroistre leur juridiction ou puissance. » (Lettre du 25 mars 1602, p. 14-16.)

« Nos cardinaux françois monstrent avoir peu d'envie et declarent avoir encores moins de moyen de retourner à Rome, principalement ceulx de Givry et de Sourdis, ce dernier prenant plus de plaisir à remuer mesnage en son diocese qu'à disposer ses affaires pour faire ce voyage, ainsy que vous aurez sceu par mes precedentes. Je n'ay aussy aucune certitude encores du partement et acheminement de celuy de Joyeuse; mais j'estime qu'il attend que je sois à Poictiers pour y venir prendre congé de moy, et après suivre son voyage : car je ne doute point qu'il ne le fasse, m'en ayant donné parolle comme il a fait, et si celuy de Sourdis vient me trouver comme je luy ay escript, je le presseray tant d'aller que je l'y feray resoudre. » (Lettre du 24 avril 1602, p. 27.)

« Le cardinal de Sourdis, qui est icy [à Blois], m'a exposé son fait, et m'a asseuré n'en avoir rien mandé à Rome, ne l'ayant voulu faire sans ma permission, de quoy je l'ay loué. Je luy ay dit aussi me sembler n'estre necessaire d'abreuver sa S^{teté} de choses semblables ausquelles il est facile de pourvoir quand chacun reconnoistra et fera ce qu'il doit; de quoy je l'ay admonesté de monstrer le chemin aux autres, ce qu'il m'a promis de faire, tellement que j'ay commandé à ceux de mon conseil de prendre connoissance de ses griefs et y donner l'ordre et reglement qu'ils jugeront equitable, car je n'ay moindre volonté de conserver l'authorité ecclesiastique que la mienne. »

Si jamais quelque habile homme refaisait le très insuffisant travail de Ravenez (un de mes rêves serait que ce *refaiseur* fût un certain archiviste diocésain qui nous a déjà donné un piquant extrait du *Journal* de Bertheau), il ne faudrait qu'il négligeât ni la correspondance du cardinal avec Henri IV, ni sa correspondance avec Marie de Médicis dont j'ai utilisé quelques fragments dans *Hercule d'Argilemont*. A côté des lettres imprimées, on utiliserait diverses lettres inédites qui dorment encore dans les recueils de la Bibliothèque Nationale. A bon entendeur, salut !

Tamizey de Larroque.

TROIS LETTRES INÉDITES D'HENRI IV

La lecture de l'article, si intéressant dans sa brièveté, de notre savant collaborateur M. Tamizey de Larroque, que nous publions en tête du présent numéro, m'a suggéré la pensée de rechercher dans nos archives et bibliothèques bordelaises les documents de nature à éclaircir la grave affaire dont il est parlé dans plusieurs des dépêches d'Henri IV à M. de Béthune, retrouvées et publiées par M. Halphen. Le premier résultat de mes fouilles a été la découverte de trois autres lettres de ce prince que les meilleurs juges croient inédites (1).

---

(1) J'ai consulté à ce sujet mon illustre compatriote, M. Léopold Delisle, et M. Tamizey de Larroque. Ils pensent l'un et l'autre que nos lettres n'ont en effet jamais été imprimées.

Elles nous ont été conservées dans le manuscrit de Bertheau sur les actes du cardinal de Sourdis. Avant de les imprimer, je vais dire un mot des sources à consulter sur « l'affaire des autels », et je la résumerai très brièvement, me réservant d'y revenir plus tard avec tout le développement qu'elle mérite.

Peu d'incidents ont eu autant de gravité que celui-là durant l'épiscopat long et agité de François de Sourdis. Aussi n'a-t-il point échappé aux historiens bordelais, à Dom Devienne (1), par exemple, et au président Boscheron des Portes (2). Naturellement Rawenez (3) l'a raconté en détail, mais on sait ce que pèse auprès des hommes d'étude l'autorité de ce maladroit compilateur. Ici même, M. de Lantenay l'a pris bien des fois en défaut. Son histoire n'est pas autre chose qu'un panégyrique fait sur commande; il n'était nullement préparé à composer une œuvre sérieuse, ignorant complètement la façon de procéder dans la recherche des documents, manquant de critique, et commettant dans la transcription des textes d'innombrables bévues.

Il a consacré presque tout un chapitre à « l'affaire des autels »; mais comme il n'a prêté l'oreille qu'à une cloche, il n'a entendu qu'un son. On lui avait mis en main le manuscrit de Bertheau (4) et presque toujours il a suivi aveuglément ce guide, intelligent, je le veux bien, consciencieux et subjectivement impartial. Mais n'y a-t-il pas lieu de craindre qu'il ne l'ait pas toujours été objectivement, alors qu'il avait entrepris de défendre et de glorifier la mémoire d'un prélat qu'il avait beaucoup aimé et longtemps servi, dont il avait été un des familiers les plus dévoués ?

---

(1) *Histoire de Bordeaux*, t. I, 2ᵉ éd., p. 199-203.
(2) *Histoire du Parlement de Bordeaux* (Bordeaux, 1878, in-8º), t. I, p. 339-343.
(3) *Histoire du Cardinal de Sourdis* (Bordeaux, 1867, in-8º), p. 50-61.
(4) C'est un petit in-4º relié en vélin, de 1093 p. plus des feuillets lacérés à la fin; les 172 premières pages ont été tellement endommagées par l'humidité et par les rats qu'on n'en peut faire presque aucun usage. La partie utilisable embrasse les années 1602-1612. Le récit de Bertheau est presque toujours intéressant, et, ce qui augmente beaucoup la valeur historique de son œuvre, beaucoup de pièces officielles y sont insérées *in extenso*. Son ms. a été restitué anonymement aux Archives diocésaines, il y a quelques années; il y est classé sous la cote C 1 et j'en ai donné, dans mon *Inventaire-Sommaire* (p. 4-6), une ample analyse.

Certes, il n'y a pas lieu de rejeter *a priori* son témoignage et je puis bien dire que des trois sources principales à consulter sur l'incident, son manuscrit tient le premier rang, en raison non seulement de l'ampleur du récit, mais encore du soin qu'il a eu de l'appuyer de textes dont plusieurs ne se trouvent que là. Mais quand on voudra aller au fond des choses, il faudra entendre les corps intéressés ou intervenants au procès : le chapitre dont nous avons les *Actes* pour cette époque (Arch. Gir., G 291); le parlement dont la Bibliothèque municipale possède (ms. 369) les *Registres secrets* (1); je devrais ajouter la jurade, malheureusement ses délibérations de 1602 n'ont pas encore été reconstituées.

Les *Actes capitulaires* sont intéressants dans la sobriété voulue et le calme du moins apparent de leur rédaction; les formes respectueuses à l'endroit de l'archevêque sont toujours conservées. Mais faut-il s'y fier exclusivement ? Pour être chanoine on n'en est pas moins homme et, à cette heure-là, « Messieurs » étaient des hommes fort mécontents des procédés d'un supérieur hiérarchique qui se trouvait alors leur adversaire. Celui-ci avait des torts à leur endroit. En étaient-ils exempts eux-mêmes? Je n'en crois rien.

Les *Registres secrets* du parlement sont extrêmement hostiles au prélat. Le tour de leur récit est très net et très vivant. Naturellement les mémoires d'É. de Cruseau (2) sont dans la même note.

Il faudrait, avec beaucoup de tact et de critique, discuter, une à une, les assertions souvent contradictoires des trois parties en présence. Voici, du moins, pour le moment, la série des faits qui semblent hors de contestation.

Il existait dans la nef de Saint-André deux autels adossés au mur méridional. Ils étaient d'ordinaire sans nappes et sans ornements; ils n'étaient pas surmontés de ce dais ou « poesle » dont l'absence était

---

(1) C'est aux f°s 385r°-392 du tome V de ce ms. en 27 volumes, que se trouvent racontées les séances du parlement où l'affaire des autels fut agitée.

(2) *Chronique d'Étienne de Cruseau*, publiée par la Société des Bibliophiles de Guyenne (Bordeaux, 1879), t. I, p. 294-300. — Je mentionne pour mémoire les quelques lignes consacrées à l'incident dans la *Chronique bordeloise par J. de Gaufreteau*, également publiée par la Société des Bibliophiles de Guyenne (Bordeaux, 1878), t. II, p. 7-8. Le sceptique chroniqueur ne manque pas de s'y livrer, selon sa constante habitude, à des plaisanteries qui sentent un peu bien le fagot.

régulièrement signalée et condamnée par le cardinal dans ses procès-verbaux de visite. Nul chancel n'en défendait l'approche. On avait accoutumé d'y porter les enfants nouvellement baptisés non seulement de la paroisse de la Majestat, mais de toutes celles de la ville dépendant du chapitre. François de Sourdis avait remarqué avec déplaisir que, les jours de sermon, beaucoup de gens s'y asseyaient ou s'y tenaient debout, pour mieux voir et ouïr les prédicateurs. Il affirme expressément dans sa première lettre au Roi et sa plainte au Pape qu'il avait souvent reproché au peuple et représenté au chapitre ces « insolences ». Dans les *Actes capitulaires*, à la date du 26 février 1602, les chanoines disent qu'il leur en fut parlé à cette date, pour la première fois, par le secrétaire du prélat; ils reconnaissent pourtant, dans cette requête au Souverain Pontife qu'Henri IV recommande aux bons soins de M. de Béthune et du cardinal d'Ossat par les lettres ci-dessous publiées, que, le cardinal ayant appelé leur attention sur ce fait, ils avaient eu soin de faire garder les autels, durant les prédications, *per duos clericos cum baculis, quo facto duæ istæ aræ postea ab omni plane prophanatione præservatæ sunt.*

Quoi qu'il en soit, à l'heure même où Me Bertin, chanoine et « secrestain » de Saint-André, traitait la question avec ses confrères, on les vint avertir que des maçons accompagnés des gens du cardinal (le registre capitulaire mentionne un de ses aumôniers, Pierre Miard, plus tard vicaire général et protonotaire apostolique, et Eustache, son valet de chambre) procédaient, sans autre forme de procès, à la démolition des autels. Les chanoines revêtus de leurs insignes s'empressent d'accourir; ils demandent aux gens du cardinal et aux ouvriers de justifier d'un ordre écrit, et cet ordre ne leur étant pas représenté, ils les font conduire dans leurs prisons et envoient des députés au parlement pour demander protection, et se plaindre, non pas, comme ils l'affirmèrent, du cardinal mais de ses officiers.

S'il en faut croire les chanoines dans leur requête au Pape, l'archevêque, ayant appris l'emprisonnement de ses gens, s'était porté de sa personne à Saint-André; il avait éclaté en reproches violents et en était même venu aux voies de fait. Bien plus, il fit rompre les portes des prisons capitulaires pour délivrer les maçons, et les autels furent par eux rasés.

Le maréchal d'Ornano, les jurats et le parlement prirent parti contre l'archevêque. Dès le 28 février, la cour ordonnait une information et déléguait les conseillers Amalbi et Duverdus, dit Bonneau, pour dresser procès-verbal de l'état des lieux. Ils commençaient à remplir cette mission, assistés des jurats, du capitaine du guet et de ses archers, quand survint le cardinal; il leur enjoignit impérativement de quitter l'église, « qui est à moi, leur dit-il, comme votre palais est au Roi ». Sur leur refus, il les excommunia. Les conseillers allèrent rendre compte des faits aux chambres assemblées, et, malgré les récusations très vivement formulées par le cardinal contre plusieurs membres de la compagnie, arrêt intervint, prescrivant la reconstruction immédiate des autels qui devraient cependant, pour prévenir de nouvelles irrévérences, être clos d'un balustre.

Quand, le 1er mars, en présence d'Amalbi et de Duverdus, les ouvriers commencèrent à rebâtir les autels, le cardinal revenant de Saint-Aubin de Blanquefort où il était allé célébrer la fête du saint patron de cette paroisse, renouvela ses protestations et fulmina de nouveau les censures; il réunit à l'archevêché les curés de la ville et leur interdit d'administrer les sacrements aux excommuniés. Le procureur général « se porta appelant comme d'abus de ladicte excommunication » et, le 2, le Parlement défendit aux curés de la publier.

Le cardinal la proclama lui-même le lendemain à Saint-Projet où une circonstance fortuite l'avait conduit et où il avait rencontré et reconnu, assistant à la messe, les conseillers Amalbi et Duverdus.

Le 4, toutes chambres assemblées, François de Sourdis vint de sa personne au Palais, où il justifia ses actes dans un langage modéré (1); mais, contre l'attente de l'évêque d'Agen, qui l'avait accompagné, et du premier président Daffis, il ne leva pas les censures. Lui sorti, la cour déclara sa sentence abusive, et lui enjoignit de la rétracter, sous peine de la saisie de son temporel jusqu'à concurrence de 4,000 écus; elle députa au Roi, en même temps, pour lui demander

---

(1) Il résulte d'une délibération capitulaire du 5 mars que, ce jour-là, l'archevêque fit faire au chapitre, par son secrétaire, le chanoine et « secrestain » Berlin, des propositions d'accommodement. Il faut bien reconnaître qu'elles furent assez froidement accueillies.

l'éloignement de l'archevêque, l'avocat général Du Sault, le jurat Galatheau et un gentilhomme du maréchal d'Ornano.

Le 9 mars, selon Bertheau, Amalbi et Duverdus, « recognoissant leur faulte, vinrent demander l'absolution de l'excommunication contre eux fulminée, ce que fit volontiers ce prélat, tant il avait le cueur porté au pardon. ». — Le 13, le chapitre « commit MM. le sous-doyen, [du] Périer et syndic pour aller remercier MM. le Premier [président], d'Amalbi et Bonneau (Duverdus) de la bonne justice qu'il leur auoit plu faire au chapitre touchant la desmolition des autels de la nef et offrir leur payement, et enioinct à M. le recepueur de bailler audict s^r syndic tout l'argent qu'il conuiendra pour cet effaict ». On devine l'impression qu'un tel procédé dut faire sur le cardinal.

Il se décida sans retard à écrire au Roi pour protester contre la procédure du Parlement, et lui recommander, avec sa propre cause, celle de ses serviteurs qui avaient été emprisonnés par ordre de la cour. Sa lettre (non datée) nous a été conservée par Bertheau. Elle est digne et ferme ; il y est fait expresse mention de la plainte que le prélat allait adresser au Pape contre son chapitre (1). La fin du carême se passa en visites pastorales dans l'Entre-Dordogne. François de Sourdis célébra à Saint-Émilion et à Libourne les offices de la Semaine sainte et de la fête de Pâques qui tombait, cette année, le 7 avril. Rentré à Bordeaux, « il receut, dit Bertheau, lettres de Sa Majesté, portant qu'elle auoit du déplaisir de la mauuoise intelligence qui estoit entre luy et son chapitre et de la procédure de sa cour de parlement à laquelle il mandoit de relascher ses ouvriers et officiers emprisonnez ; au reste qu'au plustot il vint trouuer S. M. pour lui faire entendre les particularitez de ceste affaire et receuoir ses intentions pour calmer tout cet orage, n'estant pas content de ce qu'il auoit escript à Sa Sainteté, comme ayant le pouuoir de luy faire rendre justice sans molester Sa Sainteté à ce subiect. »

Quand, obéissant aux ordres du Roi, le cardinal l'entretint à Blois de cette fâcheuse affaire, il en fut très mal accueilli. Henri IV,

---

(1) La lettre du cardinal au Pape est transcrite par Bertheau à la suite de celle qu'il avait adressée au Roi. Elle n'est pas plus datée que la première. Elle n'est pas, ce me semble, à sa place, car le bref du 1er juillet répond à une lettre datée de Blois au mois de mai.

qui voulait maintenir à tout prix dans son royaume la paix qu'il y avait établie avec tant de peine, lui parla « tres asprement »; il répondit avec fermeté.

A la fin de septembre, il reçut avec joie un bref de Clément VIII, daté du 1er juillet, où il était fort encouragé dans son épreuve, mais où les conseils de modération, délicatement présentés du reste, ne manquaient pas (1). Le chapitre de son côté, par un autre bref à lui adressé (2), était vivement blâmé et menacé de censures. Il délibéra d'y répondre et le fit en effet par une supplique fort longue au Souverain Pontife, que Bertheau n'a pas manqué de reproduire *in extenso* dans ses mémoires. C'est une pièce bien curieuse, mais dont la discussion et même l'analyse m'entraînerait très loin. Elle avait été portée au Roi par le chanoine Martin, député à cet effet à la cour et dont les services, en la circonstance, furent très appréciés de ses confrères.

Il suffira de dire que c'est à cette supplique que se rapportent les trois lettres inédites d'Henri IV que je publie; les détails dans lesquels je suis entré m'ont paru nécessaires pour en donner pleinement l'intelligence. Les voici (3).

Lettre du Roy à M. de Bethune, Ambassadeur à Rome (4).

Monsr de Bethune, je pensois auoir assoupy le différend d'entre mon cousin le Car^{al} de Sourdis et son chapitre de

---

(1) *Confidimus etiam de tua prudentia, circumspectione et patientia quod vinces in bono malum et tibi et Christo Fratres tuos lucraberis vt vnanimes, vno Spiritu, Deo seruiatis. Neque nos dubitamus, qui te optime nouimus, te multa lenitate vti et oleum vino admiscere et, de Apostoli praecepto, modo arguere, modo obsecrare, modo etiam increpare in omni patientia et doctrina.*

(2) Ce bref fut remis au chapitre le 25 septembre par les soins du cardinal, ainsi que nous l'apprennent les *Actes capitulaires*; mais « attendu l'absence d'une grande partie de MM. lesdicts chanoines à l'occasion des vendanges », il ne fut lu en chapitre que le 18 octobre.

(3) Bertheau les a transcrites aux pp. 261-265 de ses mémoires. Je reproduis l'orthographe de cette copie très soignée.

(4) Les personnages nommés dans ces trois lettres d'Henri IV sont trop connus pour qu'il y ait lieu d'en parler longuement. Philippe de Béthune, comte de Salles et de Charost (1561-1649), frère puîné de Sully et père d'un

l'église cathédrale de Bordeaux, touchant la démolition des autelz dont vous auez ouy parler et estimois à la façon que les choses estoient passées qu'il n'en feroit plus d'instance. Mais les plainctes en ont esté portées jusques à Rome et sur Icelles est interuenu le bref de nostre très St Père addressant audit chapitre dont je vous enuoye la copie, par lequel, d'aultant que ledit chapitre est comme menacé de censures ecclésiastiques, il se délibère d'y faire respondre (1) et desire qu'elle soit presentée de vostre main à Sa Saincteté et que je l'accompagne de ma recommandation en vostre endroit. Le prétexte de la plaincte de sadite S^{té} est de ce que ledit chapitre s'est pourueu en ma cour de Parlement de Bordeaux pour raison de ladite démolition desdits autelz ; mais je ne trouue aulcunement à propos que ledit Car^{al}, m'ayant demandé justice, se soit addressé à Sa S^{té} pour l'obtenir, sans auoir eu de moy permission de ce faire et vous puis dire que luy et plusieurs de ses gens eussent esté bien empeschez à respondre de leur faict, si je n'y eusse aporté mon auctorité et qu'ayant fait veoir en mon conseil les decretz et arretz de madite cour de Parlement de Bordeaux, il a esté jugé que le tout auroit esté fait auecq grande considération. J'ai sorty de peyne, et auecq honneur, ledit Car^{al}, fait cesser l'exécution desdits decretz de madite cour, eslargy ses domestiques qui estoient prisonniers et leué les saisies et toutes condamnations de peynes pécuniaires et n'a rien esté obmis en son endroit de ce que l'on a peu faire pour luy si l'on n'eust vouleu user de trop d'injustice ; et neantmoins, il a fait éclater par delà une plaincte mal fondée, dont je ne puis demeurer satisfait. Parquoy je vous prie, ayant veu et considéré la response dudit chapitre dont vous

---

de nos plus illustres archevêques, Henri de Béthune. — Arnaud, cardinal d'Ossat, évêque de Rennes et conseiller d'État (1537-1604), un des principaux négociateurs de la réconciliation d'Henri IV avec le Saint-Siège. — Nicolas de Neufville, seigneur de Villeroi (1542-1617), secrétaire d'État spécialement chargé, à l'époque où nos lettres furent écrites, des affaires étrangères.

(1) Le ms. porte distinctement *respondre*; mais c'est, je crois, une erreur de copie et *responce* serait plus correct.

auez aussi communication, la vouloir representer et faire veoir à Sadite S^{té} et informer aussy de la vérité de la procédure, luy faisant apréhender la conséquence d'icelle, car Sa S^{té} n'ignore les priuilèges de ce royaume et comme le possessoire est aux mains de mes juges et officiers (1). Je me promets aussy que sa prudence et bonne conduite, qui sert de miroir à tous les princes de ce siècle, ne se laissera emporter aux conseils de ceux qui prétendent que c'est la grandeur de Rome et du S. Siège apostolicq. d'user de samblables rigueurs, mais qu'elle mesurera toutes choses et ses intérestz priués à ce qui sera du bien et grandeur de la gloire de Dieu et de son Eglise. J'en escrips à mon cousin le Car^{al} d'Ossat auecq lequel je désire que vous en conferiez et que tous deux ensemble vous essayez d'y aporter le tempérament requis pour le bien des ungs et des autres et vous me ferez seruice très agréable, priant Dieu, Mr de Bethune, qu'il vous ayt en sa saincte garde. Escript à Fontainebleau le xi decemb. 1602. Signé : HENRY, et plus bas : de Neufuille ; et au dessus : *A Mr de Bethune, conseiller en mon Conseil d'Estat et mon ambassadeur à Rome.*

(1) Le possessoire est une action personnelle intentée par celui qui se prétend troublé dans la possession d'une chose. Dans la maxime alléguée par le Roi il est question essentiellement du possessoire en matière bénéficiale. Depuis fort longtemps l'action possessoire dans les contestations relatives aux bénéfices était en effet dévolue aux magistrats royaux. Était-ce, dans le principe, usurpation ou concession gracieuse de l'Église ? C'est une question difficile à résoudre. Toujours est-il que la bulle de Martin V, du 21 août 1425, *Romani Pontificis providentia circumspecta*, avait autorisé cette procédure. Mais, dans la suite, les juges royaux avaient été plus loin. Non seulement ils avaient conservé le jugement au possessoire, mais ils avaient empêché les tribunaux ecclésiastiques de juger le pétitoire et ils avaient indûment étendu la concession pontificale au delà de ses limites primitives qui se restreignaient nettement au possessoire en matière de bénéfices. L'argument mis en avant par le chapitre de Saint-André dans sa supplique au Pape ne concluait donc pas dans l'espèce, puisqu'il était basé sur une extension abusive de la concession de Martin V. C'était pourtant l'unique excuse que pouvaient apporter les chanoines de leur appel au Parlement. Ils le comprenaient fort bien, comme on en peut juger par le passage suivant des *Actes capitulaires* : « Sera escript à Sa Majesté que, attendu que par ledict

Lettre du Roy au Car^{al} d'Ossat à Rome.

Mon cousin, j'escrips bien amplement au sieur de Bethune, mon ambassadeur, sur le subiect de la plainte qu'a faite par delà mon cousin le Car^{al} de Sourdis, touchant la démolition des autelz de l'église cathédrale de Bordeaux, dont vous auez ouy parler. Sur quoy Sa S^{té} a enuoyé au chapitre de ladite église un bref plein d'aigreur et de menaces auquel ledit chapitre délibère de respondre. Vous aurez communication de l'un et de l'autre, ayant commandé audit s^r de Bethune d'en conférer auecq vous et je desire que vous apuyez et assistiez, aultant qu'il vous sera possible, ladite response dudit chapitre pour leuer à Sa S^{té} les mauuaises impressions qu'Elle a prises de luy, sur ce qu'en a fait entendre par delà ledit Car^{al} de Sourdis entre lequel et son chapitre il ne fault pas nourrir ces diuisions, car elles ne peuuent produyre que scandale aux ungs et aux aultres. Partant, regardez auecq mondit ambassadeur à faire en sorte que la lettre dudit chapitre soit présentée bien à propos à Sa S^{té}, considérée par Elle, et aporter quelque tempérament en cest affaire duquel escripuant plus particulièrement à mondit ambassadeur, je me remets à sa lettre, me contentant de vous asseurer que vous ferez chose qui me sera très agréable en cest endroit, priant Dieu, mon cousin, qu'il vous

bref Sa Sainteté blasme principalement le chapitre pour s'estre adressé à la cour de parlement pour le restablissement desdicts autels desmolis, suyuant les priuilèges octroyés par le Sainct Siege aux officiers royaux de cognoistre *du possessoire aux choses ecclesiastiques et annexes à icelles*, qu'il plaise à S. M. d'escripre à M. l'ambassadeur et à Mgr le cardinal d'Ossat d'assister de leur faueur la lettre dudict chapitre *pour la conseruation des droicts du roy.* » Voilà où on en était venu en France, et c'était là un des articles les plus vivement défendus des prétendues « libertés » de l'Église gallicane. On peut voir sur cette question du possessoire et ses conséquences pratiques, entre autres canonistes : Durand de Maillane, *Dictionnaire de Droit canonique et de Pratique bénéficiale*, 3e éd. in-4º, t. IV, v° *Possessoire*; Rousseau de la Combe, *Recueil de Jurisprudence canonique et bénéficiale*, in-fº, v° *Possessoire* et *Loix canoniques*, p. 15 ; Icard, *Prælectiones Juris canonici*, éd. de 1886, t. III, p. 21 seq.

ayt en sa saincte garde. Escript à Fontainebleau le xi décembre 1602. Signé : HENRY, et plus bas : de Neufuillé; et au dessus : *A mon cousin le Car^{al} d'Ossat*.

Lettre du Roy au chapitre Saint-André.

Chers et bien aymez, nous ne sommes moins desplaisant de la plaincte que nostre cousin le Car^{al} de Sourdis a faite par delà que du bref de Nostre S. Père qui est interuenu sur icelle et auez bien faict d'auoir recours à Nous pour appuyer et justifier vostre procédure. Car il n'a pas esté raisonnable que ledit Car^{al} nous ayant demandé justice se soit pourueu par deuers Sa S^{té}. Nous escriuons présentement au sieur de Bethune, nostre ambassadeur, et à nostre cousin le Car^{al} d'Ossat, qu'ils facent veoir vostre response à Sa S^{té} et luy representent vos justes raisons et le faisons d'autant plus volontiers que nous tenons vostre cause estre juste et raisonnable, vous asseurant que, quand il se presentera occasion de vous gratifier, nous le ferons tousiours d'entière affection. Donné à Fontainebleau le xj^e decembre 1602. Signé : HENRY, et plus bas : de Neufuille ; et au dessus : *A nos chers et bien aymez, les doyen, chanoines et chapitre de Bordeaux.*

Il ne paraît pas que les démarches prescrites par le Roi à ses agents et annoncées au chapitre aient eu de grands résultats. La lettre (non datée) que reçut celui-ci du secrétaire d'État, de Neufville, et que Rawenez a publiée d'après la copie de Bertheau, est fort vague et va surtout à recommander la patience et la paix. « Icy finit, écrit, après avoir rapporté cette lettre, le fidèle secrétaire, la querelle de la démolition de ces autels, en laquelle chascun estime avoir bien fait, le chapitre se fortifiant en ses privilèges, le parlement en la coustume, craignant le changement ès choses ecclésiastiques, tous sans aucun égard au grand zèle de M. le cardinal... Il a [pourtant] cueilly le fruict de son intention, car ces autels n'ont point esté remis sans qu'ils aient eu chascun sa closture, en sorte qu'ils ne sont plus subiects à prophanation. »

L'affaire finit ainsi par où elle eût dû commencer. En pareille matière, un juste accommodement vaut toujours mieux en effet qu'un procès et surtout que l'appel aux juges séculiers. Nos parlementaires de 1602 pouvaient être, pour la plupart, de bons chrétiens dans la vie privée, mais ils n'avaient pas la moindre idée des droits de l'Église. Le Roi, de son côté, tenait-il la balance égale quand après avoir blâmé le recours de Fr. de Sourdis au Pape, il soutenait si vivement le recours du chapitre? Dans l'espèce, les chanoines et l'archevêque eurent des torts réciproques ; moins de raideur et plus de réserve dans la parole et dans les actes chez celui-ci, plus de déférence et de modération chez ceux-là, eussent évité bien des misères.

Malheureusement il est plus facile de déduire, dans le silence du cabinet et d'après l'expérience d'autrui, de sages principes que de les mettre soi-même en pratique au moment opportun. Tâchons du moins de profiter des leçons de l'histoire, mais gardons-nous de juger avec une rigueur excessive ceux dont les erreurs de conduite nous donnent l'occasion de les formuler. E. ALLAIN.

LE CARDINAL PITRA

(Suite)

Dans l'espoir de payer les dettes de la maison, Dom Pitra partit pour l'Angleterre, aux mois d'hiver de l'année 1844, en commençant ainsi ce dur métier de quêteur qui désormais allait être le sien. Routes pénibles, nuits sans sommeil, privations, déceptions, fatigues sans cesse renouvelées de Londres à Bath, d'Oxford à Birmingham et de Worcester à Cambridge, rien n'arrêta son courage et ne refroidit sa confiance en Dieu. Au milieu de tant d'amertumes, il étudiait l'état religieux de l'Angleterre, décrivait à grands traits les pays qu'il traversait et visitait les cénobites et le célèbre Newman prêt à se convertir au catholicisme.

Avant de rentrer en France, il passa par la Belgique sans y trouver plus de secours. Les maisons de Paris et de Bièvres étaient réduites au dénuement : les emprunts avaient creusé un gouffre de dettes et jeté dans la désolation les Bénédictins alarmés aussi par des mesures de rigueur dont le gouvernement menaçait toutes les maisons religieuses, à l'occasion des discussions des Chambres sur la liberté d'enseignement. Le désastre financier du prieuré de Saint-Germain et de la maison de Bièvres finit par éclater : les maisons furent évacuées. Seul, Dom Pitra resta à Paris avec quelques bénédictins pour liquider cette situation, et sans perdre courage. A la voix de Dom Guéranger, il refoulait ses angoisses ; une accalmie se fit et un comité se forma pour rassurer les créanciers. Tout était perdu, sauf l'honneur.

Dom Pitra prit alors le bâton de pèlerin et se mit à parcourir, d'année en année, la Bourgogne, la Champagne, l'Alsace, la Lorraine, la Belgique, la Hollande, l'Angleterre, la Suisse, l'Allemagne, presque toujours à pied, par tous les temps, et souffrant souvent la faim, s'exposant à toutes les humiliations pour recueillir des aumônes, sans murmurer jamais, et soutenu par son vœu d'obéissance et les traditions de son ordre. Il y avait loin de la vie paisible du cloître rêvée par Dom Pitra à ces fatigues et ces luttes par tous les chemins de l'Europe. Dans les cruelles journées de sa nouvelle existence, il ne perdait pas la science de vue et s'arrêtait en route pour étudier, aux bibliothèques ou aux archives, les manuscrits et les chroniques, aux heures de la nuit, le jour étant consacré aux intérêts de son ancien prieuré. Il l'a dit lui-même : « Mes journées commençaient à quatre heures du matin et mes veilles finissaient à la même heure. »

Il continuait ainsi, en courant, ses travaux de Paris. Pendant les mois qui précédèrent la chute du prieuré de Saint-Germain, il mit la main à l'œuvre considérable de la *Patrologie* à laquelle l'abbé Migne devait attacher son nom. Il en posa le plan et les assises, sans pouvoir fournir à cette publication si importante une collaboration plus active. Il créa l'*Auxiliaire catholique*, revue de théologie et d'histoire, où il publia des articles d'un haut intérêt sur des controverses de patristique et sur les écoles d'Ephèse et de l'Asie Mineure. Ce n'étaient là pour lui que des travaux de second ordre : il travaillait surtout à sa *Vie de saint Léger* et à l'*Histoire de l'Église des Gaules au VIIe siècle*, qui devait être une des plus belles monographies de l'histoire de l'Église. Il allait partout, fouillant les archives et les chartes de tous les pays, dans les villes et les villages les plus obscurs, et y découvrant des trésors ignorés sous leur poussière séculaire. Il songeait déjà au *Spicilège de Solesmes* et aux *Analectes*, c'est-à-dire à une collection comprenant tous les documents inédits sur l'antiquité chrétienne et païenne, enfouis dans les bibliothèques des villes, des églises et des couvents.

Loin de son monastère, il regrettait la patrie absente. Il écrivait un jour à Dom Guéranger : « Je me transporte » souvent à Solesmes ; mais quand vient une peine ou une » joie plus grande, j'ouvre la fenêtre du côté de la cité de paix » et je me mets en prière, avec mes frères autour de vous. » Aujourd'hui, la fenêtre est restée ouverte tout le jour, et » en cherchant, dans le lointain, la cellule du pauvre moine » errant, je remontais plus loin encore dans mes souvenirs. » J'évoquais les meilleurs pour me mettre en fête et comme » je n'en ai pas de plus beaux que ceux de ma chère profes-» sion, j'ai revécu ce beau jour, pour une fois encore... Je » tremble de tomber, dans mes vagabondages, au *deterrimum* » *genus monachorum*, dont parle si tristement notre saint » patriarche. J'ai peine à me résigner à cette vie de place » publique et de grande route. Que devient alors l'esprit » d'obéissance, l'esprit de pauvreté ? » Nulle peinture, s'écrie avec raison Dom Cabrol, ne convient moins que celle-là à ce moine austère que l'obéissance seule maintient loin de son monastère et qui, chaque jour, se sanctifie par les difficultés mêmes qu'il rencontre.

Il venait alors de reprendre la route de la Belgique pour y chercher de nouveaux secours et de nouveaux documents historiques. Il se reposait, en écrivant de curieuses et savantes études sur Notger, ancien évêque de Liège, sur des

Défauts constatés sur le document original

Contraste insuffisant ou différent, mauvaise qualité d'impression

Under-contrast or different, bad printing quality

Texte manquant ou pris dans la reliure; reliure trop serrée

Missing text or text caught in the book-binding; too tight book-binding

www.ingramcontent.com/pod-product-compliance
Lightning Source LLC
Chambersburg PA
CBHW070830230426
43667CB00011B/1741